中国经济
可持续增长机制研究

黄志钢　刘霞辉　著

Study on the Mechanism of China's Sustainable Economic Growth

经济管理出版社
ECONOMY & MANAGEMENT PUBLISHING HOUSE

图书在版编目（CIP）数据

中国经济可持续增长机制研究/黄志钢，刘霞辉著．—北京：经济管理出版社，2013.8
ISBN 978-7-5096-2546-0

Ⅰ.①中…　Ⅱ.①黄…②刘…　Ⅲ.①中国经济一经济可持续发展一研究　Ⅳ.①F124

中国版本图书馆 CIP 数据核字（2013）第 145599 号

组稿编辑：贾晓建
责任编辑：贾晓建
责任印制：黄　铄
责任校对：陈　颖

出版发行：经济管理出版社
（北京市海淀区北蜂窝 8 号中雅大厦 A 座 11 层　100038）
网　　址：www. E-mp. com. cn
电　　话：（010）51915602
印　　刷：北京银祥印刷厂
经　　销：新华书店
开　　本：787mm×1092mm/16
印　　张：26. 75
字　　数：640 千字
版　　次：2013 年 9 月第 1 版　2013 年 9 月第 1 次印刷
书　　号：ISBN 978-7-5096-2546-0
定　　价：68. 00 元

目　录

第三篇　中国经济潜在增长水平与可持续增长

第四篇　中国经济可持续发展评价体系与展望

引　言

改革开放30多年来，渐进式改革的有效实施，将中国经济推入“起飞”跑道。相较于计划经济体制全面国有化下的赶超，自20世纪80年代以来，我国人均国内生产总值总体上呈现出更加迅猛的增长态势，且该趋势在近几年有加快的迹象。按照官方统计，从1952年至1977年，我国人均GDP从100元左右增长到340元，1949～1978年年均增长6.6%，25年的时间增长了3倍多，虽然这是个不错的成就，但比起改革开放后的30年，还是小巫见大巫。如从1978年至2011年，中国年平均实际GDP增长率10.17%；人均GDP从1980年的173美元增加到2011年的5414美元左右，增长了31倍多。这一态势从中华人民共和国成立以来，1952～2011年的人均国内生产总值增长的对数值图就可见一斑。

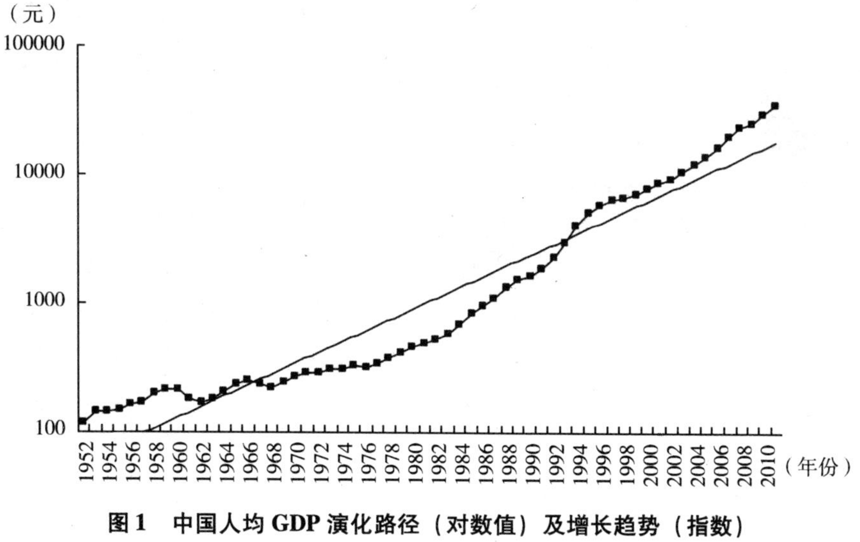

图1　中国人均GDP演化路径（对数值）及增长趋势（指数）

资料来源：历年《中国统计年鉴》。

应该说，若从经济增长角度而言，我国几十年来的成就是令人瞩目的，尤其是近三十年来的高增长，用“中国奇迹”来概括是不过分的，如我国经济占世界经济总量的比重由20世纪70年代末不足1%提高到近5%，经济总量已跃居世界第二位，这无疑是个令人惊叹的成就。诚然，对于我们这样一个有着1/5世界人口的大国，在短短几十年时间内，从近乎一穷二白到解决温饱问题，直至发展到接近中等发达国家的水平，显然不是一项容易实现的目标，当然更不是一帆风顺的进程。在计划经济体制下，虽然保持了相对高速的经济增长，但这种发展模式下的赶超，却是以经济大幅波动、牺牲个人福利与人民消费水平的提高以及扭曲经济运行机制为代价的，使得高度集中的计划经济遂成为我国经济进一步发展的桎梏，也出现了几乎所有社会主义国家赶超后劲不足的紧迫问题，为此，如何改革来实现可持续的高增长，当然也就成为所有社会主义国家必须面对的主要难题。我国的改革起步于20世纪70年代中后期，虽要远晚于东欧一些国家早在20世纪50年代就已进行的改革，但从几十年的经济发展情况看，无疑中国的改革对社会福利改进效应最明显，取得了改革与发展的双赢，使赶超进程得以延续。通过这次改革，我国改变了经济发展的机制，推进了市场化取向的体制转型，实施了对外开放，并积极调整了产业结构和城乡结构，人们生活水平快速提高，也正在迈入中等收入国家的行列。不过，在看到非凡成就的同时，也要清醒地认识到这轮改革仍存在的重大弊端，即虽然推进市场化改革取得了一定成效，但总体上政府主导型经济运行仍大行其道。在这种格局下，政府仍然可以通过行政干预，以“低价工业化”的模式动员土地、矿产、劳动力等资源，虽然走出了一条政府、企业相互促进的特殊的高增长路径，极大地将中国的比较优势发挥出来，激励了中国工业化的大发展，但低价工业化增长机制的不可持续性也逐渐凸显出来，长期地、一味地追求高增长的经济赶超，使得我国经济积累了诸多问题，经济的进一步发展也面临着严峻挑战：如内外失衡，过度投资，环境和资源制约，城乡不平衡，地区差距、收入差距过大等，尤其是2008年以来在全球金融危机冲击下，我国经济高度依赖外需、高投资、高资源消耗、高排放的增长模式实是已难以为继，而要素价格重估、成本正常化、转变粗放型经济增长方式、调整经济结构、加快建立社会保障体制又已是势在必行，如此，低价工业化下非均衡赶超型的增长机制如何向新的可持续增长机制转型就成为当下我国经济发展的时代主题。

此外，目前我国人均GDP已达到5400多美元的水平，迈入了中等收入国家门槛。从国际经验看，人均GDP3000～10000美元是风险与机遇并存的时期，也是转型的关键时期。若发展战略选择不当，经济将面临被原有增长机制锁定，从而坠入“中等收入陷阱”，即中等收入阶段停滞徘徊期的风险；但若能坚定市场化体制改革的大方向，跳出政府主导型经济运行格局，改变政府干预下的低价工业化模式，适时将政府目标从“快”的规模扩张转到推动自主创新和公共福利体系的建立上，让位于市场机制主导经济运行，逐步形成新型的可持续发展的增长机制，那么未来一二十年也就是我国经济发展的战略机遇期。为此，是否能成功探索出一个与当前中国国情契合的可持续增长机制则是我国能否成功跨越“中等收入陷阱”以及克服当前经济增长面临重大挑战的关键所在，这也正是本项目的研究主题。

一、国内外文献综述

对增长机制的研究属于理论层面的探讨，这离不开相关理论基础及经验研究的借鉴。应该说，关于增长的理论基础源头来自于国外，主要新增长理论，其次是制度经济学及发展经济学的相关理论，国内的相关研究也正是遵循这些分析方法，并结合中国国情进行巧妙拓展，而最终形成了当前的科学发展观。从近年来国外理论和经验研究中关于经济可持续增长的部分来看，成果是相当丰硕的，其研究视角几乎涵盖了包括创新、人力资本、收入分配、分工、制度变革、不可再生资源约束等经济增长的各个方面，简单归纳一下，大致有以下六个方面：

一是知识、技术的外溢性与经济持续增长。在内生技术进步的基础上，Romer（1990）、Barro（1990）、Lucas（1993）等认为知识生产或技术进步具有外溢性，这种外溢性的存在使得单个厂商技术进步在提高自己生产率的同时，也促进了社会生产率的提高，由此促进经济持续增长；在外溢性存在的条件下，政府干预有助于推动技术进步和长期增长。但是，由于这种外溢性建立在交易费用为零的假设之下，当应用于交易费用不为零的现实中时，模型提出的增长政策需要重新审视，并且，针对人力资本外部性问题，一些文献，如 Mankiw（1995）等指出，由于人力资本难以量度，其应用性受到质疑。

二是 R&D 与经济持续增长。R&D 理论认为，厂商利润最大化动机下研发投入提高的结果是技术进步，从而促进新产品的出现和产品质量改进，以此推动经济增长。Grossman and Helpman（1989）、River-Batiz and Romer（1991）、Barro and Sala-i-Martin（1995）、Young（1998）等认为，R&D 使得中间产品数目增加或质量提升，促进中间产品的边界扩展，进而推动最终产品数目增加或质量提升，这是一种建立在规模效益递增基础之上的持续增长。R&D 理论之所以得到理论界和政策制定者的普遍关注，原因是这种理论对于经济可持续增长给出了逻辑一致的解释，理论模型的政策建议——如研发激励的补贴政策、专利立法等能够与应用对接（Aghion and Howitt，1998）。这种理论同时指出技术扩散和技术模仿的一些值得关注的问题，如果后发国家一味模仿，将导致技术受制于人的后发劣势，不利于后发国家实现经济的跨越式发展。

三是专业化、分工与经济持续增长。在 Becker and Murphy（1992）的文献中，人力资本积累与专业化水平相互促进，分工水平是保证经济持续增长的重要因素。因为劳动者的专业化水平提高有助于生产率的提高，进而引起了生产可能性曲线的外移，即国民财富的增加，同时中间产品种类的扩大：生产链条的加长同样也会提高生产率，长期中形成生产与消费的良性循环，对于发展中国家而言，这种认识值得借鉴。

四是收入分配与经济持续增长。最近的一些理论和实证研究，如 Todaro（1997）认为，收入分配不公对于长期增长有阻碍作用，原因是分配不公将导致富人的非生产性投资增加，阻碍社会生产性投资的扩大；分配不公造成穷人人力资本投资水平低下，不利于消费的扩大；分配不公还会带来社会问题，导致经济增长环境的不稳定。

五是制度与经济持续增长。基于发达国家和新兴工业化国家经济增长历史经验，一些研究，如 Rodrik（2002）等认为，长期中发展中国家向发达国家高收入水平收敛的保障机制是高效率制度规则的建立，因此，经济可持续增长的实现，本质上是一个制度变革的累积过程，其核心是自我可持续的市场活力的打造，包括反垄断立法、财政政策健全、金融规制和社会保障体系的建立。

六是环境和不可再生资源与经济可持续增长。Grossman and Krueger（1995）、Stokey（1998）等文献就污染对于经济长期增长的影响进行了理论分析，在环境库兹涅茨曲线的框架下，这些研究给出了长期中环境保护与经济稳定增长的相容路径，并对环境规制和污染税问题进行了探讨。Aghion and Howitt（1998）用类似的模型，对不可再生资源耗用与经济增长的关系进行了分析，结论是在自然资源减少的条件下，创新和技术进步是经济可持续增长的保证。经济发展与环境协调问题，是一个实践性很强的问题，尤其是规制和政策方面，需要根据经济发展状况制定，目前，纯粹的经济模型尚无法提供切实可行的政策方案。

此外，还有“结构转变”和“均衡增长”的差异性问题，如“结构主义”的代表钱纳里等就探讨了“结构转变”和“均衡增长”在方法论上的差异，并以结构转变为线索研究了发展中国家工业化增长路径，即由于部门间存在着系统性收益和增长机会的差异，因而可以将资源从低增长部门转移到高增长部门（从农业部门转向工业部门），实现结构转变从而获得规模收益递增的赶超增长（钱纳里、鲁宾逊、赛尔奎因，1986）——这也正是后发国家政府干预下以工农剪刀差形式进行结构性配置的逻辑。而现代经济增长理论，近来也开始重新审视结构转变带来规模递增的假说，如以克鲁格曼等人为代表，探讨了空间资源聚集带来的规模收益递增等命题。2009 年琼斯和罗默两位学者在卡尔多 6 个稳态增长事实（其中只考虑了一个单一状态变量——实物资本）提出 50 年之后，增加了四个新的变量：观念、制度、人口和人力资本，提出了国际化、城市化、人力资本和创新都会推动规模收益递增，并给出了存在赶超速度等适合国际间新发展格局的 6 个“新卡尔多事实”（Jones and Romer，2009）。应该说，国外这些研究，对于探索我国的可持续经济增长机制，提供了多重的、新颖的视角，有相当的理论借鉴价值，但总的看来，美中不足的是能真正切合中国经济事实的理论，特别是对于未来具有前瞻性的战略和对策研究，还不十分充分。为此，在主要遵循以上理论脉络与分析方法的基础上，近年来，我国学者也对中国的可持续增长之路，进行了诸多探索，归纳一下，也大致有六个方面的建树：

一是构建合乎国情的可持续发展理论体系。姚愉芳、贺菊煌（1998）在充分吸收国内外经济增长与经济发展理论的基础上，对中国经济长期增长模型、中国经济超长期增长趋势预测及可持续发展理论等进行了系统研究，构建了中国经济可持续发展的数理模型和定量分析体系。王小鲁、樊纲（2000）从制度变革、工业化城市化联动、经济增长的宏观环境等角度，将中国经济置于历史和现实的大视野下考察，勾勒出中国经济可持续增长的动态图景。北京大学国民经济核算与经济增长研究中心的历年经济增长报告，立足于增长核算角度，对中国可持续经济发展的制度演进、竞争能力培养和资源环境代价及技术进步路径进行了多角度解析。吴敬琏（2005）分析了经济增长模式的理论、政策争论和增长的典型化事实，提出了新型工业化的方向——技术创新和服务业发展。

二是制度变革与经济持续增长。刘传江（2002）则从中国经济持续增长的体制演进着手，分析了可持续增长的制度演进目标和路径，对人口发展制度创新、资源开发制度创新、环境制度创新、微观经济制度创新等进行了探讨，提出了中国经济持续增长的制度框架。张卓元（2005）认为，我国实现工业化和现代化、变二元经济结构为现代经济结构的根本动力，来源于与发展模式相配套的经济体制改革，发挥市场在资源配置中的基础性作用是经济效率提高和经济持续增长的关键。刘树成、吴太昌（2008）对中国经济体制改革 30 年政策理论进行了系统性论证，认为中国奇迹产生的基础是“改革、发展和稳定”，而三者的协调统一有利于经济转型期的可持续增长。

三是结构调整与经济持续增长。如张军（2002）提出了“过度工业化”问题，而李扬、殷剑峰（2005）则指出中国转轨经济独特增长模式的典型特征就是持续的高储蓄率和高投资率，剩余劳动力由农业向工业（工业化）、由农村向城市（城市化）、由国有向非国有（市场化）的持续转移是我国经济能够长期、高速增长的关键，而高储蓄率和高投资率既是这种增长模式的必然结果，也是劳动力得以持续转移乃至这种增长模式得以维持的关键原因。张平、刘霞辉（2007）对中国经济增长的模式和结构转变进行了系统性论述，对中国结构调整的累积效应及相应低价工业化模式进行了探讨，认为通过供给政策改革以积累自主创新能力，逐步矫正要素和资源价格扭曲，是实现未来经济持续增长的关键。刘霞辉等（2008）的著述进一步就中国经济增长和结构变迁的动力机制进行了解析，包括体制改革、对外开放、劳动力资源开发、技术进步及政策支持等，并对未来持续发展路径给出了描述。

四是宏观稳定与经济持续增长。宏观稳定与经济持续增长的关系，在国外经济学中只是散见于新增长理论、分配与政治经济学的一些文献中，把增长与稳定联系起来进行系统论证，如刘树成、吴太昌（2008）、刘霞辉等（2008），是国内学者对经济可持续增长理论的一个贡献，这种认识植根于中国国情，具有很强的应用价值。

五是增长分享与经济持续增长。国内一些研究，如刘霞辉等（2008）认为，增长分享不仅涉及经济学上的效率与公平，而且关系着经济的可持续增长。收入差距过度扩大必然会危及社会的组织和秩序，使经济增长失去稳定的宏观环境。因此，完善社会主义市场经济体制，统筹城乡和区域的经济与社会发展，是实现可持续增长的必要一环。

六是资源环境约束与经济可持续增长。近年来，随着环保和持续发展理念的普及，国内涌现了诸多理论性和实证性的研究文献。金碚（2009）就中国经济持续增长的资源依赖状况进行了系统论证，认为我国经济增长还没有摆脱资源依赖型阶段，资本对增长的推动，相当程度上表现为对资源的大规模开采利用以及对环境的高强度利用，因此，按照科学发展观的要求走新型工业化道路具有极大的必要性和紧迫性。清华大学核能设计院2002年对适合中国国情的“3E（经济、能源、环境）模型”进行了探索，试图对中国经济可持续路径进行数据模拟；中国科学技术信息研究所2009年与国外研究机构合作开发了“T21 China Model”，试图就中国未来可持续增长中的资源、能源、环境约束给出路径模拟。这些实用性较强的研究，有益于中国经济持续增长过程中环境政策的制定。

此外，对于中国经济增长的认识，林毅夫等（1994）认为中国是处在比较优势战略下的发展模式；张军（2002）提出了“过度工业化”问题；刘世锦（2005）则概括为“低价竞争模式”；而吴敬琏（2006）将中国的增长模式仍归属于“旧型工业化道路”；等等。

二、理论构建及其突破

为了探索中国长期经济增长规律，中国社会科学院经济研究所“中国经济增长与宏观稳定”课题组，在国内外相关研究基础上，近年来对经济发展的事实和理论进行了梳理。课题组（2003～2009年）的一系列论文集中分析了影响中国经济增长的主要因素和转折的条件，认为中国经济仍处于赶超阶段，结构失衡性资源配置方式能促进经济高速增长，提出了外部冲击对政府配置资源的约束，“干中学”技术进步的边际递减及转变目标等，特别是近期重点研究了资源空间聚集和结构均衡化发展，指出随着城市化的快速发展，“资源的城市化空间积聚”正在替代“资源的工业化结构性配置”而成为中国经济赶超型增长中规模收益递增的主要源泉。由此，课题组在总结发达国家、不发达国家及若干新兴经济体经济发展史并进行理论分析的基础上，进行了理论构建，提出了一个贫困落后国家经济赶超中产出增长的变动规律，其结果如图2所示。

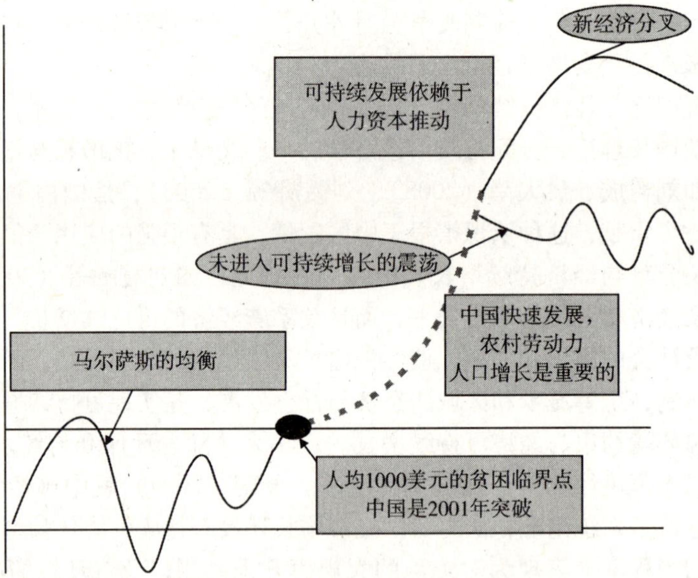

图2 经济成长的路径

注：张平绘制。

图中纵轴为人均GDP，横轴为时间，中间的曲线为产出线，大致呈S状。我们认为，一国从贫困走向富裕的路径有规律存在［为了本书各章分析的需要，我们在图2中将S型增长曲线又细分为“马尔萨斯均衡”（贫困陷阱）、“工业革命理论”（或经济赶超）、“卡尔多典型事实下的经济增长理论”（新古典理论）、“新经济分叉”（新增长理论）等若干与相关理论对应的阶段；同时，针对有些国家经济赶超失败的事实，给出了一个中等收入陷阱阶段］。

第一，对一经济体来说，经济从贫困走向富裕过程并非伴随着人均资本存量的增加而使人均产量呈递减的增长趋势，而是可将人均产量增长分为明显的两个阶段。在人均资本存量处于较低水平的增长阶段，图形凸向原点，这表明在经济增长的该阶段中，随着人均资本的增加，人均产值也呈加速增长之势，具有规模收益递增的特征，这时的经济增长是超越常规的快速成长期（俗称经济起飞阶段）。这一阶段发生在人均资本存量较少，大量人力资本有待开发且经济已进入快速资本积累的时期。出现该结果的原因是，虽然从每个劳动者个体看，遵从产出随资本存量增加而递减的基本经济规律，但从一经济体的总体看，过去没有资本的潜在劳动力不断进入真正的劳动过程，导致资本存量增加与产出同步增长的结果，将这一结果平均到每个劳动者则得到人均产出随资本存量增加而递增的结论。

第二，一经济体的加速经济增长并不是永远持续的，而是有一时间限度，即当人均资本存量达到某一水平时，在该处存在一拐点（也就是增长速度的极大值）。一经济体高速增长到该点后，随着人均资本存量的进一步增加，人均产出将在越过该点后呈递减的增长趋势（遵循新古典增长的足迹）。为什么会出现这种转折，经济学解释是标准化的，因为尚未利用的人力资源基本开发完后，则每个劳动者都遵从个人产出的增长速度随资本存量增加而降低的规律，自然人均产量增长也依这一趋势变化。由此可见，一经济体的快速发展时期在整个经济增长时期中必然是非常短暂的，这一过程的持续时间长短决定于待开发劳动力资源的多少及开发的速度，一般情况下，早期劳动力闲置多，该经济体会维持一相对较长的加速经济增长过程。

第三，S 型增长曲线的另一重要特征是增长不是无限可持续的，而是会达到极限状态，而且也存在经济起飞前期的经济停滞期。我们看起飞前的可能波动：这时，经济的内在增长机制并未形成，人均资本存量可能会增加，但因为制度性障碍等因素的制约，经济增长表现为投资和各种内耗的相互作用（两者对增长的作用力此消彼长），导致经济在低水平循环，且这种起飞前的增长波动会反复出现（可能维持的时期会非常长）。这种状况只有在人均资本存量出现稳定的持续增长，而经济损耗与资本存量增加比相对力度较小时才可能出现；此外，如果有某项经济创新的输入，如产业革命、新制度的出现或外部需求的变化等，也会导致经济增长路径变化，有可能使一经济体走向起飞过程。所以，在经济增长没有进入起飞轨道前，给人均资本存量的增加创造条件比资本存量增长本身更重要，其中，制度变革和政府推动必然成为重要因素，只有这样才能形成资本的稳定增长路径，使经济走出波动无序的怪圈。即使在一经济体进入加速增长轨道后，进一步的制度变革仍然重要，因为提高投资效率、城市化的推进和扩大出口等都与体制和政策相关，如果这些因素不适合增长的需要，必然使一经济体的增长潜力发挥不出来，严重者会扭曲增长路径，导致增长的夭折。

中国改革开放以来的持续高增长基本上应验了上述规律。为了保证生产要素的有效供给，使资本得以快速积累，同时消除传统计划体制下政府过度集中和使用资源的弊端，中国改革以来采取的战略是对相对价格体系的逐步调整。也就是先适当放开部分最终产品价格，形成局部较高收益的市场，吸引各类资源投入来扩大供给，同时以低劳动力成本、低土地价格以及实际低税收来降低成本，为企业创造竞争力。这种通过相对价格体系的逐步调整来促进资本积累的策略，使产业资本收益较高，经济增长潜力得到了有效释放，而且在不同时期能形成具有带动力的优势经济，如改革初期价格双轨制促进农村乡镇企业兴起、东部地带对外开放形成的高增长、住房市场化后城市化的快速推进等。以上策略的特点是集中了中国的优势资源，从工业化入手，使资本积累快速增长；同时，保证了经济改革和经济发展进程的有序性，使经济增长相对平稳。

基于课题组前期研究提出的这个“发展中国家经济赶超 S 型路径”及理论阐述，我们认为，中国经济可持续增长机制研究应围绕路径转型和阶段性目标逼近这个重心展开。与标准模型限制性假定和高度抽象程度的思维范式以及对均衡增长的过度强调妨碍其应用性不同的是，我们认为中国经济增长研究应综合考虑与阶段性目标有关的一些关键情景，包括资源环境约束下投资驱动模式的转化，技术进步方式与产业结构调整，城市化与工业化良性互动等，并应在此基础上提出转型阶段经济稳定和持续增长的对策建议。为此，围绕中国经济增长过程中长期结构性失衡问题及可持续增长要求，课题组在已有研究的基础上，基于三方面的考量，试图在中国经济增长理论方面进行更加系统的探索，力求在理论、现实等诸多方面都有所突破。概要地说，我们的考量如下：

一是课题组前期研究在理论上归纳了中国“低价工业化”的增长模式，认为这种模式有着突破“发展中国家贫困循环陷阱”的重要意义。但是在经济持续增长核心动力从工业化转向城市化的过程中，“低价工业化”将面临开放和高价城市化的挑战，这是发展模式面临转型的根本原因。本项研究在这种认识的基础上，将对中国经济可持续机制要素展开进一步探索，以丰富中国经济增长理论。

二是按照舒尔茨的观点，典型的非均衡经济必定充满规模报酬递增的机会，对中国这样的转型经济而言，导致规模报酬递增的源泉很多。中国经济诸多方面的非均衡，如城市内部、农村内部、城乡之间、区域发展之间、国有和私有之间，都存在极大的差距。可以预期，未来一二十年改革开放的深化及新思想、新知识、新技术的流入和创造，必将加速要素流动和结构转型，为此，规模报酬递增因素的分析非常重要。我们的这项研究将深化中国经济转型阶段要素潜力开发的认识，把规模报酬递增机制的逻辑论证清楚，为政策建议提供坚实的理论基础。

三是作为增长可持续发展理论的一部分，增长绩效评价方式转变，是与增长路径转型相联系的问题，增长绩效评价是一个包括增长目标评价、增长质量评价的体系，是联系理论分析与政策建议的桥梁。

基于以上考量，我们在本项研究中，将专门辟出章节对中国经济可持续发展评价体系进行理论和实证研究，进一步丰富经济增长理论内容，并力求在四个方面形成突破，具体而言，即：

突破点之一，是对中国经济可持续增长理论的系统性阐述。即对课题组提出的一个贫困落后国家经济赶超过程中产出增长的S型规律，进行更加系统的论证。S型规律认为：人均资本存量较低的增长阶段，随着人均资本的增加，人均产值也呈加速增长之势，具有规模收益递增的特征，这时的经济增长呈现超越常规的快速成长；一经济体的快速发展时期在整个经济增长时期中必然是非常短暂的，这一过程的持续时间长短决定于待开发劳动力资源的多少及开发的速度。一般情况下，早期劳动力闲置多，该经济体会维持一相对较长的加速经济增长过程；制度变革的推进是持续增长动力的主导，因为结构调整、城市化的推进和扩大出口等都与体制和政策相关。如果这些因素不适合增长的需要，必然使一经济体的增长潜力发挥不出来，严重者会扭曲增长路径，导致增长的夭折。中国改革开放以来的持续高速增长基本上应验了上述规律，对于这样一个内涵丰富且应用性较强的理论，显然应该继续在本研究中进行更加深化、细化的论证。

突破点之二，是提出阶段性目标逼近研究的方法。课题组前期研究提出的S型增长路径，已经具有经济增长分析阶段性目标逼近方法的雏形，立足于经济增长评价框架，本书将对这种想法进行系统化。阶段性目标逼近是动态规划的一种理念，即在考虑多种可能情境下，对优化目标寻找代价最小的达成路径。我们引入阶段性目标逼近方法的理由是：第一，经典理论长期均衡的实现是一步步达成的；第二，阶段性目标逼近可以使增长路径具有现实感和历史感；第三，该方法可以为我们提供情景分析、比较分析的便利，具有很强的实证分析操作性；第四，该方法可以与我们的研究与国家发展规划对接。

突破点之三，是建立和完善经济转型时期中国经济可持续发展评价的理论体系。我们建立评价方法的理论参照基准是新增长理论和中国经济发展新阶段的具体情景，对适合中国国情且有对策内涵的增长研究方法进行拓展，着力点在于厘清经济可持续发展的动力和阻力机制相互作用的逻辑关系，把增长要素、结构演进和发展情景变化的影响，整合在一个系统性的框架之内，为数据分析打造坚实的理论平台，进而进行对策分析。

突破点之四，是结合国情从源头上综合把握中国经济持续增长机制。尽管国内研究一直在艰苦探索中且取得了不少成果，但消费需求不足仍然是中国经济增长中面临的主要问题。与现有文献是稍有区别的，我们的疑问是：在现有增长模式下，中国是否具备了消费需求持续提振的机制？因此，我们主张从源头上把握国内经济增长的关键问题，即立足于系统性思维方法，把个别问题和矛盾放在一个多重因素相互作用的框架下思考和认识。关键之处在于把握以下逻辑：中国现有数量型增长模式是不是必需的？这种增长模式不可持续性的表现是什么？可持续增长效应内涵应该如何理解？本书将对这些问题进行回答。

此外，为保证本书理论分析的系统性、理论论证的严格性和政策建议的实用性，以体现本研究具有较高的理论与现实意义以及学术价值，在分析方法上，我们采用了多重研究方法齐头并进的论证方式，具体有四：一是建模方法，现代经济学重要进展之一是对经济现象采用较为严密的数学模型进行逻辑分析，课题组前期大量研究以模型作为分析工具来研究中国经济增长问题，取得了一些被广泛认同的成果，本书将立足于前期模型研究进行深化和拓展。二是实证分析方法，在模型框架基础上，我们将运用官方统计数据和调查数据，对经济学结论进行计量检验，坐实政策建议的数据分析基础。三是比较研究方法，比较研究是社会科学的重要特征之一，特别是中国这样赶超型经济，与发达国家相比，我们有阶段上的相似比较，与新型国家相比，我们有环境上的相似比较，国外的经验和教训以及所得到的发展规律，都是我们可以进一步分析和借鉴的重要素材。四是情景分析方法，对于未来不同的环境和政策变化会产生什么样的经济后果，用情景分析和比较能得到较好的结果，我们在政策效果分析、政策选择、增长方式选择、结构变动分析等方面的研究中，将充分运用该方法。

三、本书安排与研究重点

本书是中国社会科学院重大课题《中国经济可持续增长机制研究》的最终成果，本书在确定写作提纲后，由课题组成员分别完成各章内容，初稿由黄志钢、刘霞辉、张平、张晓晶撰写，其后集体讨论修改 2 次。在初稿完成的基础上后，由刘霞辉修改成书。

关于中国经济增长的书籍、论文与文献非常多，怎样按要求完成本书写作，我们经过了一番思量，认为从经济学逻辑来考察中国经济增长更能发挥作者的学术思考，也区别于依部门、分条块来研究中国经济增长的通例，故书中内容我们是依经济增长理论的基本框架设计的。全书共计十五章，按内容分为四篇，第一篇是第一至三章，主题为中国经济增长的路径，主要探讨中国奇迹与经济的长期增长，结构变迁、福利改进与社会发展与经济增长的关系；第二篇是第四至十章，主题为中国经济可持续增长的动力分析，分别从经济体制改革、对外开放、劳动力资源开发、技术进步、资本形成、财政支持与金融发展七个方面来分析我国可持续增长的动力；第三篇是第十一、十二章，主题为中国经济潜在增长水平与可持续增长，主要围绕中国经济的潜在增长率和外部冲击下的经济增长和宏观政策选择两个方面予以论述；第四篇是第十三、十四、十五章，主题是中国经济可持续发展的评价体系与展望，主要是给出我们关于经济可持续增长的评价体系以及展望一下我国经济可持续增长的前景。

以上章节安排，主要是依据本课题组提出的相对价格调整理论与S型增长曲线模型来展开的，其中有五个研究重点值得关注，即：

研究重点之一是可持续发展评价体系的构建。工业化先行国家经验表明，人均GDP 3000～10000美元，是一个充斥了各种矛盾的加速增长阶段，在这个S型曲线加速上升阶段，经济与资源、环境及社会发展矛盾将被激化。由此，单一的增长评价方式，不可能充分理解这一阶段的动态图景，经济发展评价需要把资源约束、增长福利和增长代价这样的指标纳入进来，进行多角度考察。根据我们的数据分析，以可比价计算，中国“十二五”时期将开启类似于工业先行国人均GDP 3000～10000美元的高速增长大门，为摆脱“中等收入国家陷阱”，实现短期内国民收入水平的飞跃，相应的经济发展评价体系必不可少。

研究重点之二是技术进步目标和结构优化目标阶段性逼近。经济增长转型关键时期产业政策的有效实施，是技术进步的保证，新经济增长理论基本认同国家干预在这方面的重要作用。在本书研究中，我们关注的一个问题是中国经济增长转型时期技术进步的达成机制，因此提出可操作的技术进步目标阶段性逼近理论和对策。从目前状况看，国内技术进步缺乏一个明晰的阶段性目标定位，因此也就缺乏系统的技术进步促进机制。20世纪20年代和60年代，美国、日本经济快速增长时期中，均先后明确了短期内技术追赶目标，通过运用瞄准性研发政策和非瞄准补贴政策，大力推进工业试验室系统和产业发展。与此同时，有针对性地调整和健全教育培训体系，日本在60年代甚至给出了经济发展阶段性人力资本需求的准确预测。另一个相关问题是中国结构优化阶段性目标定位问题，对于一些重大问题，如什么是结构优化目标、结构优化的标准是什么，仍需要详细探讨，故我们认为中国经济转型关键期缺乏一个有利于技术进步实现的产业政策定位，新时期主导产业如何选择的问题是个关键。

研究重点之三是体制改革深化与可持续增长。立足于中国国情的本土化制度创新模式，通过创造性的制度选择与制度安排，有效动员了社会经济资源，取得了良好发展绩效。30年改革的最大成功之处在于开发利用了劳动力资源潜力，促进了总量经济规模的扩大。当前，改革发展面临的主要矛盾是：第一，经济的快速增长与发展不平衡、资源环境约束的矛盾；第二，全社会公共需求全面快速增长同公共服务不到位、公共产品短缺的矛盾。我们认为，下一步中国体制改革的目标和方式，应与科学发展观联系起来，把改革重心放在有利于促进科技进步和可持续增长方面。为此，应深入研究三大问题：第一，经济增长方式由政府主导向市场主导转变，更大程度地发挥市场在资源配置中的基础性作用，重新认识可持续增长要求下的国家经济职能。第二，对现行财政体制、投融资体制进行结构性变革，为微观主体创新营造宽松环境。第三，加快建立以公共服务均等化为目标的公共服务体制，包括社会保障体系的完善、城乡公共服务差别的消除等。

研究重点之四是城市化与可持续增长。新增长模型主要探讨经济增长的可持续性问题，但对于知识外溢性导致的经济活动空间聚集以及空间聚集对于加速人力资本积累的作用很少论述，即城市化如何促进经济增长的问题。工业先行国增长经验显示，经济高速增长时期伴随着城市化快速发展，报酬递增的实现是工业化和城市化相互促进的结果。进入21世纪以来，中国各种发展资源快速向城市集中，城市化水平的提高直接提升了第三产业对经济的贡献度和产业的效率，通过城市的“规模经济”推动城市的快速膨胀并进而拉动经济增长。我们认为，城市化是中国重振内需和结构转变的枢纽，也是未来驱动经济长期增长的主要动力，我们的研究将集中在中国城市化与产业效率的关联分析上，探索城市化促进可持续增长的机制。

研究重点之五是我国未来经济的潜在增长率与可持续增长。我们在这方面的工作重心是一方面评价中国经济增长模式的代价及风险，另一方面对转型阶段增长核算理论和方法进行丰富。20世纪60～70年代经济高速增长时期累积的环境风险和能源外部依赖风险，迫使日本80年代推出技术立国战略。今天，中国经济增长面临的国内外压力甚至比60～70年代的日本还要严苛，因此，系统性论证和观察中国未来经济长期增长的路径转换与潜在增长水平，有助于本项目前四个重点问题的认识深化。

本书将围绕上述研究思路、研究重点以及各主要章节设计展开分析，阐述我们对中国经济可持续增长机制的研究，以飨读者。

各章具体内容如下：

第一篇：中国经济增长的路径。

第一章“中国奇迹与经济可持续增长”。对于中国经济近三十年的高速增长是否是个“奇迹”，虽然仁者见仁，智者见智，但我们仍认为中国奇迹是存在的。因为，一个拥有全球人口1/5之多的贫困国家，在半个世纪左右的时间内实现了经济腾飞，摆脱了贫困，正向现代经济迈进，这应算是人类奇迹了。当然，我们形成这一观点并不是随意的口头语，而是来自于纵横双向比较的结果。为此，本章将首先从纵向的历史比较及横向的国际比较，来见证一下中国经济增长的奇迹；其次对导致中国诞生奇迹的增长主线及其发展阶段进行了回顾；再次是对中国经济增长的特征进行归纳，并对未来中国实现可持续增长机制的选择予以分析说明；最后则提出了我们对于中国实现可持续性增长的政策建议。以上四个部分，即为本章的具体安排。

第二章“结构变迁与经济增长”。本章主要回顾了我国经济三十年的发展历程与结构变迁，也可谓对第一章关于中国经济增长主线与发展阶段的一个具体分析。我们认为，与中国经济增长奇迹相伴随的是经济结构的剧烈变动，其突出特征是由一个传统的农业国不断演化为工业国，由工业化向城市化转进，由较典型的以计划经济为主的国家演化为市场经济的国家，而整个经济结构变迁又是经济增长和改革开放，特别是相对价格体系调整的结果。全章将从五个部分展开：第一，是归纳并分析我国结构变迁的历程与特征；第二，是探讨与回顾对于我国高速增长和结构变迁具有启动性意义的阶段，即农村经济改革与农业发展历程；第三，分析我国工业化、城市化进程中出现的结构调整，即生产结构的现代化和经济结构的现代化；第四是对于我国区域经济发展的分化状况进行简要的分析；第五，探讨关于我国经济结构优化与增长方式转变的问题。

第三章“福利改进与社会发展”。经济增长的根本目的是改进全体居民的福利。改革开放以来，随着中国经济增长，居民收入有了很大的提高，各项社会事业全面发展，全体居民福利不断改进。与国际比较，初级教育入学率、成人和青年识字率、人口平均预期寿命、婴幼儿和孕产妇死亡率等主要教育、健康指标都好于发展中国家的平均水平，甚至与中等收入国家的平均水平相当。尽管如此，相对于经济的高速增长，社会发展还表现出一定的相对滞后性，特别是城乡、区域之间社会发展不平衡问题比较突出。未来中国既要使经济发展，同时又要使全体居民福利不断改进，以达到社会和谐发展。围绕这一主题，本章将从四个方面展开：首先，探讨了一下我国经济增长方式转变与福利改进方面的状况；其次，对我国的社会事业发展及其差异性的问题予以了分析；再次，是分析居民收入增长与消费需求提振的情况；最后，对我国经济增长与社会协调平衡发展的问题提出了自己的看法。

第二篇：中国经济可持续增长的动力。

第四章“经济体制改革”。1978 年 12 月，中共十一届三中全会的召开，开启了中国改革开放的历史新时期。经过 30 年的经济体制改革，中国实现了由传统计划经济向社会主义市场经济的重大转变。在此过程中，中国不但创造了人类经济增长史上的奇迹，也实现了经济结构的历史性变迁。中国的高速增长期正好与改革进程一致，这不是巧合，而是有着逻辑上的因果关系。中国经济高增长，是巨大的制度变革推动的。本章将着重对中国经济体制改革的背景、历程及进展进行概要分析，旨在对 30 年来中国经济增长和结构变迁的时代背景作一刻画，也试图为中国的增长奇迹和结构巨变提供某种注脚，全章内容分为四个部分：首先，谈谈我国的高增长与制度变革之间的关系；其次，对渐进式改革的历程、成因与成效逐一进行分析；再次，探讨我国的经济增长潜力是如何在制度变革的背景下如何释放出来的；最后，对深化改革与经济可持续发展的关系阐述了我们的观点。

第五章“对外开放”。三十多年来，贯穿于中国经济高速增长进程的一个重大变革是经济开放度的显著提高。本章通过对中国三十多年开放过程的回顾，讨论和梳理了 1978 年以来中国对外开放的历史与逻辑线索，重点关注政府的制度性供给在其中的作用，中心论点是中国的对外开放也是一种渐近性改革，它的启动和路径选择，是政府面对一系列限制条件下理性安排的结果，带有强烈的政府干预特征，对促进我国的经济增长产生了巨大成效，但也存在问题。本章结构安排如下：一是概述了中国开放路径的特征、主要成就和经验事实，对中国的对外开放度及其与经济增长的关系进行了综合评估；二是分析形成目前开放格局的制度根源；三是将围绕中国“双引擎”开放模式对于增长和稳定的宏观机制及存在的挑战进行讨论；四是则强调了提升对外开放的质量对我国可持续增长的重大意义。

第六章“劳动力资源开发”。中国近三十年资本形成速度的加快，使过剩的劳动力转变为现实生产力，有力地促进了经济增长。中国劳动力资源开发的“制度变革+产业导向”模式，为增长动力的重塑创造了条件，比较优势战略在成功将人口负担转化为人口红利的同时，也使中国经济从贫困陷阱中解脱出来。但是，随着中国工业化进程的推进，现有增长模式的局限及其不可持续性问题也逐渐显现，而以人力资本提高为核心的劳动力资源的二次开发，将是克服现有增长模式弊端和保证经济可持续增长的关键。本章将对中国经济增长过程中劳动力资源开发问题进行论述，并对劳动力资源的开发前景进行展望。全章内容安排如下：首先，谈谈我国劳动力资源的开发对中国高速经济增长的贡献；其次，对中国劳动力资源的开发机制进行分析；最后，是探讨如何二次开发劳动力资源以及建立人力资源开发体系对我国未来经济可持续性增长的促进意义。

第七章“技术进步”。按照现代经济理论，从长期看，一国经济的绩效取决于自主技术创新、获取和扩散新技术的能力。本章将从企业技术进步与科技投入的角度来分析中国经济增长背后的动力机制，从自主研发、技术引进对中国创新能力和经济增长的影响来理解改革以来中国经济所获得的成就。一个基本结论是，自主研发、直接技术引进对中国创新能力和经济增长均有长期的积极推动作用。因此，发展出独立自主的研发体系、有效利用全球科技资源，是中国真正具有国际竞争能力、跻身于世界经济强国的重要条件。本章安排如下：首先，探讨了一下我国技术进步的状况及其对创新与经济增长的贡献；其次，对我国技术进步路径的转换，即从干中学转向自主创新的机制予以了剖析；再次，实证研究了自主研发和技术引进对我国经济可持续增长的影响因素；最后，阐述了促进我国技术进步的政策建议。

第八章“资本形成”。资本形成对任何经济来说都是保证经济活力的重要因素，中国近三十年的高速增长，更是与快速资本形成相关。虽然我们不否认中国的资本形成效率并不高，但高速资本积累却是使中国摆脱贫困陷阱的利器。为创造资本形成的环境，中国采取了低价工业化的策略，通过合理的相对价格体系调整，使工业化进程加速。本章将从中国资本形成的过程、特点入手，分析其对经济增长的作用，主要内容安排如下：一是从理论和经验两方面来分析资本积累对我国高速增长的促进作用；二是回顾与分析了我国资本形成路径的多元变化；三是归纳了投资与消费间的变动规律，并分析了我国投资率与消费率变动态势；四是阐明了投资效率的改进对我国未来经济可持续性增长的重大意义。

第九章“财政支持”。改革开放前，中国计划经济居主导地位，财政服从于计划经济，其主要职能之一是发展生产。改革开放以后，财政的职能被概括为资源配置、调节收入分配和宏观调控，但为支持经济高增长，财政作为促进资本积累的重要手段没有变，而体制改革改善了财政在资源配置方面的作用，提高了资源配置效率，促进了经济增长。本章分析了改革开放 30 年来财政体制变化与经济增长的关系。具体安排如下：一是阐述了财政支持对我国经济增长的贡献，提出了中国财政政策对经济增长影响因素；二是分析了财政体制改革、宏观调控对经济增长的促进作用，具体从财政分权、税制改革以及财政政策如何通过宏观调控来促进经济增长三个方面予以了分析；三是探讨了加快建立公共财政体制对我国经济实现可持续增长的重要性与必要性。

第十章“金融发展”。改革开放以来，中国金融体制成功地进行了渐进改革，构筑了中央银行—商业银行二级银行体系，形成了一种政府主导型的金融结构，这种结构在理论上可以概括为由国家隐性担保配合利率管制复制信贷集中性均衡。政府主导型金融结构的形成，一方面虽然有效激励了金融机构（银行）信贷投放和信用扩张，加速了企业投资和经济增长，并同渐进的外汇改革和金融开放相结合，成功地控制了通货膨胀，实现了经济稳定；另一方面也导致了金融发展的不平衡，使得中国货币化和资本化进程方面出现明显反差。而随着干中学的经济增长源泉日渐枯竭、系统压低生产要素价格，以及保持对外失衡和高储蓄成本的飙升，则意味着推迟中国政府主导型金融结构市场化转型的代价会不断增加，以致维持这样的金融结构将沦为次优的制度安排，因此，在稳定经济基础上如何有效实现中国金融结构市场化转型，以有效缓和短期稳定与实现可持续性增长的潜在冲突则是我们亟待解决的一个迫切问题。围绕这一问题，本章研究将如下安排：第一，从信用扩张、货币化进程与资本化进程三个方面对货币在我国经济增长中的作用进行了分析；第二，对于货币化和资本化进程出现反差的中国金融发展不平衡的结构根源予以了剖析；第三，回顾了我国政府主导型金融结构形成的历程；第四，从形成可持续发展的金融体制保障角度，探讨了金融结构调整和经济可持续增长之间良性互动的条件与面临的挑战；第五，提出了促进我国经济可持续增长与金融结构调整的政策选择。

第三篇：中国经济潜在增长水平与可持续增长。

第十一章“中国经济长期增长的潜在水平及其效率、路径”。长期经济增长，是一个结构演进到均衡路径逐步达成的过程，经验表明可大致划分为两个阶段：前期结构变动促进增长的经济追赶阶段；后期要素/产出比例趋于稳定的均衡增长阶段。持续的资本积累、接续的主导产业，以及有利于创新涌现的制度，促动工业先行国完成了两个增长阶段的转换，进而跻身于世界发达经济行列。然而，由于自身体制的缺陷，后发工业化国家在增长阶段转换中，却发生了各种各样阻碍经济持续成长的问题，只有极少数国家和地区（如战后“亚洲四小龙”）顺利完成了转型。当前，中国经济正面临着增长阶段的转换问题，也即高投资和出口驱动的经济增长阶段，已逐步失去经由干预提升效率的动力，以结构调整促进效率提高的增长阶段行将结束，城市化和服务业的发展将开启经济稳速增长阶段，效率提高促进结构优化是本阶段的主要特征。那么在未来这一稳速增长阶段，我国经济的增长路径将是如何，其潜在增长水平又是多少，本章将试图探讨这些问题，具体结构安排如下：首先，为加深与建立分析的事实基础，我们引入了发达国家和发展中国家长期增长的三个统计现象；其次，在这些事实基础上，对中国经济增长阶段的问题和特征进行了考察；再次，依据前述分析，我们将探讨中国未来经济增长的潜在水平；最后，给出了我们的研究结论并提出了相关的政策建议。

第十二章“全球失衡、金融危机、中国经济复苏与可持续增长”。自 2007 年 8 月以来的美国次贷危机，已经演变成全球性金融危机。处在危机中心的发达经济体以及外围的新兴市场经济体，都受到了巨大的冲击；而危机从金融领域向实体经济蔓延的态势仍在扩展，大萧条以来最严重的金融危机正在对过去几年强劲的全球增长周期进行调整，世界性衰退不可避免。而当百年一遇的大危机真的来临的时候，事实上，人们还是显得准备不足，无论是理论分析还是政策实践都是如此。现在看来，大多数学术研究与政策措施都在试图回答这么几个问题：是什么原因导致了这场危机，它与以往的危机不同还只是重复历史？危机是如何蔓延扩散的，各经济体又做出了何种反应？我们怎样才能走出危机？怎样才能避免危机的再次发生？本章的探讨同样离不开以上几个问题，但讨论的落脚点不在于失衡与危机本身，而在于中国经济如何才能抵御这场外部冲击，并进入到可持续性增长的发展轨迹。本章内容安排如下：首先对于从失衡到危机进行了一些必要的历史回顾与文献综述；其次，从货币霸权的视角构造了一个失衡和危机的两国模型，以构建本章的理论基础；再次，探讨了一下面对外部危机的冲击，我国政府的政策反应；最后，分析了我国经济复苏与可持续性增长的条件，并给出了相关的政策建议。

第四篇：中国经济可持续发展评价体系与展望。

第十三章“中国经济可持续发展评价体系”。为了评估我国经济的可持续发展情况，本章提出了一套各省份发展前景评价体系。该发展前景评价体系一级指标包括经济增长、增长可持续性、政府运行效率和人民生活四个部分，通过产出效率、经济结构、经济稳定、产出消耗、增长潜力、环境质量、政府效率、社会保障、人民生活和消费结构等方面的近60个指标运用主成分分析法对各省区市发展前景进行客观评价。全章将从五个部分展开，第一部分对可持续发展指标评价体系本身、指标设计、数据来源及处理和中国各省份的可持续发展前景的评价过程进行说明；第二部分是中国各省份发展前景评价结果；第三部分为各省份发展前景分级情况；第四部分是各省份发展前景的影响因素分析；第五部分为基本结论。

第十四章“我国跨越‘中等收入陷阱’的理论框架与路径分析”。中国2011年人均GDP超过了5400美元，跨过了高中等收入国家的门槛（高中等收入国家在3596~11115美元），不过这一阶段规模性收益仍处在递增阶段，增长机会很多，而同时这一时期也处于发展与转型的时期，利用高增长的机会加快增长机制的转变，才可能跨越中等收入陷阱，否则有可能陷入到中等收入水平的停滞阶段。本章将从世界各国比较研究的角度，根据典型化事实和经济增长理论推演，探讨一下我国如何吸收国际发展经验，根据中国国情制定正确的经济政策和社会政策，以跨越正在面对的中等收入陷阱。具体内容安排如下：首先，阐明了何谓“中等收入陷阱”；其次，探讨了三类关于“中等收入陷阱”的理论基础及其典型化事实；最后，构造了一个跨越“中等收入陷阱”的平面六要素的理论框架，并以此为基础，指出了我国跨越“中等收入陷阱”的路径选择。

第十五章“中国经济可持续增长展望”。对于中国如何实现经济增长的奇迹，本书前面的内容从若干方面进行了分析，很多学者也有不同的总结，但如果中国的增长持续下去，未来前景将如何呢？依本书引言中提出的S型增长理论，中国目前尚处经济加速增长时期的后段，虽然单靠要素积累难以保证未来的持续高增长，但体制变迁和技术进步却可能使未来保持高增长，那么，能够实现中国可持续增长的机制究竟何在呢？这是我们将要探讨的主体内容。本章安排如下：首先，从理论上对我国经济增长的机制予以了归纳，并概括了相关的典型化事实；其次，从我国政府—企业互动的角度，构造了一个中国式增长机制的理论模型；再次，围绕我国的政府行为，对于这一中国式增长机制形成的路径进行了情景分析；最后，探讨了可持续增长机制转型的条件与相关的政策，并对我国未来经济的可持续增长进行了展望。

参考文献

[1] 林毅夫、蔡昉、李周:《中国的奇迹：发展战略与经济改革》，上海三联书店 1994 年版。

[2] 刘世锦:《增长模式转型压力与战略选择》,《经济学动态》2005 年第 9 期。

[3] 刘霞辉:《论中国经济的长期增长》,《经济研究》2003 年第 5 期;《从马尔萨斯到索罗：工业革命理论》,《经济研究》2006 年第 11 期。

[4] 麦迪森:《世界经济二百年回顾》，改革出版社 1996 年版。

[5] 索罗:《增长理论》(中译本)，中国财政经济出版社 2003 年版。

[6] 世界银行:《东亚奇迹》(中译本)，中国财政经济出版社 1994 年版。

[7] 世界银行:《东亚奇迹的反思》(中译本)，中国人民大学出版社 2003 年版。

[8] 世界银行:《东亚的复苏与超越》(中译本)，中国人民大学出版社 2003 年版。

[9] 世界银行:《东亚创新 未来增长》(中译本)，中国财政经济出版社 2004 年版。

[10] 吴敬琏:《中国增长模式抉择》，上海远东出版社 2005 年版。

[11] 张军:《资本形成、工业化与经济增长：中国轨迹的特征》,《经济研究》2002 年第 6 期。

[12] 张平、张晓晶执笔:《经济增长、结构调整的累积效应与资本形成》,《经济研究》2003 年第 8 期。

[13] 汪红驹、刘霞辉执笔:《高投资、宏观成本与经济增长的持续性》,《经济研究》2005 年第 10 期。

[14] 张晓晶、张平执笔:《开放中的经济增长与政策选择》,《经济研究》2004 年第 4 期。

[15] 张平、刘霞辉执笔:《干中学、低成本竞争机制和增长路径转变》,《经济研究》2006 年第 4 期。

[16] 张晓晶、常欣、汪红驹执笔:《增长失衡与政府责任：社会性支出角度的分析》,《经济研究》2006 年第 10 期。

[17] 袁富华等执笔:《劳动力供给效应与增长路径的转换》,《经济研究》2007 年第 8 期。

[18] 张晓晶、汪红驹执笔:《外部冲击与中国的通货膨胀》,《经济研究》2008 年第 5 期。

第一篇

中国经济增长的路径

第一章　中国奇迹与经济可持续增长

对于中国经济三十多年的高速增长是否是个“奇迹”，理论界和有关人士的看法，可谓莫衷一是，相互对立。肯定者，如林毅夫等早在 1994 年就提出了中国增长的奇迹的观点，而随着时间的推移，特别是将中国改革开放成就的取得与前苏东国家休疗法绩效的比较之后，越来越多的学者也开始认同中国增长奇迹的提法。近来，诺贝尔经济学奖获得者约瑟夫·斯蒂格利茨就认为“世界上还从未出现过如此大规模而又持久的经济增长。在过去 1/4 世纪里，中国的增值率为 9%，人均收入提高了 4 倍（从 220 美元到 1100 美元）。唯一可以相提并论的是所谓的东亚奇迹，8 个增长最快的经济体从 1965 年至 1990 年平均每年人均收入增值率为 5.5%，但这比过去 1/4 世纪里的中国经济慢得多，规模也小得多。在以往的经济革命中——比如 19 世纪的工业革命——增长率最高也就是 2% 到 3%。”；Shane and Gale（2004）也认为：“在其他国家几十年乃至上百年获得的发展成就和变化，在中国只用了二十多年。美国获得今天世界第一经济大国的地位，由于其经济增长速度只有 3%，用了超过 100 年的时间。日本在 1971 年至 1991 年的 20 年黄金发展时期，年经济增长率也只有 3.85%。其他‘亚洲奇迹’国家或地区也从来没有像中国发展这样快。”反对者，如英国《金融时报》的一位专栏作家指出，东亚国家第二次世界大战以来高速增长的纪录表明的不是中国在缩小与世界上最发达国家的差距上赶得多么快，而是多么慢。言外之意，我们不要以为自己是在“改写历史”，我们不过是在重复别人走过的赶超之路；而且，他甚至还嫌我们赶超得太慢了。另外，也有学者指出，中国的增长并无奇迹可言，只是赶上了全球化的好运气（陈志武，2008）。他认为，“在讨论过去 30 年经济增长的时候，我们往往只把注意力集中在中国的纵向发展上，拿今天的中国跟过去的中国比，当然容易看到奇迹。但是，如果把中国过去 30 年的发展、过去 150 年的发展放在全世界的大框架做横向比较，并考虑到同期间的科学技术水平和国际秩序状况，我们会发现，过去 30 年的发展与其说是中国的奇迹，还不如说是世界带来的奇迹。如果靠模仿也能给中国带来奇迹，那恰恰说明西方过去 500 年发展的科学技术和所建立的世界秩序的重要性”。另外，也有从中国威胁论的角度分析中国的增长，认为中国的增长实在很让人吃惊，可能会打破世界的平衡。

虽然不同人士观点迥异，但我们仍倾向于将这一结果称为中国经济增长奇迹，因为，一个拥有全球人口 1/5 之多的贫困国家，在半个世纪左右的时间内实现了经济腾飞，摆脱了贫困，正向现代经济迈进，这应算是人类奇迹了。当然，我们形成这一观点并不是随意的口头语，而是来自于纵横双向比较的结果，并非仅仅将注意力集中在中国的纵向发展上。本章安排主要分为四个部分：首先我们将从纵向的历史比较及横向的国际比较来见证一下中国经济增长的奇迹；其次对导致中国诞生奇迹的增长主线及其发展阶段进行回顾；再次是对中国经济增长的特征进行归纳，并对未来中国经济实现可持续增长机制的选择予以分析说明；最后提出我们对于中国经济实现可持续性增长的政策建议。

一、中国奇迹的见证——纵横双向比较

我们认为，中国的经济增长，无论是纵向的历史比较，还是横向的国际比较，都可堪称奇迹。从历史比较来看：公元一世纪的时候，中国的汉朝与和欧洲的罗马帝国处在同一发展水平。而且直到1820年，中国一直是世界上最大的经济体，GDP总量仍占世界份额的32.4%（Madison，1998）。但此后，中国经济一直停滞不前，人均GDP在1820~1952年间甚至还下降了。而改革开放30年，让中国经济又重返世界经济舞台，并且扮演越来越重要的角色。根据高盛研究，2000年至2009年，中国对世界经济的累计贡献率已经超过20%，高于美国。2009年，中国进口量增长2.8%，是主要经济体中唯一在进口方面呈现增长的国家。在全球贸易下降12.9%的情况下，中国进口值仍然超过1万亿美元，为全球经济复苏做出了重要贡献。到2011年末，中国进出口总量已达3.64万亿美元，外贸出口额和进口额占世界货物出口和进口的比重分别提高到10.4%和9.5%，货物贸易进出口总额跃居世界第二位，连续3年成为世界最大出口国和第二大进口国。同时，外汇储备在2011年末达到3.181万亿美元，名列世界第一。而这些成就还是在经历了2008年爆发的国际金融危机，在世界经济大幅下滑、国际市场需求严重萎缩的严峻形势下取得的。毫无疑问，当前中国已经成为世界经济稳定增长的重要力量，成为拉动世界经济增长的重要引擎，中国也将成为第一个从鼎盛到衰微再从衰微到鼎盛的主要文明国家，这不仅是中国增长的奇迹，也是世界文明史上的奇迹。

（一）横向的国际比较

对于横向的国际比较，我们主要从以下四个层面进行：①中国对世界增长的贡献；②中国与东亚经济体的增长；③“金砖四国”（BRICs）的比较；④独树一帜的高位平稳型增长。通过国际比较可以发现，即便与那些快速增长的经济体相比，中国也毫不逊色，甚至还略胜一筹。

1. 中国对世界增长的贡献

随着中国经济的快速增长，其在全球经济体系中的重要性不断上升。根据世界银行计算，2002~2010年，中国在世界GDP的比重持续增加，中国对世界GDP增量的贡献率在2009年已增长到14.5%，成为全球第二大经济体和第一大贡献国。而若以市场汇率计算，中国经济增长则在2007年对世界GDP增长的贡献度就达到了16%，并且超过美国经济增长的贡献度（见图1-1）。

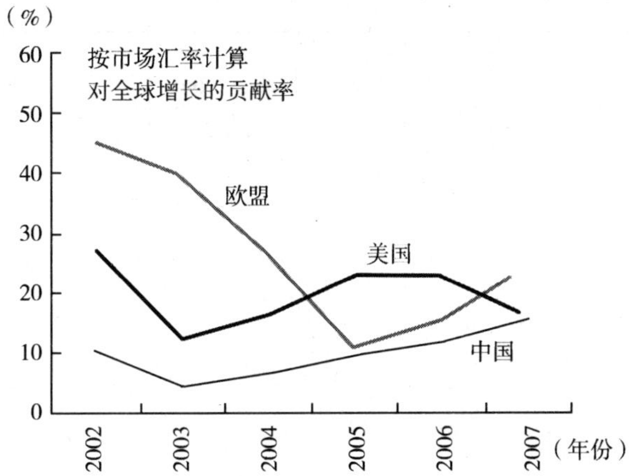

图 1–1　中国在全球经济体系中的重要性不断上升

资料来源：世界银行《中国经济季报》，2007 年 9 月。

根据购买力平价计算的国内生产总值，中国在 1991 年占世界份额为 3.9%，首次超过英国的 3.6%；1995 年为 5.7%，超过德国的 5.6%；2001 年为 7.7%，超过日本的 7.6%。2007 年，中国占世界 GDP 的份额为 10.8%，位居世界第二位，美国仍占第一位，为 21.4%。2007 年，国际货币基金组织根据国际比较项目的修正数据，大幅度下调了一些主要新兴市场经济体的 PPP 汇率，同时上调了另一些国家（包括一些石油出口国）的 PPP 汇率。这些变化对基于 PPP 汇率的全球增长率有影响，同时也影响到单个国家和国家组在全球 GDP 中的占比。下调增速最快的两个国家是中国①和印度。就 2007 年而言，中国在全球产出中的占比从原来的 15.8% 下调到 10.9%，印度从原来的 6.4% 下调到 4.6%。由于其他国家以 PPP 计算的总体 GDP 下降，美国占全球 GDP 的比例从以前的 19.3% 上调到 21.4%。尽管发生以上调整，中国仍是世界第二大经济体，几乎占世界产出的 11%；中国对 2007 年全球增长率的贡献接近 27%。2009 年全球经济增长率为负 0.6%，主要发达国家的经济增长率平均为负 3.2%；只有以中国为首的新兴发展国家达到了平均 3.4% 的经济增长，中国更是维持了 9.2% 的高增长水平，到 2010 年中国国际购买力平价计算的国内生产总值为 10084764（百万美元），美国为 14582400（百万美元），中美两国比例则由 2007 年的 1∶1.98 变为 2010 年的 1∶1.43，2011 年这一比例又变为 1∶1.34，显示了中国经济增长对全球增长率贡献的进一步提升，见表 1–1。

表 1–1　根据购买力平价计算的五国占世界 GDP 比重（1991～2010 年）

年份 国别	1991	1992	1993	1994	1995	2000	2001	2006	2007	2008	2009	2010
中国	3.9	4.3	4.8	5.3	5.7	7.2	7.7	10.2	10.8	11.5	12.7	13.4

① 中国首次参加国际比较项目的调查项目，中国 2005 年基于 PPP 的 GDP 数据下调近 40%。以前的估算是根据 1984 年中国与美国间的双边价格推算的，事实证明此推算是不准确的。

续表

国别＼年份	1991	1992	1993	1994	1995	2000	2001	2006	2007	2008	2009	2010
德国	5.8	5.9	5.7	5.7	5.6	5.2	5.2	4.4	4.3	4.3	4.2	4.1
日本	9.2	9.2	9.0	8.9	8.8	7.7	7.6	6.8	6.6	6.2	5.8	5.8
英国	3.6	3.6	3.6	3.7	3.6	3.6	3.6	3.4	3.3	3.2	3.1	3.0
美国	22.4	22.8	23.0	23.2	23.1	23.6	23.3	21.9	21.4	20.1	19.4	19.2

资料来源：世界银行数据库。

2. 中国与东亚经济体的增长

图1-2显示，与日本及“亚洲四小龙”30年的高增长相比，就对数实际产出而言，中国的增长速度事实上更快。就占世界产出的比重而言，中国超过了新工业化经济体及东盟四国，还没有达到当年日本的水平。日本在鼎盛时期，占世界产出的比重达到18%左右。而现在中国也只有11%左右。但已经超过了今天的日本。

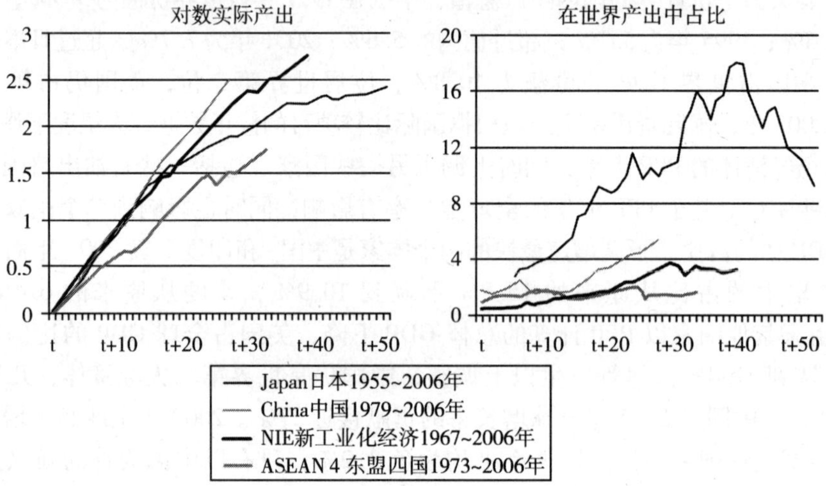

图1-2 中国与东亚增长比较

资料来源：Feyzioğlu（2007）。

3. 金砖四国（BRICs）比较

最早提出“金砖四国”这一概念的是高盛证券公司。2003年10月1日，高盛公司发表了一份题为“与BRICs一起梦想”的全球经济报告。高盛全球首席经济学家吉姆·奥尼尔2001年12月20日推出这个颇具有想象力的词汇之后，很快便风行全球，成为对21世纪全球经济走向的最大预言。这里之所以选择金砖四国进行比较，主要是基于：①都是大的经济体；②都在快速增长；③增长潜力都非常巨大。

首先，GDP增长率比较（见图1-3）。在这20年里，中国绝大部分时间处在首位，印度则紧随其后，这几年俄罗斯正在迎头赶上，而巴西处在最后，不过，最近也在以5%～6%的速度加快了增长的步伐。

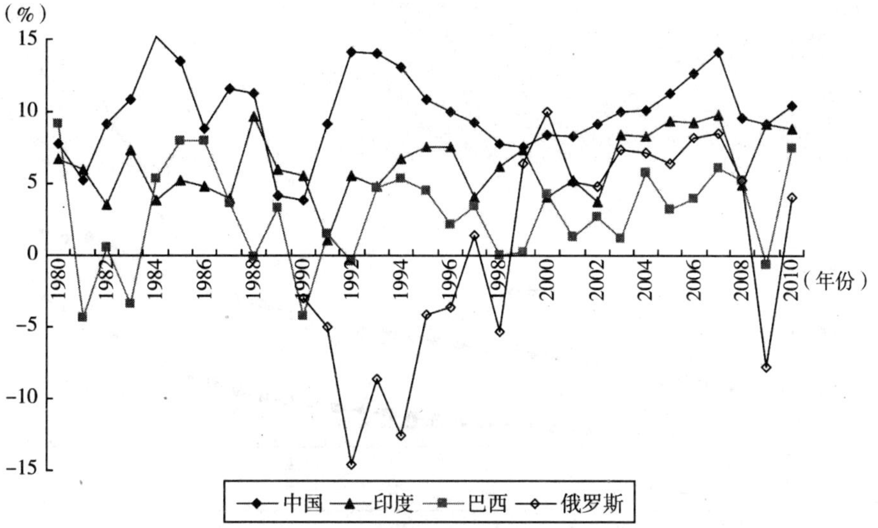

图 1-3　金砖四国 GDP 增长率的比较

资料来源：世界银行数据库。

就人均 GDP（现价美元）而言，中国只强于印度，而落后于巴西和俄罗斯，离世界水平还有相当差距，而巴西和俄罗斯近几年人均 GDP 都已开始超过世界水平。就人均 GDP 的增长态势而言，巴西和俄罗斯都很显著，中国则较平缓，也只是强于印度，如图 1-4 所示。

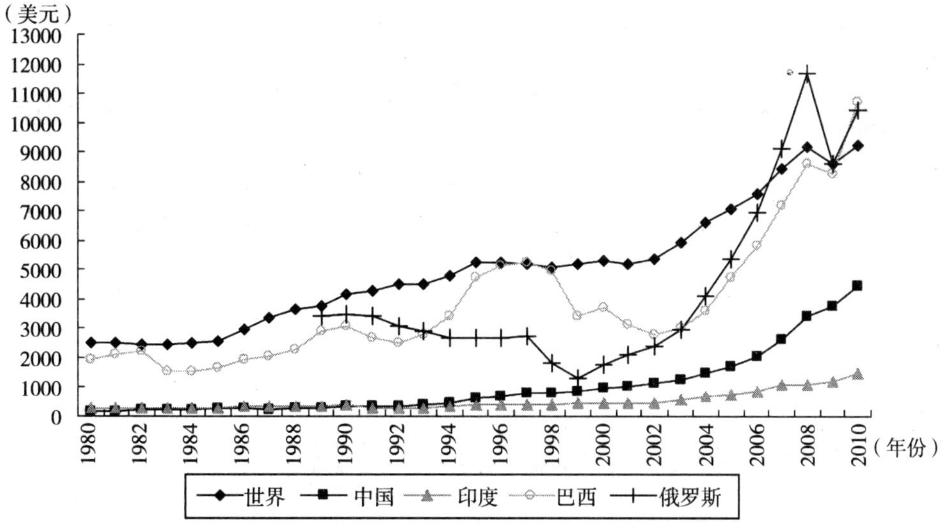

图 1-4　金砖四国人均 GDP 及与世界平均水平的比较

资料来源：世界银行数据库。

如果以 PPP 来衡量金砖四国的人均 GDP 状况，四国的基本关系不变。尽管在人均 GDP 上，中国还相对落后，但与巴西的差距有明显的缩小，与俄罗斯的差距还是比较显著，但与世界水平的差距缩小了，如图 1-5 所示。

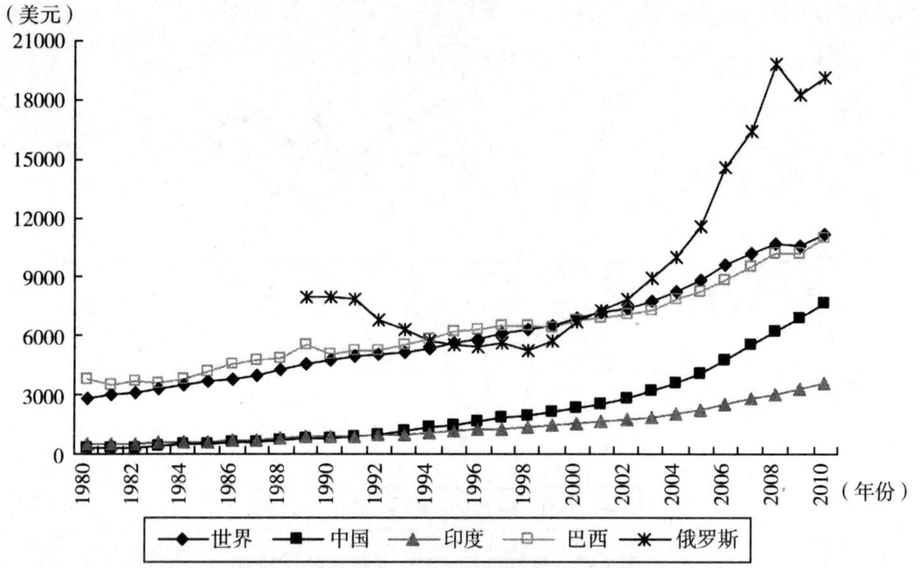

图 1-5　金砖四国人均 GDP（PPP）及与世界平均水平的比较

资料来源：世界银行数据库。

至于金砖四国占世界 GDP 的份额，如果以 GDP 总量来衡量，中国在金砖四国中就遥遥领先了。以 PPP 衡量的中国 GDP 占全球份额而言，比其他金砖三国的总和还要大，按照世界银行的数据，若按购买力平价（PPP）衡量的国民总收入（GNI）（现价国际元）来计算的话，2010 年中国的 GDP 规模达到 10. 22 万亿国际元，而其余三国的 GDP 总和也只有 9. 02 万亿国际元，还不及中国一国的规模，如图 1-6 所示。

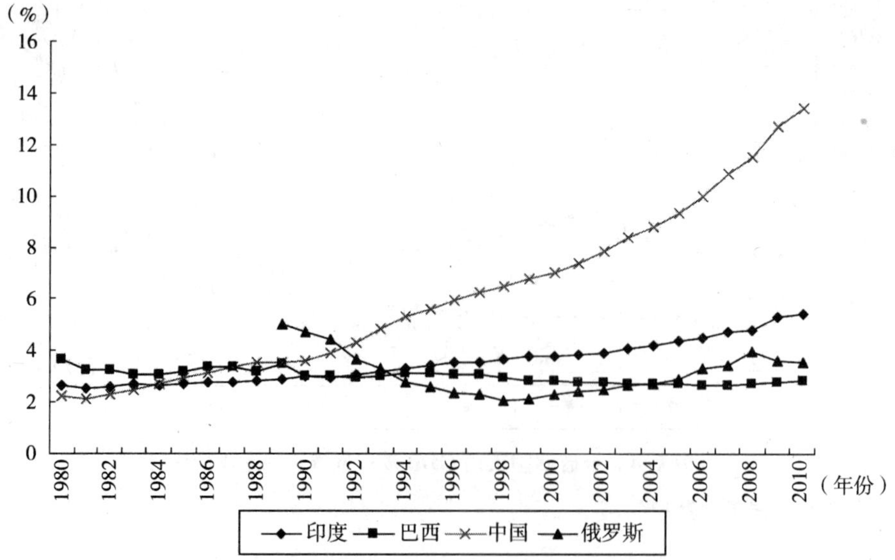

图 1-6　以 PPP 衡量的 GDP 占全球份额

资料来源：世界银行数据库。

其次，对于中国对世界的贡献，还可从近10年来其经济增长率与金砖四国以及世界水平的比较中可见一斑。最近10年来（2000年到2010年），中国的年均增长率达到10.3%，超过印度（7.4%）、巴西（3.7%）和俄罗斯（5.4%），而这10年世界平均增长率只有2.7%。可见，金砖四国对世界经济的影响力在不断增大，而中国在其中扮演了则极其重要的角色，特别是近两三年来，世界经济深受金融海啸影响，而中国在2009年和2010年仍然实现了9.2%与10.4%的高增长，不仅远远高于世界水平，而且大大高于金砖四国中其他国家，表现尤为突出，如图1-7所示。

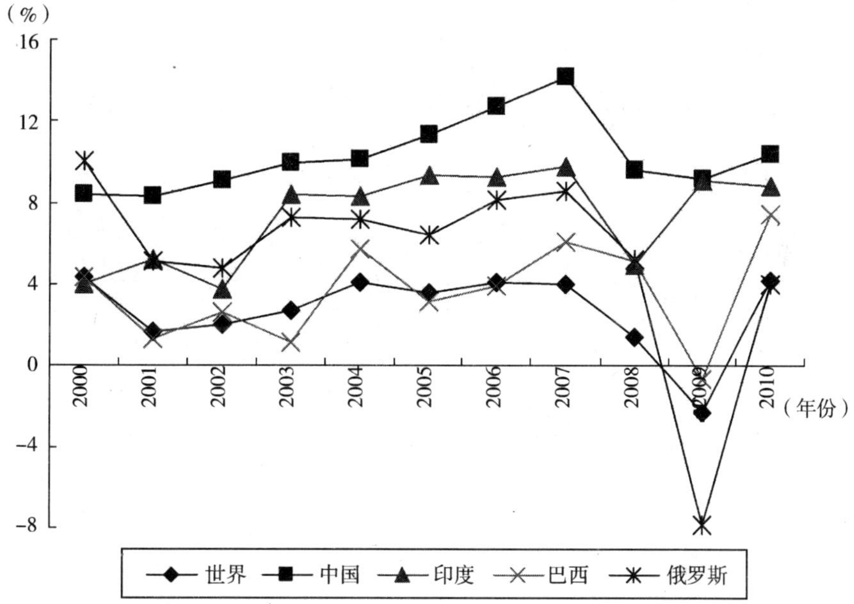

图1-7 2000~2010年金砖四国及世界平均的经济增长率

资料来源：世界银行数据库。

4. 独树一帜的高位平稳型增长

无论从经济增长速度，还是从中国的GDP总量来看，中国改革开放三十多年所取得的成就都堪称奇迹。此外，中国经济增长所体现出的高位平稳的特点，也可以说是独树一帜。特别是与第二次世界大战后同样保持了持续高增长的其他10个经济体相比，这个特点更为明显。

根据IMF和有关方面的数据，整理出以下11个经济体在其持续高增长阶段各年份的GDP增长率及其平均值（算术平均值）、标准差、变异系数和持续高增长的年数（见表1-2）。

表1-2 11个经济体持续高增长阶段GDP增长率（单位：%）

年份	新加坡	中国香港地区	中国台湾地区	韩国	泰国	马耳他	阿曼	印度尼西亚	博茨瓦纳	马来西亚	中国
1961	8.3										

续表

年份	新加坡	中国香港地区	中国台湾地区	韩国	泰国	马耳他	阿曼	印度尼西亚	博茨瓦纳	马来西亚	中国
1962	7.0	14.2	7.9								
1963	10.0	15.7	9.4	9.1							
1964	-3.5	8.6	12.2	9.7							
1965	7.5	14.5	11.1	5.7	7.9						
1966	11.1	1.7	8.9	12.2	12.2	10.8					
1967	11.8	1.7	10.7	5.9	7.8	6.9	66.2				
1968	13.9	3.3	9.2	11.3	8.5	10.1	82.0	11.1			
1969	13.7	11.3	9.0	13.8	7.9	6.4	25.6	6.0	15.1		
1970	13.7	9.2	11.4	8.8	10.5	12.6	3.3	7.5	14.9		
1971	12.5	7.1	12.9	9.2	5.0	2.5	1.0	7.0	17.2	7.1	
1972	13.4	10.3	13.3	5.9	4.1	5.8	9.2	9.4	29.8	9.4	
1973	11.5	12.4	12.8	14.4	9.9	9.8	-14.0	11.3	24.8	11.7	
1974	6.3	2.3	1.2	7.9	4.4	10.0	28.2	7.6	24.2	8.3	
1975	4.1	0.3	4.9	7.1	4.8	19.6	28.6	5.0	-1.3	0.8	
1976	7.5	16.2	13.9	12.9	9.4	17.0	16.0	6.9	19.0	11.6	
1977	7.8	11.7	10.2	10.1	9.9	12.2	17.6	8.8	3.5	7.8	7.6
1978	8.6	8.5	13.6	9.7	10.4	11.2	17.7	7.8	19.5	6.7	11.7
1979	9.3	11.5	8.2	7.6	5.3	10.5	4.6	6.3	9.9	9.3	7.6
1980	9.7	10.2	7.4	-1.5	4.6	7.0	6.1	9.9	12.0	7.4	7.8
1981	9.7	9.2	6.2	6.2	5.9	2.7	17.1	7.9	15.6	6.9	5.2
1982	7.1	2.8	3.5	7.3	5.4	0.1	11.5	2.2	12.6	5.9	9.1
1983	8.5	5.8	8.3	10.8	5.6	2.6	15.9	4.2	13.0	6.3	10.9
1984	8.3	10.0	10.7	8.1	5.8	0.8	13.9	7.0	8.7	7.8	15.2
1985	-1.4	0.5	5.0	6.8	4.6	2.4	14.5	2.5	7.2	-0.9	13.5
1986	2.1	12.5	11.5	10.6	5.5	3.8	2.1	5.9	7.9	1.2	8.8
1987	9.8	13.4	12.7	11.1	9.5	5.7	-4.0	4.9	12.3	5.4	11.6
1988	11.5	8.0	8.0	10.6	13.3	6.8	5.2	5.8	20.2	9.9	11.3
1989	10.0		8.5	6.7	12.2	7.1	3.0	7.5	11.8	9.1	4.1
1990	9.2		5.7	9.2	11.6	4.7	8.4	7.2	6.8	9.0	3.8
1991	6.6		7.6	9.4	8.1	5.9	6.0	7.0	7.4	9.5	9.2
1992	6.3		7.8	5.9	8.1	8.1	8.5	6.5	2.8	8.9	14.2
1993	11.7		6.9	6.1	8.3			6.8	2.1	9.9	14.0
1994	11.6		7.4	8.5	9.0			7.5	3.5	9.2	13.1
1995	8.2			9.2	9.2			8.2	4.5	9.8	10.9
1996	7.8			7.0				7.8	5.7	10.0	10.0

续表

年份	新加坡	中国香港地区	中国台湾地区	韩国	泰国	马耳他	阿曼	印度尼西亚	博茨瓦纳	马来西亚	中国
1997	8. 3			4. 7					9. 9	7. 3	9. 3
1998				-6. 9					10. 8		7. 8
1999				9. 5					7. 2		7. 6
2000				8. 5					8. 3		8. 4
2001				3. 8							8. 3
2002				7. 0							9. 1
2003											10. 0
2004											10. 1
2005											10. 4
2006											11. 1
平均值	8. 635	8. 626	9. 030	7. 998	7. 894	7. 522	15. 162	7. 017	11. 466	7. 604	9. 723
标准差	3. 769	4. 812	3. 063	3. 762	2. 634	4. 671	19. 944	2. 082	7. 180	3. 059	2. 775
变异系数	0. 436	0. 558	0. 339	0. 470	0. 334	0. 621	1. 315	0. 297	0. 626	0. 402	0. 285
持续年数	37	27	33	40	31	27	26	29	32	27	30

资料来源：IMF：International Financial Statistics，1983，1985，1996，1997；World Economic Outlook Database，April2007；台湾地区经济计划和发展委员会：《台湾统计资料手册·1997》。

通过比较发现，在这 11 个经济体中，增长速度最高的前三位是阿曼、博茨瓦纳和中国。按持续高增长阶段经济增长率的平均值由高到低的排序看（见表 1-3），阿曼最高，高达 15. 16%；博茨瓦纳次之，为 11. 47%；再次就是中国，为 9. 72%。尽管中国排名第三，但考虑到阿曼与博茨瓦纳都是小国，不具有可比性。

表 1-3 列出了各国经济增长率的变异系数（经济增长率的标准差除以其平均值）由大到小的排序。变异系数越大，经济增长率的离差越大，波动幅度就越大；变异系数越小，经济增长率的离差越小，波动幅度就越小。阿曼和博茨瓦纳经济增长率的变异系数最大，排在前两位，分别为 1. 315 和 0. 626，而中国最小，排在最后一位，仅为 0. 285。从国际比较中可见，中国经济持续高增长的一个突出特点是，增长速度的位势较高，而波幅最小，呈现出“高位—平稳”型。

表 1-3　11 个经济体排序

经济体	按经济增长率的平均值排序	经济体	按经济增长率的变异系数排序	经济体	按人口排序（万人）	经济体	按面积排序（平方公里）
阿曼	15. 162	阿曼	1. 315	中国	129608	中国	9600000
博茨瓦纳	11. 466	博茨瓦纳	0. 626	印尼	21759	印尼	1812000
中国	9. 723	马耳他	0. 621	泰国	6369	博茨瓦纳	580000

续表

经济体	按经济增长率的平均值排序	经济体	按经济增长率的变异系数排序	经济体	按人口排序（万人）	经济体	按面积排序（平方公里）
中国台湾地区	9.030	中国香港地区	0.558	韩国	4808	泰国	511000
新加坡	8.635	韩国	0.470	马来西亚	2489	马来西亚	329000
中国香港地区	8.626	新加坡	0.436	中国台湾地区	2277	阿曼	310000
韩国	7.998	马来西亚	0.402	中国香港地区	694	韩国	99000
泰国	7.894	中国台湾地区	0.339	新加坡	424	中国台湾地区	36000
马来西亚	7.604	泰国	0.334	阿曼	290	中国香港地区	1104
马耳他	7.522	印尼	0.297	博茨瓦纳	165	新加坡	1000
印尼	7.017	中国	0.285	马耳他	40	马耳他	316

通过上述横向的国际比较分析，我们说，改革开放以来，中国经济确实出现了增长奇迹，其实并不为过。

（二）经济发展的纵向比较

从总量看，我们虽然不能用一穷二白来描述1978年以前的中国经济，但经济总量和人均产出（收入）低却是事实。高增长的显著效果是人们拥有的各类商品丰富了，产能大幅提高。表1-4为1978～2011年中国的人均主要工农业产品产量，结果显示：1978年，中国人均工业产品拥有量很低；至2011年，除粮食、原煤和原油增幅较小及增长幅度不大外，其他主要工农业产品则增长较大，如水果增长了23倍，发电量、粗钢和水泥分别增长了11倍、14倍和23倍。

表1-4 人均主要工农业产品产量（1978～2011年）

年份	粮食（公斤）	油料（公斤）	糖料（公斤）	水果（公斤）	猪牛羊肉（公斤）	原煤（吨）	原油（公斤）	发电量（千瓦小时）	粗钢（公斤）	水泥（公斤）
1978	318.74	5.46	24.91	6.87	9.05	0.65	108.82	268.36	33.24	68.23
1980	326.69	7.84	29.67	6.92	12.28	0.63	107.98	306.35	37.83	81.39
1985	360.70	15.02	57.53	11.07	16.75	0.83	118.83	390.76	44.52	138.86
1990	393.10	14.21	63.55	16.51	22.14	0.95	121.84	547.22	58.45	184.74
1991	378.26	14.24	73.16	18.91	23.67	0.94	122.52	588.73	61.70	219.51
1992	379.97	14.09	75.61	20.95	25.24	0.96	121.98	647.14	69.48	264.57
1993	387.37	15.31	64.70	25.55	27.37	0.98	123.25	712.38	76.00	312.18
1994	373.46	16.69	61.63	29.36	30.98	1.04	122.57	778.72	77.70	353.39
1995	387.28	18.68	65.90	34.98	27.42	1.13	124.54	835.81	79.15	394.74
1996	414.39	18.16	68.66	38.21	30.35	1.15	129.22	888.10	83.15	403.42
1997	401.74	17.54	76.31	41.37	34.55	1.13	130.68	923.16	88.57	416.02

续表

年份	粮食（公斤）	油料（公斤）	糖料（公斤）	水果（公斤）	猪牛羊肉（公斤）	原煤（吨）	原油（公斤）	发电量（千瓦小时）	粗钢（公斤）	水泥（公斤）
1998	412.50	18.63	78.83	43.91	37.02	1.07	129.64	939.66	93.07	431.58
1999	405.82	20.76	66.53	49.79	38.02	1.09	127.72	989.28	99.19	457.40
2000	366.04	23.40	60.47	49.30	37.57	1.10	129.09	1073.62	101.77	472.82
2001	355.89	22.53	68.05	52.35	37.99	1.16	128.91	1164.29	119.22	519.75
2002	356.96	22.63	80.39	54.30	38.49	1.21	130.43	1291.78	142.43	566.23
2003	334.29	21.82	74.83	112.68	39.50	1.42	131.64	1482.91	172.57	669.11
2004	362.22	23.66	73.84	118.36	40.39	1.64	135.70	1699.99	218.28	745.96
2005	371.26	23.60	72.50	123.65	41.98	1.80	139.10	1917.79	270.95	819.84
2006	379.89	20.14	79.78	130.45	42.65	1.93	140.93	2185.88	319.71	943.36
2007	380.61	19.49	92.48	137.62	40.09	2.04	141.38	2490.01	371.27	1032.85
2008	399.13	22.29	101.31	145.10	42.38	2.12	143.76	2639.00	379.76	1074.66
2009	398.74	23.69	92.22	153.20	44.44	2.23	142.34	2790.33	429.81	1234.90
2010	408.52	24.15	89.77	159.99	45.77	2.42	151.31	3145.06	476.36	1406.82
2011	424.97	24.60	93.12	169.39	45.34	2.62	150.93	3506.37	509.83	1561.80

资料来源：《中国统计年鉴》（2012）。

与表1-4相近，表1-5则是中国平均每天创造的社会财富变化。1978年每天创造的国内生产总值为10亿元，2011年则为1295.6亿元，增长近130倍；主要农产品2011年比1978年的值增长2~10倍，主要工业产品的相应值除原油增加为2倍外，其他都大幅提高，其中粗钢、水泥、钢材分别增加20倍、30倍和40倍以上，甚至有人将中国称为“世界工厂”，这表明中国经济的现代化水平在大幅提高。

表1-5 中国平均每天创造的社会财富

指标	1978年	1990年	2000年	2006年	2011年
国民总收入（亿元）	10.0	51.3	268.5	580.3	1293.5
国内生产总值	10.0	51.1	271.8	577.7	1295.6
第一产业	2.8	13.9	40.9	67.8	130.1
第二产业	4.8	21.1	124.8	282.6	603.9
第三产业	2.4	16.1	106.1	227.3	561.6
粮食（万吨）	83.5	122.3	126.6	136.3	156.5
棉花（万吨）	0.6	1.2	1.2	1.8	1.8
油料（万吨）	1.4	4.4	8.1	8.4	9.1
肉类（万吨）	0.0	0.0	16.8	22.1	21.8
奶类（万吨）	0.0	0.0	2.5	9.0	10.4
水产品（万吨）	1.3	3.4	11.7	14.5	15.4

续表

指　标	1978 年	1990 年	2000 年	2006 年	2011 年
原煤（万吨）	169	295.9	355.9	650.1	964.4
原油（万吨）	28.5	37.9	44.7	50.6	55.6
天然气（万立方米）	0.4	0.4	0.7	—	2.8
发电量（亿千瓦小时）	7.0	17	37	78.5	129.1
粗钢（万吨）	8.7	18.2	35.2	114.8	187.7
钢材（万吨）	6.0	14.1	36.0	128.5	242.8
水泥（万吨）	17.9	57.5	163.6	338.8	575.1

资料来源：《中国统计年鉴》（2007 年、2012 年）。

产量扩张的结果是经济的快速增长，人均国内生产总值由 1978 年的 381 元增长到 2011 年的 35181 元，年增长率超过 9%（表 1-6 第二列），增长趋势明显。

中国经济的快速增长，带动了数亿人口的收入增长并使消费水平大幅上升（既全社会福利水平的提高），表 1-6 综合反映了这一变化。可以看到，1978 年的城镇居民人均可支配收入为 343.4 元（当年价格计），增加到 2011 年的 21809.8 元（当年价格计），33 年间增长了 10.46 倍（以实际值计），按可比价格计算这 33 年期间年均增长率约为 13.40%。1978 年的农村家庭人均纯收入为 133.6 元（当年价格计），增加到 2011 年的 6977.3 元（当年价格计），33 年间增长了 10.63 倍（以实际值计），按可比价格计算这 33 年期间年均增长率约为 12.73%。1978 年的城镇居民人均消费为 405 元（当年价格计），增加到 2011 年的 18750 元（当年价格计），33 年间增长了 7.97 倍（以实际值计），按可比价格计算这 33 年期间年均增长率约为 12.323%。1978 年的农村家庭人均消费（当年价格）为 138 元（当年价格计），增加到 2011 年的 5633 元（当年价格计），29 年期间增长了 7.71 倍（以实际值计），按可比价格计算这 33 年期间年均增长率约为 11.896%。

表 1-6　中国的 GDP、人均 GDP 及城乡居民人均收入和人均消费变动

年份	国内生产总值（亿元）	人均国内生产总值（元）	城镇居民人均可支配收入（元）	农村家庭人均纯收入（元）	城镇居民人均消费（元）	农村家庭人均消费（元）
1978	3645.2	381	343.4	133.6	405	138
1979	4062.6	419	387	160	425	159
1980	4545.6	463	477.6	191.3	489	178
1981	4891.6	492	491.9	223	521	201
1982	5323.4	528	526.6	270	536	223
1983	5962.7	583	564	310	558	250
1984	7208.1	695	651.2	355	618	287
1985	9016.0	858	739.1	397.6	765	349
1986	10275.2	963	828	424	872	378
1987	12058.6	1112	916	463	998	421

续表

年份	国内生产总值（亿元）	人均国内生产总值（元）	城镇居民人均可支配收入（元）	农村家庭人均纯收入（元）	城镇居民人均消费（元）	农村家庭人均消费（元）
1988	15042.8	1366	1119	544.9	1311	509
1989	16992.3	1519	1261	601.5	1466	549
1990	18667.8	1644	1510.2	686.3	1596	560
1991	21781.5	1893	1700.6	708.6	1840	602
1992	26923.5	2311	2026.6	784	2262	688
1993	35333.9	2998	2577.4	921.6	2924	805
1994	48197.9	4044	3496.2	1221	3852	1038
1995	60793.7	5046	4283	1577.7	4931	1313
1996	71176.6	5846	4838.9	1926.1	5532	1626
1997	78973.0	6420	5160.3	2090.1	5823	1722
1998	84402.3	6796	5425.1	2162	6109	1730
1999	89677.1	7159	5854	2210.3	6405	1766
2000	99214.6	7858	6280	2253.4	6850	1860
2001	109655.2	8622	6859.6	2366.4	7161	1969
2002	120332.7	9398	7702.8	2475.6	7486	2062
2003	135822.8	10542	8472.2	2622.2	8060	2103
2004	159878.3	12336	9421.6	2936.4	8912	2319
2005	184937.4	14185	10493	3254.9	9593	2657
2006	216314.4	16500	11759.5	3587	10618	2950
2007	265810.3	20169	13785.8	4140.4	12130	3347
2008	314045.4	23708	15780.8	4760.6	13653	3901
2009	340902.8	25608	17174.7	5153.2	14904	4163
2010	401512.8	30015	19109.4	5919.0	16546	4700
2011	472881.6	35181	21809.8	6977.3	18750	5633

资料来源：2012 年《中国统计年鉴》，按当年价格计算。

与表 1-6 的结果相适应，图 1-8 是城乡居民恩格尔系数变动状况，该系数近 30 年来总体上呈不断下降趋势，城镇居民恩格尔系数从 1978 年的 57.5% 下降到 2011 年的 36.3%；农村居民恩格尔系数从近 1978 年的 67.7% 下降到 2011 年的 40.4%。根据联合国粮农组织的标准，恩格尔系数在 59% 以上为贫困；50% ~59% 为温饱；40% ~50% 为小康；30% ~40% 为富裕。中国城镇居民恩格尔系数在 2011 年降到 36.3%，农村恩格尔系数则降到 40.4%，已处小康水平。

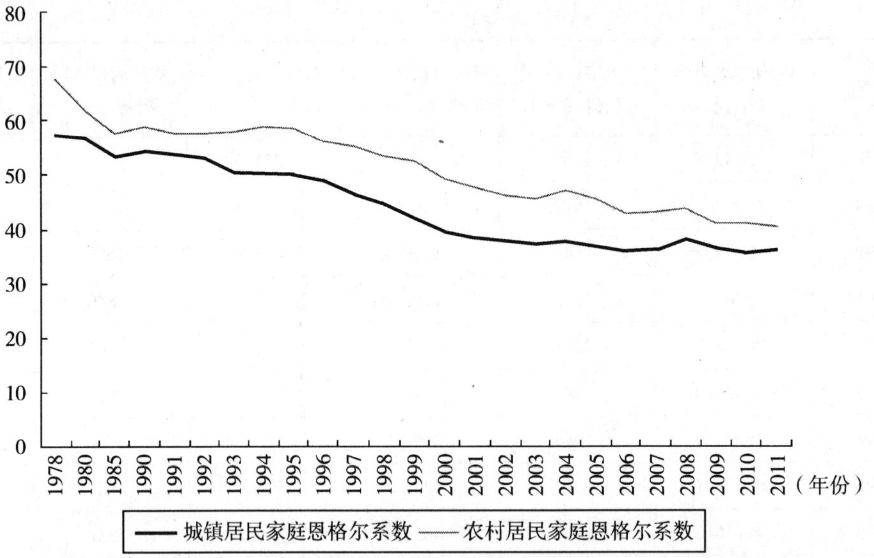

图 1-8 中国城乡居民恩格尔系数变动

资料来源：《中国统计年鉴》（2012）。

以上纵向比较的结果表明，与 30 年前相比，显然，当前的中国已经摆脱了贫困面貌，国家现代化了，个人更富裕了，这就是中国近 30 年来发生的变化。总体而言，通过以上纵横的双向比较，应该说，所谓中国经济增长奇迹，的确是一个不争的事实。

二、中国经济增长的主线与阶段

近三十年的经济增长诞生了中国奇迹，虽然道路蜿蜒曲折，但总体上却始终追随着从农业国向现代化国家转变这样一个增长主线运行；具体过程可谓“一波三折”，但却清晰地呈现出三次较大的飞跃，即体现出来的是农业—工业化—城市化的主线，围绕的是农业人口的生产率提高—农村劳动力转移和工业化—城市化率提高进入现代化的这样一个过程。这一增长主线的历程表现为：

第一阶段是以 20 世纪 80 年代的结构调整为主、以农业和乡镇工业发展为主、以农业部门为主要发展动力的农村经济带动（1978～1991 年）阶段。

第二阶段是国际化带动工业化和农村劳动力大转移（1992～2001 年）的阶段，在这一时期中国经济开始转向外资带动下的制造业大发展，出口带动对国民总产值增长贡献超过 10%，工业产值也高达 55%，这个经济持续增长的势头一直保持到进入 21 世纪。

第三阶段是城市化的提高，即城市人口比率提高的阶段（2002 年后）。大约在 2003 年左右，城市化开始成为发展的主导力量，在城市化和工业化双驱的带动下，经济增长也呈现加速态势。2011 年中国城镇人口已经超过农村人口，占比重分别为 51.27% 和 48.73%，中国经济社会已从典型的农业国（1978 年农村人口占 82.1%）真正进入到现代社会的国家了。

对于这一中国经济增长的主线，可具体从以下三个方面来看待：

（一）从农业国到工业国的发展

从 1978 年开始，中国工业化开始了以市场需求为导向的加速发展时期。从结构上看，1978 年中国的农业人口占总人口的 80% 以上，城市化水平低，是一个典型的农业国（见图 1-9），到 2011 年城镇人口达 51.27% 左右，有数亿过去祖祖辈辈生活和劳作在乡村的人进入了城市，开始了他们新的生活。世界银行对全球 133 个国家的统计表明，当人均国内生产总值从 700 美元提高到 1000～1500 美元、经济步入中等发展中国家行列时，城镇化进程加快，城镇人口占总人口比重将达到 40%～60%，中国目前已进入该阶段。

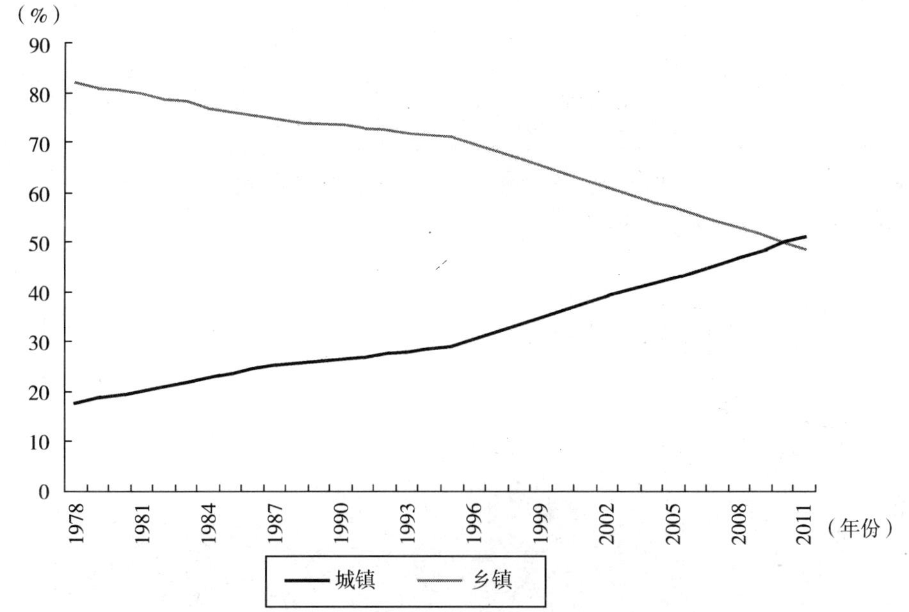

图 1-9　中国城乡人口的变动趋势

注：a. 1981 年及以前数据为户籍统计数；1982 年、1990 年、2000 年、2010 年数据为当年人口普查数据推算数；其余年份数据为年度人口抽样调查；b. 总人口和按性别分人口中包括现役军人，按城乡分人口中现役军人计入城镇人口。

资料来源：《中国统计年鉴》（2012）。

与此同时，在第一产业就业的劳动力，从 1978 年占就业总量的 80% 以上快速下降，至 2011 年降为 34.8%；第二、三产业的就业比重则快速上升，尤其是第三产业，其就业比重于 1995 年已超出第二产业，并保持不断上升态势，到 2011 年第三产业的就业量已达 35.7%，超过第一产业近 1 个百分点（见图 1-10）。

人口与劳动力的城乡变动，原因是第一、二、三产业占 GDP 的比重发生了巨大变化。图 1-11 表明，第一、二、三产业比重从 1978 年的 28.2%、47.9%、23.9% 到 2011 年的 10.0%、46.6%、43.4%，其中一产（主要是农业）占比显著下降；三次产业上升，中国从一个农业为主的国家，逐步成为一个工业化国家。按照国际通行的标准，工业化初期结束的标志之一是农业劳动力比重不超过 55%；工业化中期结束时，农

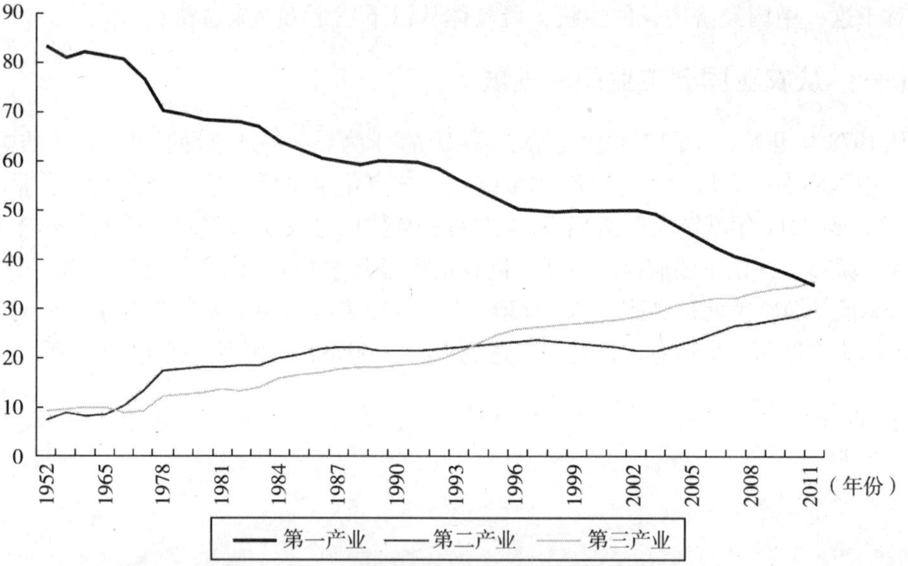

图 1-10　按三次产业分就业比重（年底数）

资料来源：《中国统计年鉴》（2012）。

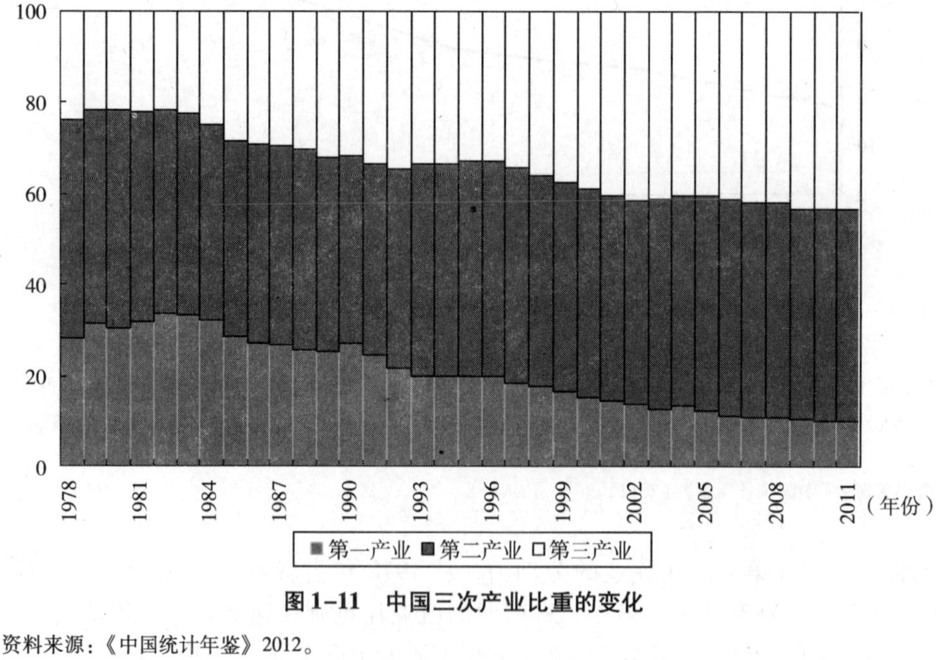

图 1-11　中国三次产业比重的变化

资料来源：《中国统计年鉴》2012。

业劳动力比重低于 30%，中国处在工业化的中期，工业化尚未完成。

此外，从工业增加值占 GDP 比重来看（见表 1-7），中国接近 50%，高于世界平均水平 20 个百分点，比印度、俄罗斯、巴西也要高很多。这一方面体现出工业化仍是当前中国增长的重要动力，但另一方面也需要看到，工业自身在 GDP 中所占比重提升的空间不大。

表 1-7　工业增加值占 GDP 比重（%）

国别＼年份	1990	2000	2001	2002	2003	2004	2005	2006	2007	2008	2009	2010	2011
中国	42	46	45	45	46	46	48	48	47	47	46	47	47
巴西	39	28	27	27	28	30	30	31	28	28	27	28	28
印度	27	26	25	26	26	28	29	29	29	28	28	27	26
俄罗斯	48	38	36	34	34	35	39	38	36	36	34	37	—
世界平均	33	29	28	28	28	27	28	28	28	27	25	26	—

资料来源：World Bank WDI Database。

事实上，根据产业结构演进的规律，应该是工业占比将有所下降，未来增长的动力将来自于产业结构升级转换。这一点从中国服务业的发展状况就可看出：如果说表 1-7 体现的是中国工业所占比重较高，那么图 1-12 显示的则是中国服务业的相对不发达。这二者都意味着在高速增长的背后，中国的产业结构还存在着很大的不合理性。虽然近几年来我国第三产业上升趋势明显，但根据世界银行数据，2010 年中国服务业所占 GDP 比重为要比世界平均水平低近 27. 5 个百分点，2011 年仍只占 43. 4% 的 GDP 比重，依旧比世界平均水平低近 25 百分点。这一比重甚至比低收入国家的水平还低，2010 年低收入国家与下中等收入国家第三产业的比重分别为 49. 7% 和 51. 6%，都高于我国 6 个百分点以上。这样状况，就既给我国带来了资源能源大量消耗以及环境问题，同时也不利于创造更多的就业。因此，与相关国家比，中国的产业结构还需进一步调整。产业结构调整既是实现未来增长的重要保证，也是中国走新型工业化道路的重要保证，如图 1-12 所示。

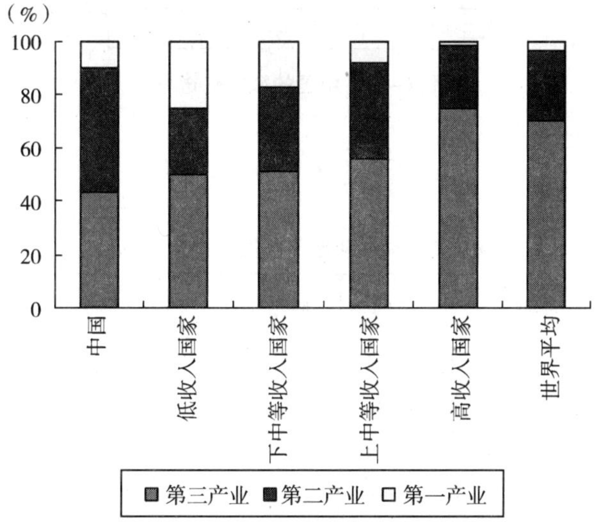

图 1-12　2010 年我国三次产业比重的国际比较

资料来源：World Bank WDI Database。

（二）快速推进的城市化

中国经济高速增长的另一个引擎是快速推进的城市化。自改革开放以来，中国以每年增加近一个百分点的速度在向城市化迈进。特别是20世纪90年代中期以后，城市化进程呈现加速的态势（见图1-13）。2011年中国城市化水平达到51.27%。正是农村大量剩余劳动力的转移，从劳动生产率较低的传统农业部门转向劳动生产率更高的现代部门，实现了资源的优化配置，成为中国增长的巨大推动力。另外，城市化的发展，使得与之相关的基础设施建设、房地产、汽车业以及现代服务业等，都会带来巨大的社会需求，这些正是中国扩大内需的潜力所在，也将是未来中国经济增长的动力源泉。表1-8进一步显示，中国城市化的发展还有很大的空间。

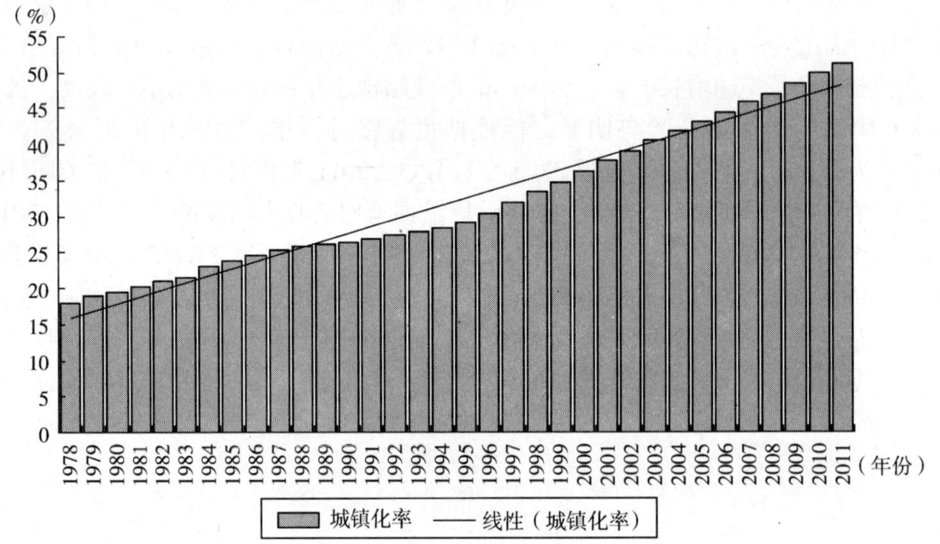

图1-13　中国的城市化进程

资料来源：《中国统计年鉴2012》。

表1-8　城市化水平的国际比较（%）

国别＼年份	1990	2000	2001	2002	2003	2004	2005	2006	2007	2008	2009	2010	2011
中国	27	36	37	38	39	39	40	41	45	47	48	49	51
巴西	75	81	82	82	83	84	84	85	83	84	84	84	85
印度	26	28	28	28	28	28	29	29	30	30	31	31	31
俄罗斯	73	73	73	73	73	73	73	73	73	73	74	74	74
世界平均	43	47	47	47	48	48	49	49	50	50	50	51	52

资料来源：World Bank WDI Database。

（三）总体实现准现代化

经过30年的增长，我国总体上实现了准现代化。世界银行每年发布一份世界发展报告，其中包括上百个衡量一国发展水平的发展性指标。为简明起见，这里我们仅采用20世纪70年代美国社会学家英克尔斯提出的10项国家现代化标准来综合衡量中国通过改革开放而实现的经济发展水平。英克尔斯的10项国家现代化标准如下：①人均国民生产总值3000美元以上；②农业产值占国民生产总值比例低于12%～15%；③服务业产值占国民生产总值的比例在45%以上；④非农业劳动力占总劳动力的比重在70%以上；⑤识字人口的比例在80%以上；⑥大学入学率在10%～15%以上；⑦每名医生服务人数在1000人以下；⑧平均寿命在70岁以上；⑨城市人口占总人口的比例在50%以上；⑩人口自然增长率在1‰以下。表1-9是中国改革开放30年来这10项英克尔斯国家现代化指标值。总的来看，在英克尔斯的10项指标中，中国已有7项指标超过了设定的标准，另外3项指标正在接近设定的标准。可以说，如果按照英克尔斯的现代化标准来衡量，经过三十多年的改革开放，中国已在各方面实现了现代化，或者说中国已实现了准现代化。

表1-9　中国的10项英克尔斯现代化发展指标

	1	2	3	4	5	6	7	8	9	10
度量标准	人均GDP（美元）	第一产业占GDP的比例（%）	第三产业占GDP的比例（%）	农业劳动力占总劳动力的比例（%）	城市人口占总人口的比例（%）	人口自然增长率（‰）	平均寿命（年）	文盲率*（%）	大学入学率（%）	医生数（每千人）
标准目标	>3000	12%～15%	>45%	<30%	50%	1‰	>70	<20%	10%～15%	>1
2011年	5444	10	43.3	34.8	51.27	4.79	—	5.21	—	1.82
2010年	4430	10.1	43.2	36.7	49.95	4.79	74.8	—	26.0	1.79
2009年	3748	10.3	43.4	38.1	48.34	4.87	—	—	24.0	1.75
2008年	3413	10.7	41.8	39.6	46.99	5.08	—	—	22.0	1.67
2007年	2651	10.8	41.9	40.8	45.89	5.17	—	—	22.0	1.62
2006年	2060	11.8	39.5	42.6	43.9	5.28	—	—	23.0	1.63
2005年	1714	12.6	39.9	44.8	43.0	5.89	—	11.04	21.0	1.5
2004年	1490	13.1	40.7	46.9	41.8	5.87	—	10.32	19.0	1.5
2003年	1274	12.6	41.4	49.1	40.5	6.01	—	10.95	17.0	1.4
2002年	1135	13.5	41.7	50.0	39.1	6.45	—	—	15.0	1.4
2001年	1042	14.1	40.7	50.0	37.7	6.95	—	—	—	1.6
2000年	949	14.8	39.3	50.0	36.2	7.58	71.4	9.08	—	1.6
1999年	865	16.2	38.0	50.1	34.8	8.18	—	15.14	—	1.6
1998年	821	17.3	36.5	49.8	33.4	9.14	—	—	9.8	1.6
1997年	774	18.1	34.4	49.9	31.9	10.06	—	—	—	1.6

续表

	1	2	3	4	5	6	7	8	9	10
度量标准	人均 GDP（美元）	第一产业占 GDP 的比例（%）	第三产业占 GDP 的比例（%）	农业劳动力占总劳动力的比例（%）	城市人口占总人口的比例（%）	人口自然增长率（‰）	平均寿命（年）	文盲率*（%）	大学入学率（%）	医生数（每千人）
1996 年	703	19.5	33.0	50.5	30.5	10.42	—	—	—	1.6
1995 年	604	19.8	33.0	52.2	29.0	10.55	—	—	—	1.6
1994 年	469	19.6	33.8	54.3	28.5	11.21	—	—	—	1.6
1993 年	520	19.5	33.9	56.4	28.0	11.45	—	—	—	1.5
1992 年	419	21.5	35.0	58.5	27.5	11.6	—	—	—	1.5
1991 年	356	24.3	33.9	59.7	26.9	12.98	—	—	—	1.5
1990 年	344	26.9	31.8	60.1	26.4	14.39	68.5	—	—	1.5
1985 年	292	28.2	28.9	62.4	23.7	14.26	—	—	—	
1984 年	301	31.8	25.1	64.0	—	13.08	—	—	—	
1980 年	311	29.9	21.9	68.7	19.4	11.87	67.8	—	—	
1978 年	227	27.9	24.2	70.5	17.9	12.0	—	—	—	1.1

资料来源：世界银行《世界发展报告 2007》，＊文盲人口占 15 岁及以上人口的比例。2007 年以后的数据来自 World Bank WDI Database、《中国统计年鉴 2012》。

三、中国经济增长特征及可持续增长机制选择

从中国现实来看，过去 30 多年接近两位数的高速增长在创造“中国奇迹”的同时也形成了自己的经济增长模式，虽然在此模式下，提升了中国国力和人民生活，为中国经济的进一步发展打下了比较坚实的基础，但我们也要清醒地看到，这一经济增长模式仍然有很强的政府干预进步赶超的性质，长期推行国家干预下的非均衡发展战略也带来了相应的负面结果，具体来看主要有以下四个方面：

首先是经济结构失衡。总供给和总需求、内需和外需、投资和消费、出口和进口、政府投资和民间投资、产业结构与金融结构、直接融资与间接融资等，都存在不同程度的失衡，在经济发展中的作用不尽合理。

其次是经济增长质量欠佳。长期形成的粗放型增长方式和结构性矛盾尚未根本改变，生产力水平总体上还不高，资源配置和利用的效率亟待提高，自主创新能力不足，贸易条件恶化，外资流入与国家安全等问题比较突出。

再次是国内经济、社会、环境的协调发展任务艰巨。城乡之间、区域之间、中央和地方之间各方面的利益协调难度加大；就业压力、资源短缺依然是经济发展的硬约束；能源消耗和环境污染严重，文、教、卫发展滞后，生活质量还有待改善。

最后是国际冲击带来不稳定和风险。随着对外开放日益扩大，面临的国际环境日趋复杂，中国经济增长的不平衡程度进一步加剧，宏观经济的不稳定性和风险增大，统筹国内发展和对外开放要求更高。尤其是2008年9月以来的国际金融危机，对我国造成了巨大冲击，使得中国经济内外环境一度变得极为严峻，经济增长率急速下滑，民工回乡潮、大学生就业难等都带来了极大的社会压力。保增长、扩内需、促民生、求稳定成为宏观政策之急。虽然政府为此迅速进行了流动性支持、税收扶持、大规模公共投资计划、产业振兴计划等“一揽子”强有力的政策干预，使得经济较快地走出了低谷，但在保增长压倒一切的目标下，早前既定的结构调整设想或许不得不暂时退居二线，这样就导致经济结构失衡、经济增长质量欠佳、结构转换摩擦、市场机制不完全、长期忽视环境保护和资源消耗过大等问题出现继续恶化的趋势，社会经济压力陡增，对中国经济增长的稳定性带来重大挑战。为此，如何转变经济增长模式就成为当前亟须抉择的重大战略问题，即一方面延长赶超期，另一方面如何按科学发展观实现平稳转型，进入到可持续增长的轨道中。

（一）经济增长的特征

要探讨我国经济的长期增长如何从当前模式实现平稳转型，进入到可持续增长的轨道上，那么我们首先就必须对当前模式下经济增长的特征，要有个整体上的认识。对于中国已有的经济增长方式和机制，在中国经济增长与稳定课题组近年工作的基础上，我们从理论上将中国现有的经济增长模式归纳为四大特征：

一是增长导向的发展目标。发展是硬道理，只有加快经济发展才能解决大规模的就业问题，社会福利才能提高，因此政府和企业的目标函数具有高度一致性，即规模性的快速扩张（GDP的高增长）。

二是要素积累型增长方式。这种增长方式具有低成本、高投入、低效率、高代价的特征。在中国经济由计划体制向市场体制的转轨过程中，市场本身在发育过程中，要素市场化滞后于商品市场化，因而在相当长的时间内，土地、水、电等资源和资本、劳动力要素的价格具有政府干预因素，政府为激励企业加速完成原始积累，控制生产要素投入价格，使得土地、劳动力、投资品保持较低的投入成本，如能源、水等长期低于国际均衡价格，环境、自然资源和劳动力社保等成本约束低，或者根本就没有；垄断金融资源，尽力动员、创造和低价供给（经常以坏账的方式补贴），优先为国有企业及具有增长机会的民营企业提供直接融资和间接融资。政府干预下的投入要素价格产生扭曲，极大地激励了企业在预算软约束下实施高投入，其结果必然是低效率，以及高能耗、高污染的不断积累，因此代价十分巨大。政府一旦转变目标，经济增长的可持续性就成为了未来发展的硬约束。

三是全球配置、“干中学”和竞争性创新机制。由于中国属于典型的城乡分割的二元经济结构国家，工业化虽然有一定基础，但生产技术水平和管理水平还比较落后；供需矛盾一直比较严重，在改革开放初期是供给不足，随着其后的经济发展，供给能力迅速上升，国内需求开始出现不足；在要素禀赋上，中国有着世界上最多的人口，劳动力丰富且成本极其低下；中国城乡居民虽有很高的储蓄倾向，但是由于企业和企业家的高度稀缺和金融业发育不足而不能把国内的储蓄有效地转化成为生产性的资本来增加国民财富和居民收入（特别在1978年改革启动之初，中国的人均资本存量极其稀少，外汇极其短缺），因此通过对外开放进行全球配置，鼓励国际生产性资本的进口和商品的出口，最大限度地把国内低价的“无限劳动供给”和国际资本、广阔的海外市场结合起来，解决经济发展中的资金、资源和市场三大问题就成为必然。市场化改革和国际化推进同步进行，相互促进，在开放条件下由于“干中学”效应和竞争性创新机制的获得，诱导和激活国内实物资本和人力资本形成，保证了技术的引进吸收和自我创新，因而使得经济具有一定的自我发展能力。

四是国家动员型体制和政策强干预。体现在：第一，党管人事，为动员控制全国经济资源并集中使用提供了体制性保障。第二，激励性和歧视性制度供给。如与出口导向政策相配合的固定汇率政策和结售汇制度，1994 年汇率贬值激励中国企业的全球竞争优势，从 1994 年后中国外贸持续顺差，外汇积累不断增加；在税收方面，通过所得税三减两免等措施激励外资的流入，退税激励企业出口，1997 年积极的财政政策直接改善了中国基础设施，为中国工业化和城市化大发展打下了坚实的基础，2008 年金融危机后实施大规模政府投资和产业振兴计划；在货币创造方面持续保持了 M2/GDP 超过 1.6 的高比例，为社会经济活动提供宽松的货币条件。而户籍管理制度，沿海开放地区优先发展政策，国有非国有政策支持上的差异，大企业垄断，资本控制下单向的 FDI 流入便利化、贸易管制逐步放松背景下进出口并重但更强调出口便利化等，都是非平衡赶超背景下歧视性经济管理政策的具体体现。第三，数量型手段为主的宏观反周期调控。从改革开放以来，经历了七次宏观调控，以数量型手段为主（如银行准备金调整、信贷配给、资本市场额度控制等）、行政手段和价格手段为辅。在市场化初期价格机制不敏感情况下，这种干预方式往往目标明确，见效比较快。

正是上述四位一体的经济增长机制，使得中国可以较好地利用全球化机遇，充分调动和发挥本国的比较优势和发展潜力，驱动工业化和城市化的大发展，使物质积累和产出能力达到了一个全球总量第二位的水平。从生产层面看，中国工业规模性扩张达到了非常发达的水平，钢、铝、家用电器等大量重化工和轻工产品的产量居世界第一，进出口依存度高达 70%，外汇储备高达 2 万亿美元，规模性扩张已经到达了极限，增长的代价巨大，资源、社会等多方面已经难以承受，使得经济可持续增长受到挑战，经济增长方式的调整也更加紧迫。

此外，若用数学来描述这一时期经济增长的特性，可以看出中国经济增长表现为一个下凹型的增长路径，即指数增长，而指数增长就是典型的高速增长路径。为直观地显示中国经济增长这一事实，我们将改革开放以来的人均国内生产总值绘为图 1-14，该图表明我国经济增长呈现出一个典型的下凹型增长。

通常，指数经济增长路径有几大特征：①指数型经济增长具有明显的加速增长特征，这表现在没有负增长，一直保持正增长的同时，有连续或分阶段加速的特征。②指数化增长在经济上的特性表现为大规模要素性投入产生规模收益递增，直接推动高速经济增长。③指数经济增长的路径具有明显的不收敛特性，任何指数增长都不可持续，它必然会受到很多经济以外的变量约束。④指数经济增长路径是非典型的经济学增长路径，典型增长路径是要素投入—规模收益递减，而指数型的经济增长路径仅视为经济增长过程中的特例。⑤指数型经济增长是在突破和赶超过程中必须经历的特殊经济增长阶段，这在各国经济增长过程中都有着典型化的刻画。发达国家的工业化过程中长期呈现指数化特征，后发国家在突破贫困陷阱和赶超时多是呈现指数增长。指数化的增长到了

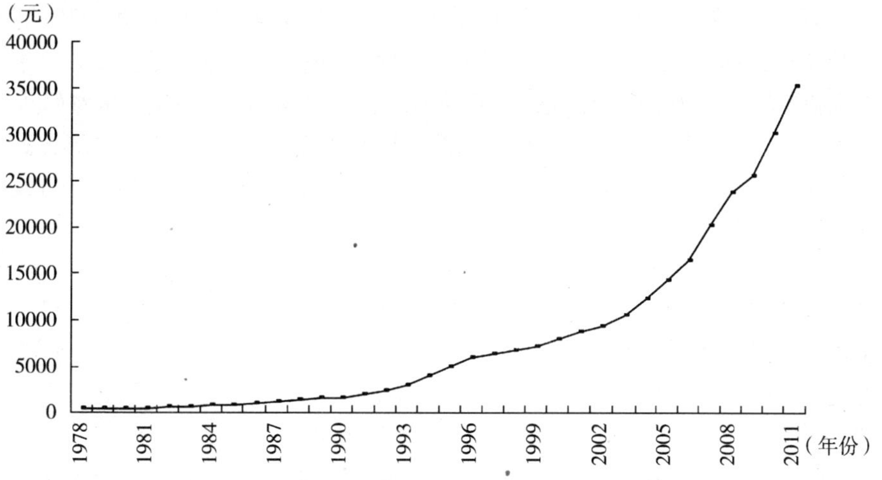

图 1-14 中国人均 GDP 凹型赶超增长路径

资料来源：《中国统计年鉴》(2012)。

一定的阶段会表现为逐步转向平稳，如日本赶超时期高速增长，但到达一定水平后出现了 10 年以上的长期调整，经济增长转向平稳。当前大多 OECD 国家经济增长就呈现出规模递减的经济增长特征了。⑥指数化增长特征尽管在理论上是一个阶段性的增长特征，但阶段性的长短是不确定的，成功的经济发展领导者和赶超国都会尽量延长或通过特殊的制度变革，大规模的技术创新等活动创造出国家增长的指数增长阶段。

（二）可持续增长的机制选择与保障

一国的发展都与其经济增长的阶段高度相关，中国仍处在下凹型的增长曲线上，学习效应很强，但结构必须转换、技术演进模式需要调整，这是因为下凹型的指数增长路径是不收敛、不可持续的，必须努力利用好这一赶超时期做好转型，否则会因为原有赶超路径的扭曲性制度安排锁定了未来的调整，导致陷入“中等收入陷阱”（世界银行，2008），即人均 GDP 达到 3000～5000 美元条件下进入衰退和长期停滞，如拉美国家 20 世纪 70 年代后“失去的 10 年”那样。因此，应该明确我们赶超路径的扭曲性质，并积极调整它。中国经济赶超路径的一个最大的扭曲性质来自强的政府干预，很多要素价格是扭曲的，经过三十多年的改革，一般商品的价格市场已经完成，但要素价格的市场过程远未完成，国家垄断型公司的治理也没有完成，因此转变经济增长模式，平稳过渡到新的增长路径上都是依赖于政府行为的变革，减少政府干预，矫正价格的扭曲，用更积极的财税政策激励技术创新。经济模式的转变既有自身的抉择，也有外部的冲击，随着改革和开放进程加快，政府干预下的要素扭曲等都要受到增长变动中的自然矫正或可能被外部冲击强行校正，可能没有什么能阻挡住中国经济增长的步伐，但道路的抉择让我们可以选择出更稳定、经济结构更为均衡、成本更低的通往繁荣的增长道路。

1. 未来可持续增长的机制特征

麦迪逊（2001）在国际比较的基础上归纳了四条经济发展的成功经验：技术进步、物质资本积累、改善人力资本和经济之间的相互作用（即开放）。世界银行对为摆脱

"中等收入陷阱"的亚洲国家和地区提出了三个转变建议：①随着多样化趋势的减缓，在生产和就业方面更加专业化；②投资的重要性下降，创新越来越重要；③教育体系从为工人提供技能培训转向使他们适应新技术，为今后能够生产新产品做好准备（世界银行，2008）。不论是国际经验还是现代经济增长理论都会得出在既有增长路径上的规模收益开始递减、低成本竞争难以为继之后，如果没有技术创新和持续的人力资本改进，就难以完成持续的增长。

结合中国的实际，我们认为中国经济未来可持续增长的机制应当具有如下特征：

（1）增长质量导向的发展目标。政府和企业应当在科学发展观的指导下，由过去重数量增长，转向重视质量提升，以"人均绿色 GDP"作为核心目标，注重经济的可持续发展。

（2）人力资本积累和技术进步驱动型增长方式。政府在公共支出上应当从注重"对物的投入"转向注重"对人的投入"，这是经济长期可持续增长的重要保证；在制度上应营造更有利于个人投资和创业的政策和社会环境，提高人力资本积累和技术创新程度，获得因创新而带来就业创造的"资本化效应"和经济增长效率提高的竞争力，推动经济又好又快发展。

（3）城市化带动下的资源空间再配置和规模收益。应当在全国大局上通盘考虑，通过资源的空间调整，推动新型城市化和服务业创新来扩大非贸易品部门对劳动力的吸纳效应，同时稳定制造成本和结构升级优化来提高可贸易工业品部门的竞争优势，通过资源向中西部流动来提高这些地区在全国经济中的比重，提高资源在空间上的配置效率，消除短期的不利影响，以最大限度地获得总体上的规模报酬。

（4）注重增长结构的总量平衡关系。如总供给总需求平衡，货币增长和实体经济增长的大致平衡，内需和外需的平衡，财政收支平衡，国际收支的平衡，等等。

（5）市场调节为主，政府干预为辅。政府转型是至关重要的。世界银行一项问卷调查显示，很高比例的公司（柬埔寨 56%，印度尼西亚 41%，菲律宾 35%，中国 27%）都认为资源配置功能扭曲是影响它们商业经营的主要的或严重的障碍之一。东亚模式这种有组织的资源配置功能扭曲对经济增长有其激励效应，也造成危害。逐步消除有组织的资源配置扭曲，更多地采用市场机制激励创新是未来持续发展的根本，这也是政府转型的逻辑基础。

而未来经济新发展周期的结构均衡化和转向可持续增长机制的关键则是城市化的"空间资源集聚"，它包含的"规模效应"表现在：①推动教育、R&D 和技术创新，从而可以提高生产率。②提高消费率。由于城市居民民社会保障和收入的不断提高，其消费率也会较快地提高，即均衡了赶超时期的投资率过高，也会均衡社会体系。实证研究表明，城市化与消费率的关系表现为"U"型趋势，即在城市化早期，随着基础设施、商业设施和住宅等投资的加大，消费率会出现持续下降；当城市化水平达到一定程度并比较稳定后，消费率会出现上升。③扩大就业。城市集聚推动了第三产业的发展，第三产业增加值和就业比重均大幅度提高。④节约资源。城市化节约了土地等资源，对生态是一种平衡。但是城市化有好的城市化，也有坏的城市化，其发展模式是至关重要的。如果没有选择好模式，不但获得不了规模收益，还会更严重地扭曲经济结构，如拉美的过度城市化、人口漂移和贫民窟、福利赶超等诸多问题。我们也应当避免西欧早期城市化中的先污染后治理、高度集中化导致“大城市病”的模式，也不能走美国城市低密度无序扩张的蔓延模式，应当根据中国国情，在资源、土地、环境和人口约束下，选择以大城市带动中小城市的城市集群发展模式，提高资源的空间集聚度和地区均衡程度，逐步矫正结构失衡，才能从赶超增长变成可持续增长。

2. 中国经济可持续增长的保证

中国要矫正赶超干预下非均衡的经济结构和增长机制，实现中国经济的可持续增长，一个重要的保证就是必须在进入 21 世纪的第二个 10 年之际，启动并加快推进经济结构战略性大调整的过程。而调整方向则是转向一个以城市化为核心的“空间再配置”，以此推动结构均衡化的增长。基于中国经济的现实特征和种种挑战，我们研究的经济结构调整应当具有更广泛的含义，它不仅包括传统意义上的第一、二、三产业结构与就业调整，而是更多地包含了与内需、外需结构及与之相适应的生产—贸易—金融结构，以城市为中心的空间结构，要素收入分配和居民收入分配结构，技术进步路径，资源和能源等低碳经济问题。具体而言，有以下五个方面：

（1）以“空间再配置”作为经济结构战略调整的着眼点。必须空间再配置作为新一轮发展周期战略调整的着眼点，来促使经济增长由结构性失衡转向均衡增长。“空间再配置”具有三层含义：

其一，市场重心由国际市场（外需）转向国内市场（内需）。中国的快速发展得益于全球化和良好的外部环境，以及国际大市场在平衡中国国内资源、商品供需矛盾中的巨大作用，无论从哪个角度评估，对外开放的意义都是重大的。但非均衡发展战略下的对外开放亦累积了较大的负面问题，21 世纪以来中国不断面临着贸易摩擦加剧、贸易顺差激增、人民币升值、货币供应量被增长、投机性资本涌动及与之相关的国内资产价格及国际能源价格大幅波动重大外部冲击，直接挑战长期以来以沿海引资、加工出口导向为主要特征的开放型发展方式。2008 年 9 月后随着国际金融危机的升级和扩散，中国进出口、就业和经济增长均遭重创，高度依赖国际市场的脆弱性在危机面前已经表露无遗。从国际经验看，目前主要经济大国的贸易依存度最多不超过 25%，而中国却达到了 70%，尽管其中有发展阶段、国内就业和需求等方面的原因，但如此巨大的悬殊确实是不可思议的，也是无法持续的。促使市场重心由国际向国内转换，对内开放和对外开放并举，形成一个建立在中国国内统一大市场基础上、融合周边经济体的泛东亚经济贸易圈、太平洋经济贸易圈，不仅是中国纠正中美贸易不平衡、内外需不平衡的重要举措，而且对于中国未来长期经济增长亦具有深远的意义。

其二，要素由沿海向中西部流动。中国的改革开放由沿海地区启动，近三十年来全国的资金、劳动力、人才技术、资源以及国际生产要素源源不断地流向东部沿海地区，带来了东部沿海地区的高速增长，也因此加剧了地区差距的扩大。这一点倒是与美国当年的工业化历程十分相像，美国经济的规模和多样性，以及关税保护等政策干预①，使得整个 19 世纪美国经济的发展极不平衡（本塞尔，2000）。因此可以借鉴美国西部、

① 在为促进美国东北部重工业发展而实施的关税保护之下，其南方地区进口工业品的代价上升，因此被迫从国内购买工业品；但是南方出口农产品，只能接受世界价格。因此贸易条件对南方地区极为不利，财富从南方转移向北方。

南部开发的某些经验，在中国西部大开发、中部崛起等战略举措的基础上，继续加大对中西部的财政等政策扶持力度，加大这些地区的交通、基础设施建设，提高政府服务水平，降低生产成本和交易费用，引导国内外资本、劳动力、技术、管理等生产要素和资源向中西部流动。要特别注意这些地区的环境保护问题，尤其是西部地处中国的水源上游，不宜发展资本密集型的重化工业。

其三，资源向城市集中，加快城市群落发展。中国当前的工业化水平远超过 GDP 相当时期的发达国家和现在可比的任何国家水平，但城市化则系统地低于可比的同类国家水平，提升空间集聚水平，积极推进城市化发展，以此带动中国的经济高速增长仍有很大的余地。随着中国城市化的发展，人、社会和生态的空间平衡成为了发展的重要方面，也会有效地约束着中国粗放式经济发展方式。“十一五”规划已经为空间平衡、结构和机制转换奠定了基础，如主体功能区的规划，服务业提升，创新投入和生态资源指标都旨在通过目标牵引来转变发展模式。由于强烈的外部冲击，上述工作都受到了很大影响，这迫使我们在下一步要加大发展模式的转换力度，以城市空间集聚和产业结构优化并举的方式推动发展模式的转换。

空间再配置特别是城市空间集聚度的提高，可以继工业化后进一步推进要素资源的优化配置，让农业工人逐步从打工的流动人口向市民化转变，而随着城市人口密度提高将促进服务业的发展，承载新的就业。服务业与城市化水平、人口密度和人均 GDP 水平高度相关，因此城市为核心的空间再配置是可以纠正工业和服务业失衡。而人口的市民化也是从根本上解决投资消费失衡和重振内需，因此空间资源的再配置是结构失衡转向均衡的重要战略步骤。

（2）以发挥市场配置资源的基础性作用作为结构均衡化的调整机制。坚持市场化改革方向，积极发挥市场基础配置资源作用仍是我国今后一段时期的一个重要任务。中国改革开放三十多年，社会主义市场经济体制不断完善，但也应该看到中国很多层次的体制矛盾也突出出来，市场作为基础配置资源的机制始终没有理顺，要素价格扭曲，妨碍了资源的节约使用，激励了低成本的竞争，导致产能过剩；而行业准入和垄断问题也困扰着市场机制的发挥，制约了服务业的发展；土地制度和户籍制度影响了中国的城市化步伐；而社会福利体系建立的“碎片化”也非常严重，导致了地方的收入和福利的差距扩大，并影响着要素的流动。面对席卷全球的国际金融危机，中国成功地抵御了外部冲击，充分发挥了政府在反危机中的主导作用。但随着经济的复苏，2011 年后一个重要的任务就是政府应从反危机中的渐进退出，发挥市场配置资源的基础作用，使经济更具有弹性，为政策运用提供体制空间，面对新形势新阶段，提高更为丰富的体制创新活动，才能满足经济发展的社会需求。

深化市场化改革的最为重要方面是加快政府转型，从经济建设型政府转变为一个公共服务型政府，这就意味着政府需要很大的转型力度，只有政府转型成功才能理顺市场和政府干预的摩擦，也才能满足人民日益需要的高效率、高质量的公共管理和公共服务。行政管理体制未理顺，管理职能转变也是走一步退两步。尽管政府需要转变目标，但囿于现有财税体制，又不得不搞经济建设、进行各种各样的融资活动以满足日益提速的社会福利目标。因此，政府体制的改革要有一个更为系统的规划，逐步通过财税等改革激励政府转型。只有政府从建设型政府转型为服务型政府，并清除大量的市场上的垄断和歧视，才能发挥市场经济配置资源的基础性作用，结构才能不扭曲，均衡结构的调整才有了机制保障。

（3）以社会和谐稳定作为结构调整的重要保障。从全球的发展经验看，进入中高收入阶段，解决收入分配差距拉大、消除经济社会中的很多不平衡因素，才能积极推进以人为本的社会和谐发展。“十一五”期间，全面贯彻落实科学发展观，推进和谐社会的建设取得了很大的进展，但也应清醒地认识到，进入中高收入阶段后，人们对社会经济文化等多方面的诉求在提高，城市化加快了人口、土地等资源要素的流动，也对政府公共服务提出了更高的标准，维护社会稳定，建立和谐社会的任务将更为艰巨。

当前，收入差距问题已经成为经济发展和社会稳定的瓶颈。劳动生产率的提高与经济的快速增长，一方面体现为大量财富的创造，另一方面却体现为巨大的贫富差距。这样一种局面，易于引发经济社会的动荡甚至危机。因此，以本轮危机为契机，大力推进各项改革，调整收入分配格局，实现分享型增长、促进社会的和谐稳定将是“十二五”期间的重要工作方向。

整个20世纪世界经济发展的一个重要动向，是西方国家公共部门支出在国民收入中所占的比例持续增长，其中社会保障是主要部分。社会保障不仅仅是一项民生工程，在克服市场缺陷、创造一个较少贫困和疾病的社会方面起着至关重要的作用，它还是保增长、保就业的长效机制，在某种程度上成为经济发展的一种内在驱动力，由于人们（特别是弱势群体）基本福利得到保障、没有后顾之忧，延时消费可转化即时消费，因此可促进国内需求和经济增长。而危机的爆发则提供了建立社保体系的契机。美国1935年通过《社会保险法》①，在相当程度上就是应对1929～1933年大危机的结果。中国已经宣布建立城镇企业职工基本养老保险关系跨地区转移接续制度、到2020年之前建立覆盖全国的农村养老保险体系、新型农村合作医疗等系列举措，都将有助于促进社会稳定、公正、和谐，并有可能反过来促进消费（尤其是农村消费）和内需增长。

（4）以中国与世界互动作为内外需均衡发展的基准。中国、印度等发展中人口大国的崛起，越来越改变了世界经济和社会发展的格局，中国与国际互动成为了全球化和多元化的一个重要的推动力。

中国的全球化步伐在加快，与全球的互动在增强。这不仅体现在贸易领域，还体现在金融监管、货币体系改革、应对气候变化、安全、资源利用等诸多方面。从这个角度，未来中国因素的国际影响会日益凸显。事实上，此次国际金融危机的冲击，已经使得发达与发展中经济体的相对力量发生了变化。按PPP（购买力平价）衡量，新兴市场经济体占全球产出的比重，从1980年的36%，上升到2009年的46%，上升了10个百分点；到2014年，新兴市场经济体的规模将首次超过发达经济体，达到51%。而这些变化都应该也必将逐步反映到国际经济金融秩序的变革中。因此，中国应积极参与全

① 1935年1月，美国总统罗斯福在向议会呈交《社会保险法案》（Social Security Act）的同时，递交了拯救经济的《经济安全法案》（Economic Security Bill）。从英文原意上看，前者目标是“社会安全”，后者目标是“经济安全”，本意是为了保护国民的消费权益。《经济安全法案》是个“一揽子”“救市方案”，社会保障是其中重要内容之一。例如，它包括老年人和孤儿的救助、减税；建立“失业信托基金”；建立生育和儿童福利等。

球治理与国际规则的制定，在推动世界经济社会发展中扮演越来越重要的角色，推动全球经济的多元化发展。

美元的特殊地位可以看作是本轮次贷危机以及过去多次国际金融危机的一个深层原因，因此，如何改变美元特殊地位成为国际货币体系改革的内容。目前对于超主权货币如 SDR 的倡议，以及已经有一些国家开始用非美元来结算石油贸易（向石油美元挑战）等，都意味着美元地位的削弱将成为未来的趋势；低碳金融也有可能正式登场，成为货币体系中的又一交易品种，更可能成为未来货币体系的一个重要标的物。在此背景下，人民币结算、资本项下可兑换、区域货币合作、中国外汇储备的管理、IMF 改革等都是中国需要关注的议题。

中国应当密切关注全球金融监管正在面临诸多可能变革，并根据中国的现实情况融入自身的金融发展中：①加强金融监管趋势下的去杠杆化过程。此次金融危机至少给了美国重大的教训：要防范金融风险，须防止杠杆率过高。“去杠杆化”与加强金融监管成为一种必然的趋势。而这将会一定程度上“逼迫”美国居民储蓄率有所提高，消费率有所下降。②美国也应接受国际组织的监管，其金融业的扩张将受到一定的抑制。③跨境资本流动的协调监管。这样有利于控制热钱的流动，特别是防止一些资金进行监管套利，即从一个监管较严格的地方流向监管较松的地方获利。而加强了跨境监管的协调与合作，就能够有力地打击监管套利，防止它们在国际金融市场上兴风作浪。

（5）以低碳经济作为调整人与自然均衡的新契机。气候变暖问题以及发展低碳经济已经成为地球村落中一国发展绕不开的主题。从全球范围而言，世界经济应从高碳排放的工业文明向低碳消耗的生态文明转型；就中国而言，这是科学发展观的题中应有之义。尽管，在这个问题上，发达经济体与发展中经济体，以及发达经济体内部（如欧洲与美国）存在不同的利益诉求，从而难以达成全面共识，但是有一点必须认清，低碳经济逐步成为一种共识性发展趋势。从制度安排，治理架构以及民间运动等各个方面，都使得全球气候变化以及低碳经济问题不得不正视。我们可以强调发展中国家所处的发展阶段、发达经济体对环境恶化问题负有不可推卸的历史责任，以及在低碳发展目标与路线图方面有不同的看法，但未来经济发展必将面临这样一个“绿色约束”却是共识。

低碳经济革命的实质，是从传统的劳动生产率时代进入到未来的资源生产率时代。在工业革命的开始，经济发展的主要稀缺因素是劳动和资本，因此经济增长需要通过机器对劳动力的替代，大幅度地提高劳动生产率和资本生产率。今天，制约人类经济发展的稀缺资源已经从劳动力转移到像化石能源和大气容量这样的自然资本，因此大幅度提高化石能源和二氧化碳的生产率，将是未来几十年经济创新的主要任务。与此同时，低碳经济也意味着转变消费观念提倡绿色消费，即低能耗、低碳排放的消费。

低碳经济以及相关的节能减排设备与技术的出口，将可能成为发达经济体新的增长点。低碳经济，对于那些有着能源比较优势的国家，特别是能够生产低碳能源的优势（这在以前并不受重视），将会成为高度竞争的全球化市场上新的比较优势。而较早倡议节能减排的欧洲，在相关技术设备出口方面也将享有优势，从而形成新的增长点。相对而言，发展中经济体，出口的比较优势往往是高能耗低劳动力成本，那么，面临低碳经济条件下的碳关税，将是一个较大的限制，会提高出口成本，影响贸易收益。但是，从长期看，开发新能源，发展低碳经济对中国这个资源严重短缺、高投入、环境污染严重的发展中大国是具有重大战略意义的事情，如果我们能以此为契机，改变工业化以来的生产和生活方式，开启新能源革命和消费革命，或许绿色约束反而会成为一个新的历史机遇。

四、中国经济实现可持续增长的政策选择

中国已经发展成为世界第二大经济体。未来一二十年，是中国现代化的重要时期，是经济增长方式转变的实现期，是和谐社会建立的关键期，也是体制机制改革的攻坚期。从规模、开放和发展的阶段特征看，提高经济增长质量和效益，增强经济增长的稳定性与可持续性都是这一期间最为重要的方面。中国应继续延伸“十一五”提出的以科学发展观统领经济和社会的基本原则，加快形成一个具有中国社会主义特色的可持续的发展模式：稳速增效、普遍分享和天人合一的均衡体系。

战略重点应该放在稳速增效均衡发展上，突破的方向和目标原则是：①以提高城市化空间要素集聚度和推进工业现代化并举作为新的发展动力；②发挥实体经济的竞争优势，加强科技创新；③扩大就业，提高劳动者报酬，以人为本提高社会分享水平，继续加强社会保障体系的建立，促进经济和社会的和谐；④以深化体制改革和转变政府职能为激励机制，发挥市场配置资源的基础性作用，保证机制转型；⑤坚持对外开放，继续内外需并举的战略，积极参与国际经济运行规则的制定，主动防范国际经济波动的风险，建立互利共赢、安全高效的开放型经济体系；⑥加大对农村的投入，夯实“三农”基础，统筹城乡发展；⑦以全球低碳经济发展为契机，复兴中国传统文化，天人合一，改变生产和生活模式，保持经济、社会与自然的平衡；以继续纠正经济结构失衡为主线，努力克服经济社会发展中的一系列发展的失衡，如内外需失衡、消费投资失衡、经济增长与自然资源关系失调，区域不平衡，收入差距过大等失衡现象。

就更具体的政策目标而言，为转变我国经济结构战略性调整和增长方式，纠正长期以来经济非均衡赶超的增长模式，实现可持续性增长，应该重点围绕以下几个方面展开：

1. 以潜在增长率为基准，稳速增效，均衡发展

进入到中高收入发展阶段，我国经济增长目标应该以中国经济潜在增长率区间为基准，稳速发展，为经济结构调整留有余地，保持经济增长稳定的同时，将发展的目标转向提高经济效益、可持续发展的轨道上来。

“十一五”期间年均 GDP 增长速度达到 10% 以上，远远高于规划的计划增长速度，为 2020 年全面实现小康打下了坚实的基础，经济增长在“十二五”期间逐步以调整结构，加快市民城市化的步伐，保持在潜在增长率的水平 9%；“十三五”期间 GDP 增长速度可以降低到 7% 的水平，稳定在潜在增长率区间，提高技术创新对经济增长的贡献，促进经济的可持续发展。

一个经济体的潜在经济增长率，是一定时期内在各种资源正常限度的充分利用，且

不引发严重通货膨胀的情况下，所能达到的经济增长率。从消除了通胀条件后的经济增长长期趋势看，现实经济运行总是围绕潜在经济增长率而上下波动。如果现实经济增长率过高地超过潜在经济增长率，各种资源供给的瓶颈制约就会非常严重，经济运行就会绷得很紧，产业结构失衡，引发严重通货膨胀；反之，如果现实经济增长率过低地低于潜在经济增长率，则会造成生产能力过剩和资源的严重闲置，引起失业、企业经营困难，国家财政收入减少，各项社会事业也难以顺利发展。现实经济增长率可在适当的幅度内围绕潜在经济增长率上下波动，既不引起资源的严重制约，也不引起资源的严重闲置，物价总水平也保持在社会可承受的范围内，这一波动幅度可称为潜在经济增长区间，也可称为目标增长区间，我们计算的潜在增长率区间为，年通货膨胀率在0～4%相对于的增长率区间为7%～9.5%，经济增长超过10%通常会引起5%以上的通货膨胀。改革开放三十多年来的实践经验证明了超两位数的高增长必然会引起超过5%的通货膨胀率。过高的经济赶超目标迫使经济、社会和资源体系处于高度紧张状态，难以进行结构调整、和谐社会和友好环境的建立，更难以将经济增长方式从粗放型转向效益型。应当要坚持“又好又快”的原则，把好字放在第一位。

中国在当前的发展阶段面临着非常多不确定因素的扰动，如全球经济增速的放缓；国际热钱和资源价格上涨的直接冲击，很容易引发资产泡沫和通货膨胀；汇率、资源公共品价格形成机制改革一方面会减低经济结构扭曲，但同时会产生价格上涨压力。随着成本正常化，特别是劳动力成本的不断提高，如果不能提高效率，只能通过价格转移就会引起成本推动的通货膨胀等。新发展阶段和面临的国际形势总体上看是一个偏向于资产和物价上涨的趋势格局，将经济增长速度目标降低到接近潜在增长率的下限水平7.5%，为价格机制调整和改革留有余地，才能有效地激励企业增加效益，走上循环、绿色经济的可持续发展的轨道。

在保持经济平稳增长的同时，要更加注意提高增长的质量与效益。从供给角度看，未来的经济增长应从主要依靠投资规模扩张以及廉价劳动力，转变为主要依靠劳动力生产率的提高。劳动生产率尽管不是一切，但长期而言几乎就是一切。因为劳动生产率是内生增长可持续的源泉，一国人民生活水平的提高最终取决于劳动生产率的提高。因此，调整结构，转变体制机制，鼓励创新，提高劳动生产率水平，增强经济增长质量与效益，是发展的重要方向。

2. 以人为本，科学规划，合理提高城市化的空间集聚度

21世纪以来，城市化以及国际化推动下的工业化一直是带动中国经济两大增长引擎，但也是中国经济粗放发展的动力来源。不顾资源、环境和人口等的约束，从乡镇到县市均积极开展了城市化运动。在不合理的利益驱动下，土地城市化远远快于人口的城市化，房地产价格上升快于居民收入的增长速度，房价收入比在不断加大。城市化过程拉动土地成本、房地产价格、公共福利、基建等成本快速攀升，导致了中国经济成本的上涨，而户籍制度、区域化社保、城市房地产价格过高阻止了人口的城市化，城市集聚效应难以发挥，影响着产业竞争力。土地城市化的超速增长直接打破人、社会与自然的平衡，耕地保护、环境保护和失地农民问题引起的社会冲突等问题越来越显得突出。“十一五”针对城市化与环境等问题采取了主体功能区的空间布局规划，取得了初步效果，应继续强化执行。

中国正处在城市化拉升期间，其增速要在2017年后才会出现较为明显的减慢过程。城市化率在30%~50%，这一段叫做“遍地开花”式的城市化，从原来居住点转移到邻近城市来进行城市化；城市化率超过50%后，城市人口会向大城市集中，这一时期是城市化模式选择的重要时期。应抓住我国城市化模式选择的关键时期，加速人口的城市化步伐。人口城市化的核心是依托城市化逐步建立以人为本的社保体系，而不是画地为牢的社会保障。逐步取消户籍制度，建立一个广覆盖、可转换的基本社保体系，才能提升真正意义上的人口城市化，才能提升空间集聚效率，才能获取城市建设、管理和公共支出等的规模经济，从而有效地改变原有的土地利用模式，降低土地资源压力。国际经验表明服务业和城市化发展高度相关，更与城市化规模、人口密度等集聚程度直接相关，而调整服务业和工业结构关键在于增加空间集聚。只有以人为本，科学规划，合理提升空间的集聚度，才能根本上促进中国服务业的发展，才能满足中国人日益增长的消费需求，真正激活并不断深化潜力巨大的国内消费市场。

全球城市化发展的经验表明，一国城市化水平与单位资本GDP间的高度相关。原因是人口和资源的空间集聚产生了规模收益递增的效应。对于工业化的城市，聚集效应更明显，因为知识和新技术在交流、竞争和传播等方面效率更高，城市运行成本低(因公用设施密集)，产出效率高。可以观察到，以东亚为主的新兴经济体走的正是大城市圈为特征的，围绕工业化而展开城市化的路子。随着中国的要素空间集聚水平、人口密度和规模的提高，服务业定会被快速推动，使得城市发展的多样性增加，服务业就业和产值占GDP的比重会快速上升。

3. 技术创新，制度激励，推进产业结构的演进和现代化

一国的产业结构与其特殊的禀赋资源和战略选择有关，全球范围内也没有一个最优的产业结构。但是衡量产业结构演进的一般规律是存在的，即依据恩格尔系数下降规律导致产业结构变动，当人均GDP增长会导致农业比重下降，进一步的增长又会导致制造业比重的下降，服务业比重的上升，这就为产业结构演进指出了规律性的方向。

中国工业化率常年保持在近50%，是典型的高资源投入驱动的工业化。而服务业水平一直较低，农业的现代化水平也不高。在大规模城市化的带动下，我国工业产能急剧扩大，产能过剩、高能耗、高污染问题困扰着中国经济体系的健康。中国产业演进一直难以有序进行，一方面是战略和禀赋的约束，另一方面更为重要的是产业结构演进机制出现了问题，无法合理推动产业升级。我国成为了“世界大工厂”的同时，工业现代化水平却不高。从工业现代化衡量指标看，计算出我国工业的效率、技术研发投入、信息化水平、国际化水平、企业管理科学化水平和可持续发展水平等多指标综合值，与国际发达国家相比只达到一半。服务业和农业的现代化程度就更低了。

在城市化、全球化和市场化的推动下，竞争成本正常化，土地、环境成本提高，工人工资和福利水平都会较快增长。而只有产业的现代化水平的不断提高，才能从高效益中消化成本上涨因素，维持我国的全球的产业竞争力和合理演进产业。

加快发展多层次金融服务体系，有效配置金融资源，特别是能让资金有效配置到技术创新领域，激发企业的创新活力，推进产业演进和现代化。技术创新活动不能仅限于工业，而应更广泛地包括现代服务业的创新活动。创新尽管有赖于国家的税收补贴等激励，但更有效的激励应来自于资本市场。当前中国资本市场的制度架构仍不完善，配置

功能没能发挥，技术创新激励严重不足，导致资产价格出现高估，这直接影响着实体和资产部门的资金流向。应当从国家战略的高度来认识资本市场的功能，使资本市场配置资源成为产业演进最为重要的机制，成为中国技术创新的最大激励来源。

4. 改革财政收支流程体系、理顺政府与市场关系和发展方式转变

政府反危机时作用重大，但如果政府过度使用资源配置权，并逐步形成更为牢固的利益结构，那么宏观激励将会被不断“倒逼”，难以退出。政府退出反危机是政府改革的第一步，政府退出的同时要下大力气改变政府的财政激励体制，改革财政收支流程适应城市化发展的需要，激励发展方式的转变。

工业化时期，政府目标和企业的目标是一致的。城市化时期，当居民进入城市后，政府需要给他们提供公共设施、工作保障等，这增加了政府的公共支出。经济增长的同时，收入差距也在扩大，为了缓和社会矛盾，达到社会的和谐，政府就扩大公共性服务支出。政府目标的转变几乎是一个客观发展的规律，这一转型会出现这样的后果，即转变过程中受到经济增长制约，或更直接地受到财政收入的约束，不可能有超越发展阶段的过快“福利”能力，否则在没有改变原有收入路径条件下，政府过快的福利支出会直接导致经济增长的成本上升过快，抑制增长，反过来再制约这种转变，经济增长陷入停滞。

我国1994年分税制后，税收是以工业部门的流转税为基础的，支出40%以上集中在生产支出上，21世纪城市化快速推进，宏观税负（财政收入/GDP的比重）从10.8%快速提升到了2008年的20.4%，而2011年这一比重已升到了22%。特别是21世纪以来每年提高一个百分点，宏观税负从低税负上升到了国际平均水平，地方政府除了税收外，土地出让金是其财政运行的另一大收入来源，尽管政府收入增长如此之快，但教育、医疗、社会保障和行政管理费支出增长更快。当前，我国社会福利支出比重仍处在很低的30%多的水平，2010年全国社保、依赖覆盖面加大，城市化率提高和人口的市民化加快，更大幅度地提高了福利支出规模，若不改变现有的财政收支流程，是很难维持现有的收支体系。

一个重要的改革方式就是从工业化时期以流转税为基础的征税体制逐步转向流转和所得并重的混合型征税体制。一方面降低实体经济的税赋压力，刺激实体经济的创新；另一方面又要切实地增加所得税的征税，保障缴税与享受福利相挂钩，平衡所得与福利的关系，同时运用减税刺激实体经济的创新，而在增加所得税、不动产税等方式扩大税基的基础上，缩小收入分配差距。财政和收入的支出流程的转变才能根本上改变政府的行为模式和考核目标引导，减少政府对经济增长的干预和主导，消除各级政府单纯追求“快”而获激励的机制，转变政府职能。如将政府收入从依赖于土地出让金转变为不动产税，才能从根本上抑制城市化过程中的房地产泡沫问题。政府职能的转变才能保证发展方式的转变。

纠正结构失衡的另一个关键变量就是正确的价格信号，通过正确的价格信号改变市场参与者的激励，引导资源的有效配置，从而实现结构的优化。因此要坚持市场化改革，充分发挥市场基础性配置资源的作用，加强反垄断机制的建立，特别是缩小行政垄断的范围，逐步调整资源价格，提升资本市场在优化资源配置方面的积极作用，让市场能有效配置资源，让微观企业能按市场信号进行理性决策，这样才能有效地消除结构失

衡及其利益激励基础，建立起市场配置资源的均衡增长的机制。

5. 扩大就业，鼓励创业，提高劳动者报酬和消费能力

扩大就业，鼓励创业，使全民普遍参与到经济增长过程中。通过劳动制度的改革，提高劳动者报酬比率是今后一段期间最为重要的以人为本的富民目标。依托城市化，提高城市化的密度，放松服务业的管制，促进服务业的发展，发挥服务业的“资本化效应”，逐步承载大学生毕业和农村劳动力转移的就业，加快发展服务业，特别是增加可贸易服务业的比重才能有效地扩大就业。马克思说过“以什么方式加入生产，就以什么方式加入分配”，服务业是劳动力密集型的产业，第三产业的发展直接会扩大劳动报酬比例，也是调整报酬结构的重要因素。

中国要素收入初次分配过程中劳动报酬系统性低于国际水平，低于历史上和我们处在相同发展阶段的发达国家水平的20%，低于新兴市场国家15%。中国劳动收入报酬比率低是导致中国消费率低的一个重要原因。如果劳动者报酬提升至新兴市场国家的水平，则消费率会相应提高；如果能加大企业的分红和保持正利率水平，居民的财富报酬也会提高进而带动消费率；而刺激消费和提高社会保障等措施出会促进消费，这样一来，就会提高中国居民消费率，直接扭转消费和投资失衡的局面，扩大内需特别是居民消费才能落到实处。

调整收入分配机制，缩小收入差距，扩大社会保障体系的覆盖面，积极促进卫生、教育、保障性住房和公共服务的发展，实现社会的和谐化，根本上就是要建立一个社会普遍分享的机制，为2020年全面小康打下坚实的基础。

6. 内外需并举，稳健发展金融，积极参与全球化规则制定

中国依然是一个发展中的大国，内外需并举，稳定外需，扩大内需，是中国长期发展的战略举措，要积极利用两个市场，提高制造、服务业方面的国际竞争力，促进我国经济的可持续发展。

中国加入WTO后，经济体系已经融入了全球化中，特别是国际金融危机后，中国要更加注重金融体系的安全和稳定，以利于全方位的加入和推动全球化进程。保持正利率和低弹性的汇率政策是稳定金融的核心战略。同时，要稳定金融形势，规范银行等金融机构行为，深化金融服务业发展，稳步推进金融开放。特别对资产价格和通货膨胀要进行预期性管理，防患于未然，宏观政策上避免纠枉过正。只有实现经济发展与低经济金融风险，才能更深入地开展区域合作，推动全球化货币体系改革、金融监管规则制定和其他的国际规则的协商。

后危机时代，随着美元地位的松动而可能出现转机的国际货币体系改革，给中国参与全球金融货币的治理提供了机会，同时也使得人民币走向国际化有了更大的机遇。低碳经济发展，要求中国要有既符合自己发展权益又对世界承担责任的表现，参与国际气候变化应对规则的制定，发出自己的声音，体现自身的利益诉求。如果我们能够参与到国际规则的制定中，也会激励本国加速转变增长模式，促进节能减排，在低碳经济发展中，提升我国制造业水平和国家竞争力。

7. 夯实“三农”基础，统筹城乡发展

经过“十一五”大力度的向“三农”倾斜的一系列方针政策后，中国农村发展取得了很大的突破和进展。工业化过程中利用农产品剪刀差等方式将农村积累转移到城市

和工业发展，在城市化过程中应该在土地补偿、农产品价格等方面补偿农村的历史欠账，并以城市化和农业部门现代化统筹城乡发展，加快农村人口的城市化。

面对世界粮食危机，面对三农发展中的老问题和新矛盾，还应继续夯实“三农”基础，继续加大投入到农村基本建设，稳步提高农产品价格，建设农村社会保障网络，推动农业部门的现代化，并在此基础上尝试农村人口城市化和土地流转的试点，统筹城乡关系。

8. 复兴中国文化，推进绿色生活模式和生产方式

观念和文化是统领战略和政策实施的关键。复兴中国文化传统，推进中国和谐式的生活方式和生产方式，是校正当前多重失衡，特别是人与自然不平衡的重要途径。

西方工业文明的基础是人类中心主义，即人是自然万物的主宰，人类的创造性活动在于不断地征服自然；而中华文明则强调天人合一、道法自然等观念。从这个角度，低碳经济发展及生态文明建设，完全可以建立在中华传统的创造性转化上，以此来推进绿色的生活模式和生产方式，实现人与自然的和谐。而中国传统文化中强调“和为贵”的思想，更是可以成为积极引领全球和谐文化观和普世价值观。

如果我们能真正做到以科学发展观统领社会和经济建设，以东方文化和谐观来重构中国人的生产方式和生活方式，在新一轮发展周期实现结构均衡化增长的战略目标，中国经济的可持续发展和中华文明的复兴将是可预期的。

参考文献

[1] 陈佳贵等:《中国工业化进程报告》，社会科学文献出版社 2007 年版。

[2] 钱纳里等:《工业化与各国经济增长比较》，上海三联书店、上海人民出版社 1989 年版。

[3] 王德文、蔡昉:《人口红利的获得与丧失》,《人口转变的社会经济后果》，社科文献出版社 2006 年版，第 147 ~ 169 页。

[4] 国家体改委综合司编:《中国改革大思路》，沈阳出版社 1988 年版。

[5] 刘树成:《经济周期与宏观调控》，社会科学文献出版社 2005 年版。

[6] 麦迪森:《世界经济二百年回顾》，改革出版社 1996 年版。

[7] 林毅夫、蔡昉、李周:《中国的奇迹：发展战略与经济改革》，上海人民出版社 1994 年版。

[8] 吴敬琏:《当代中国经济改革》，上海远东出版社 2004 年版。

[9] 王梦奎主编:《中国中长期发展的重要问题 2006 ~ 2020》，中国发展出版社 2005 年版。

[10] 岳希明等主编:《中国经济增长速度：研究与论争》，中信出版社 2005 年版。

[11] 本塞尔（R. F. Bensel）:《美国工业化的政治经济学：1877 ~ 1900》，2008 年中文版；吴亮、张安、商超、田启家译，长春出版社 2000 年版。

[12] 科尔奈（J. Kornai）:《短缺经济学》，经济科学出版社 1986 年中文版。

[13]《社会主义体制：共产主义政治经济学》，张安译，中央编译出版社 2007 年中文版。

[14] 麦迪逊（A. Maddison）:《世界经济千年史》，伍晓鹰、许宪春、叶燕斐、施发启译，北京大学出版社 2001 年中文版。

[15] 钱纳里、鲁宾逊、赛尔奎因：《工业化和经济增长的比较研究》，1989 年中文版，吴奇等译，上海三联书店 1986 年版。

[16] 青木昌彦、金滢基、奥野—藤原正宽:《政府在东亚经济发展中的作用》，中国经济出版社 1998 年版。

[17] 陈昌兵:《中国城市服务业就业的决定因素》，中国社科院经济所工作论文，2009 年。

[18] 李扬、殷剑峰：《劳动力转移过程中的高储蓄、高投资和中国经济增长》，《经济研究》2005 年第 2 期。

[19] 刘传江：《经济可持续发展的制度创新》，中国环境科学出版社 2002 年版。

[20] 马岩：《中国人均国民收入的估计》，中国社科院经济所工作论文，2009 年。

[21] 魏众：《中国“十二五”期间收入分配问题及对策研究》，中国社科院经济所工作论文，2009 年。

[22] 吴敬琏：《中国增长模式抉择》，上海远东出版社 2005 年版。

[23] 袁富华：《中国劳动力增长估计》，中国社科院经济所工作论文，2009 年。

[24] 袁富华、张晓晶：《低碳经济与中国经济潜在增长》，中国社科院经济所工作论文，2009 年。

[25] 张军：《资本形成、工业化与经济增长：中国转轨的特征》，《经济研究》2002 年第 6 期。

[26] 张平、王宏淼：《经济危机与技术创新》，《中国社会科学院要报——领导参阅》2009 年第 6 期。

[27] 张卓元：《张卓元文集》，上海辞书出版社 2005 年版。

[28] 张自然、刘霞辉：《中国全要素生产率增长核算 1978 ~ 2008》，载张平、刘霞辉主编《中国经济增长 2009 ~ 2010》，中国社科文献出版社 2009 年版。

[29] 中国经济增长与宏观稳定课题组（张平/刘霞辉执笔）：《干中学、低成本竞争和增长路径转变》，《经济研究》2006 年第 4 期。

[30] 中国经济增长与宏观稳定课题组（刘霞辉/张磊/张平/王宏淼执笔）：《金融发展与经济增长：从动员性扩张向市场配置的转变》，《经济研究》2007 年第 4 期。

[31] 中国经济增长与宏观稳定课题组（袁富华/汪红驹/张平/刘霞辉执笔）：《劳动力供给效应与中国经济增长路径转换》，《经济研究》2007 年第 10 期。

[32] 中国经济增长与宏观稳定课题组（张平/陈昌兵/刘霞辉执笔）：《中国可持续增长的机制：证据、理论和政策》，《经济研究》2008 年第 10 期。

[33] 中国经济增长与宏观稳定课题组（张晓晶/汪红驹执笔）：《外部冲击与中国的通货膨胀》，《经济研究》2008 年第 5 期。

[34] 中国经济增长与宏观稳定课题组（张晓晶/汤铎铎/林跃勤执笔）：《全球失衡、金融危机与中国经济的复苏》，《经济研究》2009 年第 5 期。

[35] Jones, C. I. and P. M. Romer. 2009, The New Kaldor Facts: Ideas, Institutions, Population and Human Capital. NBER Working Paper, No. 15094.

[36] World Bank. East Asia Update, related year.

[37] Young, A. 2003, Gold into Base Metals: Productivity Growth in the People's Republic of China during the Reform Period. Journal of Political Economy. Vol. 111. No. 6.

第二章　结构变迁与经济增长

本章内容主要是回顾我国经济30年的发展历程与结构变迁，也可谓对上一章关于中国经济增长主线与发展阶段的一个具体分析。我们认为，与中国经济增长奇迹相伴随的是经济结构的剧烈变动，其突出特征是由一个传统的农业国不断演化为工业国，由工业化向城市化转进，由较典型的以计划经济为主的国家演化为市场经济的国家，而整个经济结构变迁又是经济增长和改革开放，特别是相对价格体系调整的结果。全章将从五个部分展开：其一是归纳并分析我国结构变迁的历程与特征；其二是探讨与回顾了对于我国高速增长和结构变迁具有启动性意义的阶段，即农村经济改革与农业发展历程；其三分析我国工业化、城市化进程中出现的结构调整，即生产结构的现代化和经济结构的现代化；其四是对于我国区域经济发展的分化状况进行简要的分析；其五是探讨关于我国经济结构优化与增长方式转变的问题。

一、结构变迁历程及特征

正如上一章所言，改革开放以来，中国经济的结构性变化呈现两次较大的飞跃，表现为农村—工业（城市工业和乡镇工业）—城市的一个发展主动力推动过程，而正是这两次飞跃导致了我国经济结构的变迁。具体来说，第一阶段是20世纪80年代，农业部门是发展的主要动力，以农业和乡镇工业发展为主，因为中国的农村不仅有农业，也包括了大量的乡镇企业；第二阶段是20世纪90年代。这时，工业部门的崛起也不是单纯城市工业发展，有大量工业仍在乡镇，但开始向城市（开发区）集中了；2003年后在城市化成为了发展的主导力量，在城市化和工业化的带动下，经济增长呈现加速态势，经济增长超过了两位数。城镇化主要指人口从农村向城市移民为标志，同时扩展了城镇，这一扩展将工业部门基本集中到了城市体系化过程中，农村只存在小型工业了。

上述结构变迁与改革开放密切相关。中国成功的改革从农村开始。在有些地方实行自主改革实践的基础上，1980年9月中共中央发布的《关于进一步加强完善农业生产责任制的几个问题》，允许农民自愿实行家庭承包制，在此基础上，农村集体所有制为主的乡镇企业也快速发展起来了，体制外的探索改革道路取得了重大进展，改革的大幕在中国正式拉开。我们可以将迄今为止的中国经济体制改革划分为四个阶段：

（1）第一阶段：从农村开始的经济体制改革起步阶段（1978年十一届三中全会至1984年10月十二届三中全会），主要改革举措是农村联产承包责任制。

（2）第二阶段：以城市为重点整个经济体制改革的全面展开阶段（1984年10月至

1992 年十四大)，改革的中心环节是增进企业活力，改革的关键是价格体系的改革。

(3) 第三阶段：初步建立社会主义社会经济体制阶段（1992 年十四大至 2001 年十六大)，1994 年宏观五项整体配套改革突破性进展，1997～1999 年进行基本制度改革，调整所有制结构，全面对外开放，2001 年加入 WTO。

(4) 第四阶段（2002 年十六大至现在)：完善社会主义市场经济体制阶段，在经济可持续发展与社会和谐方面积极推进改革和建设，如取消农业税、大力建设社会保障体系，全面开展节能减排等，很多重大工作仍在推进中。

而与改革的阶段性相一致，中国经济增长与结构变迁也有四个阶段。

第一阶段（1978～1984 年)，产业结构变动的显著特点是第一产业占国民生产总值的比重迅速上升。1984 年，第一产业的比重达到 32%，比 1978 年的 28% 提高了 4 个百分点。同期第二产业下降了 5 个百分点，第三产业只上升了 1 个百分点。这说明中国农村和农业改革极大解放了农业生产力，推动了第一产业的发展，资源配置向第一产业的倾斜。这个时期，按当年价格计算的增加值的年均增长率，第一产业达到 14.5%，超过第二产业 10% 和第三产业 12.7% 的速度。但是，由于这种结构变动具有补偿性和暂时性，从 1985 年开始，第一产业的比重就逐步下降。在这个时期，纺织轻工等消费品工业也取得了很大发展，满足了市场需要，但重工业处于调整之中，因此，第二产业的比重下降较多。

第二阶段（1985～1992 年)，是中国非农产业较快发展的时期。第三产业的比重，从 28% 左右上升到 34% 左右，达到历史的最高点。同时，第二产业比重保持在 43% 左右，而第一产业下降 6 个百分点。这个时期资源配置的最大特点，是劳动力大量转移到第三产业，推动了第三产业的发展。从总体上看，这个时期第三产业的发展，也带有补偿发展不足、调整比例关系的特征。20 世纪 80 年代中期，农业和消费品工业的发展，使人民生活基本解决了温饱问题。这时，就业压力和第三产业发展不足的矛盾日益突出，由此社会资源的配置逐步转向第三产业。按当年价格计算的增加值年均增长率第三产业为 20%，第二产业为 17%，第一产业为 14.5%。在这个时期，第三产业的就业人数增加 3400 万人，而第二产业只增加 2500 万人。到 1994 年，第三产业就业人数在总量上也超过第二产业。

第三阶段（1993～2001 年)，是中国重化工业主导的时期。这个时期的特点是基础设施（包括能源、交通和通信设施）的建设加强，使第二产业的比重迅速上升。这个时期，重工业改变了 20 世纪 80 年代以来始终低于轻工业增长的局面，经济增长明显具有重化工业为主导的特征，电力、钢铁、机械设备、汽车、造船、化工、电子、建材等工业成为国民经济成长的主要动力。随着能源、交通、通信基础设施建设的进展，带动了电力、运输车辆、建筑材料、钢铁、有色、石油化工和机械电子等产品和建筑业的需求，推动了第二产业的发展。这一阶段的另一特点是从 1992 年 14 个沿海开放城市试点到 2001 年中国加入 WTO，中国经济国际化水平不断提高，在承接国际分工转移中，中国获取了工业化的大发展，农村劳动力大转移，中国比较优势的战略开始显现，在外贸方面中国一改过去的逆差转为连年顺差，外贸依存度不断提高。开放也促进了市场化的进程，宏观管理体制实现了综合配套改革，中国经济结构从内需发展转向了外向型经济，“九五”期间净出口带动了经济 18.87 个百分点，直接推动了经济的第二次大发展。

第四阶段（2002 年十六大至现在），中国开始了城市化、工业化双引擎带动的新局面，城市化率快速提高，城市化率从 2002 年的 39.09% 增长到 2011 年为 51.27%，年均增长 3.06 个百分点。这近十年的城市化率增长速度大大超过了 20 世纪 80 年代、90 年代的增长速度，城市化和工业化的双引擎加速了中国经济的发展速度，中国从工业化进程转入到了城市化进程，从以产品生产配置为中心的经济结构全面转向以人为配置中心的现代经济结构中。2011 年中国城市人口已经初步超过农村人口，中国经济社会从典型的农业国（1978 年农村人口占 82.1%）开始真正进入以城市为主的现代社会国家。

由我国经济结构变迁与改革阶段的高度一致性以及改革成为结构变迁的主要动力这一事实可知，以上我国经济结构的变迁历程正是由我国经济改革的特征所决定的，而这个最大的特征就是我国经济体制的变革是在坚持社会主义公有制前提下，将一个计划经济制度逐步转变成社会主义市场经济体制，是一个为自身开辟发展道路的改革，即渐进式改革。

中国的渐进式改革是从农村开始的。1976 年粉碎“四人帮”后开始“拨乱反正”，20 世纪 70 年代末开始改革开放。不久，1980 年 9 月中共中央出台《关于进一步加强完善农业生产责任制的几个问题》，开始允许农民自愿实行家庭承包制，仅仅两年光景，家庭承包制便普及到全国绝大多数地区，农业经济呈现出前所未有的一片新气象。在此基础上，农村集体所有制为主的乡镇企业也开始快速发展起来，体制外的探索改革道路取得了重大进展。农村改革开始不久，大多数学者和经济工作的领导人都认同孙冶方的经济思想，赞成把扩大企业经营自主权和提高企业活力放在改革和发展的中心地位，并且当时受到南斯拉夫的“自治企业”制度的影响，有的学者提出了更为理论化的微观改革方式。为此，四川开始进行了“扩大企业自主权”这一放权让利的改革，首钢成为承包的典型，企业积极性空前提高，但很快这种做法的局限性就表现出来，出现了宏观经济如何平衡协调的问题。于是，体制增量改革在农村改革成功的基础上又开始在城市化全面推开。1984 年 10 月 20 日，中国共产党召开了第十二届中央委员会第三次会议，会议通过了《中共中央关于经济体制改革的决定》，决定“加快以城市为重点的整个经济体制的改革的步伐”，“发展社会主义商品经济”；强调“要建立合理的价格体系”，“价格体系的改革是整个经济体制改革成败的关键”；提出了“增强企业活力，特别增强全民所有制的大、中型企业的活力，是以城市为重点的整个经济体制改革的中心环节”；指出“要积极发展多种经济形式和多种经营方式”。自此，经济体制改革进入了“体制外市场化”的阶段。

1992 年，我国开始确立社会主义市场经济的改革目标，于是自 1992 年始，进入了一个整体协调改革时期。1992 年 10 月中共第十四次代表大会确定了建立社会主义市场经济改革目标，1993 年十四届三中全会又作出了《关于建立社会主义市场经济体制若干问题的决定》，提出了“整体改革和重点突破相结合”，要求在 20 世纪末初步建立社会主义市场经济体制。财政将原来的行政包干，改革为合理划分中央政府与地方政府（包括省和县级政府）职权基础上的“分税制”；在金融—银行体系方面建立了在中央政府领导下独立执行货币政策的中央银行体制；实现现有银行的商业化经营，并组建政策性银行承担原国有银行的政策性任务，1995 年全国人大通过了《银行法》。在国有企业改革上进一步提出了“进一步转换国有企业经营机制，建立适应市场经济要求，产权清晰、责权明确、政企分开、管理科学的现代企业制度”，据此人大通过了《公司法》。社会主义市场经济体系开始逐步建立，并纳入到了法律管理的框架中。1997 年中共十五大又有了历史性的突破，依据三个有利于的原则，提出了三项内容：①缩小国有经济的范围，国有资本要逐步从非国民经济命脉的领域退出；②寻找能够促进生产力发展的多种公有制实现形式，发展多种形式的公有制；③鼓励个体私营等非公有经济的发展，使之成为社会主义市场经济的重要组成部分。到 2001 年我国加入 WTO，至此改革就进入了完善社会主义市场经济体制的阶段（2002 年十六大到现在），在经济可持续发展与社会和谐方面积极推进改革和建设。

总体而言，中国的渐进式改革道路是从所有制结构调整开始的，首先发展非公有制经济，而后推进“双轨制”的经济运行体系的调整，再到财税联动的宏观管理框架改革，最后用更大的精力推进国有企业的改革。进入 21 世纪特别是党的十六大以后，则着力完善市场经济体制，建立健全社会保障体系、完善收入分配调节机制、保护环境等。渐进式改革道路可以说是理论和实践的互动产物，如增量改革、试点推广、改革和开放互相推进都具有开拓性；同时也是较为成功的，因为正是这一制度变革将中国经济从改革前的濒于崩溃的边缘发展到目前总量世界第二，进出口总额稳居世界第三的经济地位。

渐进式改革之所以有如此功效，关键在于其首先较好地协调了增长与稳定的关系，使得我国经济在高增长的同时，保持了较低的物价总水平，实现了高增长、低通胀格局。图 2-1 是中国从 1978 年到 2011 年四个阶段的各年 GDP 和 CPI 年平均增长率时间序列轨迹。1978 年改革开放以来，中国 GDP 年增长率平均为 9.5%，平均波动幅度为 0.07%。经济增长的三次高峰是在 1984 年、1992 年和 2007 年，GDP 增长率分别达到了 15.2%、14.2% 和 14.2%；三次低谷发生在 1981 年、1989 年和 1990 年，GDP 增长率仅为 5.2%、4.1% 和 3.8%，没有出现负增长。在改革开放的四个阶段，经济增长呈现出逐阶段加速的特性，分别为 9.6%、9.6%、9.9%、10.3%，经济一直在高增长的轨道上运行，典型的指数化增长。尽管高增长也不可避免地出现过居民消费物价指数水平的上涨，如在改革起步阶段，1980 年达 7.5%；在改革全面推进阶段，1985 年达 9.3%、1988 年达 18.8%、1989 年达 18.0%；在建立社会主义市场经济的初始阶段，1993 年达 14.7%、1994 年达 24.1%、1995 年达 17.1%，但由于中国政府措施得力，物价上涨势头很快得到有效控制，使得通胀率总体保持较低水平。尤其是 1996 年以来，中国经济连续保持了 10 多年良好的高速平稳增长和低通货膨胀，经济增长波动“微波化”，增长的质量和福利效应明显提高。

其次，渐进式改革始终坚持了市场化取向的改革，其关键作用在于推动了中国经济配置要素的模式转换，而正是这种按市场方式配置资源的体制改革又很快推进了我国经济结构持续的现代化，矫正了传统计划经济片面发展重工业造成的严重结构畸形，开始了中国的第二次工业化，从而促成了中国高速增长的奇迹。因为一切经济问题的核心在于如何充分而合理地配置资源，提高资源的利用效率。迄今为止的经济实践和经济资料都表明，市场依然是资源配置最有效手段。在范围广泛的竞争性部门，市场机制自动引导着资源从效益低的部门流向效益高的部门，实现资源优化配置。就是那些自然垄断部门和提供重要公共产品的部门，一旦在适用范围内引入市场机制，其效率也能明显提

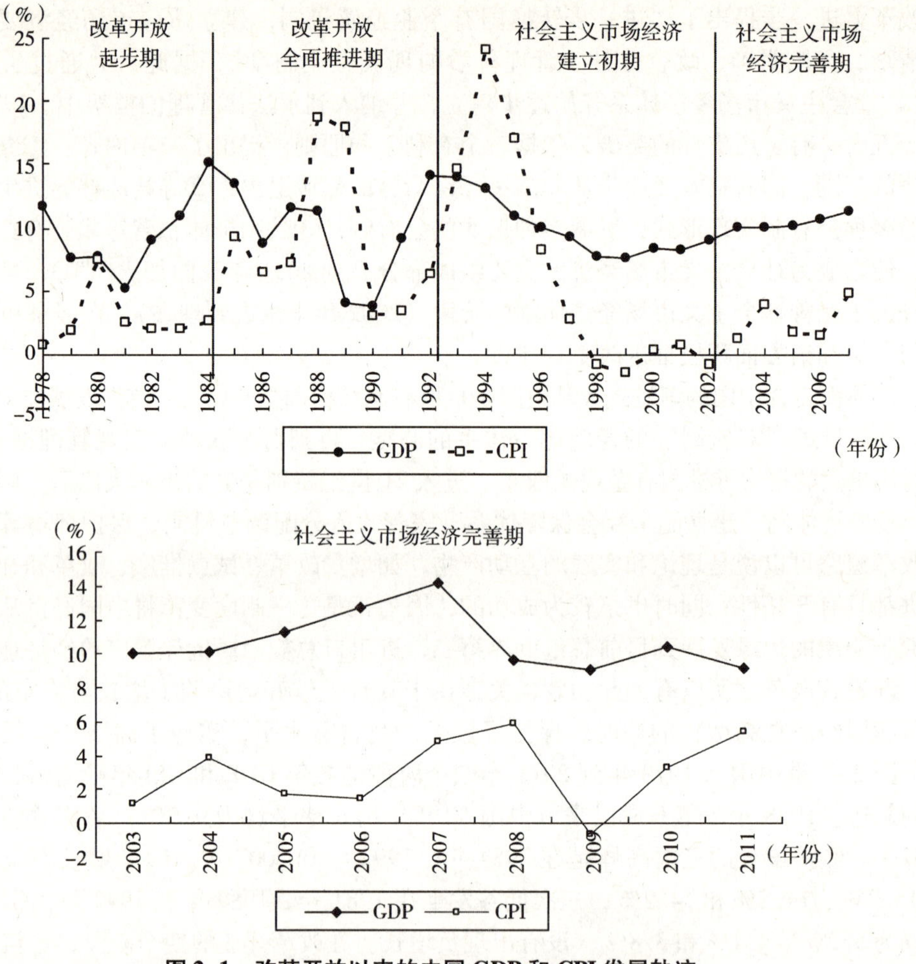

图 2–1 改革开放以来的中国 GDP 和 CPI 发展轨迹

高。市场经济的生命力正在于此。从计划经济体制转向市场经济体制的必要性和根源正在于此。中国经济理论的发展离不开政治智慧的贡献。邓小平同志在 1979 年就明确提出，“社会主义为什么不可以搞市场经济”，“社会主义也可以搞市场经济”。

应该说，改革开放三十多年中国经济增长是一个不断被改写新纪录的奇迹，中国的高速经济增长历程都是在一个“次优的体制安排”下取得的，而正是这种边增长边调整的渐进式改革促进了中国经济的超高速增长，使得中国经济从一个高度集中的计划经济体制逐步转向了一个现代市场经济体制，进入了一个准现代化的经济增长结构中。

二、农村经济改革与农业发展

中国农村改革不仅带来了农业生产和农产品贸易的迅速增长，更重要的是启动了我国高增长与经济结构调整的步伐，尤其是 20 世纪 80 年代头五年的迅速增长，更具基础性的地位。经过三十多年的改革，我国农业和农村经济的运行机制和管理体制业已发生了深刻变化，具体体现在：一是实行以家庭承包为主的责任制和统分结合的双层经营体制，激励了农民生产经营的积极性。二是发展多种经济成分和多种经营方式，形成了以公有制为主体，各种经济成分并存和共同发展的格局。三是改革了农产品流通体制，使农产品市场有较大的发展。土地、劳动力、资金、技术等要素市场正在形成，农民由计划经济体制下单纯的生产者变成相对独立的经营者。四是逐步减少了指令性生产计划，越来越多地运用经济、法律和信息手段，引导、支持、保护和调控农业。为了更好地认识我国的农村经济改革及其推动下的农业发展，我们不妨先来大致地了解一下改革之前，我国农业的运行体制及其农业政策。

（一）改革前的农业体制和农业政策

中华人民共和国成立后，农村从互助组到合作社，再到人民公社，直到1979年以前，最后定型为“三级所有，队为基础”的经营管理体制。这种体制有五个基本特征：第一，所有的生产资料都归公社、大队或生产队所有。第二，实行高度集中的集体统一经营制度和劳动管理制度，所有乡村劳动力都要实行集中统一管理。第三，单纯的计划管理体制，在生产上，国家指令性计划要层层落实到生产队（有的地方甚至什么地块种什么、种多少、何时种，都要由上级指示），各级干部的主要任务是落实计划，催种催收（县级在落实种植计划中作用最大，所以一县之长就成了大生产队长）；在产品流通上，是完全的统购统销制度，几乎所有的农、副、林、畜产品都要按指令性计划由国营部门统一收购，统一销售。第四，种植业为主的单一经营，“以粮为纲”是农业的基本原则，甚至地林区、牧区也要求实现“粮食自给”，多数地方出现了毁林、毁草、开荒种粮的情形。第五，过度平均化的分配制度。工分制是主要的分配形式，同时辅之以按人口多少来平均分配基本口粮。国家通过行政手段，把农业和农村创造的国民收入转向工业和城市分配。据测算，1950～1990年，全国工农产品价格剪刀差10039亿元，农业税1359亿元；除去国家的农业投资、支农资金、价格补贴等5497亿元，农业已向工业提供了5451亿元的资金积累。

改革前基本的农村组织结构是农村人民公社制。它由四部分组成，即公社单位、生产大队、生产小队和农户。政治的、行政管理的、社会的、经济的和军事职能都集于人民公社。国家通过公社制管理着农产品的生产和分配，国家也向生产队分派耕种指标和全国的生产指标。在人民公社体制下，生产小队是基本的生产单位，它平均由20～30个农户组成。生产队队委会组织劳动力和其他生产工龄从事生产，完成生产计划。生产成果在完成了征购义务定额和补偿了集体生产费用后在社员之间按工分分配。单个农户只允许在工余时间耕种其自留地（大约占集体耕地的5%～7%），以及从事家庭副业。

在中国，包括水稻、小麦、玉米和大豆等粮食作物是主要食品类的大宗农产品，同时油料作物和棉花也被认为是满足基本需要的重要产品。维持主要农产品的自给自足是中国农业政策的最优先考虑的事。因此，国家紧紧抓住粮食、油料和棉花的生产和分配。国家以较低的固定价格将征购来的农产品出售给城市居民。统一征购体制始于1953年，有两种征购类型，即定额征购和超定额征购，并且对粮食和油料而言，不同征购所规定的价格也不同。在人民公社制下，对那些被规定为有剩余的生产队（如果生产队在1955年的粮食产量大于它的全部使用量（包括社员食物、动物喂料的种子），就被规定为有剩余的生产队），国家对实际产量超过计划产量的差额征购一定比例，同时国家有义务购买有剩余的农民要销售给国家的农产品。1965 年以前，对超定额征购部分所支付的价格与定额征购价格相同。1966 年国家规定了一个刺激制度以鼓励生产队增加超定额征购，对超定额部分给予较高价格（对超定额的征购的 50% 是支付等值的食糖、植物油和工业品等，另一半是支付比定额征购价格高出 30% ~50% 的价格）。在 1966 年价格增加以后，粮食的征购价格在 1966 年到 1978 年间一起未动（唯一例外的是，大豆价格在 1971 年增加了 9%，在 1978 年增加了 23.4%），到 1978 年，粮食生产的成本超过了它们的征购价格的 7% 以上。

这种体制的弊端亦是显而易见的，重要的缺陷有：第一，生产者与生产资料相分离，农民家庭作为生产经营的基本单位被彻底否定，所有的基本生产资料都归集体所有，使农民变成了单纯为挣工分的劳动者，缺乏主动性和积极性，生产效率无法提高。第二，生产者的劳动成果与经济利益相分开，收入分配的平均化，集体经营的成果如何，与农民的收入多少脱钩，使农民感到为集体劳动不值得。第三，集体经营管理权和自主权相脱节。公社、大队、生产队名义上有经营管理权，但经营什么、如何管理、收入如何分配、产品如何销售、生产资料如何供应，都要听从上级的指令性计划和统一指挥。第四，农民被限制在耕地上，以粮为纲、单一经营的政策，把农民囿于有限的耕地上，限制了农村经济的全面发展，使劳动生产力和所得均偏低。第五，实行城乡壁垒和偏重（倾斜）城市政策。农民只能一辈子住在农村务农，按地域的僵化分工和以出生地定终身，几乎成了不可理性的铁律。这种政策阻隔了城乡之间生产要素的合理流动，是造成城乡分割和城市先进、农村落后的一个重要原因。这种体制严重束缚农村生产力的发展。

（二）农村经济改革历程与农业发展

自 1979 年起，中国农村改革启动。随着承包责任制的迅速推行，开始进行以市场经济为导向的改革，改革农副产品的价格体制，调整农村产业结构，发展乡镇企业，农业进入一个全面发展的时期。主要农业政策变化可以大致包括如下几个方面：农业组织和生产政策、农产品征购和价格政策、农产品贸易政策（见表 2-1）。

表 2-1 家庭联产承包责任制与公社制的比较

项　目	公社制	联产承包制
1. 生产单位	生产队	家庭
2. 目标	a. 完成生产指标 b. 保持政府稳定	a. 完成征购定额 b. 完成国家定额后取得最大利润
3. 经济决策 ①生产什么及如何生产 ②收入分配	国家计划 根据劳动分配（劳动工分制）	完成国家定额，由利润最大化目标决定产品组合 根据生产成果的价值
4. 土地使用	国家控制	家庭有转让土地使用权的有限能力
5. 劳动力	国家限制劳动力流动	家庭允许配置其劳动力资源，能自由决定何时何地去工作，劳动力在城市流动受到限制

续表

项　目	公社制	联产承包制
6. 资本	资本流动由国家控制	家庭拥有自主投资权，可用于购买拖拉机；兴建住宅，购买耐用消费品，以及投资于农村工业
7. 专业化	国家计划强调自给自足	部分专业化，可使用比较利益原则
8. 市场	集贸市场关闭	允许集贸市场开放，国家是粮食、植物油的主要收购者

对于中国农村的经济改革，可以具体划分为四个时期，即：

第一个时期：1979～1984 年，为农户经营主体地位确立与农业超速增长阶段，集中于农村经济的重建和改组，以提高农业生产水平。实行家庭承包为主的责任制，使农户的经济利益与经营成果直接结合，从 1979～1984 年，从“包产到户”的社队已占到 99.1%。“包干到户”意味着原来“三级所有，队为基础”的人民公社体制解体，农户成为农业生产经营的基本单位和农村经济的微观基础。

为了使农民生产的农产品获得合理价格，1979 年大幅提高了 18 种主要农副产品的收购价格，平均提高幅度达 24.8%。在此基础上，又逐步缩小了农产品统派统购的范围和数量。到 1984 年底，农产品统派统购的种类由原来的 113 种减少到 38 种。

农户经营主体地位的确立，以及农产品贸易条件的改善，使农民被压抑多年的生产积极性得到充分提升。1979～1984 年，中国农业产值平均增长 7.3%；粮食产量由 3 亿吨增加至 4 亿吨，年平均增长 6.2%；棉花、油料产量年平均增长分别高达 19.3% 和 14.7%。农民收入年平均提高 13.4%，城乡居民收入差距由 2.1∶1 缩小到 1.7∶1，消费差距由 2.8∶1 缩小到 2.3∶1。

这一阶段主要的改革措施有三条：一是在坚持土地等主要生产资料集体所有制的前提下，土地所有权与经营权分离，即在全国普遍推广家庭承包责任制。二是取消不适应农村生产力水平的人民公社制度，恢复农村政权组织和与经济组织的分离。三是一方面降低粮食征购基数、增加粮食进口，使农民得以休养生息、恢复元气；另一方面又连续大幅提高农副产品收购价格，并保持主要农业生产资料价格的稳定。

第二个时期：1985～1988 年，农产品统购统销制度改革与农村产业结构快速变动阶段。因为前几年农产品连续增产，1985 年农产品出现结构性过剩（主要是局部性“卖难”），政府对粮油等大宗农产品的财政补贴已成为仅次于国营工业企业亏损补贴的第二大财政包袱。因此决定取消农产品统购统销制度，对粮油大宗产品实行合同定购与市场收购的双轨制，对其他农产品完全放开，实行市场调节。

从实施结果来看，放开其他农产品市场的改革，获得了显著成效，如水果和水产品的生产，保持连续递增的趋势。对大宗农产品实行双轨制改革，却没有取得预期效果，其原因是改革只涉及收购体制，而没有触动销售体制。购销价格和购销数量两个倒挂，使政府财政补贴比 1984 年以前增长更快。与政府减轻财政负担的需要相对应，再加上 1984 年以后城市工业改革的激活，政府放松了对农业生产资料价格的控制，并逐步取消对农用工业的补贴，农业生产资料价格出现大幅度上涨的趋势。其上涨率在 1984 年为 8.9%，1988 年高达 16.2%。由此，农业生产的比较利益急剧下降，一度缩小的粮肥比价又趋扩大。

由于畜牧业、渔业的快速增长，农业产值仍以年平均4.1%的速度平稳递增（但低于前一阶段的7.3%）。这期间乡镇企业发展异军突起，产值增长速度达到年平均近50%，产值占农村社会总产值的比重由1/5猛增到一半以上。由于占农民收入权数很大的粮棉生产出现起伏不定，农民人均纯收入增长虽仍有年平均2%～3%的速度，但与前一阶段相比，已低了11.1个百分点。

第三个时期：1989～1991年，国民经济调整与农民所得停滞阶段，在此期间，国家采用了严厉的措施以应付螺旋式的通货膨胀，并对国民经济重新实行中央控制。例如，在1989年，政府重新强调行政手段增加粮食生产。

从1988年下半年开始，为抑制通货膨胀，控制过热的经济增长，政府决定以国民经济实行治理整顿。在宏观经济政策紧缩的背景下，农业仍得到相当程度的加强。主要农产品产量都大幅度提高，粮食产量创历史最高纪录。但粮棉等主要农产品的定购价格低于市场价格，各地收购问题严重。于是政府在1988年对大米实行专营，1990年将合同订购改为国家订购，对棉花则由供销社统一经营。这期间农村改革以粮食购销体制的区域性突破为主要特征。从1988年粮食年度开始，许多粮食购销区开始实施以市场为取向的减购（减少合同定购数量）、压销（压缩平价粮销售数量）、提价（既提高合同定购价，又提高统销价）、放开（放开购销价格）的粮食购销体制改革，并取得成效。由此促成了1991年内地在全国实行购销同价的改革。在治理整顿经济的后期，政府也采取了一些具有制度建设意义的改革措施，如对粮食实行最低保护收购、建立规范化的中央和区域粮食批发市场、建立粮食专项储备等。

乡镇企业发展速度明显放慢，吸纳农业剩余劳动力的能力也趋于减弱。农民受此影响，收入增长出现了改革开放以来的首次停滞，3年平均增长仅1.2%，其中1991年农民实际收入呈负增长。城乡居民收入差距和消费差距均恢复到1978年改革开放以前的水准。

以上情况表明，第一，治理整顿虽然使主要农产品产量增加，但却没有相应增加农民收入；第二，农民对非农产业收入的依赖程度越来越高，农业增产与农民增收存在着一些矛盾。

第四个时期：1992年以后，建立农村市场经济体制阶段。1992年春邓小平视察南方讲话发表和中共十四大召开，明确提出建立社会主义市场经济体制的目标。这一时期，经济向市场经济体制迈进，国民经济发展呈高速增长。农村改革也提出许多措施，如在基本经营制度和产权制度上，第一次提出了土地制度发展的基本架构（在土地承包延长30年的基础上建立农地使用权的流转机制）；沿海地区和中西部地区分别推进适度规模经营和“四荒”（荒山、荒坡、荒沟、荒滩）使用权拍卖；对乡镇集体企业进行了股份制和租赁、拍卖等多种产权组织形式的改革；新农村建设；取消农业税等。在粮食购销体制上，1993年底全国98%的县（市）开放粮食价格和购销。在多年低增长后，近几年农业发展速度加快，农民收入也有较大幅度增加（见表2-3）。

表2-2显示农林牧渔业总产值从1978年的1397亿元增加到2011年的81303.9亿元，增长近60多倍，年均增长率13.1%左右，而在此期间劳动力却在不断减少。表2-3则显示了农民的收入有了可观的增长，消费结构也发生了较大变化。

表 2-2　农林牧渔业总产值及指数

年份	绝对数（亿元）					指　数　（上年=100）				
	农林牧渔业总产值	#农业	#林业	#牧业	#渔业	农林牧渔业总产值	#农业	#林业	#牧业	#渔业
1978	1397.0	1117.5	48.1	209.3	22.1					
1980	1922.6	1454.1	81.4	354.2	32.9	101.4	99.7	112.2	107.0	107.7
1985	3619.5	2506.4	188.7	798.3	126.1	103.4	99.8	104.5	117.2	118.9
1990	7662.1	4954.3	330.3	1967.0	410.6	107.6	108.0	103.1	107.0	110.0
1991	8157.0	5146.4	367.9	2159.2	483.5	103.7	100.9	108.0	108.8	107.6
1992	9084.7	5588.0	422.6	2460.5	613.5	106.4	104.2	107.7	108.8	115.3
1993	10995.5	6605.1	494.0	3014.4	882.0	107.8	105.2	108.0	110.8	118.4
1994	15750.5	9169.2	611.1	4672.0	1298.2	108.6	103.2	108.9	116.7	120.0
1995	20340.9	11884.6	709.9	6045.0	1701.3	110.9	107.9	105.0	114.8	119.4
1996	22353.7	13539.8	778.0	6015.5	2020.4	109.4	107.8	105.7	111.4	114.0
1997	23788.4	13852.5	817.8	6835.4	2282.7	106.7	104.5	103.3	110.1	111.5
1998	24541.9	14241.9	851.3	7025.8	2422.9	106.0	104.9	102.9	107.4	108.8
1999	24519.1	14106.2	886.3	6997.6	2529.0	104.7	104.3	103.2	104.6	107.2
2000	24915.8	13873.6	936.5	7393.1	2712.6	103.6	101.4	105.4	106.3	106.5
2001	26179.6	14462.8	938.8	7963.1	2815.0	104.2	103.6	99.3	106.3	103.9
2002	27390.8	14931.5	1033.5	8454.6	2971.1	104.9	103.9	107.1	106.0	106.1
2003	29691.8	14870.1	1239.9	9538.8	3137.6	104.0	100.5	106.9	107.3	105.3
2004	36239.0	18138.4	1327.1	12173.8	3605.6	107.5	108.5	102.0	107.2	106.0
2005	39450.9	19613.4	1425.5	13310.8	4016.1	105.7	104.1	103.2	107.8	106.5
2006	40810.8	21522.3	1610.8	12083.9	3970.5	105.4	105.4	105.6	105.0	106.0
2007	48893.0	24658.1	1861.6	16124.9	4457.5	103.9	104.0	106.9	102.3	104.8
2008	58002.2	28044.2	2152.9	20583.6	5203.4	105.7	104.8	108.1	106.8	106.0
2009	60361.0	30777.5	2193.0	19468.4	5626.4	104.6	103.8	107.1	105.8	105.8
2010	69319.8	36941.1	2595.5	20825.7	6422.4	104.4	104.1	106.5	104.1	105.5
2011	81303.9	41988.6	3120.7	25770.7	7568.0	104.5	105.6	107.6	101.7	104.5

资料来源：《中国统计年鉴》（2012）。

表 2-3　农村居民家庭基本情况

项　目＼年份	1990	1995	2000	2010	2011
调查户数（户）	66960	67340	68116	68190	73630
调查户人口（人）					
常住人口	4.80	4.48	4.20	3.95	3.90
平均每户整半劳动力	2.92	2.88	2.76	2.85	2.78

续表

项目 \ 年份	1990	1995	2000	2010	2011
平均每个劳动力负担人口（含本人）	1.64	1.56	1.52	1.39	1.40
平均每人年收入（元）总收入	990.38	2337.87	3146.21	8119.51	9833.14
工资性收入	138.80	353.70	702.30	2431.05	2963.43
家庭经营收入	815.79	1877.42	2251.28	4937.48	5939.79
财产性收入	35.79	40.98	45.04	202.25	228.57
转移性收入		65.77	147.59	548.74	701.35
现金收入	676.67	1595.56	2381.60	7088.76	8638.51
工资性收入	136.43	352.88	700.41	2427.89	2959.74
家庭经营收入	481.19	1116.73	1498.81	3955.36	4810.37
财产性收入	59.05	38.19	38.89	168.33	185.76
转移性收入		87.76	143.49	537.18	682.64
纯收入	686.31	1577.74	2253.42	5919.01	6977.29
工资性收入	138.80	353.70	702.30	2431.05	2963.43
家庭经营纯收入	518.55	1125.79	1427.27	2832.80	3221.98
财产性收入	28.96	40.98	45.04	202.25	228.57
转移性收入		57.27	78.81	452.92	563.32
平均每人年支出（元）总支出	903.47	2138.33	2652.42	6991.79	8641.63
家庭经营费用支出	241.09	621.71	654.27	1915.62	2431.05
购置生产性固定资产	20.29	62.33	63.90	193.26	265.75
税费支出	38.66	88.65	95.52	8.57	11.67
生活消费支出	584.63	1310.36	1670.13	4381.82	5221.13
财产性支出	18.80	55.28	19.74	49.25	12.27
转移性支出			148.86	443.27	699.76
现金支出	639.06	1545.81	2140.37	6307.43	7984.94
家庭经营费用支出	162.90	454.74	544.49	1757.58	2269.19
购买生产性固定资产	20.46	62.32	63.91	193.26	265.75
税费支出	33.37	76.96	89.81	8.56	11.65
生活消费支出	374.74	859.43	1284.74	3859.33	4733.35
财产性支出	47.59	92.35	9.82	49.25	12.27
转移性支出			147.60	439.45	692.73

资料来源：《中国统计年鉴》（2012）。

三、工业化、城市化与结构调整

对于任何后发国家而言，工业化（最高形式是重化工）都是追求的目标，重化工业道路成为任何赶超国家必选的一条道路。综观英、法、德、美、日等发达资本主义国家的经济发展史，其经济发展方式从工业革命早期的粗放型至当今后工业时代集约型的转变，经历了一个较长的演化过程。这两个多世纪，前一个100年是哈罗德—多马形态的古典经济增长时期；后一个100年则是索洛等模型描述的现代经济增长时期。其间发达国家经济增长方式也发生了重大变化：一是经济增长的动力表现为“要素积累—集约管理—知识创新”的演化路径；二是主导的产业结构经历了“农业—工业—服务业”的变化过程；三是与不同阶段相适应的，是政府角色从要素积累阶段的“直接数量型干预”，到集约化增长阶段的“市场化价格调节”，到创新增长阶段的“扩大与人口质量相关的公共支出”的转化。发展的历程都是从“古典增长阶段”转向“现代增长阶段”（张平、刘霞辉，2007）。

（一）生产结构的现代化：工业化

改革开放以来，中国采取了均衡发展战略，均衡结构的发展矫正了传统计划经济片面发展重工业造成的严重结构畸形，开始了中国的第二次工业化。历经三十多年的工业化进程，中国人均GDP从2008年开始超过3000美元，2011年已超过5000美元，进入中等收入国家，产业结构不断升级，再有10年的时间中国将完成工业化进程。

工业化的主要特征就是随着人均GDP的增长，居民消费提高，恩格尔系数持续下降引致第一产业持续下降，制造业为代表的工业化开始发展，非农就业成为了社会最主要的就业方式（取代了传统的农业社会就业方式）。改革开放以来第一产业产值和就业量占比从28.2%和70.5%分别下降到了2011年的10.0%和34.8%，见图2-2。改革开放以来工业化水平长期保持在48%，第三产业总体趋势增长，1984年以前比重在22%左右波动，1985～1993年快速增长，比重升至33%左右，经过4年左右的平稳，1997～2002年再次快速上升，2002年比重达最高41.5%，近几年有所下降，保持在40%，2007年的比重为40.1%，到2011年上升至43.3%。从经济增长贡献看，2011年农业对中国经济增长的贡献仅有4.6%，工业贡献为51.6%，服务业贡献为43.7%。中国工业化不仅表现在对经济的贡献，而且更表现了它强大的生产规模，钢铁、煤炭、水泥、化肥、化纤、棉布、耐用消费品等产品产量居全球第一，而发电量居全球第二、原油居全球第六等，近年在电子等高技术行业发展迅速，很多单项的产能也是全球之冠。

在中国工业发展的同时，农村就业也下降迅速，非农就业发展很快，2011年达到了65%，进入了以非农就业为主导的工业化国家。中国经济目前已经进入到“二、三、一”的产业发展阶段，其产出带动则是以农业下降与工业化稳定和第三产业上升为主线的发展道路，这一道路符合国际各个国家或地区发展的经验，而中国经济发展的特点是工业部门一直处于超强发展的位置，第二产业，特别是工业始终保持高位，主导着经济增长。随着第三产业的贡献持续上升，到21世纪其带动贡献逐步接近工业部门，这说

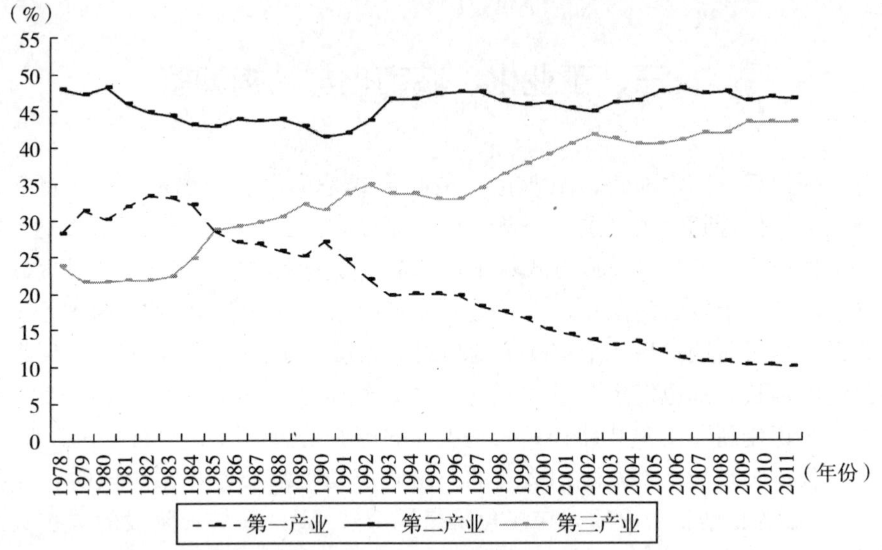

图 2-2　中国国内生产总值构成比重变化

资料来源：《中国统计年鉴》(2012)。

明城市化快速发展对第三产业的发展起了极大地促进作用，也使中国经济结构更趋于平衡。具体看，农业就业比重下降，第二产业就业比重呈现稳定状态，从 20 世纪 80 年代中期到 21 世纪始终保持在 22% 上下的水平，2006 年开始突破了 25%，非农就业的主要任务靠第三产业，20 世纪 90 年代第三产业就业比重超过了第二产业，2007 年其占比为 32.4%。但从产值占比和其对经济增长贡献比重看，就业比重仍非常不对称，2007 年就业人口比重最大的行业仍是农业（高达 40.8%），直到 2011 年第三产业才开始超越农业近一个百分点，因此，未来人口资源分配是中国实现现代化的关键。

从国际比较看（见表 2-4），2011 年中国人均 GDP 约为 5444 美元，已进入高中等收入组，经济结构和就业基本符合一般发展的均衡标准；从产业结构看，农业产值和就业水平刚刚跨入中等收入国家的下限，而工业化水平、就业水平都超过中高收入国家，但服务业的产值和就业水平则远远低于高中收入国家。总体而言，中国正面临着从一个中等收入国家向中高收入国家转变的过程，其核心问题仍然是继续加快农村劳动力转移，积极发展服务业，用服务业发展来承载非农化过程，提高服务业的产值和就业比重，这直接关系中国现代化的步伐。

表 2-4　中国生产和就业结构的国际比较

		农业		工业		服务业	
	GDP（人均美元）	产值比重	就业率	产值比重	就业率	产值比重	就业率
中国（2011 年）	5444	10.0	34.8	46.7	29.5	43.3	35.7
低收入	905 以下	21.5	—	25.1	—	49.7	—
中等收入	906 ~ 11115	9.8	35.5	35.5	19.7	54.8	32.7
低中等收入	906 ~ 3595	17.0	41.4	31.3	18	51.6	24.7

续表

		农业		工业		服务业	
	GDP（人均美元）	产值比重	就业率	产值比重	就业率	产值比重	就业率
高中等收入	3596～11115	7.6	17.5	36.7	25.1	55.7	57.3
高收入	11116 以上	1.3	3.9	26.1	25.8	70.7	70.1

资料来源：①国际数据来自世界银行数据库，产值比重数据采取的是 2010 年数值，就业采用的是 2002 年的数据；②中国数据来自于《中国统计年鉴》（2012），中国人均 GDP 数值来自世界银行数据库。

表 2-5 的国际比较表明，中国产业结构升级需要加速。从工业增加值和制造业增加值占国内生产总值的比来看，工业增加值/GDP 从 1990 年的 41.6% 上升到 2010 年的 47.0%；制造业增加值/GDP 从 32.9% 下降到 2010 年的 30.0%。同期，发达国家的工业增加值下降幅度比较大，英、美、德、日分别从 35.1%、27.9%、37.3% 和 39.7% 下降到 22%、20%、28% 和 27%；就制造业增加值/GDP 而言，美国从 19.4% 下降到 13%，其他三国也有不同程度下降。从服务业增加值占国内生产总值的比例来看，英、美、德、日分别从 1990 年的 63.0%、70.1%、61.2% 和 57.8% 上升到 2010 年的 78.0%、79.0%、71.0% 和 71.0%。中国从 31.3% 上升到 43.0%，还是有很大差距的。

表 2-5　中国与几个发达国家的产业结构比较（单位：%）

国别＼年份	1990	1995	2000	2004	2006	2007	2008	2009	2010	2011
	农业增加值占 GDP 比									
英国	1.9	1.9	1.0	1.0	0.9					
美国	2.1	1.6	1.2	1.4	—	1	1	1	1	
德国	1.5	1.3	1.3	1.2	1.0	1	1	1	1	
日本	2.6	2.0	1.8	1.6	—	1	1	1	1	
中国	27.0	19.8	14.8	13.1	11.7	11	11	10	10	10
	工业增加值占 GDP 比									
英国	35.1	31.8	28.2	24.1	24.1	23	23	21	22	
美国	27.9	26.3	24.2	22.2	—	22	21	20	20	
德国	37.3	32.1	30.3	28.9	30.0	30	30	27	28	
日本	39.7	34.5	32.4	30.5	—	28	27	26	27	
中国	41.6	47.2	45.9	46.2	48.4	47	47	46	47	47
	制造业增加值占 GDP 比									
英国	23.2	21.7	17.9	14.1		12	12	11	11	
美国	19.4	18.9	17.0	14.5		14	13	12	13	
德国	—	22.6	22.9	22.6		24	23	19	21	
日本	—	—	22.2	21.2		20	20	18	19	
中国	32.9	33.7	32.1	32.4		33	33	32	30	

续表

国别＼年份	1990	1995	2000	2004	2006	2007	2008	2009	2010	2011
	服务业增加值占 GDP 比									
英国	63.0	66.3	70.7	75.0	75.0	76	76	78	78	
美国	70.1	72.1	74.6	76.5	—	77	78	79	79	
德国	61.2	66.6	68.5	69.9	69.1	69	69	72	71	
日本	57.8	63.6	65.8	67.9	—	71	71	73	71	
中国	31.3	33.1	39.3	40.7	39.9	42	42	43	43	43

资料来源：世界银行在线数据库。

依据国际经验，当人均 GDP 达到 1000 美元时，按照库兹涅茨模式，服务业的增加值应该占 GDP 的 40.7%；按钱纳里模式 20 世纪 80 年代计算，服务业应达到 37.8%，此时服务业和工业的增加值相当。中国当前的产业结构和就业结构与库兹涅茨模式接近，相当于日本的 60 年代的工业化特征。这一阶段的基本特征是以重型机械制造业为核心的加工工业，如汽车、造船等大型机械工业发展取代轻工业成为经济增长的主导产业，由于规模性的需求也带动了城市化的发展，加速中国进入后工业化，经济逐步进入服务业带动的时代。

（二）经济结构的现代化：城市化

从国际经验看，工业化和城市化呈现明显的两阶段，第一阶段工业化带动城市化，体现在大量农村剩余劳动力进入现代化部门，工业在城市及城市周围的全面发展推动了城市开发区，工业园迅速建立，城市化速度大幅提高，农民身份不断转换为城市人口。第二阶段工业化增长稳定或下降，城市化率的提高完全则是由经济服务化推动非农就业的比重上升所带动。工业化带动了城市化发展，而城市化的发展决定了一个国家经济结构的现代化，它更表现为人口资源配置和人的发展。

对于中国城市化的水平，我们可以按照世界银行所制定的一个关于城市化比例和速度的表格（见表 2-6）进行对比，该表将世界国家划分为低收入、中等收入、高中等收入、高收入国家等几个层次，并分别列出了东亚及太平洋地区与拉丁美洲两个地区的状况。依照此表，我们可见中国的工业化比例虽在全球一枝独秀，但城市化水平相对落后，2010 年为 44.9%，虽然高于低中等收入组 2010 年 39.6% 的水平，但还达不到中等收入组 48.5% 的水平，这种情况也基本与东亚及太平洋地区组的状况一致，这也反映出东亚模式都较偏重工业化，而城市化发展较弱的情况。从城市百万人口集聚程度看，2010 年中国是 17.7%，基本与中等收入组持平，但在大城市人口的集中度则非常之低，中国只有 2.8%，远远低于任何可比较组，这是中国较严格的户籍管制（特别是大城市）的产物，这与城市规模性的发展和集聚的规律有所背离。在卫生条件方面，得到改进的卫生设施城市居民所占百分比 2008 年是 58%，仅比低收入组高，比低中等收入组 64.5% 的水平都要低 6.5%，而令人意外的则是农村得到改进的卫生设施人口比重则甚至高于中等收入组，向高中等收入靠近。总体来说，当前中国城市发展的水平仍然还是偏低且不平衡，不过，可喜的是中国城市化的增长速度比整个中等收入组别高出0.8个百分点，城市化增长态势值得期待。

表2-6　城市化比例和速度

栏目	城市人口					百万以上的城市人口占总人口的百分比（%）		人口在大城市占城市人口的百分比（%）		得到改进的卫生设施人口比重（%）			
	人口数（百万）		人口比例（%）		平均增长					城市人口		农村人口	
	1990年	2010年	1990年	2010年	1990~2010年	1990年	2010年	1990年	2010年	1990年	2008年	1990年	2008年
中国	311.0	600.9	27.4	44.9	3.34	9.0	17.7	2.5	2.8	48	58	38	52
低收入	108.5	225.2	21.5	28.3	3.72	8.3	11.1	34.2	32.7	39.2	44.4	19.1	32.2
中等收入	1449.7	2384.5	38.3	48.5	2.52	13.9	18.1	14.6	13.0	68.5	71.1	30.7	43.2
低中等收入	553.8	975.9	31.6	39.6	2.87	11.9	14.0	15.8	14.6	60.8	64.5	18.4	33.1
高中等收入	895.9	1408.6	44.0	57.4	2.29	15.7	22.2	13.9	11.8	73.2	75.8	43.8	57.5
低和中等收入	1558.2	2609.6	36.3	45.7	2.61	13.3	17.2	16.0	14.6	66.9	68.9	29.3	41.2
东亚及太平洋地区	599.5	1063.7	33.3	48.8	2.91	—	—	16.5	12.0	64.2	69.7	40.6	56.4
拉丁美洲	312.1	466.7	70.6	79.3	2.03	31.7	35.3	24.3	22.4	81.4	86.4	38.5	55.1
高收入国家	697.9	856.1	72.8	77.6	1.03	—	—	19.6	18.8	99.8	99.8	99.0	98.2

资料来源：根据世界银行网站整理。

中国进入21世纪以来城市化发展速度加快，中国2011年城市化率已达到了51.27%，预计2020年就可实现城市人口占60%的城市化目标（见表2-7）。但值得指出的是，城市化第一个过程是工业化向城市化的转换，也是城市化建设过程，这一个过程是城市化的加速过程，这是一个“建设周期”，这一周期是在工业化积累财富产生城市化巨大需求下开始的，它拉动了房地产、城市建设、税收等的迅速发展，经济进入一个城市化带动的景气周期。中国从1997年启动的消费信贷点燃了城市化浪潮到现在10年时间里，经济就处于该阶段。未来进入到城市化服务业自己带动发展时，经济增长则需从工业化转向服务业，这就将遇到产业、人口和空间结构转换的挑战。

表 2-7 中国城市人口和预测

	城市人口比例（%）		城市人口（百万）		均速度（%）	
年份	2005	2020	2005	2020	2000～2005	2005～2010
中国	40.4	60.3	531.8	872.6	3.2	2.7
东亚	44.2	62	921.3	1463	2.5	2.6
世界	48.7	59.9	3150.5	4912.5	2.1	2

资料来源：世界银行：《东亚复兴》，中信出版社 2008 年版。

从区域看，依据《中国工业化进程报告》的计算，2017 年中国完成工业化，进入后工业社会。而首先进入后工业社会的是中国一些主要经济区域，这些区域的城市化率都将达到75%（见表 2-8）。此外，我们也可以进一步分析出，中国未来的城市化布局主要将集中在珠江三角洲、长江三角洲和环渤海地区，这是空间、资源和人口的再配置优化过程。到 2020 年中国完成工业化后，城市化率达到 60%，相当于进入到了工业化后期的城市化水平。

表 2-8 中国主要经济区的工业化阶段

<table>
<tr><th colspan="2">区域
阶段</th><th>全 国</th><th>四大经济板块</th><th>七大经济区</th><th>城市化率</th></tr>
<tr><td rowspan="2">后工业化</td><td rowspan="2">三市四省</td><td rowspan="2">京、沪、津、粤、浙、苏、鲁</td><td rowspan="2">东部（98，2009）</td><td>长三角（100）</td><td rowspan="2">75%</td></tr>
<tr><td>珠三角（95）</td></tr>
<tr><td rowspan="3">工业化后期</td><td rowspan="2">后半阶段
二省</td><td>全国（80，2009）</td><td rowspan="2"></td><td>环渤海（90）</td><td rowspan="3">60%～75%</td></tr>
<tr><td>辽、闽</td><td></td></tr>
<tr><td>前半阶段
八省</td><td>晋、吉、内蒙古、鄂、冀、黑、宁、渝、陕</td><td>东北（60）</td><td>东北（60）</td></tr>
<tr><td rowspan="4">工业化中期</td><td rowspan="3">后半阶段
十一省</td><td rowspan="3">青、湘、豫、新、皖、赣、川、甘、云、桂、琼</td><td>中部（45）</td><td>中部六省（45）</td><td rowspan="4">50%～60%</td></tr>
<tr><td>西部（40）</td><td>大西北（42）</td></tr>
<tr><td></td><td>大西南（40）</td></tr>
<tr><td>前半阶段</td><td></td><td></td><td></td></tr>
<tr><td rowspan="2">工业化初期</td><td>后半阶段</td><td>黔</td><td></td><td></td><td rowspan="2">30%～50%</td></tr>
<tr><td>前半阶段</td><td></td><td></td><td></td></tr>
<tr><td>前工业化</td><td></td><td>藏</td><td></td><td></td><td>30%以下</td></tr>
</table>

资料来源：陈佳贵等著：《中国工业化进程报告》，社科文献出版社 2007 年版。作者根据他们计算的数据变化速度进行了外推估计。

表 2-9 显示了从 20 世纪 90 年代以来，中国城市公用事业的发展情况，建成区面积增长 3.4 倍，城市人口密度增长近 8 倍，其他指标也都显示城市发展速度加快。

表 2-9　城市公用事业基本情况

项　目 \ 年　份	1990	1995	2000	2010	2011
城区面积（平方公里）	1165970	1171698	878015	178691.73	183618.02
建成区面积（平方公里）	12856	19264	22439	40058	43603
城市建设用地面积（平方公里）	11608	22064	22114	39758	41861
城市人口密度（人/平方公里）	279	322	442	2209	2228
城市供水、燃气及集中供热全年供水总量（亿立方米）	382.3	481.6	469.0	507.9	513.4
人均生活用水（吨）	67.9	71.3	95.5	62.6	62.4
用水普及率（%）	48.0	58.7	63.9	96.7	97.0
人工煤气供气量（亿立方米）	174.7	126.7	152.4	279.9	84.7
天然气供气量（亿立方米）	64.2	67.3	82.1	487.6	678.8
液化石油气供气量（万吨）	219.0	488.7	1053.7	1268.0	1165.8
燃气普及率（%）	19.1	34.3	45.4	92.0	92.4
集中供热面积（亿平方米）	2.1	6.5	11.1	43.6	47.4
城市市政设施					
每万人拥有道路长度（公里）	3.1	3.8	4.1	7.5	7.6
人均拥有道路面积（平方米）	3.1	4.4	6.1	13.2	13.8
城市排水管道密度（公里/平方公里）	4.5	5.7	6.3	9.0	9.5
城市公共交通					
年末公共交通运营数（万辆）	6.2	13.7	22.6	38.3	41.3
每万人拥有公交车辆（标台）	2.2	3.6	5.3	11.2	11.8

资料来源：《中国统计年鉴》（2012）。

四、区域经济发展分化

统计显示，在中国960万平方公里国土面积中，山地、高原、盆地和丘陵占近90%，平原面积只占不到12%（这些地形多位于中东部）。根据全国第五次人口普查资料，中国有70%以上的人口生活在距离海岸线500公里以内的中东部地区，这与中国平原面积分布是一致的。所以，中国区域经济的发展自古以来就不平衡。秦汉时代，全国经济发展轴位于长安—洛阳—开封一线，关中和山东是当时的经济重心，整体上，黄河中下游地区的经济领先于其他地区。在隋唐之交，南方经济逐渐超过了北方成为经济中心，但当时的政治、文化中心仍在开封—洛阳轴线上，呈现政治中心与经济中心相分离的格局。北宋以后，文化中心南移至江南，淮河成为南北文化的分界线，经济重心位于长江下游和南北运河交叉的十字轴线上，并逐步扩展到东南沿海地区。到了近代，东南沿海地区超过了全国其他地区，这里最先出现了近代化的商业、工业、交通运输业、金融业和教育事业，成为中国现代化的发源地。

1949 年以前，中国区域经济具有二元特征：一是工业分布具有“东重西轻”的二元性，二是各区域内轻重工业不均衡发展的二元性。1949～1978 年，中国区域经济发展战略是平衡模式。依据这种战略，国家在 1949～1978 年期间，把 50% 以上的基本建设资金投入内地，试图强行拉平沿海地区和内地的经济技术发展差距，以求区域经济的平衡发展。1978 年以来，中国区域经济发展经历了不平衡的发展历程。

（一）区域经济发展态势

新中国成立以来中国区域差距总体变化趋势是“三落三起”。第一次起落是从新中国成立初到大跃进结束的时期；第二次是从大饥荒之后的恢复期到“文化大革命”结束；第三次是改革开放后，中国区域差距呈现先短暂下降，20 世纪 80 年代中后期不平等程度开始大幅度上升，各种衡量不平等程度的指标均在 20 世纪末达到新中国成立以来的历史最高水平，不过这种不平衡的发展态势在 2006 年后开始有所缓解。

各主客观层面都具有绝对优势的东部沿海地区，其经济增长率显著高于中西部地区，这可从东中西部 GDP 占全国 GDP 的比重变化明显看出趋势，如图 2-3 所示。

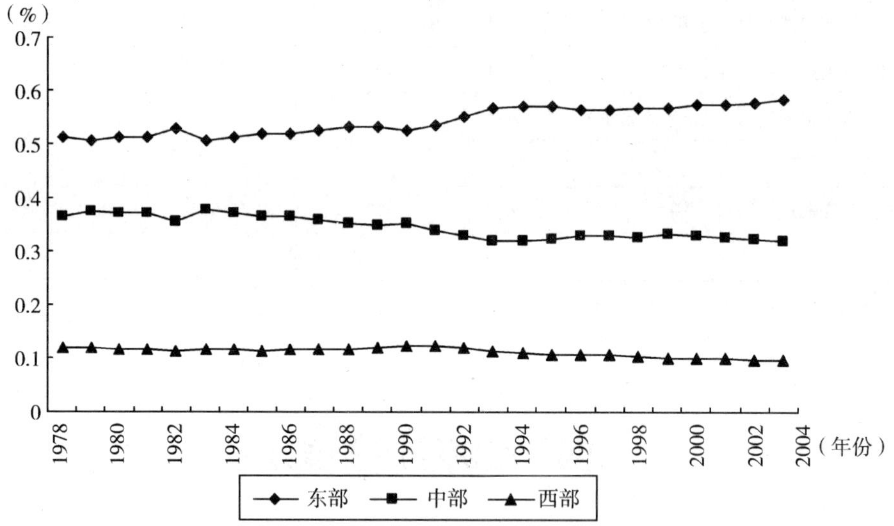

图 2-3　2004 年以前东中西部 GDP 占全国比重

资料来源：依《中国统计年鉴》历年值整理。

由图可见，从 1978～2004 年，东部地区占全国 GDP 比重由 51.4% 上升至 58.5%；中部地区由 36.6% 下降为 32.0%；西部地区则由 12.0% 降至 9.6%。此期间全国 GDP 年均增长率为 9.58%，其中东部地区 GDP 年均增长率为 10.31%，中部地区为 8.91%，西部地区为 8.62%。1990 年以前，区域之间差距初露端倪，而 1990 年后区域扩大趋势十分明显，这一趋势由人均 GDP 也可明显表现出来（见表 2-10）。

表 2-10 2004 年以前东中西部人均 GDP 和相对比例变化（元/人，当年价格）

人均 GDP（元/人）	1980 年	1990 年	2000 年	2002 年	2004 年
东部	598	2240	11334	14363	23734
中部	391	1338	5982	7047	9878
西部	308	1156	4687	5536	8030
中部/东部	65%	60%	53%	49%	42%
西部/东部	53%	52%	41%	39%	34%

资料来源：依《中国统计年鉴》历年值整理。

由表 2-10 可看出，中西部人均 GDP 差距 20 世纪 80 年代有所拉大，但从 90 年代后差距更甚，如中部占东部比重，1990～2000 年，10 年内下降 7%；2000 年后到 2002 年，2 年就下降 4%；2002 年到 2004 年，2 年内又下降 7%，致使人均 GDP 中部占东部比重已下降到 50% 以下，下降了 23%。同样的趋势，西部人均 GDP 占东部比重，在前 10 年只下降 1%，而到 2004 只占 34%，较 1980 年下降了 19%。

综上，可基本判定中国区域发展的总体趋势是，20 世纪 80 年代期间各区域内部和各区域之间，差距总体略有扩大；90 年代后东部与中西部之间差距开始加速拉大。

此外，由于在我国区域的划分范围并无定数：制订“七五计划”时，全国被划分为东、中、西三大经济带，中部包括 9 个省份；2000 年实施西部大开发后，内蒙古被划入西部；而到 2003 年推出了东北振兴战略，又将黑龙江、吉林、辽宁归为东北地区，于是就形成了当前的东、中、西、东北四大板块，也即形成了东部 10 省份、中部 6 省份、西部 12 省份和东北 3 省份的区域格局。而从这种新的区域划分来看，我国区域发展的总体趋势开始发生一些变化，东部经济虽然依旧一枝独秀、独领风骚，不过至 2009 年后，东部所占比重开始呈现下降态势，中部与西部上升势头较为明显，而东北则变化微弱，如图 2-4 所示，而这种朝平衡方向发展的势头由 2004 年以后东、中、西、东北人均 GDP 的相对变化比例来看，则更为明显，如表 2-11 所示。

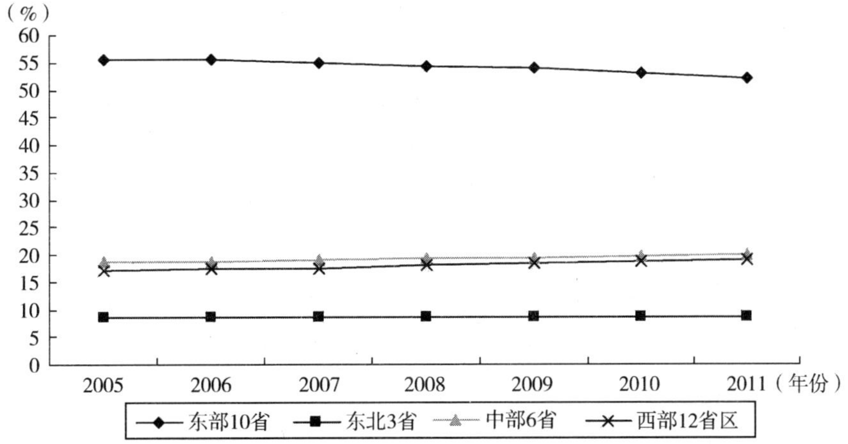

图 2-4 2004 年以后东部、中部、西部、东北 GDP 占全国比重

资料来源：历年《中国统计年鉴》。

表 2-11　2004 年以后东、中、西、东北人均 GDP 和相对比例变化

人均 GDP（元/人）	2005 年	2006 年	2007 年	2008 年	2009 年	2010 年	2011 年
东部	23768	27567	32283	37213	40800	46354	53350
中部	10608	12269	14754	17860	19862	24242	29229
西部	9338	10959	13212	16000	18286	22476	27731
东北	15982	18277	21573	25955	28566	34303	41400
中部/东部（%）	44.6	44.5	45.7	48.0	48.7	52.3	54.8
西部/东部（%）	39.3	39.8	40.9	43.0	44.8	48.5	52.0
东北/东部（%）	67.5	66.3	66.8	69.7	70.0	74.0	77.6

资料来源：历年《中国统计年鉴》。

由表 2-11 看，从 2006 年后，中部、西部与东北的人均 GDP 与东部相比，其差距在逐步缩小，尤其是 2009 年三大区域与东部相比，一年就缩小 4 个百分点，东部与中西部之间差距拉大的趋势正在缓减，到 2011 年，人均 GDP 中部/东部、东北/东部的比重都比 2005 年上升了 10 个百分点，而东北/东部则上升了近 13 个百分点，表明我国整个区域发展态势也正在由不平衡发展向平衡发展过渡。

（二）区域经济发展历程

中国区域经济发展的不平衡与区域客观条件和政策相关。改革开放后，区域发展动力主要来自于两方面，一是中央政府下放了各地区经济管理权限，使得各级地方政府逐渐成为计划经济管理的主体；二是国家的沿海开放战略，如 1979 年中央确定在广东、福建实行“特殊政策，灵活措施”，1980 年 8 月五届人大常委会 15 次会议批准“广东省经济特区条例”，随即深圳、珠海、厦门、汕头 4 个经济特区的建设全面展开，由此也确立了中国区域不平衡发展的路径选择。此后，在积极利用沿海地区现有基础，带动内地经济发展的思想指导下，国家采取了一系列向沿海地区倾斜的区域发展政策，1984 年初中央决定进一步开放沿海 14 个港口城市：大连、秦皇岛、天津、烟台、青岛、连云港、南通、上海、宁波、温州、福州、广州、湛江、北海。20 世纪 80 年代中期在区域发展梯度推移战略思想推动下，1985 年初至 1987 年底国务院又进一步决定把珠江三角洲、长江三角洲、闽南漳—泉—厦三角地区及山东半岛、辽东半岛等开辟为沿海经济开放区，并与开放城市组成了沿海开放地带和工业城市群，成为了中国经济最发达地区。1988 年实施了“两头在外，大进大出”的沿海地区经济发展战略，大力发展出口加工型经济，进而又设立海南省和海南经济特区，做出了开发上海浦东的决定，致使全国生产力布局进一步向东部。与此同时，内地则处于依赖原有基础，自力更生，惯性发展的局面，如 1981～1985 年间沿海地带 11 个省区市的工业基本建设投资占全国的比重占 46.0%，而“三线”建设高潮时的四川省占全国投资由 14.5% 减到 1984 年 4.4%，广东省则跃居首位。

进入 20 世纪 90 年代，在中国确定建立社会主义市场经济改革目标模式后，市场机制开始发挥作用，“马太效应”进一步显现，如东部 GDP 名义年均增长速度比中、西部分别高 2.2% 和 2.8%，比 1980～1990 年期间高 0.93% 和 0.5%，此时三大区域的投资

水平、收入水平以及文教娱乐和医疗保健支出与科技差距都开始呈逐步扩大之势。为了推动区域经济协调发展，国家开始推动7个跨省区市的经济区域，如长三角及沿江地区、环渤海湾地区、东南沿海地区、西南和华南部分省区、东北地区、中部五省地区和西北地区。国务院在资源开发与基础设施建设上、在矿产资源勘探、在财政转移支付方面、在引导外资投向等方面开始优先倾斜中西部。尽管如此，三大区域差距拉大势头仍难以遏制：到2000年，各区域GDP占全国比重，东部地区已接近60%，中西部地区比重分别只占27%和13%；而人均GDP由1990年东部相当于中西部的1.67倍和1.94倍分别扩大到当年的1.91倍和2.42倍。鉴于此，中央政府在区域协调发展战略上，又进一步明确了重点扶持西部策略，并于1999年底召开的中央经济工作会议上正式提出了西部大开发战略。2002年十六大又提出“支持东北地区老工业基地加快调整和改造”，事实上又分别将原东部的辽宁与中部的黑龙江、吉林划分出来；2005年的“十一五”规划除继续指出要推进西部大开发、振兴东北地区老工业基地外，还强调了中部地区的崛起，而此中部地区则仅包括湖北、湖南、河南、安徽、江西与山西6省而非原来的9省。至此，中国区域划分格局实际上已由原来三个地带转而形成了新的东中西与东北四个经济地带。

尽管中央政府在主观上力图使起初沿海优先的不平衡区域发展战略向各区域协调发展战略过渡，但事实上各区域差距拉大的步伐仍难以停止，如东部与中西部的人均GDP差距仍在拉大，由2000年的1.91倍和2.42倍分别扩大到2002年的2.03倍和2.6倍，再分别到2004年的2.40倍和2.96倍；而东部GDP占全国比重也仍在不断上升，已由1995年的57%上升至2004年的58.5%。直到2006年后，这种区域不平衡发展的趋势才开始缓减，朝平衡方向发展的态势开始显现，应该说这不仅得利于西部大开发战略、振兴东北与中部崛起战略初步展现的成效，而且与东部经济已经有些后劲乏力也不无关系。

五、结构优化与增长方式转变

按国家“五年计划”阶段，我们计算了中国经济增长的需求贡献，依据可变价格计算的贡献率依五年规划分阶段（见表2-12）。从增长、消费率和投资比率上能看到大的发展轮廓，1981~1990年经济增长率平均为9.74%，“六五”和“七五”消费率为68.89%和57.86%，消费占绝对的带动地位，投资率为34%和31%，出口贡献为负，消费主导着经济的增长；1991~2000年的两个五年计划中，“八五”期间投资率上升很快，但依然为消费主导，但1993年的投资过热引起了较大的波动，到“九五”期间，投资加出口已经超过了消费，外资和对外依存度显著提高，为了抵御1997年亚洲金融危机，国家的积极财政政策不断提高着投资比率；“十五”期间投资率超过了消费率，高达51.1%，成为主导经济增长的主要因素。中国从“九五”以后进入了外向型的经济发展轨道，投资和出口是拉动经济增长的主动力。2006年、2007年经济呈现高速发展，外贸的拉动又创新高，贸易依存度继续提高，这对大国经济已经非常不合理。显然，贸易依存度的依赖性增大，在2009年出现了灾难性的一幕，净出口贡献创下负

37.4%的尴尬纪录，而投资贡献率畸形地达到87.6%，这归根结底还是我国消费贡献率太低的缘故。不过，2011年我国消费的贡献由2010年的43.1%陡然突增12个百分点，升至55.5%，这是一个好的取向。

表2-12　改革开放后五年计划期的增长贡献的分解（%）

	投资贡献	消费贡献	净出口贡献	GDP 增长
“六五”（1981～1985年）	33.72	68.89	-2.56	10.8
“七五”（1986～1990年）	31.24	57.86	10.90	7.9
“八五”（1991～1995年）	48.81	53.05	-1.20	12
“九五”（1996～2000年）	32.15	48.79	18.87	8.3
“十五”（2001～2005年）	41.2	51.1	7.7	9.6
2006年	43.6	40.4	16.0	11.6
2007年	42.5	39.6	17.9	11.9
2008年	46.9	44.1	9.0	9.0
2009年	87.6	49.8	-37.4	9.1
2010年	52.9	43.1	4.0	10.3
2011年	48.8	55.5	-4.3	9.3

注：按现价计算平均。

资料来源：《中国统计摘要》(2008)、《中国统计年鉴》(2012)。

由于统计局没有公布不变价的统计，我们利用Albert Keidel方法，计算中国按支出法的国内生产总值和贡献（按1990年不变价格计算），与我们上述结论基本相吻合，个别年份不同可以互相进行参考校正。整个20世纪80年代，消费对GDP贡献最大，这一期间净出口负的年份多，一直受到逆差的困扰。20世纪90年代以来净出口增加，主要年份进出口带动非常明显，特别是经济增长慢的年份，净出口带动更是明显，出现了（1994年、1995年、1997年）投资+净出口贡献超过消费的情景。

20世纪80年代的经济增长是从农村改革开始的，1979～1985年农村居民消费主导着经济的增长，仅有1985年的投资超过消费，也与农村住房投资过快有关。80年代后期城市的改革释放了城市居民的消费热情。按不变价计算的贡献看，1989年经济调整开始也是由于农村居民消费下降过速引起的，可以看出80年代最主要的增长贡献和波动因素都来自消费，特别是农村居民消费。从1991年开始一方面加速了对外开放，另一方面新的城市建设周期启动，其标志是土地要素在1992年纳入到可交易范围，住房、建房浪潮开始，居民不动产的积累在逐步加速，农村人口也进入了大规模向城市转移的步伐。1998年以后在积极财政和消费信贷的刺激下，城市化进入加速期，投资主导中国增长，这一周期应该会持续到2010年以后。

我们再从国际比较上看（见表2-13），2011年中国消费比重为55.5%，远低于任何可比组，而投资比重高达48.8%，高于任何可比的组。在外贸进出口量方面，基本与中等收入组相匹配，我国在加入世贸组织后的前5年，对外贸易发展快速，外贸依存度不断上升。2003年首次超过50%达到51.9%，2006年达到67.0%，较2001年高出

28.5 个百分点；金融危机后开始回落，基本在 50% 以上。显然，中国作为大国，外贸依存度高达将近 70%，则是偏离大国的国际标准结构，反而更像一个小国。金融危机爆发后，就出现了 2009 年惨痛的一幕。因此，中国需求结构长期偏离常态，虽然显示出了赶超的特征，即大规模积累和大规模出口，这对一个后发国家具有重要的发展意义，但也有其脆弱性，易受到外部冲击。

表 2-13 中国经济增长贡献的国际比较

	GDP（人均美元）	总消费	政府消费	资本形成	出口	进口
中国（2011 年）	5444	55.5	13.7	48.8	26.1	24
低收入	$905 以下	78	11.3	28.8	24.7	28.5
中等收入	$906 到 $11115	78.2	14.6	26.5	35.1	32.2
低中等收入	$906 到 $3595	78.4	14.1	26.8	33.7	31.7
高中等收入	$3596 和 $11115	83.1	15.3	20.4	32.2	29.1
高收入	$11116 以上	—	18.1	20.6	25.6	26.3

资料来源：世界银行 2008，《东亚复兴》（中译本），中信出版社、《中国统计年鉴》（2012）。

从中国需求结构的变动看，21 世纪比 20 世纪 90 年代，消费减速，投资加速，出口加速明显，这一特征与东亚相仿，只是高增长条件下消费速度下降与可比组不同。一国经济结构与其经济增长的阶段高度相关，中国现处在一个下凹型的增长曲线上，必须努力利用好这一赶超时期做好转型，否则会因为原有的赶超路径的扭曲性制度安排锁定了未来的调整，导致陷入“中等收入陷阱”，即人均 GDP 达到 3000～5000 美元条件下进入衰退和长期停滞，如拉美国家 20 世纪 70 年代后“失去的 10 年”那样。

发达国家正逐步从集约型的增长模式向创新的增长模式过渡，资源配置的模式也更多地向以人的知识创新获利的模式过渡，即人力资本投资、知识产权、健康、环保等服务业发展，人成为了经济的创新主体。创新获得的“知识租”成为了新的获取利润的核心，并以此展开经济要素配置的创新增长模式。中国正处在从要素积累的经济增长模式向集约型的增长模式过渡时期，强调要素优化配置的效率，同时由于中国过剩农村劳动力的大规模存在又不可避免地继续沿着要素积累的方向前行。中国当前优化经济结构的主要任务是改变经济发展方式，激励中国企业的技术创新和提升国际竞争能力，调整相对价格体系，加速要素价格的市场化改革，使中国能进入到一个更稳定和持续的发展路径中。

参考文献

[1] 陈佳贵等著：《中国工业化进程报告》，社会科学文献出版社 2007 年版。

[2] 钱纳里等著：《工业化与各国经济增长比较》（中译本），上海三联出版社、上海人民出版社 1989 年版。

[3] 蔡昉、王德文：《人口红利的获得与散失》，《人口转变的社会经济后果》，社科文献出版社 2006 年版，147～169 页。

[4] 国家体改委综合司编：《中国改革大思路》，沈阳出版社 1988 年版。

［5］刘树成：《经济周期与宏观调控》，社会科学文献出版社 2005 年版。

［6］刘树成主编：《现代经济辞典》，凤凰出版社、江苏人民出版社 2004 年版。

［7］林毅夫、蔡昉、李周：《中国的奇迹：发展战略与经济改革》1994 年版。

［8］麦迪森：《世界经济二百年回顾》，改革出版社 1996 年版。

［9］世界银行：《东亚奇迹》（中译本），中国财政经济出版社 1994 年版。

［10］世界银行：《东亚奇迹的反思》（中译本），中国人民大学出版社 2003 年版。

［11］世界银行：《东亚的复苏与超越》（中译本），中国人民大学出版社 2003 年版。

［12］世界银行：《东亚的复兴——关于经济增长的观点》（中译本），中信出版社 2008 年版。

［13］世界银行：《WDI》，世界银行网站，2008 年。

［14］吴敬琏：《当代中国经济改革》，上海远东出版社 2004 年版。

［15］王梦奎主编：《中国中长期发展的重要问题 2006-2020》，中国发展出版社 2005 年版。

［16］岳希明等主编：《中国经济增长速度：研究与论争》，中信出版社 2005 年版。

［17］张平、刘霞辉等著：《中国经济增长前沿》，中国社科文献出版 2007 年版。

［18］中国经济增长与宏观稳定课题组：《劳动力供给效应与中国经济增长路径转换》，《经济研究》2007 年第 8 期。

第三章　福利改进与社会发展

经济增长的根本目的是改进全体居民的福利。改革开放以来，随着中国经济增长，居民收入有了很大的提高，各项社会事业全面发展，全体居民福利不断改进。与国际比较，初级教育入学率、成人和青年识字率、人口平均预期寿命、婴幼儿和孕产妇死亡率等主要教育、健康指标都好于发展中国家的平均水平，甚至与中等收入国家的平均水平相当。尽管如此，相对于经济的高速增长，社会发展还表现出一定的相对滞后性，特别是城乡、区域之间社会发展不平衡问题比较突出。未来中国既要使经济发展，同时又要使全体居民福利不断改进，以达到社会和谐发展。围绕这一主题，本章将从四个方面展开：首先探讨了一下我国经济增长方式转变与福利改进方面的状况；其次，对我国的社会事业发展及其差异性的问题予以了分析；再次，居民收入增长与消费需求提振的情况；最后，对我国经济增长与社会协调平衡发展的问题提出了我们的看法。

一、经济增长方式转变与福利改进

改革开放以来，中国政府所实施的赶超经济增长模式，无疑使中国经济获得了很大的发展，居民的福利得到了改善，社会事业快速发展。但同时，这种赶超增长的非均衡发展模式也出现了经济发展水平与居民收入和消费增长之间的不协调，又造成了收入差距扩大，增长依赖外部需求增大等不利局面。为此，我们就须调整中国经济增长模式，由原来的赶超增长模式向均衡的经济增长模式转变。

（一）收入差距的不断扩大

在工业化和城市化发展阶段，劳动力供给充裕而资本的稀缺决定了中国的“强势资本、弱势劳工”的基本格局，在政府赶超增长模式下，中国的收入差距更加不断扩大。收入较低的农民不可能在短期内转移出来，进入到收入较高的工业和服务行业就业。而在转移过程中，不仅那些还未转移出来的农民收入较低，难以提高，就是那些已经转移出去获得新的非农就业的“农民工”，由于劳动市场供给过大、竞争激烈，工资被压在很低的水平，工人的各种权利也很难得到保障，这是由在失业风险很大的情况下，农民工常常处在“弱势群体”的地位所决定的。在这样的情况下，农民及“农民工”所获取的收入就比较少，处于收入的下层。与此同时，在新的经济赶超过程中，政府通过集中资源和扭曲价格等方式补贴工业等现代部门发展经济，人为降低资本的价格，这就使得在工业化和城市化发展过程中，中国的资本、技术密集产业蓬勃发展，产业结构的资本和技术密集化，虽然一方面拉动了国民收入的增长，即“增长效应”；另一方面也使收入分配差距进一步拉大，即“分配差距效应”，使得拥有资本和技术的个体获得的收入更多，处于收入的上层（樊纲、张晓晶，2008）。显然，在这种赶超型增长模式下，中国的收入差距可能还会进一步扩大。据我们使用计量模型预测将来几十年中国居民收入差距的变化趋势来看，在赶超型增长模式下，中国的收入差距会进一步扩大，到2015年，中国三种基尼系数分别为0.4843、0.4213和0.4188。而到2020年，中国三种基尼系数分别为0.5072、0.4600和0.4432。由此可知，这样的赶超型增长模式使得中国居民收入差距增大，这样的增长模式是不可持续的。如表3-1所示。

表3-1　中国三种基尼系数的预测

年份	城乡居民基尼系数	城镇居民基尼系数	农村居民基尼系数
2012	0.4706	0.3980	0.4041
2013	0.4752	0.4058	0.4090
2014	0.4797	0.4135	0.4139
2015	0.4843	0.4213	0.4188
2016	0.4889	0.4290	0.4236
2017	0.4934	0.4368	0.4285
2018	0.4980	0.4445	0.4334
2019	0.5026	0.4522	0.4383
2020	0.5072	0.4600	0.4432

（二）过分依靠外向型发展方式加大增长的风险

为了实现经济赶超，中国政府是通过集中资源和扭曲价格等方式补贴工业等现代部门进行发展，动员资源支持企业，采用扩张性的货币、财政和贸易政策来实现增长的赶超（张平，2008）。在金融市场不发达，社会生产体系不完善，企业一段时间内资本积累水平不高，生产经营与其他市场信息不透明，企业发展所需资金没有足够的利润自筹（企业自有资金少），也很难通过直接融资等方式获得。这时，企业生产经营的环境是有劳动力而没有资金，生产和投资主要靠外部融资，特别是银行的信贷来解决。在此前提下，中国政府就设计了一套动员社会金融资源的特殊机制，通过国家隐性担保银行不破产的全民储蓄动员，最大限度地集中全社会的金融资源；同时，利用金融机构信用扩张手段将金融资源大量输入企业，促进了投资扩张和经济快速增长（刘霞辉等，2004）。与此同时，中国所进行的赶超经济扩展政策，收入分配倾向于发展经济，而居民收入相对偏小，使得GDP增长快于居民收入及消费的增长。因此，为了中国赶超发展模式的可持续性，继续发挥货币金融政策变化的正效用，就需要对外开放，特别是扩大贸易渠道来解决中国内部不平衡。

由表3-2可知，1978～2011年中国GDP、出口和进口都快速增长。GDP由1978年的3645.2亿元（当年价计）增长到2011年的465731.3亿元（当年价计），增长了

127.77 倍（当年价计）。出口由 1978 年的 167.6 亿元（当年价计）增长到 2011 年的 123240.6 亿元（当年价计），增长了 735.33 倍（当年价计）。进口由 1978 年的 187.4 亿元（当年价计）增长到 2011 年的 113161.4 亿元（当年价计），增长了 603.85 倍（当年价计）。进出口总额与 GDP 的比值由 1978 年的 0.0974 一度增加到 2007 年的 0.6691，只是由于近几年金融危机的影响，进出口总额与 GDP 的比值开始有所回落，2011 年为 0.5076，显然，30 年的改革开放，中国经济开放程度有了很大的提高。

表 3-2　1978 年以来中国 GDP、进出口及其比值

年份	GDP（亿元）	出口（亿元）	进口（亿元）	进出口总额与 GDP 的比值	净出口与 GDP 的比值
1978	3645.2	167.6	187.4	0.0974	-0.0054
1979	4062.6	211.7	242.9	0.1119	-0.0077
1980	4545.6	271.2	298.8	0.1254	-0.0061
1981	4891.6	367.6	367.7	0.1503	0.0000
1982	5323.4	413.8	357.5	0.1449	0.0106
1983	5962.7	438.3	421.8	0.1442	0.0028
1984	7208.1	580.5	620.5	0.1666	-0.0055
1985	9016.0	808.9	1257.8	0.2292	-0.0498
1986	10275.2	1082.1	1498.3	0.2511	-0.0405
1987	12058.6	1470.0	1614.2	0.2558	-0.0120
1988	15042.8	1766.7	2055.1	0.2541	-0.0192
1989	16992.3	1956.0	2199.9	0.2446	-0.0144
1990	18667.8	2985.8	2574.3	0.2978	0.0220
1991	21781.5	3827.1	3398.7	0.3317	0.0197
1992	26923.5	4676.3	4443.3	0.3387	0.0087
1993	35333.9	5284.8	5986.2	0.3190	-0.0199
1994	48197.9	10421.8	9960.1	0.4229	0.0096
1995	60793.7	12451.8	11048.1	0.3866	0.0231
1996	71176.6	12576.4	11557.4	0.3391	0.0143
1997	78973.0	15160.7	11806.5	0.3415	0.0425
1998	84402.3	15223.6	11626.1	0.3181	0.0426
1999	89677.1	16159.8	13736.5	0.3334	0.0270
2000	99214.6	20634.4	18638.8	0.3958	0.0201
2001	109655.2	22024.4	20159.2	0.3847	0.0170
2002	120332.7	26947.9	24430.3	0.4270	0.0209
2003	135822.8	36287.9	34195.6	0.5189	0.0154
2004	159878.3	49103.3	46435.8	0.5976	0.0167
2005	183217.5	62648.1	54273.7	0.6382	0.0457

续表

年份	GDP（亿元）	出口（亿元）	进口（亿元）	进出口总额与GDP的比值	净出口与GDP的比值
2006	211923.5	77594.6	63376.9	0.6652	0.0671
2007	249529.9	93457.3	73507.4	0.6691	0.0799
2008	315974.6	100394.9	79526.5	0.5694	0.0660
2009	348775.1	82029.7	68618.4	0.4319	0.0385
2010	402816.5	107022.8	94699.3	0.5008	0.0306
2011	465731.3	123240.6	113161.4	0.5076	0.0216

资料来源：《2008中国统计摘要》，《中国统计年鉴》（2012）。

如排除金融危机影响，中国仍按照这种赶超增长发展模式，据我们使用计量模型预测，如表3-3所示，到2020年中国进出口总额与GDP比值将达到0.8969，中国经济依赖外部提高，显然，这样不利于中国经济平稳发展。

表3-3　进出口总额与GDP比值的预测

年份	2012	2013	2014	2015	2016	2017	2018	2019	2020
进出口总额与GDP比值	0.7302	0.7510	0.7718	0.7927	0.8135	0.8344	0.8552	0.8761	0.8969

应该说，政府通过集中资源和扭曲价格等方式补贴工业等现代部门进行经济扩张，这的确是后进国家在经济赶超过程中，突破贫困陷阱的一个重要途径。为了动员资源支持企业，政府采用扩张性的货币、财政和贸易政策。在经济赶超过程中，政府和企业目标函数具有高度一致性，即规模性的快速扩张。由于中国人口较多，此时加快经济发展才能解决就业问题，社会福利才能提高，发展确实是硬道理。如此，政府就成为扩张激励的主角，一是长期采用扩张性的激励政策，直到经济过热难以承受时才会进行适当降温，保持高增长速度一直是政府宏观调控的一个重要的使命；二是积极动员资源支持现代部门的扩张，政府通过举债等各种方式积极筹集资源支持增长；三是中央、地方和微观企业有着增长目标的一直性原则，中央政府、地方政府和企业都进行规模性扩张。扩张激励性政策、环境和制度性设计形成了中国经济增长的赶超性机制，增长依赖于扩张性的激励（张平、刘霞辉，2006）。

（三）社会福利的改进

在政府主导资源配置的赶超经济增长模式下，我国完成了“贫困陷阱”的超越，2001年人均GDP超过1000美元，从30年的经济发展情况看，中国的改革对社会福利改进和社会发展的效应较为明显，可以说，取得了改革与发展的“双赢”也并非浮夸之言。

1. *居民福利状况的较大改进*

虽然中国仍处经济不发达国家之列，但在近几十年，居民福利状况有了较大改进，这是高速经济增长的主要结果之一。表3-4为中国最近六次全国人口普查的数据，结果显示，每10万人拥有的各种受教育程度人口都大幅提高，文盲大幅下降；城镇人口与平均预期寿命大幅上升，这从总体上反映了中国的社会发展状况。

表3-4　六次全国人口普查人口基本情况

指　　标	1953年	1964年	1982年	1990年	2000年	2010年
总人口（万人）	59435	69458	100818	113368	126583	133792
每10万人拥有的各种受教育程度人口（人）						
大专及以上		416	615	1422	3611	8930
高中和中专		1319	6779	8039	11146	14032
初中		4680	17892	23344	33961	38788
小学		28330	35237	37057	35701	26779
文盲人口及文盲率						
文盲人口（万人）		23327	22996	18003	8507	5466
文盲率（%）		33.58	22.81	15.88	6.72	4.08
城乡人口（万人）						
城镇人口	7726	12710	21082	29971	45844	66557
乡村人口	50534	56748	79736	83397	80739	67415
平均预期寿命（岁）			67.77*	68.55	71.40	74.83
男			66.28*	66.84	69.63	72.38
女			69.27*	70.47	73.33	77.37

注：①1953年、1964年、1982年及1990年全国人口普查标准时点为当年7月1日零时，2000年和2010年全国人口普查标准时点为当年11月1日零时。②历次普查总人口数据中包括了中国人民解放军现役军人。在城乡人口中，中国人民解放军现役军人列为城镇人口统计。③1964年文盲人口为13岁及13岁以上不识字人口，1982年、1990年、2000年、2010年文盲人口为15岁及15岁以上不识字或识字很少人口。④表中“*”号表示为1981年数据。

资料来源：《中国统计年鉴》（2012）（本表未包括香港、澳门特别行政区和台湾地区数据）。

社会公共事业发展迅速见表3-5、表3-6。经济建设费从1978年的718.98亿元提高到2006年的10734.63亿元，增长了约14倍。社会文教费从1978年的146.96亿元提高到2006年的10846.20亿元，增长了近73倍。

表3-5　1978～2006年国家财政按功能性质分类的支出（单位：亿元）

年　份	支出合计	经济建设费	社会文教费	国防费	行政管理费	其他支出
1978	1122.09	718.98	146.96	167.84	52.90	35.41
1980	1228.83	715.46	199.01	193.84	75.53	44.99
1985	2004.25	1127.55	408.43	191.53	171.06	105.68
1990	3083.59	1368.01	737.61	290.31	414.56	273.10
1991	3386.62	1428.47	849.65	330.31	414.01	364.18

续表

年　份	支出合计	经济建设费	社会文教费	国防费	行政管理费	其他支出
1992	3742.20	1612.81	970.12	377.86	463.41	318.00
1993	4642.30	1834.79	1178.27	425.80	634.26	569.18
1994	5792.62	2393.69	1501.53	550.71	847.68	499.01
1995	6823.72	2855.78	1756.72	636.72	996.54	577.96
1996	7937.55	3233.78	2080.56	720.06	1185.28	717.87
1997	9233.56	3647.33	2469.38	812.57	1358.85	945.43
1998	10798.18	4179.51	2930.78	934.70	1600.27	1152.92
1999	13187.67	5061.46	3638.74	1076.40	2020.60	1390.47
2000	15886.50	5748.36	4384.51	1207.54	2768.22	1777.87
2001	18902.58	6472.56	5213.23	1442.04	3512.49	2262.26
2002	22053.15	6673.70	5924.58	1707.78	4101.32	3645.77
2003	24649.95	6912.05	6469.37	1907.87	4691.26	4669.40
2004	28486.89	7933.25	7490.51	2200.01	5521.98	5341.14
2005	33930.28	9316.96	8953.36	2474.96	6512.34	6672.66
2006	40422.73	10734.63	10846.20	2979.38	7571.05	8291.47

2006 年后，国家财政按功能性质分类的支出项目统计有所调整，以下是 2007～2011 年的主要支出项目，其中教育、社会保障和就业、城乡社区事务等支出增长较快，2009 年后，还增加了住房保障支出，2010 年比 2009 年增长 31.8%，2011 年该项支出又增长了 1500 亿元，社会公共事业出现良好的发展势头。

表 3-6　2007～2011 年国家财政按功能性质分类的主要支出（单位：亿元）

年　　份	2007	2008	2009	2010	2011
项　　目	国家财政支出	国家财政支出	国家财政支出	国家财政支出	国家财政支出
总支出	49781.35	62592.66	76299.93	89874.16	109247.79
一般公共服务	8514.24	9795.92	9164.21	9337.16	10987.78
国防	3554.91	4178.76	4951.10	5333.37	6027.91
公共安全	3486.16	4059.76	4744.09	5517.7	6304.27
教育	7122.32	9010.21	10437.54	12550.02	16497.33
科学技术	1783.04	2129.21	2744.52	3250.18	3828.02
文化体育与传媒	898.64	1095.74	1393.07	1542.70	1893.36
社会保障和就业	5447.16	6804.29	7606.68	9130.62	11109.40
医疗卫生	1989.96	2757.04	3994.19	4804.18	6429.51
环境保护	995.82	1451.36	1934.04	2441.98	2640.98

续表

年　份	2007	2008	2009	2010	2011
项　目	国家财政支出	国家财政支出	国家财政支出	国家财政支出	国家财政支出
城乡社区事务	3244.69	4206.14	5107.66	5987.38	7620.55
农林水事务	3404.70	4544.04	6720.41	8129.58	9937.55
交通运输	1951.38	2354.00	4647.59	5488.47	7497.80
住房保障支出			725.97	2376.88	3820.69

资料来源：《中国统计年鉴》（2008～2012）。

城乡居民住房福利改善显著见表3-7，城市人均住宅建筑面积从1978年的6.7平方米，提高到2011年的32.7平方米，增长了4.88倍。农村人均住房面积1978年8.1平方米，2011年的36.2平方米，增长了4.47倍。

表3-7　城乡新建住宅面积和居民住房情况

年　份	城镇新建住宅面积（亿平方米）	农村新建住宅面积（亿平方米）	城市人均住宅建筑面积（平方米）	农村人均住房面积（平方米）
1978	0.38	1.00	6.7	8.1
1980	0.92	5.00	7.2	9.4
1985	1.88	7.22	10.0	14.7
1986	2.22	9.84	12.4	15.3
1987	2.23	8.84	12.7	16.0
1988	2.40	8.45	13.0	16.6
1989	1.97	6.76	13.5	17.2
1990	1.73	6.91	13.7	17.8
1991	1.92	7.54	14.2	18.5
1992	2.40	6.19	14.8	18.9
1993	3.08	4.81	15.2	20.7
1994	3.57	6.18	15.7	20.2
1995	3.75	6.99	16.3	21.0
1996	3.95	8.28	17.0	21.7
1997	4.06	8.06	17.8	22.5
1998	4.76	8.00	18.7	23.3
1999	5.59	8.34	19.4	24.2
2000	5.49	7.97	20.3	24.8
2001	5.75	7.29	20.8	25.7
2002	5.98	7.42	22.8	26.5
2003	5.50	7.52	23.7	27.2
2004	5.69	6.80	25.0	27.9

续表

年　份	城镇新建住宅面积（亿平方米）	农村新建住宅面积（亿平方米）	城市人均住宅建筑面积（平方米）	农村人均住房面积（平方米）
2005	6.61	6.67	26.1	29.7
2006	6.30	6.84	28.5	30.7
2007	6.88	7.75	30.1	31.6
2008	7.60	8.34	30.6	32.4
2009	8.21	10.21	31.3	33.6
2010	8.69	9.63	31.6	34.1
2011	9.49	10.26	32.7	36.2

资料来源：《中国统计年鉴》（2012），城镇居民人均住房建筑面积为城镇住户抽样调查数据（不含集体户）。

2. 贫困改善

无论是按中国官方的贫困线标准还是按国际贫困线标准来衡量，改革开始以来，中国贫困人口总数和贫困发生率的下降都是不争的事实。贫困的改善使贫苦的人数减少，使更多的人享受经济增长所带来的福利改善，这是我国社会福利改进的另一方面的重要体现。

（1）贫困改善政策。20 世纪 80 年代中期开始中国政府致力于贫困改善，实施有计划、大规模的扶贫开发，制定了一系列的方针政策：

一是组织保障政策：1986 年国务院贫困地区经济开发领导小组的成立，负责制定贫困地区发展的方针、政策和规划，协调解决有关贫困地区发展的重大问题，并领导、组织、监督和检查全国贫困地区的经济开发工作。各贫困面较大的省、自治区和地、县，也相继成立类似机构，配备了专职人员。

二是目标瞄准政策：1982 年国务院在甘肃定西、河西和宁夏西海固地区（“三西”地区）划定了 28 个重点扶持县。1986 年国务院又在全国范围内确定了 273 个国家重点扶持贫困县。1988 年国务院在河北、内蒙古、四川、甘肃、青海和新疆的牧区中又确定了 27 个国家重点扶持县。各省、自治区也根据各自具体情况确定了 300 多个省级重点扶持县。以县为单位确定国家扶持重点，是按区域实施反贫困计划的基础。

三是扶贫投入政策：反贫困的政府投入包括扶贫信贷资金、财政发展资金和以工代赈三个部分。1986 年以来，国家在原有扶贫资金的基础上，先后增加了扶贫专项贴息贷款、牧区扶贫专项贴息贷款、贫困县县办企业贷款、扶贫专项贷款，并逐步扩大各项贷款的规模。国家财政用于扶贫的投入，除对各项扶贫贷款的贴息部分外，还有自 1983 年起每年 2 亿元的“三西”建设专项资金和自 1980 年起规模逐年扩大的支援不发达地区发展资金。以工代赈计划自 1984 年开始实施，每年计划的执行期、使用物资和规模各有不同，但每年分解到的总规模逐年扩大。

四是产业开发政策：1986 年中国确立了开发性扶贫的方针，即在国家必要的扶持下，利用贫困地区的自然资源，进行开发性生产建设，逐步形成贫困地区和贫困农户的自我积累和发展能力。

（2）农村贫困改善。作为一个发展中的国家，中国的贫困人口大多数集中在农村。

改革开放以后，农村贫困的缓解大体经历了三个阶段：1978～1985年是第一阶段，主要通过促进全面的经济增长和改善农业的贸易条件来减缓贫困；1985～2000年是第二阶段，主要是通过实行有计划的开发性扶贫与相应的宏观经济政策来减缓农村贫困；自2001年起至今是第三阶段，农村的扶贫工作逐步地由开发性扶贫转向以完善低保为代表的社会救助扶贫方式。按中国政府的绝对贫困线估计，农村绝对贫困人口已经从1978年的2.5亿人逐步下降到2008年的1004万多人。按照世界银行采用人均每天生活1美元（1985年购买力平价）标准计算，1990～1998年间，中国农村贫困人口减少1.74亿人，平均每年减少2175万人。随着中国经济的快速的发展，中国农村贫困线也在不断增加（见表3-8），由1978年的每人100元增加到2008年的每人895元，但绝对贫困率却由1978年的30.7%下降到1%。

表3-8　中国农村贫困改善情况

年份	农村贫困线（元/人）	农村贫困发生率（%）	农村绝对贫困人口（万人）
1978	100	30.7	2500
1984	200	15.1	12800
1985	206	14.8	12500
1986	213	15.5	13100
1987	227	14.3	12200
1988	236	11.1	9600
1989	259	11.6	10200
1990	300	9.6	8500
1992	317	8.8	8000
1994	440	7.7	7000
1995	530	7.1	6540
1997	640	5.4	4962
1998	635	4.6	4210
1999	625	3.7	3412
2000	625	3.4	3209
2001	630	3.2	2927
2002	627	3.0	2820
2003	637	3.1	2900
2004	668	2.8	2610
2005	683	2.5	2365
2006	693	2.3	2148
2007	785	1.6	1479
2008	895	1.0	1004

资料来源：《中国农村贫苦监测报告》（2011）。

此外，若以低收入标准测算，贫困人口由2000年的9422万人下降到2010年的2688万人，减少6734万人，平均每年减少673万人；贫困发生率从2000年的10.2%下降到2010年的2.8%，减少了7.4个百分点，如表3-9所示。

表3-9　2000～2010年贫困人口规模与贫困发生率

年份	按低收入标准衡量		
	标准（元/人）	规模（万人）	发生率（%）
2000	865	9422	10.2
2001	872	9029	9.8
2002	869	8645	9.2
2003	882	9517	9.1
2004	924	7587	8.1
2005	944	6432	6.8
2006	958	5698	6.0
2007	1067	4320	4.6
2008	1196	4007	4.2
2009	1196	3597	3.8
2010	1274	2688	2.8

资料来源：《中国农村贫苦监测报告》（2011）。

由以上数据，应该说，无论按绝对贫困标准还是低收入标准，我国的减贫工作都取得了很大的成绩，不过在这种成功的背后，也存在着不容忽视的问题，主要表现为：①贫困人口的绝对规模仍然较大，而且继续推进贫困减缓的速度在下降，贫困减缓的难度在逐步增加。②随着经济体制改革的推进，失业下岗等因素导致的城镇贫困问题逐渐凸显，同时农村劳动力进入城镇地区也使得城镇贫困问题越来越不可忽视。③贫困的内涵已不再局限于收入，贫困人口满足自身医疗、教育等需求的能力较差将成为今后扶贫的重要内容。

此外，随着城乡之间人口流动性的增强，从农村进入城镇的流动人口中有一部分可能成为新的城市贫困群体。导致流动人口中贫困发生率的因素很多。一方面，这部分人口的收入水平相对较低；另一方面，流动人口中的收入不平等程度更大。同时，流动人口的工资性收入通常来自非正规经济部门，因而其收入具有更强的不确定性，受城乡分割体制的影响，城市流动人口被排除在城市中的社会保障网络之外。

二、社会事业发展及其差异性

如果说，我国社会福利的改进是一个“果”的话，那么这个“果”则得益于我国社会福利事业发展的这个“因”，这里我们将从社会教育事业、社会保障、医疗卫生发展、人类发展指数改进等方面来探讨一下我国社会福利事业的发展。

（一）社会事业发展的成就

1. 社会教育事业

我国的教育体系由四部分组成，即基础教育、中等职业技术教育、普通高等教育和成人教育。

（1）基础教育。中国政府十分重视普及基础教育，1986 年《中华人民共和国义务教育法》颁布以来，教育事业有了很大的发展：一是各地办学条件得到改善，出现一批设备先进的中小学校；二是到2000 年，全国基本实现了普及义务教育。学龄前儿童净入学率从1990 年的97.8%提高到2011 年的99.8%；小学升学率从1990 年的74.6%提高到 2011 年的 98.3%；初中阶段升学率从 1990 年的 40.6% 提高到 2011 年的 88.9%；高中阶段升学率从1990 年的27.3%提高到2011 年的86.5%。中国小学、初中发展水平，已居于发展中人口大国的前列。根据联合国儿童基金会（UNICEF）《世界儿童状况（2008）》发布的数据①，中国小学阶段净入学率，男童和女童都接近99%，分别高于发展中国家9 个和13 个百分点，也分别超过世界平均水平 8 个和 12 个百分点；中学阶段②毛入学率，男童和女童分别为 74% 和 75%，分别高于发展中国家11 个和 16 个百分点，也分别超过世界平均水平 6 个和 11 个百分点。

（2）中等职业技术教育。中等职业技术教育主要包括普通中等专业学校、技工学校、职业中学教育，以及多种形式的短期职业技术培训。20 世纪 80 年代以后，中国职业技术教育迅速发展。2011 年，全国各类中等职业技术学校已达 10169 所，招生6499626 人，在校生 17749068 人，各类职业技术培训机构 129530 余所，注册学生数50211202 人。

（3）普通高等教育。普通高等教育指专科、本科、研究生等高等学历层次的教育。1981 年起中国实行学位制度，学位分为学士、硕士和博士三级。2011 年，全国共有普通高等学校 2409 所，成人高等学校 353 所；普通高校中本科院校 1129 所，专科院校1280 所，职业技术院校 1143 所。全国共有培养研究生单位 755 个，其中高等学校 481个，科研机构 274 个。2011 年全国普通高等教育学生总规模超过 2308.5 万人，高等教育毛入学率达到 26.9%。

（4）成人教育。成人教育包括各级各类以成人为教学对象的学校教育、扫盲教育和其他形式的教育。成人高等学历教育发展迅速。2011 年，成人高等教育本专科共招生 218.51 万人，比上年增加 10.09 万人；在校生 547.50 万人，比上年增加 11.46 万人；毕业生 190.66 万人，比上年减少 6.62 万人。全国高等教育自学考试学历教育报考922.67 万人次，取得毕业证书 74.28 万人；非学历教育报考 862.80 万人次。

中国人均教育年限指标反映了中国改革开放以来的教育发展。中国的人均受教育年限由 1978 年的 4.1401（年）上升到 2006 年的 6.4325（年），在这 29 年间内增长了55.37%，据联合国开发计划署公布的 2011 年人类发展报告及人类发展指数排名看，2011 年我国人均受教育年限已达到了 7.5 年。

---

① 2000 ~ 2006 年间可获得的最近年份的数据。

② 指小学毕业到大学专科教育以前的阶段。

此外，根据联合国开发计划署（UNDP）提供的可比数据，2001 年中国 15 岁及以上成人识字率和 15 ~24 岁青年识字率分别为 85.8% 和 97.9%，而发展中国家的平均水平分别为 74.5% 和 84.8%，中等收入国家的平均水平则分别为 86.6% 和 95.4%，中国的成人识字率和青年识字率比发展中国家的平均水平分别高出 11.3 个和 13.1 个百分点，与中等收入国家的平均水平相当。从综合反映居民受教育水平的教育指数（用成人识字率和小学、中学、大学综合入学率加权计算）看，中国的这一指标从 1997 年的 0.78 上升到 2005 年的 0.837，明显高于 2005 年发展中国家和世界的平均水平（两者分别为 0.725 和 0.750），2008 年中国大陆地区这一教育指数的平均水平已达 0.923。

2005 年，中国义务教育管理体制进行较大调整。国家教育部和国务院先后发出《关于进一步推进义务教育均衡发展的若干意见》和《关于深化农村义务教育经费保障机制改革的通知》，明确提出推进义务教育均衡发展的措施，决定进行农村义务教育经费保障机制改革。2005 年，中央财政安排的各项农村义务教育经费达到 704 亿元，比 2004 年的 593 亿元增加 111 亿元，占全国预算内农村义务教育经费的 43.7%，其中安排西部和中部地区的部分，分别占西部地区和中部地区预算内农村义务教育经费的 68.1% 和 58.6%。2006 年，农村义务教育经费保障机制改革实施第一年，全国财政安排农村义务教育经费 1840 亿元，全部免除了西部地区农村义务教育阶段中小学生的学杂费，并对农村贫困家庭学生免费提供教科书并补助寄宿生生活费（以下简称“两免一补”）。2007 年，“两免一补”政策在全国农村推开，中央财政同时对中部地区和东部部分地区农村义务教育阶段中小学安排公用经费补助资金，提高公用经费保障水平。由此，农村义务教育全面纳入财政保障范围，对全国农村义务教育阶段学生全部免除学杂费、全部免费提供教科书，对家庭经济困难寄宿生提供生活补助，使 1.5 亿学生和 780 万名家庭经济困难的寄宿生受益。到 2011 年中央财政已累计安排农村义务教育学校公用经费补助资金 471.7 亿元，实施“两免一补”政策后，为家庭经济困难寄宿学生提供生活费补助，共投入资金 450 多亿元，累计受益人数达到 5700 多万人。

2. 社会保障

中国的社会保障主要包括社会保险和社会救助两大类。其中，社会保险由医疗保险、养老保险、失业保险、工伤保险、女职工生育保险等部分组成，社会保险水平体现了一个社会对每个人的生活保障。而城镇居民最低生活保障制度、农村居民最低生活保障制度、救灾救济制度以及扶贫开发制度构成了社会救助的主要内容。

与中国经济二元分割的现状相一致，中国城镇和农村地区的社会保障制度也呈现着不同的特征。社会保障制度在城镇地区的内涵要更为丰富，覆盖范围要更宽广。相比之下，农村地区的社会保障制度较为单调，受益群体也有限。新中国成立伊始，城镇地区就实施了较为全面的养老保险、医疗保险、工伤保险等，而农村地区除了五保制度以及合作医疗制度以外，养老保险等社会保障的其他方面都是以家庭为主体来实现的。新中国成立初期确定下来的社会保障制度一直延续到改革开放初期。城镇地区实行“低工资、高福利”制度，城镇居民因此享有覆盖面较广的社会保障，城镇地区社会保障制度以单位为依托。农村则是以土地养人，实行家庭保险。经济改革在城镇地区的逐步推行使得以单位为主体的社会保障制度受到了很大冲击。中国农村以家庭为主体的社会保障制度也受到了人口结构及外部经济环境变动的影响。计划生育政策的实施使得农村出生率逐渐降低，在一定程度上导致了农村居民老龄化程度的加深，从而加重了年青一代赡养老人的负担。

为此，从20世纪90年代开始实行社会统筹的社会保险，目前城镇社会保险网络已初步形成，但乡村网络尚未开始。表3-10为中国城镇社会保险状况，因为建立该体系时间较晚，年份从1994年开始，经过十几年的发展，几个主要保险都有了较明显的进展，覆盖全社会的保障体系正在形成。

表3-10　中国城镇社会保险状况

年份	失业保险			城镇职工基本医疗保险		工伤保险		年末参加生育保险人数（万人）
	年末参保人数（万人）	全年发放失业保险金人数（万人）	全年发放失业保险金（万元）	年末参保职工人数（万人）	年末参保退休人员（万人）	年末参保人数（万人）	年末享受工伤待遇的人数（万人）	
1994	7968.0	196.5	50755	374.6	25.7	1822.1	5.8	915.9
1995	8238.0	261.3	81964	702.6	43.3	2614.8	7.1	1500.2
1996	8333.1	330.8	138704	791.2	64.5	3102.6	10.1	2015.6
1997	7961.4	319.0	186780	1588.9	173.1	3507.8	12.5	2485.9
1998	7927.9	158.1	203907	1508.7	369.0	3781.3	15.3	2776.7
1999	9852.0	271.4	318722	1509.4	555.9	3912.3	15.1	2929.8
2000	10408.4	329.7	561984	2862.8	924.2	4350.3	18.8	3001.6
2001	10354.6	468.5	832563	5470.7	1815.2	4345.3	18.7	3455.1
2002	10181.6	657.0	1167736	6925.8	2475.4	4405.6	26.5	3488.2
2003	10372.4	741.6	1334448	7974.9	2926.8	4574.8	32.9	3655.4
2004	10583.9	753.5	1374983	9044.4	3359.2	6845.2	51.9	4383.8
2005	10647.7	677.8	1323767	10021.7	3761.2	8478.0	65.1	5408.5
2006	11186.6	598.1	1257582	11580.3	4151.5	10268.5	77.8	6458.9
2007	11644.6	538.5	129.4	13420.0	4600.0	12173.3	96.0	7775.3
2008	12399.8	516.7	139.5	14987.7	5007.9	13787.2	117.8	9254.1
2009	12715.5	483.9	145.8	16410.5	5526.9	14895.5	129.6	10875.7
2010	13375.6	431.6	140.4	17791.2	5943.5	16160.7	147.5	12335.9
2011	14317.1	394.4	159.9	18948.5	6278.6	17695.9	163.0	13892.0

资料来源：《中国统计年鉴》（2012）。

3. 医疗卫生事业发展迅速

改革开放以来，中国医疗卫生发展主要表现在以下五个方面：

第一，健康水平不断提高。人口的平均预期寿命从1981年的67.9岁提高到2010年的74.83岁，比10年前提高了3.43岁，2010年世界人口的平均预期寿命为69.6岁，其中高收入国家及地区为79.8岁，中等收入国家及地区为69.1岁。我国人口平均预期寿命不仅明显高于中等收入国家及地区，也大大高于世界平均水平。此外，从中国人口的预期寿命指数看，2005 年我国为 0. 792，高于发展中国家和世界的平均值（分别为 0. 685 和 0. 718），也高于中等收入国家的平均值（0. 764）。

婴儿死亡率（每千例活产儿）从 1981 年的 34. 7‰下降到 2011 年 13. 1‰。从国际比较看，2005 年中国的婴儿死亡率为 23‰，大大低于发展中国家和世界的平均水平（两者分别为 57‰和 52‰），甚至低于中等收入国家的平均水平（28‰）。5 岁以下儿童死亡率由 1990 年的 61‰下降到 2011 年的 15. 6‰。从可进行国际比较的 2005 年的情况看，中国 5 岁以下儿童死亡率为 27‰，不仅大大低于发展中国家和世界的平均水平（83‰和 76‰），也低于中等收入国家的平均水平（35‰）。孕产妇死亡率由 1990 年的 10 万分之 88. 9 下降到 2011 的 10 万分之 26. 1，远低于 2004 年发展中国家的平均水平（10 万分之 440）。

这三大指标的变化和国际比较（见表 3-11），中国国民的健康水平有了很大的发展，且已经达到了发展中国家的较高水平。

表 3-11　2010 年中国医疗卫生发展的国际比较

国　别		中国	美国	印度	尼日利亚
人均期望寿命（岁）		73	78	65	51
婴儿死亡率（‰）[a]		13	6	47	78
孕产妇死亡率（1/10 万）		37	21	200	630
医疗卫生总支出（占 GDP 的百分比）%		5. 1	17. 9	4. 1	5. 1
经过改善的卫生设施（获得经过改善的设施的人口所占百分比）%	城市（2008）	58	100	54	36
	农村（2008）	52	99	21	28

资料来源：世界银行，a 为 2011 年。

第二，基本建立起遍及城乡的医疗卫生服务体系。中国医疗卫生机构、卫生机构人员及床位数较 1978 年都有了持续而平稳的增长，具体变化见表 3-12。2000 ~ 2011 年，医疗卫生机构数等指标的数量基本保持稳定，医疗卫生人员数和医疗卫生床位数不断增加。

第三，初步建立了城镇职工医疗保险制度，开展了新型农村合作医疗制度试点。目前，中国基本建立了基本医疗保险、补充医疗保险、公费医疗和商业医疗保险等多种形式的城镇职工医疗保障体系。2005 年城镇职工参加基本医疗保险的约有 1. 3 亿人，享受公费医疗的职工约有 5000 万人。从 2003 年开始，在全国 31 个省、自治区、直辖市（不包括港澳台地区）的部分县，开展了由中央财政、地方财政和农民自愿参加筹资、以大病补助为主的新型农村合作医疗试点。

第四，重大传染病防治取得了明显进展。中国虽然是一个自然灾害频繁的国家，但多年来成功地实现了大灾之后无大疫。2003 年中国战胜了“非典”疫情，近两年又成功地控制了禽流感向人类的传播。2005 年中国建立健全艾滋病、结核病、血吸虫病、乙型肝炎等严重传染病的预防控制和医疗救治体系。

第五，妇女儿童卫生保健水平进一步提高。中国历史上形成的高生育率、高死亡率的传统生育模式已经改变，实现了低生育率和低死亡率的良性循环。

表 3-12　中国医疗卫生发展状况

年份	医疗卫生机构数（个）			医疗卫生人员数（万人）			医疗卫生床位数（万张）		
	妇幼保健院（所、站）	专科防治院（所、站）	疾病防控中心（防疫站）	卫生技术人员	其中：医生	每千人口医生数（人）	妇幼保健院（所、站）（万张）	乡镇卫生院（万张）	每千人口医院、卫生院床位数（张）
1978	2571	887	2989	246.4	103.3	1.08	1.2	74.73	1.93
1980	2745	1138	3105	279.8	115.3	1.17	1.6	77.54	2.02
1985	2996	1566	3410	341.1	141.3	1.36	3.5	72.06	2.14
1990	3148	1781	3618	389.8	176.3	1.56	4.7	72.29	2.32
1995	3179	1895	3629	425.7	191.8	1.62	5.1	73.31	2.39
2000	3163	1839	3741	449.1	207.6	1.68	7.1	73.48	2.38
2001	3132	1783	3813	450.8	210.0	1.69	7.4	74.00	2.39
2002	3067	1839	3580	427.0	184.4	1.47	8.0	67.13	2.32
2003	3033	1749	3584	430.6	186.8	1.48	8.1	67.27	2.34
2004	2997	1581	3586	439.0	190.5	1.50	8.7	66.89	2.40
2005	3021	1502	3585	446	193.8	1.52	9.4	67.82	2.45
2006	3003	1402	3548	462.4	199.5	1.54	9.9	69.62	2.53
2007	3051	1365	3585	491.3	212.3	1.62	10.62	74.72	2.63
2008	3011	1310	3534	517.4	220.2	1.67	11.73	84.69	2.84
2009	3020	1291	3536	553.5	232.9	1.75	12.61	93.34	3.06
2010	3025	1274	3513	587.6	241.3	1.79	13.44	99.43	3.27
2011	3036	1294	3484	620.3	246.6	1.82	14.59	102.63	3.50

注：1978～2004 年由国家统计局国民经济统计司编：《新中国五十五年统计资料汇编》，中国统计出版社 2005 年；以及 2006 年后的由《中国统计年鉴》（2012）所得。

医疗卫生发展状况体现居民所享受经济增长带来的医疗卫生保障的提高；人均教育年限是人们接受教育的平均水平和人们获取自身发展的能力，及缩小收入差距的有效手段。

为建立覆盖城乡居民的医疗保障制度，在农村，从 2003 年起，中国开始推进新型农村合作医疗制度的试点工作。中央财政对中西部地区（除市区以外）参加新型合作医疗的农民每年按人均 10 元安排合作医疗补助资金，地方财政对“参合”农民的补助每年不低于人均 10 元。2006 年，中央财政对中西部地区（除市区以外）“参合”农民的补助标准由每人每年 10 元提高到 20 元，地方财政也相应增加 10 元，在不增加农民个人缴费标准的前提下，提高了“参合”农民的受益水平。截至 2011 年底，全国开展新型农村合作医疗的县（市、区）达到 2637 个，“参合”农民达到 8.32 亿，“参合”率为 97.5%。在城市，除继续扩大城镇职工基本医疗保险制度，（2007 年底参保人数达 1.8 亿，比 2002 年增加近 1 倍）外，还从 2007 年开始在全国 88 个城市启动了城镇居民基本医疗保险制度的试点工作，主要解决城镇非从业人员，特别是中小学生、少年儿童、老年人、残疾人等群体就医问题，2007 年底参保人数为 4068 万。而到 2011 年底，全国城镇职工基本养老、城镇基本医疗、失业、工伤、生育保险参保人数已分别达到2.84亿人、4.73亿人、1.43亿人、1.77亿人、1.39亿人。

（二）社会事业发展的差异性

虽然改革开放三十多年来，我国社会事业发展取得了可喜的成就，但在发展的平衡性上还有相当不足，无论是地区之间，还是城乡之间都存在明显的差异性。

1. 地区差异

首先，在受教育指标方面，从普通高等教育情况看，2010年东部10省在学校数、招生数、毕业生数等方面都占到了全国的40%左右，而西部12省区仅占20%多一些，如表3-13所示。此外，就综合入学率看，北京、天津、上海在2005年时都已超过85%，天津达到88.49%，而甘肃、贵州、云南和西藏则都低于60%，西藏只有55.16%，与全国平均水平相差9.51个百分点。成人识字率，北京、天津、辽宁都超过95%，北京达到96.08%，而云南、甘肃、贵州、青海、西藏都低于80%，西藏只有55.16%，与全国平均水平的差距达到33.8个百分点。

表3-13　2010年各区域普通高等学校情况

普通高等学校指标	东部10省（市）合计	东部10省（市）占全国比重（%）	中部6省合计	中部6省占全国比重（%）	西部12省（区、市）合计	西部12省（区、市）占全国比重（%）	东北3省合计	东北3省占全国比重（%）
学校数（个）	934	39.6	613	26.0	564	23.9	247	10.5
招生数（万人）	262.8	39.7	186.4	28.2	153.4	23.2	59.1	8.9
在校学生数（万人）	902.8	40.5	611.9	27.4	502.7	22.5	214.4	9.6
毕业生数（万人）	237.0	41.2	161.4	28	123.4	21.5	53.6	9.3

资料来源：《中国区域经济统计年鉴》（2011）。

其次，在教育资源方面，从硬件资源水平看，根据《国家教育督导报告2005》披露的数据，2004年东、中、西部小学生均仪器设备值分别为382元、266元和213元，东部分别是中部和西部的1.4倍和1.8倍；初中生均仪器设备值分别为474元、289元和242元，东部分别是中部和西部的1.6倍和2倍①。再从人力资源水平看，2005年东、中、西部专科及以上学历小学教师占全部专职教师的比例分别为63.27%、49.67%和53.03%，东部分别高于中部和西部13.6个和10.24个百分点；具有本科及以上学历的初中教师占比分别为42.89%、29.36%和29.65%，东部分别高于中部和西部13.53个和13.24个百分点②。不过，据翟博等（2012）③对各地区之间生均校舍面

① 国家教育督导团：《国家教育督导报告2005》，《教育发展研究》2006年第5期。这里采用了中部8个省的统计口径，即加上通常口径中属于东部的吉林和黑龙江两省。

② 数据来源为《中国教育统计年鉴》（2005）。

③ 翟博、孙百才：《调查：中国基础教育均衡发展报告》，国教育新闻网—中国教育报，2012-07-02。

积差异和生均教育经费的研究，在2006～2009年间各地区生均教育经费的标准差和差异系数呈现出逐年下降的趋势（见表3-14）；生均校舍面积虽呈现出逐年上升的趋势，但标准差和差异系数也表现出波动的趋势，2006～2007年的差异变大，2008年有所缓解，2009年又进一步扩大（见表3-15），不过整体而言，各地区基础教育呈现均衡变化态势。

表3-14 各地区生均教育经费差异比较

年份	平均值（元）	标准差（元）	差异系数
2006	2315.54	3087.87	1.33
2007	2058.26	2048.78	1.00
2008	2248.62	1906.55	0.85
2009	2928.31	2416.45	0.83

表3-15 各地区生均校舍面积差异比较

年份	平均值（m^2）	标准差（m^2）	差异系数
2006	5.93	3.03	0.51
2007	6.88	4.31	0.63
2008	6.75	3.29	0.49
2009	7.40	4.43	0.60

再次，在健康指标方面，2010年人口平均预期寿命，北京和上海都超过80岁，青海、云南和西藏分别只有69.96岁、69.54岁和68.17岁左右，最高的省份（上海）和最低的省份（西藏）分别两者相差12.09岁。据杨蕾等①（2011）对400个县级行政单位进行的调查研究，2010年东、中、西部的婴儿死亡率（‰）分别为5.0、6.1和10.9，西部要比东部高出一倍以上；东、中、西部5岁以下儿童死亡率（‰）分别为6.4、8.0和13.9，西部同样比东部高出一倍以上；而东、中、西部孕产妇死亡率（1/10万）分别是9.9、17.8和43.4，差距就更大了，不仅中部是东部的近一倍，西部则是东部的4.38倍，可见，在健康指标方面地域差距是非常明显的。

最后，在卫生资源方面，2011年东、中、西部医疗卫生机构入院人数（万人）分别为6010.3、4815.0和4472.3，东部分别为中部和西部的1.24倍和1.34倍；各地区医疗卫生机构数东、中、西部分别为342440个、315298个和296651个，东部均为中部的1.08倍、西部的1.16倍；每千人口执业医师数分别为2.18人、1.61人和1.60人，东部分别均为中部和西部的1.36倍②。由此反映的区域差距看似不大，但考虑到地区之间卫生人力资源业务水平的差异以及居民实际可利用的卫生设备资源的差异，实际的地区差距还是很大的。

① 杨蕾等：《中国农村地区妇幼卫生工作现状与分析》，中国卫生政策研究2011年10月第4卷第10期。

② 数据来自《中国卫生统计摘要2012》。这里也采用了中部8省的统计口径。

此外，若从人类发展指数来看，可以发现我国地区之间的人类发展指数存在明显的不平衡性。人类发展指数是综合反映居民长寿、知识和生活水准等方面的指数，能够比较全面体现居民所享受到的经济增长所带来的福利状况。

2010 年，我国地区之间的人类发展指数，上海、北京、天津分别为 0. 908、0. 891 和 0. 875；而贵州和西藏的人类发展指数都低于 0. 7，西藏只有 0. 63。通过比较，可以发现人类发展水平较高的省份，除了上海、北京、天津三大直辖市外，主要集中在沿海地区，而人类发展水平较低的省份则主要集中在西部地区，区域之间发展的不平衡性是显著的（见图 3-1）。

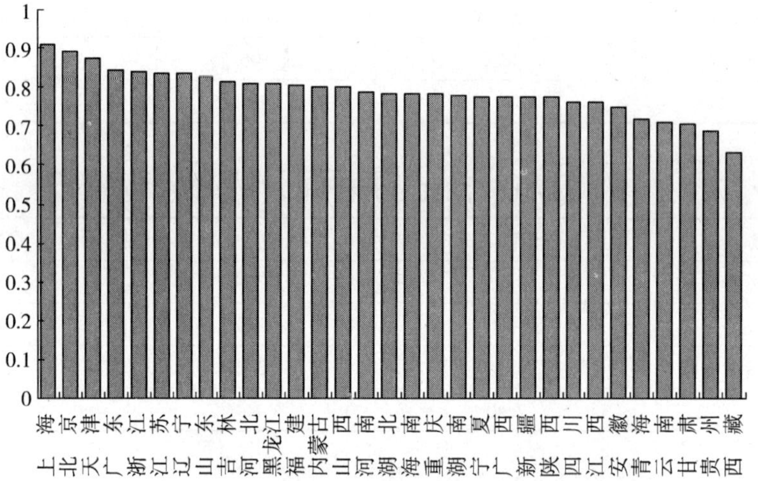

图 3-1　2010 年中国各省人类发展指数

2. 城乡差异

教育领域：城乡在居民受教育水平以及教育资源的上占有差距明显。2009 年，我国农村小学的生均教育经费支出为 3842. 26 元，远低于普通小学的 4171. 45 元，农村小学的生均教育经费支出仅为普通小学的 92. 1%。在全国 31 个省、自治区、直辖市（不包括港澳台地区）中，有 22 个地区农村小学的生均教育经费支出低于普通小学。全国初中阶段的农村中学生生均教育经费支出为 5023. 51 元，也低于普通中学的 5564. 66 元，全国农村、县镇和城市义务教育阶段的生师比分别为 16. 43 : 1、17. 47 : 1 和 17. 48 : 1，农村教师总量配置比较充裕。然而，全国拥有本科及以上学历专任教师的生师比分别为 72. 28 : 1、42. 49 : 1 和 29. 6 : 1，可见，农村高学历专任教师相对短缺的情况十分普遍。此外，从我国城镇学校的教学图书资源和各种教学仪器、设施设备都比较齐全，而农村学校的教学资源则相对短缺，2009 年农村小学和初中生均拥有教学用计算机 0. 036 台，远低于城市的 0. 071 台。全国有 25 个省级地区城市学校生均拥有教学用计算机高于农村，如表 3-16 所示[①]。

① 姜鑫、罗佳：《我国城乡义务教育均等化的现状及对策》，《经济论坛》2012 年 5 月，总第 502 期第 5 期。

表 3-16　2009 年全国各地区义务教育城乡办学资源配置情况

地区	生师比（本科及以上学历专任教师）			生均拥有教学用计算机（台/人）			生均图书藏量（册/人）		
	农村	县镇	城市	农村	县镇	城市	农村	县镇	城市
全 国	72. 28	42. 49	29. 60	0. 036	0. 045	0. 071	15. 54	5. 14	16. 69
北 京	13. 66	14. 22	16. 31	0. 213	0. 174	0. 145	48. 82	37. 86	29. 70
天 津	21. 12	23. 21	19. 08	0. 088	0. 081	0. 076	18. 11	21. 28	17. 16
河 北	53. 65	34. 10	28. 86	0. 060	0. 056	0. 061	26. 40	22. 60	18. 36
山 西	62. 44	49. 46	34. 23	0. 051	0. 041	0. 041	17. 52	12. 62	12. 19
内蒙古	32. 59	30. 06	28. 88	0. 047	0. 038	0. 044	18. 95	15. 02	14. 82
辽 宁	57. 00	51. 96	28. 02	0. 081	0. 070	0. 111	18. 11	16. 68	24. 23
吉 林	26. 79	26. 38	20. 79	0. 057	0. 051	0. 075	20. 36	14. 82	16. 78
黑龙江	38. 18	37. 83	22. 33	0. 053	0. 046	0. 073	14. 90	9. 96	12. 02
上 海	60. 16	22. 15	17. 64	0. 079	0. 154	0. 221	18. 67	23. 77	35. 76
江 苏	41. 30	29. 22	24. 28	0. 086	0. 080	0. 103	23. 38	21. 12	21. 82
浙 江	41. 06	29. 45	26. 06	0. 086	0. 087	0. 093	26. 75	25. 32	20. 72
安 徽	84. 52	54. 55	41. 07	0. 026	0. 035	0. 054	12. 11	10. 58	11. 60
福 建	53. 08	37. 08	33. 83	0. 069	0. 046	0. 066	21. 46	16. 69	17. 55
江 西	91. 15	58. 12	36. 44	0. 022	0. 029	0. 040	12. 37	11. 71	8. 99
山 东	48. 64	28. 84	24. 60	0. 049	0. 061	0. 081	15. 73	17. 16	15. 91
河 南	115. 31	62. 32	37. 71	0. 017	0. 027	0. 039	14. 44	14. 67	14. 16
湖 北	74. 23	48. 83	28. 94	0. 026	0. 033	0. 051	14. 95	12. 96	14. 92
湖 南	68. 89	49. 06	34. 52	0. 036	0. 036	0. 044	21. 11	18. 40	14. 50
广 东	133. 85	58. 67	33. 98	0. 028	0. 046	0. 089	16. 78	17. 47	20. 23
广 西	145. 78	48. 02	38. 93	0. 012	0. 031	0. 053	10. 95	13. 39	13. 96
海 南	147. 23	65. 50	41. 06	0. 028	0. 032	0. 034	13. 31	9. 89	10. 37
重 庆	79. 16	40. 85	22. 91	0. 032	0. 033	0. 070	11. 95	9. 08	11. 44
四 川	111. 49	54. 07	35. 51	0. 027	0. 030	0. 041	10. 13	9. 04	8. 04
贵 州	160. 05	72. 29	52. 11	0. 015	0. 024	0. 036	9. 99	13. 08	13. 44
云 南	96. 77	40. 58	38. 05	0. 014	0. 029	0. 044	9. 28	10. 55	11. 00
西 藏	223. 51	32. 78	36. 19	0. 028	0. 037	0. 047	12. 87	15. 94	12. 39
陕 西	47. 11	45. 63	34. 23	0. 053	0. 048	0. 051	22. 73	15. 15	15. 10
甘 肃	80. 01	51. 81	38. 55	0. 033	0. 033	0. 043	11. 81	9. 58	10. 00
青 海	61. 17	48. 48	36. 68	0. 045	0. 040	0. 066	13. 19	8. 23	11. 95
宁 夏	67. 31	36. 20	33. 85	0. 048	0. 057	0. 075	15. 29	11. 53	14. 22
新 疆	51. 7	39. 43	30. 83	0. 041	0. 044	0. 060	12. 66	14. 34	14. 77

资料来源：根据《2009 年中国教育统计年鉴》数据整理。

卫生领域：一是居民健康水平的城乡差距。2011 年新生儿死亡率，城市为 4.0‰，农村为 9.4‰；婴儿死亡率，城市为 5.8‰，农村为 14.7‰；5 岁以下儿童死亡率，城市为 7.1‰，农村为 19.1‰；孕产妇死亡率，城市为 25.2/10 万，农村为 26.5/10 万①。从人口平均预期寿命看，根据第五次全国人口普查的数据，2000 年城镇为 75.2 岁，农村为 69.5 岁，两者相差近 6 岁。不仅如此，城乡人口平均预期寿命的差距呈现出逐渐扩大的趋势。以第四次和第五次人口普查为例，该指标城镇和农村的绝对差由 1990 年的 3.5 岁扩大到 2000 年的 5.7 岁，1990 年农村人口出生时的预期寿命为城镇的 95.08%，2000 年则下降为 92.42%。城乡人口平均预期寿命差距扩大，从一定程度上反映出医疗卫生事业城乡发展的不平衡性，农村人口在医疗服务的可获得性和可支付性上与城市存在差距。二是卫生资源配置的城乡不平衡。2011 年，我国有卫生技术人员 6202858 人，其中城市有 3131412 人，占 50.5%，每千人口卫生技术人员数城市为 7.97 人、农村为 3.18 人；执业医生城乡各为 3.03 人与 1.32 人，注册护士城乡各为 3.32 人、0.98 人；而每千人口医疗卫生机构床位，城市为 6.24 个、农村为 2.80 个，每千人口医院和卫生院床位为 3.50 个，而每千农业人口乡镇卫生院床位仅为 1.16 个。不仅如此，在卫生从业人员的素质和医疗卫生设备的配置方面，城乡差距也比较明显。另外，在社会保险、人类发展指数等方面，城乡之间有很大差距。

三、居民收入增长与消费需求提振

普通百姓的收入和消费水平的快速增长，是全社会福利事业发展的重大成就，这也是中国社会摆脱贫困，走向富裕的重要标志。

（一）居民收入与消费水平增长状况

近三十年来中国普通百姓的收入和消费水平从总量上有了大幅提高，表 3-17 是中国国家统计局所做的城镇居民家庭抽样调查结果，从微观层面较全面地看到普通百姓的收入和消费水平的变化，时间起始为 1990 年，至 2011 年在人口和状况基本稳定的条件下，平均每人全部年收入增长 15.8 倍，平均每人消费增长 11.8 倍。收入中工薪收入一直是最主要的收入来源，经营净收入、财产性收入增幅大但数额较小，转移性收入大幅提高；消费方面，食品与家庭设备用品占比下降（分别由 54.25%、10.14% 降至 36.32%、6.75%），衣着、教育文化娱乐服务基本稳定，医疗保健、交通通信、居住占比大幅提高。这些情况表明了中国普通百姓的收入来源渠道正在多元化，消费需求从简单的温饱状态向舒适与健康方向发展。

① 数据来源为《中国卫生统计摘要 2012》。

表 3-17　中国城镇居民家庭基本情况

项　目	1990 年	1995 年	2000 年	2005 年	2006 年	2011 年
调查户数（户）	35660	35520	42220	54496	56094	65655
平均每户家庭人（人）	3.50	3.23	3.13	2.96	2.95	2.87
平均每户就业人（人）	1.98	1.87	1.68	1.51	1.53	1.48
平均每户就业面（%）	56.57	57.89	53.67	51.01	51.86	51.57
平均每一就业者负担人数（包括就业者人）（人）	1.77	1.73	1.86	1.96	1.93	1.94
平均每人全部年收入（元）	1516.21	4279.02	6295.91	11320.77	12719.19	23979.20
其中：工薪收入	1149.70	3390.21	4480.50	7797.54	8766.96	15411.91
经营净收入	22.50	72.62	246.24	679.62	809.56	2209.74
财产性收入	15.60	90.43	128.38	192.91	244.01	648.97
转移性收入	328.41	725.76	1440.78	2650.70	2898.66	5708.58
可支配收入	1510.16	4282.95	6279.98	10493.03	11759.45	21809.78
平均每人消费（元）	1278.89	3537.57	4998.00	7942.88	8696.55	15160.89
食　品	693.77	1771.99	1971.32	2914.39	3111.92	5506.33
衣　着	170.90	479.20	500.46	800.51	901.78	1674.70
家庭设备用品及服务	108.45	263.36	374.49	446.52	498.48	1023.17
医疗保健	25.67	110.11	318.07	600.85	620.54	968.98
交通通信	40.51	183.22	426.95	996.72	1147.12	2149.69
教育文化娱乐服务	112.26	331.01	669.58	1097.46	1203.03	1851.74
居住	60.86	283.76	565.29	808.66	904.19	1405.01
杂项商品与服务	66.57	114.92	171.83	277.75	309.49	581.26
平均每人消费性支出构成（人均消费性=100）						
食　品	54.25	50.09	39.44	36.69	35.78	36.32
衣　着	13.36	13.55	10.01	10.08	10.37	11.05
家庭设备用品	10.14	7.44	7.49	5.62	5.73	6.75
医疗保健	2.01	3.11	6.36	7.56	7.14	6.39
交通通信	1.20	5.18	8.54	12.55	13.19	14.18
教育文化娱乐服务	11.12	9.36	13.40	13.82	13.83	12.21
居住	6.98	8.02	11.31	10.18	10.40	9.27
杂项商品与服务	0.94	3.25	3.44	3.50	3.56	3.83

资料来源：《中国统计年鉴》(2012)。

表 3-18 对居民消费分城乡进行了刻画，总体看消费水平都有大幅增长，但两相比较发现，城乡消费差异先呈现不断扩大的趋势，城乡消费水平由 1978 年的 2.9 变为 2004 年的 3.8，以后又有回落态势，到 2011 城乡消费水平仍有 3.3，应该说，城乡之间仍有不小差距。

表 3-18 居民消费水平

年份	绝对数（元）			城乡消费水平对比（农村居民=1）	指数（上年=100）			指数（1978=100）		
	全体居民	农村居民	城镇居民		全体居民	农村居民	城镇居民	全体居民	农村居民	城镇居民
1978	184	138	405	2.9	104.1	104.3	103.3	100.0	100.0	100.0
1979	208	159	425	2.7	106.9	106.5	102.8	106.9	106.5	102.8
1980	238	178	489	2.7	109.0	108.4	107.2	116.5	115.4	110.2
1981	264	201	521	2.6	108.3	109.8	104.0	126.2	126.8	114.6
1982	288	223	536	2.4	106.8	109.1	100.7	134.8	138.3	115.4
1983	316	250	558	2.2	108.1	110.6	102.1	145.8	153.1	117.9
1984	361	287	618	2.2	112.0	112.9	107.9	163.2	172.8	127.2
1985	446	349	765	2.2	113.5	113.3	111.1	185.2	195.7	141.3
1986	497	378	872	2.3	104.7	102.3	106.7	194.0	200.3	150.8
1987	565	421	998	2.4	106.0	104.9	105.6	205.5	210.0	159.3
1988	714	509	1311	2.6	107.8	105.2	109.7	221.5	221.0	174.7
1989	788	549	1466	2.7	99.8	98.3	100.7	221.0	217.2	176.0
1990	833	560	1596	2.9	103.7	99.2	108.5	229.2	215.4	190.9
1991	932	602	1840	3.1	108.6	105.4	110.7	249.0	227.1	211.4
1992	1116	688	2262	3.3	113.3	108.5	116.1	282.0	246.5	245.3
1993	1393	805	2924	3.6	108.4	104.3	110.4	305.8	257.1	270.8
1994	1833	1038	3852	3.7	104.6	103.1	104.4	320.0	265.0	282.8
1995	2355	1313	4931	3.8	107.8	106.8	107.2	345.1	282.9	303.2
1996	2789	1626	5532	3.4	109.4	114.5	103.4	377.6	323.8	313.6
1997	3002	1722	5823	3.4	104.5	103.1	102.2	394.6	334.0	320.4
1998	3159	1730	6109	3.5	105.9	101.2	105.9	417.8	338.1	339.2
1999	3346	1766	6405	3.6	108.3	105.1	107.0	452.3	355.3	363.0
2000	3632	1860	6850	3.7	108.6	104.5	107.8	491.0	371.3	391.1
2001	3869	1969	7113	3.6	105.7	104.5	103.2	518.8	388.0	403.6
2002	4106	2062	7387	3.6	106.5	105.2	104.2	552.5	408.1	420.5
2003	4411	2103	7901	3.8	106.5	100.3	106.3	588.5	409.5	447.2
2004	4925	2301	8679	3.8	107.4	103.4	106.4	632.3	423.5	475.7
2005	5463	2560	9410	3.7	107.9	107.6	105.7	682.3	455.7	502.8
2006	6111	2848	10359	3.6	109.3	108.6	107.6	745.8	494.9	541.0
2007	7310	3347	12130	3.6	110.9	106.9	109.7	849.9	546.8	606.2
2008	8430	3901	13653	3.5	109.0	108.5	106.9	926.4	593.5	647.9
2009	9283	4163	14904	3.6	110.3	107.7	109.1	1022.0	639.3	706.5
2010	10522	4700	16546	3.5	108.2	108.0	105.9	1106.1	690.3	748.3
2011	12272	5633	18750	3.3	109.5	111.7	106.6	1211.1	771.3	797.8

注：①城乡消费水平对比，没有剔除城乡价格不可比的因素；②居民消费水平指按常住人口平均计算的居民消费支出。

本表绝对数按当年价格计算，指数按可比价格计算。

资料来源：《中国统计年鉴》（2007），2006 年后的数据来自《中国统计年鉴》（2012）。

（二）收入增长与消费需求提振态势

我国居民的收入与消费水平虽然有较大增长，但是同时我们要看到，长期以来我国也存在着城乡居民收入增长低于经济增长速度，消费增长慢于收入增长速度，而且收入分配差距扩大的态势。

如表3-19所示，1979~2011年间中国GDP年均增长9.87%，城镇居民可支配收入年均增长7.45%，农村家庭人均纯收入年均增长7.76%，经济增长速度比城乡居民收入都高2个多百分点（中国GDP、镇居民可支配收入和农村家庭人均纯收入年均增长）。1979~1989年，经济增长都是大于城镇居民人均消费增长，其间GDP经济年均增长9.55%，城镇居民人均消费年均增长5.17%，相差4.38个百分点。1990~2011年，有些年份城镇居民人均消费年均增长超过GDP的增长，其间GDP的年均增长10.04%，城镇居民人均消费年均增长7.29%，相差2.75个百分点。1979~1984年，农村家庭人均收入增长大于农村家庭人均消费增长，其间农村家庭人均收入年均增长17.84%，农村家庭人均消费年均增长8.93%，相差8.91个百分点。1985~2011年，农村家庭人均收入增长与农村家庭人均消费增长比较一致。GDP增长与农村家庭人均消费增长变化非常一致，但GDP增长高于农村家庭人均消费增长。

表3-19　GDP、城乡居民人均收入和人均消费增长率变动

年份	国内生产总值的增长率（%）	城镇居民人均可支配收入增长率（%）	农村家庭人均纯收入增长率（%）	城镇居民人均消费增长率（%）	农村家庭人均消费增长率（%）
1979	7.60	10.60	6.90	4.2	6.9
1980	7.80	14.85	30.03	6.3	8.8
1981	5.20	0.52	19.71	1.5	9.4
1982	9.10	5.00	21.09	0.7	7.4
1983	10.90	4.99	14.79	2.5	9.4
1984	15.20	12.38	14.53	10.2	11.7
1985	13.50	1.40	1.51	8.2	14.1
1986	8.80	4.69	0.51	7.3	2.5
1987	11.60	1.70	2.80	8.7	4.3
1988	11.30	1.23	0.18	8.9	6.0
1989	4.10	-3.09	-7.44	-1.6	-0.8
1990	3.80	18.25	9.12	7.5	0.3
1991	9.20	7.15	0.93	9.3	6.7
1992	14.20	9.72	5.70	15.4	9.8
1993	14.00	9.54	3.40	8.9	6.1
1994	13.10	8.50	7.38	6.3	4.7
1995	10.90	4.88	9.97	4.6	8.2
1996	10.00	3.84	13.15	2.5	14

续表

年份	国内生产总值的增长率（%）	城镇居民人均可支配收入增长率（%）	农村家庭人均纯收入增长率（%）	城镇居民人均消费增长率（%）	农村家庭人均消费增长率（%）
1997	9.30	3.43	5.85	3.5	3.3
1998	7.80	5.77	4.48	8.3	2.8
1999	7.60	9.32	3.80	11.3	4.7
2000	8.40	6.42	2.05	10.1	4.8
2001	8.30	8.48	4.19	4.4	4.5
2002	9.10	13.43	5.05	4.0	5.7
2003	10.00	9.00	4.27	4.9	2.7
2004	10.10	7.66	6.84	5.0	4.7
2005	11.20	9.62	8.46	7.6	5.7
2006	11.10	10.42	8.59	8.6	7.6
2007	14.2	12.1	9.5	9.7	6.9
2008	9.6	8.3	8.0	6.9	8.5
2009	9.2	9.7	8.5	9.1	7.7
2010	10.4	7.8	10.8	5.9	8.0
2011	9.3	8.4	11.4	6.6	11.7
年均增长率	9.87	7.45	7.76	6.58	6.63

注：年均增长率是1979～2011年这33年间增长率的平均值。

资料来源：《中国统计年鉴》（2007），2006年后的数据来自《中国统计年鉴》（2012）。

（三）基尼系数与居民消费差距的增大

改变此前的平均主义分配政策，让一部分人先富起来，先富带后富，最终实现共同富裕是中国改革开放的一项战略性考虑，这也决定着中国居民收入分配格局的变迁。收入分配的明显特征表现为收入差距的扩大。中国的改革始自城市，但难度太大而将重点转向农村。初期农村改革的基本内容是推广家庭联产承包责任制。家庭的农业收入水平将取决于农户的要素投入数量、耕作技术的改良以及市场变化状况。推行家庭联产承包责任制的另一个意义在于，强加于农民的土地依附关系有了实际上的松动。农村经济体制改革的展开使得农户家庭的禀赋特征成为农村居民收入差距的原因。城镇居民收入变化主要通过两个途径实现：一是以市场原则和营利目标为主导的体制外经济的发育成长；二是对体制内经济在不同阶段所实施的各项改革措施。在改革的初期阶段，体制外经济中的居民收入比较高，他们个人之间的收入差距也比较大。体制内经济中的个人收入变化通过两方面来实现：一是企业间盈利能力的差异性及不同行业间市场垄断程度的差异性使企业间收入差距扩大。二是企业内部的收入差距扩大，经营者与普通职工之间、专业技术人员的市场回报与非技术人员之间在收入水平上都存在着明显的差异性。为适应对外开放的需要，中国的地区发展战略基本上遵循了沿海优先发展的轨迹，使这些地区的经济发展得更快，居民收入水平也更高，其结果是地区差距的迅速扩大。

1. 城乡居民、城镇居民和农村居民基尼系数增大

中国收入分配差距不断扩大，变化情况见表3-20。1978年以来，中国城乡居民、城镇居民和农村居民基尼系数不断扩大。城乡居民基尼系数由1978年的0.3330扩大到2010年的0.4615和2011年的0.4660；城镇居民基尼系数由1978年的0.1600扩大到2010年的0.3825和2011年的0.3903；农村居民基尼系数由1978年的0.2120扩大到2010年的0.3943和2011年的0.3992。城镇居民基尼系数在这34年间变化幅度比其他两个基尼系数要大，农村居民基尼系数变化次之，而城乡居民基尼系数虽然变化幅度小，但在高数位上变化。

表3-20 中国三种基尼系数变化

年份	城乡居民基尼系数	城镇居民基尼系数	农村居民基尼系数
1978	0.3330	0.1600	0.2120
1979	0.3350	0.1600	0.2370
1980	0.3310	0.1600	0.2380
1981	0.3340	0.1500	0.2406
1982	0.3400	0.1500	0.2317
1983	0.3400	0.1500	0.2461
1984	0.3420	0.1600	0.2439
1985	0.3480	0.1900	0.2267
1986	0.3550	0.1900	0.3042
1987	0.3530	0.2000	0.3045
1988	0.3550	0.2300	0.3026
1989	0.3620	0.2300	0.3099
1990	0.3590	0.2300	0.3099
1991	0.3550	0.2400	0.3072
1992	0.3600	0.2500	0.3134
1993	0.3890	0.2700	0.3292
1994	0.3950	0.3000	0.3210
1995	0.3880	0.2800	0.3415
1996	0.3930	0.2840	0.3229
1997	0.3940	0.2920	0.3285
1998	0.3930	0.3000	0.3369
1999	0.3855	0.2950	0.3361
2000	0.4058	0.3200	0.3536
2001	0.4238	0.3300	0.3600

续表

年份	城乡居民基尼系数	城镇居民基尼系数	农村居民基尼系数
2002	0. 4342	0. 3220	0. 3600
2003	0. 4433	0. 3400	0. 3700
2004	0. 4452	0. 3230	0. 3574
2005	0. 4499	0. 3303	0. 3579
2006	0. 4483	0. 3265	0. 3510
2007	0. 4477	0. 3593	0. 3796
2008	0. 4523	0. 3670	0. 3845
2009	0. 4569	0. 3748	0. 3894
2010	0. 4615	0. 3825	0. 3943
2011	0. 4660	0. 3903	0. 3992

注：①1978～2000 年城乡居民基尼系数是综合杨天宇（2001a），胡日东、王卓（2002），杨宜勇（2003），张艳华、李秉龙（2004）这四篇文献所得；②2000 年以后的基尼系数分别来自章国荣、盛来运（2003），陈南旺、严先溥、阳俊雄（2004）；③1978～1995 年农村和城镇居民基尼系数来自黄丹（1999）；1996～1999 年农村和城镇居民基尼系数来自《国家统计局 2000 年重点课题研究报告》；④2004～2011 年的城乡、农村、城镇这三种居民基尼系数，以及 1999 年的城乡居民基尼系数是由陈昌兵计算所得出。

2. 城镇居民人均消费与农村居民消费差距拉大

改革开放以来，中国收入分配差距变化，除了城乡居民、城镇居民和农村居民基尼系数不断扩大外，城镇居民人均可支配收入与农村居民人均纯收入比和城镇居民人均消费与农村居民消费比也在不断扩大，具体变化见表 3-21。改革开放之初的 1978 年，中国城镇居民人均可支配收入是农村居民纯收入的 2. 57 倍，20 世纪 80 年代的改革使得这一比例有所下降。从 1978 年以后，这一比值逐渐下降到 1983 年的 1. 82，1983 年后这一比值又逐渐增大，上升至 1994 年的 2. 86；1994 年后又逐渐增大，到 2007 年达到 3. 33，以后又大致呈现下降态势，2011 年这一比值虽下降到 3. 12，但仍然处于一个差距较大的状况。1978 年城镇居民人均消费是农村居民人均消费的 2. 9 倍，同人均收入比相对应的，1978 年以后，这一比值下降到 1983 年的 2. 2 左右，随后这一比值又逐渐增大，上升至 1995 年的 3. 8，此后这一比值应该说始终处于较高范围，2003 年、2004 年也同样为 3. 8，此后开始有下降态势，但都在 3. 5 以上振荡，直到 2011 年这一比值下降到了 3. 33，显然比改革之初还是高出不少。

表 3-21　城镇和农村居民人均收入、人均消费比值变化

年份	城镇居民人均可支配收入与农村家庭人均纯收入之比	城镇居民人均消费与农村家庭人均消费之比
1978	2. 57	2. 9
1979	2. 42	2. 7
1980	2. 50	2. 7

续表

年份	城镇居民人均可支配收入 与农村家庭人均纯收入之比	城镇居民人均消费与 农村家庭人均消费之比
1981	2. 21	2. 6
1982	1. 95	2. 4
1983	1. 82	2. 2
1984	1. 83	2. 2
1985	1. 86	2. 2
1986	1. 95	2. 3
1987	1. 98	2. 4
1988	2. 05	2. 6
1989	2. 10	2. 7
1990	2. 20	2. 9
1991	2. 40	3. 1
1992	2. 58	3. 3
1993	2. 80	3. 6
1994	2. 86	3. 7
1995	2. 71	3. 8
1996	2. 51	3. 4
1997	2. 47	3. 4
1998	2. 51	3. 5
1999	2. 65	3. 6
2000	2. 79	3. 7
2001	2. 90	3. 6
2002	3. 11	3. 6
2003	3. 23	3. 8
2004	3. 21	3. 8
2005	3. 22	3. 7
2006	3. 28	3. 6
2007	3. 33	3. 62
2008	3. 31	3. 50
2009	3. 33	3. 58
2010	3. 23	3. 52
2011	3. 12	3. 33

注：根据 1998 ~2007 年各年《中国统计年鉴》整理得到，2007 年后的数据由《中国统计年鉴》（2012）整理而得。

四、经济增长与社会发展协调平衡

自改革开放以来，我国政府所实施的赶超经济增长模式，虽使中国经济获得了奇迹般的大发展，居民福利得到了改善，社会事业蒸蒸日上，然而也不能不看到，这种模式在取得一定成效的同时，一方面造成了收入差距扩大，社会福利在整体上的损失；另一方面又使得经济增长逐渐增大了对外部需求的依赖，不利于中国经济平稳增长与社会协调发展却也是不争的事实。为此，转变经济增长方式，引入新的增长机制，促进经济稳定增长，减缓收入差距扩大，进行福利弥补或福利赶超，来提升社会福利水平就成为一个不容忽视的紧迫问题。

进入 21 世纪以来，随着中国城市化的进程加快（2011 年城市化率达到 51.27%），我国经济增长的动力也开始逐渐由低价工业化过渡到高价城市化，中国经济这种发展环境的变化根源，主要来自于政府行为与城市化高度的相关性。现代政府的大量支出与纳税人需求的一致性，形成了所谓财政的公共支出，这就有别于低价工业化条件下政府以动员资源促进经济发展的环境。此时，政府的目标函数中公共福利支出就成为一个最重要的目标，新的增长机制也正是基于政府和企业目标这一新的约束条件而出现的。然而，新的经济增长机制转变过快，也可能出现另一极端现象，即“福利赶超”问题，所谓福利赶超是指“拉美国家在发展过程中为了应对社会收入差距拉大趋势，多数不顾自己收入和财富能力的制约，过早地照搬发达国家已经实现的一系列的社会福利制度，想在‘经济赶超’的同时，实行对发达国家的‘福利赶超’，结果导致财政赤字、金融危机、经济危机，最终导致经济停滞”（樊纲、张晓晶，2008）。因此，中国在面临经济增长机制转变与福利弥补或福利赶超这一新的阶段时，要特别重视这一阶段的发展和转型，拉美很多国家经过了 20 世纪 50 年代到 70 年代的辉煌后，进入到了“失去的 10 年”，至今仍处在“中等收入”的停滞区间，发展比较缓慢，中国一定要以此为鉴，来加快转变增长机制，即新的增长机制首先要改变赶超时政府为了发展经济而过多地采用动员和干预资源配置的机制，将政府配置资源的权力让渡给市场，让市场能更有效地激励企业的创新和优化资源配置；其次，政府在公共目标制定上一定要兼顾经济发展的阶段特性，保持福利支出的可持续性，以市场方式提高福利支出效率，不宜过快追求福利目标而导致企业无法消化“福利”带来的成本提高，造成企业竞争力的下降，导致经济增长停滞，如此，将很容易陷入“中等收入陷阱”，而要形成一个良性的、可持续性的新增长机制的关键之处，就在于政府职能及其行为模式的根本性转变。

虽然，中国政府近年来在克服经济增长与社会发展不平衡性矛盾方面所采取的若干举措取得了初步成效。为进一步加快社会发展，我们认为除了继续扩大政府社会性支出规模和调整社会性支出结构外，还需要进一步改善社会性公共服务提供方面的制度框架。

1. 尽快消除城乡二元体制

经济与社会发展的重要标志之一是个人能拥有平等追求愿望的权力，目前中国城乡社会经济发展的差异，主要原因是城乡社会的二元体制。从 20 世纪 50 年代后期起，由于计划经济体制的确立，户籍分为城市户籍和农村户籍，城乡二元体制形成了，城乡被割裂开来。从这时开始，城市和农村都成为封闭性的单位，生产要素的流动受到十分严格的限制。在城乡二元体制下，广大农民被束缚在土地上、禁锢在农村中，城市居民和农民的权利是不平等的，机会也是不平等的。户籍制度实际上并不是一个简单的人口登记制度，其核心是户口背后所包含的福利差异。户籍制度改革的实质并不在于是否放宽了入籍的条件，而根本在于是否把福利因素与户籍身份相剥离。与户籍身份附着在一起的种种福利因素，如社会保障、社会保护、教育获得以及其他公共服务，都处于改革的过程中。目前，虽有部分地区试图对此体制有所突破，但大部分地区没有变化，尤其是大城市限制严格。

2. 引入竞争和激励机制

在某些情况下，对公共服务供给者的绩效进行监督和评估通常十分困难，但在公共供给的情况下，应尽量给予激励并通过加强问责来提高质量。应完善政府对公立服务供给机构和一线服务人员的监督与绩效评估机制以及与绩效挂钩的奖励和惩罚机制。绩效评估机制应体现一定的灵活性，并赋予服务供给机构和一线服务人员一定的自主性。为使监督和评估机制有效，政府的政策制定职能应与服务供给职能尽可能分离，以加强可问责性。

3. 形成中央与地方政府的合理分工

在社会性公共服务提供方面，首先应充分发挥地方政府的作用。这是因为：①成员数量较少的“小集体”较之成员数量较多的“大集体”具有更高的公共产品供给效率。②地区之间的巨大差异必然会导致各地使用者对社会性服务的异质性偏好，充分发挥地方政府的作用能利用其信息优势更准确地对当地的需要做出反应和决策，能更有效地提供符合当地偏好和当地具体条件的社会性服务。而且，地方政府更能够监督服务质量，也更容易负起责任。

合理划分各级政府的财权和社会性服务提供方面的责任。对于具有显著规模效应和溢出效应的全国性的社会性服务，中央政府应负有主要的提供责任；而且鉴于各地财力上的差异，中央政府也需要通过规范、透明、有效的转移支付制度协助地方政府担负起对地区性社会性服务的提供责任。与此相配套，上级政府与下级政府之间需要建立一种有效的协约关系，监督和评估下级政府的绩效，激励和约束其行为。

参考文献

［1］国家教育督导团：《国家教育督导报告 2005》，《教育发展研究》2006 年第 5 期。

［2］国家统计局：《中国教育统计年鉴（2006）》，中国统计出版社。

［3］国家统计局：《中国统计年鉴 2007、2012》，中国统计出版社。

［4］国务院发展研究中心农村经济研究部：《中国农村调查报告》，山西经济出版社 2005 年版。

［5］联合国开发计划署：《中国人类发展报告 2005：追求公平的人类发展》，中国对外翻译出版公司 2005 年版。

［6］世界银行：《2020 年的中国——新世纪的发展挑战》，中国财政经济出版社 1997 年版。

［7］宋洪远、马永良：《使用人类发展指数对中国城乡差距的一种估计》，《经济研究》2004 年第 11 期。

［8］中国财政年鉴编纂委员会：《中国财政年鉴（2006）》，中国财政杂志社出版社 2007 年版。

[9] 中国教育部:《2006 年全国教育经费执行情况统计公告》,中国教育部网站,2007 年。

[10] 中国教育部:《2007 年全国教育事业发展统计公报》,中国教育部网站,2008 年。

[11] 中国教育统计年鉴编纂委员会:《中国教育统计年鉴 2005》,人民教育出版社 2006 年版。

[12] 中国经济增长与宏观稳定课题组:《增长失衡与政府责任》,《经济研究》2006 年第 10 期。

[13] 中国卫生部:《2003-2007 年中国卫生发展情况简报》,中国卫生部网站,2008 年。

[14] 中国卫生部:《2007 年中国卫生事业发展统计公报》,中国卫生部网站,2008 年。

[15] 中国卫生部:《中国卫生统计提要 2008、2012》,中国卫生部网站。

[16] Adelman, I. and Morris, C. T., 1967, Society, Politics and Economic Development - A Quantitative Approach, Baltimore, Md.: Johns Hopkins University Press.

[17] April Harding and Alex Preker, 2003, Private Participation in Health Services, Washington, D. C.: the World Bank.

[18] Becker, G. S., 1964, Human Capital, University of Chicago Press.

[19] Clower, R. W., 1966, Growth without Development: An Economic Survey of Liberia, Northwestern University Press.

[20] Goulet, D., 1971, The Cruel Choice: A New Concept in the Theory of Development, Atheneum.

[21] Hart, Oliver, Andrei Shleifer, and Robert W. Vishny, 1997, The Proper Scope of Government: Theory and an Application to Prisons, Quarterly Journal of Economics, Nov., 1127-1161.

[22] Hoxby, Caroline Minter, 1995, Is There an Equity - Efficiency Trade - off in School Finance? Tiebout and a Theory of the Local Public Goods Producer, NBER Working Paper 5265.

[23] Lewis, W. A., 1955, The Theory of Economic Growth, Allen & Unwin.

[24] Lucas, Robert, 1988, On the Mechanics of Economic Development, Journal of Monetary Economics, Vol. 22 (1): 3-42.

[25] Oates, W., 1972, Fiscal Federalism, Harcourt Brace Jovanovich.

[26] Perroux, F., 1983, A New Concept of Development: Basic Tenets, Croom Helm.

[27] Philip Musgrove, 1996, Public and Private Roles in Health: Theory and Financing Patterns, the World Bank.

[28] Preker, Alexander S., April Harding, and Navin Girishankar, 1999, The Economics of Private Participation in Health Care: New Insights from Institutional Economics, the World Bank.

[29] Romer, P. M., 1986, Increasing Returns and Long-run Growth, Journal of Political Economy, Vol. 94 (5): 1002-1037.

[30] Rostow, W. W., 1960, The Stages of Economic Growth, Cambridge University Press.

[31] Schultz, T. W., 1961, Investments in Human Capital, American Economic Review, Vol. 51 (1): 1-17.

[32] Seers, D., 1969, The Meaning of Development, International Development Review 11 (4): 3-4.

[33] Sen, A., 1999, Development as Freedom, Alfred A. Knopf Inc..

[34] Singer, H.. W., .1965, Social Development: Key Growth Sector, International Development Review 7 (1): 5.

[35] Tiebout, C., 1956, A Pure Theory of Local Expenditures, Journal of Political Economy, 64 (5): 416-424.

[36] Todaro, M. P., 1977, Economic Development in the Third World, Longman.

[37] The World Bank, 1997, The State in a Changing World (World Development Report 1997), the World Bank.

[38] The World Bank, 2003, Making Services Work for Poor People (World Development Report

2004), the World Bank.

[39] The World Bank, 2005, Equity and Development (World Development Report 2006), the World Bank.

[40] United Nations Development Program, 1996, Economic Growth and Human Development (Human Development Report 1996), http://hdr.undp.org/.

[41] United Nations Development Program, 2005, International Cooperation at a Crossroads: Aid, Trade and Security in an Unequal World (Human Development Report 2005), http://hdr.undp.org/.

[42] United Nations Development Program, 2007, Fighting Climate Change: Human Solidarity in a Divided World (Human Development Report 2007), http://hdr.undp.org/.

[43] United Nations Research Institute on Social Development, 1970, Contents and Measurements of Socioeconomic Development, UNRISD.

第二篇

中国经济可持续增长的动力

第四章　经济体制改革

1978 年 12 月，中国共产党十一届三中全会的召开，开启了中国改革开放的历史新时期。经过 30 年的经济体制改革，中国实现了由传统计划经济向社会主义市场经济的重大转变。在此过程中，中国不但创造了人类经济增长史上的奇迹，也实现了经济结构的历史性变迁。中国的高速增长期正好与改革进程一致，这不是巧合，而是有着逻辑上的因果关系。中国经济高增长，是巨大的制度变革推动的。

本章着重对中国经济体制改革的背景、历程及进展进行概要分析，旨在对 30 年来中国经济增长和结构变迁的时代背景作一刻画，也试图为中国的增长奇迹和结构巨变提供某种注脚，全章内容分为四个部分：第一，谈谈我国的高增长与制度变革之间的关系；第二，对渐进式改革的历程、成因与成效进行逐一分析；第三，探讨我国的经济增长潜力是如何在制度变革的背景下释放出来的；第四，对深化改革与经济可持续发展的关系阐述了我们的观点。

一、制度变革打开了中国高增长之门

按照中国官方统计，从 1979 年至 2011 年，中国年平均实际 GDP 增长率为 10% 左右，人均 GDP 从 1980 年的 173 美元增加到 2011 年的 5432 美元，增长了 30 多倍。中国经济总量居世界位次稳步提升，2010 年成为世界第二大经济体，占世界经济总量的比重由 20 世纪 70 年代末不足 1% 提高到 2011 年的 10% 左右，对世界经济增长的贡献率超过 20%，特别是国际金融危机爆发以来，中国经济已成为带动世界经济复苏的重要引擎。

中国最近 30 年的高速经济增长，对于一个有着近 1/4 世界人口的大国，能在短短几十年时间内，从近乎一穷二白的状态，发展到接近中等发达国家的水平，并不是一项易实现的目标。图 4-1 为中华人民共和国成立以来，人均国内生产总值增长的对数值图，该图的直观结果是，20 世纪 80 年代以来，中国人均国内生产总值基本上呈加速增长趋势，而且该趋势在近几年有加快的迹象。而究竟是什么因素推动着中国经济的快速增长？理论界有多种解释，在这里我们只揭示一个事实：高增长与中国的制度变革密切相关。

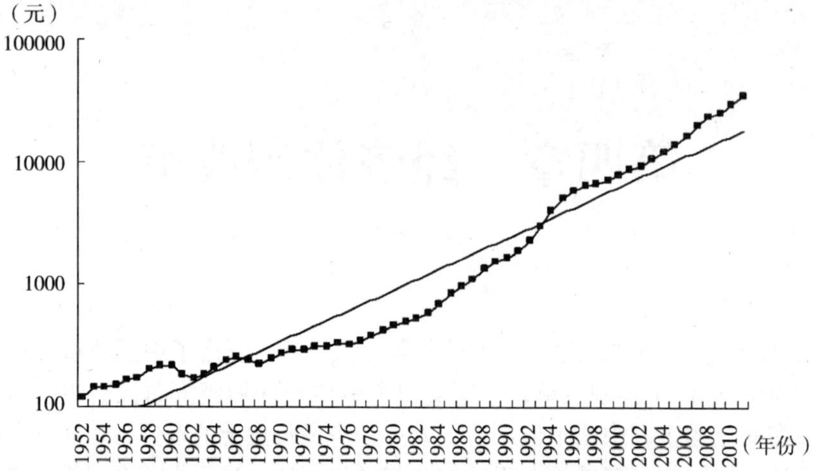

图 4–1　中国人均 GDP 演化路径（对数值）及增长趋势（指数）

资料来源：历年《中国统计年鉴》。

按照一般的经济学逻辑，中国近三十年的高速经济增长是在一个"次优的体制安排"下取得的，边增长边调整体制安排，使中国经济从一个高度集中的计划经济体制逐步转向一个现代市场经济体制，形成了一个准现代化的经济结构。中国的高速增长期正好与这种改革进程一致，这不是巧合，而是有着逻辑上的因果关系。中国经济的高速增长，是巨大的制度变革推动的。

中华人民共和国的成立，标志着一个新政权和一套新的国家发展方式的确立，社会主义体制的先行者给中国演示了计划经济体制在经济落后国家实现赶超的可能性，而赶超正是近代中国所追求的梦想。如此环境，自然很快使中国经济驶入了计划经济体制之轨。到 20 世纪 70 年代中期的实践表明，这种经济发展模式确实促进了中国经济增长，从 1952 年至 1977 年，人均 GDP 从 100 元左右增长到 340 元，这也是一个了不起的成就。但是，计划经济体制下的赶超是以牺牲个人福利的提高及扭曲经济运行机制为代价的，赶超后劲不足是几乎当时所有社会主义国家都面临的紧迫问题，如何实现可持续的高增长就成为改革要实现的主要目标。中国的改革起步于 20 世纪 70 年代中后期，其实要远晚于东欧一些国家早在 20 世纪 50 年代就已进行的改革。但从几十年的经济发展情况看，无疑中国的改革对社会福利改进效应最明显，取得了改革与发展的"双赢"，使赶超进程得以延续。

图 4–2 是 1953 ~ 2007 年中国 GDP 增长轨迹，并且标注了一些重要的历史事件。图中显示，1978 年以前中国经济增长没有持续性和均衡性，与 1978 年以后的经济增长相比，经济总是大起大落，大波大动。每一次经济衰退大多是由频繁的政治运动和激进改革导致的。如 1957 年的"反右扩大化"，1958 年到 1960 年的大跃进和人民公社化，1959 年的反右斗争等严重摧残了中国经济，破坏了国民经济比例关系，造成了 1960 年、1961 年和 1962 年连续三年 GDP 负增长（这三年的经济增长率分别是 −0.3%、−27.3% 和 −5.6%），经济严重衰退。1963 ~ 1965 年经济开始复苏，这三年 GDP 增长率反弹到 10.2%、18.3% 和 17.0%，但这一轮经济复苏趋势并没有延续下去，更大的、

涉及面更广的政治运动开始了，1966 年 5 月到 1977 年 8 月中国经历了长达 10 年的“文化大革命”，严重搅乱了社会秩序、经济秩序与规则，1967 年、1968 年和 1976 年 GDP 再次负增长。1978 年以后，经济开始向平稳型过渡，每一次重大改革举措都没有再引起经济的大幅波动，从制度上保证了经济的快速平稳增长。

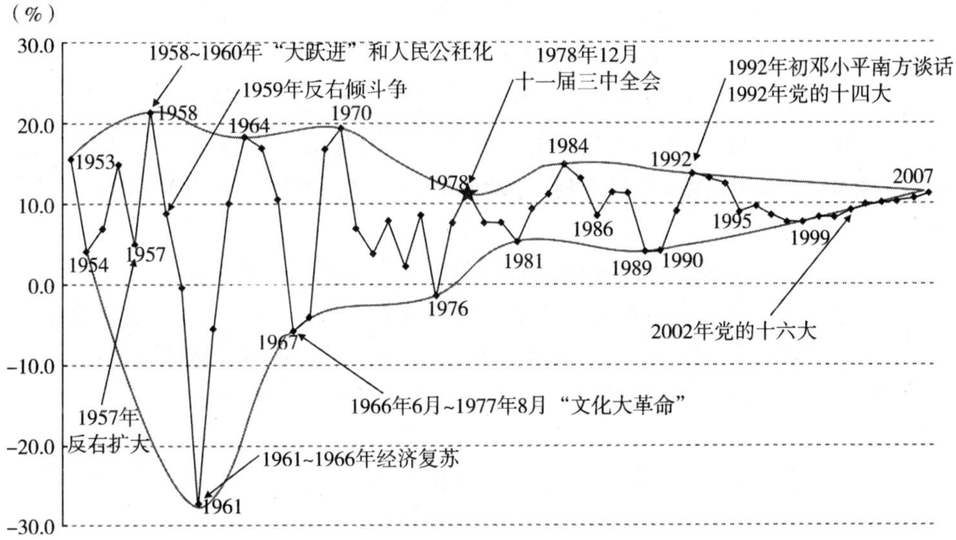

图 4-2　1953 ~ 2007 年中国 GDP 增长率和重要历史事件

注：栾存存制作。

二、渐进式改革的历程、成因与成效

我国的制度变革的特征是渐进式改革，这可以视作中国改革道路一个重要的独特之处。从传统计划经济体制向现代市场经济体制过渡的方式来看，主要有两种截然不同的方式可供选择：一种是“激进式”的转轨模式，另一种是“渐进式”的转轨模式。所谓渐进式改革，是指在向市场经济过渡时采取累积性的边际演进的转换模式。我国 30 年来经济高速增长并且维持了相对稳定的局面，是与渐进改革分不开的，因为渐进改革很好地处理了改革、发展与稳定之间的关系，是我国增长奇迹背后最重要的支持。

渐进改革的特点是：改革不是表现为首先打破旧的体制，而是首先在旧体制的“旁边”或“缝隙”中发展起新的体制成分；随着这种新体制成分的发展，在整个经济中所占比重的扩大，逐步地深化对旧体制的改造。这种改革采取先易后难、先表后里的方式，在旧有制度的框架内审慎推进改革，具有在时间、速度和次序选择上的渐进特征。也因为如此，新旧体制在一段时期内的并存是渐进改革的重要特征。而对旧体制的容忍，一方面是在改革初期适当维持既得利益，以减少改革所面临的社会阻力；另一方面，新体制的成长不会在一夜之间完成，因此也是平稳过渡的需要。

渐进式改革内容丰富，主要概括为双轨过渡与试验推广（或摸着石头过河）。双轨过渡包括体制外生长与增量改革。所谓“体制外”生长是在计划经济制度之外，发展新的市场主导部门，使其成为推动市场化改革的基本动力之一。在中国市场化改革过程中，这种体制外生长主要表现为：产权制度的体制外改革，即允许在国有经济之外发展非国有经济；定价制度的体制外改革，即允许一些新产品的自由定价；市场组织的体制外改革，即允许计划分配体制之外发展出自由市场；收益分配的体制外改革，即按劳分配之外承认按要素分配的合理性；等等。“双轨制”最初出现在价格改革领域，即所谓的“价格双轨制”。“双轨制”的经验后来被用于很多其他领域的改革，如外贸体制改革、劳动就业体制改革、所有制结构改革、社会保障体制改革，住房改革，等等。从整个经济来说，对改革的推进和市场机制的发展来说，最重要，影响最重大、最深远的“双轨制”，是所有制结构中的“双轨制”，即国有制与非国有制、公有制与非国有制构成的双轨制。增量改革不从资产存量的再配置上入手，而是着眼于让市场机制在资产增量的配置上发挥作用，这样就会使增量部分不断扩大，计划经济的存量比重相对地逐步缩小。具体的做法有：允许国有企业或农民对完成政府承担的义务以后的增量部分，自主决定价格、销售方式和收益分配；国有企业的工人，可以采用“老人老办法，新人新办法”，即用计划经济中的企业与工人隐含的“合约条件”对待老工人，而用自由缔约的方式来聘用新工人等。

试验推广是指将市场化改革限定在一定的范围（如地区、产业甚至是企业）之内，取得经验后才在更大范围乃至全国加以推广。中国的经济改革大多数都不是在全国范围内同时推开的，每项改革措施都是从较小范围内的试验开始，在改革试点取得一定成果并积累有关经验，群众心理有了准备以后，才加以推广，如家庭联产承包责任制的推行过程、企业承包制的试行和经济特区的创建，以及现在成都重庆关于城乡统筹发展方面的试点等。渐进性改革以开“天窗”式的局部试验开始，利用关键性改革带动多项改革，创造制度变迁的“多米诺骨牌效应”，使改革先易后难，从点到面，由浅入深。试验推广的最大好处，就是避免了全面推行可能带来的巨大阻力、压力和风险；保持了改革能够稳步推进。

（一）渐进式改革的历程

1. 先农村改革，后城市改革

农业是国民经济发展的基础，在中国尤其如此。同时，农村主要是集体经济，与国有经济占绝对优势的城市相比，是计划经济体制相对薄弱的环节，也是易于首先突破的环节。这就决定了中国经济体制改革必然首先从农村改革开始。从 1979 ~ 1983 年的 4 年间，可以说是中国农村的大变动时期，在此期间农业的经营形式由单一的集体经营变成统分结合的双层经营，农户的家庭经营成为农业生产的一个重要层次。农村改革很快见到了成效：1981 ~ 1984 年，第一次产业增加值的年增长速度分别达到 7.0%、11.5%、8.3%和12.9%；粮食产量的年均增长幅度高达2700 万吨。农村改革极大地推动了农村生产力的迅速发展，也对整个经济体制改革产生了示范和带头作用。以 1984 年 10 月《中共中央关于经济体制改革的决定》为标志，中国经济体制改革的主战场开始由农村转向城市，改革在城市经济生活的各个层次上展开，大大激发出城市经济的活力。

2. 非国有经济领域的突破

改革开放后，在20世纪80年代采取了率先在非国有经济领域寻求突破的做法，即从发展乡镇企业、个体私营经济和外资经济等非国有经济入手，形成了以公有制经济为主体、多种经济成分共同发展的局面。

这种在国有经济外部率先推进的“外线发展战略”极大地促进了非国有经济的发展，并促进了整个国民经济的快速增长。目前，包括个体私营经济和外资经济在内的非国有经济创造的增加值已经占到整个GDP的40%左右。在多种所有制经济共同发展的过程中，非国有资本参与国有资本置换，不同所有制产权之间开放、流转和融合的态势也开始显现，基于股份制的混合所有制经济逐渐发展起来，所有制结构和微观经济基础进一步得到改善。

3. 从竞争性领域向垄断性领域推进

我国的改革也遵循着从一般竞争性领域向传统垄断性领域推进的步骤。由于垄断性行业内的企业往往规模庞大，其提供的产品或服务一般又构成社会生产和居民生活的基础，同时改革开放之初有关垄断性行业改革的理论准备和迫切性也不充足，因此，首先推行垄断性行业改革的条件是不具备的。相比之下，一般生产加工业、商贸服务业等竞争性领域却具备较好的改革基础，于是改革首先从竞争性行业开始。经过一段时间的改革，竞争性行业已发展成为市场化程度较高的部门。从20世纪90年代中期开始，改革垄断性行业的必要性和可能性都比之前更加突出。于是，垄断性行业的改革真正开始启动，在政企分开和商业化改造、引入竞争、改革政府监管体制和引入民间资本等方面做了一些初步的尝试。但总的来说，这方面的改革还有待进一步深化，因此垄断性行业的改革仍将是中国下一阶段改革的着力点之一。

4. 由“双轨制”过渡到“单轨制”

由“双轨制”过渡到“单轨制”的含义是：先在一段时期内实行计划内价格和计划外价格并行的“双轨制”，然后在条件成熟后并轨。价格改革之初，可供选择的思路有两种：一种是采取一步到位放开的方式，另一种是采取积极稳妥、分步到位的方式。中国的价格改革没有采取一步到位的方法，而是采取了“调放结合、先调后放、逐步放开”的方式，经历了一个由“双轨”到“单轨”的过程。这主要是基于以下几点考虑：①价格改革要和市场发育相适应，应避免过度超前。②价格改革要考虑不同产业和产品的特点，分别采取不同的改革策略。③价格改革要考虑政府的财政能力能否适应理顺各种比价关系的要求，要考虑政府是否具备足够的驾驭改革的能力，也要考虑企业和居民是否具备足够的对改革的承受能力。国家定价和市场调节价格结合的“双轨制”一段时间内曾在工业生产资料价格方面表现得比较突出。这种“双轨制”对于突破单一的国家固定价格具有一定作用。后来的实践表明，实行“双轨制”后，计划轨和市场轨的价差逐步拉开，而且市场调节价的比重逐渐扩大，并随着市场经济的深入发展，逐步实现“并轨”，最终完成向市场形成价格机制的转变。

（二）渐进式改革策略的成因

中国之所以采取渐进式的改革方略，不是偶然的，而是有着深刻的原因。

首先，这是由改革的性质决定的。中国的经济体制改革不是对原有经济体制进行某些修补和改良，而是在社会主义基本经济制度的范围内进行的“第二次革命”，即从计划经济体制到市场经济体制的质的革命。既然是一场根本性的变革，对于指导这场变革的领导层来说，需要有一个认识深化的过程，这就必然要循序渐进、不能贸然激进。

其次，这是由国情的复杂性决定的。中国是一个人口多、地域广，而且经济发展很不平衡的国家。城乡之间、沿海内地之间、国有经济与非国有经济之间在改革的承载和接受能力上存在着很大的差异。这就决定了各个区域或部门的改革不可能“齐步走”，而需要“分而治之”，梯次推进。

再次，这是由改革的艰巨性决定的。改革不仅包括微观主体的再造和市场体系的重建，也包括政府职能的转变以及分配和社会保障制度的改革，如此复杂、庞大的工程，决定了需要选准“突破口”，渐次展开，逐渐深入。

最后，这是出于获取改革动力的需要。改革要确保获得足够的动力，必须得到更多社会成员的理解，获得更多社会成员的支持。由于改革的收益在时间的分布上往往是跨期的，而改革的福利损益在个体之间的分布也是不均匀的。这就表明，需要有一个过程和充足的时间，使个体逐步提高对改革收益的感知和辨识，也使社会尽最大可能对利益受损者进行识别和必要的补偿，以增强改革的社会基础。

（三）渐进式改革的成效

渐进式改革的一个重大成效就是推动了经济结构持续的现代化。按市场方式配置资源的渐进式改革，无疑矫正了传统计划经济片面发展重工业造成的严重结构畸形，激励了中国均衡结构的发展，开始了中国的第二次工业化。在这个历经了30年的工业化进程中，我国人均GDP2008年已超过3000美元，2011年超过5000美元，进入中等收入国家，工业化进程快速发展，经济结构不断优化，产业结构不断升级，再有10年时间将完成工业化进程（陈佳贵等，2007）。工业化的主要特征就是随着人均GDP的增长，居民消费提高，恩格尔系数持续下降引致第一产业持续下降，制造业为代表的工业化开始发展，非农就业成为了社会最主要的就业方式，取代了传统的农业社会就业方式，经济社会进入现代化进程。

渐进式改革的推动，使得我国第一产业产值和就业量占比从1978年的28.2%和70.5%分别下降到了2011年的10.0%和34.8%。改革开放以来工业化水平长期保持在48%，第三产业总体趋势增长，1984年以前比重在22%左右波动，1985～1993年快速增长，比重升至33%左右，经过4年左右的平稳，1997～2002年再次快速上升，2002年比重达最高41.5%，近几年有所下降，保持在40%，2007年的比重为40.1%，到2011年上升至43.3%。从经济增长贡献看，2011年农业对中国经济增长的贡献仅有4.6%，工业贡献为51.6%，服务业贡献为43.7%。中国工业化不仅表现在对经济的贡献，而且更表现了它强大的生产规模，钢铁、煤炭、水泥、化肥、化纤、棉布、耐用消费品等产品产量居全球第一，而发电量居全球第二、原油居全球第六等，近年在电子等高技术行业发展迅速，很多单项的产能也是全球之冠。

在中国工业发展的同时，农村就业也下降迅速，非农就业发展很快，2011年达到了65%，进入了以非农就业为主导的工业化国家。但从产值占比和其对经济增长贡献比重看，就业比重仍是非常不对称的，到2010年就业人口比重最大的行业仍是农业，高达36.7%，未来人口资源分配是中国实现现代化的关键。具体看农业就业比重下降，第二产业就业比重呈现稳定状态，从20世纪80年代中期到21世纪始终保持在22%上下的水平，2006年开始突破了25%，以中国工业化水平看，工业就业比重稳定就是非常重要的了，因此非农就业的主要任务靠第三产业，20世纪90年代第三产业就业比重超过了第二产业，2007年其占比为32.4%，直到2011年才开始超越农业近一个百分点，总体来看，我国非农就业水平偏低。因此，中国正面临着从一个中低收入国家向中高收入国家转变，其核心问题仍然是继续加快农村劳动力转移，积极发展服务业，用服务业发展来承载非农化过程，提高服务业的产值和就业比重，直接关系中国现代化的步伐。

中国经济目前已经进入到"二、三、一"的产业发展阶段，其产出带动则是以农业下降与工业化稳定和第三产业上升为主线的发展道路，这一道路符合国际各国发展的经验，而中国经济发展的特点是工业部门一直是处于超强发展的位置，第二产业，特别是工业始终保持高位，它始终主导着经济增长，一直是最大的贡献者。随着第三产业的贡献持续上升，到21世纪其带动贡献逐步接近工业部门，这说明城市化快速发展对第三产业的发展有极大的促进作用，也使中国经济结构更趋于平衡。

工业化带动了城市化，体现在大量农村剩余劳动力进入现代化部门，工业在城市及城市周围的全面发展推动了城市开发区、周围的工业园迅速建立，城市化速度大幅提高，农民身份不断转换为城市人口。随着工业化增长稳定或下降，城市化率的提高则完全是由经济服务化推动非农就业的比重上升所带动，未来发展的关键仍然是非农就业。工业化带动了城市化发展，而城市化的发展决定了一个国家经济结构的现代化，它更表现为人口资源配置和人的发展。中国的工业化比例在全球都是一枝独秀，但城市化水平相对落后，这也反映出东亚模式都较偏重工业化，而城市化发展较弱的情况。从城市百万人口集聚程度看基本中国发展是达标了，但在大城市人口的集中则非常之低，远远低于任何可比较组，这是中国较严格的户籍，特别是大城市户籍管理的产物，这与城市规模性的发展和集聚的规律有所背离，因此，虽然中国进入了城市化加速期，但城市化的水平仍然偏低，不过，可喜的是中国城市化增长速度居全球之冠，我国经济结构现代化的实现在很大程度上取决于城市化发展的水平与质量。

三、制度变革下增长潜力的释放

总体而言，我国从1978年开始的经济体制改革大致已经历了四个阶段：1978～1984年的从农村开始的经济体制改革起步阶段；1984～1992年的以城市为重点的整个经济体制改革全面展开阶段；1992～2002年的初步建立社会主义市场经济体制阶段；2002年至今，完善社会主义市场经济体制阶段。中国改革的出发点和改革初期的第一要务是怎样使国家摆脱身陷其中一百多年的贫困陷阱，所以，继续推进工业化是必然选择。应如何实现工业化的目标却是多途径的，社会主义国家和东亚的实践证明，在一国摆脱贫困陷阱的过程中，政府适当集中资源是合理的，但全部由政府经营国民经济却不可取。中国改革的起点是传统计划体制，无需进一步强化政府的资源控制度，反而应是在政府适当集中资源的基础上，形成一个合理运作的市场来合理使用资源，通过经济激励来发挥经济参与者的积极性问题，以促使经济增长的潜力释放出来，其中，资源的合理组织、价格与企业所有制方面的改革则是经济增长潜力释放的重要推手。

（一）适合国情的资源动员方式

中国在改革初期面临着工业化所需生产要素严重匮乏的问题，这些生产要素包括货币资本、有一定素质与技能的职工、工业原料和土地、机器设备、科学技术，以及能源和交通等基础设施。因此，生产要素的形成就成为中国工业化和经济发展的关键所在。在单一公有制下，利用计划经济体制强大的组织动员能力，国家能最大限度地将人、财、物集中于工业部门，在较短的时期内形成大量的生产要素，从而尽快摆脱"贫困的恶性循环"困境和解决发展性短缺问题。但由此带来的问题是欲速则不达，因为价格机制失效，分配过于平均，微观主体的生产积极性受挫，使得经济增长粗放，且政府组织的资源利用效率低下，增长失去了可持续性。

改革以来，为了保证生产要素的有效供给，同时消除传统计划体制下政府过度集中和使用资源的弊端，中国采取的战略是先适当放开部分最终产品价格，形成局部较高收益的市场，吸引各类资源投入来扩大供给，同时以低劳动力成本、低土地价格以及实际低税收来降低成本，创造竞争力。这些措施包括改革早期农民工工资仅仅按维持其基本生存的"剩余劳动力"定价，并且不供给住房、社会保障等城市居民所需要的工资外成本，农民工的这一切都在乡村土地上得到解决；政府发展工业对乡镇土地征用是低价的。通过农村的廉价土地和剩余劳动力把工业化的成本节约下来，不仅在早期"离土不离乡"的乡镇工业上达到了低成本，而后的农村劳动力转移则使中国城市工业产业继续保持了这一低成本优势。对企业紧缺的金融资源则采取国家银行垄断的形式来分配，为此，政府设计了一套动员社会金融资源的特殊机制，即通过国家隐性担保银行不破产的全民储蓄动员，最大限度地集中全社会的金融资源；同时，利用国家控的金融机构信用扩张手段将金融资源大量输入企业。自20世纪80年代以来，为解决经济增长所需要的资金，通过财政资金向银行信贷的转移，建立了以国家银行为主的金融体系，银行提供企业的固定资产投资信贷：一是银行体系发放中短期设备贷款，中短期设备贷款是银行向企业发放的用于固定资产更新改造的贷款（称技术改造贷款）。二是银行体系实际参与基本建设投资贷款发放，成为固定资产投资资金供给主体。

以上策略集中了中国的优势资源，从工业化入手，使中国的竞争力显现，其后通过对外开放使竞争力成为开拓市场的利器，促进了经济快速增长。这种集中国家资源、短期内实现赶超的战略，在中国的成功实施，有赖于渐进调整的相对价格体系，也就是政府对生产要素价格的合理控制，这也是中国渐进式改革的重要组成部分。这种通过控制生产要素来调节经济增长的策略，使经济增长的潜力得到了有效释放，同时在不同时期能形成特定的优势经济体，如改革初期价格双轨制促进农村乡镇企业兴起、其后东部地带对外开放形成的高增长、然后是住房市场化后城市化的快速推进等，都与国家局部放松控制，调整相对价格体系，形成特定竞争优势相关。这些政策的实施，保证了经济改革的有序性，也使国民经济发展相对平稳。现在，中国政府仍然掌控着大量生产要素资源，如对金融资源定价，现在利率仍由政府掌控；对重要原材料价格仍未完全放开；政府对矿山、土地等资源拥有所有权等，未来需视经济发展和市场状态来逐步调整与改革。

（二）以市场配置资源为目标的价格改革

价格是调节市场的基本手段。中国的价格体系是在旧中国半殖民地半封建的经济基础上形成的，各种比价关系不合理，工农产品价格“剪刀差”严重。农产品、矿产品价格长期偏低；工业品内部比价不合理，消费品的各种差价小。同时，价格管理体制高度集中，没有有效的市场定价机制，产品定价权完全掌握在中央和地方政府手里。由于实行传统的社会主义经济体制，中国处于明显的短缺经济状态，物资供应紧张，许多重要的商品实行价格管理，凭证供应，排队抢购，黑市猖獗，人民群众不但消费水平低，而且生活极不方便。20 世纪 80 年代初，南方一些省市率先放开一部分商品如水果、水产品、蔬菜等价格。很快，奇迹出现了：放开价格的商品，在经过短时间涨价后，由于市场机制的作用，这些商品像泉水般涌流出来供应市场，而且价格逐渐回落。这使公众看到了和亲身体验到了市场机制的作用。接着放开一些农产品、工业消费品的价格，效果也十分明显。结果是市场繁荣，经济活跃，人民生活大为改善，并最终告别短缺经济。

中国价格改革经历了两个阶段，1984 年前以调整各种产品和服务价格为主的阶段，1985 年后以放开各种产品和服务价格为主的阶段。

1. 价格调整时期：1978 ~ 1984 年

该时期价格改革战略包括以下几个部分：①提高农产品价格缩小工农业“剪刀差”；②扩大消费品的范围并开放消费品市场；③为刺激供给，允许超计划生产的生产资料以较高价格出售。

该战略从农业开始实施。从 1979 年 3 月至随后的几个月，政府调高了 18 种农产品的收购价格。其中粮食价格调高 20%，超定额奖励由 30% 提高为 50%；棉花价格调高 17%，油料作物价格调高 24%，水产品价格调高 18%，禽蛋价格调高 20%，猪牛羊价格调高 24%。自 1949 年以来，平均 25% 的价格上调是第一次。之后不久，一大批农业生产资料价格下调，其中包括肉、禽、蛋、蔬菜。伴随零售价上调，国家发给城市职工一份食品补贴，其费用由中央政府预算承担。这些农产品价格的大幅度调整拉开了改革的序幕。下一个步骤是逐步降低政府支配价格的地位。1980 年，超计划生产的第一、二类产品及全部第三类产品“议价”。议价实际上并非通过谈判定价，而是由政府单方定价。然而，政府试图通过市场力对这些产品定价和调价，而农民原则上在谈判条款规定的范围内可以不将产品卖给国家。尽管 20 世纪 80 年代的议价普遍低于市场价，农民通常愿意将产品卖给国家，因为卖给国家交易成本较低而且不确定因素少。1981 年，第一、二类及第三类农产品的范围重新定义以缩小政府控制。另外，政府正式规定超定额的第一、二类产品可以在市场上出售；当时的一些做法正式合法化。最后，为便于农民计划未来生产，政府公开承诺下放城市蔬菜市场。

在 1979 ~ 1984 年这一时期，工业生产资料经历了类似的调整与开放。1979 年第一种调价产品是煤炭，煤炭坑口价上调 30%，紧跟煤价上调，1980 年和 1981 年另外 29 种生产资料的出厂价也上调，其中包括生铁、焦炭、水泥、平板玻璃、部分钢材和某些矿石。在加工系列的另一端，某些品种的成品、机械、仪器及工具的价格下调。1984 年 5 月，国务院颁布了“扩大国营工业企业自主权暂行条例”，使计划外市场活动普遍化。30 种产品的超计划部分可自行销售，其中包括诸如生铁、铜、铝、铅、锌、锡及水泥等短线原材料。另有2%计划内钢产量可独立销售。自销部分的价格可在国家定价上下20%范围内浮动。

改革开始时，工业消费品的情形普遍与农产品的基本生产资料相反：其价格相对生产成本偏高，抑制了需求。因此，这一部门的价格调整一般为下调。下调产品包括手表、电视、电扇、录音机等。个别商品也有价格上调的情况，其中包括烟酒。影响纺织品的价格改组是对消费模式冲击最大的改组之一。由于棉花一直被当作重要的必需品，所以长期低价定量供应，而化纤却价格偏高，抑制了消费。第一轮化纤品降低发生于1981年11月，第二轮卫生保健发生于1983年1月。这些价格调整减轻了棉花需求过量的压力，使棉花价格只需少量上调就能基本建立市场平衡。

到1984年，以上各项措施使价格合理化取得了明显进展。农产品征购价格的一般指数比1978年上升53.7%，而农村地区工业品的价格指数仅上升7.8%①。因此，工农贸易比价显著向利于农民的方向移动。工业内部，生产资料价格上升，消费品价格下降，使加工业的固定资产利润率由27.8%下降为17.8%。相反，重工业的利润率却略有上升，由13.2%上升为13.9%（王与乔，1988）。在定价制度多样化方面也取得了一些成绩。到1984年，取代原来严格而普遍的中央控制，出现了在国家限制范围内的浮动价格、作为第二轨而高于基本国家定价的议价、地方政府制定的价格以及完全反映市场供需的开放价格。另外，仍由中央控制的价格也根据市场信息更为频繁地调整。

2. 放开各种产品和服务价格为主的阶段：1985年至今

1986～1988年，政府部分调整了粮食合同收购价，但调整幅度却远远小于市场价的上涨幅度。1985年，鉴于猪肉在中国的食品结构中地位显著，作为市场开放的一个大胆尝试，农村生猪的销售价格及城市猪肉的价格均开放。开放后价格上涨约30%。同样在1985年，黄牛、牛肉、蛋类及水产品价格也在主要城市开放（在此之前，这些价格已在个别地区开放）。

计划外生产的增长及国家不断将整批商品由计划控制转为计划外商品促进了开放生产资料市场贸易。到1986年，仅21种产品仍由中央统管②，对一些重要计划内产品，例如煤、钢、电、运输，国家不断小幅度调整其价格，但计划价与市场价的差距仍然很大并不断增加，这和农作物的情况类似。

1985～1988年，自由市场贸易激增。1985年，34%的零售贸易以市场价进行，到1988年，上升为49%。相反，按国家定价从事贸易的比例由47%下降为29%。在计划与市场之间，按国家“指导”计划或地方政府控制价格从事贸易的比例基本没变。农产品方面，市场定价的比例由40%上升为57%，国家定价的比例由37%降为24%。改革前，家庭消费支出的60%～80%用于购买配给商品（粮、油、肉、蛋、棉布、棉胎、火柴、肥皂、自行车等）；到1991年城市地区购买配给商品的支出降为5%或10%，农村完全取消了配给。城市地区仍然实行配给的主要商品之一是粮食，其价格为市场价的1/3～1/2，每人每月定额约15公斤，该定额比城市地区人均粮食消费量多几公斤③。

---

① 《中国统计年鉴》，1990年，第250页。

② 《中国物价年鉴》，1989年，第12页。

③ 《中国统计年鉴》，1990年，第307页。

经过三十多年的改革，价格形成机制发生了根本变化，除少数基础产品和生活必需品由政府管理价格外，绝大多数商品的价格都已经由市场来决定。如表 4-1 所示，各类商品价格都在市场化，其中商品零售环节的政府定价由 1978 年的97%降至1992 年的6%左右，2009 年下降到2.6%，而市场调节价由 3%上升至 95.6%；农产品收购价格政府定价由 1978 年的92.2%降至1992 年的 12.5%左右，1998 年降至 10%以下，2009 年只占1.1%左右，而市场调节价由 5.6%上升至2009 年的97.1%；生产资料销售价格政府定价由 1978 年的100%，1998 年降至 10%以下，2009 年为 5.4%，市场调节价由 0%上升至2009 年的 92.4%。由此结果可知，中国的各种价格已基本由市场来确定，为各类市场的发育创造了条件。

表 4-1　改革开放以来三种价格形式比重变化（单位:%）

年份	商品零售			农产品收购			生产资料销售		
	政府定价	政府指导价	市场调节价	政府定价	政府指导价	市场调节价	政府定价	政府指导价	市场调节价
1978	97.0	0.0	3.0	92.2	2.2	5.6	100	0.0	0.0
1988	47.0	19.0	34.0	37.0	23.0	40.0	60.0	0.0	40.0
1990	29.8	17.2	53.0	25.0	23.4	51.6	44.6	19.0	36.4
1991	20.9	10.3	68.0	22.2	20.0	57.8	36.0	18.3	45.7
1992	5.9	1.1	93.0	12.5	5.7	81.8	18.7	7.5	73.8
1993	4.8	1.4	93.8	10.4	2.1	87.5	13.8	5.1	81.1
1994	7.2	2.4	90.4	16.6	4.1	79.3	14.7	5.3	80.0
1995	8.8	2.4	88.8	17.0	4.4	78.6	15.6	6.5	77.9
1996	6.3	1.2	92.5	16.9	4.1	79.0	14.0	4.9	81.1
1997	5.5	1.3	93.2	16.1	3.4	80.5	13.6	4.8	81.6
1998	4.1	1.2	94.7	9.1	7.1	83.8	9.6	4.4	86.0
1999	3.7	1.5	94.8	6.7	2.9	90.4	9.6	4.8	85.6
2000	3.2	1.0	95.8	4.7	2.8	92.5	8.4	4.2	87.4
2001	2.7	1.3	96.0	2.7	3.4	93.9	9.5	2.9	87.6
2002	2.6	1.3	96.1	2.6	2.9	94.5	9.7	3.0	87.3
2003	3.0	1.5	95.6	1.9	1.6	95.6	9.9	2.7	87.4
2004	3.0	1.7	95.3	1.0	1.2	97.8	8.9	3.3	87.8
2005	2.7	1.7	95.6	1.2	1.1	97.7	5.9	2.2	91.9
2006	2.8	1.9	95.3	1.2	1.7	97.1	5.6	2.3	92.1
2007	2.6	1.8	95.6	1.1	1.8	97.1	5.4	2.2	92.4
2008	2.8	1.9	95.3	1.2	1.7	97.1	5.6	2.3	92.1
2009	2.6	1.8	95.6	1.1	1.8	97.1	5.4	2.2	92.4

资料来源：《中国物价年鉴》各年。

（三）企业制度的改革

企业制度是经济体制的基础。中国企业所有制改革的基本方向是按照坚持基本经济制度的原则，改革国有企业，逐步放松对非国有经济尤其是非公有制经济的限制。1978年改革启动之前，中国实行的是计划经济体制，长期以国有经济为主，许多领域甚至是国有经济一统天下。1978 年，中国的国有经济还占有绝对优势，经济的国有化率高达84.3%。1978 年之后，这一格局开始发生变化，非国有经济日益发展壮大，据估计，1990 年，中国经济的非国有化率达到 31.9%，2007 年达到 74.8%左右。改革开放初期，城市国有企业改革的主要思路是放权让利，增强企业活力；20 世纪 80 年代中期开始，实行所有权和经营权的“两权分离”，推行承包制，促进企业转换经营机制。1993年，明确了“建立现代企业制度”的基本方向，这标志着国有企业改革思路由“简政放权”逐步转变为“制度创新”。之后按照“产权清晰、权责明确、政企分开、管理科学”的要求，着手建立现代企业制度。同时，从 20 世纪 90 年代中后期开始，国有经济“抓大放小”，从战略上对国有经济布局进行调整。国有企业产权改革的实施面，小企业为 85% ~90%，中型企业为 50% ~60%，大型企业也占到一定比例。

表 4-2　私营工业企业主要指标（单位：亿元）

年份	企业单位数（个）	工业总产值	资产总计	固定资产原价合计	主营业务收入	主营业务税金及附加	利润总额	全部从业人员年平均数（万人）
1998	10667	2082.87	1486.98	681.14	1846.25	21.13	67.25	160.8
1999	14601	3244.56	2289.21	1034.21	2921.58	30.46	121.52	229.06
2000	22128	5220.36	3873.83	1651.37	4791.5	44.91	189.68	346.42
2001	36218	8760.89	5901.98	2741.06	7982.43	68.46	312.56	541.52
2002	49176	12950.86	8759.62	3959.95	11971.63	95.67	490.23	732.90
2003	67607	20980.23	14525.29	6228.85	19733.77	146.14	859.64	1027.61
2004	119357	35141.25	23724.80	9992.56	33487.25	257.14	1429.74	1515.43
2005	123820	47778.20	30325.12	12983.32	45801.43	352.22	2120.65	1692.06
2006	149736	67239.81	40514.83	17316.09	64817.70	476.64	3191.05	1971.01
2007	177080	94023.28	94023.28	94023.28	90277.81	656.62	5053.74	2252.91
2008	245850	136340.33	136340.33	136340.33	131525.40	1123.38	8302.06	2871.89
2009	256031	162026.18	162026.18	162026.18	156603.57	1311.38	9677.69	2973.84
2010	273259	213338.57	213338.57	213338.57	207838.22	1628.84	15102.50	3312.06
2011	180612	252325.74	252325.74	252325.74	247277.89	1553.57	18155.52	2956.41

资料来源：《中国统计年鉴》（2012）。

1978 年以前，在中国的私营企业已经消失。非公有制经济先是允许个体经济的存在和发展，之后在政策上开始允许私营经济的存在和发展，并逐渐赋予其平等竞争的身份。经过 30 年的发展，私营、个体和外商投资等非公有制经济迅速崛起。表 4-2、

图 4-3 显示了私营工业企业发展状况及不同所有制企业就业人数变化，说明非国有经济已成为中国国民经济的重要组成部分。改革开放以来，外商投资企业迅速增加，2011 年外商直接投资达到 1160 亿美元，据商务部，截至 2012 年 4 月，中国累计批准设立外商投资企业 74.5 万家，实际使用外商直接投资金额 1.2 亿美元。

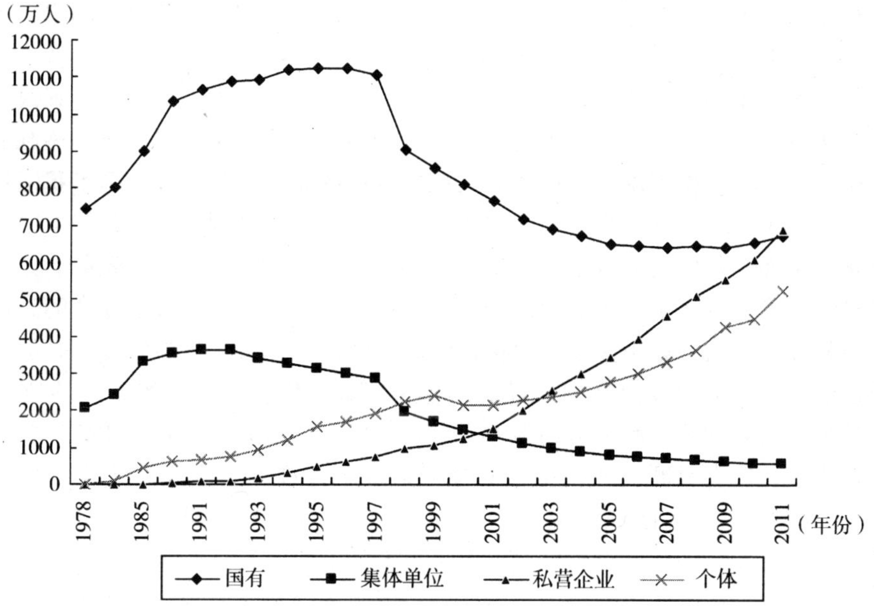

图 4-3　不同所有制企业就业人数

资料来源：《中国统计年鉴》（2012）。

四、深化改革与经济可持续发展

1978 年，中国开始了改革开放的历史进程，至今已 30 年。在这一过程中，中国的经济体制逐步由计划经济转到社会主义市场经济，由封闭半封闭变为全方位、多层次、宽领域的对外开放。改革开放从根本上改变了传统僵化的计划经济体制，使国家的综合经济实力和民众的生活状况发生了前所未有的变化。中国的改革开放能够取得如此良好的发展绩效，一个很重要的原因在于中国的改革不是简单地复制标准化的市场经济模式，而是根据本国特定的国情，独立自主并创造性地进行制度选择与制度安排，使市场经济制度的一般规律与中国经济的具体情况相契合，形成内生诱致性和自适应的制度变迁轨迹，由此避免了强制性制度移植和输入以及制度外部依附所带来的灾难性后果。目前，中国的市场化改革仍未结束，如政府仍然掌控着大量生产要素资源，如对金融资源定价，现在利率仍由政府掌控；对重要原材料价格仍未完全放开；政府对矿山、土地等资源拥有所有权等。制度变革作为中国经济增长的动力源泉，若要保证中国经济的可持续发展，除了继续深化市场化取向的改革，进行制度创新，为其提供体制性保障，已别无他法。

（一）市场化改革对经济可持续发展的意义

从以上我国经济体制改革与经济增长的关系来看，经济增长的根本动力还在于如何充分而合理地配置资源，提高资源的利用效率。无论是我国还是他国的经济实践和经济资料也都表明，市场依然是资源配置最有效手段。在范围广泛的竞争性部门，市场机制自动引导着资源从效益低的部门流向效益高的部门，实现资源优化配置。就是那些自然垄断部门和提供重要公共产品的部门，一旦在适用范围内引入市场机制，其效率也能明显提高。市场经济的生命力正在于此，我国从计划经济体制转向市场经济体制的必要性和根源也正在于此。应该说，按市场方式配置资源的体制改革很快激励了我国均衡结构的发展，矫正了传统计划经济片面发展重工业造成的严重结构畸形，开始了中国的第二次工业化。然而，我们同时也必须看到，渐进式改革虽然释放出了我国经济增长的潜力，推动中国经济进入了一个赶超路径，不过这种潜力的释放并非是完全的，甚至还出现了很大程度的扭曲，如很多要素价格依旧是扭曲的，经过三十多年改革一般商品的价格市场已经完成，但要素价格的市场过程远未完成，使得资源环境约束的压力越来越大；土地要素行政配置、利率双轨制造成了巨大的“寻租”空间；国家垄断型公司的治理没有完成，国有垄断行业依据垄断地位造成不合理的高收入。此外，由于行政垄断、权力“寻租”造成的经济运行中的某些不公平性问题对可持续发展的影响更大，它既损害了经济发展的整体效率，又放大了社会领域的不公平。显然，如果没有市场化改革的继续深化，取得实质性进展，就既难以缓解当前我国资源环境压力，也难以缓解在赶超阶段所造成的巨大的收入分配差距问题。因而，站在新的历史起点上，我们必须应当重新估量和审视市场化改革的重大作用，以更大的决心推进市场化改革。当然，市场化改革虽是众所认同的，也是大势所趋的方向，但其在推动上仍旧困难重重，究其缘由，还在于我国经济运行仍遭遇很强的政府干预，经济增长仍主要由政府主导，而市场化改革的执行主体又是政府本身，这种矛盾的存在，实在令人无所适从。尽管如此，我们仍需大声疾呼，要实现变经济的可持续发展，使其平稳过渡到新的增长路径上，就必须要减少政府干预，变革政府行为，促使经济运行由政府主导型向市场主导型转变。

（二）由政府主导型向市场主导型的转变

毋庸置疑，在我国制度变革的过程中，政府主导型经济增长是30多年来我国经济快速增长的主要特点。但是，随着改革进程的不断推进，政府主导经济增长的积极作用在不断减少，而负面作用却越来越突出，已经成为近几年来经济过热、土地失控、资源浪费、环境恶化以及宏观经济波动的重要原因。如由于政府对要素配置与定价不适当的行政控制，政府仍然掌握重要资源的配置权，并严格控制重要的生产要素价格。由此，使资源的价格不能反映资源稀缺程度和市场供求关系，不能反映生产和使用过程中环境污染等外部成本的问题，使要素部门的市场化改革严重滞后于产品部门的市场化改革进程，造成了要素市场的扭曲与失衡，这样不仅误导了企业，而且破坏了市场配置资源的功能。如果资源的稀缺性、环境的成本不能够通过价格信号反映在企业内部成本中，如果资源要素价格不能够充分反映市场竞争的实际供求关系，那么企业的行为、政府的投资冲动就会受到市场机制的有效制约，并使资源环境约束性的矛盾明显突出；此外，由于政府主导的投资过快增长的体制性问题尚未根本解决，地方政府的投资冲动具有一定的普遍性。为此，政府主导型经济增长，已是弊大于利、非改不可。

而要打破政府主导，建立市场主导的经济运行机制，就必须以资源的市场配置为重点，在市场化改革的重点领域和关键环节取得重要突破。具体而言，我们认为最好能在以下几个方面率先取得突破：

一是推进资源要素价格等相关改革，逐步放开水、电、天然气、成品油、各类矿产品的行政控制，建立市场主导的资源价格形成机制，使资源价格能够反映稀缺程度，能够有效地引导企业节约资源。

二是严格环境监管，注重利用市场机制，形成环境成本内部化的制度安排。通过改革排污许可证制度、建立排污权交易制度，广泛地运用税收、收费、押金等方式，将环境成本转化为企业成本，使环境保护成为企业生产经营必须考虑的硬约束。

三是加快推进投资体制改革，落实企业投资的主体地位。因为只有当企业成为真正的投资主体，才能够真正对市场信号做出理性和敏感的反应，才能够按照真实的成本收益决策。因此，要规范政府的投资行为，将政府投资严格限定在公共领域，并尽快建立政府投资决策责任追究制度。

四是加快垄断行业改革。以反行政垄断为重点，严格限定国有垄断经营的范围，降低门槛，引入竞争。垄断行业改革重在打破部门利益、行业利益，为多种所有制企业公平竞争创造良好的制度环境。

五是加快推进产权改革，因为有效的产权制度是完善市场价格形成机制的重要前提。随着物权法的实施，需要进一步推进产权制度改革。在解决国有企业产权问题的同时，将产权制度改革拓展到资源要素产权、环境产权、知识产权等多个领域。

参考文献

[1] 白和金：《社会主义市场经济体制若干重要问题研究》，中国计划出版社 2002 年版。

[2]《邓小平文选》第二、三卷，人民出版社 1993 年、1994 年版。

[3] 国家统计局：《2007 年国民经济和社会发展统计公报》，国家统计局网站，2008 年。《中国统计年鉴》，中国统计出版社 2007 年版。

[4] 林毅夫、蔡昉、李周：《中国的奇迹：发展战略与经济改革》，上海三联书店、上海人民出版社 1994 年版。

[5] 刘国光等：《80 年代中国经济体制改革与发展》，经济管理出版社 1991 年版。

[6] 刘树成：《论又好又快发展》，《经济研究》2007 年第 6 期。

[7] [美] 尼古拉斯 · R. 拉迪：《中国未完成的经济改革》，隆国强等译，中国发展出版社 1999 年版。

[8] [比] 热若尔 · 罗兰：《转型与经济学》，张帆等译，北京大学出版社 2002 年版。

[9] 世界银行：《2020 年的中国——新世纪的发展挑战》，中国财政经济出版社 1997 年版。

[10] 王梦奎：《中国经济转轨二十年》，外文出版社 1999 年版。

[11] 俞可平：《海外学者论中国经济改革》，中央编译出版社 1997 年版。

[12] [美] 约瑟夫 · E. 斯蒂格利茨：《社会主义向何处去——经济体制转型的理论与证据》，周立群等译，吉林人民出版社 1998 年版。

[13] 斯蒂格利茨:《改革向何处去?:论十年转轨》,《中国国情分析研究报告》1999 年第 44 期。

[14] [美] 曾旺达等:《中国经济改革的新阶段》,(国际货币基金组织《不定期刊物》选编 114,彭刚等译),中国金融出版社 1995 年版。

[15] 张卓元:《论争与发展:中国经济理论 50 年》,云南人民出版社 1999 年版。

[16] 方栓喜、何冬妮:《建立可持续发展的体制保障的 16 条建议》,中国(海南)改革发展研究院。

[17] Andrew Walder, 1995, Local Governments as Industrial Firms: An Organizational Analysis of China's Transitional Economy, American Journal of Sociology 101 (2): 263-301.

[18] Barry Naughton, 1994, Chinese Institutional Innovation and Privatization from Below, American Economic Review, Vol. 84, No. 2.

[19] Jefferson, G. and Rawski, T., 1995, How Industrial Reform Worked in China: The Role of Innovation, Competition, and Property Rights, Proceedings of the World Bank Annual Conference on Development Economics 1994, pp. 129-156, the World Bank.

[20] Li, Wei, 1997, The Impact of Economic Reform on the Performance of Chinese State Enterprises, 1980-89, Journal of Political Economy 105 (5): 1080-1106.

[21] Lin, Justin Yifu, 1992, Rural Reforms and Agricultural Growth in China, American Economic Review 82 (1): 34-51.

第五章　对外开放

近三十年来，贯穿于中国经济高速增长进程的一个重大变革是经济开放度的显著提高。本章通过对中国三十多年开放过程的回顾，讨论和梳理了1978年以来中国对外开放的历史与逻辑线索，重点关注政府的制度性供给在其中的作用，中心论点是中国的对外开放也是一种渐进性改革，它的启动和路径选择，是政府面对一系列限制条件下理性安排的结果，带有强烈的政府干预特征，对促进我国的经济增长产生了巨大成效，但也存在问题。

本章的结构安排如下：第一部分概述中国开放路径的特征、主要成就和经验事实，对中国的对外开放度及其与经济增长的关系进行了综合评估；第二部分分析形成目前开放格局的制度根源；第三部分讨论中国“双引擎”开放模式对于增长和稳定的宏观机制及存在的挑战；第四部分强调了提升对外开放的质量对我国可持续增长的重大意义。

一、对外开放与经济增长

1978年末改革启动时中国的进出口总量仅206亿美元，到2011年末达到近3.64万亿美元，增长了177倍，占GDP的50%，中国外贸出口额和进口额占世界货物出口和进口的比重分别提高到10.4%和9.5%，货物贸易进出口总额跃居世界第二位，连续3年成为世界最大出口国和第二大进口国；中国外贸依存度也从当初不足10%提高到2011年末的50%；吸引外资从无到有，2003～2011年，中国非金融领域实际使用外商直接投资累计达到7164亿美元，年均增长9.2%。2011年我国外商直接投资达1160亿美元，全球排名上升至第二位，并连续19年位居发展中国家首位。外汇储备在1978年前从未超过10亿美元；2011年末达到3.181万亿美元，名列世界第一。而这些成就还是在经历了2008年爆发国际金融危机，在世界经济大幅下滑、国际市场需求严重萎缩的严峻形势下取得的，可以说，中国的对外贸易经受住了考验。

中国的对外开放，不仅成为本国经济发展的重要支柱，同时也对世界经济产生了深远的影响。这场变革的背景，是一个几乎完全与世隔绝的欠发达大国从封闭经济向开放经济的主动转型。转型基于两条主线展开，并产生了巨大的成效。一方面是国家集中控制对外经济活动程度的逐步弱化，带来了日趋活跃的国际交易总量增长以及市场范围扩大，放松了经济增长所面临的资源和货币约束；另一方面是本国要素禀赋比较优势的不断释放，在缓解了人口大国的就业压力的同时，由于干中学效应和竞争性创新机制的获得，经济有了持续的增长动力，国民福利因而得以不断增进。中国的经验表明，开放是重要的，尤其对促进中国经济的高速增长而言，不过选择一条适应本国国情的开放道路更重要。

（一）对外开放是中国高增长的助推剂

对外开放是中国对过去闭关自守的否定，是对封闭起来、以高度集中的计划经济体制配置资源方式的改革。中国采取了稳健的开放政策。一是在开放的区域上，从沿海逐步向内地推进。首先是1979年设立深圳、珠海、汕头和厦门四个经济特区，1984年又开放十四个沿海城市，1985年开辟了一批沿海经济开放区，1988年扩展沿海经济开放区并兴办海南经济特区，1990年开发开放上海浦东新区。这样，到20世纪90年代初，在沿海地区形成了拥有41万平方公里、2亿多人口的沿海经济开放带。在沿海地区发展的基础上，"八五"时期相继开放了13个内陆边境城市，6个沿江城市，18个内陆省会城市，形成从沿海到内地全面开放的格局。二是在开放的领域上，从一般加工工业逐渐向基础产业、高新技术产业和第三产业扩展。20世纪90年代之后，对外开放的重点转向以产业开放为主，重点在于利用外资，加速经济结构的调整和产业升级，以提高经济的内在质量和竞争力。在产业开放领域的选择上，考虑到中国主要面临加速推进工业化的历史任务，同时也考虑到各个产业发展不平衡，承受开放中竞争压力的能力存在差异，因此在开放初期优先开放了第二产业中的许多领域，只允许外商进入少数第三产业的领域。进入20世纪90年代之后，特别是中国加入WTO之后，服务业开放的步伐逐步加快。在工业内部，基于中国的要素禀赋特征以及工业化的进程，首先开放一般加工工业等传统的劳动密集型产业，之后逐步过渡到包括基础产业和高新技术产业在内的资金密集型和技术密集型产业。截至2011年底，中国累计批准设立外商投资企业73.8万家，实际使用外商直接投资金额1.2万亿美元。2011年，前世界500强公司中已有约490家在中国投资，跨国公司在华设立的研发中心、地区总部等功能性机构已经达到1600余家。外资企业发展推动了中国产业结构的优化升级，带动了整体产业技术水平的迅速提升。

对外开放促进了中国国际贸易的快速发展，对外贸易对中国经济增长的贡献表现在两个方面：一方面是快速的出口特别是贸易顺差的快速增长，从需求方面不断拉动中国经济增长。1990年以来，中国对外出口增长迅速，贸易顺差逐年提高，为中国释放其劳动密集型产业优势提供了国际市场需求空间。另一方面，大量的稀缺资源进口从保障供给方面不断支撑中国的经济增长。

（二）对外开放度不断提高的30年

改革30年，也是对外开放度不断提高的30年。传统上，对外贸易比率（即出口总额对国内生产总值的比率或进出口总额对国内生产总值的比率）一直被用作衡量一个国家对外开放程度的标准指标，它反映了一个国家参与国际贸易或参与国际分工的程度①。但

① 根据这一标准，发展中国家往往要比主要的工业化发达国家开放得多，它们在其1995年的贸易份额平均值达到了45%，而西方七国的平均贸易份额只有约25%（Agénor，1999）。这似乎与发达国家更开放的一般经济直觉有出入。究其原因，在于国家规模存在差异，发达国家的GDP规模要大得多，这使得其贸易的相对比重要小得多。因此，这一指标常常不能特别准确地说明国与国之间的实际开放度相对大小，这是进行国际比较时应当特别注意的。

贸易并不是一国开放内容的全部，它并不能完全反映一国国际交易相对规模的大小。正如理论研究及诸多发达国家经验事实表明的那样，国际资本市场的发展，已经使得资本账户成为一国国际收支的推动力量，资本账户的发展已支配着经常账户的变化，一国的贸易状况似乎变成了资本账户变化的副产品（史密斯，2004）。因此分析经济开放度，还应当把资本流动的一些内容包括进来，并且应当考虑双向的货物和资金流动。为了考察中国经济的整体开放度，在此我们以“国际收支的双向流量之和与 GDP 的比值”作度量指标，来反映全部的对外经济活动与中国经济产出的相对比重，绘成图 5-1。

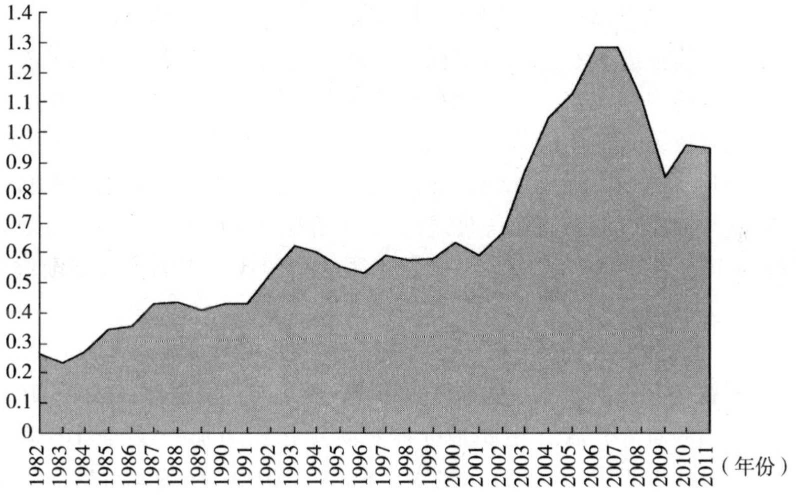

图 5-1　中国的开放指数

资料来源：国家外汇管理局、《中国统计年鉴》。

从中可清楚看出中国对外开放的大致轨迹：近三十年来，中国经历了一个对外开放程度不断提高的过程。开放指数从 1982 年开始进入攀升势头，2001 年之后中国经济的开放速度明显加快，显然这一趋势是与中国 2001 年底加入 WTO 的制度性变革分不开的，到 2007 年末开放指数达到最高点，此后，由于金融危机的影响，开放指数又出现下滑趋势。

中国采取了渐进式开放战略，其表现是：先沿海，后内地；先区域开放，后产业开放；先“引进来”，再“走出去”。

1. 从沿海逐步向内地推进的开放

在开放区域上，我国遵循着从沿海向内地逐步推进的历程。中国的对外开放首先是从 1979 年批准在广东省的深圳、珠海、汕头三市和福建省的厦门市试办出口特区开始的（1980 年将这四个出口特区改称为经济特区）。这无疑是在计划经济体制内打开了一个“缺口”。之后 1984 年又决定开放十四个沿海城市，1985 年开辟了一批沿海经济开放区，1988 年扩展沿海经济开放区并兴办海南经济特区，1990 年开发开放上海浦东新区。这样，到 20 世纪 90 年代初，在沿海地区形成了拥有 41 万平方公里、2 亿多人口的沿海经济开放带，在进出口权限、外汇留成、地方税利上享受不同程度的优惠政策。在沿海开放战略的带动下，沿海地区经济迅速发展。据统计，到中共十四大召开的

1992年，沿海地区国内生产总值占全国的比重达53.3%，人均国内生产总值比全国平均水平高32%。在沿海地区发展的基础上，中共十四大提出“沿海、沿江和沿边境开放”的方针。于是“八五”时期相继开放了13个内陆边境城市、6个沿江城市、18个内陆省会城市，形成从沿海到内地全面开放的格局。

2. 从加工工业向基础产业、高新技术产业及第三产业的逐次推进

在产业开放的领域上，我国是沿着从一般加工工业逐渐向基础产业、高新技术产业和第三产业的路径逐渐扩展的。在开放初期，主要以区域开放为重点。20世纪90年代之后，对外开放的重点逐渐转向以产业开放为主，重点在于利用外资，加速经济结构的调整和产业升级，以提高经济的内在质量和竞争力。在产业开放领域的选择上，考虑到中国主要面临加速推进工业化的历史任务，同时也考虑到各个产业发展不平衡，承受开放中竞争压力的能力存在差异，因此在开放初期优先开放了第二产业中的许多领域，只允许外商进入少数第三产业的领域。进入20世纪90年代之后，特别是中国加入WTO之后，服务业开放的步伐逐步加快。在工业内部，基于中国的要素禀赋特征以及工业化的进程，首先开放一般加工工业等传统的劳动密集型产业，之后逐步过渡到包括基础产业和高新技术产业在内的资金密集型和技术密集型产业。中国由此逐渐形成各产业全面对外开放的态势。

3. 从“引进来”向“引进来”和“走出去”并重的转变

在开放的战略上，采取了从侧重于“引进来”向“引进来”和“走出去”并重转变的策略。中国的对外开放（主要是资本流动）在相当长一段时间内基本上是单方向的，也就是主要侧重于“引进来”。尽管早在改革开放之初的20世纪80年代早期，在筹划改革开放战略时就已经提出了“走出去”的思想，但一直没有较大的发展。总的来看，“引进来”战略取得了很大的成功，不但弥补了储蓄和外汇的“双缺口”，也在一定程度上带动了技术和产业升级。尤其是在引进外资的带动下，对外贸易的迅速发展令人瞩目。但随着“引进来”战略的深入发展，也带来一些不容忽视的问题：一是伴随全球加工制造业通过跨国公司向中国的集中，尽管也带动中国自身产生了一批优势产业和企业，尤其是在劳动密集型产业中，但产业链的高端主要是研发和营销仍在跨国公司手中，从而限制了产业和企业的进一步发展。二是加工制造业向中国的加速集中，加剧了在中国自身工业化和城市化加速发展背景下的资源紧张，一些主要能源的对外依存度不断提高。以石油为例，由于石油消耗量与产量之间的巨大缺口，中国从1993年开始就成为石油净进口国，近几年石油对外依存度持续处于40%以上的高位甚至逼近50%左右的预警区间。三是跨国公司投资带动下的对外贸易高速发展导致中国与别国的贸易摩擦不断加剧，使贸易环境不断恶化。中国连续十几年成为全球遭受反倾销调查、被实施反倾销措施数量最多的国家。为进一步推动中国的产业升级、确保资源的可持续供给、减轻贸易摩擦的压力，“走出去”的战略地位逐步提高，包括财税、信贷、保险、通关、质检、领事保护等措施的相应的支持体系也开始构建。在此背景下，近年来中国对外投资增长较快。2003～2011年中国对外直接投资（非金融部分）从20.5亿美元增长到601亿美元，如图5-2所示；从2005年起，中国就已成为发展中国家中FDI流出量最大的国家，成为国际直接投资的新生力量和重要的资本输出国。

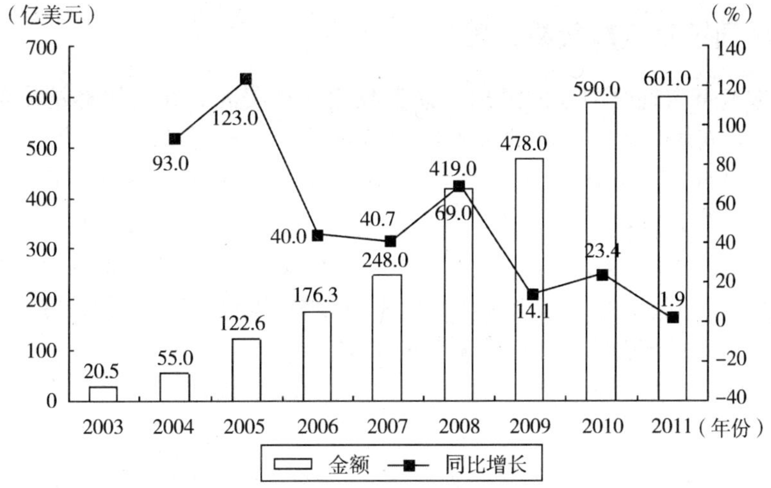

图 5-2　2003～2011 年非金融对外直接投资情况

资料来源：中国发展门户网、经济数据。

从图 5-3 可看出，以贸易为主导的经常项目的开放程度要高于资本与金融项目的开放程度，近 30 年两者与 GDP 的相对流量规模比重相差 10～35 个百分点，如 1986 年两者差距最小只有 11 个百分点，而 2002 年则达到 35 个百分点。在受到了 1997～1998 年的亚洲金融危机与中国 1998～2002 年间的通货紧缩的抑制后，2002 后按照 WTO 的基本框架和中国的金融业开放日程，中国的资本与金融项目的开放开始提速，只是 2008 年金融危机爆发后，两者都开始出现下滑趋势，由图可一目了然。

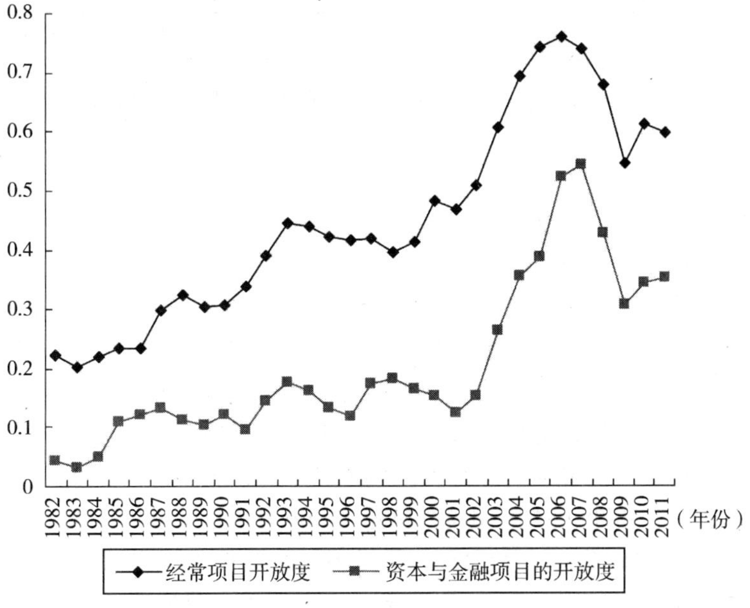

图 5-3　中国的贸易与资本开放趋势

资料来源：国家外汇管理局、《中国统计年鉴》。

（三）中国已是全球贸易大国

1978 年末改革启动时中国的进出口总量仅 206 亿美元，在国民经济中的地位可谓微不足道。改革开放之后，中国的进出口贸易获得了长足的发展，以年均 18% 的速度增长，远高于同期发展中国家 10.2%、工业化国家 8.1%、世界 8.8% 的年平均增长速度，也远远快于中国的 GDP 增长速度（见图 5-4）。经过 30 年快速发展，中国的外贸依存度（进出口总额占 GDP 的比重）从 1978 年的不足 10%（9.8%），至 2007 年末已接近 70%（67%）虽然 2011 年由于金融危机的影响下降至 50%，但国际贸易日益成为中国经济的一个重要组成部分，已是不争的事实。

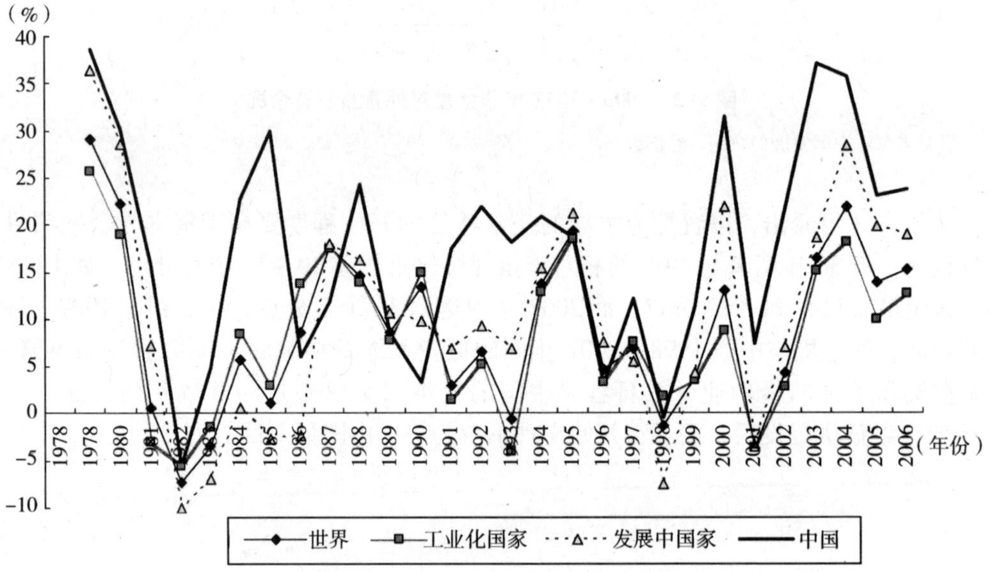

图 5-4　中国的进出口贸易增长速度及国际比较

资料来源：IMF-IFS（2008.2）。

中国在全球贸易中的地位也得到了显著提高。1978 年中国进出口总额为 211 亿美元，占发展中国家贸易额的 2.7%，仅占全球贸易总量的 0.85%，2007 年底中国商品进出口总额 21738 亿美元，30 年间增长 100 倍，占发展中国家贸易总量的 17%，在全球贸易总量中的比重上升到 7% 以上，全球排名第三，到 2011 年末进出口总额已达到近 3.64 万亿美元，比 1978 年增长了 177 倍，占 GDP 的 50%，中国外贸出口额和进口额占世界货物出口和进口的比重分别提高到 10.4% 和 9.5%，货物贸易进出口总额跃居世界第二位，连续 3 年成为世界最大出口国和第二大进口国。

从出口来看，1978 年中国出口总额不足 100 亿美元，仅占全球出口总量的 0.82%，2011 年中国商品出口总额达到 18983.8 亿美元，增长了 190 倍，在全球出口总量中的比重也上升到 10.4%。从进口来看，1978 年中国进口总额为 111 亿美元，仅占全球出口总量的 0.82%，2011 年为 17434.8 亿美元，增长了 157 倍，在全球进口总量中的比重上升到 9.5%（见图 5-5）。2011 年底，中国的出口、进口占当年 GDP 的比重分别达到了 39.9%、36.6%（见图 5-6），比改革启动时的 1978 年（4.6%、5.2%）上升了 35.3 个百分点和 31.4 个百分点。

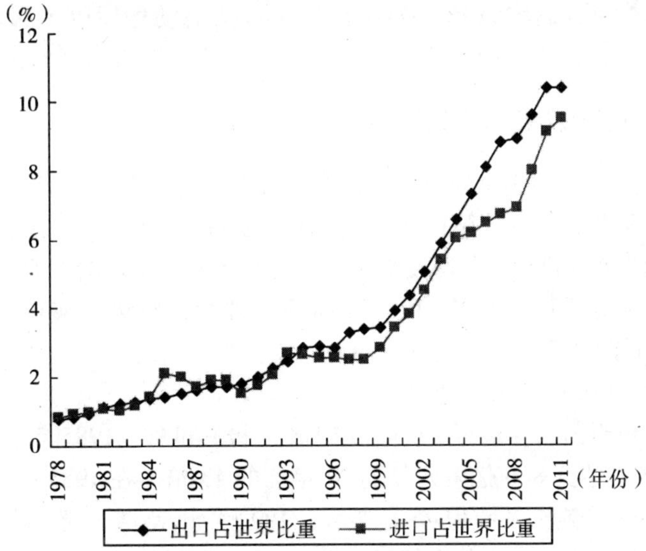

图 5-5　1978～2011 年中国占世界贸易的比重

资料来源：IMF-IFS（2008.2）、2007 年后的数据来自统计局网站。

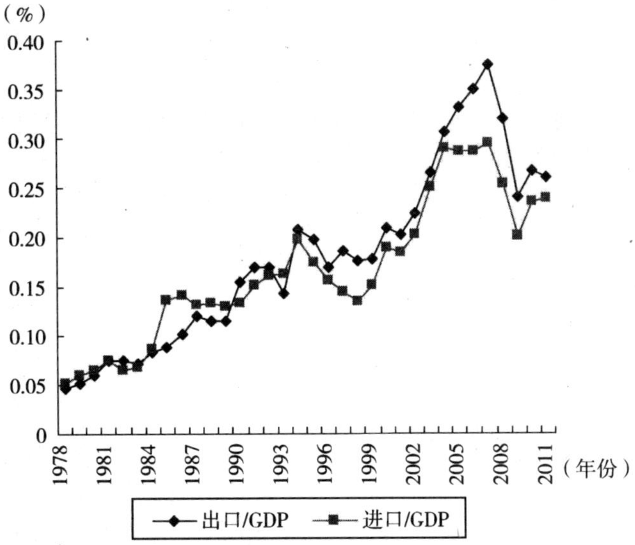

图 5-6　1978～2011 年中国进出口占当年 GDP 的比重

资料来源：IMF-IFS（2008.2），2007 年后的数据来自《中国统计年鉴》2012。

对外开放的 30 年，中国的进出口商品结构不断提升。1980 年以来，中国的进出口商品发生了实质性变化。1985 年以前，农产品、燃料、矿物和金属等资源密集型初级产品出口约占总出口的半壁江山。其后，工业制成品的作用开始上升，并在 1989 年后成为主要出口产品，出口份额也不断攀升，1989 年超过 70%，1993 年超过 80%，2001 年超过 90%，到 2011 年已高达 95%。根据海关统计，按 SITC 分类，2011 年我国工业制成品出口 17980.5 亿美元，占比 95%，工业制品中化学成品及有关产品、按原料分类的制成品、机械及运输设备、杂项制品（包括活动房屋等、家具等、旅行用品等、服装和鞋靴等）出口分别增长 31.1%、28.3%、15.6% 和 21.6%。

（四）吸收 FDI 最多的发展中国家

在“自力更生”原则指导下，1979 年前中国严格限制 FDI 流动。随着 1979 年改革开放启动，国家开始出台政策鼓励招商引资。吸引外资也是“摸着石头过河”的，在 20 世纪 80 年代初期 FDI 只允许投资 4 个经济特区并须采取合资企业形式，多数 FDI 进入了宾馆建设和能源开发领域。1984 年新的“外商投资法”实行，中央和地方都采取了大量优惠措施来吸引外资。伴随 1992 年邓小平同志南方谈话后中国的市场化改革和开放力度加大，FDI 的流入加速。

从图 5-7 可看出，在最近 20 年，FDI 流入极其迅猛。1985 年 FDI 流入不到 20 亿美元，而 2006 年则达到 866 亿美元，是 20 年前的 43 倍。在 1985～1991 年，FDI 流入的年增长率为 14%，年流入量为 45 亿美元。1992 年迅速增长至 110 亿美元，1993 年为 280 亿美元，这两年的增长率均超过 150%。到 1997 年亚洲金融危机时，中国仍有近 500 亿美元以上的年流入。虽然 20 世纪 90 年代末期 FDI 流入有小幅下降，但在中国 2001 年加入 WTO 后年 FDI 流入增长率仍然保持在 10% 以上（见图 5-7）。2011 年中国 FDI 流入量增长 8%，达到 1240 亿美元，世界排名第二，仅次于美国（2269 亿美元），截至 2011 年底，中国内向 FDI 存量估计约为 7120 亿美元，外向 FDI 存量约为 3660 亿美元，目前 FDI 存量超过了万亿美元，是世界上 FDI 流入最多的发展中国家，也是仅次于美国的第二大 FDI 接受国。全球最大的 500 家跨国公司基本在华投资设厂，一些跨国公司还将研发基地设在中国。

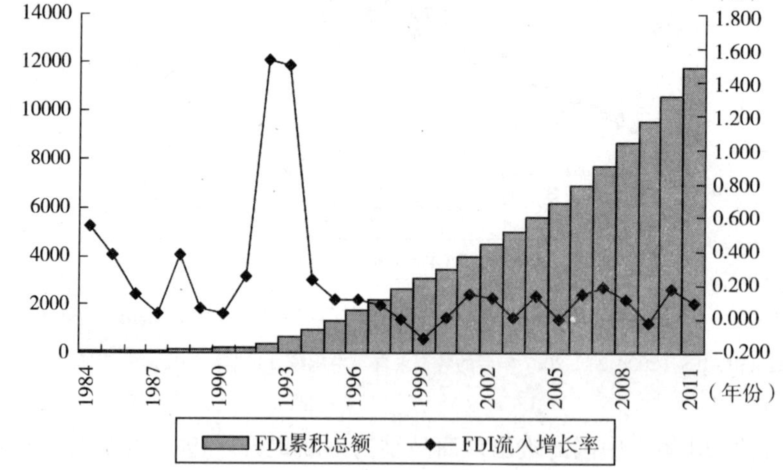

图 5-7　FDI 流入中国趋势

资料来源：中国商务部。

传统上认为，流入中国的 FDI 按其投资动因可大致分为几类：一类是水平型 FDI，其特点是将生产从海外转至中国，来服务于中国的本土市场；另一类是垂直型 FDI，利用中国的低成本生产来为产品出口服务。大多数出口导向型的 FDI 流入来自于其他亚洲经济体，包括韩国、中国台湾和中国香港等，其目标是利用低生产成本。而来自北美和西欧的主要是水平型 FDI，目标是开拓中国的国内市场（Lemonie，2001）。根据 Fung（2004）的研究，美资在华企业产品 80% 以上在中国本地销售。日本则处于这两类之间，45% 产品在中国当地销售。

按照动因来区分 FDI 在理论上可行，在现实当中却很困难，其经营取向也可能会不断转换。所以另一个容易进行的划分方式是看其来源，主要有三种：①中国港澳台等地区侨商的 FDI；②欧美、日韩跨国公司的 FDI；③维尔京群岛等地的 FDI（内资迂回投资）。在 2002 年以前，来自亚洲周边地区尤其是中国港澳台的 FDI，占据了 FDI 流入的主要部分。在 1979 ~ 1992 年间，FDI 流入的 66% 来自中国港澳台，在 1993 ~ 2001 年间，这一数据为 55%。2002 年后，FDI 来源呈多元化趋势，来自美国和其他 OECD 国家的比重上升。2011 年，中国港澳台地区的 FDI 份额下降到 11.5% 左右。大陆吸收的中国港澳台地区特别是中国香港的 FDI 中，有相当大的部分为中资企业、欧美跨国公司在当地设立的“窗口公司”所投资。而维尔京群岛、开曼群岛等地的内资迂回 FDI 流入却大幅度上升。在发展中国家中，2011 年 FDI 流入量的增长主要不再由南亚、东亚和东南亚（增长 11%）推动，而更多的是由拉美和加勒比地区（增长 35%）以及转型经济体（增长 31%）驱动。

从 FDI 在中国的产业投向看，制造业是 FDI 的投资重点。在中国加入世界贸易组织之前有不到 60% 的 FDI 投入了制造业，但在中国加入世界贸易组织后，投向制造业的 FDI 增多，其比重超过 70%，近年稍有下降，2006 年这一比重为 64%。而投向房地产部门的 FDI 则呈急剧下降趋势，2006 年其比重占 13%，而服务业比重不断上升，2011 年服务业实际使用外资 552.43 亿美元，同比增长 20.54%，占同期全国总量的 47.62%，首次超过制造业比重的 44.91%，房地产业受调控影响，实际使用外资同比仅增长 12.07%，低于服务业总体增幅 8.47 个百分点。

外资企业对中国贸易的贡献度很大。中国对外贸易的高速增长与 FDI 的大量涌入有着密不可分的关系。1991 年以前，中国的对外贸易主要是由国有企业推动的，在国内企业中乡镇企业在中国出口及进口中所占比重稳步上升。然而从 1992 年开始，外资企业在中国出口及进口中所占比重迅速上升。据中国海关，2011 年 1 ~ 12 月外商投资企业进出口总值 18601.6 亿美元，占同期我国进出口总值的 51.07%。其中出口 9953.3 亿美元，同比增长 15.4%；进口 8648.3 亿美元，同比增长 17.1%。外商投资企业对我国实现外贸进出口增长贡献最大，其出口总值占同期我国外贸出口总值的 52.42%，进口金额总值占同期我国外贸进口总额的 49.6%，比重均是最大。FDI 促进了外贸进出口，拉动了中国贸易规模快速增长。在中国进出口规模迅速扩大过程中，外资企业在中国进出口贸易中的地位也呈不断上升的趋势（见图 5-8、图 5-9）。很显然，外资企业从而 FDI 在中国贸易和经济增长中扮演着重要角色。这也显示出在全球化生产转移格局下，国际制造业已经将中国作为一个加工制造及出口基地。

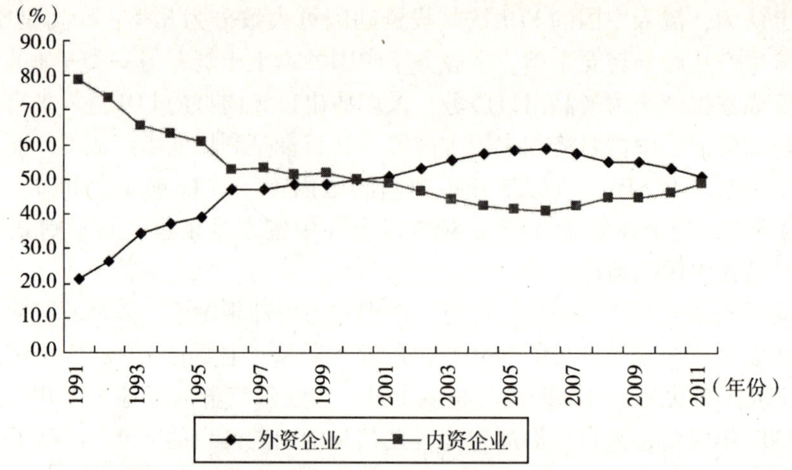

图 5-8　内资企业和外资企业在中国贸易中的份额

资料来源：根据《中国统计年鉴》数据整理。

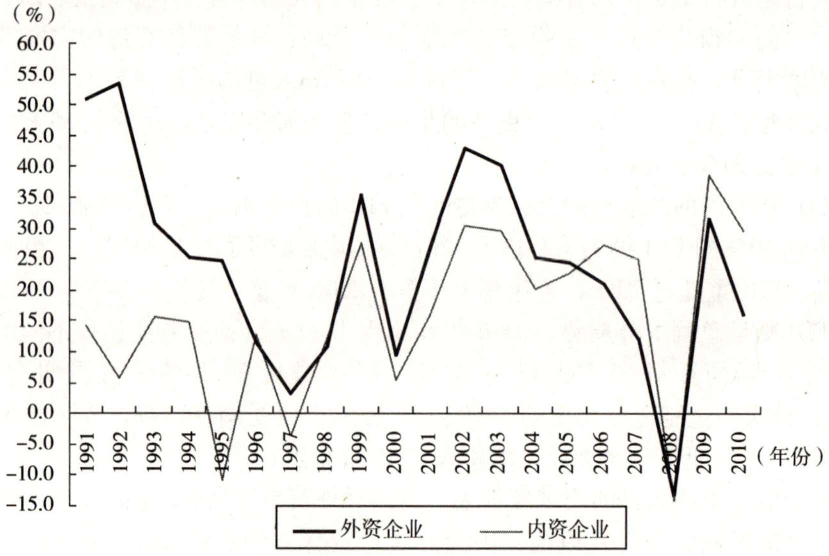

图 5-9　内资企业和外资企业贸易年增长率趋势

资料来源：根据《中国统计年鉴》数据整理。

（五）国际收支顺差和外汇储备的增长

国际间的贸易往来和非贸易往来的结果，导致货币在国际范围内双向流动，最终形成一国对他国的货币收支关系，并反映在国际收支平衡后果上。改革开放以来，中国经历了国际收支规模不断扩大和结构变动的过程。作为开放最重要的直接经济后果之一，中国已实现了从早期的国际收支逆差向国际收支顺差的转换，积累了高额外汇储备，经济发展和国家安全有了巨大的资金保证。

1993 年以前，中国经常项目、资本和金融项目顺差交替出现。1994 年之后“双顺差”格局基本形成，并在2001年中国加入WTO（特别是2005年汇改后）出现快速增长，（见图5-10）。2001～2011年，经常项目顺差累计19856亿美元，资本和金融项目顺差累计12156亿美元；2007～2011年的经常项目顺差（14566亿美元）、资本和金融项目顺差（8408亿美元）对外汇储备累积存量的贡献率分别达45.8%和26.4%。为受此推动，国家外汇储备增长迅速，截至2011年底国家外汇储备余额为31811.48亿美元，比2001年底增长14倍。从储备资产投向看，有相当大部分投向了美国等地区的政府债券。

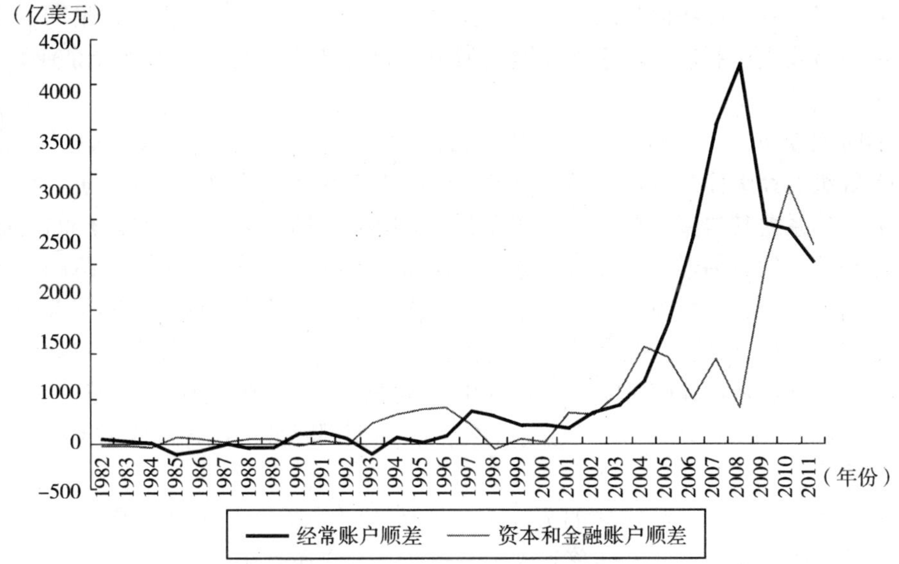

图5-10　我国历年双顺差趋势图

资料来源：国家外汇管理局各年国际收支平衡表。

经常账户已成为国际收支顺差的主要来源。经常账户在20世纪80年代主要表现为逆差，90年代以后已持续16年为顺差。在经常项目的货物、服务、收益和经常转移四大子项（前两项为贸易项目、后两项为非贸易项目）中，90年代以来经常项目的顺差几乎全部来自货物贸易顺差。2007年，经常项目顺差占国际收支总顺差的81%。经常项目顺差占GDP的比重由2000年的2.9%增至2007年的约10%。其中，2007年实现货物贸易顺差2622亿美元，占当期国际收支总顺差的57%。同时长期以来的服务贸易逆差在2007年得到扭转，当年实现服务贸易顺差452亿美元。而随着中国对外资产规模及其投资收益的扩大，收益项下逆差逐渐缩小，2005～2007年分别实现107亿美元、118亿美元、257亿美元的顺差。不过，随着次贷危机的爆发，我国经常项目顺差占GDP之比开始逐年下降，2010年回落至4%，2011年，中国经常项目顺差2017亿美元，同比下降15%，占GDP之比进一步降至2.8%。

2006年资本和金融项目顺差占国际收支顺差16%。其中，直接投资仍是资本和金融项目顺差的主要来源之一。中国实际利用外商直接投资一直保持在600亿美元以上。尽管在“走出去”战略的推动下，国内企业对外直接投资有较大发展，但基数较小，直接投资项下仍是较大的净流入。这几年受境内金融机构外汇资产运用、海外上市和外债变动等因素影响，证券投资和其他投资项下资金流出入规模迅速扩大，波动较大，逆差与顺差交替出现。同样由于国际金融的影响，2011 年资本和金融项目顺差 2211 亿美元，下降了 23%；同时，国际收支总顺差 4228 亿美元，也较 2010 年下降 19%，低于 2007～2010 年年均顺差 4686 亿美元的规模，为 5 年来最低。

（六）中国在国际分工中的地位

一般认为，全球化生产网络可分为三个等级：欧美日作为第一等级，其企业是技术或资本主导者；新兴经济体如新加坡、中国台湾、韩国等作为第二等级，早期主要从事加工装配环节或生产制造，后来逐渐演变为中间商（部分企业上升为领导企业）；第三等级有中国大陆、东南亚发展中国家以及北非、中东和拉美地区，这等级进入全球化生产网络的时期较晚，由于低成本等优势，目前主要从事加工装配业务或中间产品的生产。三个等级的经济体之间形成错综复杂的国际生产网络，其中以东亚电子、纺织三角形国际分工体系尤其典型（陈小文、蒋荣兵，2005）。浦田秀次郎（2000）的实证也表明，东亚经济体的贸易形式是在区内进口，而向区域外出口。这正反映了跨国公司在东亚地区的运作方式，多数跨国公司只是把东亚作为出口基地，在区内采购零部件，之后装配成最终品出口到欧美等其他地区。跨国公司在新的国际分工中逐渐起主导作用，生产领域逐渐呈现出从产业间分工到产业内生产环节的分工、从单纯的对外直接投资到以投资、外包和中间品贸易重组生产链条的特点，新型国际分工模式构成了错综复杂的国际分工网络。

随着中国的开放，其低成本的劳动力成为吸引外商投资和生产转移的一个重要原因。大量劳动密集型产品已经转移到中国来生产，但是还有相当多的资本和技术密集的产品，特别是最终产品中的一些重要和关键零部件，还主要在泛亚国家和欧美地区生产，它们与中国形成了产业内的垂直分工和贸易。如果我们把日本也归入中国之外的泛亚经济体，则一个欧美、中国和泛亚的三角生产—贸易分工情境就会清晰地浮现出来。中国与泛亚经济体日益扩大的贸易逆差（2007 年该逆差为 1550 亿美元），与欧美较大的贸易顺差（2007 年顺差为 3118 亿美元），正是由于中国从泛亚经济体进口中间投入品、向欧美出口最终品的分工和贸易模式决定的（见图 5-11），这是全球化下的新型国际分工，也反映了世界经济的一个新格局。

2008 年国家金融危机爆发后，我国对外贸易状况发生一些变化，但并未动摇新型国际分工的格局。如图 5-12 所示，2009 年无论是对欧美还是中国香港，顺差都急剧下降，对泛亚的逆差有所减缓，但从 2010 年后，无论是顺差还是逆差又开始拉大，尤其是对中国香港的顺差，2011 年竟然达到 2523 亿美元，占整个对中国香港贸易额的 89%。

根据上述线索，我们若进一步考虑资本项下的 FDI 和外汇储备流动，则可绘成图 5-13。

从中可知，这种新型分工的较完整情形是：欧美出口资本、技术（资本品），泛亚地区出口能源和零部件等中间品，中国提供低价劳动力，三方在中国“合资建厂”，进行加工制造、组装，最终品销往欧美，由欧美消费——这样早期的东亚对欧美顺差也大量转移到中国来；而由于金融市场不发达，中国双顺差所获得的美元只能转投回欧美发达的金融市场，为欧美的投资和消费提供融资。在此格局下，欧美是资本所有者、技术

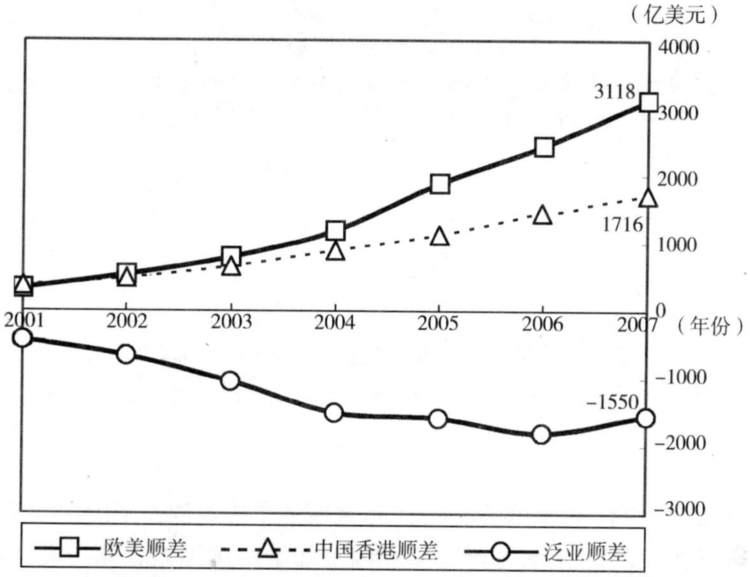

图 5-11　2001～2007 年中国贸易差额的国际结构

注：欧美系指美国、加拿大和欧盟；泛亚地区指日本、韩国、中国台湾、东盟、俄罗斯、澳大利亚、中东海湾六国及伊朗、巴西。

资料来源：中国海关，《中国统计年鉴》。

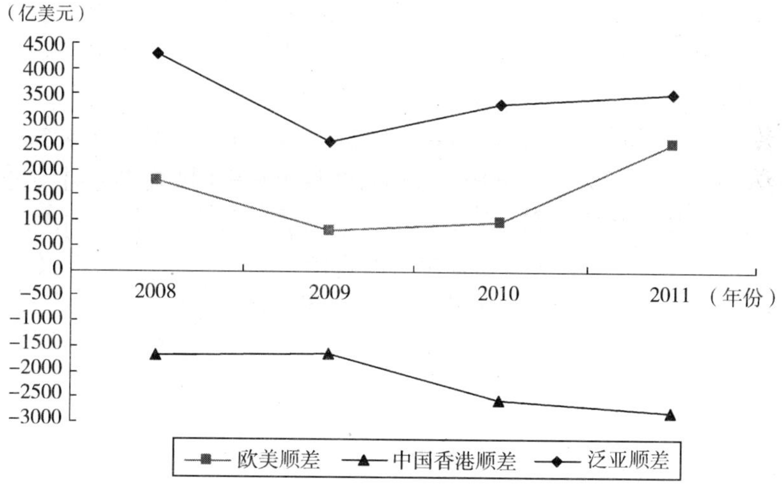

图 5-12　2008～2011 年中国贸易差额的国际结构

注：欧美系指美国、加拿大和欧盟；泛亚地区指日本、韩国、中国台湾、印度、东盟、澳大利亚、巴西。

资料来源：中国海关，中国统计年鉴。

领先者和产品消费者；日本等泛亚经济体大体上是中间商和资源提供者；中国则是劳动者，三个参与集团各取所需，获得各自收益，在一定程度上保持了相互依存的均衡状态①。由此也可知，中国目前的外部不平衡，虽然与自身经济结构和政策有一定关系，但

① 一些研究者将包括中国在内的东亚经济体一并考虑，称此美元本位下的国际经济新格局为后布雷顿森林体系（或布雷顿森林体系Ⅱ）。见 Dooley 等（2005）。

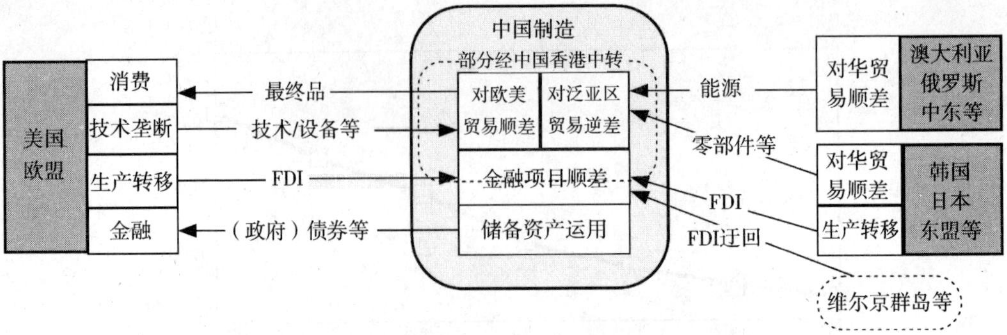

图 5-13　中国视角的当代生产—贸易—金融国际分工

资料来源：王宏淼：《全球失衡下的中国双顺差之谜：基于 FDI—贸易宏微观模型的一种经济学描述》，中国社科院经济所博士后工作报告，2007 年。

在很大程度上是当代欧美主导的国际分工体系所外生决定的，不应把以美国经常账户大规模赤字为主要特征的“全球失衡”的原因推卸给中国因素，欧美发达国家应当承担主要责任。

根据上述分析，中国近 30 年对外开放的基本事实和成就可以概述如下：①中国改革 30 年，也是不断开放的 30 年。通过其中三阶段的跨越式开放历程，中国在 21 世纪初成功融入了世界经济，终于实现了从一个封闭经济向开放经济的主动转型，对外开放度越来越大，国际地位也在不断提升。走开放型的发展道路，是中国经济获得成功的一个基本经验。②作为改革的一部分，中国的对外开放同样带有强烈的渐进性特征：在空间格局上，遵循了特区试点—沿海跟进—内地延伸的开放路径；在部门的开放次序上，严格地按照先贸易品部门后非贸易品部门、先经常账户后金融账户的逻辑推进，注重先易后难，力求稳妥安全。③出口贸易和外商直接投资是中国开放进程中最重要的两大驱动因素，一方面使中国成为出口大国和吸收外资大国，另一方面也使中国经济对出口和 FDI 有着过高的依存度。④作为开放最重要的直接经济后果之一，中国已实现了从早期的国际收支逆差向国际收支顺差的转换，积累了高额外汇储备，经济发展和国家安全有了巨大的资金保证。

二、对外开放的路径选择与制度供给

中国对外开放领域所取得的种种成就，是与中国政府在这一领域相关的制度性供给密不可分的。中国的开放同样也具有东亚经济体的政府干预特征，但与东亚早期先行国家或者注重出口导向（日本等），或注重国际借贷（韩国），或注重 FDI 引进（马来西亚）的开放战略不同的是，中国政府在开放过程中采取了 FDI 诱导和出口导向相结合的双引擎工业化增长战略，并围绕这一战略采取了广泛的措施。

（一）中国对外开放的初始条件与路径选择

一个国家在一定阶段的发展战略，必定是该国客观的资源禀赋条件与主观政策选择的结果。如果战略和政策得当，经济发展面临的资源约束就会放松，一旦资源约束得以放松，经济就会进一步发展。一般而言，开放战略因其侧重点可分为“贸易导向型”和“资本导向型”，前者可进一步细分为“出口主导”（出口替代）和“进口主导”（进口替代）两种；后者也可进一步细分为“直接投资主导”、“资产投资主导”和“银行债务主导”三种模式。所谓的“资本导向”，对于发达国家而言，常常意味着以上述三种模式进行对外投资，而对于发展中国家则是不同形式的资本进口。当然，一国在开放过程中并不可能一直实行一种开放战略，因为发展目标及其制约条件总是动态变化的；在某一阶段，也不可能纯粹地只实行某一种做法而忽略其余，理论和政策研究中也只是大体根据政策模式的“显示性偏好”而将其归入某一类型①。中国对外开放战略的选择，是与开放的初始条件密切相关的。

作为世界最大的发展中国家，中国的基本国情：一是在地理位置（或地缘经济）上，处于地球东方和亚洲的中心位置——“东八”时区，与另两个西半球中心——西欧（相差7个时区）和美国（相差13个时区）遥相呼应；周边国家或经济体密布，既有高级工业化国家日本，也有新兴经济体亚洲“四小龙”——韩国、新加坡、中国香港和中国台湾，有发展水平还不高的发展中大国印度，还有正在不断走向开放和发展中的东盟等，这使得中国在开展国际贸易和投资方面具有地理上的自然优势。历史上著名的亚洲“朝贡贸易”即是以中国为圆心的②。二是在发展水平上，中国属于典型的城乡分割的二元经济结构国家，经过30年的计划经济形成了一定的工业基础，但在启动对外开放时仍缺乏现代意义上的工商业企业以及企业家，生产技术水平比较落后；人均收入特别是农民收入极其低下，在市场化初期国内需求严重不足。三是在要素禀赋上，中国有着世界上最多的人口，劳动几乎可无限供给，且劳动力成本极其低下；中国城乡居民虽有很高的储蓄倾向，但是由于企业和企业家的高度稀缺和金融业发育不足而不能把国内的储蓄有效地转化成为生产性的资本来增加国民财富和居民收入，在1978年改革启动之初，中国的人均资本存量极其稀少；长期的封闭经济运行造成的外汇短缺，引进技术无法得到外汇资金的支撑。

上述条件，决定了中国面对20世纪80年代以后经济全球化浪潮和国际制造业转移机遇时，必须利用丰富的低价劳动力的比较优势，采取合适自己国情的开放战略，以克服外汇、技术“双缺口”以及国内市场发育不足的特点，来发展国内经济。同时，鉴于发达国家及发展中国家在开放过程中的早期经验教训，如一些拉美国家大量借入国际资金却用于消费（过度借贷症）而缺乏增长后劲、大量引进外资却出现了外资支配经济的“外资化倾向”，过快实施金融自由化产生了对短期资本的过度依赖等（如东南亚一些国家），以国际借贷为主的韩国模式等出现的较大的经济不稳定及金融危机风险，中国在对外开放过程中的国家安全也是政府在选择开放道路时需要考虑的一个重要因素。

---

① 如日本在1985年日元升值后，即从“贸易立国”转向了“投资立国”，将大量资本以直接投资或证券投资方式投资海外，但这并不意味着它完全放弃了原先的“出口主导”型政策。日本长期贸易顺差的经验数据证实，日本此后推行的是对外投资与出口导向并存的混合型开放战略。

② 关于“朝贡贸易”可见［日］滨下武志（1999）《近代中国的国际契机——朝贡贸易体系与近代亚洲经济圈》（朱荫贵、欧阳菲译，中国社会科学出版社）第一章“朝贡贸易体系与近代亚洲”。

（二）FDI 诱导和出口导向相结合的双引擎开放战略

由于上述原因，中国政府自改革启动后，推行了 FDI 诱导和出口导向相结合的双引擎开放战略。这一模式以中国大规模低成本劳动力的要素禀赋比较优势为基础；通过政策倾斜，鼓励国际生产性资本的进口和商品的出口，最大限度地把国内低价的“无限劳动供给”和国际资本、广阔的海外市场结合起来，引入竞争机制、诱导和激活国内资本和劳动的动员、培养自我吸收和创新能力，解决发展过程中所面临的外汇与技术双缺口以及市场化初期内需不足问题，提高资源的配置效率，来推进工业化、市场化和现代化进程。

这里，不妨通过国际比较对中国的双引擎战略的特点和合理性进行分析。从贸易政策看，第二次世界大战后，拉美和西南亚的多数新兴独立国家按照不结盟运动或依附论（结构主义）观点，立足于民族自主发展而谋求进口替代工业化战略①。但在实施过程中，这一模式因发展中国家的市场发育不足、产业垄断、缺乏竞争、腐败流行等问题而使得对特定产业的保护并未取得带动经济发展的预期效果，反而在加剧上述问题的同时还使得消费者利益受损、收入差距变大和国际收支恶化。因而，东亚新兴工业国家在 20 世纪 60 年代从短暂的进口替代工业化政策转为出口导向型政策。与进口替代相比，出口导向（export substitution）的开放战略强调发展面向出口工业，以工业制成品和半制成品的出口代替传统的初级品出口，以增加外汇收入，实现工业化经济增长。这一模式因推行一定程度的贸易自由化，由于竞争、要素流动和市场的扩大等优点，有利于更好地配置资源，日本和亚洲“四小龙”均因此取得了巨大成功。但是纯粹的出口导向也有问题，它常常伴随着鼓励储蓄、抑制消费、轻视国内需求等政策，造成对国际市场的过度依赖，同时因抑制金融业的发展会带来金融脆弱性的提高。因此，必须配合相应的结构改革、金融业开放和适宜的引资模式。

从引资政策看，FDI 作为一种生产性资源，一般被认为可以促进流入国的资本积累、就业和竞争，并对内资企业具有一种管理、技术等方面的扩散和示范效应，且因存在所谓“安装成本”而具有高度的稳定性。世界银行的分析证实，近期几次危机中，资本市场中的流动出现枯竭，而 FDI 仍充满活力，表现出相当的稳定性。② 与 FDI 的生产性、稳定性相对，国际借贷与国际证券投资的流入更多的是“金融性”的，因其高度流动性而具有相当大的易变性。Sarno 和 Taylor（1999）研究表明，通过金融市场中介调剂的资本易变性，要大大高于 FDI。特别是以证券投资和短期债务的易变性一向尤为突出，随着它们的大幅度增加，总体资本流动的易变性很可能居高不下，采取这类引资模式的发展中国家或地区尤其如此，历次金融危机中造成巨大危害的例子比比皆是。如采取国际债务型引资模式的韩国，在 20 世纪 80 年代初与 90 年代发生了两次金融危机。但 70 年代韩国的债务主要是中长期债务，总短期债务占 GDP 的 8.4%，占储备的

① 进口替代（import substitution）战略，是指通过建立和发展本国的工业，替代制成品进口，以带动经济增长，实现工业化，减少贸易逆差，改善国际收支状况。其思想渊源可追溯至美国的汉密尔顿与德国的李斯特。具体做法：一是首先依据历年进口量来确定国内需求较大的产品；二是由本国引进技术或进口资本品进行生产上述产品；三是通过高估币值、关税及非关税壁垒及财政补贴等降低这些产业的生产成本，以使厂商有利可图。

② 转引自 Sarno 和 Taylor（1999）。

97%，这极大地抑制了资本流动的逆转；而1997年末，短期债务达到GDP的15%，占储备的300%强。后者如此高的比例，大大加深了韩国在亚洲金融危机中的受重创程度，最终不得不接受IMF有条件的国际援助。但进一步要说明的是，如果没有贸易及相关政策的配合，即使不采取"资产投资型"或"国际借贷型"，纯粹的FDI型引资模式也未必可取。因为引进FDI是一柄"双刃剑"，它一方面确可给发展中国家带来动态效益，但因为该战略发展起来的产业大多为加工制造业，长期单一地实行该战略将不利于本国产业结构合理化，甚至会使该国沦为发达国家的经济"附庸"，导致一国经济独立性的丧失（外资化），拉美经济的表现即是一个例证（安忠荣，2004）。

而中国则不同，双引擎战略兼容了出口导向和引进FDI两种方式的优点，以丰富的低价劳动力要素禀赋的比较优势为战略基点，并兼顾"经济发展"（生产的、人力资本的和市场的）和"国家安全"两方面战略目标，在一定程度上弱化了纯粹出口导向和纯粹引资模式的缺陷，因而有其合理性，是适合改革初期"劳动力丰富但资本与技术稀缺、经济动员能力强但内需不足"的中国国情的一种战略。

（三）扩大对外开放的四大政策

为了配合FDI诱导和出口导向双引擎开放战略的实施，自1978年对外开放启动以后中国政府进行了制度上的供给，在扩大开放方面采取了广泛的措施，实行了外贸"奖出限入"、资金"宽进严出"和产业"填平补齐"的管理思路和政策框架。具体表现为贸易管制逐步放松下进出口并重但更强调出口便利化、资本控制下单向的FDI流入便利化、缺乏弹性的汇率体制及结售汇制度、税收及准财政激励的四大政策。

1. *贸易管制的放松与出口鼓励*

1978年以来，中国在外贸体制上进行了重大改革，从放权、让利到推行外贸承包制和放开经营，不断放松对进出口的管制。

在对外开放的第一阶段即1978～1991年，改革的重点是调整外贸计划体制，缩小指令性计划指标，扩大地方、部门和企业的外贸经营权、财务自主权和外汇留成权，并在1988年推行外贸承包经营责任制。降低关税水平，鼓励进出口贸易，1982年平均法定税率高达56%，10年后下降到43%（林毅夫、蔡昉和李周，1994）。在1992～2001年的对外开放第二阶段的重点是：统一政策、放开经营、平等竞争、自负盈亏、工贸结合、推行代理制。具体的改革措施，包括：①减少进出口方面的数量限制。②部署外贸企业的脱钩。③开始按现代企业制度改造外贸公司的试点。④鼓励外贸企业经营企业的多元化。⑤加强出口退税，增强出口企业的竞争力。与此配套的还有汇率体制改革。2002年以来的第三阶段的特点是以WTO规则为基础的全面改革，主要内容包括：①在非歧视原则、自由贸易原则和公平竞争原则下调整和修改不符合WTO规定的政策法规。②加快外贸主体多元化步伐，允许私营外贸企业迅速发展。2004年7月1日国家实行《对外贸易法》允许居民个人及企业经备案登记后可自由开展对外贸易。③转变外贸主管部门职能，从以行政领导为主转变为以服务为主。

在放松贸易管制的同时，国家通过产业、财政金融等多方面政策扶持出口，限制进口。其中一个事实是，在20世纪80年代早期到90年代，中国虽然不断地降低平均关税水平，但仍是东亚经济体发展中唯一一个增长了非关税壁垒的经济体（浦田秀次郎，

2000：294)。此后到加入 WTO 发展，才不断地降低标准，而进口的关税和配额限制直到2005 年以后才逐步得到解决①。张晓晶、张平执笔的研究报告分析中国实行贸易导向战略，在进出口方面实行的是“双向激励”(中国社科院经济所课题组，2004)。不过正如该报告分析，进口方面国家更多的是鼓励资本品进口。所以不难理解，进口的目的实际上也是为了出口，因此我们依然可认定这种贸易自由化基本上是出口导向的。从实际情况看，中国目前形成了进口以资源、中间品和资本品为主、出口以中低档消费品、加工贸易制成品为主的贸易模式，且出口大于进口，维持了较高的贸易顺差，总体的“出口导向”特征明显。

2. 资本管制与 FDI 流入便利化

中国总体上对国际资本流动采取了区别对待、分类管理，有宽有严，有紧有松的管制政策，鼓励长期外部投资（简称 FDI）流入，限制短期资本进出入。

中国对 FDI 的管理，只进行真实性审核，早期鼓励外商投资加工制造业（限制进入非贸易品领域)，在此背景下，FDI 流入激增，且大多数进入了（贸易品）制造领域。最近几年才发展到积极引导外商投资高新技术产业和基础设施行业，允许符合条件的境内三资企业上市发行 A 股（2001 年)，根据加入 WTO 的承诺逐步允许外商投资民航、电信、金融、保险、证券等专业服务行业鼓励外商以并购方式参与国有企业的改组、改造（2002 年以后)。

长期以来，中国严格进行短期外债管理，限制证券组合投资，因此非 FDI 在相当长的时期内流入规模很小，对资本项目来说是相对不重要的，只在最近几年非 FDI 的作用才稍有上升。

在资本输出方面，我国投资主体以国家为主，投资方式以金融资产为主，除外汇储备经营外，主要的渠道就是商业银行对外拆借和购买国外债券。2011 年中国对外资产47182 亿美元，其中储备资产 32558 亿美元（其中外汇储备 31811 亿美元)，占 97.7%；对外直接投资 3642 亿美元，仅占对外资产的 7.72%。② ——这还是近两年为缓解外汇储备高增长压力，放松了一些与居民个人境外旅游持汇及为支持企业“走出去”对外直接投资的相关外汇管理的宏观政策背景下发生的，若追溯以前，则对外投资数额少而又少。对外直接投资处于较低水平（净额为负值)，按照邓宁的投资发展周期理论，中国正处于投资发展的第二阶段。

3. 缺乏弹性的汇率体制及结售汇制度

1973 年以前，中国采用的是一种盯住美元的固定汇率制度。由于 1971 年布雷顿森

---

① 改革开放之后，中国的进口关税水平一直处于不断下降的过程中。中国于 1992 年和 1993 年分别降低了225 种、3371 种商品的关税税率。1994 年又降低了 2944 个税号的税率。1996 年中国一次降低4962 种税目进口关税税率，其中包括 380 种农产品。加入 WTO 以后，中国的关税水平进一步降低，平均关税水平已从加入世贸组织时的 15.3%降至 2005 年的 9.9%。其中，工业品的平均关税从 14.8% 降至 9%，农产品平均关税从 23.2% 降至 15.2%。自 2007 年 6 月 1 日起，中国又调整部分商品进出口关税税率，对 142 项商品加征出口关税。同时，为鼓励进口，促进贸易平衡，还将对 209 项进口商品实施较低的暂定税率。此次还对部分涉及百姓生活的日用品实施了较低的进口暂定税率。

② 从日本、德国等发达国家以及产油国的经验看，民间对外投资都是平衡国际收支的重要因素，投资方式中非金融投资都占据了相当比重。以日本为例，2005 年末对外资产中政府部门占 24.5%，银行部门占 24.5%，企业和个人则占 51%。德国 2005 年末对外资产中政府部门仅占 4.4%，银行部门占 45.5%，企业和个人则占 50%。

林制度的解体和1973年第一次石油危机的冲击，主要西方国家从1973年3月开始从固定汇率转为浮动汇率制。中国官方汇率也因此转向浮动，实际上是与“一篮子”货币挂钩。从1984年底开始，中国开始实行一种有管理的浮动汇率制度，一直持续到1985年10月底结束（图5-14）。之后，中国于1986年7月、1989年12月和1990年11月进行了几次间断的官方汇率贬值。1988年，各主要城市外汇调剂中心的建立标志着人民币对外币的价格开始由市场供求关系所主导。在1991年4月到1994年1月之间，中国又恢复实行了管理浮动。从1994年1月开始，中国将官方牌价与调剂价双重汇率并轨及上海外汇交易市场的建立，形成了一个由市场决定并由政府管理调节的新的管理浮动制度，实际上实施了固定汇率政策，将人民币对美元的名义汇率稳定在既定的8.27水平。在1997～1998年亚洲金融危机期，坚持了人民币汇率不贬值的政策。

自2005年7月21日起，开始实行以市场供求为基础、参考“一篮子”货币进行调节、有管理的浮动汇率制度。按照中国人民银行的定义①，现有汇率制度的特点是人民币汇率不再盯住单一美元，而是按照中国对外经济发展的实际情况，选择若干种主要货币，赋予相应的权重，组成一个货币篮子。同时，根据国内外经济金融形势，以市场供求为基础，参考“一篮子”货币计算人民币多边汇率指数的变化，对人民币汇率进行管理和调节，维护人民币汇率在合理均衡水平上的基本稳定。参考“一篮子”表明外币之间的汇率变化会影响人民币汇率，但参考“一篮子”不等于盯住“一篮子”货币，它还需要将市场供求关系作为另一重要依据，据此形成有管理的浮动汇率。根据对汇率合理均衡水平的测算，2005年7月21日19时，人民币对美元交易价格调整为1美元兑8.1100元人民币，即人民币对美元升值2%。汇改以来至2008年3月末，人民币对美元汇率累计升值17.92%（图5-14），对欧元汇率累计贬值9.63%，对日元汇率累计升值4.07%，2011年1美元兑6.4588元人民币，又较2008年升值7.53%。

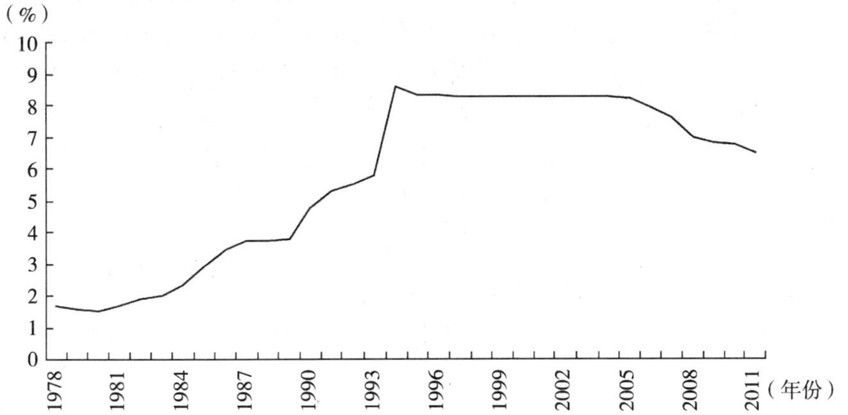

图5-14　人民币对美元的年度平均名义汇率

资料来源：IMF-IFS（2008.2），《中国统计年鉴》2012。

为配合固定汇率制度的施行，国家实行了强制结售汇制度。当企业和居民获得外汇

① 参见《中国人民银行货币政策执行报告》2006年第2期，第12页。

收入及需要用汇时，必须通过商业银行进行结售汇（第一次外汇买卖），然后再由商业银行与中央银行进行结售汇（第二次外汇买卖）。在第一次外汇买卖后，金融机构的外汇变动 ΔU（收入或支出）；在第二次外汇买卖后，通过金融机构将此笔外汇售予中央银行（或以人民币从中央银行购入外汇），它在中央银行的超额储备金变动 e · ΔU（e 为汇率），银行可发放的人民币贷款数量增加（或减少）。通过强制结售汇制度，中央银行严格限制私人部门用汇，将外汇牢牢地控制在国家手中，随着国际收支顺差的不断扩大，也直接地垒高了外汇储备。

近年随着外汇储备激增，中国政府开始放松居民的用汇及对外投资。自 2005 年汇率形成机制改革以来在放宽对民间持有和使用外汇的限制方面的总体措施有：一是取消经常项目外汇账户开户事前审批，提高境内机构经常项目外汇账户保留外汇的限额，允许有进口支付需求的企业提前购汇，简化服务贸易售付汇凭证。二是进一步简化境内居民个人购汇手续，对境内个人购汇实行年度总额管理，便利个人外汇收支，2007 年 2 月 1 日起施行《个人外汇管理办法》，国家对个人结汇和购汇的限制由 2 万美元调到 5 万美元年度总额。三是放宽境外直接投资购汇的限制，将境内外汇指定银行为中国境外投资企业融资提供对外担保的管理方式，由逐笔审批调整为年度余额管理。四是支持境内银行代客外汇境外理财业务。五是推动基金管理公司等证券经营机构境外证券投资试点。六是通过批准美元境外投资额度等方式，支持保险机构购汇对外投资①。

4. 税收及准财政激励

为了双引擎战略的实施，与世界许多发展中国家一样，中国长期以来通过出口退税、对外贸企业实行亏损补贴，出口信贷补贴等政策鼓励出口，2011 年国家的出口退税达到 9204.75 亿元，并同时通过诸多优惠政策，大力吸收 FDI 流入。但近年来，中国也较大幅度地按 WTO 规则对相关补贴进行了调整。

出口退税政策。该政策始自 1985 年。1998 年以来为了克服亚洲金融危机带来的负面影响和应对通货紧缩趋势，国家连续三次提高了出口退税率，有力地促进了外贸出口（见图 5-15）。2004 年初以后为提高环保要求和抑制贸易顺差，中国出口退税全面下调，其后又进一步下调或取消部分产品出口退税，以抑制“两高一资”产品出口过快增长的势头。如 2006 年 9 月中国将 142 个税号的钢材出口退税率由 11% 下调至 8%；自 2007 年 4 月 15 日起，下调部分特种钢材以及不锈钢、冷轧产品等 76 个税号的出口退税率至 5%，同时取消另外 83 个钢材产品的出口退税②。

出口信贷补贴。中国出口贴息主要体现在出口信贷上，这项业务主要由进出口银行作为官方出口信贷机构来承担③，并以人民币出口卖方信贷为主，以接受国家财政的利

① 参见 2007 年第一季度《中国人民银行货币政策执行报告》的分析。

② 自 2007 年 6 月 1 日起，中国对 142 项商品加征出口关税。其中重点是对 80 多种钢铁产品进一步加征 5% ~ 10% 的出口关税。另外，将 2006 年已经征收出口关税的钢坯、钢锭、生铁等钢铁初级产品的税率由 10% 提高至 15%。此次还对天然石墨、稀土金属、精炼铅等产品开征 10% 的出口关税；对偏钨酸铵、氧化钼等产品开征 5% ~ 15% 的出口关税。将镍、铬、钨、锰、钼和稀土金属等金属原矿的出口关税由目前的 10% 提高至 15%；将煤焦油、部分铁合金等产品的出口关税由目前的 5% ~10% 提高 10% ~15%。

③ 目前办理出口信贷融资业务的除官方的专门机构中国进出口银行外，还有中国银行等国有商业性银行。各家银行提供的出口信贷主要都是为促进中国资本性货物船舶、机电产品和高新技术产品的出口。

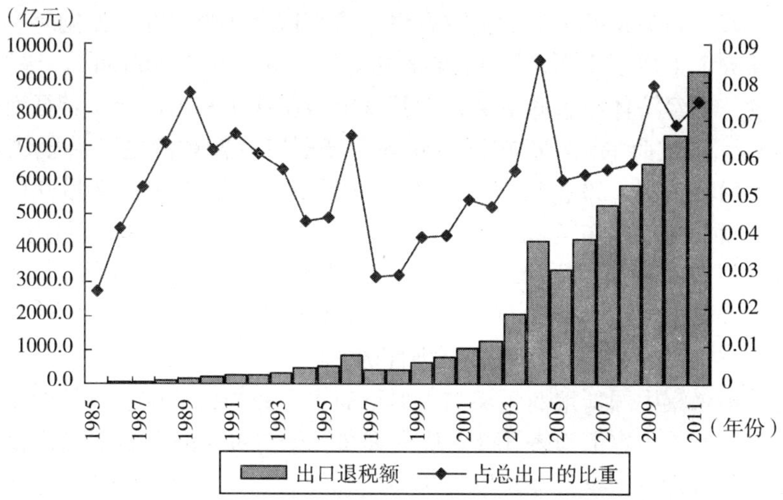

图 5-15 出口退税额及其占中国总出口的比重

资料来源：中国海关；历年《中国统计年鉴》；根据年度平均名义汇率折算。

差补贴为主要特征，较商业贷款有较大的利率优惠，因此其补贴特征比较显性化。加入世界贸易组织后，中国承诺要遵守 WTO 规则，并在有关的文件上对政策性银行（包括进出口银行）的信贷业务做了相应的说明，即政策性银行贷款不接受国家的财政补贴，贷款基本上按商业贷款利率，而进出口银行的业务主要是以出口信贷担保为主，少部分采用直接贷款。2007 年 5 月 8 日，中国宣布取消由中国银行实施的出口贷款补贴。

汇率补贴。1994 年，国家大幅度调低人民币汇率，大大降低了本国出口品的国际比价，使得本来价格就低的出口商品更具有成本竞争力，推动了出口的上升。随着中国对美贸易顺差的激增，中国的汇率政策也被美国一些机构所指责，认为中国人为压低实际汇率的做法实质上是对出口企业进行的另一种补贴。

外资优惠政策。为了吸引外商直接投资，中国给予了外资企业众多的税收优惠（如外商投资企业征收 18% 甚至更低的企业所得税，并实行所得税“两免三减”的优惠等），一些地方政府从扶持本地企业和吸引外资的角度出发，也出台了不少税费减免政策（如省以下各级政府通常采用先征后返的方法实行优惠），并竞相为外商投资创造优惠条件，在土地、劳动力价格，在厂房、设备作价，在税收、资金等政策方面，在审批的手续、时间等程序方面的“外资优待”非常普遍。直到 2008 年，内外资的所得税才“两税合一”。

（四）双引擎战略的“新重商主义”性质

如果上升到国家战略的角度，中国在对外开放的过程所推行的“双引擎战略”及其配套政策，确实具有“新重商主义”的某些性质（或者说采用了其中的一些做法）。这一战略具有重商主义的古典特征，即以“强国富民”为目标，以“对外贸易”和“发展工业”为两大基石，以“国家干预”为政策手段；但相对于古典重商主义，它又具有“新”特点，与当代全球化背景和国际经济条件紧密相连。

从国际上看，古典重商主义的基本思想与核心理念在当代并未被抛弃，反而因各国国情和政策差异而形成了不同的“新重商主义”（New Mercantilism）。比如，以日本、韩国为代表的东亚经济体新重商主义，因其特定产业扶持和出口导向特征而被克鲁格曼称为“结构式”新重商主义。而在某些新兴市场国家，新重商主义甚至成为其经济政策之圭臬。即便在美国，20 世纪 90 年代以后被看成是美国有史以来最开放的时代，曾任美联储副主席的艾伦·布兰德（Alan S. Blinder）在讨论美国这一时期的贸易政策时却仍感叹道“尽管克林顿—戈尔政府在自由贸易方面取得了很多成就，但是整个国家却比十年前更加笃信重商主义”（法兰克尔、奥萨格，2003：269）。这样看来，中国实施“新重商主义”的某些政策是有其合理性的①。

为更清楚地考察中国新重商主义与古典重商主义和当代美国、日韩新重商主义的主要区别，我们将有关内容汇为表 5-1。从中可知：①与古典的重商主义比较，无论是以美国为代表的西方发达国家，还是以日韩为代表的东亚经济体，“国家利益”仍然是当代新重商主义首先考虑的问题，因而不可能放弃政府干预。②当代重商主义同样重视商业与贸易的作用，但逐渐将注意力从制造业转向了金融、高新技术产业和服务业，对产业和贸易的保护则更加“隐性化”。③各国所采用的新重商主义政策手段，要受到其国情约束和在当代国际经济体系中的地位差异等条件的限制。

表 5-1　新重商主义的国际比较

类别	（古典）重商主义（早期西欧国家）	（当代）新重商主义		
		美国	日本（韩国等东亚国家和地区）	中国
对商业和贸易的关注	重视商业和对外贸易			
经济背景（价值观或经济体制）	前资本主义时代及工业革命初期，强调市场拓展，重视国家力量的作用	高度发达的资本主义；奉行自由市场、商业至上和自由贸易原则的自由经济模式	较发达的资本主义；市场经济与政府管制相结合的管理经济模式	欠发达的社会主义；正在发展中的市场经济与产业政策、宏观调控相结合
自然禀赋	国内市场较小、资源短缺	国内市场巨大，内需主导；资源丰富；技术领先	国内市场狭小，外需主导；资源短缺；技术较先进	国内市场较大但内需相对不足；劳动力丰富但资源短缺；技术落后
增长模式*	出口与投资拉动，依赖高投入的数量型经济增长	消费主义引导，内需拉动，知识创新型经济增长	投资与出口拉动，从集约管理型向知识创新型过渡的经济增长	投资与出口拉动，依赖高投入的数量型经济增长
主导产业	农产品或制造业	从制造业转向金融、高科技与服务业	汽车、电子电器产品、办公自动化设备等	制造业

① 刘霞辉（2004）从汇率角度分析了中国外贸政策的重商主义倾向。

续表

类别	（古典）重商主义（早期西欧国家）	（当代）新重商主义		
		美国	日本（韩国等东亚国家和地区）	中国
金融条件、政策及结果	金（银）本位制；国内储蓄率较低、金融市场不发达；对外殖民投资	美元本位国；国内储蓄率低；低外汇储备（但高黄金储备）；资本市场高度发达；浮动汇率；私人资本自由流动	美元本位制；国内高储蓄率；高外汇储备；产业银行体系主导；浮动或盯住美元的汇率制度；资本流入以私人部门借贷为主；流出以 FDI 和官方储备运用为主	美元本位制；国内高储蓄率；高外汇储备；国家银行体系主导；盯住美元的固定汇率制度；资本流入以 FDI 为主；流出官方储备运用为主
贸易模式及结果	出口制造品，进口原材料，贸易顺差	出口中间品和高科技，进口原材料和低端消费品，贸易逆差	出口中间品和中高档最终消费品，进口原材料和低端消费品，贸易顺差	出口低端消费品和加工制成品，进口原材料、中间品和资本品，贸易顺差
政府干预贸易的手段	关税、汇率、配额、行政等手段甚至武力	关税及非关税、环保等隐性标准、政治外交及军事	关税及非关税、产业政策及准财政激励	关税及非关税、产业政策及准财政激励、汇率补贴

资料来源：王宏淼（2008）；＊关于增长模式的讨论，见王宏淼（2006）。

按照熊彼特（1954）的说法，“出口垄断主义”、“外汇管制”和“贸易余额”三个命题，特别是关于贸易余额的学说，通常认为是传统教义的“重商主义体系”的核心（对许多经济学家来说，这些学说实际上就是整个重商主义体系）。当代美国并不十分关心“贸易余额”，而更侧重于“出口垄断主义”（高新技术、金融等方面的垄断），这是由它的货币中心国地位和技术条件决定的；而日本、韩国因其自然禀赋，只能在东亚美元本位基础上，更侧重于“贸易顺差导向”，以及对某些本国制造技术的控制和国内市场的保护。对中国而言，为实现“双引擎战略”，其新重商主义的手段更倚重于“外汇管制”和“贸易顺差”，并没有太多的“出口垄断主义”优势，有的只是低成本和低端产品的压价出口。应当说，中国的这样一种“新重商主义”对本国而言是比较实用的，但却仍是比较“低层次”的一种政策，受到中国不可逾越的工业化阶段、大规模的就业压力等基本条件的严格约束。

“新重商主义”性质的双引擎战略及其政策的施行，进一步提升了中国在世界经济中的区位优势，成为吸引 FDI 加速流入的一个国内条件（拉力）。不难理解，该战略下出口便利化、直接投资便利化政策，本身就蕴含了引起并加剧国际收支双顺差的一个内在必然。

三、开放条件下的增长、稳定与政策挑战

（一）双引擎开放战略下的增长与稳定机制

中国在近十多年的时间内保持了经济高增长的同时，实现了低通胀的宏观格局。在20世纪90年代中期前，中国的经济增长具有较大的波动性，同时CPI也是大起大落。而在90年代中期后，随着基于固定汇率和资本管制的货币政策运用，中国的经济增长基本在高位运行，而CPI却直到2007年之前一直在低水平运行（甚至一度出现通缩），这确实是一个增长奇迹。中国双引擎开放战略能兼顾增长和稳定双重目标的宏观原理在于：

（1）首先政府通过政策供给，引进FDI，加速本国的总体资本积累，带动国民产出提高，通过出口导向政策保证出口增长，从而在形成资本项目顺差的同时，使得经常项目也出现顺差。国际收支双顺差，使得中国获得了新的货币扩张机制，国家可以不再单纯地依赖于包括财政赤字货币化的简单“发票子”货币创造手段，而是通过与外汇储备增量相对应的货币发行，并进一步通过国有银行体制来对国有企业等内资部门进行货币补贴，有效地实现了内资部门的增长和出口盈余，从而达到了双顺差的双重循环，促进了经济增长（王宏淼，2007）。其双重循环流为：内部循环：FDI→金融项目顺差→外汇储备增加→国内货币扩张及补贴→内外资出口扩大→贸易（经常项目）顺差→外汇储备增加→国内货币扩张……；外部循环：FDI→贸易（经常项目）顺差→外汇储备增加→投资国际政府债券→为发达国家的消费和投资提供融资→FDI（非FDI）流入……

（2）通过基于资本管制的无弹性汇率制度，为开放条件下通货膨胀的治理找到一个新的“基准瞄”，在外汇储备可获得情况下，汇率持续固定在钉住的水平上，由于外部（美国）价格水平是相对稳定的，在购买力平价条件下，国内价格得以保持稳定（萨克斯与拉雷恩，2003：481）。对于开放初期的中国来说，这种无弹性汇率制度的优势在于：①通过汇率相对固定，可降低汇率波动风险，稳定贸易与投资行为。在金融外汇市场不发达甚至缺失和微观主体控制风险能力较差的情况下，名义汇率的非预期波动将严重干扰国际交易的正常进行，因而对国民经济的稳定与增长产生极大负向影响。②限制政府滥发货币来弥补财政赤字的可能性。通过盯住与具有低通货膨胀水平的国际货币，增强政府反通胀政策的公信力，达到降低公众对未来通货膨胀的心理预期，控制实际通货膨胀。③保证国内货币政策的独立性。亚洲各国的重要教训在于，开放资本市场与固定汇率结合的做法使汇率与利率紧密联系，货币当局无法实施货币政策解决国内目标。④保持本国商品的国际定价合理性，防止币值过度高估，提高企业国际竞争力。⑤调整国际收支的灵活性。价格的调整可以减轻国际不利环境对国内经济的影响。近十多年来的实践证明，固定汇率制度对于中国稳定价格，促进贸易、投资和增长起到重要作用。

因此，中国的双顺差、外汇储备累积和较长时间的经济高增长、低通胀格局，说明中国并没有像早期发展中国家的通常做法那样将国际借贷用于本国消费或进口，而是利用国际制造重心转移之机，将资本项目的国际长期债务转化为经常项目盈余，不仅很好地规避了短期债务风险（如拉美的“国际借贷综合症”），而且通过货币扩张有效地拉

动了经济增长，解决了就业，获得了外溢效应，积累了外汇储备，提高了抵御国际金融危机的能力，维持了较长时间的宏观稳定——这不能不说是中国改革开放能获得成功的宝贵经验之一。

（二）中国对外开放过程中的挑战

中国的双引擎开放战略获得了巨大的成绩。但这样的开放战略同时也是高成本的、不平衡的，累积了较大的负面问题，中国在近期也面临了贸易顺差激增、贸易摩擦加剧、人民币升值、短期资本流入以及国际能源价格暴涨等重大外部冲击，直接挑战长期以来的经济发展方式，对外开放亟待一个新的转型。

1. 外资依存度、加工贸易与地区差距扩大

FDI 的快速流入，尽管有助于资本积累和经济增长，也造成了中国对外资较高的依存度以及地区之间发展极其不平衡问题。根据 Whalley 等（2006）的测算，若 FDI 流入稳定在 2005 年的水平，那么中国未来的经济增长处于 7% ~ 10% 的范围内将会有问题（发达国家市场对中国出口产品的吸收能力也会最终限制中国的增长）。若无 FDI 的流入，中国的 GDP 增长率可能会下降 3.4 个百分点左右。相反如果 FDI 流入持续增长，由于其活动集中在沿海地区，又将进一步加大中国的地区差距。

中国目前贸易方式以加工贸易为主[①]，加工贸易顺差是中国贸易顺差的最主要来源，2007 年这一比重高达 95%。20 世纪 90 年代初期前，中国对外贸易方式结构一直是以一般贸易为主，到 1992 年，一般贸易方式所占出口的比例均高于 50%；而从 1993 年起，由于外商直接投资大量涌入，加工贸易得到了快速发展。1996 年外资企业占整个加工贸易的比重为 64.5%，贸易额为 945.7 亿美元，到 2004 年上升为 81.86%，贸易额上升为 4500 亿美元，9 年间比重提高了 17 个百分点，贸易额增长了 2.4 倍。在华外资企业的贸易行为主要集中在来料加工贸易上。进料加工贸易进口占其总进口的比例每年略有波动，但大致保持在 50%；在出口结构中，进料加工贸易出口占外资企业总出口的比重在 70% 以上，占主导地位。若将从中国的总贸易顺差中剔除外资企业加工贸易顺差，则除 1995 年、1997 年、1998 年和 1999 年（东亚危机前后），1995 ~ 2006 年其他 8 个年度的净出口均为逆差。2003 年剔除外资企业加工贸易顺差后的中国贸易逆差更是高达 514 亿美元，占当年 GDP 的 3.64%，为 1995 年来之最。从增幅看，从 1995 年至 2004 年，外商投资企业进料加工贸易的顺差从 400 亿元升至 7900 亿元人民币，在 8 年间的增幅高达 20 倍。

目前，外资企业的加工贸易主要集中在广东、江苏、上海、山东、福建、浙江等省市，这六省市约占全国加工贸易总额近 90%（其中广东省占中国加工贸易进出口总值

---

① 一般贸易是指单纯或绝大部分使用本国资源和材料进行生产和出口的贸易方式。加工贸易是指从国外进口全部或部分原材料、零部件、元器件等，经境内企业加工或装配后，制成品复出口的经营活动，包括来料加工和进料加工。来料加工在中国又称作对外加工装配业务。广义的来料加工包括来料加工和来件装配两个方面，是指由外商提供一定的原材料、零部件、元器件，由国内企业按照外商提出的规格、质量和技术标准等加工或装配成成品或半成品，交由外商自行处置并按双方议定的标准，向外商收取加工费。进料加工与来料加工有相似之处，即都是"两头在外、中间在内"的加工贸易方式，但二者的主要区别是进料加工一般是由外贸企业用自己的外汇进口原材料、零部件、元器件等进行加工生产，并将生产出的产品出口。

的半壁江山），而加工贸易总额后 10 位的省、市、自治区占全国加工贸易总额比重不到 6%。其结果是使得欠发达的中西部地区的资金、劳动力、资源等生产要素大量加速流入东部沿海地区，中国的地区差距不断扩大。

此外，由于中国改革开放时间不长，资本市场的发育程度较低，再加上资本和外汇控制，国内与国际资本市场之间融合的程度较低，内资部门难以自由进入国际资本市场融资，外国投资者（外资企业）也基本不能自由进入中国资本市场融资。这样的天然阻隔，造成资本在内资部门和外资部门之间难以流动，进而形成了两类资本差异化的资本积累模式和回报率（王宏淼，2007）。由于内外资边际产出及政策差异等原因使得外资部门的套利机会要高于内资部门——而这种差异化套利机会在两部门分割的情况下是不能得到平滑的，所以改革开放以来，大量的内资通过各种方式外流，之后这些内资通过中国香港等地以 FDI 形式转回中国内地（假外资迂回，round-tripping），其目的是以外资身份享受相应的 FDI 政策优惠，实现制度性套利。英属维尔京群岛、百慕大、开曼群岛、太平洋上的萨摩亚，甚至统计账面上的中国大陆最大外资来源地中国香港，实际上都是中国大陆资本外流后悄然返回的“中转站”。不仅如此，这些假外资迂回后往往停留在出口加工区，通过加工贸易等形式再次获得出口退税等政策优惠，从而在垒高金融项目的同时，又加剧了贸易（经常项目）顺差。一些人估计来自香港的 FDI 有超过 20% 是迂回投资（Dees，1998）。Xiao（2004）估计中国的总迂回的 FDI 比例为 40%。资本迂回，造成了中国的国民福利受损，且带来了较大的经济不稳定。

2. 普雷维什—辛格效应与“贫困化增长”的潜在风险

国内大量研究表明，20 世纪 90 年代后期价格贸易条件有所下降。IMF 的分析也表明，1998～2003 年中国出口与进口商品的相对价格下降了 14.12%。不过价格贸易条件的恶化，并未带来中国的“贫困化增长”，中国的收入贸易条件自 1995 年（指数为 100）来却呈上升趋势，2004 年收入贸易条件指数达 225，10 年间上升了 2.25 倍。根据收入贸易条件的计算公式可知，出口与进口相对价格的下降（价格贸易条件的恶化）却带来贸易收入的上升（收入贸易条件好转），是必须以足够的出口数量作支撑的。这表明中国的贸易模式是一种简单的“数量型扩张”，这种贸易模式，尽管在一定时期内解决了就业，拉动了经济增长，其长期的负面影响也不小，它不仅会造成贸易争端，而且：①压低出口品价格，使得中国有输出通货紧缩之嫌。因而造成西方世界强迫中国汇率升值，以抬高要素价格和产品成本，降低中国商品的出口竞争力。②加工贸易主要利用中国廉价的劳动力，在中国国内加工组装再出口，是不跨境的劳务输出方式，中国在其中主要赚取加工费。因而在国际制造网络中，中国处于比较优势阶梯的下端，只能出口技术含量低、竞争激烈、低附加值的商品。外汇规模的增加，是以中国产业工人的“血汗工资”代价换来的。③加工贸易模式下，不仅重要的核心技术难以得到发展，还将严重的环境污染问题留在国内，影响中国长期国家竞争力和可持续发展。因而，数量型贸易增长模式及相关的新重商主义政策应当进行改进。

3. 环境污染、贸易摩擦与国际争端加剧

持续大规模的贸易顺差，使得中国面临的国际贸易摩擦加剧，人民币汇率升值呼声也接连不断。中国作为最终产地承受了美国、欧洲及一些发展中国家的巨大压力，反倾销等问题的焦点也都集中在中国。据 WTO 统计，中国在近 10 年已连续成为世界上遭受反倾销调查最多的国家。对欧美的顺差主要集中在纺织服装、日用瓷、鞋等行业，中国的大量出口在一定程度上冲击了欧美和一些发展中国家的低端产业，欧美利用中国的贸易逆差向中国政府和企业提出非难，以市场经济地位、特保条款、出口限制、知识产权保护等作为借口，将经贸摩擦被政治化，实质是欧美利用逆差保护本国产业，实行贸易保护主义。同时，面对近年来以美国巨额经常账户赤字为主要特征的全球失衡（Global Imbalance）问题的加剧，美方认定其逆差的一大原因是中国利用出口退税、汇率补贴等手段向美国倾销商品造成的，中国还遭受到了来自美国方面要求人民币升值、实行浮动汇率和金融开放的巨大政治压力。

4. 持有高额外汇储备的成本

持有高额外汇储备的成本很大。美元是中国外贸的主要结算货币。一般估计，中国外汇储备资产主要是美元标价的资产，其中美国短期国债及公司债占相当大的比例。中国外汇储备的持续激增，意味着风险集中于政府，但最终可能仍由纳税人埋单。据国家发改委经济研究所财政金融室主任张岸元称，中国央行持有外汇资产的损失极为惊人，到2010年年末，2003年以来每年增加的外汇储备已经发生的汇率损失达2711亿美元。而自2011年9月以来的4个月内，中国外汇储备就累计减少约813亿美元。此外，储备资产多元化的前景也并不十分乐观，当中国试图从国际市场进口粮食、矿产、石油等重要资源时，这类产品价格随即飙升。

5. 外部失衡、双膨胀格局与货币政策挑战

中国双顺差带来的中国外汇储备激增，使得货币供应量扩张过快，中国的货币政策操作十分受限。国际经济理论中著名的"桑顿效应"表明，在一国囤积美元并用国家信用纸币取代美元时，事实上已经输入了通货膨胀。历史上桑顿效应一再发挥作用，20世纪60年代的法国、德国等国际收支顺差国家，就因为"桑顿效应"而在通货膨胀的重压下呻吟，这正是美元体系强加给他们的。中国亦已初现此类端倪。2007年国家外汇储备已达到国内生产总值的2/5，为货币供给量M2的1/4左右。市场流动性开始过剩，并在近期表现为投机性资本的涌动，资产价格和物价开始膨胀（张平、王宏淼，2007），经济稳定受到了极大的挑战。

面对资产价格和物价上涨的双膨胀趋势，央行还只能谨慎使用传统的利率调控手段（一年期银行存款在2007年早期实质已为负利率）。如果为控制物价大幅度提高利率，不仅会给经济带来通缩效应，而且会使得银行成本提高，资金回流银行系统、银行存差扩大，给正在推行的国家银行股份化改造和金融体系改革带来不利影响。更重要的是，在资本流动性日益增大的情况下，人民币利率的提高会使得国际套利性资金流入，这又会进一步垒高外汇储备，再次增加国内的流动性，使得货币政策难度加大，很可能背离原先的加息初衷。所以，既要稳定汇率，又要控制通货膨胀；既要兼顾经济增长，又要保护（补贴）脆弱的国有银行，还要顾及外汇储备损益，中国的货币政策遇到了前所未有的挑战。

幸运的是，中国政府已意识到目前对外开放中存在的种种问题。一些调整政策已经在实行当中（本章第二节已有提及），主要有：①转变外贸在内的经济发展方式，强调从数量型增长向质量型增长转变，以科学发展观统领新型工业化，注重环境保护，倡导自主创新，通过对出口征税、开征资源税和环境税等方式，限制低价值、

高投入、高能耗和高污染行业的发展和出口；②调整出口退税、加工贸易政策和引资政策，减少制度性套利机会，鼓励外资投向中西部地区，协调区域经济发展；③从外需依赖型向内需拉动型转变，减少对国际市场的依赖，通过汇率重估、降低出口增速、适当增加贸易进口，稳妥推进以 FDI、合格的证券投资等形式的资本出口，加大对国际收支的监测等综合手段，努力促进国际收支的稳定和平衡；④严控固定资产投资增速，把住土地和信贷两个闸门，密切关注国际短期资本动向，通过提高存款准备金和公开市场操作等手段，防止经济过热，控制通货和资产价格双膨胀；⑤在 WTO 框架下，稳步推进产业、银行、资本市场的进一步开放，转变政府职能，推进制度创新。在上述产业、贸易、财政、金融、货币和外汇政策的综合治理下，中国的对外开放正在发生着根本性的转变。

四、开放质量的提升与可持续性增长

从 1978 年以来，中国的对外开放已经推进了三十多个年头，在历史的长河中，三十多年仅仅是弹指一挥间。如果以大历史的眼光回溯过往，我们不难发现，从两千多年前汉代“丝绸之路”的开辟，到公元 7 ~ 8 世纪中国大唐盛世的频繁对外交往；从 15 世纪中国明初郑和 1405 ~ 1433 年间的七下西洋，到其后“片舨不得出海”政策的转变，再到天朝王国美梦被坚船利炮击碎后“师夷长技以制夷”的 30 年洋务运动的失败，中国既不乏对外开放的辉煌历史，又有因闭关锁国带来的惨痛经历。中华人民共和国成立后，中国人民掌握了自己的命运，民族的独立和解放使中国发生了翻天覆地的变化。但面对世界经济蓬勃发展和新科技革命浪潮兴起，受制于种种国内外条件及“文化大革命”，中国在 1949 年后的第一个 30 年里错失了再一次对外开放的大好良机。令人庆幸的是，从 20 世纪 70 年代末开始中国抓住了新的历史机遇，选择了改革开放的正确道路，选择了正确的对外开放战略，最终一步一步走向了世界，历史在又一个短短的 30 年里因必然性和偶然性因素完成了其戏剧性的转换。

通过以上对中国最近 30 年对外开放的历史和逻辑线索的考察和归纳，我们在其中所能达到的理解，是把中国的对外开放看作国家经济发展战略的一个有机组成部分，而政府的决策在其中起着关键性作用。通过分析，得出以下结论：①中国 30 多年对外开放，取得了巨大成就，随着经济开放度的不断提高，中国目前已成为欧美、中国和泛亚三角生产—贸易—金融的国际分工中的重要一极；②中国的对外开放较好地兼容了发展和安全两个目标，这归功于渐进性的改革开放逻辑和 FDI 诱导与出口导向相结合的双引擎开放战略；③带有某种新重商主义性质的中国特色双引擎开放模式是成功的，但它同时也是高成本的、不平衡的，随着与国际经济关联度的增大，外部因素冲击着经济稳定，这成为现阶段对外开放的重要挑战。

近期的挑战和问题并不能带来对中国对外开放成就的怀疑。如果说中国的经验对于其他同样还处于不发达状态的国家有什么启示的话，那就是，开放是重要的，但选择一条什么样的开放道路更重要。政府在选择开放路径时，其政策不应当偏离本国的基本国情和限制性条件，并且应当注重本国经济内在发展动力的挖掘和培育。中国的双引擎开放战略，是针对“劳动力丰富但资本与技术稀缺、经济动员能力强但内需不足”的中国国情而作出的选择，以中国大规模低成本劳动力的要素禀赋比较优势为基础，有效地利用了国际制造业转移的机遇，由于注重出口市场开拓和FDI诱导下的“干中学”和竞争性创新机制的作用，从而使得中国比那些单纯出口导向或以非FDI方式引资的开放经济体更具有持续的增长动力，也更具有稳定性。

囿于篇幅，我们不打算在此就中国未来对外开放的政策转型作过多的讨论①。但是有三个重要的问题是不应当被忽略的，如何有效地解决、协调好这三方面关系，将直接影响到对外开放的质量与我国的可持续性增长。

1. 开放中的制度变革与政府控制、市场职能发挥

先行国家的经验证明，实行市场经济，充分发挥市场优化资源配置的积极作用，并辅之以适当的国家干预是必要的。但政府并非万能，它不能替代市场的作用。第二次世界大战后日本和亚洲“四小龙”的崛起，很容易给政府过度干预经济提供借口。在中国两千多年的政治传统以及近四十年的计划经济体制的惯性下，政府在转轨经济过程中扮演着重要角色，这在一定的发展阶段是合理的，在当代不平等国际分工以及国际保护主义流行的大背景下对某些幼稚产业以及事关国家安全的产业进行保护也是必要的。但市场竞争才是生产效率提高的最重要推动力，不能以政府干预替代市场在资源优化配置中的作用，要减少企业对政府的依赖，避免因政府过度介入经济生活而导致的“日本病”的发生。因而，政府逐步转变职能，放弃要素积累阶段的“直接数量型干预”，向市场化价格调节转变，辅之以产业政策、税收政策等，来提高经济的集约化程度，并把扩大与人口质量相关的公共支出作为自己的重要目标，是中国新重商主义政策调整的关键环节。

2. 内部结构调整与外部冲击

中国经济面临的难题之一，是在工业化尚未完成、自身经济基础仍很薄弱之时，就已经直面金融全球化的剧烈外部冲击。中国的经济有了很大增长，但与发达国家的差距仍然很大，更不论人均收入、科技和金融发展等方面与美日欧的差距，地区间的不平衡和资源等方面的约束在下一步发展中也将更加突出。因此一方面要发挥后发优势，通过技术进步尽快地推进工业化进程和产业结构升级换代，利用国内市场较大特点，化省际、地区差距劣势为优势，实现东、中、西三地区的垂直型制造分工体系，实现地区同步发展和国内市场一体化，同时加快发展与物流、消费相关的第三产业，避免沦为发达国家的低端品供应地倾向。另一方面，面对当代发达国家以“重融”为特点之一的、更高层次的新重商主义以及全球化条件下的各类重大外部冲击，中国仍要积极但又不失审慎地推进金融业市场化改革，把本国金融发展和国家金融安全放在下一步工作的突出位置。

3. 重商与富民的关系

毋庸置疑，中国现有新重商主义性质的政策更多的是向工商业倾斜的，特别是垄断企业和出口企业，对消费者利益关注还有待提高。早在330年前，亚当·斯密就这样批

---

① 较详细的政策讨论可参见王宏淼（2008b）。

判重商主义政策："消费是一切生产的唯一目的，而生产者的得益，只在能促进消费者的得益时，才应当加以注意，这原则是完全自明的，简直用不着证明。但在重商主义下，消费者的得益，几乎都是为着生产者的得益而被牺牲了，这种主义似乎不把消费看作一切工商业的终极目的，而把生产看作工商业的终极目的。对于凡能与本国产物和制造品竞争的一切外国商品，在输入时加以限制，就显然是为着生产者的得益而牺牲国内消费者的得益了。为了前者的得益，后者不得不支付此种独占所增加的价格。对于本国某些产物，在输出时发给奖励金，那亦全是为了生产者的利益。国内消费者，第一不得不缴纳为支付奖励金所必要征收的赋税；第二不得不缴纳商品在国内市场上价格抬高所必然产生的更大赋税……"①。亚当·斯密的话虽然有其历史局限性，但他关于生产的终极目的是为了消费的观点仍值得我们深思。中国为了实现经济赶超，面对国际贸易保护主义频频抬头的不利局面，在一定时期内实施新重商主义应当是合理的，但这种政策在很大程度上是以牺牲消费者利益来保护某些国家垄断企业、出口部门利益的，因此应当适时予以调整，否则对当代消费者的福利损害太大。随着人均收入的提高，消费者主权意识的觉醒必将挑战中国现有的政策。日韩等东亚经济体新重商主义"重外轻内"的特点源自其国内市场狭小限制，中国作为一个大国，与它们的基本国情不同，是完全有可能以国民福利的改进为目标，兼顾内、外两个市场的协调发展的。

参考文献

［1］滨下武志：《近代中国的国际契机——朝贡贸易体系与近代亚洲经济圈》，朱荫贵、欧阳菲译，中国社会科学出版社 1999 年版。

［2］杰弗里·法兰克尔、彼得·奥萨格编：《美国 90 年代的经济政策》（2004 年中译本），中信出版社 2003 年版，第 269 页。

［3］罗伯特·蒙代尔：《蒙代尔经济学文集》（第四卷——宏观经济学与国际货币史），中国金融出版社 2003 年版。

［4］浦田秀次郎：《FDI—贸易关联的出现及东亚的经济增长》，载 Joseph E. Stiglitz and Shahid Yusuf（eds），《东亚奇迹的反思》，中国人民大学出版社 2000 年版。

［5］熊彼特：《经济分析史》（第 1 卷）（1988 年中文版），商务印书馆 1954 年版。

［6］约翰·史密斯：《货币经济学前沿：论争与反思》（中文版），柳永明、王蕾译，上海财经大学出版社 2004 年版。

［7］亚当·斯密：《国民财富的性质和原因的研究》（下册）（1996 年中译本），商务印书馆 1776 年版，第 22-23 页。

［8］陈小文、蒋荣兵：《东亚三角形国际分工网络的演变及趋向：以纺织服装产业为例》，《国际贸易问题》2005 年第 9 期。

［9］经济增长前沿课题组：《开放中的经济增长与政策选择》（张晓晶、张平执笔），《经济研究》2004 年第 4 期；江小娟等：《中国经济的开放与增长 1980-2005 年》，人民出版社 2007 年版。

［10］林毅夫、李永军：《出口与中国的经济增长需求导向的分析》，北京大学中国经济研究中心讨论稿，2002 年，2008 年。

［11］林毅夫、蔡昉、李周：《中国的奇迹：发展战略与经济改革》，上海三联书店、上海人民出

① 亚当·斯密：《国民财富的性质和原因的研究》（下册），商务印书馆 1996 年中译本，第 227～228 页。

版社 1994 年版。

[12] 刘霞辉：《人民币已经进入了长期升值的预期阶段了吗?》，《经济研究》2004 年第 2 期。

[13] 赖明勇、许和连、包群：《出口贸易与经济增长》，上海三联书店 2003 年版。

[14] 麦迪逊：《世界经济二百年回顾》，改革出版社 1997 年版。

[15] 世界银行：《东亚奇迹：经济增长与公共政策》，中国财政经济出版社 1995 年版。

[16] 世界银行：《东亚奇迹的反思》，（约瑟夫·斯蒂格利茨、沙希德·尤素福编），中国人民大学出版社 2003 年版。

[17] 世界银行：《2003 年世界发展报告》，中国财政经济出版社 2003 年版。

[18] 王宏淼：《西方发达国家经济增长方式的历史演变及对当今的启示》，《现代经济探讨》2006 年第 6 期。

[19] 王宏淼：《全球失衡下的中国双顺差之谜：基于 FDI—贸易（经常项目）宏微观模型的一种经济学描述》，中国社科院经济研究所博士后工作报告，2007 年。

[20] 王宏淼：《金融危机警示与宏观政策选择》，《国际经济合作》2008 年第 3 期。

[21] 王宏淼：《中国的新重商主义及其改进思路：对外开放模式的一个审视》，《经济与管理研究》2008 年第 4 期。

[22] 王红岭、李稻葵、冯俊新：《FDI 与自主研发：基于行业数据的经验研究》，《经济研究》2006 年第 2 期。

[23] 吴敬琏：《当代中国经济改革》，上海远东出版社 2003 年版。

[24] 张海洋：《R&D 两面性、外资活动与中国工业生产率增长》，《经济研究》2005 年第 5 期。

[25] 张平、王宏淼：《"双膨胀"的挑战与宏观政策选择》，《经济学动态》2007 年第 12 期。

[26] 中国经济增长与宏观稳定课题组：《金融发展与经济增长：从动员性扩张向市场配置的转变》（张磊、刘霞辉、张平、王宏淼执笔），《经济研究》2006 年第 4 期。

[27] Sachs, Jeffrey and Andrew Warner, 1995, Economic Reform and the Process of Global Integration, Brookings Papers on the Economic Activity, pp. 1–95.

[28] Fung K. C., 2004, Trade and Investment: China, the United States, and the Asia–Pacific Economies, Testimony to the US–China Economic and Security Review Comission.

[29] Dees, S. 1998, Foreign Direct Investment in China: Determinants and Effects, Economics Planning (31), pp. 175–94.

[30] Dollar, David, 1992, Outward–Oriented Developing Economies Really Do Grow More Rapidly: Evidence from 95 LDCs, 1976–1985, Economic Development and Cultural Chance, 40 (April), pp. 523–544.

[31] Dooley, M. P. and P. M. Garber, 2005, Is It 1958 or 1968? Three Notes on the Longevity of the Revived Bretton Woods System, Brookings Papers on Economic Activity, pp. 147–87.

[32] Whalley, J. and X. Xin, 2006, China's FDI and Non–FDI Economies and the Sustainability of Future High Chinese Growth, NBER Working Paper No. 12249.

[33] Xiao, G., 2004, People's Republic of China's Round–tripping FDI: Scale, Causes, and Implications, Asia Development Bank Institute Discussion Paper No. 7.

第六章　劳动力资源开发

中国30年来资本形成速度的加快，使过剩的劳动力转变为现实生产力，有力地促进了经济增长。中国劳动力资源开发的“制度变革+产业导向”模式，为增长动力的重塑创造了条件，比较优势战略在成功将人口负担转化为人口红利的同时，也使中国经济从贫困陷阱中解脱出来。但是，随着中国工业化进程的推进，现有增长模式的局限及其不可持续性问题也逐渐显现，而以人力资本提高为核心的劳动力资源的二次开发，将是克服现有增长模式弊端和保证经济可持续增长的关键。本章将对中国经济增长过程中劳动力资源开发问题进行论述，并对劳动力资源的开发前景进行展望。全章内容安排如下：首先谈谈我国劳动力资源的开发对中国高速经济增长的贡献；其次，对中国劳动力资源的开发机制进行分析；最后是探讨如何二次开发劳动力资源以及建立人力资源开发体系对我国未来经济可持续性增长的促进意义。

一、劳动力开发模式与经济增长

二元经济理论认为，欠发达经济发展的核心问题是如何使剩余劳动力转化为储蓄和资本积累。在劳动力无限供给的条件下，现代部门以不变的实际工资水平，把从农业部门转移出来的劳动力用于资本形成。廉价劳动力的使用提高了现代部门资本形成能力，而现代部门的扩张也为剩余劳动力持续转移并为经济突破贫困陷阱创造了条件。改革开放30年来中国对农村剩余劳动力的开发利用，带来了劳动力资源重新配置的增长效应，在此基础上，国民储蓄率和投资率持续上升、社会产品日益丰富、国际分工地位逐步确立。

（一）劳动力转移的经济增长效应：经济增长速度和劳动生产率

1. 劳动力的再配置与经济的持续快速增长

一些研究对于中国改革开放以来劳动力资源再配置促进经济增长的事实进行了实证分析，结论认为（胡永泰，1998；丁霄泉，2001），农村剩余劳动力的快速流动有助于GDP增长速度的提高。这种认识与以下国民经济的增长趋势相吻合，根据总体增长趋势，以1990年为界，我们可以把30年的经济增长大致划分为三个时期，如表6-1所示，以人均GDP增长指数（1978年=100）为依据，1979~1989年间中国人均GDP增长速度的算术平均值为8.0%，标准差为0.03；1990~2006年间中国人均GDP增长速度的算术平均值为8.8%，标准差为0.03；2006~2011年中国人均GDP增长速度的算术平均值为10.0%，标准差为0.02，每一后一时期都比前一时期表现出较快的增长速度。20 世纪 90 年代人均 GDP 的相对快速增长与本时期农业部门劳动力比重较快速度的下降恰成对应：即 1979 ~ 1989 年间第一产业就业人员构成下降幅度的算术平均值为 1.4%，标准差为 0.02；1990 ~ 2006 年间第一产业就业人员构成下降幅度的算术平均值为 1.8%，标准差为 0.02；而 2006 年后城市化加速，第一产业就业人员构成下降幅度的算术平均值达 4.0%，标准差为 0.01，因此，劳动力由农业部门的较快流出对于经济整体增长具有促进效应。

表 6-1　中国人均 GDP 增长速度与第一产业就业比重逐年变动速度的对比（单位：%）

年份	人均 GDP 增长速度	第一产业就业比重逐年变动速度
1979	6. 1	-0. 7
1980	6. 5	-1. 1
1981	3. 9	-0. 6
1982	7. 5	0. 0
1983	9. 3	-1. 0
1984	13. 7	-3. 1
1985	11. 9	-1. 6
1986	7. 2	-1. 5
1987	9. 8	-0. 9
1988	9. 5	-0. 7
1989	2. 5	0. 8
1979 ~ 1989 年均值	8. 0	-1. 4
1979 ~ 1989 年标准差	0. 03	0. 02
1990	2. 3	0. 0
1991	7. 7	-0. 4
1992	12. 8	-1. 2
1993	12. 7	-2. 1
1994	11. 8	-2. 1
1995	9. 7	-2. 1
1996	8. 9	-1. 7
1997	8. 2	-0. 6
1998	6. 8	-0. 1
1999	6. 7	0. 3
2000	7. 6	-0. 1
2001	7. 5	0. 0
2002	8. 4	0. 0
2003	9. 3	-0. 9
2004	9. 4	-2. 2
2005	9. 8	-2. 1
2006	10. 5	-2. 2
1990 ~ 2006 年均值	8. 8	-1. 8
1990 ~ 2006 年标准差	0. 03	0. 02

续表

年份	人均 GDP 增长速度	第一产业就业比重逐年变动速度
2007	13.6	-4.2
2008	9.1	-2.9
2009	8.7	-3.8
2010	9.9	-3.7
2011	8.8	-5.2
2007～2011 年均值	10.0	-4.0
2007～2011 年标准差	0.02	0.01

资料来源：《中国统计年鉴》（2007、2012）。

2. 劳动力的再配置与劳动生产率的增长

经典二元经济理论认为，劳动力从农业部门向现代部门的流动，在使劳动力资源潜力得以有效开发的同时，总体经济效率和部门经济效率也相应提高。经济效率的提高来源于“学习”能力的增强，体现于“干中学”、“投中学”过程中的劳动者技能、知识和经验的不断累积，反过来又会促进生产规模的进一步扩大。从生产效率的数字特征来看，改革30年里，按可比价计算的全社会增加值产出/劳动力投入比率由1978年的852.7元/人上升到2006年的6330.8元/人，增加了6.4倍；第一次产业增加值产出/劳动力投入比率由1978年的335.6元/人上升到2006年的1063元/人，增加了2.2倍；第二、三次产业增加值产出/劳动力投入比率分别由1978年的2416.2元/人、1778.8元/人上升到2006年的19621.3元/人、6114.8元/人，增加了7.1倍和2.4倍。20世纪90年代以来，无论是全社会还是各次产业，增加值产出/劳动力投入比率都进入一个稳步增长时期（见图6-1）。

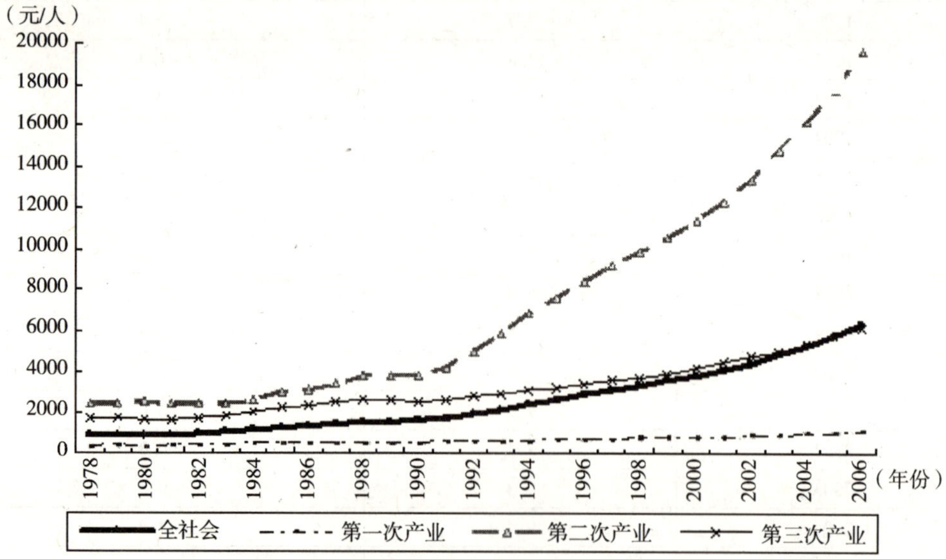

图 6-1　1978～2006 年全社会及各次产业增加值产出/劳动力投入比率趋势

资料来源：1978～1989 年就业数据取自王小鲁、樊纲（2000），1990～2006 年就业数据及其他数据取自《中国统计年鉴》（2005、2006、2007）；可比价按照商品零售价格指数减缩得到（1978＝1.00）；比率趋势由产出和就业 HP 趋势相除得到。

2006年后，随着城市化加速，劳动力从农业部门向现代部门的流动也急速上升，不仅劳动力资源潜力得以更有效的开发，而且总体经济效率和部门经济效率也提高较快。

如按2005年的不变价格计算，2007年的全社会增加值产出/劳动力投入比率达到31584元/人，而到2010年则上升到41338元/人；第一次产业增加值产出/劳动力投入比率由2007年的7947元/人上升到2010年的10009元/人，增加了1.26倍；第二、三次产业增加值产出/劳动力投入比率分别由2007年的56618元/人、40640元/人上升到2010年的70953元/人、50003元/人，四年时间分别增加了1.25倍和1.23倍（如图6-2所示）。

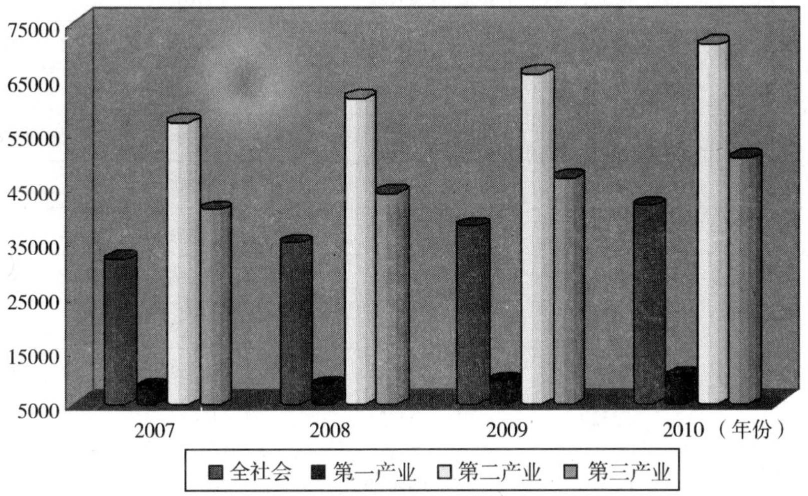

图6-2 2007~2010年全社会及各次产业增加值产出/劳动力投入比率趋势

3. 中国经济增长的维多恩（Verdoorn）效应

维多恩（Verdoorn）效应，是指生产率的提高可能降低劳动需求，但是，这种对劳动需求的抑制效应也有可能被更快的产出增长之于劳动需求的拉动作用抵消。也就是说，经济的增长体现了效率和就业两方面的兼顾。具体分为三个阶段（见表6-2）：①从国民经济总体状况来看，20世纪70年代末至80年代，在全社会增加值产出/劳动力投入比率稳步增长的同时，全社会就业总规模以年均1300万~1400万人的速度增加，其间，三次产业就业同时表现出了持续增长势头，且年均增长规模都在450万人左右。②90年代至2006年，全社会就业总规模的年均增长量是700多万人，比80年代低，其间，现代经济过程中劳动力转移规律逐渐显现出来，即第一产业就业出现绝对下降的趋势，1991~1999年平均下降幅度为349.6万人/年，2000~2006年为458.1万人/年。③2007~2011年第一产业就业急剧下降，平均每年下降1034.3万人，这种加速下降趋势与二元经济结构下的工业化规律是相吻合的；第二产业就业吸收能力递减的趋势在90年代开始显现，1979~1989年第二产业就业规模的年均增量为457.4万人，1991~1999年下降到285.0万人，2000~2003年间的就业增长速度持续降低，2004~2006年间出现了反弹，2007~2011年则平均每年增加589.5万人；而第三产业的就业吸收能力显著提高，自20世纪

90 年代中期以来逐渐成为劳动力转移吸收的主要阵地，其吸纳就业从 1978 年的 4890 万人增加到 2011 年的 27282 万人，平均每年增加 678.5 万人。总体来看，中国 30 年来的经济增长，体现了效率和就业两方面的兼顾，引领效率提高的现代部门，尤其是第三产业仍然具有就业吸收的较大空间。

表 6-2　1978～2011 年全社会就业规模与各次产业就业规模变动趋势（单位：万人）

年份	全社会就业人员总计	第一产业	第二产业	第三产业
1978	40152	28318	6945	4890
1979	41024	28634	7214	5177
1980	42361	29122	7707	5532
1981	43725	29777	8003	5945
1982	45295	30859	8346	6090
1983	46436	31151	8679	6606
1984	48197	30868	9590	7739
1985	49873	31130	10384	8359
1986	51282	31254	11216	8811
1987	52783	31663	11726	9395
1988	54334	32249	12152	9933
1989	55329	33225	11976	10129
1979～1989 年就业年均增长量	1379.7	446.1	457.4	476.3
1990	64749	38914	13856	11979
1991	65491	39098	14015	12378
1992	66152	38699	14355	13098
1993	66808	37680	14965	14163
1994	67455	36628	15312	15515
1995	68065	35530	15655	16880
1996	68950	34820	16203	17927
1997	69820	34840	16547	18432
1998	70637	35177	16600	18860
1999	71394	35768	16421	19205
1991～1999 年就业年均增长量	738.3	-349.6	285.0	802.9
2000	72085	36043	16219	19823
2001	73025	36513	16284	20228
2002	73740	36870	15780	21090

续表

年份	全社会就业人员总计	第一产业	第二产业	第三产业
2003	74432	36546	16077	21809
2004	75200	35269	16920	23011
2005	75825	33970	18084	23771
2006	76400	32561	19225	24614
2000～2006年就业年均增长量	715.1	-458.1	400.5	772.7
2007	75321	30731	20186	24404
2008	75564	29923	20553	25087
2009	75828	28890	21080	25857
2010	76105	27931	21842	26332
2011	76420	26594	22544	27282
2007～2011年就业年均增长量	274.8	-1034.3	589.5	719.5

注：本表数据来源于《中国统计摘要2007、2012》，由于1990年人口普查将以往漏报人数包括进来，因此与1989年比较起来，1990年就业人数出现了异常增长，鉴于这种问题的存在，在计算20世纪90年代就业增量时，我们计算的时间段是1991～1999年。

（二）人口红利与储蓄、投资增长：人口转型过程中的经验事实

1. 处于人口红利时期的中国劳动力供给

“人口红利”的含义是，在人口转型过程中出现的人口年龄结构优势所带来的高劳动参与率——总人口中劳动力人口比重较大——对一国经济增长的积极效应。相应地，人口红利期是指当生育率迅速下降、少儿抚养比例下降、总人口中适龄劳动人口比重上升，而老年人口比例达到较高水平之前形成的一个劳动力资源相对丰富的时期（汪小勤、汪红梅，2007）。对于二元经济而言，人口规模变为人口红利的一个关键条件是，在适当时机政府选择了适当的政策促进劳动力再配置。改革开放以来，中国总人口增长率经历了80年代的持续上升期和90年代至今的持续减速期，2005年，人口规模突破13亿。从劳动供给来看，1990～2005年间，15～64岁人口劳动参与率由84%降低到70%，呈现出较快的下降趋势。但是，由于人口规模的庞大，以及劳动参与率水平较高，劳动力供给绝对量是逐年增加的。总体来看，全社会就业规模增长趋势分为三个阶段：1988年以前的增长速度较快时期；1989～1996年间的减速增长时期；以及1997年以后总体劳动力规模向峰值的缓慢逼近时期（见图6-3）。中国的制度变革以及劳动力比较优势战略的实施，为人口红利的兑现提供了基础，其重要表现就是储蓄和投资的持续提高。

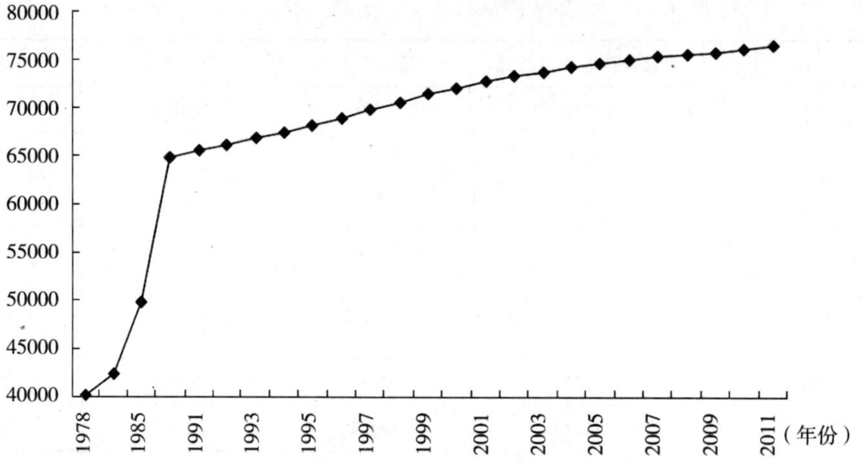

图 6-3　1978～2011 年全社会劳动力供给

资料来源：《中国统计年鉴》2012。

2. 储蓄和投资

经典二元经济理论中，劳动力资源开发过程中国民储蓄和资本积累的不断增加被置于关注的中心，因为两者构成了欠发达经济工业化的根本基础，也是欠发达经济摆脱贫困陷阱的关键条件。从中国经济增长的实践来看，正如上文已经阐述的那样，农业部门剩余劳动力的转移，在使农业部门生产效率提高的同时，也促进了现代部门的规模扩张和生产效率提高，30 年的发展已经使现代部门生产由“城市中的孤岛”成长为遍布城乡的网络。农村剩余劳动力的转移不仅增加了农村居民的收入和储蓄，而且，更为显著的是，低成本劳动力的使用使现代部门获得了较大利润空间并具有了强大的再投资能力。①高储蓄。1978 年全国城乡居民储蓄存款总额为 210.5 亿元，2011 年全国城乡居民储蓄存款总额为 343635.9 亿元。1978～2011 年间全国城乡居民的储蓄存款总额为增加了 1632.5 倍；扣除居民消费价格指数上涨因素的影响，全国城乡居民储蓄分别增加了 289 倍。其间，全国居民储蓄的规模经历了 20 世纪 80 年代年均数百亿级的增长、90 年代数千亿级的跨越，以及 2001 来以来数万亿级的跃升。中国居民储蓄的这种加速趋势，与劳动力资源的开发节奏是合拍的。②高投资。高储蓄推动了高投资，90 年代以来，中国固定资本形成率一直维持在 30% 以上的高水平。同时，随着中国市场化程度的提高和劳动力转移进程的深入，以吸收剩余劳动力为主渠道的非国有经济成分发展迅速，1981 年国有经济成分的固定资产比重占全社会固定资产投资的 69.5%，而到 2011 年仅降到了 26.5%，非国有经济成分固定资产投资已是国有经济固定资产投资的 2.77 倍。

（三）工业结构调整与短缺经济的终结：“适用”技术选择的贡献

一个众所周知的增长事实是，改革开放以前，中国的轻工业或消费品工业没有得到国家战略规划的重视和支持。计划经济体制下“先生产后消费”的增长思路，不仅造成了工业生产结构向重工业的严重倾斜，而且失去了劳动力比较优势利用之于增长潜力发掘和国民福利提高的机会，因此，短缺尤其是消费品短缺成为那段历史时期的一种内生现象。改革开放以后，随着乡镇企业和三资企业的迅速发展，在资源禀赋得到充分利用的同时，计划经济时期轻重失衡的工业结构得到调整，消费品短缺的局面逐步消失。从《中国工业交通能源50年统计资料汇编》提供的数据来看，1978年以前，中国消费品工业或轻工业总产值的增长速度在多数年份低于重工业的增长速度；1979年以后，这种状况发生改变，除少数年份外，1978～1999年中国消费品工业总产值都以高于重工业的速度增长，轻重工业比重基本维持在50∶50的比重（如表6-3所示），其中，以食品、纺织品、服装、玩具和机械电子制造为代表的劳动密集行业的增长尤其令人瞩目。

表6-3 1978～2004年轻重工业比重及增长速度（单位：%）

年份	构成		增长速度	
	轻工业	重工业	轻工业	重工业
1978	43.1	56.9	10.9	15.6
1979	43.7	56.3	10.0	8.0
1980	47.2	52.8	18.9	1.9
1981	51.5	48.5	14.3	-0.5
1982	50.2	49.8	5.8	9.9
1983	48.5	51.5	9.3	13.1
1984	47.4	52.6	16.1	16.5
1985	47.4	52.6	22.7	20.2
1986	47.6	52.4	13.1	10.2
1987	48.2	51.8	18.6	16.7
1988	49.3	50.7	22.1	19.4
1989	48.9	51.1	8.2	8.9
1990	49.4	50.6	9.2	6.2
1991	48.4	51.6	15.0	14.5
1992	46.6	53.4	20.0	29.0
1993	46.5	53.5	27.0	27.5
1994	46.3	53.7	23.6	24.6
1995	47.3	52.7	22.9	18.0
1996	48.1	51.9	24.0	12.7
1997	49.0	51.0	14.5	11.7
1998	49.3	50.7	11.8	9.7
1999	49.2	50.8	10.9	12.3
2000	40.1	59.9	9.5	13.0

续表

年份	构　成		增长速度	
	轻工业	重工业	轻工业	重工业
2001	39.5	60.5	8.6	11.1
2002	39.1	60.9	12.1	13.1
2003	35.7	64.3	14.6	18.6
2004	32.9	67.1	15.4	20.6

资料来源：2004《中国工业交通能源五十年统计资料汇编：1949–1999》。2000～2004 年数据来自国家发改委价格监测中心，徐连仲的《我国近期物价走势分析》一文。

不过，值得关注的是，随后轻重工业比重开始发生逆转，重工业比重开始连年攀升，到 2005 年轻重工业比重分别为 31% 和 69%。此后，这一态势并未变化，继续朝着重工业比例增大趋势发展，2007 年重工业比重达到 70.5%，2008 年为 71.1%，即“1999～2011 年这 13 年，轻工业产值比重由 41.9% 下降到 30% 以下，重工业则由 58.1% 上升到 70% 以上。重工业占比比改革开放前还要高，对我国能源和环境保护造成了重大压力”。

随着劳动力比较优势的利用和消费品工业的发展，使得中国在 20 世纪 90 年代初期终于走出短缺经济阴影。我们可以从以下几个方面对短缺经济的终结进行概括：①消费品市场规模成长迅速。从社会消费品零售总额来看，1979 年为 1800.0 亿元，2011 年为 183918.6 亿元，28 年里扩张了近 102 倍，按 1978 年不变价格计算的年均增长速度为 38.5%。②消费品市场组织形式多元化趋势形成。随着居民消费水平的提高和消费需求的多元化，改革开放后尤其是 90 年代以来，中国原有的单一综合商店模式被彻底打破，新兴业态纷纷涌现，目前，商品零售服务领域已经呈现出超级市场、仓储式商店及购物中心、便民店、专卖店等多种市场形式并存、竞争的格局。③商品消费结构升级步伐加快。从历史来看，中国消费结构的第一步变迁历时最长，从解放初一直持续到 20 世纪 80 年代。80 年代中期以来，中国城乡居民消费结构迅速变动，商品消费升级换代速度加快，消费热点不断出现：从改革开放前期以满足基本生活需求为特征的消费热点（自行车、手表和缝纫机）的形成，到 80 年代中期以追求生活舒适为特征的消费热点（彩电、冰箱和洗衣机）的形成，历时不到 10 年。

（四）劳动力比较优势与贸易大国地位的确立

对于一个开放经济来说，进出口贸易活动的增加，可以通过市场网络的延伸、专业化分工、知识扩散以及创新激励等途径，促进经济的长期增长（Pack，1988；格罗斯曼和赫尔普曼，2003）。Krueger（1981、1983）等关于发展中国家劳动力比较优势利用状况的个案研究表明，根据劳动/资本要素比例在一国不同增长阶段的表现而选择适当的贸易模式，是以贸易促进经济增长的重要环节。一般而言，发展中国家的比较优势在于其丰富而廉价的低技能劳动力，在这种状况下，如果这些国家能够利用自己的比较优势参与国际分工——鼓励劳动密集型出口产业的发展而不是资本密集型进口替代产业发展，那么，这种做法将有助于就业规模的扩大和经济的稳定增长。改革开放以来，中国参与国际分工模式的一个典型特征是：在民营企业即非国有独资企业发展逐步得到肯定的前提下，充分利用民营企业在国际市场网络中的优势，促进进出口贸易的发展，并以此为基础承接国际产业转移和技术扩散，最终奠定中国的国际专业化分工地位。从统计数据来看，按照现价计算，中国 2011 年的货物进出口规模是 1978 年的 666 倍，1978 年，中国货物进出口总额在世界排名第 27 位，2011 年以来跃居世界前两位，贸易大国的地位因此得以确立。具体而言：①劳动力比较优势的发挥与出口结构的变化。"六五"时期（1981～1985 年），中国货物出口贸易总额中，一般贸易占比为 91.7%，加工贸易占比为 7.8%；到了"十五"时期（2001～2005 年），中国货物出口贸易总额中，一般贸易占比下降到 41.5%，加工贸易占比上升为 55.1%，近几年由于国际金融危机影响，加工贸易占比开始逐年下降，一般贸易占比上升，2011 年与 2006 年相比，五年来一般贸易增加了 5.3%，而加工贸易下降了 10.1%，如表 6-4 所示。②贸易顺差与外汇储备的增加。20 世纪 90 年代至今，中国货物进出口贸易一直保持着顺差，1995 年以来，贸易顺差呈现出逐年扩大的趋势。从统计数据看，近年来，规模迅速扩大的加工贸易出口，已成为中国贸易顺差的主要来源，这种局面的形成得益于中国出口商品劳动力成本的低廉及由此形成的价格竞争能力。贸易顺差的持续扩大，为中国外汇储备积累提供了基础，2011 年，中国外汇储备达到 31811 亿美元，成为外汇储备最多的国家。

表 6-4　各个时期贸易规模及货物出口构成

	进出口总额（亿美元）	货物出口构成（%）	
		一般贸易	加工贸易
"六五"时期	2524.1	91.7	7.8
"七五"时期	4864.1	66.4	31.8
"八五"时期	10144.1	49.8	47.6
"九五"时期	17739.1	41.5	55.8
"十五"时期	45578.7	41.5	55.1
"十一五"时期（2006 年）	17606.9	43.0	52.7
2007 年	21765.7	44.2	50.7
2008 年	25632.6	46.4	47.3
2009 年	22075.4	44.1	48.9
2010 年	29740.0	45.7	46.9
2011 年	36418.6	48.3	42.6

资料来源：《中国统计摘要 2007》。2007～2011 年的数据来自中国海关。

二、中国劳动力资源的开发机制

计划经济时期的中国经济增长，是沿着一条比较劣势的轨迹进行的，这条路径的明显局限是忽视了要素相对价格，重工业的优先发展及相应轻工业发展的滞后，没有将禀赋充裕的廉价劳动力利用起来。改革开放后，以劳动密集型为典型特征的乡镇企业的崛起以及外资的进入，使得中国开始重新评价原有发展战略，以重工业优先发展为核心的赶超战略因此发生了重大转变。从改革开放30年的增长经验来看，制度变革和劳动力比较优势战略的实施，在促进中国经济高速增长的同时，也为产业结构变动和劳动力资源的开发注入了活力，劳动力比较优势的有效利用，为中国经济规模的快速扩张和国际分工地位的确立，做出了巨大贡献。越来越多的文献认识到，过去30年中国劳动力资源的有效开发，已经成功地将人口负担转变为“人口红利”（西蒙，2000；蔡昉，2004；中国经济增长与宏观稳定课题组，2007）。中国劳动力资源开发是在特殊的城乡二元结构向工业化过渡的进程中展开的，其开发机制也具有鲜明的特色。劳动力市场的发育经历了以下几个阶段：

第一阶段，1979～1984年。经济体制改革首先在农村开始，农村剩余劳动力的转移则紧紧伴随着这一改革过程，但是由于严格的户籍制度，剩余劳动力无法大量转移。城镇传统的统包统配的就业制度开始打破，通过实行劳动部门就业、自愿组织起来就业和自谋职业相结合的方针，中国劳动力市场得以建立。这一阶段统包统配制度仍占主导地位，劳动力市场规模及市场化程度很低。

第二阶段，1984～1992年。随着中国经济体制改革的重心由农村转向城市，搞活国有企业成为整个经济改革的中心环节，劳动就业制度改革向前推进，国有企业内部劳动合同制从试点到全面推开。户籍制度有松有紧，农村剩余劳动力陆续向城镇转移，人才交流市场初步出现，扩大了劳动力市场的作用范围，推动了劳动力的合理流动。社会保障作为国有企业改革的配套措施开始探索，1986年在国有企业中开始建立失业保险制度。

第三阶段，1992～1996年。明确提出培育和发展劳动力市场，市场机制被更多地引入劳动就业领域。农村剩余劳动力向城镇转移成为劳动力转移的主要渠道。社会保障市场化改革取向明确，制度覆盖范围扩大，社会化程度提高。

第四阶段，1996年至今。国有企业职工大规模下岗分流标志着存量劳动力所处的就业体制从根本上被市场化。户籍制度发生较大的变迁，农村剩余劳动力有序地实现大量转移。社会保障改革取得了重要进展。

（一）劳动力资源的开发模式

从工业化国家的工业化与城市化关系看，主导产业一般都经历了“轻纺工业（劳动密集型）—重化工业（资本密集型）—重加工工业（技术密集型）”的发展历程。工业化与城市化的同步发展，决定了农村剩余劳动力产业与空间的同步转移，意味着非农化率与城市人口比重同步增长，一般而言，非农化率要高于城市人口比重，这已经被工业化国家的发展所证实，城市化率与非农化率基本上是相似的，均呈“S”型演进趋势。在工业化前期即农业经济时代增长比较缓慢，在城市化率达到20%左右，非农就业与城镇人口增长开始加速，在70%左右逐步进入工业化后期，城市化增长速度趋缓。

从农业劳动力的非农转化特征来看，在起步时期，吸收劳动力的主要产业是工业，并且主要是以劳动力密集型产业为主的轻工业，一方面对劳动力的基本素质与专业技能要求不高，便于农业、农村剩余劳动力向非农产业转化；另一方面对劳动力的吸收数量要大于服务业的吸收数量，工业与服务业就业增长率分别在0.4%以上与0.4%以下。工业化推动城市化，反过来，城市化也带动工业化发展，非农化率、城市化率迅速提高。劳动力密集型产业主导地位逐渐被资本密集型、技术密集型的资本品工业所替代，工业劳动力的年均增长率逐步下降，与城市人口的年均增长率差距开始扩大，大致是从城市化率50%左右开始。从这个时期开始，服务业以及第三产业的发展速度明显加快，对劳动力的吸纳能力较大，表现在服务业或者第三产业就业年均增长速度高于城市人口增长速度。

中国农民工伴随着工业化、城镇化和改革开放的进程而产生和不断发展。中国涉及农民工（农村劳动力流动就业）的政策大致经历了从“自由迁移”到“严格控制”、从“离土不离乡”到“离土又离乡”、从“消极应对”到“积极引导”三个发展阶段。

1978年以前，中国城乡二元经济结构的典型特征是：户籍制度对农业人口与非农业人口作出了严格区分，对劳动力城乡流动进行了严格限制；城市部门偏重于发展就业吸收能力较弱的重工业，统包统分的用工制度导致了就业刚性。改革开放以后尤其是20世纪80年代中期以来，随着城乡人口流动限制性政策的放松以及城市部门用工制度的调整，农村剩余劳动力的转移成为可能。与此同时，中国工业化发展战略的逐步转型及劳动密集产业的发展，对低素质劳动力提出了巨大需求，劳动力转移也因此成为现实，中国劳动力资源开发是具有鲜明特色的“制度变革+产业导向”模式。

1. 制度变革与农村剩余劳动力转移

按照经典二元经济理论，在农业部门劳动力无限供给的条件下，现代部门只要提供高于农业部门维持基本生存的实际工资，就会在不变工资水平上获得持续的劳动力供给。但是，在剩余劳动力转移的协调机制上，经典二元经济理论作家稍微有些分歧：刘易斯（1989）似乎更加强调欠发达国家政府在发展现代部门进而加速农业部门剩余劳动力转移中的作用；费景汉和拉尼斯（1992）认为，欠发达国家在促进经济增长和剩余劳动力转移方面所采取的政府和市场“折衷”方式，其效果令人失望，市场机制在劳动力配置过程中的作用是关键性的。正如前文所述，由于户籍制度的存在，1978年改革伊始的中国经济二元结构，实际上与经典模型存在偏差，正是这种偏差引致了中国制度变革过程中剩余劳动力转移的特殊路径：政府控制和主导下的劳动力城乡转移。具体分为两个阶段：

（1）20世纪80年代的“控制性”流动。从实践来看，与自上而下的初始改革路径相适应，80年代，户籍制度的松动使得农村剩余劳动力获得了流动权，但是，由于粮油价格没有放开及相应票证制度的约束，这个时期农业部门剩余劳动力转移的典型特征是自带口粮进城务工经商，政府对劳动力流动主要通过流动范围（限制在集镇企业）和“自理粮户口”申请资格（一般对本地农民）进行控制。从1988年开始，国家已经认识到有组织的劳务跨区输出对于农业部门劳动力资源开发的重要性，并动员乡镇企业尤其是大中型企业招用农民工。

（2）20世纪90年代至今的“有序化”流动。20世纪90年代尤其是1992年以后，与就业证卡管理制度实施和粮油票证制度终止的制度变革相对应，农业部门劳动力流动范围得以放宽，政府对劳动力转移的组织也开始规范。随着小城镇落户条件的进一步放松以及经济特区、经济开发区、高新技术产业开发区对劳动力转移的开放，剩余劳动力流入城市部门的节奏加快。与此同时，包括职业介绍机构、职业培训机构和技术等级认证在内的一整套服务体系的健全完善，为劳动力流动的有序化奠定了基础。

2. 农村剩余劳动力转移的产业导向

制度变革为农村剩余劳动力转移提供了必要条件，这个条件带有鲜明的中国特色。但是，这个条件还不充分，剩余劳动力的有效利用还需要劳动密集型产业的发展。经典二元经济理论认为，对于低素质劳动力广泛存在的欠发达国家而言，"适用"技术的选择非常关键，所谓"适用"技术，是指能够适应某个特定时点上资源禀赋状况的技术（费景汉、拉尼斯，2004）。从中国经济增长的实践来看，有利于吸收农村剩余劳动力转移的"适用"技术选择模式，是随着乡镇企业的发展而逐步定型的。1984 年，中国乡镇企业数量是165 万个，1985 迅速增长为1223 万个，直至20 世纪90 年代中期乡镇企业改制时，中国乡镇企业数量已经发展到2000 多万个。快速发展的乡镇企业以其劳动密集特征，承接了农村剩余劳动力转移，其中，乡镇工业在劳动力吸收过程中一直扮演着主要角色。根据林毅夫（1996）等的研究，改革开放以来乡镇企业之所以在增长和劳动力吸收方面成就斐然，原因就在于它们在产业和技术选择上有效利用了劳动力相对丰富的比较优势。中国乡镇企业的发展从以下方面对就业和社会稳定做出了贡献：即乡镇企业对于剩余劳动力的转移提供了渠道，从而避免了大量劳动力流向城市而可能造成的失业加剧。经典二元理论作家不仅关注城乡劳动力转移的协调机制问题，而且关注剩余劳动力转移的后果，刘易斯（1989）认为，小城镇工业企业的建立可以缓解城市就业压力，但是在小城镇发展对于缓解就业压力的效果上，他的观点有些犹豫，因为这种建议的有效性在当时没有得到经验证明。中国乡镇企业对于农村剩余劳动力的有效吸收，实际上为经典二元理论的预测提供了证明。90 年代中期以后，随着乡镇企业改制进程的深入以及民营企业的壮大，加之出口导向战略的实施，中国劳动力比较优势的产业导向进一步明确，从而为劳动力资源的开发提供了良好的环境。

（二）劳动力资源的开发过程

改革前，由于重工业偏向的工业化战略和人口数量失控，农村人口的比重大，再加上中国农民人均耕地占有量偏低，从而形成了"工业产出高份额"和"农业就业高份额"的反常现象。这意味着国家工业化的快速推进远远没有同步增加农村人口的就业机会，同时工业部门内部累积起日益严重的就业不足和隐性失业。为了不致使失业表面化，国家一方面控制农村劳动力流向工业和城市，另一方面在国有部门超额吸收员工，形成了据估计占全部职工人数20% ~30% 的在职剩余劳动力。改革开放提供了劳动力流动的环境，为农业部门剩余劳动力的转移开启了大门。农业剩余劳动力转移经历了大致两个阶段，即"离土不离乡"的乡镇企业阶段和"离土又离乡"的民工潮阶段。

沿着制度变革和经济增长的历史逻辑，中国劳动力流动表现出了明显阶段性：20 世纪80 年代离土不离乡的"乡—镇转移"、90 年代的"乡—镇、乡—城复合式转移"以及第二代农民工"离乡离土"的转移。

1. 农村剩余劳动力离土不离乡的"乡—镇转移"

改革开放伊始，中国就把农村剩余劳动力转移的重心定位在小城镇建设和农村多种行业的大力发展上，20 世纪80 年代中期乡镇企业的崛起正是得益于国家政策的这种明确定位。与此同时，国家对于农业部门剩余劳动力转移的政策是“离土不离乡”，要求劳动力大部分就地向乡镇企业和小城镇转移（张神根，2006）。其间，乡镇企业的成长是沿着两条并行的路径展开的，即1985年以后乡镇集体企业的发展和乡镇个体私营企业的迅速崛起，两条路径的代表分别是以集体企业发展带动就业的“苏南模式”和以个体企业发展带动就业的“温州模式”。乡镇企业的两种发展模式在产权机制上尽管存在质的差别，但是在劳动力资源的开发方式上却是相同的，都是经由劳动密集产业的发展，就地吸收剩余劳动力，农民工的就业状态典型地表现为“亦工亦农”。因此，20世纪80年代（准确地说是1988年以前）“离土不离乡”的内涵主要体现在地域上——农民工转移局限于本地的“乡—镇转移”。

从乡镇企业发展的历史逻辑来看，作为承接中国庞大剩余劳动力转移的第一站，其迅速崛起与“适用”技术的选择密切相关。改革开放之初，从土地上走出来的农民工不但文化水平低，而且缺乏必要的技能训练，面对这种问题，乡镇企业普遍采用技术水平较低的设备是合乎理性的。有人把20世纪80年代乡镇企业的技术设备概括为“三三二二”，即二十世纪五六十年代水平的各占30%，七八十年代水平的各占20%（华中轩，1993），这种技术选择方式与劳动力的素质是吻合的。表6-5显示了1980～1987年间乡镇企业与国有工业企业百万元固定资产投资对就业吸收的对比状况，从中可以看出，乡镇企业的就业吸收能力大致相当于国有工业企业的8～10倍，到80年代末期，已经有将近1亿的农村劳动力在乡镇企业就业。

表6-5　1980～1987年间乡镇企业和国营工业企业的劳动/资本比率（单位：人/百万元）

年份	乡镇企业	国营工业企业
1980	909	93
1981	769	90
1982	714	87
1983	667	86
1984	667	79
1985	833	75
1986	667	68
1987	556	79

资料来源：《中国统计年鉴》1983-1989年；《中国乡镇企业统计资料（1978-2002）》。

2. 农村剩余劳动力离土不离乡的“乡—镇、乡—城复合式转移”

20世纪90年代，国家在继续执行“离土不离乡”政策的基础上，对劳动力流动范围的限制逐步取消，同时，户籍制度的进一步放松和劳动力服务体系的规范也为剩余劳动力的转移提供了激励。其间，劳动力流动呈现出了“乡—镇转移”和由乡村向大中城市转移并举的复合转移模式，农民工的跨区流动是这一时期过程的主要特色。

20世纪90年代农村劳动力流动具有如下一些特征：在流动区域方面，流向相对集中，以不发达地区向发达地区、农村向城市流动为主；从欠发达地区农村向发达地区及城市的流动是主要的，但是多向的，显示了经济发展和市场配置人力资源的多样性；农民跨地区就业流动半径长；外出就业的许多农民进入了大中城市，但相当一部分是进入发达地区的小城镇和乡镇企业；产业流向上，95%以上的农村外出劳动力是进入非农产业，不到5%的是异地务农；从流入地来看，农民工的产业流向分为两类：一类是大中城市，主要进入商业服务业、建筑业，进入工业的比重较低；另一类是东南沿海苏南、温州、闽南、珠江三角洲等发达地区，加工贸易型的外向经济发展快，乡镇企业和三资企业占重要地位，外来农村劳动力进入工业企业的则占60%～70%；外出农民进入东、中、西部地区的比例约为6∶3∶1，进入大中城市、小城镇（含县级市）和农村的比例约为4∶4∶2；农业部对全国275个村的调查结果与此相近；就全国而言，外出就业约占乡村劳动力的13%，但在中西部川、皖、湘、赣等省一些地、县，则占农村总劳动力的20%～30%。农村劳动力流动具体分为两个阶段：

（1）20世纪90年代初中期"乡—镇转移"趋势的继续和"乡—城转移"势头的兴起。延续80年代中期的迅猛发展势头，进入90年代后，乡镇企业保持了较快的发展局面，1990～1996年间，劳动力"乡—镇转移"的年均规模仍然高达700万。在这段时期中，随着社会主义市场经济体制框架的逐步确立，非国有经济成分在城市，尤其是沿海地区大中城市中发展迅速，个体、私营、外资经济的成长和城市发展对劳动力提出了需求，制造加工、建筑、邮电运输、零售餐饮、生活服务等第二、三产业的上百个行业对农民工敞开了大门。在这种背景下，一些不满足于土地回报的农民，开始到城市特别是沿海城市寻找赚钱的机会，于是跨省区、跨县市的外出务工浪潮"民工潮"逐渐形成，农民工群体也因此产生。表6-6数据显示，1989～1991年间，农民进城务工数量年均规模不到1000万人，1992年农民工数量迅速增加到4600万人，1994年为6000万人。与"乡—镇转移"的显著区别是，这些"乡—城转移"的农民工不再倾向于暂时居住，他们中很多人在城市居住的时间不断延长，另外，农民工举家迁移的趋势在这一时期开始出现。

表6-6　各年农民工数量（单位：万人）

年份	1989～1991	1992	1994	1996	1999	2001	2002	2004
人数	1500～3000	4000	6000	7223	8200	8961	9400	11823

资料来源：占少华：《阻止农民工的社会排斥：中国农村发展的新视角》，http：//www.ziliaonet.com，2006年3月30日；蔡昉：《人口转变的社会经济后果》，社会科学文献出版社2006年版，第44页。

（2）20世纪90年代后半期"乡—镇转移"的受阻和"乡—城转移"潮流的形成。20世纪90年代中期以后，乡镇企业改制和技术装备升级使得剩余劳动力"乡—镇转移"受阻，除了乡镇私营企业外，乡镇集体和个体企业呈现出较为显著的下降趋势，乡镇企业总体吸收就业的能力趋于饱和，就业规模基本稳定在1.2亿～1.3亿左右。与此同时，沿江沿海地区制造业的蓬勃发展和区域城市经济的繁荣对农民工进城产生了持续的拉动力，农民工大量涌向城市是这一时期的鲜明特征。

政府对农村劳动力的流动政策逐渐发生变化，其政策的基本点是：①承认流动、接受流动、鼓励流动；②流动的方式上反对无序失控的流动，要求多部门携手，采取多方面措施，加以引导、调控；③流动的方向上，提倡就地就近和小城镇。1993年十四届三中全会《中共中央关于建立社会主义市场经济体制若干问题的决定》提出，要鼓励和引导农村剩余劳动力逐步向非农产业转移和在地区间有序流动。同年12月，国家劳动部《关于建立社会主义市场经济体制时期劳动体制改革总体设想》则提出，“培育和发展劳动力市场的目标模式，是建立竞争公平、运行有序、调控有力、服务完善的现代劳动力市场。从长远发展来看，建立公平竞争的劳动力市场，还要逐步打破城乡之间、地区之间劳动力流动的界限”。在此背景下，1993年起，劳动部开始实施“农村劳动力跨地区流动有序化工程”，主要目标是使主要输入、输出地区间的农村劳动力流动就业实现“有序化”，包括“输出有组织、输入有管理、流动有服务、调控有手段、应急有措施”5个方面的具体目标。正式提出建立针对农村劳动力流动就业的用工管理、监察、权益保障、管理服务基本制度，发展各种服务组织，完善信息网络和监测手段，强化区域协作和部门配合。1994年，劳动部颁布《农村劳动力跨省流动就业暂行规定》，这是国家关于农村劳动力跨地区流动就业的第一个规范化文件，开始实施以就业证卡管理为中心的农村劳动力跨地区流动就业制度。1995年，中共中央办公厅发出《关于加强流动人口管理工作的意见》，决定实行统一的流动人口就业证和暂住证制度，以提高流动的组织化、有序化程度。十五届三中全会决议关于《中共中央关于农业和农村工作若干重大问题的决定》，提出开拓农村广阔的就业门路，同时适应城镇和发达地区的客观需要，引导农村劳动力合理有序流动。

根据表6-6数据估计，目前，至少有1.2亿的农村剩余劳动力转移到城市部门。20世纪90年代农村劳动力的“乡—镇、乡—城复合式转移”，使大约2.5亿的农民从土地上走了出来，这个过程对于中国经济社会结构也产生了重大影响：到2011年，中国城镇人口比率已经达到51.27%，与1978年18%的水平相比增加了33.27个百分点；2011年的农村就业比重为53%，比1978年76%的水平下降23个百分点。

3. 第二代农民工的转移前景：“离土又离乡”

作为“民工潮”的一个重要组成部分，近年来，年龄分布集中在16～25岁的年轻民工受到关注，由于他们出生在20世纪80年代农村劳动力转移开始时期并在90年代中期以后陆续加入“民工潮”中，故人们称之为“第二代农民工”，这个群体占农民工总量的比重在40%～50%。与普遍具有小学和初中文化水平的第一代农民工比较起来，“第二代农民工”不仅具有相对较高的文化知识和技能水平，而且，对于城市生活的向往使其具有“市民化”的强烈愿望。如果说第一代农民工因其对土地的“情结”而认同“离土不离乡”的农民身份的话，那么，“第二代农民工”由于对城市较高的认同感而更希望摆脱农民身份。问卷调查显示（刘传江、程建林，2007），具有回乡倾向的“第二代农民工”比重只占到10%，留城比重高达46%。2000年以来，随着小城镇户口的放开和大中城市落户政策改革的持续推进，“第二代农民工”离土又离乡的愿望正在变成现实，农村剩余劳动力转移的城乡一体化也因此得以深入。

三、劳动力资源的二次开发与可持续增长

改革开放30年来，中国劳动力比较优势战略的实施和劳动力资源禀赋的有效利用，

在成功将人口负担转变为“人口红利”的同时，极大地促进了经济增长和国民福利的提高。然而，以促进就业为目标的比较优势策略持续到今天，其局限性也逐渐显现出来，这种局限性集中体现为增长与资源约束的矛盾、增长与就业不一致性的矛盾以及经济高速增长与国民福利提高缓慢之间的矛盾。这些矛盾的存在，对未来中国经济增长的可持续性提出了挑战，为了应对这些挑战，转变现有劳动力资源开发模式和相应经济增长模式至关重要。

（一）劳动密集型产业导向模式的局限

改革开放以后，随着国家对城乡人口流动限制性政策的放松以及城市部门用工制度的调整，农村剩余劳动力的转移成为可能；而中国工业化发展战略的逐步调整及劳动密集产业的发展，使劳动力转移成为现实，中国劳动力资源开发和经济增长实际上遵循了一种“制度变革+产业导向”模式，这种模式的核心是对大量低素质劳动力的开发和使用。然而，在中国经济持续高速增长和工业化进程日益推进的过程中，这种模式的弊端日益显现。

从国际比较看，中国的劳动力仍占有绝对的优势，但劳动力增长速度 1990 ~ 2010 年明显低于可比的任何组，低于低中等收入国家、中等收入水平国家、低于东亚，只高于高收入国家 0.9%。低收入国家，特别是南亚国家和中东北非的劳动力增长速度都达到了年增长 2% 和 3%，绝对量也是巨大的，丰富的劳动力资源已经不可能成为中国未来发展的绝对优势了，而且中国已经开始遇到了人口结构的转折问题。此外，从女性劳动力参与率来看，中国比例最高，这意味着，相对于其他组别而言，我国女性劳动力增长潜力可开发的空间也已有限（表 6-7），因此，我国未来的发展持续性，需要人力资源的二次开发，即人力资本的投资，走内生发展道路。

表 6-7 中国与有关国家劳动力资源比较

	总的劳动力（百万）		15 岁以上的人口年增长率（%）	女性劳动力参与率（占 15 岁以上女性人口的比重）	
年　份	1990	2010	1990 ~ 2010	1990	2010
中国	643.1	799.5	1.1	72.4	67.9
低收入国家	216.8	364.6	2.6	67.5	67.6
中等收入国家	1667.3	2304.0	1.6	51.3	48.7
低中等收入国家	655.1	982.0	2.1	39.1	36.8
高中等收入国家	1012.2	1322.0	1.3	60.4	58.9
低等和中等收入国家	1884.0	2668.7	1.8	53.0	50.9
东亚和太平洋地区	954.7	1230.9	1.3	66.7	63.6
南亚	429.4	638.8	2.0	35.7	31.7
中东北非	68.8	127.3	3.1	18.3	20.9
高收入国家	459.9	551.2	0.9	49.0	52.2

资料来源：世界银行（2012）。世界银行网站。

1. 增长与资源约束的矛盾

劳动力素质普遍低下的状况，决定了过去30年间中国“适用”技术选择的特征，这种特征可以从下面数据的对比中得到直观印象：就目前技术状况来看，中国金属制品业劳动生产率相当于美国和日本的1/28、1/48，普通机械制造业劳动生产率相当于美国和日本的1/43、1/64，电器机械制造业劳动生产率相当于美国和日本的1/35、1/38（朱高峰，2003）；就能源效益或单位能源的国民产出比来看，中国仅仅相当于发达国家的1/5、发展中国家的1/3和世界平均水平的1/4（董锁成等，2002）。从总体上看，中国立足于比较优势基础上的经济增长到目前仍未摆脱资源驱动模式，这种模式尽管可以在一定时期内带动就业和经济增长的扩张，但是，由于资源可获性的硬约束，其本身不具有可持续性。

2. 增长与就业不一致性的矛盾

20世纪90年代中期以后，中国就业增长与经济增长的不一致性问题受到文献关注。这个问题的核心在于，近年来，中国GDP增长对就业增长的拉动作用呈现出显著的弱化趋势。总体而言，从改革开放之初到现在，中国的就业弹性不仅不升反而一直下降。20世纪80年代，我国GDP大概保持年均9.5%的增长，就业人口年增长率为4.3%，就业弹性为0.453，GDP每增长一个百分点可以带动200多万人就业；90年代，我国GDP保持10%的增长，就业弹性下降至0.11，GDP每增长一个百分点可以带动100多万人就业；而从2001年至2011年，就业弹性更是下降到不足0.1，GDP每增长一个百分点可以带动的就业不足百万①。一般的，世界上发展中国家的就业弹性约在0.3%，发达国家在0.5%以上。我国就业弹性不断下降的主要原因就在于改革开放之初，我国的乡镇企业等中小企业的大规模发展，带来了大量的就业机会，而随着我国经济结构日渐向重化工业等大企业倾斜，一度作为中国劳动力比较优势主阵地的制造业就业吸收能力下降明显，使就业弹性也逐渐下降。

3. 经济高速增长与国民福利提高缓慢之间的矛盾

我们可以从两个方面对这个问题进行观察。首先，作为经济高速持续增长的重要支撑因素，中国出口贸易规模的迅速扩张虽然为中国积累了巨额外汇，但是，由于工业制成品贸易条件的持续恶化，总体国民福利并没有得到相应提升。表6-8中，我们对20世纪90年代以来中国货物进出口贸易条件（出口价格指数/进口价格指数）进行了估算，计算结果显示，无论是劳动/资源密集型产品，还是低技术、中等技术产品，从90年代中期开始，都表现出了明显的持续恶化态势。这种现象意味着，如果中国正在以规模不断扩大的出口维持目前较高的顺差和储备规模，则出口速度的增加只会加速国内资源的消耗，如果以国内资源的加速消耗代表整体国民福利的损失，则中国现有增长模式与整体国民福利提高的矛盾是显而易见的。不仅如此，统计数据显示，20世纪90年代中期以后，中国制造业部门劳动生产率和职工人均工资水平虽然都表现出上升趋势，但劳动生产率的提高速度更快，这种现象不仅造成了制造业部门工资增长速度和劳动生产率增长速度的差距越来越大，而且造成了制造业部门工资水平与各行业工资平均水平的

---

①　谢九：《告别“保八”》，《三联生活周刊》，2012年3月。

差距扩大，比较优势的发挥实际上并没有给制造业部门就业人员带来它原本可以带来的实惠。

表6-8　中国主要进出口产品贸易条件（1995=1.00）

年份	劳动/资源密集型产品贸易条件	低技术/低技能/低资本密集型产品贸易条件	中等技术/中等技能/中等资本密集型产品贸易条件
1993	1.06	1.63	1.02
1994	1.22	1.43	1.01
1995	1.00	1.00	1.00
1996	1.06	1.23	0.88
1997	1.33	1.04	0.99
1998	1.30	1.06	0.81
1999	1.25	1.00	0.75
2000	1.15	0.87	0.57
2001	1.23	0.93	0.54
2002	1.07	0.94	0.43
2003	1.03	0.95	0.38
2004	1.05	0.96	0.32

资料来源：《中国统计年鉴》各卷。

（二）劳动力资源的二次开发与未来经济的可持续性增长

人力资本是人们花费在人力保健、教育、培训等方面的开支所形成的资本。就其实体形态来说，是活的人体所拥有的体力、健康、经验、知识和技能及其他精神存量的总称，它可以在未来特定经济活动中经有关经济行为主体带来剩余价值或利润收益。

从理论上来看，人力资本的思想渊源已久。从重农学派代表魁奈提出劳动是创造价值之源，经古典政治经济学家亚当·斯密、李嘉图的古典劳动价值理论，到新古典学派的经济学家们，都对人力资本进行过相关阐述。20世纪90年代兴起的新经济增长理论将人力资本的研究推向新的高峰。它把人力资本作为独立的因素纳入了经济增长模型，运用更加微观的方法，把人力资本和技术进步结合起来，具体化为“专业化的人力资本”，认为这是经济增长的主要源泉。

劳动力比较优势战略的实施，为中国经济的迅速成长提供了土壤，但是，其弊端也值得深思。如果说持续30年的“制度变革+产业导向”模式，其核心是低素质劳动力资源的有效开发，那么，鉴于这种模式的局限，要保持未来经济的持续增长，在发展战略上需要确立新的思路。以劳动力资源开发方式为依据，这里，我们将提出两个相对应的概念：中国劳动力资源的一次开发和劳动力资源的二次开发。“制度变革+产业导向”模式，描述了中国劳动力资源的一次开发的轨迹，充分发挥劳动力资源的比较优势是这一轨迹的典型特征。在近期的一项研究中，我们对劳动力资源二次开发的必要性进行了论证，并认为劳动力资源二次开发的核心，在于经由系统性技能培训和普通教育的发展提高劳动力的人力资本，以此促进生产效率提高和产业结构转型，将中国经济引入可持续增长轨道（中国经济增长与宏观稳定课题组，2007）。

从劳动力供给增量来看，中国劳动力资源的二次开发正处于进程当中。随着劳动力投入规模的不断扩张，中国全社会及现代部门生产效率的持续提高，与体现于技能、知识当中的劳动力者素质的提高密切相关。以全社会劳动投入为例，根据年鉴数据，1978年，每万人新增劳动力投入中，受过本科、专科和职业教育的劳动力为512人；1988年，每万人新增劳动力投入中，受过本科、专科和职业教育的劳动力为1297人；1992年，每万人新增劳动力投入中，受过本科、专科和职业教育的劳动力为3501人；1999年，每万人新增劳动力投入中，受过本科、专科和职业教育的劳动力为5189人；2005年，每万人新增劳动力投入中，受过本科、专科和职业教育的劳动力为6815人。此外，从每十万人拥有的各种受教育程度的人口看，1982年仅有615人，1990年上升到1422人，2000年为3611人，而到2010年则增加到8930人，上述数据从一个侧面揭示出20世纪90年代以来中国全社会劳动力素质快速提高的趋势，这种趋势与全社会生产效率的稳步上升是一致的。

相当多的研究已经注意到了这一点。表6-9中，我们列示了几位研究者对于中国劳动力受教育年限的估算结果，尽管由于所采用的数据口径不同而导致估算结果出现一定程度的差异，但是这些结果却体现了经济增长过程中劳动力素质普遍提高的一致趋势。

表6-9　中国劳动力受教育年限的不同测算结果

年份	王艳等	巴罗等	杨国涛	王艾青等
1980	4.18	4.76	5.28	5.99
1985	4.71	4.94	5.80	6.56
1990	5.13	5.85	6.14	7.16
1995	5.51	6.11	6.42	7.54
2000	5.89*	6.35	6.51	7.87

资料来源：杨国涛：《中国人力资本存量的估算：1952-2004年》，《乡镇经济》2006年第12期；王艾青、安立仁：《中国人力资本存量分析》，《学术研究》2004年第9期。*该数据为1999年数据。

如果说改革开放以来中国比较成功地开发了一度沉淀于传统农业部门和国有部门的庞大劳动力资源，并由此把经济送入快速起飞的跑道，那么，中国劳动力资源的第二次开发对于经济的持续稳健增长将至关重要。实际上，作为第二次人力资源开发的核心，劳动力素质的提高是一个更大的可开拓空间。表6-10中，我们提供了20世纪90年代中国25岁及以上人口知识状况与相近时期经济发达的国家人口素质状况的简单对比。对比结果显示，中国劳动力素质与发达国家存在较大差距，即使让大多数劳动力普遍具备初等教育水平，中国也有很长的路要走。

表 6-10　中国 25 岁及以上人口教育构成与其他国家对比（单位：%）

国别	时间	高等教育	中等教育	初等教育	文盲、半文盲
中国	1995	2.8	38.1	38.9	20.2
美国	1994	46.5	44.6	8.2	0.6
日本	1990	20.7	43.7	33.6	0.3
加拿大	1991	21.4	62.0	15.7	1.0

资料来源：王艾青、安立仁：《中国人力资本存量分析》，《学术研究》2004 年第 9 期。

一个令人欣慰的事实是，知识和技能的重要性已经得到普遍认同。尽管从各自经济利益出发，微观经济主体对知识和技能重要性的观察角度不一样，但是，这种普遍认同的合力却有益于宏观层面"干中学"效应的持续发挥作用。如果说改革开放以来中国劳动力市场的建立和完善以及劳动密集型发展战略的选择，是一种迫不得已的巧妙选择，那么，为了避免这种选择的"收益递减"窘境，中国不得不为未来重新定位自己在国际分工中的地位而未雨绸缪，在"干中学"中培育劳动力素质已经成为一种确定性选择，这实际上构成中国劳动力资源二次开发的核心。以 20 世纪 90 年代为分野，中国增量劳动力供给表现出了较为明显的"代际"差异，90 年代以来增量劳动力的特点是，他们拥有相对较多的教育、培训机会，而这些机会的提供，为其快速步入熟练劳动力行列奠定了基础。由此可以得出的一个基本判断是，90 年代以来，中国已经进入一个人力资本加速积累时期，人力资源的二次开发，将越来越成为这一时期经济增长关注的核心。

但人力资本积累水平还有待提高，还有这样一些主要问题。

1. 教育投资的相对量还处于较低水平

中国的教育投资总量虽然在逐年增加，但是，与物质投资相比较，教育投资的相对量还处于较低水平。如果以全国教育经费总支出作为教育投资，以全社会固定资产投资额作为物质资本投资，统计显示，自 20 世纪 90 年代以来，中国的教育投资总体上还远远低于物质资本投资（表 6-11），1992 年，中国教育投资与物质投资的比例是 1∶9，1992 年之后，教育投资与物质投资的差距进一步拉大，到 1993 年时达到 1∶12。1993 年是一个转折点，在 1993～2002 年的 10 年里，教育投资与物质投资的差距逐步缩小，由 1∶12 变为 1∶8。2002 年以后，教育投资与物质投资的差距又开始拉大，由 2002 年的 1∶8 变为 2005 年的 1∶10，2008 年接近 1∶12，2009 年达到最大比值 1∶13.6。也就是说，截至 2010 年底，中国教育投资只有物质投资的 7.8%，从总体上看，显然，我国的教育投资远远落后于物质投资。

表 6-11　1992～2010 年中国教育投资与物质投资的比较

年份	教育投资（亿元）	物质投资（亿元）	教育投资与物质投资的比例
1992	867.05	8080.1	1∶9
1993	1059.94	13072.3	1∶12
1994	1488.78	17042.1	1∶11

续表

年份	教育投资（亿元）	物质投资（亿元）	教育投资与物质投资的比例
1995	1877.95	20019.3	1∶11
1996	2262.34	22913.5	1∶10
1997	2531.73	24941.1	1∶10
1998	2949.06	28406.2	1∶10
1999	3349.04	29854.7	1∶9
2000	3849.08	32917.7	1∶9
2001	4637.66	37213.5	1∶8
2002	5480.03	43499.9	1∶8
2003	6208.27	55566.6	1∶9
2004	7242.60	70477.4	1∶10
2005	8418.84	75769.6	1∶10
2006	9815.309	109998.2	1∶11.2
2007	12148.07	137323.9	1∶11.3
2008	14500.74	172828.4	1∶11.9
2009	16502.71	224598.8	1∶13.6
2010	19561.85	251683.8	1∶12.9

资料来源：《中国教育统计年鉴》（2006）、《中国统计年鉴》（2006、2012）。

2. 教育投资结构不合理

（1）三级教育投资比例失调。中国的普通教育有高等教育、中等、初等教育三级教育结构，主要分为五个类别，即高等教育、中等职业教育、高中、初中、小学教育，中国教育结构的教育经费也很不合理。自20世纪90年代以来，中国出现了高等教育急剧扩张，而实行教育却相对萎缩的状况。表6-12反映了2010年中国教育结构的教育经费和人均教育经费。数字表明，中国三级教育结构中高等教育经费最高，次为小学，而最低的是职业教育，其中高等教育的人均教育经费是职业教育人均教育经费的3倍，是初中、高中教育经费的2.6倍和2.15倍，这并不符合中国是发展中国家的现实国情，导致了教育资金的低效运作。

表6-12 2010年中国三级教育结构的教育经费比较

教育类别	总教育经费（亿元）	在校生人数（万人）	人均教育经费（元）
高等教育	5629.1	1102.9	51624.2
中等职业教育	1357.3	870.4	15594.0
高中	2003.3	836.3	23954.3
初中	3413.2	1716.6	19883.5
小学教育	4887.5	1691.7	28891.1

资料来源：《中国统计年鉴》（2012），人均教育经费是依人口与教育经费计算所得。

（2）职业教育投资不足。由于中国长期以来“重普通教育，轻职业教育”和“重文化知识，轻技能培训”的传统思想的制约，“一条腿长、一条腿短”的现实状况，形成了职业教育发展滞后。表6-12已有所反映，而表6-13则更进一步反映了中国普通教育和职业教育的差距所在，这可从中国普通教育和职业教育的经费总额以及总经费在高等、中等、初等三级教育结构上的分配体现出来，这些数字足以说明，中国的职业教育投资明显偏低。2010年，中国职业教育经费总支出不足普通教育经费总支出1/10，而且，在高等、中等、初等三级教育层次上，职业教育的经费都远远低于普通教育的经费。

表6-13　2010年中国普通教育与职业教育的投资情况

	总计（亿元）	高等教育（万元）	中等教育（万元）	初等教育（万元）
普通教育	158060236	54978649	54210868	48870719
职业教育（成人）	14889257	1312122	13573099	4036
职业教育/普通教育（%）	9.42	2.39	25.0	0.01

资料来源：《中国统计年鉴》（2012）。

（三）人力资源开发体系的建立

目前，虽然中国已经进入了人力资源的二次开发时期，但开发政策不力、手段单一，效果不明显。从基础的教育制度看，大学等学历教育与职业教育分割，政府有限的教育经费向大学等学历教育倾斜，职业教育严重滞后。相比较起来，发达国家如美国、法国、日本等，把职业技能培训提升到“国策地位”，为了保障职业技能培训的目标明确、系统完善和措施到位，往往为技能培训专门立法，以调动全社会开展各种技能培训的积极性和主动性。以美国为例，20世纪60年代以来，美国为了迎接产业结构升级，高度重视劳动力的技术、技能培训，企业把行为科学运用于工作场所，产生了所谓“参与性管理培训”模式。根据各个阶段实际情况，政府先后颁布了《人力开发和培训法》（MDTA）、《经济机会法》（EOA）、《综合就业培训法》（CETA）、《工作培训伙伴法》（JTPA）等多部旨在调动全社会参与培训积极性的法律。实际上，劳动力素质的开发是一个系统性工程，从目前中国劳动力素质开发的状况来看，尽管加强普通教育和技能教育的共识已经达成，但是，建立什么样的教育培训体系以使得劳动力素质与社会需求相协调的梯度结构尚缺乏整体性思路。

作为中国人力资源二次开发的重要体现，劳动力素质提高的策略应该表现出鲜明的层次性，包括：

（1）目前及未来农村基础教育的加强和政府对转移劳动力技能培训的政策规划。

（2）对于城镇就业人员的岗位培训。

（3）对于失业人员的再就业培训。

普通教育、技能教育以及继续教育的问题，切实关系到劳动力再生产能否适应工业化阶段的人力资本需求的问题。相对于较为规范且仍待着力加强的普通教育而言，中国技能教育的加强和规范有待走的路可能更长。因此，通过劳动力素质开发长远社会计划的制定，以此把劳动力技能提高的短期任务和长远目标结合起来，建立一个涵盖政府、企业、个人的且使院校、各类培训机构有机联系的人力资源开发体系至关重要。这样的计划应该具有政府资源、企业资源和个人资源的整合功能，并切实调动起三方参与的积极性。这个体系的构建，将给中国未来经济的可持续增长注入活力。

参考文献

［1］北京师范大学经济与资源管理研究所编：《中国市场经济发展报告》，中国商务出版社2005年版。

［2］蔡昉：《人口转变、人口红利与经济增长可持续性——兼论充分就业如何促进经济增长》，《人口研究》2004年第2期。

［3］蔡昉编：《人口转变的社会经济后果》，社会科学文献出版社2006年版。

［4］丁霄泉：《农村剩余劳动力转移对中国经济增长的贡献》，《中国农村观察》2001年第2期。

［5］董锁成编：《中国百年资源、环境与发展报告》，湖北科学技术出版社2002年版。

［6］费景汉、古斯塔夫·拉尼斯著：《劳动力剩余经济的发展——理论与政策》（中译本），经济科学出版社1992年版。

［7］费景汉、古斯塔夫·拉尼斯著：《增长和发展：演进的观点》（中译本），商务印书馆2004年版。

［8］胡永泰：《中国全要素生产率：自农业部门劳动力再配置的首要作用》，《经济研究》1998年第3期。

［9］华中轩：《加速提高乡镇企业的技术装备水平》，《江苏乡镇企业》1993年第2期。

［10］林毅夫、蔡昉、李周著：《中国的奇迹：发展战略与经济改革》，上海人民出版社1996年版。

［11］刘易斯著：《二元经济论》（中译本），北京经济学院出版社1989年版。

［12］刘传江、程建林：《中国农民工的代际差异与市民化》，载《经济纵横》2007年第7期。

［13］杨国涛：《中国人力资本存量的估算：1952-2004年》，载《乡镇经济》2006年第12期。

［14］王艾青、安立仁：《中国人力资本存量分析》，载《学术研究》2004年第9期。

［15］汪小勤、汪红梅：《"人口红利"效应与中国经济增长》，载《经济学家》2007年第1期。

［16］王小鲁、樊纲著：《中国经济增长的可持续性》，经济科学出版社2000年版。

［17］占少华：《阻止农民工的社会排斥：中国农村发展的新视角》，载http：//www.ziliaonet.com，2006年3月30日。

［18］张神根：《党的农村劳动力转移政策的演变》，《中共党史研究》2006年第2期。

［19］中国经济增长与宏观稳定课题组：《劳动力供给效应与中国经济增长路径转换》，《经济研究》2007年第10期。

［20］朱高峰编：《全球化时代的中国制造》，社会科学文献出版社2003年版。

［21］朱利安全·西蒙：《人口增长拖了经济发展的后退吗?》载詹姆斯·道、史迪夫·汉科、阿兰·瓦尔特斯著：《发展经济学的革命》（中译本），上海三联书店2000年版。

［22］中国劳动力市场信息网监测中心：《职业供求分析报告》，《中国劳动保障》2007年第3期。

［23］G.M.格罗斯曼、E.赫尔普曼著：《全球经济中的创新与增长》（中译本），中国人民大学出版社2003年版。

［24］Krueger，O.，1981，Trade and Employment in Developing Countries：Individual Studies，The University of Chicago Press.

［25］Krueger，O.，1983，Trade and Employment in Developing Countries：Synthesis and conclusions，The University of Chicago Press.

［26］Pack H.，1988，Industrialization and Trade，in H. Chenery and T. N. Srinivasan：Handbook of Development Economics，Vol. I，Elsevier Science Publisher B. V.

第七章　技术进步

按照现代经济理论，从长期看，一国经济的绩效取决于自主技术创新、获取和扩散新技术的能力。本章将从企业技术进步与科技投入的角度来分析中国经济增长背后的动力机制，从自主研发、技术引进对中国创新能力和经济增长的影响来理解改革以来中国经济所获得的成就。基本结论是，自主研发、直接技术引进对中国创新能力和经济增长均有长期的积极推动作用。因此，发展出独立自主的研发体系、有效利用全球科技资源，是中国真正具有国际竞争能力、跻身于世界经济强国的重要条件。

本章安排如下：首先，探讨了一下我国技术进步的状况及其对创新与经济增长的贡献；其次，对我国技术进步路径的转换，即从干中学转向自主创新的机制予以了剖析；再次，实证研究了自主研发和技术引进对我国经济可持续增长的影响因素；最后，阐述了促进我国技术进步的政策建议。

一、技术进步状况与经济增长

改革开放以来，市场经济体制的逐步确立极大地解放了中国生产力，促进了经济增长和经济绩效的改善。与此同时，伴随着科技体制改革和科研环境的不断改善，中国的科技投入也呈快速发展的态势。例如，1987 年研究与试验发展经费（R&D）仅为 74 亿元，2006 年 R&D 已经达到 3003 亿元，20 年增长了 40 多倍，2011 年 R&D 又达到 8610 亿元，R&D 占 GDP 的比重也由 2006 年的 1.42% 增长到 1.83%。伴随着对外开放的不断深入，国外技术引进和外商直接投资也获得了飞速发展。1979 年国外技术引进合同额仅为 25 亿美元，2006 年这一数额已达到 220 亿美元，28 年增长了约 9 倍。而后的“十一五”期间我国技术引进合同金额增长更快，技术引进质量也明显提高。据商务部统计，2006 年至 2010 年 11 月，我国共引进技术 5 万余项，合同总金额 1194.9 亿美元，比“十五”期间的技术引进总额增长 63.9%，这一期间我国技术引进合同金额年均增长达 35.6%，而技术引进合同的技术费由 2006 年的 147.6 亿美元增加到 2010 年的 217 亿美元，年均增长率为 10.11%，所占比重也从 2006 年的 67% 增长到 2010 年的 85%。

1983 年实际利用外商直接投资额为 9 亿美元，2006 年则高达 695 亿美元，24 年增长了 77 倍，到 2011 年全年全国实际外商直接投资金额已达 1160.11 亿美元。由此可见，在改革期间自主研发和技术引进在中国经济发展过程中扮演着重要角色，那么，自主研发和技术引进对中国创新能力具有怎样的意义？它们对中国经济增长做出了怎样的贡献?

按照本书引言中提到的S型增长路径理论，认为从一国经济成长的长期历史看，人均产量增长分为两个阶段。在人均资本存量处于较低水平的增长阶段，随着人均资本的增加，人均产值也呈加速增长之势，具有规模收益递增的特征。但要注意到，增长路径还有后半段，当人均资本存量达到某一水平时，人均资本存量的进一步增加，人均产出将在越过该水平后呈递减的增长趋势，即规模收益递减，这时再加大资源投入，效果会很差，最终使增长不可持续。中国目前应该达到了该水平，因为真正意义上的没有资本的潜在劳动力基本消失了。如果经济增长是在没有技术进步的环境下实现，结果就是如此悲观。好在人类并非这一条路可走，是技术进步使经济能持续增长，而技术应体现为国家与企业创新能力的提高。

新经济增长理论认为，经济增长最持久的源泉在于知识生产和人力资本积累，技术进步是经济增长的核心源泉。自主研究与开发（R&D）是技术进步的重要途径，研发活动通过创造和积累知识，促进产品创新和工艺创新，从而为经济可持续增长提供源源不断的动力和支持。在经济全球化的背景下，技术进步的另一个重要途径就是充分吸收和利用世界各国的先进技术和经验。就技术进步与经济增长的关系而言，我们认为，R&D、直接技术引进对中国创新能力和经济增长均有长期的积极推动作用，而外商直接投资对经济增长有长期正影响，但对中国创新能力并没有长期影响力。

（一）国家科技投入增加

伴随着科技体制改革和科研环境的不断改善，中国的科技投入呈快速发展的态势。例如，国家财政用于科学研究的支出大幅增长（见表7-1）1987年R&D经费仅为74亿元，2006年R&D已经达到3003亿元，20年增长了40多倍；R&D占GDP的比重也由1987年的0.61%增长到2006年的1.42%。2011年R&D为8610亿元，R&D占GDP的比重也由2006年的1.42%增长到1.83%。伴随着对外开放的不断深入，国外技术引进和外商直接投资也获得了飞速发展，表7-3则是政府直接投资或支持的科研与科技推广项目，数量在不断增加，而且资助力度加大。

表7-1 国家财政用于科学研究的支出（单位：亿元）

年 份	合 计	科技三项费用	科学支出	科研基建费用	其他科研事业费用
1978	52.89	25.47	15.46	6.66	5.30
1980	64.59	27.57	19.63	11.27	6.12
1985	102.59	44.35	32.00	18.83	7.41
1990	139.12	63.48	44.44	17.47	13.73
1991	160.69	73.32	54.15	18.40	14.82
1992	189.26	89.41	57.16	24.55	18.14
1993	225.61	106.56	65.59	33.95	19.51
1994	268.25	114.22	87.90	36.06	30.07
1995	302.36	136.02	96.86	38.00	31.48

续表

年　份	合　计	科技三项费用	科学支出	科研基建费用	其他科研事业费用
1996	348.63	155.01	109.66	48.55	35.41
1997	408.86	189.97	127.12	42.74	49.03
1998	438.60	189.90	151.92	47.28	49.50
1999	543.85	272.80	168.06	52.89	50.10
2000	575.62	277.22	189.03	61.52	47.85
2001	703.26	359.64	223.08	63.37	57.17
2002	816.22	398.60	269.85	69.99	77.78
2003	975.54	416.64	300.79	111.06	147.05
2004	1095.34	483.98	335.93	95.90	179.53
2005	1334.91	609.69	389.14	112.50	223.58
2006	1688.50	779.94	483.36	134.40	290.80

资料来源：《中国统计年鉴》(2007)。

2007 年后，国家财政用于科学研究的支出这一栏在统计年鉴上，没有再列出，这里列出国家财政科技支出项目，从中可大致了解 2007 年后的国家科技投入状况，见表 7-2。

表 7-2　2007～2010 年国家财政科技支出（单位：亿元）

年　份	国家财政总支出	国家财政科技拨款	中央	地方	科技拨款占财政总支出的比重（%）
2007	49781.4	2113.5	1043.0	1070.5	4.25
2008	62592.7	2581.8	1285.2	1296.6	4.12
2009	76299.9	3224.9	1648.6	1576.3	4.23
2010	89874.2	4114.4	2046.4	2068.0	4.58

资料来源：《中国科技统计年鉴》(2011)。

表 7-3　中国政府支持的各类科技项目概况

项　目	手段和资金	成果和不足
农业技术推广服务 （20 世纪 70 年代早期）	1997 年，有 190000 个农技推广站（19000 个县级、170000 个乡级）；135 万名农技推广人员（885000 名科技人员）	工作水平较低，发挥作用不够

续表

项　目	手段和资金	成果和不足
星火计划（1986年）对农村工业的多方面支持（技术、管理和市场）	1995年政府预算为3.5亿元人民币，80%来自省和地方政府，国家和银行贷款为61亿元。 1986～1997年投资1300亿元（1997年，近20%是银行贷款，80%是企业自筹资金，0.3%是政府出资）	1986～1995年创造了2000万个工作岗位。1986～1997年进行84000个项目，完成一半。3000万人参加了培训。该计划几乎被放弃（由于工作水平低）
国家工业示范项目（1984年）通过将R&D成果的实验性应用，支持重点R&D项目的开展	1984～1997年的投资：33.5亿元（10.1亿元来自中央政府，6.6亿元来自地方政府）	扶持了190个项目，完成100个
科技创新中心（20世纪80年代）	28个国家高新科技创新中心（22个设立在高科园），52个国家创新服务中心	
火炬计划（1988年）向位于高科技创新园区和孵化器（企业服务中心）的中小企业提供全方位扶持	10年中共贷款100亿元。 10年中建立100个孵化器（包括第四栏中提到的28个高科技创新中心）	扶持了12600个项目，孵化了2500家企业，1/3已经“毕业”，3500个新技术项目进入市场
国家科学技术推广计划（1990年）支持企业进行工农业R&D	国家科学技术发展贷款；企业自筹资金	“八五”期间向7500家企业提供贷款；支持1155个研究项目（703项工业方面的）
工程技术研究中心（1991年）中心高校和政府机构为企业提供科研，信息等服务	15亿元建立84个中心	创收70个亿；转让给1400家企业800个技术项目。参与了生产活动
企业—高校科研伙伴计划（1992年）加强企业、高校和R&D机构的联系	1994～1995年政府预算为5500万元，国家贷款为5270万元	进行了410个国家级科技项目；共有360000个组织参与了140000个项目
生产力中心（1993年）为企业提供技术、商务、商业信息和培训	1997年有160个国家认可的中心和350个其他中心	1993～1997年统计的70个中心：与134000家企业、119000名技术和管理专家保持联系，17000项技术转让给企业。向9400家企业提供了培训，创造了56000个就业岗位。 中心从事商业活动并定位于可解决的客户
科技创新计划（1996年）支持设立在大公司的技术中心、企业和学术机构合作进行的R&D，以及为中小企业提供创新服务	一年预算为7450万元。 为企业带来大约140亿元的投资	选拔了19个大型公司（集团）作为实验对象：294个中心已经被核准。65000家企业，3800个R&D机构和2500个高等教育协会参加了合作项目

续表

项　目	手段和资金	成果和不足
工程研究中心（1998 年）	43 亿元投资（其中 40% 是世界银行贷款），建立了 79 个中心	重要的中心参与了生产活动
政府 R&D 机构转化为技术企业（1999 年）		242 个研究机构改制为企业，217 个转弯为企业，其他改为技术服务机构。10 个进入股市

资料来源：科技部：《国家创新体系的理论和政策》，1999 年。

（二）科研体系逐步完善

1978 年之前，中国的创新体系受到苏联模式的极大影响，任务驱动的模式使研究活动很集中，并通过自上而下的方式实施。R&D 机构被分为三种类型：公共研究机构负责中国绝大部分的基础和应用研究；大学负责科学和技术培训，对 R&D 的影响小且受到限制；大中型国有企业的 R&D 单位负责技术的开发、样品的定型和其他一些下游的活动。

这一体系中主要的不足是 R&D 与生产实践分离。大多数公共研究机构，都是在与生产活动分离的情况下运行的，他们每年通过中央政府或地方政府的预算获取资金投入，开展的研究项目是在国家的五年计划和其他中央或地方政府的计划指导之下进行的。公共研究机构和大学中的研究者，几乎没有任何激励使他们把研究结果转化成具有商业价值的应用型技术。产业界的人很少为这些计划提供咨询意见，也没兴趣使用前者研发的技术。结果，从公共研究机构和大学到产业部门的成果转化是一件很难的事情。

为解决这些问题，政府从 20 世纪 80 年代中期开始着手对研究机构的资金、管理以及技术市场进行转变并迫使 R&D 机构“下海”。同时，通过政府与社会创立的研究基金等资助 R&D 项目，鼓励企业开展 R&D 活动等，将科研与应用渠道打通。经过了改革，中国的创新体系发生了转变。比如，政府拨款占公共研究机构收入的比重从 1986 年到 1993 年平均每年减少 5%。到 1993 年，公共研究机构收入中只有 28% 来自政府的直接拨款，而 1986 年，这一比重为 64%。大学也发生了类似的转变。

（三）技术进步对创新与增长的贡献

我们可以分别从科技投入和创新产出两个角度来认识技术进步状况，而科技投入又可以分别从自主研发和技术引进两个角度来分析。创新可以用专利授权数量表示。下面对科技投入、创新以及两者之间的关系进行描述性分析，以直观认识改革开放以来中国的科技进步水平。

表 7-3 列出了 R&D 经费、国外技术引进金额和外商直接投资的增长情况。从 R&D 经费支出来看，1987 ~ 2006 年 R&D 支出呈快速增长趋势，20 年间 R&D 平均增长率高达约 18%，从 2006 年到 2011 年，R&D 支出增加了 5600 亿元；特别是 1998 年以来，R&D 支出增长幅度更快。从 R&D 占 GDP 的比重来看，1987 ~ 1992 年 R&D/GDP 稳中

有升，1992～1996 年 R&D/GDP 有所下降，1996 年之后 R&D/GDP 迅速提高，2006 年到 2011 年，R&D/GDP 的比重由 1.42 增加到 1.83。从国外技术引进情况来看，1985～1994 年期间国外技术引进金额相对较少，而 1995 之后国外技术引进数量激增：除 2001 年外，其他年份的国外技术引进金额均超千亿元。国外技术引进占 GDP 的比重变化幅度较大，并没有显出增长趋势；特别值得注意的是，大多数年份中国外技术引进占 GDP 的比重均超过同期 R&D 占 GDP 的比重，这意味着国外技术引进在中国创新能力的形成中起到非常重要的作用。从外商直接投资情况来看，改革开放以来外商直接投资数量不断增加，特别是 1993 年以来外商直接投资规模日益庞大，1993～2011 年期间外商直接投资从 1585.41 亿元增加到 7603.29 亿元，这突出地显示出 FDI 已成为中国经济中的重要组成部分。

表 7-4　科技进步状况

年份	R&D（亿元）	R&D/GDP（%）	国外技术引进（亿元）	国外技术引进/GDP（%）	FDI（亿元）	FDI/GDP（%）	专利授权量（件）	专利授权量/就业人员（件/万人）
1983					18.1	0.3		
1984					33.02	0.46		
1985			93.93	1.04	57.44	0.64		
1986			154.79	1.51	77.48	0.75		
1987	74.03	0.61	111.1	0.92	86.13	0.71	6811	0.13
1988	89.5	0.59	132.07	0.88	118.88	0.79	11947	0.22
1989	112.31	0.66	110.06	0.65	127.71	0.75	17129	0.31
1990	125.43	0.67	60.94	0.33	166.79	0.89	22588	0.35
1991	159.46	0.73	184.15	0.85	232.42	1.07	24616	0.38
1992	198.03	0.74	363.41	1.35	607.05	2.25	31475	0.48
1993	248.01	0.70	352.03	1.00	1585.41	4.49	62127	0.93
1994	306.26	0.64	353.86	0.73	2910.28	6.04	43297	0.64
1995	348.69	0.57	1088.36	1.79	3133.38	5.15	45064	0.66
1996	404.48	0.57	1268.5	1.78	3469.18	4.87	43780	0.63
1997	509.16	0.64	1319.99	1.67	3751.71	4.75	50992	0.73
1998	551.12	0.65	1355.71	1.61	3763.93	4.46	67889	0.96
1999	678.91	0.76	1420.74	1.58	3337.73	3.72	100156	1.40
2000	895.66	0.90	1504.68	1.52	3370.55	3.4	105345	1.46
2001	1042.49	0.95	752.45	0.69	3880.09	3.54	114251	1.56
2002	1287.64	1.07	1439.3	1.20	4365.54	3.63	132399	1.80
2003	1539.63	1.13	1113.36	0.82	4428.61	3.26	182226	2.45
2004	1966.33	1.23	1146.8	0.72	5018.22	3.14	190238	2.53
2005	2449.97	1.33	1559.95	0.85	4941.64	2.69	214003	2.82

续表

年份	R&D（亿元）	R&D/GDP（%）	国外技术引进（亿元）	国外技术引进/GDP（%）	FDI（亿元）	FDI/GDP（%）	专利授权量（件）	专利授权量/就业人员（件/万人）
2006	3003.1	1.42	1755.65	0.83	5537.85	2.63	268002	3.51
2007	3710.24	1.40	2226.5	0.84	5961.598	2.25	301632	4.01
2008	4616.02	1.47	2665.2	0.85	6620.084	2.11	352406	4.66
2009	5802.11	1.70	3039.0	0.89	6270.213	1.84	501786	6.62
2010	7062.58	1.76	3906.6	0.97	7367.182	1.84	740620	9.73
2011	8610.0	1.83	4763.6	1.01	7603.291	1.62	962864	12.60

资料来源：《中国科技统计年鉴》历年数据整理，中国统计年鉴 2012。

表 7-4 也给出了 1987 ~ 2011 年专利申请授权量情况。1987 ~ 1996 年专利授权数量稳中有升，1996 年之后专利授权量大幅度增加，1999 年突破 10 万件，2006 年达到 26.8 万件，2011 年超过 90 万件。从就业人员人均拥有的专利数量（专利授权量/就业人员）来看，这一比重呈快速增长趋势，1987 年每万人就业人员仅拥有 0.13 件专利，而 2006 年每万人就业人员已经拥有 3.51 件专利，到 2011 年已超过 10 件，专利授权量的增长突出显示了中国创新能力的不断提高。

表 7-5 给出了有关变量的相关系数。由此可见，R&D、技术引进、FDI 与专利数量之间的相关系数分别高达 0.98、0.73、0.83，这意味着三者与创新之间都具有很强的正向联系。还可以看到，R&D、技术引进、FDI 与 GDP 之间的相关系数分别高达 0.97、0.86、0.94，这显示了三者对经济增长均有重要贡献。

表 7-5 有关变量的相关系数

	R&D	技术引进	FDI
专利授权量	0.98	0.73	0.83
GDP	0.97	0.86	0.94

由上可见，近几十年来，我国在科技投入上的大幅增加，不仅提高了我国的创新能力，而且技术进步也对经济增长产生了相当大积极作用。

二、技术进步路径转换：从“干中学”转向自主创新

（一）中国技术进步的来源和演进路径

中国是一个体制转型国家，在计划体制下存在着大量的国有和集体企业，这些企业不是按照典型的新古典生产函数组织生产的，而是按国家计划进行生产，在改革之初这

类企业的明显特征之一就是“冗员”，我们称这类企业为“传统计划企业”。改革开放后新设立的乡镇企业、外资企业、个体企业基本是按新古典生产函数组织生产的，我们称这类企业为“标准企业”。相对而言，到了20世纪90年代中后期国有企业的改革已经逐步到位，其组织模式基本上依据市场方式确定，这时才可以称其为“标准企业”。中国改革开放后最重要的技术进步起点特征在“标准企业”上，通过标准企业的发展，渐进式地改造了“传统企业”，通过结构转换带动了经济的高速增长。中国技术进步有人形象地比喻为20世纪“80年代靠老农，90年代靠老外”的演进路线。

改革开放早期（1979～1989年），劳动者、企业的积极性得到激励，产业结构开始向均衡方向发展，农业和轻工部门快速发展，特别是农村部门是技术进步的核心，农村部门的技术进步十分明显。20世纪80年代中期的乡镇企业崛起对轻工业的发展有着积极的促进作用，农村改革和工业化的进展推动城市改革，完成了对传统重工业畸形结构的调整，结构优化对技术进步有重要的贡献。按世界银行的计算结构转变占全要素生产率提高的30%，90年代中期以后下降到17%（世界银行，2004）。在技术来源上：一是原有存量的工业技术的转移，如重工、军工企业的技术转移；二是开放后技术引进，如彩电、冰箱、录音机、大众轿车生产线等的引进，耐用消费品产能迅速提高，当然最大技术进步的贡献者应该是体制改革提高了利用资源的制度效率，企业逐步成为了“标准企业”，在要素组织和进步模式上形成了一个“干中学”的学习曲线。

从20世纪90年代开始的第二阶段，技术进步来自于开放过程中的国际技术转移，“干中学”是技术进步的基础。一般来说，引进国外技术主要有两种方式：一种方式是通过技术购买直接引进国外先进技术，另一种方式是通过外商直接投资等渠道间接引进国外先进技术。直接引进国外技术时，虽然发达国家不可能把先进核心技术输出到发展中国家，但是，由于发展中国家最适宜的技术一定不是发达国家最先进的技术，因此只要是对发展中国家属于先进的适宜的技术，这种技术引进将有利于后发国家的技术提升和经济赶超。引入外资虽然其目的并不是直接引进技术，但通常认为外资投资于东道国时可以通过示范效应、竞争效应以及跨国公司人员培训和流动等渠道将先进技术溢出到东道国企业，因此外商直接投资可以被视为间接技术引进的重要渠道。

1992年邓小平同志南方谈话后，中国加速了对外开放，1994年汇率并轨改革，加强了中国的比较竞争优势，外资和国际产业转移加快，外资的进入提高了中国产业的技术进步。在改革开放的过程中，为创造某些产业的比较优势，中国政府采取了积极干预产业资源配置的产业政策。1989年中国正式公布了第一套产业政策。政府的五年规划也强调发展以若干高科技和高资本投资为特征的支柱产业，外资引进和对外贸易表现出明显的产业选择性。从开放条件下提升国家竞争力的角度来理解，这样的产业政策导向下的外资引进和对外贸易体现了政府期望通过开放来带动产业技术的升级，发展若干支柱产业，形成适合本国经济发展阶段的产业组织结构，努力缩短加入全球“核心”技术竞争的时间，避免在技术的“边缘”上滞留的风险，并努力促成部分高新技术的跨越。

（二）技术模仿—套利机制

20世纪90年代以来中国的高速增长离不开“干中学”这个技术进步的机制。中国企业由于原有的技术基础比较薄弱，而通过进口技术既符合成本—效益原则，可以快速缩短与发达国家和地区的技术差距，又符合中国企业现有的研发能力。企业技术研发要获得市场的认可，除了需要高资本、人力投入以外，还需要相当长的时间。市场竞争程度和法律对专利的保护程度也在很大程度上决定了企业是否愿意在技术创新上进行投资。所有这些因素共同决定了现阶段中国企业在技术进步决定上的选择：主要通过技术进口来跟踪、消化技术。依赖技术进口，而自主创新不足便构成了国内企业提升技术水平路径的基本特征。

开放条件下由技术导致经济增长的机理突出表现为：对外开放进程中通过 FDI 所获得的“外溢”效果和贸易诱发的“干中学”效果，并且这两种效果主要表现在吸引先进国家或地区的 FDI 以及与先进国家或地区的贸易关系上。由于不同国家或地区的 FDI、产业或贸易品的技术含量不同，因而中国吸引不同地区或国家的 FDI 所获得的 FDI 产业“外溢”效果及与不同国家或地区发生贸易关系所诱发的产业“干中学”效果也存在差异。从当今世界不同国家或地区的技术先进性以及中国主要的 FDI 来源、主要贸易伙伴关系来看，中国在对外开放进程中最有可能从先进的工业国家和亚洲“四小龙”获得技术“外溢”效果和“干中学”效果。从 1995 年的贸易数据来看，中国自 OECD 的进口主要集中在仪器仪表制造业（65.21%）和普通、专业机械制造业（42.48%）上，从亚洲“四小龙”的进口主要集中在化学纤维制造业（40.26%）和塑料制品业（31.49%）上。中国自 OECD 和亚洲“四小龙”国家进口机械设备等有技术含量的资本品促进了相关产业的竞争与发展，提升了国内企业的生产率，而向这些先进国家和地区出口产品要求国内企业通过技术升级来降低成本并生产符合这些国家和地区市场要求的高品质产品，这同样会提升国内企业的生产率。

“干中学”的技术进步对于后发国家有加速增长的效果，对于后发的企业也有同样的激励效应。“干中学”在技术进步扩散方面可以表现为模仿—套利机制，即一家企业通过引进设备生产一种产品获利后，这一模仿产品的市场被开发出来，大量的后发企业跟进，模仿性地引进设备（可能更先进）、挖一些现行企业的成熟人员、进行该产品的生产获利，大量模仿者进入形成套利（所谓套利是指在金融市场如有一种无风险的收益产品就会吸引资金以杠杆借贷的方式涌入直至收益降低到资金成本，套利结束）。与金融套利不同的是由于企业所处的竞争条件不同，每个企业都有可能通过竞争成功多获利，这种预期这就会增加参与者，并在这种套利模式下进行低成本竞争。

众所周知，套利行为能出现的前提是要有可能的无风险或低风险收益机会。在企业的投资决策中应先比较收益与风险间的关系，一项技术是否被引进，要看它的盈利可能性。在技术是学习得来的情况下，先投资者在技术开发上风险低但在选择技术设备先进度、组织管理与市场开发等方面风险大，当这些被引进的技术生产的产品被国内消费者认可后，后投资者在这些方面的风险都低，而且有了可学习的技术和生产管理经验。所以，先行企业为后行企业铺了路，后行企业有“搭便车”的可能性，由此形成了后进入者的套利机会。这是后行企业的“干中学”动力机制。但这种情况容易形成过度引进和过度竞争，因为没有技术门槛，有资金者都可以进入。如果政府对所有行业无限制，则技术引进的范围较大，企业的选择面大，不易形成过度引进；而若政府对一些行业有限制时，企业的选择面小，易形成某些非限制行业过度引进，在中国就是这种情况。

企业这种行为有其内生的动力机制，更与政府管制与补贴的双重行为造就的环境有关。从政府的管制上看中国放开了制造业，但新的服务业却基本上是管制的，如电信、金融、城市的基础设施等，而制造业中的新兴行业也是管制的，如汽车和一些重化工行业也均有管制性的准入条件，所以大量的“标准企业”被压到了较为低技术的制造业和服务业上，大家也只好拼成本。发达地区为了保持自己的优势，而落后地区为了发挥“后发”优势，都进行相应地补贴。发达地区靠税收返还，落后地区靠消耗环境和资源进行补贴，导致了企业的低成本竞争行为。低成本竞争推动了中国经济增长和要素动用，但也存在着巨大的资源耗费倾向，表现在土地、劳动力、资源、环保等一系列的长期成本上，而企业也有很强的短期套利倾向，经常是“一哄而起”，产能极度放大形成过剩，造成资源的浪费，这是中国企业微观机制所造就的低成本竞争行为的不良后果。

而且，“干中学”引致的技术进步受全球技术前沿水平的制约，技术前沿水平与国内现有技术差距越大，国内技术进步增长越快；随着国内技术水平的提高，学习效应下降，国内技术进步减速并最终停止。学习轨迹表明，学习过程在早期规模递增效应，因为在一个学习过程初期，国内外技术差距大，学习者能很快掌握国内不存在的新技术，产生明显的竞争优势，快速吸纳社会闲置资源，使产出效率不断提高；在经过一段学习过程后，国内外技术差距变小，学习效率下降，这时将进入规模递减阶段，这是学习型经济系统的特点（张平、刘霞辉等，2007）。

总的来看，中国企业依靠技术进口取得了相当的成功，并且在一些高新技术上也成功地实现了某些跨越，如高科技出口（占制成品出口的百分比）中，1996 年我国高于拉丁美洲，但比东亚、高收入国家以及世界平均水平都低不少，而到 2010 年，我国的高科技制成品出口已超过东亚，高出世界水平 10 个百分点；取得这种成绩是可喜的，不过在总体上，又存在企业自主创新不足的问题。中国已意识到该问题，并开始重视自主创新，中国加入 WTO 后知识产权保护的强化、企业“干中学”的效率降低，企业自主增加了研发和自主创新的投入。从国际比较看，目前中国的研发占 GDP 的比重虽和高中等收入国家持平，但远远低于欧盟、东亚国家，高收入国家世界甚至世界水平（见表 7-6）。中国技术演进道路的特点是改进为多，而创新少，按照 OECD 的技术发展阶段，中国企业的技术水平在国际上处于中等水平，与发达国家的差距仍然很大。因此，如何推进国家创新体系的建设成为决定未来中国企业能否在某些技术上领先于国际水平的关键因素。

表 7-6　研发和专利的国际比较

	研发支出占 GDP 的百分比		高科技出口（占制成品出口的百分比）	
年份	1996	2009	1996	2010
中国	0. 56	1. 47	12. 4	27. 5
东亚	2. 30	2. 51	27. 2	26. 2
中等收入国家	0. 56	1. 07	14. 0	17. 9
拉丁美洲	0. 53	0. 65	8. 8	10. 9
欧盟	1. 76	2. 04	16. 7	15. 3
高收入国家	2. 26	2. 43	21. 4	17. 4
高中等收入国家	0. 56	1. 10	14. 3	19. 5
世界	2. 01	2. 14	20. 1	17. 5

资料来源：世界银行网站。

三、自主研发和技术引进对经济可持续增长的影响

本节将从自主研发和技术引进对创新能力提高以及对促进经济增长和质量改善效应两个层面来探讨自主研发和技术引进对我国经济可持续增长的影响。

（一）自主研发和技术引进对创新的影响

首先，我们来对前面提出的理论进行检验，通过设定合适的计量模型对 R&D、技术引进与创新之间的关系进行实证分析。类似于生产函数，假定创新能力存在如下形式的函数关系：

$$P_t = AS_t^{\varphi} e^{\mu_t} \quad (1)$$

式中，P 表示创新能力，S 表示科技投入，φ 表示科技投入的产出弹性，μ 表示误差项，A 为常数，t 表示时间。科技投入分别以 R&D 支出（简记为 RD）、国外技术引进额（简记为 TI）和外商直接投资（FDI）来衡量[①]，其起始年份分别为 1987～2006 年、1985～2006 年、1983～2006 年。由于 R&D、国外技术引进和外商直接投资之间具有较高的相关性[②]，为了避免回归模型中的多重共线性问题，我们将分别对三者进行回归分析。创新能力用专利授权数量来表示，数据期间为 1987～2006 年。所有数据均来源于《中国科技统计年鉴》。由于国外技术引进和外商直接投资在统计年鉴中均以美元计算，我们按照人民币对美元年平均汇价（中间价）将两者折算成人民币。

对式（1）两边取对数，则可得：

$$LnP_t = LnA + \varphi LnS_t + \mu_t \quad (2)$$

由于本章运用的是时间序列数据，在对模型式（2）进行回归前，应该首先检验各变量的平稳性以避免产生伪回归。为此，我们运用 ADF 检验法对各变量的平稳性进行单位根检验。检验之前需要确定时间序列模型的滞后阶数，通常采用 AIC 准则来确定。单位根检验结果如表 7－7 所示，Ln(P)的 ADF 检验值为－3.6572，P 值为 0.0515，表明该序列在 6% 的显著性水平下拒绝原假设，接受不存在单位根的结论，即该序列为平稳序列。由 Ln(RD)、Ln(TI)和 Ln(FDI)的 ADF 检验值可知，它们均为非平稳序列。由于模型（2）中存在非平稳时间序列变量，简单地运用模型（2）有可能出现虚假回归。但是，虽然一些经济变量本身是非平稳序列，它们的线性组合却有可能是平稳序列。Engle 和 Granger（1987）提出的协整理论及其方法，为非平稳序列的建模提供了一种新途径。非平稳序列的平稳的线性组合被称为协整方程，可解释为变量之间的长期稳定的均衡关系。因此，运用回归模型（2）时需要进行协整检验。回归模型的协整检验方法主要为两种，一种是基于回归系数的协整检验，另一种是基于回归残差的协整检验。本章采用 Engle 和 Granger（1987）提出的基于回归残差的协整检验方法。该方法通过检验回归方程的残差序列是否是一个平稳序列，进而判断因变量和解释变量之间是否存在

---

① 为表述方便，我们将 R&D、直接技术引进和外商直接投资统称为科技投入。

② R&D 与 TI 的相关系数为 0.71，R&D 与 FDI 的相关系数为 0.81，TI 与 FDI 的相关系数为 0.92。

协整关系。通常地，可以应用 ADF 检验来判断残差序列的平稳性。还需要注意的是，在进行协整回归时，如果解释变量个数多于一个，被解释变量的单整阶数不能高于任何一个解释变量的单整阶数。由各变量的单位根检验可知，Ln(P)为零阶单整，而 Ln(RD)、Ln(TI)和 Ln(FDI)均为一阶单整［由表 7-8 可知，三者的一阶差分序列即 ΔLn(RD)、ΔLn(TI)、ΔLn(FDI)都为平稳时间序列］，由此各变量均符合协整方程的要求，可以对式（2）进行回归分析和协整检验。模型估计结果和协整检验结果见表 7-8。

表 7-7　单位根检验

	检验形式	ADF 统计量	P 值	结论
Ln(P)	(C, T, 0)	-3.6572	0.0515	平稳
Ln(RD)	(C, T, 0)	-2.2663	0.4303	不平稳
ΔLn(RD)	(C, 0, 0)	-5.3201	0.0005	平稳
Ln(TI)	(C, T, 0)	-1.9982	0.5688	不平稳
ΔLn(TI)	(0, 0, 0)	-4.9615	0.0000	平稳
Ln(FDI)	(C, T, 1)	-1.6982	0.7176	不平稳
ΔLn(FDI)	(0, 0, 0)	-1.9038	0.0558	平稳

注：在检验形式（C, T, K）中，C、T、K 分别表示单位根检验方程包括常数项、时间趋势和滞后阶数，0 则表示不包括该项。Δ 表示差分算子。

表 7-8　模型（2）的估计结果

	(1)	(2)	(3)
C	5.6265 (19.69)*	6.0724 (7.87)*	6.5595 (12.02)*
Ln(RD)	0.8698 (18.95)*		
Ln(TI)		0.7681 (6.42)*	
Ln(FDI)			0.6021 (8.22)*
Adj R-squared	0.9496	0.6791	0.7777
F-statistic	358.9912	41.2167	67.4888
协整检验	-3.8362* (0.0006)	-2.1789** (0.0316)	-0.9730 (0.2837)

注：协整检验一栏括号中的数字为 P 值，其他括号中的数字为 t 检验值。*、**分别代表参数估计值在 1%、5%水平上显著。

表 7-8 中的方程（1）为 R&D 与创新之间关系的估计结果。方程残差序列的 ADF

检验值为-3.8，P值为0.0006，表明残差序列在1%的显著性水平下拒绝原假设，接受不存在单位根的结论，因此可以确定方程残差序列为平稳序列，这表明方程因变量和解释变量之间存在协整关系。由估计结果可知，R&D的系数估计值为正且高度显著，表明R&D与创新之间存在正的长期均衡关系：R&D投入每增长1%，专利则相应增长约0.9%。在已有关于中国R&D与创新关系的研究中，Zhang等（2003）、Jefferson等（2004）和吴延兵（2006a）运用不同的数据样本均发现R&D对创新有显著正影响。本章运用时间序列数据表明R&D与创新之间存在长期均衡关系，再次揭示出自主研发对提高中国创新能力的重要意义。

表7-8中方程（2）为国外技术引进与创新之间关系的估计结果。由协整检验可知，方程残差序列在5%的显著水平下拒绝存在单位根的原假设，且国外技术引进的系数估计值高度显著。因此，国外技术引进的创新产出弹性约为0.8。

表7-8中方程（3）为FDI与创新之间关系的估计结果。可见，FDI的系数估计值为正且高度显著，似乎表明FDI对创新有显著正影响。但是，协整检验表明，方程残差序列不能拒绝存在单位根的原假说，即可以认为方程残差序列为非平稳序列，这表明FDI与创新之间并不存在长期均衡关系。理论上通常认为，外商直接投资能够有效地降低发展中国家引进和吸收先进技术的成本，促进先进技术在发展中国家的扩散；内资企业可以通过模仿更多种类的产品、吸收先进的技术和管理经验，来提高内资企业的创新能力；同时，外资进入也使国内企业面临着更激烈的竞争，促进国内企业在与外资竞争中不断改善经营管理水平和技术水平。人们通常把引进外资的战略归纳为“以市场换技术”，然而中国市场对外资的开放是否真的换来了技术？本章实证研究显示，FDI与专利数量之间并不存在正的长期均衡关系，表明外资引入并没有带来中国创新能力的持续提高。在关于外商资本与中国创新能力之间关系的文献中，虽然一些研究表明两者之间具有正相关性（Cheung、Lin，2004；冼国明、严兵，2005），但另有些研究则发现外商资本对中国创新能力有消极影响（Huang，2003；吴延兵，2008b）。我们认为，外商企业在中国大陆从事生产经营活动时有自己特有的行为方式：一方面，其技术和管理水平高于国内企业；另一方面，其技术优势来源于母公司。这两个原因造成在华外商企业本身并不需要持续不断的创新。另外，外资的进入挤占了国内企业的市场，降低了国内企业的利润，进而可能打击了这些企业的研发能力，从而在一定程度上抑制了中国创新能力的提高。

总之，上述估计结果表明，自主研发和直接国外技术引进对中国创新能力的形成起到重要作用。这意味着，增加研发投入和技术引进是提高中国自主创新能力的主要渠道。20世纪90年代以来，国际经济学界也逐渐形成了一个共识，认为必须要有自己的研发能力和自主创新能力，才能最终实现经济的可持续增长。在激励企业加大研发投入力度的同时，还要注重引进和学习国外的先进技术。在经济全球化背景下，要充分利用全球科技资源加快自身发展速度。只注重自主研发而不注重吸收世界各国的先进技术成果，就有可能落伍于世界科技发展水平。总之，自主研发和技术引进两者不可偏废，要统筹兼顾、合理规划，才能全面提升中国的创新能力。

（二）自主研发和技术引进对 GDP 的影响

我们在标准柯布—道格拉斯生产函数基础上，将科技投入引入生产要素后，扩展后的柯布—道格拉斯生产函数可表示为：

$$Y_t = AK_t^{\alpha} L_t^{\beta} S_t^{r} e^{\varepsilon_t} \tag{3}$$

式中，Y、K、L、S 分别代表产出、资本投入、劳动投入及科技投入。α、β分别表示资本的产出弹性和劳动的产出弹性，γ 则表示科技投入的产出弹性。A 为常数。ε_t为随机误差项。t 代表时间。

假设生产函数关于资本和劳动具有规模报酬不变的性质（即 α+β=1），经变形，并两边取对数，可得：

$$Ln(Y/L)_t = LnA + \alpha Ln(K/L)_t + \gamma Ln(S)_t + \varepsilon_t \tag{4}$$

对于式（4）中所涉及的各变量说明如下。产出以国内生产总值表示，为了消除价格波动的影响，以 1978 年为不变价，用相应年份的 GDP 隐含平减指数①对 GDP 进行了缩减。劳动投入以就业人员数量来衡量。物质资本投入以固定资本形成总额表示，并用永续盘存法核算其存量，其公式为 $K_t = I_t + (1-\sigma) K_{t-1}$。K 表示资本存量，I 表示固定资本形成总额，σ表示折旧率。在计算存量时，需要说明以下几点：首先要将固定资本平减成实际值以削除价格波动。然而《中国统计年鉴》只提供了 1991 ~ 2006 年的固定资产投资价格指数。对于 1978 ~ 1990 年的平减指数，以 1978 年为不变价，我们计算了 1978 ~ 1990 年的投资隐含平减指数（the implicit investment deflator）②。然后，用上述指数序列将固定资本缩减成实际值。对于折旧率σ和基期存量，我们采用了张军等（2004）的计算方法，即折旧率为 9.6%、基期（1978 年）资本存量是基期固定资本形成总额的 10 倍。在确定了基期存量后，就可以运用永续盘存法测算出 1978 ~ 2006 年各年的资本存量。科技投入（S）同样分别以 R&D 经费、国外技术引进和外商直接投资来表示。

如前所述，对于涉及时间序列的回归，首先应该检验各变量的平稳性以避免产生伪回归。运用 ADF 检验对各变量进行单位根检验的结果如表 7-9 所示。由表 7-7 和表 7-5 可知，Ln（Y/L）、Ln(K/L)、Ln(RD)、Ln(TI)、Ln(FDI)都是非平稳序列，而它们的一阶差分序列都是平稳的。虽然模型（4）中各变量本身是非平稳序列，但是它们之间的线性组合却可能存在着协整关系。因此，我们运用协整理论对模型（4）进行回归分析。模型（4）的估计结果如表 7-10 所示。

---

① GDP 隐含平减指数的计算方法如下：以 1978 年为基期，则 i 年的 GDP 指数（1978 = 1）= $\frac{\text{i 年的 GDP（当年价格）/ i 年的 GDP 隐含平减指数（1978 年=1）}}{\text{1978 年的 GDP（当年价格）}}$，从此公式中可以计算出 i 年的 GDP 隐含平减指数。

② 投资隐含平减指数的计算方法同 GDP 隐含平减指数，具体如下：以 1978 年为基期，则 i 年的固定资本形成总额指数（1978 = 1）= $\frac{\text{i 年的固定资本形成总额（当年价格）/ i 年的投资隐含平减指数（1978 年=1）}}{\text{1978 年的固定资本形成总额（当年价格）}}$，从此公式中可以计算出 i 年的投资隐含平减指数。

表 7-9　单位根检验

	检验形式	ADF 统计量	P 值	结论
Ln(Y/L)	(C, T, 1)	-2.7050	0.2424	不平稳
ΔLn(Y/L)	(C, T, 0)	-3.5516	0.0537	平稳
Ln(K/L)	(C, T, 0)	-1.0249	0.9240	不平稳
ΔLn(K/L)	(C, T, 0)	-3.7626	0.0349	平稳

注：在检验形式（C，T，K）中，C、T、K 分别表示单位根检验方程包括常数项、时间趋势和滞后阶数，0 则表示不包括该项。Δ 表示差分算子。

表 7-10　模型（4）的估计结果

	(1)	(2)	(3)
年份	1987～2006	1985～2006	1983～2006
C	-1.8163 (-5.65)*	-1.2391 (-12.72)*	-1.2946 (-28.03)*
Ln(K/L)	0.5515 (5.74)*	0.7689 (27.18)*	0.7304 (39.69)*
Ln(RD)	0.1528 (3.55)*		
Ln(TI)		0.0762 (5.89)*	
Ln(FDI)			0.0711 (14.00)*
Adj R-squared	0.9922	0.9945	0.9976
F-statistic	1213.1399	1908.8072	4847.2797
协整检验	-3.5976* (0.0014)	-3.0094* (0.0045)	-4.0316* (0.0003)

注：协整检验一栏括号中的数字为 P 值，其他括号中的数字为 t 检验值。*代表参数估计值在 1% 水平上显著。

表 7-10 中方程（1）表明了 R&D 与 GDP 之间的关系。由此可知，方程残差序列在 1% 的显著性水平下拒绝原假设，因此方程残差序列为平稳序列，进而方程因变量和解释变量之间存在协整关系。由估计结果可知，R&D 投入的系数估计值在 1% 水平上显著，这说明 R&D 与产出之间存在正的长期均衡关系，且 R&D 投入每增长 1%，GDP 则相应增长 0.15%。本文的估计结果与已有国内外大量文献的研究结论具有一致性。国外文献研究表明，产业 R&D 产出弹性主要分布于 0.1～0.2（Australian Industry Commission，1995）。Hu（2001）、Jefferson 等（2004）、Hu 等（2005）运用中国企业数据发现 R&D 对生产率有显著正作用。吴延兵（2006b，2008a）运用中国产业数据则发现 R&D 产出弹性为 0.1～0.3。本章运用中国时间序列数据发现 R&D 与 GDP 之间存在长期均衡关系，且 R&D 产出弹性约为 0.15。这些研究均表明自主研发是促进中国经济增长的重要因素。

表7-10中方程（2）是对国外技术引进与GDP之间关系的回归分析。协整检验表明，方程残差序列为平稳序列，技术引进的系数估计值为正且高度显著，这说明国外技术引进对GDP有长期正影响。相比较而言，直接技术引进对经济增长的贡献要小于自主研发对经济增长的贡献。

表7-10中方程（3）是有关FDI的估计结果。由协整检验可知，方程残差序列也是平稳序列，且FDI的系数估计值高度显著，这说明FDI与GDP之间也存在长期均衡关系：FDI每增长1%，GDP则相应增长0.07%。由上文估计结果我们知道，FDI与创新之间并不存在长期均衡关系，但此处估计结果显示，FDI对经济增长有长期的正影响。FDI虽然不能带来中国创新能力的持续提高，但其对中国持续的经济增长却有重要贡献。FDI对经济增长的正影响可能主要源于以下几个方面：①推动国外资源与国内资源的交换。外资进入中国，使得中国获取了经济发展所必须的资金、设备、原材料甚至人才等资源。②激励作用。跨国公司进入中国给国内同行企业带来冲击，那些能够尽快转变经营机制和经营观念的企业通过与外来竞争者合作竞争得到成长和壮大，那些不能适应竞争的企业有可能被淘汰。这促使国内企业必须不断地改善管理水平、优化资源配置、提高生产效率。③关联作用，带动上下游企业及相关产业发展。外资企业通过外包和采购在中国建立了颇具规模的供应链体系，通过供应链的关联作用带动了国内企业提高质量、降低成本，承担环境责任和社会责任。正是通过上述一系列作用，外资企业与国内企业一起，从根本上改造了中国工业基础，提升了中国企业的全球竞争力。

综合上述估计结果，我们发现，自主研发和技术引进（直接的和间接的）均对中国经济增长有着长期正影响。自主研发对促进中国经济持续增长和质量改善无疑具有重要意义，而通过多种渠道积极学习和借鉴国外先进技术，也是促进中国经济持续增长的重要途径。

四、技术进步的促进政策

改革开放30年来，中国经济增长率一直保持在8%～9%的高水平。对于如何理解中国的经济增长奇迹，学术界观点并不一致。但从长期来看，中国经济的绩效将取决于技术创新、获取和扩散新技术的能力。本章运用时间序列数据，实证检验了自主研发和技术引进对中国创新能力和经济增长的影响，并发现自主研发、直接技术引进对中国创新能力和经济增长均有长期的积极推动作用；虽然外商直接投资对中国创新能力并没有长期影响力，但对中国经济增长有长期正影响。

目前，我国已将技术创新作为推动未来经济可持续增长的重要策略，但要实施还有难度，主要困难在企业。企业的技术选择要基于对适应现实要素禀赋特征和获利前景的考虑。对于后发国家企业的技术进步而言，大致有个发展过程：第一阶段是模仿阶段，某些企业看到了市场上热销产品与可获得的技术，利用设备更新等手段来生产新产品。第二阶段是数量扩张阶段，大量企业通过模仿来生产、新企业进入快，最终导致企业平均盈利能力下降。在本阶段，如果伴随着大量对外出口和批量生产（销售）网络的进入，则企业尚能维持一定时间，并能通过扩大产量和品种获得竞争优势，但要进一步发展则空间很小。第三阶段是质量改进阶段，特征是不断的创新、低效企业的退出、TFP增长快速，应用的是品牌战略和产品质量认证。中国企业的技术进步因受到生产和需求的两面挤压而受到了一定抑制，正处在不利的第二阶段，而且向第三阶段的转换不易，如人才、规模、管理水平等都跟不上。

技术进步是政府、企业共同决定的，政府的作用是指导、诱导与监督，实施者则是企业。由此，创造有利于企业自主研发的市场和法律环境，有效地吸收和利用全球科技资源，则是进一步提升中国技术水平和实现经济可持续增长的重要战略选择。为此，我们认为要实现中国技术的加速进步，第一，在于加强市场经济法治建设，完善竞争秩序，从而创造有利于自主研发的环境氛围。具体而言，就是要减少政府行政干预，逐步消除价格扭曲和竞争障碍的政策，使市场功能更加完善，让市场充分发挥资源配置的作用，从而使各类企业有平等竞争的环境和合理的利润空间，促进企业不断地吸收新技术，降低投入，并鼓励企业通过良性竞争做大做强，形成公平竞争的市场环境。第二，改变对地方官员的政绩考核标准，从根本上破除地方保护主义，促进竞争大市场的形成；加强市场经济法治建设，规范竞争行为，形成有序竞争。健康、有序、规范的市场竞争必将激励企业投资于创新，从而不断增强自主创新能力。第三，完善技术创新的政策法律制度环境。通过法律的完善激励创新行为，包括完善知识产权制度，强化知识产权保护，提高知识产权管理水平，建立知识产权评估和交易体系，形成业内自律和业外监管有机结合的运行机制。此外，政府也可通过有奖惩政策来诱导企业进行创新，如强制标准、税收、金融支持与限制、政府采购、宣传等，使企业有动力也有压力。第四，对于产业扶持，其政策要逐步由直接支持产业化过渡到支持研究开发和技术创新领域，加大对高技术产业研究与开发的支持力度，加快技术市场和多层次的资本市场的建设，促进技术的转移、转化和利用，增加对专利和其他软技术购买的补贴，支持产学研合作，大力发展风险投资和孵化器等。此外，政府与企业应该合力在建立生产与服务标准上有所作为，占领这一制高点，这样企业的创新与发展才有更牢实的基础。第五，坚持先进技术引进和消化、吸收、创新的相结合，妥善处理好引进技术与自主创新之间的关系，把吸引外商投资与产业产品结构的调整优化结合起来，引导外资更多地投向高新技术产业和现有企业的技术改造。从体制机制入手，充分利用国外先进技术资源，开发具有自主知识产权的核心技术。加强国际科技合作与交流，重点引进专利技术、软件和必要的关键设备，加强关键性、战略性技术领域的消化吸收和自主创新力度。

参考文献

[1] 刘世锦：《增长模式转型压力与战略选择》，《经济学动态》2005 年第 9 期。

[2] 刘霞辉：《论中国经济的长期增长》，《经济研究》2003 年第 5 期。

[3] 麦迪森：《世界经济二百年回顾》，改革出版社 1996 年版。

[4] 孙琳琳、任若恩：《中国资本投入和全要素生产率的估算》，《世界经济》2005 年第 12 期。

[5] 世界银行：《东亚奇迹》（中译本），中国财政经济出版社 1994 年版。

[6] 世界银行：《东亚奇迹的反思》（中译本），中国人民大学出版社 2003 年版。

[7] 世界银行：《东亚的复苏与超越》（中译本），中国人民大学出版社 2003 年版。

[8] 世界银行：《中国“十一五”规划的政策》，世界银行东亚及太平洋地区 2004 年版。

[9] 吴敬琏：《中国增长模式抉择》，上海远东出版社 2005 年版。

［10］王梦奎主编：《中国中长期发展的重要问题 2006-2020》，中国发展出版社 2005 年版。

［11］王红领、李稻葵、冯俊新：《FDI 与自主研发：基于行业数据的经验研究》，《经济研究》2006 年第 2 期。

［12］吴延兵：《R&D 存量、知识函数与生产效率》，《经济学》（季刊）2006 年第 5 卷第 4 期（2006a）。

［13］吴延兵：《R&D 与生产率：基于中国制造业的实证研究》，《经济研究》2006 年第 11 期（2006b）。

［14］吴延兵：《中国工业 R&D 产出弹性测算：1993-2002》，《经济学》（季刊）2008 年第 7 卷第 3 期（2008a）。

［15］吴延兵：《创新的决定因素：基于中国制造业的实证研究》，《世界经济文汇》2008 年第 2 期（2008b）。

［16］张军、吴桂英、张吉鹏：《中国省际物质资本存量估算：1952-2000》，《经济研究》2004 年第 10 期。

［17］易刚、樊纲、李岩：《关于中国经济增长与全要素生产率的理论思考》，《经济研究》2003 年第 8 期

［18］张军：《资本形成、工业化与经济增长：中国轨迹的特征》，《经济研究》2002 年第 6 期。

［19］张平：《在增长的迷雾中抉择：行难知亦难》，《经济研究》2006 年第 2 期。

［20］中国经济增长前沿课题组：《经济增长、结构调整的累积效应与资本形成》，《经济研究》2003 年第 8 期。《高投资、宏观成本与经济增长的持续性》，《经济研究》2005 年第 10 期。

［21］中国社科院经济所经济增长与宏观稳定课题组：《干中学、低成本竞争机制和增长路径转变》，《经济研究》2006 年第 4 期。

［22］Australian Industry Commission, 1995, Research and Development, Report No. 44. Canberra: Government Publishing Service.

［23］Cheung Kuiyin and Lin Ping, 2004, Spillover Effects of FDI on Innovation in China: Evidence From the Provincial Data, China Economic Review, 15, 25-44.

［24］Engle, R. F. and Granger, C. W. J., Co-integration and Error Correction: Representation, Estimation and Testing, Econometrica, 1987, 55, 251-276.

［25］Hu, Albert, G. Z., 2001, Ownership, Government R&D, Private R&D, and Productivity in Chinese Industry, Journal of Comparative Economics, 29 (1), 136-157.

［26］Hu, Albert, G. Z., Jefferson, G. H. and Qian Jinchang, 2005, R&D and Technology Transfer: Firm-Level Evidence from Chinese Industry, Review of Economics and Statistics, 87 (4), 780-786.

［27］Huang, Yasheng, 2003, Selling China: Foreign Direct Investment during the Reform Era, New York: Cambridge University Press.

［28］Jefferson, G. H., Bai Huamao, Guan Xiaojing and Yu Xiaoyun, 2004, R and D Performance in Chinese Industry, Economics of Innovation and New Technology, 13 (1/2).

［29］Li, Xiaoying, Xia, Ming and Parker, D., 2001, Foreign Direct Investment and Productivity Spillovers in the Chinese Manufacturing Sector, Economic Systems, 25, 305-321.

［30］Zhang, Anming, Zhang, Yimin and Zhao, Ronald, 2003, A Study of the R&D Efficiency and Productivity of Chinese Firms, Journal of Comparative Economics, 31, 444-464.

第八章　资本形成

资本形成对任何经济来说都是保证经济活力的重要因素，中国30年来的高速增长，更是与快速资本形成相关。虽然我们不否认中国的资本形成效率并不高，但高速资本积累却是使中国摆脱贫困陷阱的利器。为创造资本形成的环境，中国采取了低价工业化的策略，通过合理的相对价格体系调整，使工业化进程加速。本章将从中国资本形成的过程、特点入手，分析其对经济增长的作用，主要内容安排如下：一是从理论和经验两方面分析了资本积累对我国高速增长的促进作用；二是回顾与分析了我国资本形成路径的多元变化；三是归纳了投资与消费间的变动规律，并分析了我国投资率与消费率变动态势；四是阐明了投资效率的改进对我国未来经济可持续性增长的重大意义。

一、资本积累与经济增长的理论和经验分析

（一）资本积累并非在任何条件下都是收益递减的

投资[①]之于经济增长的重要性，理论上无需强调，生产函数早将其纳入增长要素中。但对其作用力大小问题却有争议。目前的普遍看法是资本投入作为一种资源，遵从收益递减规律，使用得越多，从增加的单位资本获得的增加值就越少。为说明该结果，有学者构造了如下故事：如将两家雇了等量工人，且其他条件也相同的企业进行对比，其中一家企业每个工人使用价值10000元的机器设备，另一家则使用20000元的设备，可以相信，后一家企业将比前一家企业产出更多，但几乎可以同样确信，那不会多出1倍。以上事例说明的是，如果经济增长背后的主要动力只是简单的资本积累，我们看到的将是下降的资本生产率，投资效果会越来越差。

我们对这个故事及所引申的含义要小心对待，因为它不是毫无条件地在任何情况下都成立。故事的前提是企业已雇了等量工人，投资增加不是用于雇新工人，只是增加在职工人使用的资本；如果两家企业过去没有雇等量工人，投资增加的企业将资本用于雇新工人，情况如何？这时，我们看到的是另一番景象。资本增加的企业将可雇多1倍的工人，产量可以增加1倍甚至更多（规模效应）。

---

① 投资、资本投入、资本积累、资本形成等一般被经济学家视为同义词，为活泼文中叙述，本章交叉使用这些词，但意义相同。

可以合理地认为，以上故事的前半部分说的是相对成熟的经济体，该经济体经过长期发展，其劳动力资源基本得到开发，投资增长不会带来大规模的就业增长效应，所以投资增长将更多地体现为增加在职工人使用的资本。对发展中国家而言，情况有很大不同，因为经济发展水平低，农村人口众多且就业不充分，城市现代经济不发达，人均拥有的资本存量低，生产工具落后。因为资本的稀缺，大量有劳动能力者无法正常就业，经济处在"之所以穷是因为没钱投资"的困境中。这时的投资增长就不是表现为增加在职工人使用的资本，而是会扩大所雇工人的数量（因为增加新工人成本低，产出增加快）。上述故事的前半部分说的就是相对不成熟经济体，投资的作用力很大。依据有关国家的经验，它是摆脱贫困陷阱的唯一合理选择。

对不成熟经济体而言，这里的分析就是本书引言提到的S型增长路径的理论基础，也是赶超型经济高资本投入的依据。在人均资本存量处于较低水平的增长阶段，随着人均资本的增加，人均产值呈加速增长之势，具有规模收益递增的特征。其道理在于，虽然从每个劳动者个体看遵从产出随资本存量增加而递减的基本经济规律，但从一经济体的总体看，过去没有资本的潜在劳动力不断进入真正的劳动过程，导致资本存量增加与产出同步增长的结果，将这一结果平均到每个劳动者则得到人均产出随资本存量增加而递增的结论。中国近几十年的高速增长符合这一规律，所以高投入是使中国迅速脱离贫困的最好选择。

正如上述故事所寓意的，如果一经济体只靠投资来维持增长，当经济进入S型曲线的下半部分后，实现高增长必须依赖更高的投资比率。我们采用新古典增长模型对此给出简单直观的说明。厂商的利润最大化行为保证边际产出等于资本的租金，即真实利率与折旧率之和 $r+\delta$，如果只考虑资本为投入要素，并假定真实利率和折旧率保持不变，则产出变化与资本存量变化和投资之间存在下述简单的关系：

$$\Delta Y = (r + \delta)\Delta K = (r + \delta)(I - \delta K) \tag{1}$$

在公式（1）两边除以Y可得到下式：

$$\frac{\Delta Y}{Y} = (r + \delta)\left(\frac{I}{Y} - \delta\frac{K}{Y}\right) \tag{2}$$

式（2）说明投资率$\frac{I}{Y}$可以提高经济增长率，而资本产出比对经济增长率具有抵消作用。考虑到投资率存在上界，如果资本的边际产出递减，导致资本产出比率不断提高，则经济增长率必然下降。要想维持经济增长率处于较高水平，必须提高要素生产力。

（二）中国投资的高增长

改革开放以来，中国经历了高投资与高增长的发展过程。表8-1显示，中国固定资本形成总额从1978年的1073.9亿元，增长到了2006年的90150.8亿元，增长近90倍，2006~2011年又增长到281071亿元，增长了3倍多，而同时，资本形成总额中的存货增加所占比重则不断下降，新增资本基本上都是固定资本。

表 8-1　中国资本形成总额

年份	绝对数（亿元）		构成（资本形成总额=100）	
	固定资本形成总额	存货增加	固定资本形成总额	存货增加
1978	1073.9	304.0	77.9	22.1
1979	1153.1	325.8	78.0	22.0
1980	1322.4	277.3	82.7	17.3
1981	1339.3	290.9	82.2	17.8
1982	1503.2	281.0	84.3	15.7
1983	1723.3	315.7	84.5	15.5
1984	2147.0	368.1	85.4	14.6
1985	2672.0	785.5	77.3	22.7
1986	3139.7	802.2	79.6	20.4
1987	3798.7	663.3	85.1	14.9
1988	4701.9	998.3	82.5	17.5
1989	4419.4	1913.3	69.8	30.2
1990	4827.8	1919.2	71.6	28.4
1991	6070.3	1797.7	77.2	22.8
1992	8513.7	1572.6	84.4	15.6
1993	13309.2	2408.5	84.7	15.3
1994	17312.7	3028.4	85.1	14.9
1995	20885.0	4585.1	82.0	18.0
1996	24048.1	4736.8	83.5	16.5
1997	25965.0	4003.0	86.6	13.4
1998	28569.0	2745.2	91.2	8.8
1999	30527.3	2424.2	92.6	7.4
2000	33844.4	998.4	97.1	2.9
2001	37754.5	2014.9	94.9	5.1
2002	43632.1	1932.9	95.8	4.2
2003	53490.7	2472.3	95.6	4.4
2004	65117.7	4050.7	94.1	5.9
2005	77304.8	3341.5	95.9	4.1
2006	90150.8	3952.4	95.8	4.2
2007	129088.6	7767.76	94.3	5.7
2008	162548.7	10099.82	94.19	5.9
2009	193513.4	6676.5	96.7	3.3
2010	234338.3	9518.8	95.9	4.1
2011	281071	11652	96.0	4.0

资料来源：《中国统计年鉴》（2007 年、2008 年、2009 年、2010 年、2011 年、2012 年）。

如果按支出法进行核算（见表 8-2），资本形成总额略有变化，但其增长趋势照旧。资本形成率（投资率）长期保持在高位，最低为 1982 年的 31.9%，曾在 1993 年达到 42.6%，此后逐步下降，2007 年后资本形成率开始趋向提高，2010 年突破了 48%，见表 8-2。

表 8-2　支出法国内生产总值

年　份	支出法国内生产总值（亿元）				资本形成率（投资率）（%）	最终消费率（消费率）（%）
		最终消费支出	资本形成总额	货物和服务净出口		
1978	3605.6	2239.1	1377.9	-11.4	38.2	62.1
1979	4092.6	2633.7	1478.9	-20.0	36.1	64.4
1980	4592.9	3007.9	1599.7	-14.7	34.8	65.5
1981	5008.8	3361.5	1630.2	17.1	32.5	67.1
1982	5590.0	3714.8	1784.2	91.0	31.9	66.5
1983	6216.2	4126.4	2039.0	50.8	32.8	66.4
1984	7362.7	4846.3	2515.1	1.3	34.2	65.8
1985	9076.7	5986.3	3457.5	-367.1	38.1	66.0
1986	10508.5	6821.8	3941.9	-255.2	37.5	64.9
1987	12277.4	7804.6	4462.0	10.8	36.3	63.6
1988	15388.6	9839.5	5700.2	-151.1	37.0	63.9
1989	17311.3	11164.2	6332.7	-185.6	36.6	64.5
1990	19347.8	12090.5	6747.0	510.3	34.9	62.5
1991	22577.4	14091.9	7868.0	617.5	34.8	62.4
1992	27565.2	17203.3	10086.3	275.6	36.6	62.4
1993	36938.1	21899.9	15717.7	-679.5	42.6	59.3
1994	50217.4	29242.2	20341.1	634.1	40.5	58.2
1995	63216.9	36748.2	25470.1	998.6	40.3	58.1
1996	74163.6	43919.5	28784.9	1459.2	38.8	59.2
1997	81658.5	48140.6	29968.0	3549.9	36.7	59.0
1998	86531.6	51588.2	31314.2	3629.2	36.2	59.6
1999	91125.0	55636.9	32951.5	2536.6	36.2	61.1
2000	98749.0	61516.0	34842.8	2390.2	35.3	62.3
2001	108972.4	66878.3	39769.4	2324.7	36.5	61.4
2002	120350.3	71691.2	45565.0	3094.1	37.9	59.6
2003	136398.8	77449.5	55963.0	2986.3	41.0	56.8
2004	160280.4	87032.9	69168.4	4079.1	43.2	54.3
2005	188692.1	97822.7	80646.3	10223.1	42.7	51.8
2006	221170.5	110413.2	94103.2	16654.1	42.5	49.9

续表

年 份	支出法国内生产总值（亿元）	最终消费支出	资本形成总额	货物和服务净出口	资本形成率（投资率）（%）	最终消费率（消费率）（%）
2007	266599.2	132232.9	110943.2	23423.1	41.6	49.6
2008	315974.6	153422.5	138325.3	24226.8	43.8	48.6
2009	348775.1	169274.8	164463.2	15037.1	47.2	48.5
2010	402816.5	194115.0	193603.9	15097.6	48.1	48.2
2011	465731.3	228561.3	225006.7	12163.3	48.3	49.1

注：①支出法国内生产总值不等于国内生产总值是由于计算误差的影响；②资本形成率指资本形成总额占支出法GDP的比重；最终消费率指最终消费支出占支出法GDP的比重；③因1999年国际收支平衡表中的数据发生变化，故对该年支出法国内生产总值做相应调整。

资料来源：《中国统计年鉴》（2007、2012）。

（三）投资对中国高速增长的作用

如前所述，中国快速经济增长得益于高投资。从理论上讲，固定资产投资对经济增长的促进作用可分为水平效应和增长效应。水平效应指不改变平衡增长路径的斜率，仅提高或降低平衡增长路径位置。增长效应是指改变平衡增长路径的增长率。新古典增长模型说明，产出增长率可被分解为资本增长率、劳动增长率和TFP三个部分，高投资加快了资本积累，通过资本深化促进经济增长；新增长理论中，新知识、新技能是投资的一种副产品，新投资将产生新知识，并外溢到整个经济，企业的技术得以提高，单个企业的资本积累可以导致总生产函数对全社会资本存量具有不变的规模报酬，从而产生内生增长。因此，高投资，特别是设备投资还通过提高TFP促进经济增长，产生增长效应。

投资的宏观收益可以利用投资对经济增长和就业的促进作用来衡量。固定资产投资有供给效应与需求效应，根据乘数原理，在宏观经济中，投资的增加，一般将对宏观经济引起连锁反应，形成的投资需求将数倍于初始的投资增量。固定资产投资承担着推动经济快速增长的重要角色，一方面增加生产能力，表现为供给效应；另一方面对生产和消费构成需求，表现为需求效应。投资的供给效应和需求效应呈现出以多级别、多层次的波动方式推动经济增长。

中国曾经有超过70%的人口在农村，但中国的经济增长依赖的却不是农业部门（只有20世纪80年代初期是个例外），而是工业部门，尤其是制造业的扩张。中国的高储蓄—高投资—高增长过程，是转型经济的工业化和城市化过程，同时又是劳动力转移过程。在劳动力转移条件下，需要较高的资本形成（经济增长前沿课题组，2004a）；政府公共资本的拥挤效应推动高投资和高增长，同时带来了宏观成本（经济增长前沿课题组，2004b）；剩余劳动力从低效率的农业部门转移到效率更高的部门，必然会产生高储蓄和高增长（李扬、殷剑峰，2005）。图8-1显示，近几十年中国的经济增长与投资率保持着高度一致的波动状态，即投资率和投资增长率高的年份，经济增长率也高，可以认为是高投资促进了经济的高增长。

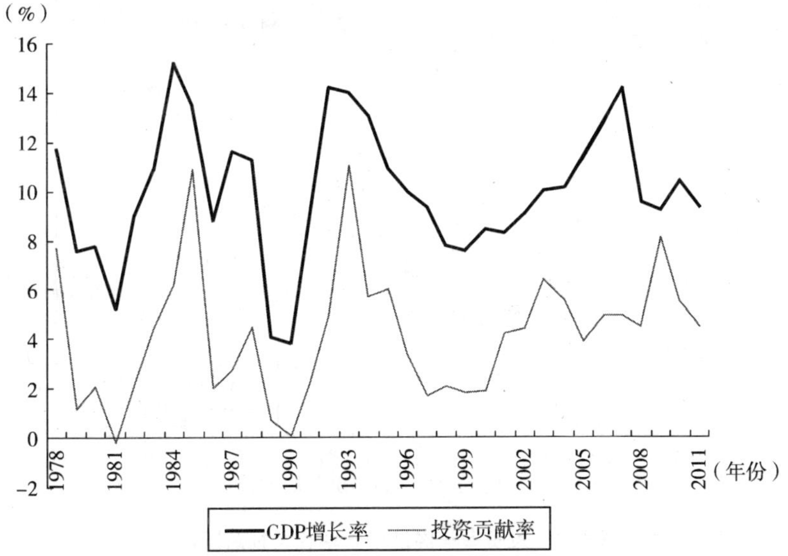

图 8-1 投资驱动下的经济增长

资料来源：《中国统计年鉴》（2008、2012）。

同时，高投资—高增长创造了大量就业机会，使中国丰富的劳动力资源得以开发。1991 年我国就业为 65491 万人，2011 年就业 76420 万人，平均每年新增就业 546.45 万人，平均增长率为 7.75‰，而同期平均人口自然增长率为 7.59‰，就业人口增长率超过了人口自然增长率。此外，高投资的城市化过程使大量农村人口转移到城镇，城镇人口比重已从 1978 年的 17.9% 上升到 2011 年的 51.27%，这种人口转移从总量上大大提高了全社会人口的福利。

我们通过国际比较来考察中国固定资产投资促进经济增长作用的变化趋势，选择中国、中国香港、韩国、马来西亚、新加坡、泰国、菲律宾、印度尼西亚为东亚国家和地区样本，选择美国、日本、德国、英国、加拿大、法国、意大利和西班牙为发达国家样本。分别计算出东亚国家和发达国家 1961 ~ 1970 年、1971 ~ 1980 年、1981 ~ 1990 年、1991 ~ 2000 年和 2001 ~ 2003 年经济增长率和固定资产投资率，对两组指标进行简单回归，结果见图 8-2。平均而言，东亚国家的投资率对经济增长的影响比发达国家低很多。固定资产投资率上升 1 个百分点，东亚国家经济增长率提高 0.086 个百分点，而发达国家的经济增长率将提高 0.23 个百分点。从图 8-2 可以发现，中国在 1981 ~ 1990 年和 1991 ~ 2000 年两段时期，样本点位于东亚国家回归线上方较远位置，表明固定资产投资率提高对经济增长具有显著的促进作用。从改革开放以后的整个样本期看，中国固定资产投资对经济增长的促进作用超过了同期东亚国家的平均水平。但是，必须看到，2001 ~ 2003 年的样本点下移较多，表明中国固定资产投资对经济增长的促进作用正在逐步降低。

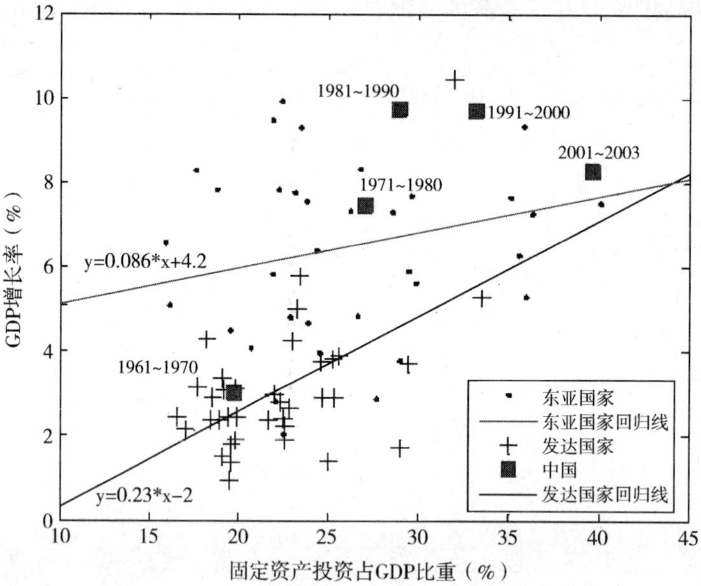

图 8-2　投资率与经济增长率相关性跨国比较

资料来源：World Bank Data.

固定资产投资效果系数（新增 GDP/固定资产投资）更直观地反映了投资宏观收益。从美国、日本和韩国的长期趋势看，固定资产投资效果系数在经济高增长时期过后下降，而且随着经济波动而出现较大幅度的波动。日本在 1973 年以后，固定资产投资效果系数长期低于 0. 2，进入 20 世纪 90 年代，由于泡沫经济破灭，经济增长缓慢，投资效率进一步下降；韩国从 1988 年以后固定资产投资效果系数出现明显下降，1998 年发生东南亚金融危机时，由于经济出现负增长，固定资产投资效果系数曾一度下跌到-0. 2；1961 ~2003 年，美国的固定资产投资效果系数维持在 0. 2 左右，经济衰退时，GDP 增幅下降，固定资产投资效果系数也下降。中国的固定资产投资效果系数在 1992 年以后出现了持续的下降，已经接近美国的长期平均值 0. 2。1992 年，100 元的固定资产投资可以导致 GDP 增加 45. 5 元，但 2003 年每百元固定资产投资只能使 GDP 增加 24. 2 元（资料来源同图 8-2）。目前，由于中国尚处于工业化和城市化阶段，投资效果系数还高于美、日、韩等国，高投资仍是中国今后一段时间经济增长的动力之一。

二、中国资本形成路径分析

中国的投资体制是在计划经济时期形成的，在改革以来，投资的决策机制更加行政分散了，投资体制的变化主要是在融资方式上，由过去的单一政府财政融资转变到了信贷和自筹资金为主的多元化方式。

（一）储蓄动员是投资的主要来源

1. 高储蓄

表8-3显示，城乡居民储蓄增加很快，1978～2011年年底储蓄余额从210.6亿元增长至343635.9亿元，增幅达1631.7倍，成为支撑中国高投资的基础。

表8-3　城乡居民人民币储蓄存款（单位：亿元）

年　份	年底余额		
	总　计	定　期	活　期
1978	210.6	128.9	81.7
1980	399.5	304.9	94.6
1985	1622.6	1225.2	397.4
1990	7119.8	5911.2	1208.6
1991	9241.6	7691.7	1549.9
1992	11759.4	9425.2	2334.2
1993	15203.5	11971	3232.5
1994	21518.8	16838.7	4680.1
1995	29662.3	23778.2	5884.1
1996	38520.8	30873.4	7647.4
1997	46279.8	36226.7	10053.1
1998	53407.5	41791.6	11615.9
1999	59621.8	44955.1	14666.7
2000	64332.4	46141.7	18190.7
2001	73762.4	51434.9	22327.6
2002	86910.6	58788.9	28121.7
2003	103617.3	68498.6	35118.7
2004	119555.4	78138.9	41416.5
2005	141051	92263.5	48787.5
2006	161587.3	103011.4	58575.9
2007	172534.2	104934.5	67599.7
2008	217885.4	139300.2	78585.2
2009	260771.7	160230.4	100541.3
2010	303302.5	178413.9	124888.6
2011	343635.9		

资料来源：《中国统计年鉴》（2012）。

从国际比较看，中国储蓄也算是高的（见图8-3）。通过1960～2002年中国与部分东亚国家和美国、日本等国内储蓄占GDP比重变化趋势的比较，可以看到，2001年以前，中国处在较高位置，但非最高，但其后则处于最高位置，超过2001年以前长期处于最高的为新加坡，这由图8-4可一目了然。中国的储蓄动员经历了如下过程：

一是 1979～1984 年的农业改革启动了中国居民储蓄存款的高增长，农民为工业提供了原始积累。在改革前的 1953～1978 年，中国的居民储蓄一直处于很低的水平，并且个别年份还是负增长。自 1979 年开始改革后，中国的居民储蓄存款就开始了高速的增长，银行吸收的大量储蓄存款后来成了中国企业获得资本的最重要渠道。1979～1984 年，农业改革是中国经济增长的主要动力，农业的市场化改革导致农作物产量的高增长，农民收入也有了较大提高，于是农户储蓄开始高速增长。

二是 1985 年以后开始城市改革使城镇居民收入水平普遍提高，这成为 20 世纪 80 年代中期以来直到目前储蓄快速增长的主要力量。1984 年以后，城镇储蓄比重不断增长，农户储蓄比例不断下降，城镇、农户储蓄之比不断增大。

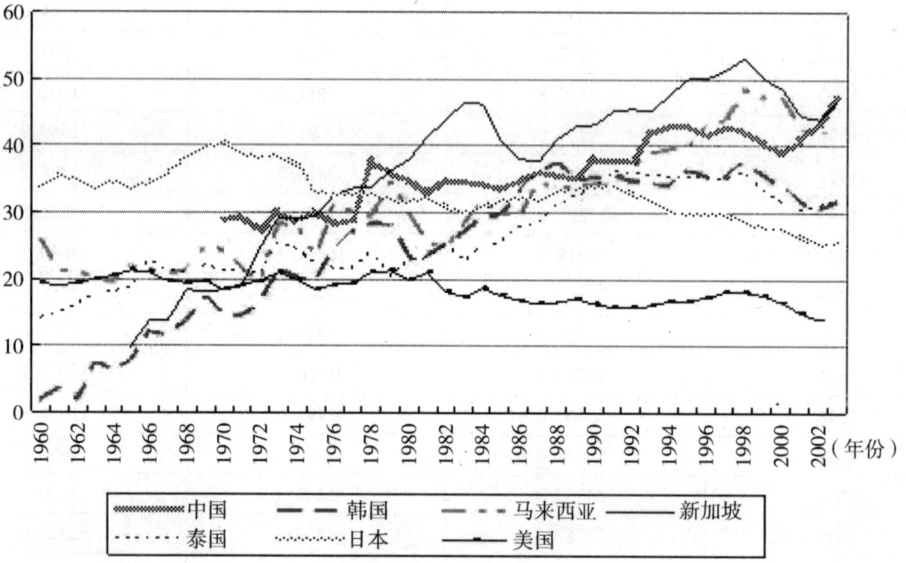

图 8-3 1960～2002 年部分东亚国家和美国及日本国内储蓄占 GDP 比重变化趋势

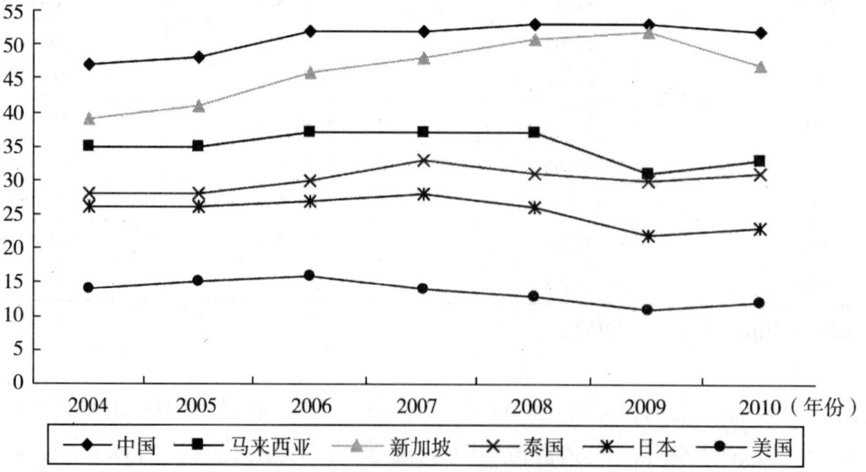

图 8-4 2004～2010 年部分东亚国家和美国及日本国内储蓄占 GDP 比重变化趋势

资料来源：World Bank Data.

从真实储蓄[①]来看，目前中国的真实储蓄比率位于世界前列（见表 8-4），但由于能源、资源耗减和污染造成的损失占国民收入的比重较高，而用于人力资本投资的教育支出比重较低。比如，2003 年中国的真实储蓄比率为 34.38%，高于韩国的 20.87%；如果毛储蓄从 47.75% 降到韩国 31.45% 的水平，其他不变，则中国调整后的真实储蓄将下降到 18.17%，会低于韩国。2008 年这一趋势仍然如旧，中国毛储蓄达到 53.89%，比 2003 年高出 6.14%，仍位于世界前列，而能源、资源、污染耗减净额达到了 10.51%，高出 2003 年 4.28%，也同样位于世界前列。

表 8-4　2003 年、2008 年储蓄占 GNI 的百分比（%）

2003 年	中国	印度	韩国	马来西亚	菲律宾	新加坡	泰国	印尼
毛储蓄（包括 NCTR）	47.75	24.83	31.54	36.35	22.79	44.76	31.15	18.78
资本消耗（-）	9.17	9.62	12.37	11.57	7.97	14.35	14.96	5.42
净储蓄	38.58	15.22	19.17	24.78	14.82	30.41	16.19	13.36
教育支出（+）	2.04	3.92	3.05	5.34	2.78	2.26	3.62	1.29
能源、资源、污染耗减净额（-）	6.23	5.63	1.35	13.14	1.64	0.84	3.68	11.37
调整后的真实净储蓄	34.38	13.51	20.87	16.98	15.96	31.84	16.13	3.28
	澳大利亚	加拿大	法国	德国	意大利	日本	英国	美国
毛储蓄（包括 NCTR）	19.70	20.54	20.00	20.34	18.66	26.65	14.26	13.48
资本消耗（-）	16.14	13.00	12.69	14.91	13.71	15.86	11.37	11.84
净储蓄	3.56	7.53	7.32	5.42	4.95	10.80	2.89	1.65
教育支出（+）	4.52	6.91	5.15	4.24	4.43	3.20	5.33	4.85
能源、资源、污染耗减净额（-）	3.20	5.48	0.20	0.40	0.51	0.53	1.20	1.83
调整后的真实净储蓄	4.88	8.96	12.27	9.26	8.87	13.46	7.02	4.66

2008 年	中国	印度	韩国	马来西亚	菲律宾	新加坡	泰国	印尼
毛储蓄（包括 NCTR）	53.89	38.17	30.54	—	30.30	47.00	30.67	22.25
资本消耗（-）	10.08	8.49	12.65	11.89	8.38	14.10	10.89	10.66
净储蓄	43.82	29.68	17.89	—	21.91	32.90	19.78	11.59
教育支出（+）	1.80	3.17	3.94	4.04	2.19	2.71	4.79	1.15
能源、资源、污染耗减净额（-）	10.51	8.68	0.75	13.9	1.84	0.91	6.32	15.11
调整后的真实净储蓄	35.11	24.17	21.08	—	22.26	34.70	18.25	-2.37

① 世界银行（1997）首次提出了真实国内储蓄（Genuine Domestic Savings）的概念与计算方法，它是指从毛储蓄扣除了资本损耗、自然资源（特别是不可再生资源）的枯竭以及环境污染损失之后加上人力资本支出的一个国家真实的储蓄率。

续表

	澳大利亚	加拿大	法国	德国	意大利	日本	英国	美国
毛储蓄（包括 NCTR）	32.86	23.36	18.74	—	18.46	25.90	14.80	12.60
资本消耗（-）	14.73	13.97	13.86	13.83	13.98	13.31	13.65	13.96
净储蓄	18.13	9.40	4.88	—	4.48	12.59	1.15	-1.36
教育支出（+）	5.11	4.78	5.05	4.28	4.52	3.17	5.06	4.79
能源、资源、污染耗减净额（-）	8.2	6.55	0.13	0.19	0.45	0.47	2.31	2.5
调整后的真实净储蓄	15.04	7.63	9.80	—	8.55	15.29	3.90	0.93

资料来源：World Bank Data.

2. 储蓄动员机制

改革前，投资基本上由财政决定。在改革一开始就不断遇到财政困难，政府无法维持高投资了，于是就着手建立一个由政府控制的金融体系在全国聚集起资金（吸收储蓄存款），然后供政府（中央政府和地方政府）来支配及企业投资。所以，中国的金融体系一直以银行为中心，银行起着配置国家经济资源的作用。传统计划经济下的企业资本是靠“拨款”，改革后进行了“拨改贷”的改革，资源配置方式从财政转向国有银行，但在很多人的眼里还是认为贷款就是拨款，因为，国家设立企业时的资本金就来自贷款（如建设银行就是为长期建设贷款专门设立的）。四大国有银行按行政化功能设立，与现代商业银行在吸收储蓄时功能相似，而在贷款方面似乎是无关的。银行在这种条件下对大量企业进行贷款，这些企业都是无或低资本金、无担保和无抵押的，且大多是制造业，贷款都是长期限的，与资本金相仿，这极大地支持了中国制造业的发展。改革以来，随着四大专业银行的设立，特别是1985年“拨改贷”之后，银行贷款在固定资产投资中的比重逐步增加，1981年为12.7%，1985年以后在20%左右，1981～2001年为19.48%。2001年后，由于进入WTO，银行贷款在固定资产投资中的比重有所减少，但都维持在15%以上，见表8-5。

表8-5 全社会固定资产投资资金来源和按构成分固定资产投资（%）

年份	投资资金来源				投资按构成分		
	国家预算内资金	国内贷款	利用外资	自筹和其他资金	建筑安装工程	设备工具器具购置	其他费用
1981	28.1	12.7	3.8	55.4	71.8	23.3	4.9
1982	22.7	14.3	4.9	58.1	70.8	23.7	5.5
1983	23.8	12.3	4.7	59.2	69.5	25.1	5.4
1984	23.0	14.1	3.9	59.0	66.4	27.8	5.8
1985	16.0	20.1	3.6	60.3	65.1	28.2	6.7
1986	14.6	21.1	4.4	59.9	66.0	27.3	6.7
1987	13.1	23.0	4.8	59.1	65.3	27.4	7.3

续表

年份	投资资金来源				投资按构成分		
	国家预算内资金	国内贷款	利用外资	自筹和其他资金	建筑安装工程	设备工具器具购置	其他费用
1988	9.3	21.0	5.9	63.8	65.2	27.5	7.3
1989	8.3	17.3	6.6	67.8	67.9	25.3	6.8
1990	8.7	19.6	6.3	65.4	66.6	25.8	7.6
1991	6.8	23.5	5.7	64.0	65.2	26.1	8.7
1992	4.3	27.4	5.8	62.5	63.9	26.3	9.8
1993	3.7	23.5	7.3	65.5	62.7	25.4	11.9
1994	3.0	22.4	9.9	64.7	63.3	25.4	11.3
1995	3.0	20.5	11.2	65.3	65.8	21.3	12.9
1996	2.7	19.6	11.8	66.0	66.0	21.5	12.5
1997	2.8	18.9	10.6	67.7	62.6	24.2	13.2
1998	4.2	19.3	9.1	67.4	62.9	23.0	14.1
1999	6.2	19.2	6.7	67.8	63.0	23.6	13.4
2000	6.4	20.3	5.1	68.2	62.4	23.7	13.9
2001	6.7	19.1	4.6	69.6	61.7	23.7	14.6
2002	7.0	19.7	4.6	68.7	61.1	22.7	16.2
2003	4.6	20.5	4.4	70.5	60.2	22.8	17.0
2004	4.4	18.5	4.4	72.7	60.7	23.5	15.8
2005	4.4	17.3	4.2	74.1	60.1	24.1	15.7
2006	3.9	16.5	3.6	76.0	60.7	23.2	16.1
2007	3.9	15.3	3.4	77.4	60.8	23.0	16.2
2008	4.3	14.5	2.9	78.3	60.7	23.5	15.8
2009	5.1	15.7	1.8	77.4	61.8	22.6	15.6
2010	4.7	15.2	1.6	78.5	61.6	22.2	16.2
2011	4.3	13.4	1.5	80.9	64.3	20.9	14.8

资料来源：《中国统计年鉴》(2012)。

(二) 投资资金来源的多元化

随着投资体制变动与市场发展，投资资金来源呈多元化的变动趋势。如表8-5所揭示的，国家预算内资金从1981年起，总体趋势是比重不断下降，由1981年的28.1%降至1996年的2.7%；其后缓慢上升至2002年的7%，然后又降至2006年的3.9%，随后几年略有上升，2011年为4.3%。国内贷款相对稳定，2005年后，在15%～16%的水平徘徊。利用外资则先升后降，金融危机后，近几年已降到2%以下的水平。自筹和其他资金表现为长期稳步上升态势，由 1981 年的 55.6% 上升至 2006 年的 76%，此后继续攀升，且中间几无波动，至 2011 年已突破 80%。该结果表明，投资已基本上成了不少企业的自主行为，且过度依赖政府与银行的状况正在改变。

三、投资与消费变动规律

（一）投资率和消费率变动的经验规律

从世界各国经济发展和工业化进程看，投资率呈现从低到高、再从高到低并趋于相对稳定的变动过程，近似一条平缓的“马鞍型”曲线（或称为“倒 U”型曲线）；消费率变动过程则呈现与投资率相反的平缓的“倒马鞍型”曲线（或称为“U”型曲线）。根据世界银行《2002 年发展报告》，2000 年低收入国家投资率为 21%，中等收入国家为 25%，高收入国家为 22%；低收入国家消费率为 80%，中等收入国家为 74%，高收入国家为 79%。从不同收入水平的低收入国家、中等收入国家和高收入国家对比分析，投资率和消费率变动也分别呈现平缓的“马鞍型”和“倒马鞍型”曲线态势。

中国最终消费率和投资率的比例关系，“十一五”期间（2006～2010 年）这一比例平均为 48.96：44.04，“十五”期间（2001～2005 年）这一比例平均为 46.98：40.26，“九五”期间（1996～2000 年）这一比例平均为 59.5：37.5，“八五”期间（1991～1995 年）平均为 58.7：40.3，“七五”期间（1986～1990 年）平均为 63.4：36.7，“六五”期间（1981～1985 年）平均为 66.1：34.5① （数据来自表 8-2）。基本上符合经验规律。

出现上述现象的原因是，随着经济发展，居民收入水平相应提高，消费结构提升，食品等初级产品消费比重逐步下降，工业制成品消费比重逐步上升，第二产业发展相对较快。由于第二产业资本有机构成较高（生产过程需要大量中间投入），造成投资率不断上升，消费率不断下降。当工业化进程基本完成、经济发展迈向发达阶段时，消费结构由工业品消费为主转向以住房、教育、旅游等产品为主，第三产业发展相对较快。由于第三产业资本有机构成较低，需要中间投入较少，造成投资率出现下降，消费率相应上升。在经济发达阶段，工业化完成，第三产业比重超过第二产业，投资和消费的比例将处于基本稳定状态。

（二）中国投资率与消费率的变动

近几十年中国投资率与消费率呈以下变动特点：

（1）投资率呈现上升态势，消费率呈现下降态势。1952～2003 年，中国投资率

① 按支出法计算的 GDP 分为最终消费、资本形成和净出口三项，最终消费由城乡居民消费和政府消费构成，其占 GDP 之比为最终消费率；资本形成总额包括固定资本形成额和存货增加，其占 GDP 之比为投资率，或资本形成率。

从21.4%上升到42.3%，消费率从78.6%下降到55.5%，前者上升了约21个百分点，后者下滑了约23个百分点，近几年消费比例略有回升，但新中国成立后中国投资率呈现总体上升、消费率呈现总体下降的态势不变，2010年两者大致持平在48%（见表8-2）。这与中国经济发展阶段，即从低收入国家向中等收入国家转变的过程相适应。

（2）改革开放以来，投资率、消费率间的关系，相应于各个经济周期有较大波动。1978年以来，中国投资率维持在32%～43%的高位区间，消费率维持在55%～67%的低位区间。在经济快速发展、经济增长率逐步提高的时期，投资率上升，消费率下降；反之亦然。1984～1985年经济过热时期，经济增长率上升到15.2%和13.5%，投资率上升到1985年38.5%，随后的调整时期逐步下降；1988年经济过热时期，经济增长率上升到11.3%，投资率上升到37.4%，随后的治理整顿时期逐步下降；1992～1993年经济过热时期，经济增长率由1990年3.8%上升到1993年13.5%，投资率由35.2%上升到43.5%，消费率由62%下降到58.5%。

（3）近几年投资率接近历史最高水平，消费率处于低水平。从新中国成立以来投资率和消费率变动历程看，投资率最高年份分别出现在"大跃进"时期和20世纪90年代初经济过热时期，其中1959年为43.8%，1993年为43.5%；同期消费率出现最低水平，其中1959年为56.2%，1994年为57.4%。近年来，在民间投资提升、出口快速增长、外资大量流入等一系列激励投资的因素叠加作用下，加上金融、土地政策的相对松弛和地方政府的行政推动等作用，造成投资迅猛增长。使投资率持续攀升，消费率持续下降。2004年投资率达到43.2%，接近历史最高水平，近几年来受金融危机的影响，投资的拉动作用似又抬头，2010年、2011年都突破了48%（见表8-2）。

四、投资效率的改进

如前所述，投资在促进中国的高增长中曾经并仍然扮演着重要角色，但我们也要看到，目前中国的人均资本已达一定水平，城市化水平已超过50%，可供开发的劳动力资源不再丰富，这时，投资效率会不断下降，再继续原来的投资模式将面临更多困难。

图8-5为20世纪90年代以来，中国GDP增长对投资增长的弹性值变动趋势（纵轴的弹性值=GDP增长率/投资增长率），从中可以看到，1991～1996年数值小于1，该值曾在1997～2000年出现过高值，从2001年后开始走低，大部分时间不超过0.6。以下对照这些年的经济增长，可以看到，1993～2003年是投资活跃、经济过热时期，投资增速快，但效果并不好；1997～2000年，中国经历了宏观紧缩和亚洲金融危机，投资大幅压缩、增速低，但这时期的投资效果相对不错；2003年后，中国经历了高增长，以重化工业和城市化为特征的增长主线，以高投资为依托，高投资带动了高增长，但投资效果却越来越差，弹性值不断走低，并一度压制在0.5以下，这说明投资增速过猛。

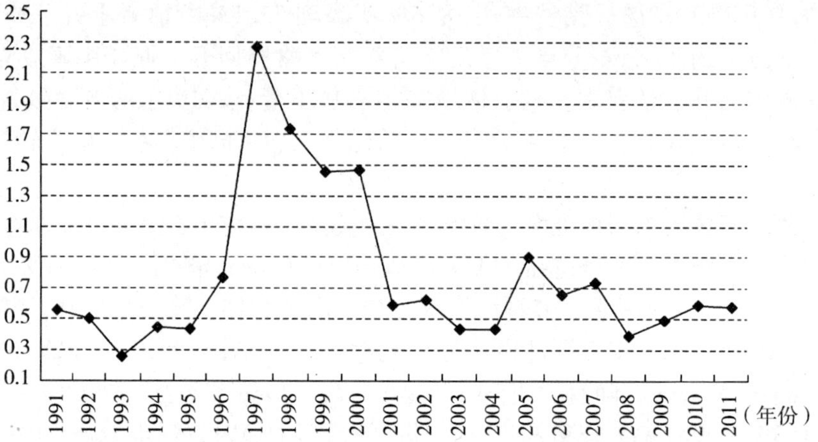

图 8–5　中国 GDP 增长对投资增长的弹性值变动趋势

资料来源：根据《中国统计年鉴》（2012）计算。

投资增速过快，是投资效率下降的主因。因为目前中国正处于工业化中期与城市化初期，大量人口向城市的集聚，使得基础设施建设缺口很大，为投资提供了巨大需求。我们可以看到，传统意义上的中国城市已大部分消失，代之以现代化的城市，在这一大的经济潮流中，投资扩张是必然的。随着城市化的发展，为了满足投资需求，中国城市的消耗将占全球能耗的 20%，并消耗最高可达全球石油需求增量的 1/4。据麦肯锡全球研究院的估计，到 2025 年前，在交通运输方面，中国将有多达 110 座城市符合城市大众交通系统的规划要求，这可能会带来大众交通建设热潮。除此之外，中国还将铺设多达 50 亿平方米的公路和 2.8 万公里的地铁。这说明，未来一段时期中国的快速城市化还将需要高投资来支撑。

但是，我们应注意到，这一轮经济高增长中，城市化进程加快是客观和必然的，而城市的更新换代是否必须走那么快则还有疑问之处。从中国历史看，城市是统治当局的主要活动地，工商业是辅助城市生存的，但不是城市运作的中心。这种传统延续至今，差不多形成了中国的典型城市系统特征，以行政级别为标志的结构（当然有上海等少数例外），近几十年沿海城市经济的崛起正在打破上述格局，但因为财税体制的刚性约束，城市发展还是依行政系统结构展开。这样的城市发展模式，自然带有浓重的行政色彩，城市扩张与更新并不必然是当地经济与社会发展所能真正达到的水平，而更多地体现为行政要求和横向攀比。我们可以看得到的现象是各级政府机构大兴土木，土地财政日益严重，再造新城四处开花，这说明，城市发展在很大程度上已脱离了当地实际，人为放大了投资规模。

过快的城市发展将面临更高的服务提供成本。未来的几十年内，中央政府的支出将从基础设施建设向服务转移。一个重要的因素来自于向流动人口提供服务的压力（符合最近出台的政策）。据麦肯锡全球研究院估计，到 2025 年，1.5 万亿元人民币（占到城市 GDP 的 2.5%）的额外资金会用在为全国各地的流动人口提供公共服务以及包括医疗保健和教育在内的福利。中国城市面临的这项新成本，加上基础设施建设日益增加的资金需求，将对整个公共融资系统造成压力。尽管城市化公共融资的总体需求增长相对于 GDP 的比例只是小幅增长，但是如何在不同城市和地理区域分配资金将是亟待解决的重要问题。这个问题如果不能得到妥善解决，全国的发展将极度不平衡。中小型城市为满足城市日常需求以及必要的基础设施建设，融资已经变得日渐困难，在未来甚至会更加严重。过去，政府可以通过出售土地获得收入来解决资金不足，但随着中国政府采取从严限制征地的政策，依赖征地融资注定将比过去更加困难。除了超大城市之外的几乎所有城市都将面临严峻的融资挑战。未来的压力将越来越大。经济的长期高速增长无法跟上城市预算中服务和管理费用的快速增长。地方政府融资的压力将是城市无法回避的挑战。

综上所述，中国工业化的过程尚未完成（正处于工业化中期），工业结构的高加工度化和资本技术密集型工业的加速发展，是这一时期的重要特征。与大多数发展中国家和世界平均水平相比，中国第二产业在 GDP 中的比重较高，而第三产业的比重则较低。第二产业特别是制造业的生产过程更为复杂，需要大规模投资。考虑到现阶段中国工业比重高而服务业比重低的结构性特点，以及完成工业化任务的客观需要，在一定时期内保持适当高的投资率可能是难以避免的。随着工业化进入后期阶段并基本完成后，第三产业比重超过第二产业比重，投资率的下降将会比较明显。不过，考虑到中国城市化的特征，在未来一段时间，高投资的状况应该还需延续，但也正如上一章最后一部分所述，中国经济靠高投资拉动增长的动力也可能会不断弱化，未来还需走技术创新之路。

参考文献

［1］曹尔阶、李敏新、王国强：《新中国投资史纲》，中国财政经济出版社 1992 年版。

［2］李扬、殷剑峰："劳动力转移过程中的高储蓄、高投资和中国经济增长"，《经济研究》2005 年第 2 期。

［3］世界银行：《1996 世界发展报告：从计划到市场》（中译本），中国财政经济出版社 1996 年版。

［4］世界银行：《2020 年的中国：新世纪的发展挑战》（中译本），中国财政经济出版社 1997 年版。

［5］世界银行：《金融与增长——动荡条件下的政策选择》（中译本），经济科学出版社 2001 年版。

［6］王小鲁："改革 20 年和今后 20 年：投资对经济增长的贡献"，《国家行政学院学报》2001 年第 4 期。

［7］张军："资本形成、工业化与经济增长：中国转轨的特征"，《经济研究》2002 年第 6 期。

［8］中国社会科学院经济所经济增长前沿课题组：《经济增长、结构调整的累积效应与资本形成》，《经济研究》2003 年第 8 期。

［9］中国社会科学院经济所经济增长前沿课题组：《开放中的经济增长与政策选择》，《经济研究》2004 年 a 第 4 期。

［10］中国社会科学院经济所经济增长前沿课题组："财政政策的供给效应与经济发展"，《经济研究》2004 年 b 第 9 期。

［11］中国社会科学院经济所经济增长前沿课题组：《高投资、宏观成本与经济增长的持续性》，《经济研究》2005 年第 10 期。

［12］中国社科院经济所经济增长与宏观稳定课题组：《干中学、低成本竞争机制和增长路径转变》，《经济研究》2006 年第 4 期。

[13] CSFB, 2005, China's Capacity Expansion, Equity Research, Credit Suisse First Boston, May 27, 2005.

[14] IEA (2004), Analysis of the Impact of High Oil Prices on the Global Economy, International Energy Agency, May 2004.

[15] J. Bradford De Long, 1992, Lawrence H. Summers and Andrew B. Abel, 1994, Equipment Investment and Economic Growth: How Strong is the Nexus? Brookings Papers on Economic Activity, Vol. 1992, No. 2, 157-211.

[16] J. Bradford De Long and Lawrence H. Summers, 1991, Equipment Investment and Economic Growth, Quarterly Journal of Economics, Vol. 106, No. 2, 445-502.

[17] King, R. and R. Levine, 1993, Finance and growth: Schumpter may be right, Quarterly Journal of Ecomomics, 108 (3), pp. 717-38.

[18] Krugman, Paul (1997), The Age of Diminished Expectations: U. S. Economic Policy in the 1990s . Cambridge, Mass. : MIT Press.

[19] Lucas, Robert E. , Jr. , 1988, On the Mechanics of Economic Development, Journal of Monetary Economics, 22: 3-42.

[20] Pagano, M. , 1993, Financial Markets and Growth: An Overview, European Economic Review, 37 (2-3), pp. 613-22.

[21] Rajan, R. and L. Zingales, 1998, Finance Dependence and Growth, American Economic Review88 (3), pp. 559-86.

[22] Romer, Paul M. , 1986, Increasing Returns and Long-Run Growth, Journal of Political Economy, 94, 5 (October), 1002-1037. S.

[23] World Bank, 2005, A Better Investment Climate for Everyone, World Development Report.

[24] World Bank, 1997, Expanding the Measure of Wealth: Indicators of Environmentally Sustainable Development, The Environment Department, The World Bank.

第九章　财政支持

改革开放前，中国计划经济居主导地位，财政服从于计划经济，其主要职能之一是发展生产。改革开放以后，财政的职能被概括为资源配置、调节收入分配和宏观调控，但为支持经济高增长，财政作为促进资本积累的重要手段没有变。体制改革改善了财政在资源配置方面的作用，提高了资源配置效率，促进了经济增长。本章分析了改革开放三十多年来财政体制变化与经济增长的关系。本章安排如下：第一部分阐述了财政支持对我国经济增长的贡献，提出了中国财政政策对经济增长的影响因素；第二部分分析了财政体制改革、宏观调控对经济增长的促进作用，具体从财政分权、税制改革以及财政政策如何通过宏观调控来促进经济增长三个方面予以了分析；最后探讨了加快建立公共财政体制对我国经济实现可持续增长的重要性与必要性。

一、财政支持对经济增长的作用

从传统宏观经济学的视角看，财政政策是调节短期总需求的主要政策之一，但从经济增长角度看，财政政策可以影响总供给进而影响经济增长。财政政策究竟是促进经济发展，还是损害经济增长？理论界对此的认识存在分歧。一种观点认为，政府支出效率低下，而且扭曲性的税收导致社会福利损失，因此过于庞大的政府活动会损害经济增长。与此对立的观点则认为，由于市场存在缺陷，政府提供公共产品，对私人产权进行有效保护，教育支出，转移支付制度等，弥补市场缺陷的政府合理支出是有利于经济可持续发展的，好的财政政策对供给和经济增长具有积极作用。

在发展中国家财政政策对经济增长的作用很明显。发展中国家的经验表明，在经济起飞阶段，由政府动员储蓄、实行倾斜性的产业政策和在促进资本形成的领域大量财政支出有力地推动了经济摆脱贫困陷阱的束缚，这是东亚经济群实现经济超越的法宝，也是传统发展经济智慧的结晶。其道理在于，处于低发展水平的经济面临的最大障碍是没有第一推动力，经济风险大，资本缺乏，私人资本积累缺少动力和能力，这时政府在基础设施上的投资、特定产业发展政策和对企业的技术支持不仅减小了企业的投资风险，而且降低了企业成本，提高了投资回报率，使快速的资本积累得以实现，从而使经济能快速地摆脱贫困。

分析发展中国家财政政策对经济发展的作用，简单套用适用于发达国家的一些经济模型不可取，如将财政支出政策简化为消费性支出（需求），并将其当作经济流量分析财政政策对长期发展的可能影响，但是该框架在经济发达国家是可能正确的，却不适应发展中国家。因为发达国家的财政支出以转移支付为主，在经济流程中表现为带消费性的流量特征；发展中国家的财政支出则以形成生产性资本为主，在经济流程中表现为沉淀的资本存量供企业（或社会）使用。为了反映公共资本的生产性特征，可财政支出分为资本性①和非资本性的来理解，而资本性财政支出对经济增长具有一定的促进作用。

我们可以分析中国公共资本与产出间的关系。由于难以获得与模型中的企业数量 N 比较接近的时间序列，我们用劳动就业数量 L 代替 N，并采用规模收益不变的 C-D 生产函数：

$$Y = A_0 e^{\pi t} K^{\alpha_1} (L^{-\eta} K_g)^{\alpha_2} L^{1-\alpha_1-\alpha_2},\ A > 0,\ 0 < \alpha_1,\ \alpha_2 < 1,\ 0 \leqslant \eta \leqslant 1 \tag{1}$$

其中，Y 表示产出，A_0 表示初始技术水平，t 为时间变量，π 可被视为 TFP 的平均增长率，K 为企业资本，K_g 为政府的资本性投资形成的资本，L 为劳动数量，η 为公共资本拥挤指标，α_1 为 K 在总产出中所占份额，α_2 为 K_g 在总产出中所占份额，$1-\alpha_1-\alpha_2$ 为 L 在总产出中所占份额。采用劳均变量，对（1）取对数得：

$$\ln(Y/L) = \ln A_0 + \pi t + \alpha_1 \ln(K/L) + \alpha_2 \ln(K_g/L) - \alpha_2 \eta \ln L \tag{2}$$

根据财政支出的分类，我们将资本性投资对应于财政支出中的基本建设支出，利用 1952 年为基期的 GDP 缩减指数，采用永续盘存法估算财政基本建设形成的资本序列 K_g。将 1952～1957 年的基本建设支出实际投资增长率加上 6% 的折旧率作为永续盘存的增长率计算 1952 年的初始资本，以后年度根据 $K_{gt}=(1-d)K_{gt-1}+I_{gt}$，$I_{gt}$ 为财政基本建设投资支出。② 资本存量 K 采用张军（2003）估算的全社会固定资本减去 K_g 得到。时间变量 t 从 1979 年开始，1952～1978 年之间的 t 等于零。L 采用统计年鉴公布的就业人数③。

我们首先根据式（2）建立回归方程，为消除残差自相关，在方程中加入了二阶自回归项。结果表明资本 K 的要素分配份额为 0.309，政府基本建设资本 K_g 的要素份额为 0.098，则根据规模报酬不变假设，劳动的要素分配份额为 0.593。1978～2001 年 TFP 平均增长率为 0.049④。

---

① 按原意理解应是生产型财政支出，但易引起歧义，为免去概念之争，本章将政府在基础设施等方面的支出所形成的对全社会企业生产都起作用的资本称为政府的资本性支出。因国有股本多是历史形成的，在未来政府资本性支出中比重很小故可不考虑增加国有股本的投资，为此本文将国有企业当成了代表性企业的一员来处理。

② Young（2000）也采用这种方法估算了中国 1978～1998 年固定资本存量。

③ Young（2000）指出改革开放以后，由于教育质量提高，就业人员的教育水平提高，中国存在人力资本深化，因此，要估算 TFP 必须根据劳动质量对 L 进行调整。但我们的主要目的不是精确测算 TFP 增长率，而是估算财政资本性支出对经济增长的贡献，只要假设财政资本性支出与劳动质量是相互独立的变量，不对 L 进行质量调整，估计的结果不会产生系统性偏差。不过，不调整劳动质量会高估 TFP 增长率。

④ 有关经济增长核算的实证分析结果差异很大，Young（2000）估计中国 1978～1998 年劳动要素分配占 GDP 的份额平均为 0.6，非农业部门的 TFP 为 0.03（采用官方数据）；而 Chow（2000）估计中国 1978～1998 年资本要素分配占 GDP 的比例为 0.657，如果假设规模报酬不变，这意味着同期劳动要素分配占 GDP 的份额为 0.35。

表 9-1　1952～2001 年带有二阶自回归项的回归方程结果

因变量	ln(K/L)	ln(K_g/L)	ln(L)	t	C	R^2 (adjusted)	DW	P
ln (Y/L)	0.3089 (1.7251)	0.0975 (0.4731)	-0.0126 (-0.0513)	0.0494 (3.8125)	-1.7720 (-0.6675)	0.9917	1.8440	0.6612

注：回归方程带有二阶自回归项；括号中数字为 t 检验值；P 为应用 Breusch-Godfrey Test 检验残差二阶序列相关的概率值。

根据式（2），产出增长率可以表示为：

$$\dot{Y}/Y = \alpha_1(\dot{K}/K) + \alpha_2(\dot{K}_g/K_g) + (1 - \alpha_1 - \alpha_2 - \eta\alpha_2)(\dot{L}/L) + \pi \tag{3}$$

采用表 9-1 的结果，按照式（3）可以分解计算 1979～1990 年和 1991～2001 年两个时期的增长率（见表 9-2）。两个时期财政基本建设支出对 GDP 增长的贡献变化不大，财政基本建设支出对 GDP 增长的贡献大约为 2.3%①。

表 9-2　增长率分解

样本时期	增长来源						对增长率的贡献（%）					
	K	K_g	L	TFP	S	A	S/A	K	K_g	L	TFP	R
1979～1990 年	0.0235	0.002	0.0246	0.0494	0.0995	0.0875	1.144	26.91	2.334	28.141	56.449	-14.43
1991～2001 年	0.0277	0.002	0.0064	0.0494	0.0858	0.0946	0.907	29.25	2.321	6.830	52.197	9.253

注：S=各要素增长率之和，A=实际 GDP 指数增长率，R=100-各要素增长贡献之和。

由此可知，中国的经济起飞与财政支持密切相关。改革开放以前的计划经济体制下，国家财政采用统收统支手段集中配置资源，压低农产品价格和职工工资，实行局部的社会保障，优先发展重工业，这种发展战略是典型的“全社会补贴工业化”，财政对经济增长的促进作用是显而易见的。改革开放以后，国家财政从放权让利开始，逐步实现税制改革，调整财政支出结构，各项改革措施仍然坚持财政刺激经济增长的特征。

二、财政体制改革与宏观调控

（一）财政分权改革

新中国成立后，中国对国民经济实行计划管理的体制，与此相适应，财政“统收统支”是计划经济下财政体制的基本特征。随着社会主义建设的全面发展，这一体制的弊端逐渐暴露，成为生产力发展的障碍。1978 年底党的十一届三中全会后，开始改

① 由于张军（2003）的资本数据没有调整资本质量，我们也没有调整劳动质量，因此资本和劳动对增长率的贡献可能被低估，TFP 对增长率的贡献则被高估。世界银行的一份研究报告估计中国 1980～1995 年的 TFP 平均值为 0.04（世界银行，2001），比我们的估计低一个百分点。

革计划经济体制，社会主义初级阶段论和社会主义市场经济理论在实践中逐步形成和完善，财政体制转型是这一变革中的重要组成部分。

从计划经济体制到社会主义市场经济体制的转型，就是在中国特殊的经济发展阶段发展社会主义市场经济，重塑政府与市场的关系。在这一转型过程中，资源配置方式、收入分配分式和宏观调控手段都发生了根本性变革。具体到财政体制改革，其核心是根据中国经济发展阶段和社会主义市场经济体制的目标要求划分政府与市场边界，通过改革财税体制，转变财政职能，规范财政收支制度，促进社会主义市场经济体制不断完善。

在社会主义市场经济体制下，财政的资源配置职能主要体现在两个方面：①弥补市场失灵，为满足社会公共需要配置资源。社会主义市场经济体制要求市场发挥资源配置的基础性作用，但是市场经济的某些领域存在外部性，市场经济也不能有效地提供公共产品（Public Goods）和优效品（Merit Goods），因此政府在比如公共服务、基础设施建设、自然垄断性行业、社会保障、教育、基础研究等领域必须发挥资源配置的作用。②在社会主义初级阶段，中国实施政府主导的经济发展模式，财政在产业结构调整、产业布局、促进产业升级和城市化发展、改变城乡二元结构等方面发挥重要作用。计划经济下财政统收统支的资源配置形式，向社会主义市场经济体制下财政资源配置形式转型，就是要求政府逐步退出竞争性行业，改革重组国有企业，改革税制，规范政府与企业之间的收入分配，改革中央与地方各级政府间的财政关系，调整财政支出结构。

财政是收入再分配的主要手段。从收入再分配的视角观察，财政体制的变迁涉及中央与地方各级政府间的财政关系问题，也涉及政府与企业、政府与居民之间的收入再分配问题。1978 年经济体制改革以来，财政体制改革调整了这三个层次的收入再分配。具体而言，一是中央地方的财政体制改革从分权到集权，大致可划分为两个阶段：①1978～1993 年的以放权让利为主要内容的财政包干体制；②从 1994 年起重新调整政府间财力分配格局，实施分税制改革，力图建立适应社会主义市场经济要求的财政运行机制。二是建立规范的税收制度理顺政府与企业（包括国有企业、非国有企业）之间的收入分配关系，以适应社会主义市场经济体制下的现代企业制度的要求，为企业实现政企分开、公平竞争创造条件。三是通过完善税制和社会性支出调节居民收入分配，以实现社会公平和正义目标。

1. “行政性分权”为主的财政体制改革

财政体制改革的起点是计划经济下高度集中的财政体制。建国初国民经济恢复时期实行统收统支体制，1953～1978 年的二十多年间实行“统一领导、分级管理体制”，主要做法是由中央核定地方收支指标、全部收入分为各级固定收入和比例分成收入，凡收大于支的地方上解收入，凡支大于收的地方由地方补助。中央预算另设专项拨款，由中央集中支配。中央政府集中全部的财政收入并制定一个包括全部下级政府的统一预算，各级地方政府没有自己单独的预算。国有企业向国家上缴所有的利润或剩余，而国家则通过财政拨款来满足国有企业的各项支出。国有企业的资金安排也是整个国家财政安排的一部分。为了调整中央地方的关系，1958 年和 1970 年进行了两次向地方政府放权让利为核心的行政性分权，结果导致地方政府过度投资，引起全国性的经济不平衡，均以失败告终。计划经济下中央对地方放权只是在计划经济的大框架内作的局部调整，属于“行政性分权”，其指导思想是“放权让利”和“调动地方积极性”，不可能突破计划经济的制度约束；而作为计划经济体制的重要组成部分的财政体制，也无法通过内部调整，解决计划经济所带来的问题。

从1978年开始的改革以放权让利为突破口，基于调动地方积极性和减轻中央财政负担的考虑，中央政府进行了行政性分权为主的渐进性改革，其核心内容包括三个方面：①下放财政权和税收权，实施财政包干体制；②下放投融资权限，主要包括简化基建项目审批手续、扩大地方、部门和企业的投融资权力；③下放企业管理权限，中央政府把部分股有企业的管辖权下放到省一级（银温泉、才婉茹，2001）。

这一阶段的财政体制改革以"调动地方积极性"和"放权让利"为指导思想，具体的财政体制改革包括：①1980年开始实行"划分收支，分级包干"财政体制。从1980年起，国家下放财权，在预算管理体制上实行"划分收支，分级包干"的办法，俗称"分灶吃饭"体制。1983年、1984年实施两步"利改税"改革，把国有企业利润上交改为上缴税收，税收成为国家财政收入的主要形式。②1985年实行"划分税种，核定收支，分级包干"体制。③1988年为了配合国有企业普遍推行的承包经营责任制，开始对37个省、自治区、直辖市和计划单列市分别实行边际增长分成、收入递增包干、总额分成、总额分成加收入递增包干、上解额递增包干、定额上解和定额补助等包干办法。

财政包干体制是在20世纪80年代中国市场经济尚未发育的特殊历史阶段推出的改革措施。"分灶吃饭"的初衷是在财政困难的情况下分担子，而不是为了分利益。其特点是：按照当时管理体制的行政隶属关系，划分中央和地方财政收支范围，据此确定地方财政收支包干基数。地方上缴比例、调剂分成比例和定额补助数由中央核定下达后，原则上一定5年不变，地方在划定的收支范围内自求平衡。由于"分灶吃饭"体制在一定程度上增强了地方政府当家理财的责任心和增收节支的积极性，使得过高的财政支出和财政赤字大大减少，同时，地方财政平衡有余，支援了中央财政。1980年国家财政支出减少了4.8%，1981年减少8.6%；财政赤字也从三位数降为两位数。1981年中央财政向地方财政借款70亿元，1982年借款40亿元，缓解了中央财政困难，保证了调整任务的完成，避免了国民经济发展的过大振荡。

实行利改税的目的是为了理顺国家和企业的关系，试图通过这一改革既搞活企业，又保证国家收入。第一步利改税实行的是"以税代利，税利并存"，第二步是由"税利并存"逐步过渡到完全的"以税代利"。第二步利改税后，税收占国家财政收入的比重由"五五"期间的45.6%上升到95%。通过两步利改税的实行，在改善国家和企业的分配关系方面取得了一定的成效，用法律形式把国家与企业的分配关系固定下来，扩大了企业在经济管理和财务管理上的自主权，增强了企业的活力，也使国家财政收入有了稳定的增长。

2. 分税分级财政体制

以放权让利为特征的财政"分灶吃饭"体制推行到1993年时，中央财政收入占全国财政收入的比重已经下降至不足30%的水平，严重弱化了中央政府的宏观调控能力，加之原有体制中"基数比例法"并非处理政府间财力分配的规范做法。在1992年党的十四大明确树立了社会主义市场经济目标模式后，决策层下决心改"行政性分权"为"经济性分权"，于1994年初进行了重大的财税体制改革。这次财税体制改革是针对财税体制深层矛盾而采取的根本性改革，主要包括以下三项重大内容：①改现行的地方财政包干体制为中央财政与地方财政之间的分税制；②改革税制，包括改革企业所得税制和改革流转税制；③以国家的资产所有者职能与政府的社会管理职能两者分开为原则，改革国家与国有企业利润分配制度。其中分税制预算财政管理体制的主要内容是：①中央和地方明确划分了各自的政府事权和财政支出的范围；②中央和地方明确划分了各自财政收入的范围，明确划分了中央税、地方税和中央与地方共享税；③建立了中央对地方的转移支付制度，即税收返还和专项补助以帮助实现地区平衡。此外，还清理地方的预算外资金，取消或减少了大量的政府收费项目；推行以增值税为主体的间接税制度，统一个人所得税等。中央与地方共享的预算收入主要来自增值税和资源税。增值税中央分享75%，地方分享25%。资源税按不同的品种划分，陆地资源税全部作为地方收入，海洋石油资源税作为中央收入。证券交易印花税在1994年的时候确定为中央与地方五五分成，但2002年起改为中央分享97%。

1994年推出的分税制改革方案，以划分支出、划分收入、分设税务机构，实行税收返还和转移支付制度为主要内容，初步确立了符合中国国情的分税制体制的基本框架，在很大程度上改革了包干体制下多种体制形式并存的不规范、不统一、不协调的状况，为理顺政府间责权关系迈出了关键一步。

3. 财政分权对经济增长的促进作用

下面我们从一些典型化事实说明，中国在过去三十多年改革过程中，与整体经济改革相配套的财政分权改革促进了经济增长：

（1）财政包干改革对推动国民经济发展和保障经济体制改革顺利进行发挥了积极作用。首先，在财政包干体制下，为配合企业改制，实行了两步利改税，特别是对国营企业征收所得税，规范国家和企业分配关系尤为重要，它是国家同国营企业分配关系的重大变革。其次，中国经济体制改革从价格改革取得突破，而财政补贴是推动价格改革的重要工具，对价格改革发挥了积极作用。价格补贴制度与计划经济体制有紧密的联系。它是国家干预经济生活、干预价格运行而采取的一种行政与经济相结合的手段，即用价格补贴来代替价格调整。财政的价格补贴开始产生于对亏损企业的补贴，后来逐步扩大到流通、消费领域。补贴的品种，由生产资料扩大到生活资料。改革开放以后，财政补贴继续存在，但是财政补贴占财政支出的比重下降。从统计数字看①，价格补贴从1979年的79.2亿元逐年剧增至1990年的380.8亿元，此后虽有所减少，但到1993年仍达296.2亿元之多；国有企业亏损补贴，也从1985年的570亿元增加到1990年的578.9亿元的最高峰，1993年亦达412.5亿元之巨。上述两项补贴合计占财政总支出的比重，1985年为41.2%，1990年为27.8%，1992年为17.5%，1993年为13.3%。

（2）在改革的初始阶段，行政性分权极大地调动了地方政府的积极性，企业活力增强，国民经济得到了快速发展。首先，从财税体制看，三次财税改革，突破了原有体制财权财力高度集中的格局，地方政府已构成相对独立的一级预算，形成了地方政府自身利益。在经济转型过程中，具有自身利益的地方政府通过制度创新，发展乡镇企业、吸引外资、扶持本地具有竞争力的企业组建大型企业集团，推动区域化的市场经济改革，本地区的经济增长速度快，可增加地方财力，保障地方政府的社区支出，而且，在

① 参见1993年《中国统计年鉴》和1994年《中国统计摘要》。

本地区增长速度较快的时候，就业水平高，收入水平也高，需要由地方政府负担的费用也少，政府可以有更多的财力提供公共产品。其次，地方政府享有更多的适宜本地经济发展的便利条件，而且地方政府获得了管理权以后形成的投资与发展能力要比企业能力大，因此行政性分权比经济性分权有效，以行政性分权为主的财政分权促进经济增长。

实行财政包干制和下放投融资权后，凡是地方政府有动力、有能力组织税源、扩大税基的，其固定资产投资规模在全国排序中也名列前茅；如江苏、浙江，山东和广东等省。从1979年到1988年，这些地区的财政收支年均增长率分别为江苏19.2%和24.6%，浙江33.1%和33.6%，山东14.4%和29.8%，广东30.5%和41.1%。1985年，山东、江苏和广东固定资产投资规模在全国排序中分列前三位，到1990年，前三位分别是广东、江苏和山东，仍是这三个省。浙江在1985年名列第11位，到1990年上升到第8位。1988年与1978年比较，GDP指数江苏为313.4%，浙江365.6%，山东285.5%，广东336.2%，均明显高于全国平均水平的260.7%。

当然，随着经济体制改革深化和经济的快速增长，越来越明显地暴露出财政包干制的弊端：①中央收入占全部收入的比重日趋下降，1990年为33.8%，1993年下降为22%。②各地方收入多了，都热衷于那些利润大、见效快的加工工业的投资，而且形成“多收、多留、多投资——多收、多留、多投资”的运行机制，加剧了当时的经济过热现象。③重复建设严重，地区产业结构趋同，地区相互封锁，盲目竞争。④地区间贫富差距拉大。⑤各地区的包干方法多种多样，缺乏规范性。因此，财政包干体制的改革势在必行。

（3）实行分税制后，“两个比重”提高，有利于提高财政的宏观调控能力。1985年实行“划分税种，核定收支，分级包干”体制以后，中央政府财政收入占全国比重、全国财政收入占GDP比重双双下降，前者从1984年的40.4%降至1993年的22.10%，后者从1980的25.17%降至1993年的12.16%（见图9-1）。

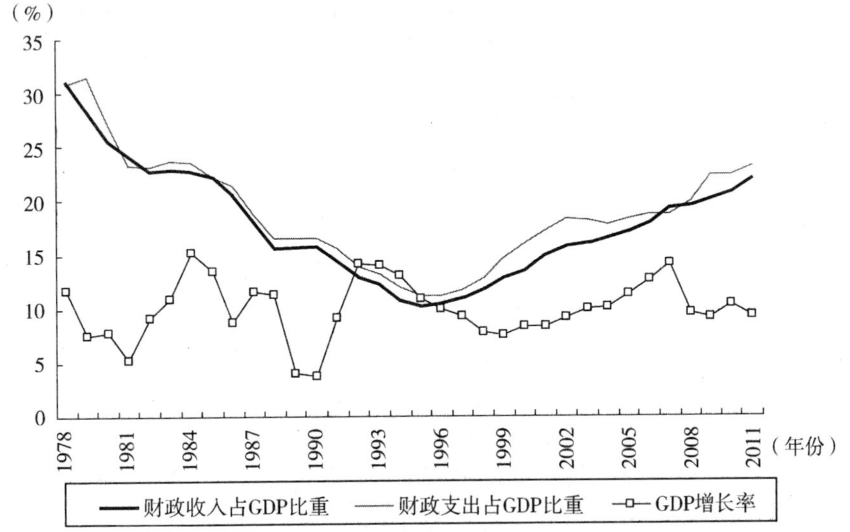

图9-1　GDP增长率和财政收支占GDP比重

资料来源：《中国统计年鉴2012》。

分税制体制建立之后，中央预算收支占全部预算收支不断下降的趋势得到根本的扭转。中央财政收入占总财政收入中的比重在1984年至1993年一直呈下降趋势，从40.5%下降至22.0%，而实行分税制后，该比例得以显著上升。1994年当年中央财政收入占全国比重就提高到55.17%，此后都维持在50%左右，2007年中央财政收入占总财政收入中的比重达54.1%，此后逐年下降，到2011年中央财政收入占总财政收入中的比重降到50%以下，为49.4%。地方的财政收入从1994年前的70%左右下降到1994年后的50%左右。全国财政收入占GDP比重也逐步恢复，从1994年开始逐年上升，到2009年突破了20%，2011年全国财政收入占GDP比重达到22%。中央政府多次对有关税种划分进行的调整，进一步增加了中央财政收入的比重。同期，中央政府财政支出比重并未提高，反而有所降低，一升一降，中央政府的财政压力得到缓解（见图9-2）。

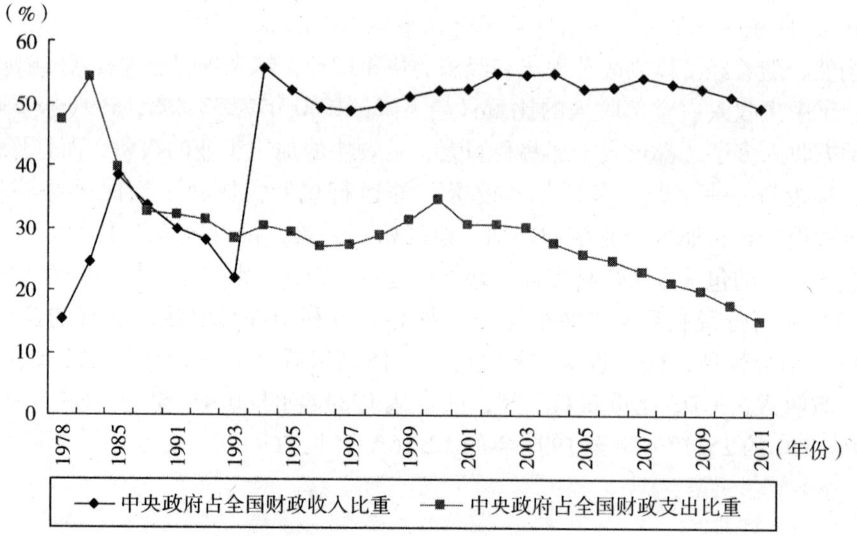

图9-2　中央政府本级财政收支占全国财政收入比重

注：①中央、地方财政支出均为本级支出。

②本表数字2000年以前不包括国内外债务还本付息支出和利用国外借款收入安排的基本建设支出。从2000年起，全国财政支出和中央财政支出中包括国内外债务付息支出。

资料来源：《中国统计年鉴2012》。

分税制是国家的地区发展政策体系的有机构成部分，它对地区间财政经济发展差距的均衡作用主要体现在：①人均地方财政收入总体相对差距缩小。1993年，中国各省区人均地方财政收入相对差异系数为87.4%，1994年下降为80.3%。1993年人均地方财政收入最高地区与最低地区之比为14.4倍，1996年为14.2倍。这表明实行分税制后中央集中的财力相对增多，使得各地区人均地方财政收入总体相对差距缩小。但目前各省区之间的人均地方财政收入总体相对差异系数仍然很大，尤其是最富与最穷的省区地方人均财政收入相对差距和绝对差距相当悬殊，还有待进一步缩小。②高收入地区财政收入能力指数（指不同省区人均财政收入相当于全国人均财政收入水平的比值）下降幅度较大，如上海由1993年的416.5%下降为1996年的350.0%，天津由187.8%下降为148.0%，辽宁由122.8%下降为91.0%，广东由122.2%下降为122.0%。这说明，与包干制比较分税制对高收入地区的收入调节功能有所增强。当然，财政收入能力指数在地区间的差距仍然较大，低收入地区这一指数仍处于十分低下的水平，如最低的贵州1994年为20.8%，1996年上升为25%。③实行分税制后，转移支付在均衡地区间财政经济发展差距方面的功能有所增强。

（4）财政分权改革促进了国企分配关系的规范化，有助于推进现代企业制度的建立。财政分权改革的同时也促进了国有企业改革。①20世纪80年代，“放权让利”、“利润留成”、“利改税”、“承包制”、“税利分流”等形式对改革政府与国有企业之间的分配关系进行了有益的尝试。由于“承包制”使企业追求收入最大化，短期行为膨胀，造成国有资产流失，国家财政日趋困难。②1994年分税制改革在统一内资企业所得税后，对国有企业不再执行所得税与利润统一承包办法；在取消向国有企业征收能源交通重点建设基金和预算调节基金，允许企业新老贷款利息计入成本的基础上，不再执行企业税前还贷制度，企业贷款还本一律用税后留用资金归还，对企业税后利润，国家作为所有者有权处置，具体办法依企业实际情况确定，规范了政府与企业的分配关系。③进入90年代后，探索国家资本有效经营的改革思路引起各方面重视，财政从多方面支持了国有企业战略性重组和国有企业改制。由于各种原因，国有企业债务是国有银行不良资产的主要来源。为了降低国有银行不良资产比率，1998年3月，财政部发行特种国债2700亿元，用来补充国有独资商业银行资本金；1999年政府成立了四家金融资产管理公司，从四大国有商业银行剥离了账面价值13939亿元的不良资产，但不良资产难以回收部分导致的亏损将由财政弥补；2004年1月政府又宣布动用外汇储备450亿美元补充中国银行和建设银行资本金。为了深化国有资产重组，推进国企改制，需要财政加快建立并完善社会保障制度。

财政体制改革使中央和地方政府加快了对市场主体的培育，在推动管辖范围内的国有企业产权制度改革的同时，积极培育非国有企业的成长，推动经济运行微观基础的重构。在所有制结构方面，开始由单一的公有制向以公有制为主体的多种经济成分并存的所有制结构转变。国有经济的产值比重逐年下降。以工业产值变化为例，1980年各种经济成分工业产值在全国工业总产值中的比例，国有经济占75.98%，集体经济占23.53%，城乡个体经济占0.02%，其他经济类型占0.47%；而在1995年上述各种经济成分分别占30.9%、42.8%、13.2%、13.1%。再以社会商品零售总额为例，1980年各种经济成分在全国社会商品零售总额中的比重，国有经济为51.44%，集体经济44.64%，个体经济0.7%，合营与其他经济类型交易额3.22%；而在1995年，上述各种经济成分分别占29.99%、19.75%、30.44%、19.82%。

20世纪90年代中期以后，企业产权制度改革进程加快，从动因上看，企业改制的动力之一是“政府收入最大化”，由于这些企业出现大面积亏损，财政补贴的负担增大，政府为了减少财政负担，需要加快企业改制。改制以后，企业的税收收入增加，企业盈利能力提高，表明“民营化”提高了企业效率，促进了经济增长。①

---

① 截至2006年底，全国国有企业共计11.9万户，比2003年减少3.1万户，但户均资产2.4亿元，比2003年增长84.6%，年均增长22.7%。通过深化改革，国有企业整体素质和竞争力进一步增强。截至2006年底，中央企业资产总额为12.27万亿元，比2003年底增长46.5%；净资产总额为5.35万亿元，比2003年底增长49.7%。中央企业主营业务收入超过千亿元的有19家，利润超过百亿元的有13家，分别比2003年增加10家和7家。有16家中央企业进入2007年公布的世界500强，比2003年增加10家（国研室，2008）。

（二）税制改革

财政改革的方式主要是渐进式的，是在解决一个个现实问题的基础之上逐步推进的。渐进式改革适应了改革初期知识准备不足条件下改革的需要。改革之初的财政制度是按照单一公有制经济的需要设置的。为了吸引外资，中国建立了以优惠为主要特征的涉外税制。随着非公有制的内资经济的发展，相应的税制也建立起来了。第二步利改税之后，国营大中型企业除了所得税负担之外，还有一户一率的利润调节税负担，相对而言，国有企业的税收负担超过了非国有企业，且远远重于外资企业。当改革进行到一定阶段，各经济主体对公平竞争的要求越发强烈的时候，先实现了外资所得税制的统一，接着实现了内资所得税制的统一，最后建立了统一的所得税制，对各种所有制经济一视同仁的税制已经形成。1994 年税收返还基数的确定，尊重了地方既得利益，有利于改革的推进，减少了改革的震动。

税收体制改革是财政体制改革中的重要环节，与财政管理体制改革平行的税收体制改革，规范了政府与企业、政府与居民之间的再分配关系。1978 年以来，税收体制的改革主要集中于调整国家与企业的分配关系，构建符合社会主义市场经济要求的复合税制体系，充分发挥税收对经济运行的调控作用。按改革的关键时间点划分，可分为以下三个改革时间段。

1. 财政包干体制下的税制改革

（1）1978 ~ 1982 年的税制改革。1978 ~ 1982 年，成为中国税制建设的恢复时期和税制改革的准备时期。从 1980 年 9 月到 1981 年 12 月，五届人大先后通过了《中外合资经营企业所得税法》、《个人所得税法》和《外国企业所得税法》，初步形成了一套涉外税收制度，适应了中国对外开放初期引进外资、开展对外经济合作工作的需要。

（2）1983 ~ 1994 年的税制改革。1983 年，国务院决定在全国试行国营企业利改税，即第一步利改税改革，将新中国成立之后实行了三十多年的国营企业向国家上缴利润的制度改为缴纳企业所得税。这一改革从理论上和实践上突破了国营企业只能向国家缴纳利润、国家不能向国营企业征收所得税的禁区，成为国家与企业分配关系的一个历史性转折。1984 年 10 月起，国务院在全国实施第二步利改税和工商税制改革，发布了关于国营企业所得税、国营企业调节税、产品税、增值税、营业税、盐税、资源税等一系列行政法规，成为改革开放之后第一次大规模的税制改革。此后，国务院又陆续发布了关于征收集体企业所得税、私营企业所得税、城乡个体工商户所得税、个人收入调节税、城市维护建设税、奖金税（包括国营企业奖金税、集体企业奖金税和事业单位奖金税）、国营企业工资调节税、固定资产投资方向调节税（其前身为 1983 年开征的建筑税，1999 年减半征收，2000 年暂停征收）、特别消费税、房产税、车船使用税、城镇土地使用税、印花税、筵席税等法规。1991 年，七届人大四次会议将中外合资企业所得税法与外国企业所得税法合并为外商投资企业和外国企业所得税法。至此，中国工商税制共有 37 个税种。

2. 1994 年分税制改革中配套的税制改革

1994 年分税制改革中，包括改革企业所得税制和改革流转税制。改革企业所得税制的主要内容是统一内资企业所得税制，在规范税前扣除和费用列支标准，统一税基的同时，参照目前企业实际税负水平和便于将来与外贸企业所得税并轨，降低税负，实行合理的统一的比例税率。改革流转税制的主要内容是建立统一的、以增值税为主体的流转税制度，改变现行的营业税、增值税、产品税分立、互不交叉的做法，除非商品经营领域继续实行营业税外，其余全面实行增值税，同时改产品税为消费税，配合增值税对某些消费品进行特殊调节。统一后的流转税制适用于内外资企业，取消对外商投资企业征收的工商统一税。此外，为了适应税源的发展变化，开征一些新税，如土地增值税、证券交易税、遗产与赠予税等。

1994 年分税制改革中的重要内容是工商税制改革。改革内容包括：全面改革流转税，以实行规范化的增值税为核心，相应设置消费税、营业税，建立新的流转税课税体系。对内资企业实行统一的企业所得税，取消原来分别设置的国营企业所得税、国营企业调节税、集体企业所得税和私营企业所得税。统一个人所得税，取消原个人收入调节税和城乡个体工商户所得税。对个人收入和个体工商户的生产经营所得统一实行修订后的个人所得税法。调整、撤并和开征其他一些税种。调整资源税、城市维护建设税和城镇土地使用税；取消集市交易税、牲畜交易税、烧油特别税、奖金和工资调节税；开征土地增值税、证券交易印花税；盐税并入资源税，特别消费税并入消费税。改革之后的中国税制，税种设置由原来的 37 个减少为 23 个，初步实现了税制的简化、规范和高效的统一。这次税制改革是新中国成立以来规模最大、范围最广、内容最深刻、力度最强的税制改革。

3. 税制改革促进经济增长

（1）在经济转型过程中，公有制为主、多种所有制并存的经济制度逐步形成，税制改革为不同所有制企业创造了基本公平的竞争环境，促进了国企分配关系的规范化，有助于推进现代企业制度的建立。

现代企业制度对财税体制的基本要求是税负公平、照章征税、平等竞争、优胜劣汰。在多种形式的财政包干体制下，税权尤其是减税免税权相对分散，地区间为争夺项目、资金、技术、人才等而展开的不合理的税收竞争愈演愈烈，扭曲了要素的相对价格以及政府与企业、中央政府与地方政府之间的分配关系，弱化了企业的财务预算约束。分税制后，作为税收收入主体部分的流转税，其大头上划中央，中央税由国税局征管，税权相对集中，这就杜绝了地方政府减免中央税和共享税的可能，而地方税又与地方财政收支平衡挂钩很紧，多收多支，少收只能少支，不得留有赤字，各地自定的若干税收优惠政策失去了存在的基础，不少已自生自灭，各地政府长期靠不适当的竞相降低税负、减免税来吸引资金、项目和扶持企业发展的做法已经得到有效遏制。政府分配关系已开始步入企业照章纳税（消费税的全部和增值税的 75% 归中央，企业所得税按企业隶属关系分别上缴中央财政和地方财政）、税后利润按出资者比例分配、企业自主经营、自负盈亏的轨道。国家对国有企业的扶持转向主要依靠调整国有投资方向和投资收益分享比例来实现。总之，分税制淡化了政府与企业的行政隶属关系，规范了政府分配行为，不仅进一步规范了国家与国有企业之间的分配关系，而且公平了各类企业的税负，净化了企业的财政税收分配环境，促进了企业间的平等竞争，对促进现代企业制度的建立起了积极的推动作用。

1994 年税制改革。实现统一内资企业所得税和建立统一的、以增值税为主体的流转税制改革后，也就实现了公平税负，从而既利于企业间平等竞争，又可以强化税收调节作用。因为：①实行统一的内资企业所得税制，就消除了现行企业所得税制造成的不同经济成分企业之间税负不平等的税负不公现象，特别是国有企业就可以在税负上与其他非国有企业处于平等竞争地位；②实行以增值税为普遍调节和以消费税为补充调节的流转税制，加强了流转税调节作用的灵活性，针对性更强，当然也就强化了流转税的调节作用。

（2）在经济发展的初级阶段，以流转税为主的税制基本体现了税收中性的原则，有利于资本积累，提高效率。1994 年分税制改革实现统一内资企业所得税和建立统一的、以增值税为主体的流转税制改革后，也就实现了公平税负，从而既利于企业间平等竞争，又可以强化税收调节作用。因为：①实行统一的内资企业所得税制，就消除了现行企业所得税制造成的不同经济成分企业之间税负不平等的税负不公现象，特别是国有企业就可以在税负上与其他非国有企业处于平等竞争地位；②实行以增值税为普遍调节和以消费税为补充调节的流转税制，加强了流转税调节作用的灵活性，针对性更强，当然也就强化了流转税的调节作用（何振一，1994）。

从 1994 年税制改革以后的运行状况看，突出的表现是间接税的比重偏大，而直接税的比重偏小，税收公平分配的职能作用受到很大限制。1996 年，中国流转税收入占税收总额的比重为 63. 39%，而企业所得税和个人所得税收入却只占税收总额的 13. 28%。

发展中国家主要以间接税为主，发达国家大多以直接税为主。其原因主要在于：流转税的直接调控作用较为明显，对生产方向、结构的调控作用大于所得税类，能够体现促进竞争、保持公平的目的，且相比之下征收效率较高。所以，在财政需求强烈的发展中国家和经济不发达、落后国家多以间接税为主体税种。随着经济的发展、收入的增加，间接税为主的国家会逐渐向以直接税为主过渡。一般来说，只有税制结构、税负结构、征管构成三个方面都满足最佳条件的税制，才能够称为结构合理、优化的税制。（朱广俊、刘佐，1998）

（3）税收优惠促进对外开放和吸引外资，导致经济增长。改革开放以来，中国的对外经济经过了进口替代战略向出口导向的战略转变，与此配合的政策选择包括汇率、关税、税收优惠、价格、免税（退税）与补贴、进口许可证、出口信贷、外汇留成等（黄方毅，1985）。吸引外资的因素包括东道国的经济增长率、要素成本、法律规范、政策优惠等，中国政府的特区优惠政策对吸引外资发挥了重要作用（鲁明泓，1999）。

利用外资的形式包括外商直接投资（FDI）、外国贷款、证券金融等形式，其中外商直接投资是中国利用外资的主要形式。从改革开放到 1991 年的起步阶段，合计利用外商直接投资 233. 5 亿美元，在国民经济中的比重也较小。但是从 1991 年以来，中国吸收外商直接投资经过了两次跨越式发展。2001 年以后由于中国加入 WTO，市场的开放度进一步扩大，对外商的吸引力大为增强，中国 FDI 保持了强劲的增长势头。1983 年至 2007 年累计利用外商直接投资（实际利用外资额）约 7880 亿美元。2011 年中国 FDI 流入量增长 8%，达到 1240 亿美元，世界排名第二，仅次于美国（2269 亿美元），截至 2011 年底，中国内向 FDI 存量估计约为 7120 亿美元，外向 FDI 存量约为 3660 亿美元，目前 FDI 存量超过了万亿美元，是世界上 FDI 流入最多的发展中国家，也是仅次于美国的第二大 FDI 接受国。利用外资不仅弥补了国内建设资金不足，带动了产业技术进步和经营管理水平的整体上升，促进了经济增长（据中国海关统计，2011 年 1 ~ 12 月外商投资企业进出口总值 18601.6 亿美元，占同期我国进出口总值的 51.07%。其中出口 9953.3 亿美元，同比增长 15.4%；进口 8648.3 亿美元，同比增长 17.1%。外商投资企业对我国实现外贸进出口增长贡献最大，其出口总值占同期我国外贸出口总值的 52.42%，进口金额总值占同期我国外贸进口总额的 49.6%，比重均是最大。FDI 促进了外贸进出口，拉动了中国贸易规模快速增长）。而且培养了人才，扩大了就业，增加了税收，推动了进出口，增加了外汇储备，也促进了经济体制改革的深入和人们思想观念的更新。FDI 对东道国的经济发展影响的传导机制是多渠道的，FDI 不仅对东道国具有资本积累的直接效应，而且具有间接的外溢效应，如技术扩散、人力资本提高和制度变迁的效应。这些外溢效应对一国通过知识积累、技术进步、人力资本水平提高以及卓有成效的制度变迁实现内生经济增长具有重要的作用。

而关于外资的税收优惠政策，内资企业的实际税率平均是外资企业的 4.34 倍，内外资企业的所得税率平均差距为 18.6%，最小值也达到了 8.78%。如果外资企业的名义税率为 24%，则两者的名义税率差只有 9%；即使外资企业的名义税率为 15%，则两者的名义差距也只有 18%，都低于 18.6% 的平均差距。由此可见，外资企业在实际中的所得税负担远远低于内资企业。更为重要的是，这种差距逐年增长，1996 年内资企业的企业所得税负担比外资企业高 8.65%，1997 年高 17.17%，1998 年高 18.75%，而 1999 年则高达 31.71%（杨之刚、丁琳、吴斌珍，2000）。

（4）两个比重上升，为中央调整、平衡地方财政提供财力保证。1994 年的财税体制改革，建立了以增值税、消费税和营业税为主要内容的新型流转税制，统一了内资企业所得税制，按税种划分了中央和地方收入，基本实现了财政收入的规范化和法制化，调动了中央、地方两个积极性，地方财源建设开始按照市场经济的方向发展，财政收入稳定增长、结构不断优化，财政实力不断壮大。1993 年以来，财政收入连续 7 年年均增长超千亿元，“九五”期间平均每年增加约 1350 亿元。1999 年全国财政收入完成 11444 亿元，首次突破一万亿元大关，比 1979 年的 1146 亿元增长了 9 倍。

但我们也要清醒地看到：由于财力分散的格局尚无根本改观，财政“两个比重”偏低的状况仍然存在，特别是财政收入占 GDP 的比重还明显偏低。从国际范围看，发达国家财政收入占 GDP 的比重一般为 45% 左右，如美国为 35%、德国为 47%、英国为 40%、法国为 49%，北欧高福利国家这一比重还更高一些。发展中国家这一比重一般也在 25% 左右，如印度为 21.5%、马来西亚为 28%、印度尼西亚为 18%、泰国为 19%。与之相比，中国财政收入占 GDP 的比重处于相当低的水平，与中国政府履行的职能明显不相适应。分析其原因，除了与整个经济增长方式还比较粗放，经济增长质量不高直接相关外，也有财政体制和管理方面的问题：一是现行的税制尚未覆盖整个经济活动，财政收入结构与经济结构不相适应。比如，改革开放以来，个人收入占国内生产总值的比重大幅提高，1999 年达到 68%，比 1978 年上升了约 18 个百分点，但个人所得税占财政收入的比重却增长缓慢，1999 年仅为 3.6%。随着多种经济成分的共同发展，非国有经济占国内生产总值的比重明显上升，1997 年达到 58.1%，但其提供的财政收入却只占 44%。这说明税收对非国有经济和收入再分配领域的调节手段与力度还明显不够。二是财政分配秩序不规范，预算外收入侵蚀税基的现象相当严重，一些部门的收费和基金分流了财政收入。1999 年预算外资金规模达 3385 亿元，占预算内收入的 30% 左右，其他的收费则无法统计。三是市场主体和居民纳税意识薄弱，偷、骗、抗税现象比较普遍，税收流失还相当严重。

（三）宏观调控

宏观调控是财政政策的重要职能之一，通过调整财政收支规模和结构可以在促进就业和经济增长、稳定物价、调整国际收支等方面发挥重要作用。1977 ~ 2011 年，中国经过了 1977 ~ 1981 年、1982 ~ 1986 年、1987 ~ 1990 年、1991 ~ 2000 年、2002 年至今五个经济周期，1978 年、1984 年、1987 年、1992 年、2007 年分别是各个周期经济增长率的波峰年份。在各个周期中，物价也呈现波动态势。1980 年、1985 年、1988 年和 1994 年消费物价指数分别达到 7.5%、9.3%、18.8% 和 24.1%，是前四个周期物价上涨的波峰年份。

表 9–3　财政赤字占 GDP 比重

年份	名义 GDP 增长率（%）	CPI（%）	财政赤字（亿元）	财政赤字/GDP（%）
1978	11.7	0.7	10.17	0.28
1979	7.6	1.9	-135.41	-3.33
1980	7.8	7.5	-68.9	-1.52
1981	5.2	2.5	37.38	0.76
1982	9.1	2	-17.65	-0.33
1983	10.9	2	-42.57	-0.71
1984	15.2	2.7	-58.16	-0.81
1985	13.5	9.3	0.57	0.01
1986	8.8	6.5	-82.9	-0.81
1987	11.6	7.3	-62.83	-0.52
1988	11.3	18.8	-133.97	-0.89
1989	4.1	18	-158.88	-0.94
1990	3.8	3.1	-111	-0.59
1991	9.2	3.4	-181	-0.83
1992	14.2	6.4	-206	-0.77
1993	14	14.7	-205	-0.58
1994	13.1	24.1	-668	-1.39
1995	10.9	17.1	-664	-1.09
1996	10	8.3	-610	-0.86
1997	9.3	2.8	-560	-0.71
1998	7.8	-0.8	-960	-1.14
1999	7.6	-1.4	-1797	-2.00

续表

年份	名义 GDP 增长率（%）	CPI（%）	财政赤字（亿元）	财政赤字/GDP（%）
2000	8.4	0.4	-2598	-2.62
2001	8.3	0.7	-2598	-2.37
2002	9.1	-0.8	-3098	-2.57
2003	10	1.2	-3198	-2.35
2004	10.1	3.9	-3198	-2.00
2005	10.4	1.8	-3000	-1.64
2006	11.1	1.5	-2748.96	-1.30
2007	11.4	4.8	-2000	-0.80
2008	9.6	5.9	-1262.31	-0.40
2009	9.2	-0.7	-7781.63	-2.28
2010	10.4	3.3	-6772.65	-1.69
2011	9.3	5.4	-5373.36	-1.14

注：①1978～1989 年财政赤字为全国财政收支差额，来源于《中国统计年鉴》各期。

②1990～2005 年为中央预算赤字，来源于历年全国人代会上财政部部长关于中央和地方预算执行情况的报告，转引自刘树成，2005。

③2006 年、2007 年的中央预算赤字来源于 2007 年和 2008 年全国人代会上财政部部长关于中央和地方预算执行情况的报告。

④2008 年后的数据来自《中国统计年鉴》(2012)。

根据不同时期经济波动、财政体制和财政政策的特点，改革开放以来财政政策的宏观调控作用可以划分为以下几个阶段：

1. 财政包干体制下财政调控能力下降，经济波动频繁

1978～1993 年，财政包干制在改革初期发挥了积极作用，但也导致财政调控能力下降，出现四次通货膨胀。

（1）“放权让利”的财政包干制极大地削弱了财政宏观调控能力，直接制约着宏观经济调控体系的建立。因为包干制首先包死了中央财政收入，导致中央财政收入增长，既不能与国民经济发展同步，又不能与财政总规模增长同步；此外，由于多数地方财政也逐级实行包干办法，包干不仅包死了中央财政，也包散了地方财力，造成国家财力的极度分散。中央财政收入比重下降，中央政府支出受支出刚性制约不能及时压缩，必然导致财政赤字扩大，在当时国债市场尚未发展的情况下，赤字货币化成为通货膨胀的原因之一。有资料表明，1979 年，不包括国债在内的财政赤字高达 170.6 亿元，相当于当年财政支出总额的 13.4%，相当于当年贷款增加额的 90.0%。1980 年，财政赤字仍高达 127.5 亿元，相当于当年财政支出的 10.5%，相当于当年贷款增加额的 34.0%（见表 10-3）。因此，1979 年的经济过热被称为财政赤字主导型经济过热。与计划经济时期相比，1979 年到 1985 年固定资产投资仍然与经济增长高度相关，但国家财政支出与经济增长的相关系数有所下降。反映出国家（政府）对经济发展的直接参与开始减少，国民经济成长对国家财政支出的依赖程度有所减轻。从 1988 年实施大包干体制以

来，中央财政从地方财政每年新增加的收入中，得到的份额仅是一个零头，90%以上新增收入为地方所得。

（2）“分灶吃饭”的财政包干体制在改革初期促进了地方经济的发展，但随着经济发展，财政包干体制也形成了各地“诸侯经济”恶性竞争、重复建设、经济过热等一系列弊端。从1984年至1989年，投资膨胀对通货膨胀起到了举足轻重的作用。小比重的预算内资金支持着庞大的固定资产投资，财政分灶吃饭形成的资金渠道和银行的国家所有制体制使投资需求膨胀通过信用膨胀方式，满足和填充了资金缺口。与此同时，国有制经济的预算软约束造成了国有制经济内的消费膨胀，经济低效率则使供需缺口越拉越大，这种缺口扩大反过来又刺激传统体制固有的扩张冲动。因此，地方政府事实上成为投资膨胀的主体，制造经济过热的热源；财政包干以及价格改革、双轨制等制度缺陷导致投资和消费需求双膨胀，结果导致1988年通货膨胀。

（3）从资金配置格局来看，从1978年到1996年，财政主导的资金配置格局逐步演变为金融独木撑天格局，制度缺陷导致投资膨胀的机制转向寻求金融支持，财政的宏观调控能力下降已经是无可奈何的事。从1988年底开始经过三年治理整顿，经济出现“硬着陆”，但是由于财政包干制、企业承包制和预算软约束的投资体制没有根本转变，从1991年到1993年又发生了投资膨胀，并导致1993年、1994年消费物价指数涨幅上升到14.7%和24.1%。1992年，全民所有制单位固定资产投资增长40.7%，全社会固定资产投资增长了37.6%，远远超出了现价国民生产总值的增长速度。支持这次投资膨胀的是社会集资规模的急剧扩大和国家银行资金大规模地以非贷款方式流出，其背景是金融体制变化导致金融调控体系失效：政府放松了对直接融资的管制、专业银行的自身利益显著强化、非银行金融机构的迅速发展。1992年，中国居民储蓄存款余额的增长率为26.7%，明显低于1984～1991年年均增长33.4%的水平；居民储蓄存款增加额与居民消费额的比值也反常地出现了下降；机关团体存款余额也一反增长的趋势，减少了65.3亿元。国家银行资金以非贷款方式流出的主要途径是拆借和汇兑在途资金，集中地表现在国家银行资金来源方的其他科目的余额迅速下降。在这一年中，国家银行资金来源方的其他科目的余额减少了1524.3亿元，相当于当年贷款增加额的42.8%。

2. 分税制改革后，适度从紧的财政政策实现软着陆

1993年、1994年、1995年经济又一次出现经济过热、通货膨胀加剧、物价上涨率超过10%。

针对总量失控、结构失调、通货膨胀率过高、经济秩序混乱、国际收支平衡压力加大的局面，从1993年下半年开始，第四次加强宏观调控。政府通过各方面政策配合，深化金融、财税、外贸和外汇改革，整顿金融秩序、加强金融管理、加强农业基础，控制需求过快增长，增加有效供给，最终成功地实现了“软着陆”。其主要标志是在保持经济以较快速度持续增长的同时有效地控制了通货膨胀，1994～1996年，国内生产总值分别比上年增长12.5%、10.5%、9.6%；物价涨幅则由21.7%下降到6.1%。

（1）1994年分税制改革强化财政的宏观调控功能，建立和健全宏观经济调控体系。1994年分税制改革突破了“放权让利”的思维，尽管在新体制方案中不得不保留某些旧体制的具体办法，诸如基数法以及在某些侧面还要采用按企业行政隶属关系划分收支范围等，但分税制改革毕竟是对包干制的彻底否定，有利于全面克服或弱化包干体制所

带来的、不利于市场经济发展的各种弊病。一方面，分税制按税种划分中央和地方的财政收入范围，把改革前各税划分为中央税、地方税和中央与地方共享税三部分，并且共享税又采取了由中央征收后返还给地方的做法。这样，尽管在企业所得税上还保留着某些按隶属关系划分的痕迹，但总体上说，已打破了旧有的按行政隶属关系划分收入的格局，因此分税制改革在一定程度上革除了“诸侯经济”的体制性根源，有利于中央政府加强宏观调控。另一方面，分税制强化中央财政组织收入能力，扩大中央财政向地方财政转移支付的数量和范围，并采取多样化、规模化的转移支付形式，这样，不仅有利于进一步扩大地方财政自主支出的财力规模，扩大地方财政自主权，又可以造成地方财政依靠自有财力及中央返还财力双重财源平衡机制，改变旧有的中央财政依靠地方财政供给来平衡收支的不合理的被动局面。从而提高了中央财政对地方财政支援能力，强化中央财政宏观调控功能。特别是中央向地方返还收入形式的多样化和规范化，更加可以提高中央财政对地方财力使用上的宏观调控效果。按照方案设计，在中央收入与地方收入同步增长的情况下，中央财政收入占全国财政收入的比重将按照年递增0.8～0.9个百分点的速度提高。原设计中央财政收入占全国财政收入的比重为60%左右，中央财政支出占全国财政支出的比重约为40%，转移支付量约为20%。实际执行结果是，1994年中央财政收入占全国财政收入的比重为55.7%，1995年为52.2%，1996年为49.5%，高于改革前的1993年25～27个百分点。说明在全国财力分配格局中，中央直接控制的部分明显增大。中央财政的主导地位还可通过各省区对中央财政的依赖度（中央对各省区的财政补助额占各省区地方财政支出额的比例）反映出来，分税制前的1993年，有17个省区需要中央财政补助，而分税制后则有24个省区需要中央财政补助或财政转移，即使是沿海比较发达的省区，也都由中央依赖地方型变为地方依赖中央型，如山东对中央财政的依赖度为38.4%，广东为28.3%。最为明显的是上海，分税制前中央对上海的财政依赖度为87.5%，分税制后中央财政不仅不依靠上海，反过来上海对中央财政的依赖度为10.9%。

（2）适度从紧的财政政策。“九五”前期，中国采取了适度从紧的财政政策。措施为：中央财政赤字规模（不含债务利息）逐年减少，1996年比上年压缩54亿元，1997年比上年减少50亿元；完善税制改革，严格依法治税，增加税收收入，防止税收流失，通过增税抑制社会总需求，也给企业创造平等竞争的外部环境；利用税收杠杆调整投资流向，优化投资结构；统筹预算内和预算外建设资金，由综合经济部门统一协调预算外资金的使用，引导预算外资金流向国家重点发展的产业部门；加强对财政信贷资金的管理；通过税种、税目、税率、减免税等实现投资调控目标，如资源税可以促进资源的合理开发和利用，建筑税可以控制投资规模等；通过国家预算收支总规模的变动来调节投资的总量，削减国家预算内投资，有效地减少投资规模，控制投资需求。

3. 1998～2002年积极的财政政策拉动内需

1997年下半年以来，经济增长乏力，国内消费需求低迷。1998年开始，针对亚洲金融危机对中国经济冲击不断加深等情况，党中央、国务院审时度势，及时、果敢地作出决策，持续实施以积极财政政策为核心的一系列宏观调控措施，增发国债、扩大内需、促进出口、加强基础设施建设，并及时调整了税收政策和收入分配政策。从财政赤字的变化情况看，1998年赤字960亿元，1999年1797亿元，2002年2098亿元，财政赤字占 GDP 比重从 1998 年 1.14% 提高到 2000 年 2.62%，2002 年财政赤字占 GDP 比重仍高达 2.57%，距离 3% 的国际警戒线已经不远，可见积极的财政政策力度很大。

总体来看，积极财政政策对于宏观经济稳定的作用表现在以下方面：第一，对经济增长和物价水平可能进一步下滑的趋势进行了遏制，在一定程度上直接拉动了经济增长。1998 年、1999 年经济增长速度分别为 7.8%、7.6%，较之于 1997 年下降了 1.5% 和 2%，2000 年以后，经济增长速度有所回升，2000 ~ 2002 年的增长速度分别为 8.4%、8.3% 和 9.1%。据统计，1998 ~ 2003 年发行了 8000 亿元长期建设国债，实现投资规模总计 32800 亿元，其中，1998 ~ 2002 年国债投资项目对经济增长的贡献率分别为 1.5、2、1.7、1.8 和 2 个百分点，积极财政政策对于经济增长“保八”目标起到很大作用。与此同时，固定资产投资价格指数在经过 1998 年和 1999 年的下滑后转暖，2000 ~ 2002 年的环比增速分别为 1.1%、0.4% 和 0.2%，对于缓解物价水平下滑趋势起到一定作用。第二，基础设施建设得到加强，前一轮增长中突现的瓶颈制约得到缓解，经济运行质量改善。国债投资主要集中于五个方面：①加强农林水利建设。包括大江大河防洪水利工程的建设；重点海堤加固工程；长江、黄河中上游水土保持工程建设；林业和生态项目，主要是国家重点生态环境项目建设，以及国有天然林保护工程和十大防护林体系建设。②交通通信建设。通过增加投入，加快铁路、公路、机场、航道的建设，进一步完善全国综合运输体系。③扩大城市基础设施建设规模。主要支持城市供排水、供热和污水、垃圾处理，城市道路等方面的项目。④城乡电网改造。这是国家第一次大规模进行城乡电网的建设与改造。⑤国家直属储备粮库建设。新增国债投资，计划建成 250 亿公斤仓容的粮库。这些粮库全部建成后，可以基本满足国家储备粮的仓储需要（项怀成，2001）。通过国债的直接投入发展了一批高新技术产业，并对传统产业进行了改造，从而有利于企业技术进步和产业结构升级。在国债投资的带动下，经济运行质量和效益得到改善，工业产品的附加值、销售率、利润率等指标均不同程度的提高，为税源的稳定增加提供了基础。1999 年和 2000 年，赤字达到 1743.59 亿元和 1550 亿元，分别发行国债 3715.03 亿元和 4657 亿元。中国的赤字、国债并没有产生挤出效应，财政赤字没有使利率上升，也没有挤出私人投资。虽然不结合财政支出单纯考察赤字和国债对经济增长的影响为负相关，但是考虑到赤字和国债实际上是用于公共投资，那么财政支出和赤字以及国债对经济增长的净效应就是正的。因此，积极财政政策有效拉动了经济增长。

4. 2005 年以后实施的稳健财政政策

积极财政政策的实质是扩张性的财政政策。当通货膨胀逐渐成为影响宏观经济发展的压力时，继续实施这一政策，不仅不利于控制固定资产投资的过快增长，甚至易于形成逆向调节；不仅不利于减缓通货膨胀的趋势，而且易于加剧投资与消费比例失调程度，加大经济健康运行的风险和阻力。2003 年和 2004 年经济增长率超过 10%，存在投资过热隐患，因此，积极财政政策应当适时转向。

2005 年开始，中央实施稳健的财政政策。实行稳健财政政策是包括财政调控目标方向、手段组合、方式方法转变在内的重大政策转型。稳健财政政策不仅是财政政策名称和赤字规模的调整变化，更是财政政策性质和导向的根本转化。概括地说，就是“控制赤字、调整结构、推进改革、增收节支”。

（1）控制赤字规模。2005~2008年逐年压缩赤字规模，财政赤字占GDP比重也从2002年的2.57%下降到2008年的0.4%。不过，由于2008年进入危机爆发，赤字规模有所抬头，2009年升到2.28%，2011年又控制在1.14%的状态。

（2）财政为了进一步抑制外贸出口的过快增长，缓解中国外贸顺差过大带来的突出矛盾，同时，进一步落实科学发展观，优化出口商品结构，抑制"高耗能、高污染、资源性"产品的出口，促进外贸增长方式的转变和进出口贸易的平衡，减少贸易摩擦，促进经济增长方式的转变和经济社会的可持续发展。多次调整关税、出口退税政策，进行宏观调控。比如，2007年6月1日起，中国调整300多项产品进出口关税税率，对142项资源类商品调高或开征出口关税，其重点是对80多种钢铁产品进一步加征5%~10%的出口关税；另外，中国还将对209项进口商品实施较低的暂定税率，这些商品主要涉及部分资源类产品和零部件等。自2007年7月1日起，调整部分商品的出口退税政策。这次政策调整共涉及2831项商品，约占海关税则中全部商品总数的37%，主要内容包括三个方面：一是进一步取消了553项"高耗能、高污染、资源性"产品的出口退税；二是降低了2268项容易引起贸易摩擦的商品的出口退税率；三是将10项商品的出口退税改为出口免税政策。此次出口退税政策调整后，出口退税率结构由原17%、13%、11%、8%和5%五档调整为17%、13%、11%、9%和5%五档。

（3）为控制流动性过剩，发行特别国债，建立国家主权基金。

三、公共财政建立与可持续增长

从总体上，中国特殊的财政结构及改革路径，促进了经济的高增长。但这样的结果并非免费午餐，按经济学的基本假定，风险和收益必是对称的，上述类型的高增长以不断积累的经济风险为代价，这些风险在市场发育不完善的状况下都集中在政府身上。政府为了促进产业结构的调整升级，对某些基础产业、骨干企业、重点企业、三资企业不仅提供了大量的财政资金支持，而且为其提供了税收优惠和贷款担保；一些地方政府通过建立开发区、低价出让土地等方式吸引投资。各种政策性的优惠措施和担保形成了大量或有负债，增加了直接或间接的财政负担。另外，政府垄断基础产业低价供应基础设施也是补贴工业化的一种形式，一方面，脱离实际成本的低价供应必然导致对基础设施的滥用，形成电力紧张、水资源浪费和污染，等等；另一方面掩盖了近年基础产业增长的真实社会成本，这些成本实际上由财政负担。这些意在促进发展的政策，使政府承担了过多的风险，而且这种风险没有削减机制反而随着发展在不断积累，这对任何一个政府来说都是无法长期承受的负担，在开放格局中，积累的经济风险可能转化为现实的损失。所以，对一个追求经济发展的不发达国家而言，通过财政政策等手段将经济风险转移到政府身上来促进发展是不可持续的，该政策是一柄"双刃剑"，过度和长期使用都将对经济造成伤害。为此，向公共财政的转变势在必行。

（一）财政体制应逐步向公共财政过度

经过财政包干体制和分税制两个阶段改革，通过提高地方政府积极性，发展非国有制经济，深入推进国有企业改制，财政支出结构已经发生一些变化。

（1）财政生产建设性特点逐步淡化。经济建设费占财政支出的比重从 1980 年的 58.22% 下降到 1994 年的 41.32%，并进一步下降到 2006 年的 26.56%。

（2）社会文教费所占比重上升。1978 年为 13.10%，1985 年为 20.04%，1995 年为 25.74%，2000 年为 27.60%，2006 年为 26.83%。虽然 2006 年比 2000 年有轻微下降，但 2006 年比 1978 年提高了一倍。

（3）国防费所占比重下降稳定，2006 年国防支出占比只有 1978 年一半。

（4）行政管理费不断膨胀，2006 年行政管理费占财政支出比重达到 18.73%，是 1978 年的 4 倍多。

（5）社保支出规模持续扩大，2006 年预算内社保支出占财政支出比重为 10.79%，比 1978 年扩大 10 倍（表 9-4）。这种转变刚开始，它应是未来中国财政发展的方向。

表 9-4 财政支出结构变化（单位：%）

年份	经济建设费	社会文教费	国防费	行政管理费	社会保障	其他
1978	64.08	13.10	14.96	4.71	1.69	1.47
1980	58.22	16.20	15.77	6.15	1.65	2.01
1985	55.33	20.04	9.40	8.39	1.55	5.28
1990	44.36	23.92	9.41	13.44	1.78	7.07
1991	42.18	25.09	9.75	12.22	1.99	8.77
1992	43.10	25.92	10.10	12.38	1.78	6.72
1993	39.52	25.38	9.17	13.66	1.62	10.64
1994	41.32	25.92	9.51	14.63	1.64	6.97
1995	41.85	25.74	9.33	14.60	1.69	6.78
1996	40.74	26.21	9.07	14.93	2.30	6.74
1997	39.50	26.74	8.80	14.72	3.56	6.68
1998	38.71	27.14	8.66	14.82	5.52	5.16
1999	38.38	27.59	8.16	15.32	9.08	1.46
2000	36.18	27.60	7.60	17.42	9.55	1.64
2001	34.24	27.58	7.63	18.58	10.51	1.45
2002	30.26	26.87	7.74	18.60	11.95	4.58
2003	28.04	26.24	7.74	19.03	10.77	8.17
2004	27.85	26.29	7.72	19.38	10.94	7.81
2005	27.46	26.39	7.29	19.19	10.90	8.76
2006	26.56	26.83	7.37	18.73	10.79	9.72

注：①行政管理费中包括公检法司支出和外交外事支出。

②社会保障支出中包括抚恤和社会福利救济费、社会保障补助支出、行政事业单位离退休支出。1996 年以前不包括由行政管理费开支的离退休支出。

资料来源：《中国统计年鉴 2007》。

2007年后，国家财政按功能性质分类的支出项目统计有所调整，其中经济建设支出一项不再列出，同时经济建设费占总支出的相对规模不断降低。经济建设支出比例的下降，不仅能够使财政支出控制在其职能范围内，防止政府的职能越位，也能够为政府弥补其他方面的职能缺位提供资金上的财力空间，有效增强政府的公共职能。表9-5是2007~2011年的主要支出项目，可以发现其中教育、社会保障和就业、城乡社区事务等支出增长较快，2009年后，还增加了住房保障支出，该项支出2010年比2009年增长31.8%，2011年又继续增长了1500亿元，占国家财政支出的比重也由2009年的0.95%上升到2011年的3.5%，社会公共事业呈现出良好的发展势头。

表9-5　2007~2011年国家财政按功能性质分类的主要支出（单位：亿元）

年　份	2007	2008	2009	2010	2011
项目（比重%）	国家财政支出	国家财政支出	国家财政支出	国家财政支出	国家财政支出
总支出	49781.35	62592.66	76299.93	89874.16	109247.79
一般公共服务	17.10	15.66	12.01	10.34	10.06
国防	7.14	6.68	6.49	5.93	5.52
公共安全	7.00	6.49	6.22	6.139	5.77
教育	14.31	14.40	13.68	13.96	15.10
科学技术	3.58	3.401	3.60	3.62	3.50
文化体育与传媒	1.81	1.751	1.83	1.72	1.73
社会保障和就业	10.94	10.87	9.97	10.16	10.17
医疗卫生	4.0	4.41	5.24	5.35	5.89
环境保护	2.00	2.32	2.54	2.72	2.42
城乡社区事务	6.52	6.72	6.69	6.66	6.98
农林水事务	6.84	7.26	8.81	9.05	9.10
交通运输	3.92	3.76	6.09	6.11	6.86
住房保障支出	—	—	0.95	2.65	3.50
其他支出	14.84	16.28	15.88	15.59	13.4

资料来源：2008~2012年的中国统计年鉴。

（二）完善基础设施建设

基础设施供给短缺，是中国普遍存在的一个严重问题。这种状况，首先是由于长期实行向工业倾斜的投资战略造成的。在这种战略中，城市基础设施投资被视为“非生产性”，因而在全社会的投资安排中，它们只能居于次要地位。在另一方面，公众却能低价甚至无偿得到由供给短缺的城市基础设施所提供的服务。这既导致了对基础设施的浪费性甚至破坏性使用，也使得城市基础设施长期缺乏自给性资金来源，致使市政当局甚至无力对它们进行正常的保养和维修（李扬，1992）。为扩大城市基础设施建设，财政通过多种方式筹措资金。城市维护建设税、城镇土地使用税、城市国有土地使用权出让、让房地产开发商为城市基础设施提供配套资金、摊派等，最初便是作为筹措城市基础设施投资资金的手段提出来的。

基础设施投资通过两条渠道促进经济增长：

（1）通过以工代赈政策，政府投资于贫困地区公共工程建设，对当地的社会经济发展主要有如下作用：①有效地改善了贫困地区的基础设施和社会服务，为当地的经济增长提供了必要条件。②加强了贫困地区的制度建设。采用以工代赈方式进行公共工程建设的执行机构和组织原则已经形成，只要有新的投资项目，这套机制就能有效地运转，使投资计划变为现实。③人力资本的增加。在这里，人力资本投资只是以工代赈项目的副产品。通过施工，农民学到了技术，行政干部学会了施工组织和管理，交通和水利部门培训了专业技术力量。④工程建设期间直接为当地贫困人口提供短期就业机会和非农收入。据此可以判断，中国政府的以工代赈政策是行之有效的（朱玲，1990）。

（2）煤、电、油、运等能源、运输产业在20世纪一直是短缺状态，“资源短线”制约经济增长。公共基础设施并非完全是非生产性的，事实上，许多基础设施具有生产性特征，比如高速公路、铁路等。如果把这些公共服务也作为企业的部分投入生产要素，则适度的公共设施投入对于经济增长具有促进作用。由于基础设施具有拥挤特性，中国对基础设施定价偏低，使私人部门对基础设施的利用具有“免费午餐”性质，基础设施投入可以激励私人资本扩大投资，如果基础设施总是定价偏低，可能导致企业进行粗放式经营和过度投资。合理定价和适度规模的基础设施可以促进经济增长。

（三）公共服务均等化

党的十六届六中全会《关于构建社会主义和谐社会若干重大问题的决定》中，特别强调制度建设的重要性，指出：“社会公平正义是社会和谐的基本条件，制度是社会公平正义的根本保证。必须加紧建设对保障社会公平正义具有重大作用的制度。”而财政制度就是对保障社会公平正义具有重大作用的一项制度。公共服务支出主要从促进人力资本积累角度，促进经济增长。

改革开放以来，随着市场化改革的不断推进和政府职能范围的调整，政府介入私人产品领域的程度不断降低，但是，政府在退出一部分微观经济领域的同时，并没有加强对公共产品和公共服务的供给力度。自改革开放以来，除“八五”计划时期和“九五”计划前期以外，中国政府在提供公共产品方面的财政支出比例并没有大的变化，这一比例基本都在50%以下，近年来甚至出现了下降的趋势，2004年竟比1996年下降了10多个百分点，2011年的一般公共服务所占比重由2007年的17.1%下降到10.06%，4年竟下降了7个百分点。这说明，中国政府在提供公共产品方面存在缺位现象，公共财政建设的步伐应当进一步加快。

参考文献

［1］安体富：《完善公共财政制度　逐步实现公共服务均等化》，《财经问题研究》2007年第7期。

［2］陈共：《财政学》，中国人民大学出版社2007年版。

［3］戴园晨：《利改税是经济体制改革的关键一步》，《经济研究》1984年第9期。

［4］高培勇：《公共财政，贯穿中国财政改革与发展的一条主线》，《中国经济前景分析——2008

年春季报告》，社科文献出版社 2008 年版。

［5］何振一：《1994 年财税改革举措效果及问题剖析》，《经济研究》1994 年第 4 期。

［6］胡书东：《经济发展中的中央与地方关系——中国财政制度变迁研究》，上海三联书店、上海人民出版社 2001 年版。

［7］经济增长前沿课题组（汪红驹、刘霞辉执笔）：《财政政策的供给效应与经济发展》，《经济研究》2004 年第 9 期。

［8］经济增长前沿课题组（张晓晶、汪红驹、常欣执笔）：《增长失衡、政府责任与宏观前景——基于社会性支出角度的分析》，《经济研究》2006 年第 10 期。

［9］李实、奈特：《中国财政承包体制的激励和再分配效应》，《经济研究》1996 年第 5 期。

［10］李扬：《城市基础设施投资资金的筹措》，《经济研究》1992 年第 10 期。

［11］林毅夫、刘志强：《中国的财政分权与经济增长》，《北京大学学报：哲社版》2000 年第 4 期。

［12］刘溶沧、马拴友：《赤字、国债与经济增长关系的实证分析——兼评积极财政政策是否有挤出效应》，《经济研究》2001 年第 2 期。

［13］刘树成：《把握宏观调控的来龙去脉》，《中国经济前景分析——2005 年春季报告》，社会科学文献出版社 2005 年版。

［14］刘志诚：《国营企业实行利改税的几个问题》，《经济研究》1983 年第 7 期。

［15］乔宝云：《增长与均等的取舍》，人民出版社 2002 年版。

［16］吴敬琏：《当代中国经济改革》，上海远东出版社 2004 年版。

［17］项怀诚：《走向新世纪的财政改革和发展》，《中国财政》2000 年第 12 期。

［18］张卓元：《改革开放以来中国经济理论研究的回顾与展望》，《经济研究》1997 年第 6 期。

［19］章均：《论中国现阶段的财政困境》，《经济研究》1990 年第 12 期。

［20］赵人伟：《作为改革的方向和目标应是经济性分权和行政性分权的结合》，《经济研究》1987 年第 4 期。

［21］Ma, Jun. 1997, Intergovernmental Relations and Economic Management in China. Macmillan Press.

［22］Zhang, Tao and Zou, Heng-fu, 1997, Fiscal Decentralization, Public Spending and Economic Growth in China. Journal of Public Economics, 67, pp. 221-240.

第十章　金融发展

改革开放以来，中国金融体制成功地进行了渐进改革，构筑了中央银行—商业银行二级银行体系，形成了一种政府主导型的金融结构，这种结构在理论上可概括为由国家隐性担保配合利率管制复制信贷集中性均衡。政府主导型金融结构的形成：一方面虽然有效激励了金融机构（银行）信贷投放和信用扩张，加速了企业投资和经济增长，并同渐进的外汇改革和金融开放相结合，成功地控制了通货膨胀，实现了经济稳定；另一方面也导致了金融发展的不平衡，使得中国货币化和资本化进程方面出现明显反差。而随着“干中学”的经济增长源泉日渐枯竭、系统压低生产要素价格，以及保持对外失衡和高储蓄成本的飙升，则意味着推迟中国政府主导型金融结构市场化转型的代价会不断增加，以致维持这样的金融结构将沦为次优的制度安排，因此，在稳定经济基础上如何有效地实现中国金融结构市场化转型，以有效缓和短期稳定与实现可持续性增长的潜在冲突则是我们亟待解决的一个迫切问题。

本章安排如下：首先从信用扩张、货币化进程与资本化进程三个方面对货币在我国经济增长中的作用进行了分析；继而对于货币化和资本化进程出现反差的中国金融发展不平衡的结构根源予以了剖析；第三回顾了我国政府主导型金融结构形成的历程；第四从形成可持续发展的金融体制保障角度，探讨了金融结构调整和经济可持续增长之间良性互动的条件与面临的挑战；最后，给出了促进我国经济可持续增长与金融结构调整的政策选择。

一、经济增长中的货币作用分析

在现代市场经济中，金融体系的作用越来越大。中国作为一个发展中国家，处于快速经济增长阶段，金融市场不发达，社会生产体系不完善，企业在一段时间内资本积累水平不高，生产经营与其他市场信息不透明，企业发展所需资金没有足够的利润自筹（企业自有资金少），也很难通过直接融资等方式获得。这时，企业生产经营的环境是有劳动力而没有资金，生产和投资主要靠外部融资，特别是银行的信贷来解决。为此，中国政府设计了一套动员社会金融资源的特殊机制，通过国家隐性担保银行不破产的全民储蓄动员，最大限度地集中全社会的金融资源；同时，利用金融机构信用扩张手段将金融资源大量输入企业，促进了投资扩张和经济快速增长。改革开放以来，同其他经济体制领域一样，中国金融体制也成功地进行了渐进改革，改革内容主要集中在三个方面：一是构筑中央银行—商业银行二级银行体系；二是渐进推进外汇管理体制改革和金融对外开放；三是资本市场的不平衡发展。这种金融体制改革对中国金融结构和经济增长产生都产生了重要影响。首先，中央银行—商业银行二级银行体系的构筑同渐进的外汇改革和金融开放相结合形成了中国现行的政府主导型金融结构，其特点可概括为三个方面：一是国家隐性担保下的金融机构（银行）信用扩张；二是兼顾通货膨胀控制和经济增长的货币政策；三是基于资本管制的人民币可调整盯住汇率制。其次，这种兼有开发性和商业性的金融结构不仅有效激励了金融机构（银行）信贷投放和信用扩张，加速了企业投资和经济增长，而且在竞争性产品市场结构的配合下，有效地改善了资源配置效率，成功地控制了通货膨胀，保障了经济快速稳定的增长。在经济快速稳定增长的同时，扩大了货币交易范围，顺利地推进了货币化进程，又促进了经济增长和金融结构的良性互动。不过，与货币化进程顺利推进不同，中国资本化进程却一波三折。迄今为止，尽管在规范和发展资本市场方面已取得一定程度的进步，但困扰资本化进程的单边市场问题尚未得到有效解决，加剧了证券，特别是股票价格过度波动和资本市场系统风险。资本化进程的波折不仅严重损害资本配置效率，无法对企业创新投资提供充分的长期资本支持，而且可能引发金融危机，危及经济稳定和国家经济安全。

对于货币因素对经济增长的促进作用，我们从中国金融发展的几个典型化事实的分析中就可见一斑。

（一）信用扩张激励了经济增长

中国改革开放开始后，面对人均收入和储蓄水水平低下的局面，为解决经济增长所需要的资金，通过财政资金向银行信贷的转移，建立了以国家银行为主的金融体系。自20世纪80年代以来，中国自上而下地建立了一个庞大的货币金融体系来刺激经济发展，截至2011年底，全部金融机构总资产已接近113.3万亿元，广义货币（M2）余额达到85.16万亿元，分别相当于当年GDP的240%和180%，金融资源“作为一个真实的决定因素进入了经济体系”。

金融深化指数（M2/GDP）自改革开放以来，特别是20世纪90年代中期后迅速攀升，不仅大大高于主要发达国家，并超过与中国发展水平相近的发展中国家。图10-1显示，1992年为0.90，此后在不断上升，1997年为1.22，按照修正后中国公布的GDP数字，2006年底，中国的M2与GDP之比已达1.60，2011又上升到1.80。中国货币供给（M2）与经济增长有大致相同的变动趋势，说明货币对产出有激励，这与国际上的理论与实证都是相一致的。如图10-2所示，自改革开放以来，GDP与投资增长保持了较高的同步性。同时，统计数据表明，中国资本形成率从1952～1978年的14.6%上升到1979～1998年的23.1%，对经济增长贡献比改革开放前上升1.2个百分点；在1978～2011年的34年间，投资对GDP的平均贡献率为超过40%，2000～2011年则接近50%，这说明中国经济增长一直主要由投资拉动。

图10-2表明，改革开放以来国内贷款与投资增长具有同向性，且从中国经济波动周期的关系看，GDP基本上与投资同步，但却滞后于金融机构贷款变动，所以中国投资增长又主要由信贷扩张来支持。信用扩张的源头则来自全民储蓄动员。由于中国有着古老的储蓄传统，劳动力的年龄结构偏轻，在转型期诸多不确定性因素影响下，居民的储蓄倾向很高。从金融体系来看，由于存在国家对银行不破产的隐性担保机制，银行体

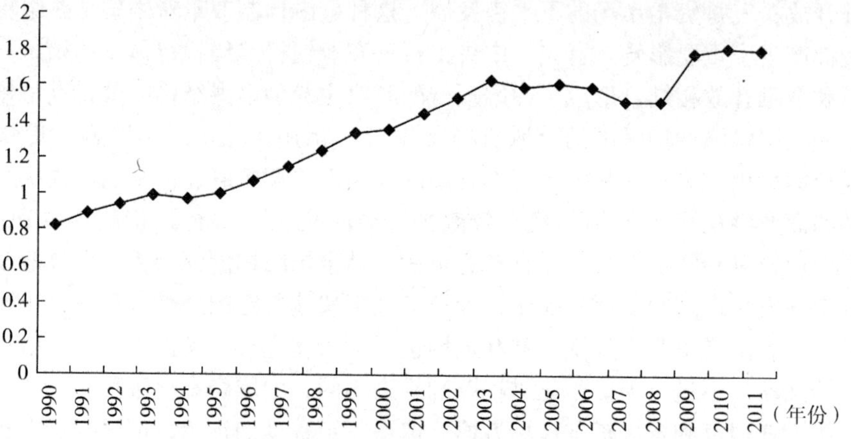

图 10-1　货币化（M2/GDP）趋势

资料来源：《中国统计年鉴》（2012）。

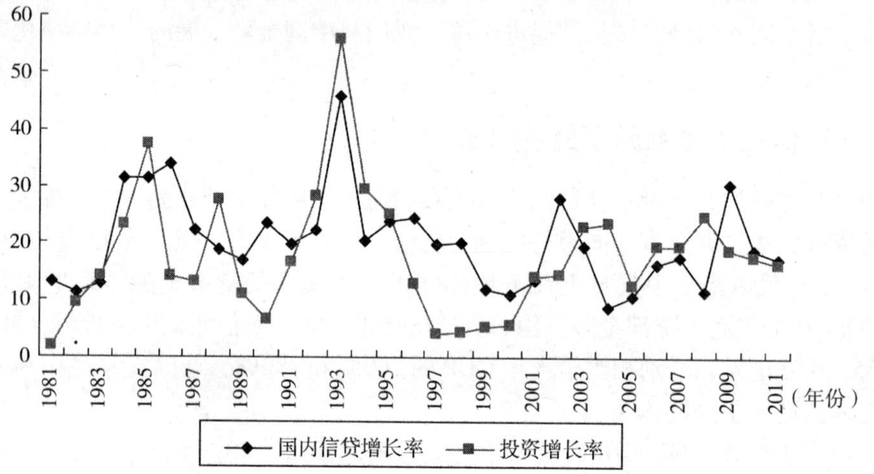

图 10-2　国内信贷与投资之间的同步性

资料来源：GDP、投资的数据来自《中国统计年鉴》（2012）；国内信贷的数据来自世界银行。

系具备了强大的国民储蓄动员能力。中国最近二十多年各项存款连年攀升，1985 年金融机构各项存款余额仅为 3553 亿元，2003 年已经上升到约 23 万亿元，到 2011 年底，这一数据约为 82.7 万亿元，27 年间增长了近 230 多倍。

（二）货币化进程顺利

所谓货币化，就是指经济活动日益通过货币媒介进行，通常由广义货币（M2）存量占国内生产总值（GDP）比重来衡量。如图 10-1 所示，货币化指数（M2/GDP）自改革开放以来，特别是在 20 世纪 90 年代中期以后迅速攀升，不仅大大高于主要发达国家，并超过与中国发展水平相近的国家。1992 年 M2/GDP 为 0.9，此后在不断上升，1997 年为 1.15，按照修正后中国公布的 GDP 数字，2003 年，我国的 M2 与 GDP 之比达到 1.63，2011 年上升到 1.80，见图 10-1。易纲认为中国货币化进程在 1985 年基本完成，到了 1992 年以后重新获得助力①。很显然，货币化主要通过降低交易成本，提高资本配置效率，加速了经济增长。

（三）资本化进程加快

所谓资本化，就是指包括股票等金融资产在内的资本资产价格膨胀，并对经济运行产生日益重要影响，通常由股票市值占国内生产总值（GDP）比重来衡量。鉴于股票等资本资产根据投资项目预期现金流贴现值进行定价，资本化过程实质上就是对投资项目融资成本的差别化定价，自然会对资本配置和经济增长产生重要影响②，如图 10-3 所示。

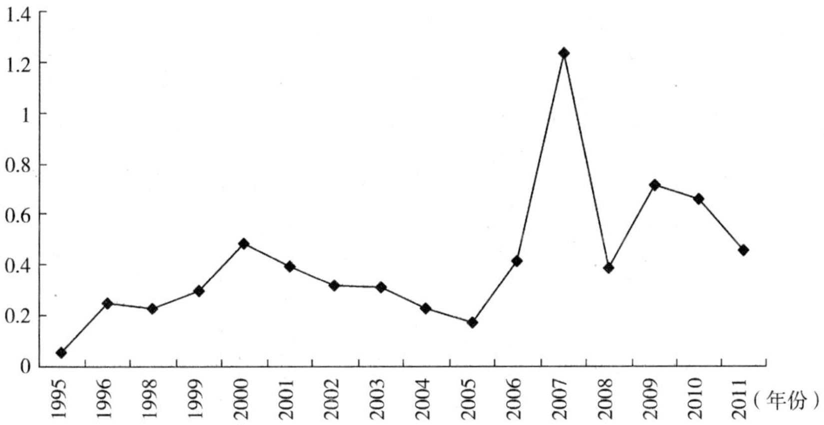

图 10-3　资本化（股票市值/GDP）趋势

资料来源：《中国统计年鉴》（2003、2007、2012）。

在 20 世纪 90 年代初期，股票市值占 GDP 的比重不足 30%，截至 2007 年底最高曾达到 1.23，近几年来股市受到金融危机冲击，股票市值占 GDP 的比重连年下降，2011 年这一比重下降到 0.45。若从筹资渠道上看，我国的股票筹资也在逐步地拓宽与多元化（见表 10-1）。

表 10-1　股票发行量和筹资额

年　份	股票发行量（亿股）	A 股	H 股，N 股	B 股	股票筹资额（亿元）	A 股	H 股，N 股	B 股
1991	5.00	5.00	—	—	5.00	5.00	—	—
1992	20.75	10.00	—	10.75	94.09	50.00	—	44.09
1993	95.79	42.59	40.41	12.79	375.47	276.41	60.93	38.13
1994	91.26	10.97	69.89	10.40	326.78	99.78	188.73	38.27

① 易纲：《中国的货币供求与通货膨胀》，《经济研究》1995 年第 5 期。

② 需要指出的是与此同时，房地产价格膨胀也属于资本化过程的主要组成部分，不过由于其涉及土地这一较为特殊的资本要素配置问题，对投资项目融资成本主要通过套利过程间接影响，对此不做专门分析。

续表

年　份	股票发行量（亿股）	A 股	H 股，N 股	B 股	股票筹资额（亿元）	A 股	H 股，N 股	B 股
1995	31.60	5.32	15.38	10.90	150.32	85.51	31.46	33.35
1996	86.11	38.29	31.77	16.05	425.08	294.34	83.56	47.18
1997	267.63	105.65	136.88	25.10	1293.82	825.92	360.00	107.90
1998	105.56	86.30	12.86	9.90	841.52	778.02	37.95	25.55
1999	122.93	98.11	23.05	1.77	944.56	893.60	47.17	3.79
2000	512.04	145.68	359.26	7.10	2103.08	1527.03	562.21	13.99
2001	141.48	93.00	48.48	—	1252.34	1182.13	70.21	—
2002	291.74	134.20	157.54	—	961.75	779.75	181.99	—
2003	281.43	83.64	196.79	1.00	1357.75	819.56	534.65	3.54
2004	227.92	54.88	171.51	1.53	1510.94	835.71	648.08	27.16
2005	567.05	13.80	553.25	0.00	1882.51	338.13	1544.38	0.00
2006	1287.77	351.11	936.66	—	5594.29	2463.70	3130.59	—
2007	637.24	413.27	223.97	—	8680.17	7722.99	957.18	—
2008	180.29	114.91	65.38	—	3852.21	3457.75	317.26	—
2009	415.96	260.38	155.58	—	6124.69	5004.90	1073.18	—
2010	928.37	561.33	367.04	—	11971.93	9606.31	2365.62	—
2011	367.19	258.82	108.37	—	5814.19	5073.07	741.12	—

资料来源：《中国统计年鉴》（2012）。

总的说来，中国货币化进程较为顺利，M2 占 GDP 比重稳步提升，但中国货币化和资本化进程形成明显反差，资本化过程则较为曲折，不仅在 2001 年和 2008 年前后均出现明显的倒退，而且其迅速推进主要集中在 2006～2007 年度，不过，2009 年后形势却不容乐观。中国资本化过程的曲折主要由单边市场及其相应的股价过度波动引起。从沪市综合指数来看，该指数迄今已经经历了若干次大起大落。第 1 次从 1990 年 12 月 19 日的 100 点上升至 1992 年 5 月的 1234.7 点，上涨了 11.35 倍（历时 17 个月），进而又跌至 1992 年 10 月的 507.25 点，下跌了 59%（历时 5 个月）；第 2 次从 1992 年 10 月的 507.25 点上升至 1993 年 4 月的 1358.8 点，上涨了 1.68 倍（历时 6 个月），进而又跌至 1994 年 7 月的 333.92 点，下跌了 75%（历时 15 个月）；第 3 次从 1994 年 7 月的 333.92 点上升至 2001 年 6 月的 2218 点，上涨了 5.64 倍（历时 83 个月），进而又跌至 2005 年 5 月的 1060.7 点，下跌了 52%（历时 47 个月）；第 4 次从 2005 年 5 月的 1060.7 点上升至 2007 年 10 月的 5954.8 点，上涨了 4.61 倍（历时 29 个月），进而又跌至 2008 年 10 月的 1728.8 点，下跌了 71%（历时 12 个月）。2008 年后，由于全球经济低迷，我国股市也不例外。如 2011 年上证指数年跌幅为 21.68%，深成指年跌幅为 28.41%，总市值从 30.5 万亿元缩水到了 24.6 万亿元，近 6 万亿元市值灰飞烟灭，超过 90% 的股票在 2011 年下跌，近 300 只股票在 2011 年遭腰斩。

中国资本化过程的曲折主要由单边市场及其相应的股价过度波动引起还可从股市资本化价值结构中得到进一步佐证。如图 10-4 所示，中国股市资本化价值与沪市资本化价值高度重合表明价格波动更为剧烈的沪市是决定中国股市资本化价值的最重要组成部分。结合考察图 10-3 和图 10-4，沪市和深市资本化价值和价格指数变动的高度一致性还表明股票价格而非数量才是更为关键的资本化价值的决定因素。

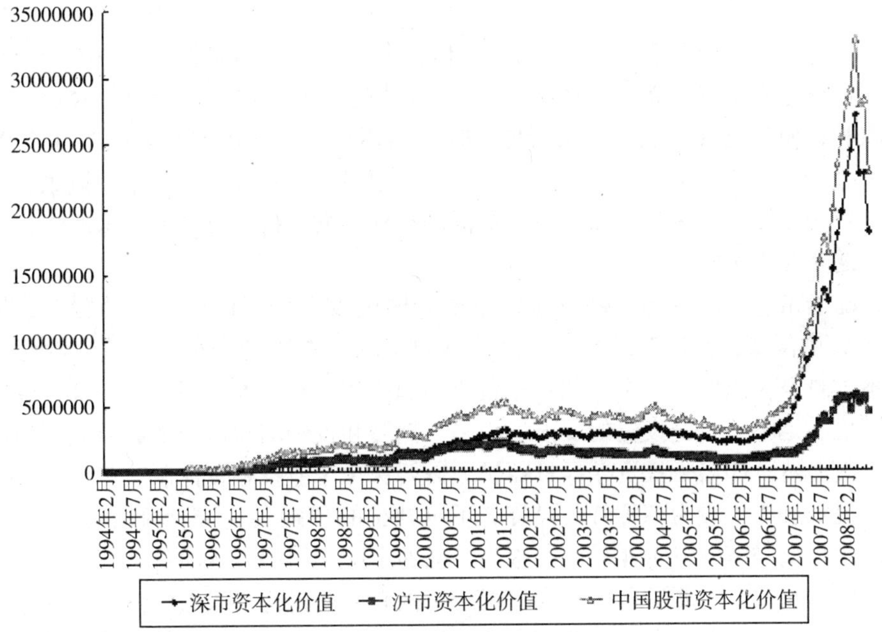

图 10-4　中国股市资本化价值

资料来源：除 GDP 和 M2 来自历年的《中国统计年鉴》和《金融统计年鉴》，股市指数和资本化价值均来自 CEIC，中国股市资本化价值由沪、深资本化价值相加而得。

二、中国金融发展不平衡的结构根源

根据上面的分析，改革开放以来，中国金融发展在货币化和资本化进程方面呈现出明显的不平衡特征。鉴于货币化和资本化进程同金融改革密切相关，需在简要回顾中国金融改革历程基础上，探讨货币化和资本化进程出现反差的金融结构根源。

（一）从财政主导型向金融主导型的经济演化

同其他市场取向的改革一样，中国的金融改革是从计划经济时期的投融资体制开始起步的。计划经济投融资体制可以通过如式（1）所示的资金流量恒等式进行剖析。

$$I \equiv S + \Delta Ms \qquad (1)$$

式中，I 代表企业固定资产投资，S 代表国民储蓄，ΔMs 代表货币供给增加。在计划经济中，为了同政府成为近乎唯一的储蓄和投资主体相适应，构筑了被称为财政、信贷资金分口管理体制和大一统的银行体系的投融资体制。所谓财政、信贷资金分口管理体制，系指财政部门以财政拨款方式满足企业固定资产投资资金和定额流动资金需要。高度集中的金融体系则仅限于以银行信贷方式，满足企业临时性和季节性超定额流动资金需要。此外，由于流动资金定额确定的困难，为了防止财政部门向银行转嫁流动资金供给任务，又实行了大一统的银行体系。大一统的银行体系的核心内容为存贷分离，即总行掌握全部的信贷决策权，其分支机构只有吸收存款，而没有单独发放贷款的权利。由此可见，在大一统的银行体系中，分支机构没有独立发放贷款进行信用扩张的可能。如式（1）所示，在计划经济中，通过财政、信贷资金分口管理体制和大一统的银行体系相结合，银行体系不仅被剥夺了将储蓄（S）转化为投资（I），直接提供固定资产投资贷款的权利，而且还有效控制了银行体系通过信用扩张，即增加货币供给（ΔMs），提供流动资金贷款，对固定资产投资的间接参与。很显然，在计划经济中，以银行信贷为代表的债权融资原则上被排除在企业投资活动之外，财政拨款方式的国家股权投资成为近乎唯一的企业投融资方式。

不过，随着市场化改革的不断推进，主要受国民收入分配格局变化的影响，早在1981年以后，中国储蓄和投资结构就已发生深刻变化。在这场变革中，政府部门储蓄长期以来不敷自身支出所用，企业部门在留成利润中扣除再分配给职工的一部分收入之后，其储蓄也满足不了自身投资的要求。于是，储蓄和投资的缺口只能靠家庭部门的储蓄来填补。很显然，储蓄—投资差异日益扩大需要深化企业投融资体制改革，使得金融业在储蓄—投资过程中成为储蓄者与投资者不可缺少的“媒人”，推动政府集中投资为中心的财政主导型经济向以企业分散投资为特征的金融主导型经济演化。总的说来，中国企业投融资体制改革主要沿着构筑中央银行—国有商业银行二级银行体系，规范和发展资本市场，特别是股票市场，以及推进外汇管理体制改革和金融对外开放来展开的。

（二）信息生产成本差异和金融结构选择

鉴于所有的金融结构都是为了缓解投资项目经营者和外部投资者之间的信息不对称而存在的，在探讨中国金融结构调整的具体路径之前，剖析一下金融结构选择的内在逻辑十分必要。总的来说，现实中的金融结构按其所具有的开发性金融性质高低可区分为政府主导型金融结构和市场化金融结构，而市场化金融结构又可区分为银行信贷或间接融资主导的金融结构（在该结构中，企业投资长期资本主要来源于银行信贷展期）和资本市场或直接融资主导的金融结构（在该结构中，企业投资长期资本更多地依赖于公开交易的资本市场，特别是企业债市场）。更为重要的是从政府主导型金融结构到间接融资或直接融资主导的金融结构存在着信息生产成本依次递增现象，这与这些金融结构生产信息和配置资本方式差异密切相关。

政府主导型金融结构多具有对金融中介（银行）免于破产的国家隐性担保，利率种类单一的信贷利率管制和将利率压低至市场均衡水平以下的信贷利率扭曲等特征。很显然，政府主导型金融结构在理论上可概括为由国家隐性担保配合利率管制复制信贷集中性均衡。所谓信贷集中性均衡，就是风险程度不同的借款人（企业家）支付相同的利率。政府主导型金融结构无疑不能实现事先的投资项目融资成本差别化定价，但却可通过投资项目的事后调整在一定程度上控制借款人（企业家）的逆选择行为和道德风险，稳定投资项目的质量。这是因为尽管存在对金融中介（银行）免于破产的国家隐性担保（实质上也是对投资项目国家隐性担保），但只要具有投资项目质量事后信号显示机制（由竞争性产品市场结构形成），国家所提供的隐性担保程度却是可以事后调整的。过度进行逆选择行为的借款人将可能丧失声誉，并失去继续获得国家隐性担保借款的权利，这就对借款人的逆选择和道德风险行为形成一定的制约。由此可见，政府主导型金融结构主要依赖竞争性产品市场结构的投资项目质量事后信号显示功能和相应的企业家声誉机制配置资本，并非完全没有对投资项目融资成本的差别化定价，只不过这一定价是隐性的和事后的。如果产品市场竞争足够有效，而且企业规模以中小企业为主，投资资本密集度低到足以支持企业家声誉机制发挥作用，那么，政府主导型金融结构将可能具备节约信息生产成本的优点。因此，政府主导型金融结构最大优点在于能够在金融欠发达的情况下（此时，市场化金融体制可能无法支付配置资本的昂贵信息成本）跨越金融发展阶段约束，对所有合格借款人（企业家）提供充分信贷支持，加速投资推动型经济增长。不过，政府主导型金融结构并非无往而不利，特别是随着产业资本密集度和集中度的提高，依赖企业家声誉机制配置资源的效率将大打折扣。这就需要当经济发展到达一定阶段以后，政府主导型金融结构向市场化的金融结构转变，特别是要首先完成信贷集中性均衡向信贷分离均衡的过渡，实现对投资项目融资成本事先的显性差别化定价，更加有效的配置资本。

金融结构向更加市场化的方向转变之所以要首先完成信贷集中性均衡向信贷分离均衡的过渡，关键在于在经济发展的一定阶段，银行信贷或间接融资主导的金融结构与资本市场或直接融资主导的金融结构相比可能具有信息成本生产优势。这首先与银行信贷展期提供企业长期资本的合同方式密切相关。很显然，由银行信贷展期提供企业长期资本的合同本质上属于债务合同，将采取状态依存方式，当企业处于非破产状态时，债权人只获得固定收益；而当其处于破产状态时，债权人获得剩余收益。这就给银行提供了通过提前清算方式，控制借款人（企业家）逆选择和道德风险行为，节约信息生产成本的有效机制。毕竟由于银行只能从具体的投资项目中获得固定收益，其本身并无过度冒险的激励，兼之银行体系所承担的流动性供给职能又对银行过度信贷形成必要的制约。由此可见，由银行信贷展期提供企业长期资本实际上给予银行信贷的期权，有助于控制信贷风险，自然能够形成节约信息生产成本的有效机制。很显然，银行信贷或间接融资主导的金融结构能够实现对投资项目融资成本事先的差别化定价和相应的信贷分离均衡。然而，世界上没有免费的午餐，仅仅依赖银行信贷展期提供企业长期资本可能遭遇资本金不足难题，而且可能由于信贷的顺周期行为导致资本金供给不稳定。因此，银行信贷或间接融资主导的金融结构还有向资本市场或直接融资主导的金融结构进一步演进的必要。

与银行信贷或间接融资主导的金融结构相比，资本市场或直接融资主导的金融结构主要不同不仅在于引入公开交易（近乎连续交易）技术，而且引入了新的金融合同形式，即本质上属于利润分成的股权合同。从理论上讲，假定资本市场主要投资者均为价值投资者，即不仅需要生产资本资产成长性或资本配置信息，而且需要通过高抛低吸来进行支出/收入的跨期平滑，寻找最优的资产价值实现，并有效控制投资风险。那么，引入公开交易的资本市场，特别是股票市场，能够在一定程度上改进资本资产定价效率，进而更有效地对投资项目融资成本进行事先的差别化定价。然而，在现实的资本市场上，始终存在着与价值投资者相对立的噪声交易者。与价值投资者高抛低吸交易策略的分散清算不同，噪声交易者执行在更高的价格上买进，在更低的价格上卖出的交易策略，进行集中性清算。需要指出的是由于公开交易的资本市场始终绕不开现金（货币）结算环节，这就为资产价格泡沫出现和多重市场均衡的产生提供了可能性。实际上，只要资本市场泡沫足够大，延续的时间足够长，价值投资者由于在资本配置信息生产上的外溢效应，以及分散清算成本偏高，其交易策略可能是次优的。这就可能使得资本市场定价效率大打折扣，出现并非有效的资本市场。尽管公开交易的资本市场，特别是股票市场由于股票利润分成的金融合同性质有助于投资项目风险的分担和不对称以及不完全信息生产，激励创新投资，但在资产价格泡沫的干扰下，资本市场的信息生产成本无疑是更加昂贵的。由此可见，只有在经济发展较为成熟的条件下（经济发展水平足以支付资本市场昂贵的信息成本），规范和发展资本市场，特别是股票市场才能起到有效激励创新投资的作用。

综上所述，政府主导型金融结构、银行信贷或间接融资主导的金融结构和资本市场或直接融资主导的金融结构投资项目信息生产成本依次递增的现象能够产生相应的由经济发展水平决定的阶段性最优金融结构。为了简化分析，我们可以考虑将总资本存量作为经济发展的代理变量，建立其与信息生产成本间的函数关系。信息生产成本能够作为总资本存量的函数关键在于金融中介必须树立有效生产信息和配置资本的声誉才能生存下去，而总资本存量可代表资本配置所需信息生产服务的需求约束。换言之，只有投融资服务市场规模足够大，才能保证信息生产成本的回收。具体地讲，如图 10-5 所示，假定经济增长具有 AK 模型的性质，我们可将不同金融结构信息（平均）生产成本 C 视为总资本存量 Kt 的函数，并呈 U 型。其中 AC1、AC2 和 AC3 分别代表政府主导型金融结构、银行信贷或间接融资主导的金融结构和资本市场或直接融资主导的金融结构信息生产成本函数，AC 则代表不同金融结构组合的信息生产成本函数，是阶段性最优金融结构的信息生产成本下包络曲线。那么，根据上面分析的不同金融结构信息生产的机制特点，只有总资本存量达到临界点 K1，即 AC1 和 AC2 的交点，市场化金融结构才对政府主导型金融结构具有信息生产成本优势，并且首先形成银行信贷的间接融资主导金融结构；当总资本存量达到临界点 K2，即 AC2 和 AC3 的交点 K2，在市场化金融结构内部，资本市场的直接融资主导金融结构才又对银行信贷的间接融资主导金融结构具有信息生产成本优势。从理论上讲，在资本市场或直接融资主导的金融结构内部，还可区分出债券市场和股票市场主导的金融结构。只有总资本存量达到临界点 K3，即 AC3 和 AC4（可视为股票市场主导的金融结构信息成本生产函数）的交点，股票市场主导的金融结构才可能具有信息生产成本优势。不过，在现实经济中，始终未出现股票市场主导的金融结构。这是因为尽管公开交易的债券资产也可能出现泡沫，但由于其属于固定收益资产，而且随机折扣因子的波动在无风险资产收益和市场套利行为的作用下受到制约，债券市场的价格波动和信息生产成本相比股票市场显然要低。股票市场信息生产成本的昂贵由此可见一斑。更为重要的是在发达金融中，并非不同阶段性最优金融结构之间的完全替代，而是其相互间的某种组合，可由图 10-5 中的 AC 曲线代表。以美国为例，尽管实证研究证实利率期限结构流动性补偿效应递减和股票超额收益反转效应的存在，标志着具备较为完善的资本市场有助于降低企业长期资本成本。但美国同时也具有发达的银行体系和必要的开发性金融，同样对改善资本配置效率发挥不可替代的作用，这在金融危机中表现得尤为明显。

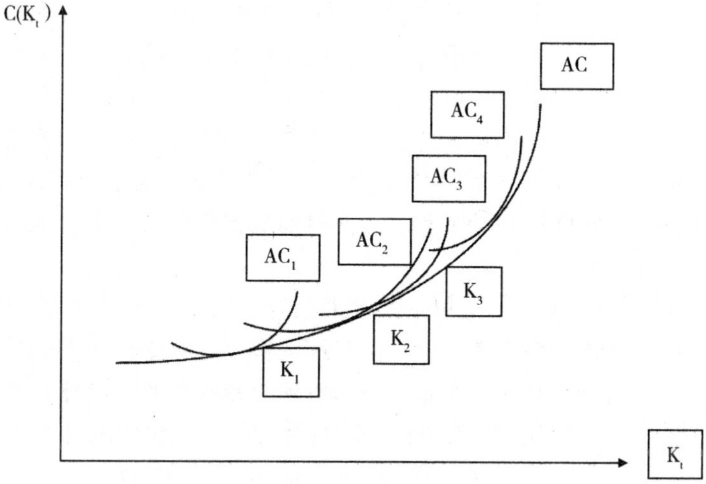

图 10-5　信息生产成本和阶段性最优金融结构

三、中国政府主导型金融结构的形成

正如上述阶段性最优金融结构所预测那样，在改革开放初期，中国从经济发展水平偏低的国情出发，首先选择了与当时生产力发展水平相适应的政府主导型金融结构模式，进行金融结构调整。政府主导型金融结构主要通过构筑中央银行—国有商业银行二级银行体系，渐进推进外汇管理体制改革和金融对外开放得以形成。

（一）构筑中央银行—国有商业银行二级银行体系

中国的企业投融资体制改革是率先从构筑中央银行—国有商业银行二级银行体系开始的。鉴于企业投资存在经营者和投资者的信息不对称，在资本市场欠发达的情况下，信息生产和资本配置能力不足可能引发企业投资过度和相应的经济波动。相比较而言，由于债权融资只要企业不能按时还本付息就可以提前清算投资项目，而股权融资原则上需要企业破产时才会清算投资项目，兼之债权的优先受偿权也增加了债权人提前清算的激励，债权融资无疑能够对投资项目实行更加严格的流动性约束。很显然，在企业投资信息生产不足的情况下，债权融资相比股权融资更加有利于抑制企业过度投资，并控制投资风险。由此可见，正是为了提高资源配置效率，并控制企业投资风险，中国率先进行了以构筑中央银行—国有商业银行二级银行体系为核心内容的企业投融资体制改革，实现企业投融资体制由单一的财政拨款方式的国家股权投资向以国有银行信贷方式的债权融资为主的转变。构筑中央银行—国有商业银行二级银行体系主要经历了两个阶段的改革。

1. 20世纪80年代构筑中央银行—国有专业银行二级银行体系的改革

经过银行信贷制度（以恢复银行企业固定资产投资贷款职能为核心内容）和建立中央银行制度，特别是实贷实存的信贷资金管理体制改革，中国中央银行—国有专业银行二级银行体系得以建立，而且也使得企业投融资体制发生了从单一的财政拨款方式的国家股权投资向以国有金融机构（银行）信贷方式的债权融资为主的转变。很显然，上述中央银行—国有专业银行二级银行体系构成中央银行—国有商业银行二级银行体系的基础。然而，一方面，由于国有银行商业化改革尚未实质性展开，国有专业银行更多地仍属于对企业投资提供充分信贷支持的政策工具，使得银行资本配置效率低下，信用扩张过度屡禁不止，并导致不良信贷资产累积，加剧了银行系统金融风险；另一方面，中央银行宏观调控职能同样存在严重欠缺，使得通货膨胀较为严重。由此可见，为了进一步提高资本配置效率，稳定投资项目质量，并在此基础上化解金融风险和控制通货膨胀，需要继续深化国有银行商业化和完善中央银行宏观调控职能改革，实现由中央银行—国有专业银行二级体系向中央银行—国有商业银行二级银行体系的过渡。

2. 20世纪90年代以来构筑中央银行—国有商业银行二级银行体系的改革

20世纪90年代以来，构筑中央银行—国有商业银行二级银行体系主要包括国有银行商业化改革和强化中央银行宏观调控职能两方面内容。中国国有银行商业化改革在一系列方面取得进展：①组建政策性银行，促进国有银行政策性业务和商业性业务分离，特别是组建金融资产管理公司专业化处置国有银行不良信贷资产不仅能够促进金融风险的化解，而且有利于合理考核商业化改革后的国有银行经营绩效。②通过推动国有商行内部的统一法人管理改革，以及成立中共中央金融工委和金融机构系统党委，改变了我国国有商行名义上一直是一级法人，但受以省为单位的金融管理体制影响，其分行实际以法人资格进行经营管理的原有格局。这不仅有利于国有商行经营绩效的合理考核，而且能够减轻各部门和各级地方政府对国有商行分支机构的过度干预，促进国有商行政企分开。③形成分业金融监管体系和金融机构市场退出机制，并根据国际规范对商业性银行实施资产负债比例管理和资产风险管理，全面推行贷款质量“五级分类”制度有助于提高金融监管水平，促进国有商行审慎经营。④从以国有独资公司方式初步完成产权制度改革开始，历经股份制改造和发行上市的国有商行产权和治理结构改革取得阶段形成果。经过产权和治理结构改革，国有商行不仅资本充足率、资产质量和盈利能力等指标均明显改善，而且内部治理结构也取得一定程度的进步。⑤引入银行业内部和非银行金融机构的竞争在有限程度上对国有商业银行发展产生有益影响。尽管其他股份制银行和保险公司的竞争有助于改善国有商行资本配置效率，但农村和城市信用合作社，以及信托投资公司等非银行金融机构的竞争却可能起到相反作用。由于农村和城市信用合作社一度分别由农业银行和工商银行负责监管，大大限制了信用社与国有银行间的信贷市场竞争，以致农村和城市信用合作社成为资金净供应者，向银行体系借出的资金通常大大超过其向银行体系借入的资金。这种状况只到2003年开展俗称“花钱买机制”的农村信用社改革以后才有所改变。至于信托投资公司更是成了逃避金融监管，违规经营，引发金融市场不正当竞争的代名词。很显然，经过上述国有银行经营和财务重组，统一法人管理，加强金融监管，完善产权和治理结构，以及引入信贷市场竞争等一系列改革，国有银行商业化程度明显提高，国有商行从原来偏重于对企业投资提供充分的信贷支持，转而强调其与稳定信贷质量，控制信贷风险的平衡。这有助于银行更加有效地事后调整投资项目，稳定投资项目质量，提高资本配置效率。国有银行商业化改革以后，国有商行不良信贷资产比重不断下降就充分证明了这一点。如图 10-6 所示，即使是资产质量最差的中国国有商行不良贷款比重也由 2004 年 3 月的约 20% 下降到 2008 年底的 2.8%。

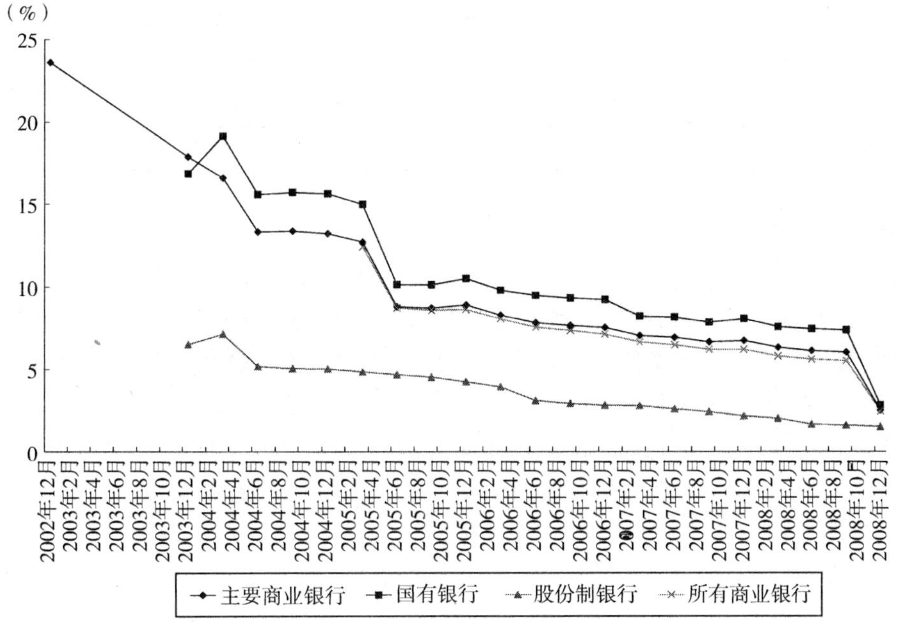

图 10-6　中国不良贷款比重

资料来源：CEIC，其中主要商业银行包括国有银行和股份制银行，除了主要商业银行外，所有商业银行还包括城市商业银行、农村商业银行和外国银行。

从 2009 年的情况来看，我国商业银行不良贷款下降的趋势依旧明显，如全年大型国有银行的不良贷款比重由第一季度的 2.3% 下降到第四季度的 1.8%，股份制商业银行则已下降到 1% 以下，而下降幅度最大的是农村商业银行，由第一季度的 3.59% 下降到第四季度的 2.76%，下降了 8.83 个百分点，如表 10-2 所示。

表 10-2　2009 年我国商业银行不良贷款情况

项目	第一季度		第二季度		第三季度		第四季度	
	余额（亿元）	占全部贷款比例（%）	余额（亿元）	占全部贷款比例（%）	余额（亿元）	占全部贷款比例（%）	余额（亿元）	占全部贷款比例（%）
不良贷款机构								
主要商业银行	4714.4	2.02	4435.8	1.74	4296.9	1.64	4264.5	1.59
大型商业银行（国有银行）	4040.1	2.30	3763.5	1.99	3642.2	1.86	3627.3	1.80

续表

项目	第一季度		第二季度		第三季度		第四季度	
	余额（亿元）	占全部贷款比例（%）	余额（亿元）	占全部贷款比例（%）	余额（亿元）	占全部贷款比例（%）	余额（亿元）	占全部贷款比例（%）
股份制商业银行	674.3	1.17	672.3	1.03	654.7	0.99	637.2	0.95
城市商业银行	509.2	2.17	485.1	1.85	476.6	1.70	376.9	1.30
农村商业银行	197.4	3.59	192.8	3.20	197.9	2.97	270.1	2.76
外资银行	74.3	1.09	67.7	1.03	73.8	1.06	61.8	0.85

资料来源：《中国金融年鉴》（2010）。

2010年，全国性商业银行不良贷款余额3837.75亿元，降幅大于上一年的10.42%，为13.87%；全国性商业银行不良贷款率为1.16%，较上年下降0.44个百分点，延续了自2003年以来全国性商业银行不良贷款率的下降趋势。其中，次级、可疑及损失类不良贷款余额分别为1407亿元、1830亿元和584亿元，分别较上年下降了20.64%、13.23%和1.88%，次级类、可疑类与损失类的不良贷款率分别为0.42%、0.55%和0.18%，也均保持了自2003年以来一直向下的变动趋势。2011年，全国性商业银行不良贷款余额3640.35亿元，降幅为5.14%，降幅减缓趋势明显；全国性商业银行不良贷款率为0.96%，较上年下降0.2个百分点，延续了自2003年以来全国性商业银行不良贷款率的下降趋势。其中，可疑与损失类不良贷款余额分别为1484亿元、1574亿元和582亿元，分别较上年下降了13.99%、0.36%和1.88%，而次级类则反弹增长了5.14%，总体而言，我国商业银行的不良贷款基本上保持了自2003年以来一直向下的变动趋势，虽然下降幅度有所趋缓。① 不良贷款率持续下降，可以说，是国有银行商业化改革后的一个重大成效。

20世纪90年代以来，强化中央银行宏观调控职能改革同样取得长足进步。强化中央银行宏观调控职能改革主要包括三方面内容：

（1）中国从1993年开始围绕提高中央银行独立性展开一系列金融体制改革：①确立“保持货币的稳定，并以此促进经济发展”的货币政策目标和禁止以向中央银行透支方式弥补财政赤字提高了中央银行对中央政府的独立性。②中央银行宏观调控体系从多层调控转化为强调调控权集中提高了中央银行对地方政府的独立性。

（2）从1998年开始，在贷款规模最高限额管理的货币政策直接调控工具逐步淡出的同时，发展和完善中央银行间接调控工具体系。

（3）1993年还改革了中央银行利润留成的财务制度，有助于消除中央银行营利动机，促使中央银行更加专业化于宏观调控。

很显然，上述一系列增强中央银行宏观调控职能的改革对控制通货膨胀具有深远影响。其中提高中央银行独立性和发展以间接调控工具为主的货币政策工具体系有助于改

① 全国性商业银行财务分析报告（2010、2011）。

善宏观调控效率，建立消除中央银行营利动机的财务制度则促进人民银行更加专业化于宏观调控。这两者均有助于有效控制通货膨胀。由此可见，通过推进国有银行商业化改革和强化中央银行调控职能，中国的中央银行—国有商行二级银行体系得以形成。

综上所述，经过20世纪80年代和90年代企业投融资两轮改革，中国的中央银行—国有商行二级银行体系得以形成。中央银行—国有商行二级银行体系的建立不仅成功实现了企业投融资体制由以财政拨款方式的国家股权融资为主向以国有银行信贷方式的债权融资为主的转变，而且随着国有银行由原来的开发性金融向商业性金融日趋转变，使其能够在对企业投资提供充分的信贷支持与稳定信贷质量，控制信贷风险间保持平衡。此外，考虑到企业投资存在提前清算成本，为企业投资提供配套流动资金贷款系货币内生供给的重要渠道之一，由国有银行商业化改革带来的投资信贷质量稳定还能够促进通货膨胀的有效控制。因此，中央银行—国有商业银行二级银行体系的形成还有助于有效控制通货膨胀。

不过，中国中央银行—国有商行二级银行体系所代表的金融结构具有明显的政府主导特征。这一方面表现在存在对金融中介（银行）免于破产的国家隐性担保，利率种类单一的信贷利率管制和将利率压低至市场均衡水平以下的信贷利率扭曲等诸多政府主导型金融结构特征，以期由国家隐性担保配合利率管制复制信贷集中性均衡。另一方面还表现在兼顾通货膨胀控制和经济增长的货币政策双重目标上。改革开放以来，中国货币政策的非稳定性也得到大量实证研究成果的证实。谢平、罗雄（2002）在检验中国货币政策中的泰勒规则时，运用货币政策反应函数GMM估计发现，通货膨胀率对利率的调整系数小于1，这是一种不稳定的货币政策规则，在这一制度下，通货膨胀或通货紧缩的产生和发展有着自我实现机制。樊明太（2004）运用1992～2003年数据估计中国货币政策反应函数时，发现通货膨胀压力的厌恶程度小于对产出缺口的容忍程度，货币政策反应函数具有动态不稳定性。赵进文、黄彦（2006）在检测中国的最优非线性货币政策反馈规则时，发现1993～2005年间，央行存在非对称性政策偏好，实际造成中国通货膨胀明显倾向。可见，中国货币政策存在兼顾通货膨胀控制和经济增长的双重目标。究其原因，考虑到存在资产负债表效应，很难长期通过通货紧缩方式满足经济增长的实际货币（流动性）需求，兼之投资项目提前清算同样具有巨额成本，中央银行货币供给在很大程度上是适应性的。而政府主导型金融结构所复制的信贷集中性均衡主要依赖竞争性产品市场结构和相应的企业家声誉机制，实现投资项目事后的隐性差别化定价。尽管具有节约信息生产成本的作用，但也不可避免地对资本配置效率产生一定程度的负面影响。因此，由政府主导型金融结构配置资本将较难避免不合格的投资项目获得过多的信贷支持，进而引发投资过度和相应的通货膨胀（借助适应性货币供给政策）。当然这种投资过度引致的通货膨胀并非毫无节制，必须以不危及银行信贷扩张为限。从理论上讲甚至可能存在一个实现投资项目提前清算成本最小化的最优通货膨胀率。换言之，政府主导型金融结构支持下的经济增长在一定程度上将是同通货膨胀或生产过剩并存的（治理通货膨胀时的必然体现）。

（二）渐进的外汇管理体制改革和金融对外开放

除了政府隐性担保的信贷扩张和兼顾通货膨胀控制与经济增长的货币政策之外，政府主导型金融结构还有基于资本管制的人民币可调整盯住汇率制这一重要组成部分。基于资本管制的人民币可调整盯住汇率制主要通过渐进推进外汇体制改革和金融对外开放得以形成。

中国外汇管理体制改革主要沿着形成更为灵活的人民币汇率决定机制，并稳定汇率水平的方向展开。1994 年 1 月 1 日，中国外汇管理体制进行了改革，一方面实现了人民币在经常项目下的有条件可兑换；另一方面，人民币汇率由原来的官方汇率与调剂市场汇率并存的体制合并为以市场为基础的、有管理的单一汇率，同时将人民币大幅贬值。2005 年 7 月 21 日，中国人民银行发布公告，即日起我国开始实行以市场供求为基础、参考“一篮子”货币进行调节、有管理的浮动汇率制度。人民币汇率不再盯住单一美元，形成更富弹性的人民币汇率机制。

金融对外开放则以外商直接投资—外债—证券投资的大致顺序，逐步放松资本管制，实现以人民币资本项目下的自由兑换来进行。

（1）在外商直接投资方面，资本管制一直最为宽松。从 2001 年起，历经外商投资企业资本金结汇和外商直接投资外汇管理改革，中国目前对外商直接投资已基本没有限制（战略性行业除外）。2005 年 10 月外汇局出台了有关境内居民通过境外特殊目的境外融资及返程投资外汇管理的政策，明确允许境内居民（包括法人和自然人）可以以特殊目的公司的形式设立境外融资平台，通过反向并购、股权置换、可转债等资本运作方式在国际资本市场上从事各类股权融资活动，合法利用境外融资满足企业发展的资金需要。对境内居民国际资本运作管制的放松为创新吸引外商直接投资方式开辟了道路。除继续鼓励传统的直接投资方式外，吸引外商直接投资新方向应为适应国际资本流动的新特点，充分利用兼并、重组及股票上市等股本投资方式，鼓励外商参与国内企业的资产重组。实际上从 1993 年 6 月开始试点中国境内企业在香港、纽约、伦敦和新加坡等证券市场发行上市，2006 年发行额高达 3136.7 亿元人民币。此外，早在 1995 年 8 月，日本五十铃自动车株式会社和伊藤忠商事株式会社通过协议方式购买“北京北旅”法人股 4002 万股（占总股本 25%），成为其第一大股东。这是首个外商通过协议购买法人股成为中国上市公司第一大股东的案例。同时，一些中外合资企业陆续在中国境内上市。中国在 2001 年 11 月进一步允许符合条件的外商投资股份公司申请在中国境内上市，在 2002 年 11 月允许外资受让上市公司国有股权和法人股权，在 2006 年 2 月允许外国投资者对已完成股权分置改革的上市公司通过具有一定规模的中长期战略性并购投资取得该公司 A 股股份。

（2）外债的管制则较为严格，并主要集中在外债规模和期限结构上。按照中国的入世承诺，2006 年之后在中国经营的外资银行可以向中资企业、外商投资企业、居民和非居民个人提供全方位的人民币和外币业务，这将加剧放松外债管制压力。

（3）证券投资的管制尽管最为严格，但也在逐步放开。自 2001 年 12 月中国加入世界贸易组织后，中国证券投资管制放松的步伐明显加快。①2001 年对境内居民个人开放 B 股市场[①]。②到 2006 年底，中国已全部履行了加入世界贸易组织时有关证券市

---

① 中国 1991 年底推出人民币特种股票（简称 B 股）试点，又称境内上市外资股，以人民币标明面值，以美元或港元认购和交易，投资者为境外法人或自然人。

场对外开放的承诺，设立合资证券期货经营机构[①]。③在人民币资本项下未实现完全自由兑换的情况下，中国于2002年12月实施允许经批准的境外机构投资者投资于中国证券市场的QFII（境外合格机构投资者）制度。截至2011年底，已有120多家境外机构获得QFII资格，累计获批额度为200多亿美元，中国全部外资股东合计持有A股总股本的1.97%，QFII占1%多。④中国于2006年5月实施允许经批准的境内机构投资者投资于境外证券市场的QDII（合格境内机构投资者）制度。2007年底，有15家证券投资基金管理公司和5家证券公司获得QDII资格，总额度245亿美元。2008年又有11家公司获得QDII资格，2009年我国60家基金公司中获得QDII资格的公司已经达到29家。外商直接投资—外债—证券投资的放松资本管制顺序对中国利用外资方式产生重要影响。如图10-7所示，20世纪80年代对外借款构成利用外资的最主要方式，而到了20世纪90年代外商直接投资迅速成长为最重要的利用外资方式。至于包含证券投资在内的外商其他投资只是到了1997年以后才变得较为重要，但规模仍然较小。图10-8除了揭示进入20世纪90年代以后，中国资本流出变得与资本流入同样重要以外，基本反映了与图10-7类似的信息，20世纪90年代以后直接投资替代由对外债、贷款（含贸易信贷），对外担保和接受担保（涉及或有债务）等构成的其他投资成为最重要的金融账户交易方式。证券投资只是1997年以后，特别是2005年以后对金融账户交易的影响才有所上升。

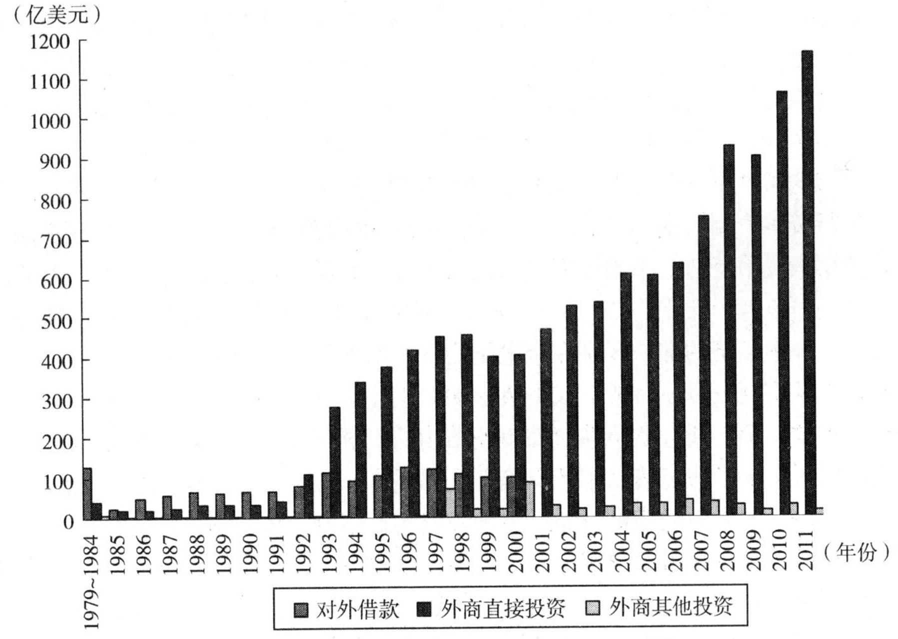

图10-7　中国实际利用外资的方式和规模

资料来源：2012年度的《中国统计年鉴》。

---

① 中国加入世界贸易组织时证券业对外开放承诺包括：外国证券机构可以直接从事B股交易；外国证券机构驻华代表处可以成为所有中国证券交易所的特别会员；允许外国服务提供者设立合资公司，从事国内证券投资基金管理业务，外资比例不超过33%，中国加入世界贸易组织3年内外资比例不超过49%；3年内，允许外国证券公司设立合资公司，外资比例不超过1/3，合资公司可以不通过中方中介从事A股的承销，B股、H股及政府与公司债券的承销和交易，以及基金的发起。

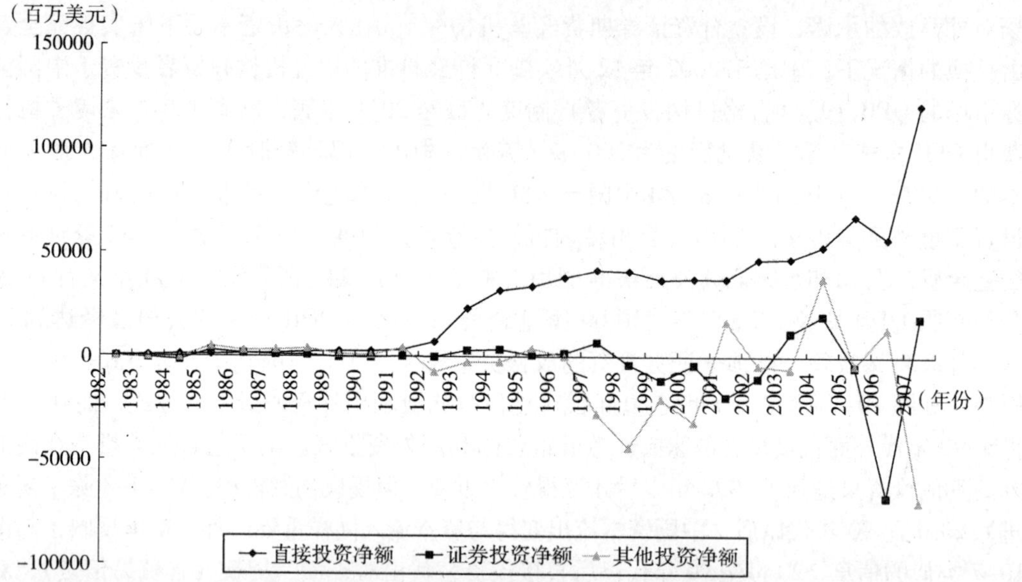

图 10-8　中国金融账户交易方式和规模

资料来源：CEIC。

经过上述渐进的外汇管理体制改革和金融对外开放，基于资本管制的人民币可调整盯住汇率制得以形成，并构成政府主导型金融结构极其重要的组成部分。对于实行这样的汇率制度的理论探讨一般是根据蒙代尔三角定理（货币政策自主性，资本自由流动和固定汇率制三者不可兼得）展开的，由于货币政策自主性很难放弃，而固定汇率制又可在外汇市场不完善的条件下降低外汇风险和相应的套期保值成本，那么，只能考虑牺牲资本自由流动，实行资本管制。根据蒙代尔三角定理展开的分析最大不足在于缺乏微观经济机制，难以考察人民币特殊汇率制度安排与政府主导型金融结构间的内在联系。为了弥补这一不足，我们可以考虑建立一个发达经济和发展中经济金融结构对称模型。在该模型中，发达经济和发展中经济的唯一区别在金融结构上，前者资本积累水平足够高，已形成信贷分离均衡，能够实现投资项目融资成本事先的差别化定价，而后者只能形成国家隐性担保下的信贷集中性均衡，通过竞争性产品市场结构的投资项目质量事后信号显示功能和企业家声誉机制配置资本。假定信息生产具有学习效应，并且与资本积累规模正相关，那么，尽管从理论上讲，发展中经济可以通过引进外资实现信贷分离均衡，但国际金融市场势必优先满足发达经济资本积累的融资需要，可能产生发展中经济稀缺资本向发达经济的逆向流动。这就要求发展中经济实行适度的资本管制，降低资本流动收益，维持政府主导型金融结构有效运行。如果将货币供给继续视为为资本积累提供配套的流动性服务，汇率管制则可视为在金融结构不完善情况下的货币锚和通货膨胀预期控制机制。由此可见，中国长期以来实行的严格的资本管制和人民币可调整的盯住汇率制正是在开放经济条件下形成政府主导型金融结构不可或缺的配套制度安排。前者的作用在于控制资本逆向流动，保证国内信贷支持的有效性。后者的作用在于在政府主导型金融结构配置资本不可避免地存在欠缺，难以将国内价格水平视为货币政策操作目标的情况下，获得了较为有效的货币锚和通货膨胀预期控制机制。需要强调的是这样的汇率制度安排并不排斥利用国际上更加市场化的金融结构，作为改善资本配置效率的有益补充。正如中国社会科学院经济研究所经济增长和宏观稳定课题组（2007）所指出的那样，渐进的外汇管理体制改革和金融对外开放促进资本配置效率提高的重要途径之一就是以外商直接投资方式为主引进外资不仅最大限度地减轻了对政府主导型金融体制的流动性冲击，而且相当于借助较为完善的国际资本市场配置了资源，提高了投资项目的整体质量①。

综上所述，经过构筑中央银行—国有商业银行二级银行体系，渐进推进外汇管理体制改革和金融对外开放，形成了可称为"三驾马车"的政府主导型金融结构：①国家隐性担保下的金融机构（银行）信用扩张。②兼顾通货膨胀控制和经济增长的货币政策。③基于资本管制的人民币可调整盯住汇率制。如图10-9所示，在改革、开放实践中探索出来的中国政府主导型金融结构"三驾马车"在机制方面形成极为精妙的配合。在微观上，较为有效地实现了对企业投资提供充分信贷支持和控制信贷风险间的平衡；在宏观上，较为有效地实现了经济增长和控制通货膨胀间的平衡；此外，还较为有效地适应了对外开放的经济条件，并利用国际上更加市场化的金融结构，作为改善资本配置效率和控制通货膨胀的有益补充。因此，政府主导型金融结构一度成为中国阶段性最优金融结构，并至今仍在资本配置中发挥着极为重要的作用。

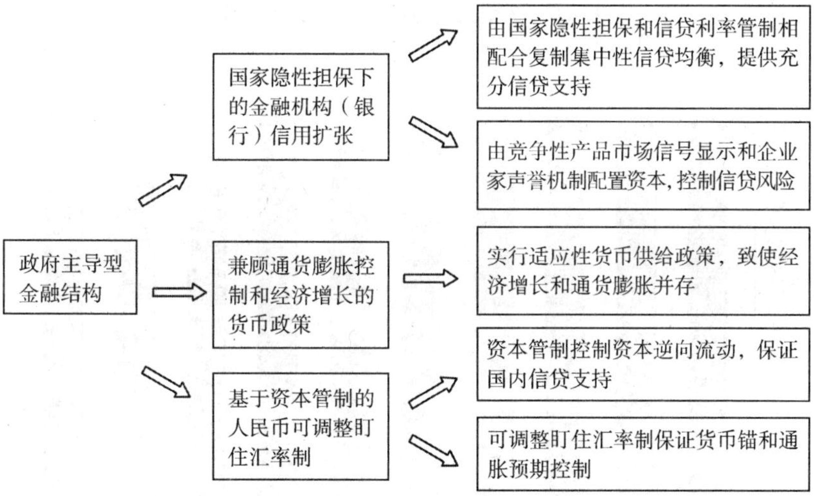

图10-9　中国政府主导型金融结构"三驾马车"及其机制

（三）政府主导型金融结构转型的滞后和资本市场的不平衡发展

正是由于曾是阶段性最优金融制度安排，中国政府主导型金融结构市场化转型较为滞后，并导致资本市场不平衡的发展。如图10-10所示，中国资本市场融资占中长期贷款比重即使在最高的2007年也只有约11%；又如图10-11列出了2002~2011年我国非金融企

① 中国社会科学院经济研究所经济增长和宏观稳定课题组：《金融发展与经济增长：从动员性扩张向市场配置的转变》，《经济研究》2007年第4期。

业股票融资、非金融企业中长期贷款融资以及企业债券的三种情况，由图可见，当前非金融企业的中长期贷款融资仍占绝对的比重，显现出银行信贷主导的金融结构特征十分明显。

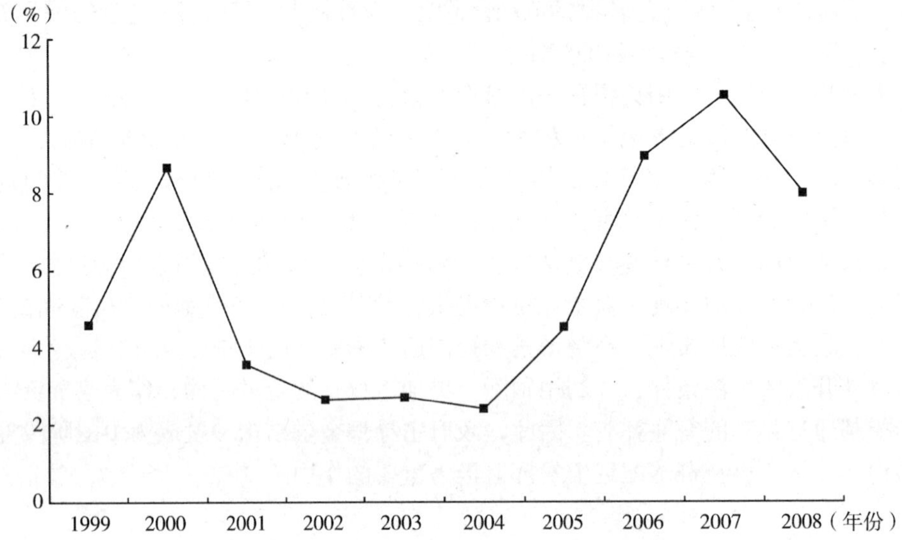

图 10-10　资本市场融资额占中长期贷款比重

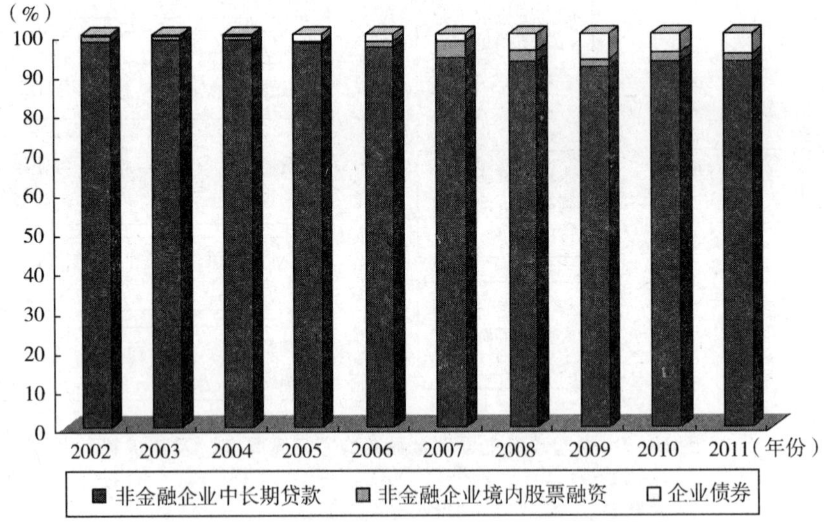

图 10-11　非金融企业融资三种渠道的比较

资料来源：中国统计年鉴 2012，中国人民银行网站。

尽管经过 20 世纪 90 年代中、后期一系列商业化改革，国有商行从原来偏重于对企业投资提供充分的信贷支持，转而强调其与稳定信贷质量，控制信贷风险的平衡。这有助于银行更加有效地事后调整投资项目，稳定投资项目质量，提高资本配置效率。然而，迄今为止的国有银行商业化改革仍基本属于政府主导型金融结构完善内部信贷机制范畴，政府主导型金融结构的一系列核心机制，如国家隐性担保、利率管制等并未发生实质性改变。我们通过揭示中国信贷利率市场化改革严重滞后及其影响的不确定性，可以较为清楚地说明这一点。如表10-3所示，金融机构贷款利率种类，水平，浮动幅度均受到严格的管制，相应的利率调整周期也较长，可达2～3年。利率管制还引发了利率扭曲。如图10-12所示，20世纪90年代，1～3年（含3年）中长期贷款实际利率显示出通过利率扭曲补贴企业投资的特征。除了20世纪90年代初期和1998年后的通货紧缩时期，1～3年（含3年）中长期贷款实际利率多保持低利率（5%以下）或负利率。同样重要的是尽管2004年以后信贷利率市场化改革出现提速的迹象，但因受到信贷市场规范竞争不足和国有银行产权改革滞后的制约，其效果尚难预料。2004年后除城乡信用社的贷款利率上浮限制已取消以外，2007年利率调整频率明显增高，常达6次之多，2008年利率也有4次调整，2011年也出现3个月调整一下的态势。

与信贷利率市场化改革较为活跃的表现相比，同期引入信贷市场竞争和国有银行产权改革却基本属于原地踏步。一方面，受制于以资本充足性为基础的金融监管水平低下，金融主管部门一直对引入信贷市场竞争顾虑重重；另一方面，国有银行国家绝对控股的产权模式又无法轻易舍弃。这就可能造成信贷市场规范竞争，特别是非国有金融机构的竞争不足，在如此扭曲的信贷市场结构中，其贷款定价效率可想而知，信贷利率市场化改革仍任重道远。

表10-3　全国金融机构法定贷款利率（单位：年利率%）

日期	短期贷款		中长期贷款			
	6个月	1年	1年以内（含1年）	1～3年（含3年）	3～5年（含5年）	5年以上
1989.02	11.34	11.34	11.34	12.78	14.40	19.26
1990.03	9.00	10.08	10.08	10.80	11.52	11.88
1990.08	8.64	9.36	9.36	10.08	10.80	11.16
1991.04.21	8.10	8.64	8.46	9.00	9.54	9.72
1993.05.15	8.82	9.36	9.18	10.80	12.06	12.24
1993.07.11	9.00	10.98	10.98	12.24	13.86	14.04
1995.01.01	9.00	10.98	11.70	12.96	14.58	14.76
1995.07.01	10.08	12.06	12.24	13.50	15.12	15.30
1996.05.01	9.72	10.98	11.52	13.14	14.94	15.12
1996.08.23	9.18	10.08	10.08	10.98	11.70	12.42
1997.10.23①	7.65	8.64	8.64	9.36	9.90	10.53
1998.03.25①	7.02	7.92	7.92	9.00	9.72	10.35
1998.07.01②	6.57	6.93	6.93	7.11	7.65	8.01
1998.12.07②	6.12	6.39	6.12～6.39	6.66	7.20	7.56
1999.06.10③	5.58	5.85	5.58～5.85	5.94	6.03	6.21
2002.02.21③	5.04	5.31	—	5.49	5.58	5.76
2004.10.29④	5.22	5.58	—	5.76	5.85	6.12
2006.4.28	5.40	5.85	—	6.03	6.12	6.39
2006.8.19	5.58	6.12	—	6.30	6.48	6.84
2007.03	5.67	6.39	—	6.57	6.75	7.11

续表

日期	短期贷款		中长期贷款			
	6个月	1年	1年以内（含1年）	1～3年（含3年）	3～5年（含5年）	5年以上
2007.05	5.85	6.57	—	6.75	6.93	7.20
2007.07	6.03	6.84	—	7.02	7.20	7.38
2007.08	6.21	7.02	—	7.20	7.38	7.56
2007.09	6.48	7.29	—	7.47	7.65	7.83
2007.12	6.57	7.47	—	7.56	7.74	7.83
2008.09	6.21	7.20	—	7.29	7.56	7.74
2008.10	6.03	6.66	—	6.75	7.02	7.20
2008.11	5.04	5.58	—	5.67	5.94	6.12
2008.12	4.86	5.31	—	5.40	5.76	5.94
2010.10.20	5.10	5.56	—	5.60	5.96	6.14
2010.12.26	5.35	5.81	—	5.85	6.22	6.40
2011.02.09	5.60	6.06	—	6.10	6.45	6.60
2011.04.06	5.85	6.31	—	6.40	6.65	6.80
2011.07.07	6.10	6.56	—	6.65	6.90	7.05

注：①在短期贷款法定利率基础上可上浮10%，下浮10%。农村信用社贷款利率最高可上浮40%，下浮10%。

②所有期限贷款从1998年11月起，金融机构对小企业贷款利率可在法定贷款利率基础上上浮20%。大中企业上浮10%。农村信用社贷款利率最高可上浮50%；金融机构贷款最低下浮10%。

③所有期限贷款从1999年9月起，金融机构对中小企业贷款利率可在法定贷款利率基础上上浮30%，对大型企业贷款利率最高上浮10%；金融机构贷款最低下浮10%。

④金融机构（城乡信用社除外）贷款利率不再设上限。城乡信用社贷款利率最大上浮系数为贷款基准利率的2.3倍，下浮幅度不变。

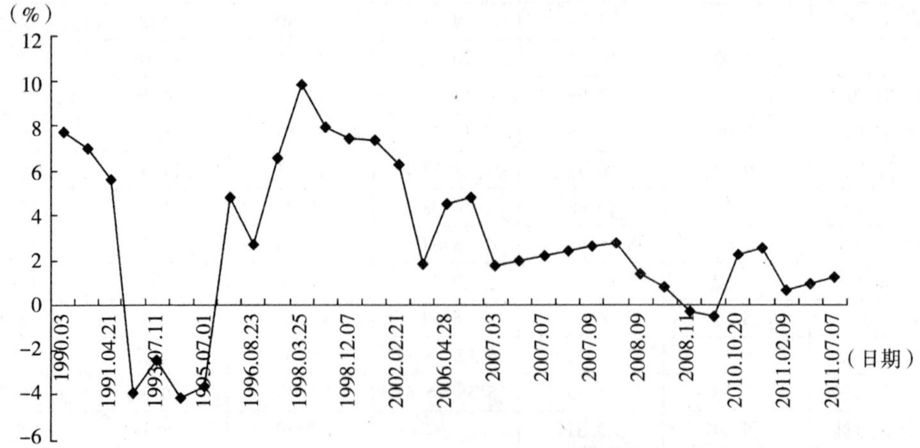

图10-12　1～3年（含3年）中长期贷款实际利率

资料来源：全国金融机构贷款利率来自CEIC，《新中国五十五统计资料汇编（1949-2004）》和《中国统计年鉴》（2008、2010、2012）。1～3年（含3年）中长期贷款实际利率根据有关利率与相应年份由CPI反映的通货膨胀率计算，CPI来自中国统计年鉴。

同样重要的是政府主导型金融结构调整滞后还造成资本市场发展不平衡。中国资本市场发展不平衡主要表现在两个方面：首先，为了同银行利率管制相适应，债券市场，特别是企业债市场发展更加严重滞后。为了规范企业债的发行，中国建立了企业债多头监管体制。1987 年 3 月，国务院颁布了《企业债券管理暂行条例》，规定企业债的发行须经中国人民银行审批，并由中国人民银行会同国家计划委员会和财政部制定每年全国企业债发行的总额度。企业债市场发展严重滞后显而易见。如图 10-13 所示，国债融资额与国债和企业债融资额长期以来高度重合，直到 2006 年、2007 年才出现较为明显的分离。

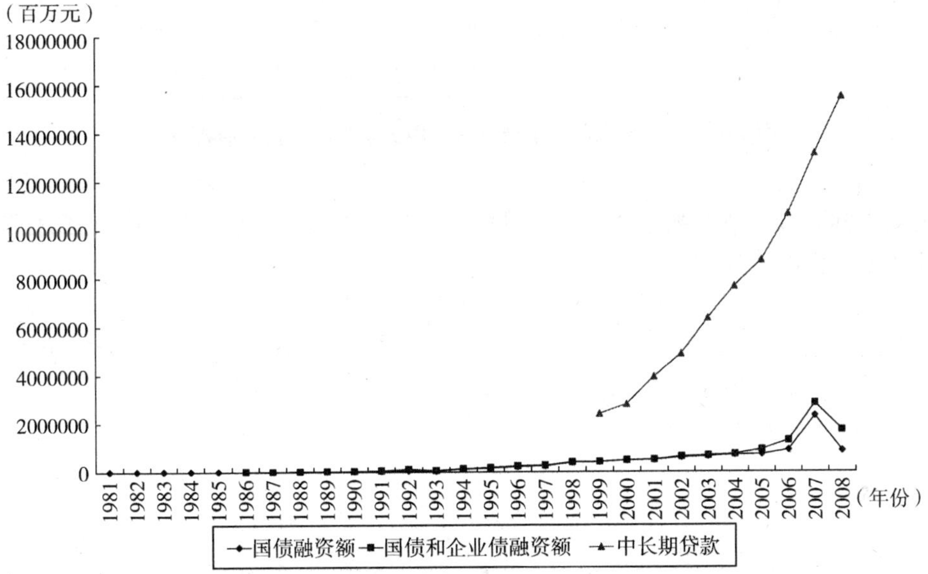

图 10-13 中国国债融资、企业债融资和中长期贷款

实际上，从 2007 年开始，对非金融企业而言，企业债券已经开始超越国债规模，这种趋势在 2009 年后就变得非常明显，虽然在此之前与国债相比，企业债的作用长期以来几乎可以忽略不计，但近几年资本市场的发展已在悄然改变这种局面，不过与中长期贷款相比，差距依据很大，这也意味着我国资本市场发展还任重道远。如图 10-14 所示。

此外，作为债券市场发行利率的基准，国债市场发行方式和深度同样存在明显欠缺，进一步制约了企业债市场的发展。中国于 1981 年 7 月重新发行中断 23 年之久的国债。当时国债的特点是周期较长（10 年）、不可转让，对购券的企业支付较低的利息，对居民支付较高的利息。这种近乎行政摊派式的国债发行只是随着国库券转让市场放开才逐步过渡到更加市场化的发行①。如图 10-13 所示，同银行中长期贷款相比，国债融

① 1988 年，国务院决定分期分批逐步放开国库券转让市场。4 月 21 日，实施国库券店头买卖的第一批试点在沈阳等 7 个城市同时开始。1990 年初，国库券交易试点已逐步扩大到全国 92 个城市。

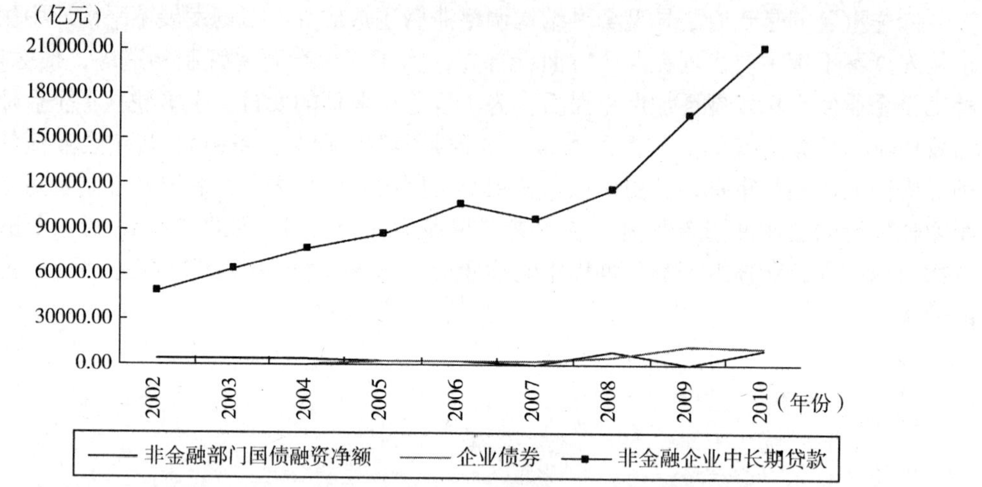

图 10-14　非金融部门国债融资、中长期贷款和企业债融资

资规模偏小标志着国债市场深度不足，同样可能对基准利率的形成产生负面影响，阻碍包括企业债在内的债券市场发展。

另外，得益于股票与银行信贷和企业债的不完全替代性，股票市场反而获得超常规的优先发展。如图 10-15 所示，1996 年以后，中国股票市场加速发展，大多数年份股票融资额超过企业债融资额，1999 年、2000 年、2001 年和 2004 年分别高达 5. 97 倍、28. 13 倍、8. 51 倍和 4. 62 倍。

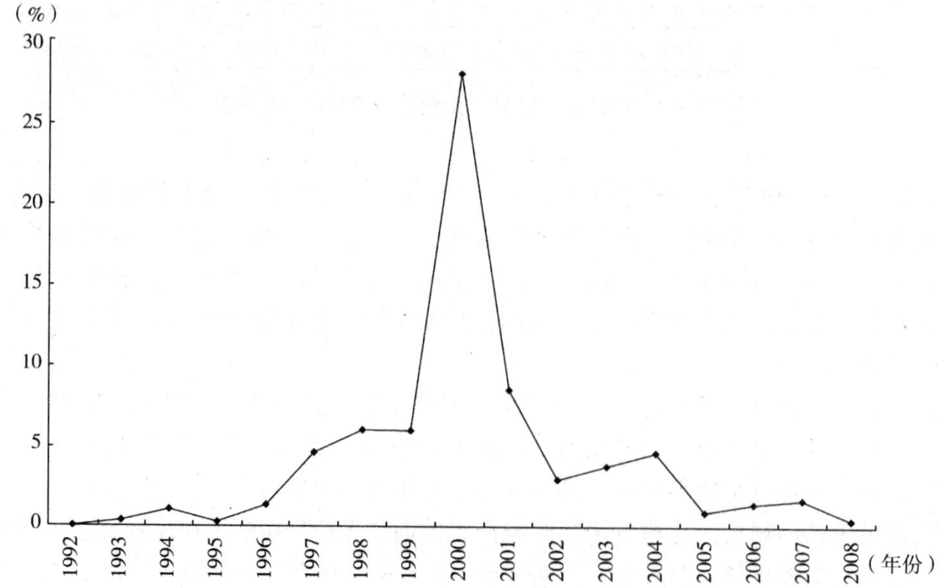

图 10-15　中国股票融资和企业债融资比率

资料来源：中国中长期贷款，国债，企业债和股票融资额均来自 CEIC。

然而，通过简要剖析其规范和发展的历程，我们将清楚地发现中国股票市场超常规发展尚未起到改善资本配置效率的应有作用。中国股票市场的规范和发展主要是在20世纪90年代以后进行的：①股票发行制度逐步增添了市场化色彩。这不仅表现在股票发行规模由额度审批制转变为资质核准制，并将向基于信息披露的注册制过渡上，而且表现在新股发行价格也由高度行政管制转向基于市场竞争的询价制上。②上市公司退市制度的形成有助于控制二级市场系统风险。③股权分置改革完成使得同一上市公司不同种类普通股票市场分割问题得到一定程度解决，降低了中国资本市场发展的政策风险（由国有股减持试验的失败可见一斑），并提高了定价效率。④以风险监控为核心内容的证券公司综合治理有助于激励证券公司谨慎经营和防范风险。⑤基金业市场化改革以及保险、社保基金和企业年金3类资金入市至少在技术上有助于提高投资者信息处理能力，鼓励价值投资。⑥强化资本市场以及上市公司信息披露方面监管更是构成降低中国资本市场系统风险的基础。这一系列制度改进在一定程度上促进了中国股票市场运行效率的提高。主流的实证研究成果证实大致在1997年、1998年以后，中国股票市场已达到弱式有效[①②③]。对于股票市场的弱式发展态势，近几年来在非金融企业融资上门得到了一些证实，如大概从2008年起，企业债券融资规模开始超越非金融企业的股票融资，且差距有进一步扩大的趋势，如图10-16所示。

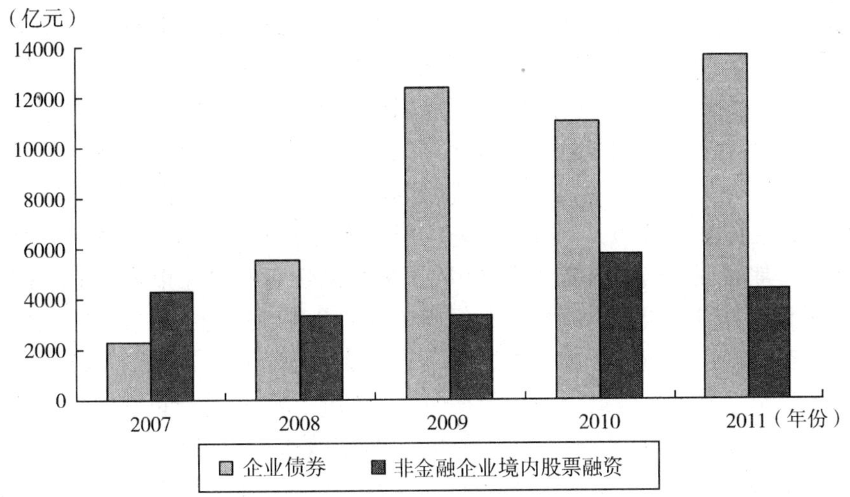

图10-16 企业债券融资与非金融企业国内股票融资发展趋势

资料来源：《中国统计年鉴》（2012）。

不过，上述股票市场的制度改进还是包含了过多的政府主导色彩，甚至可以说是政府主导型金融结构内在逻辑和机制在股票市场上的翻版。换言之，中国现行的股票市场更多只不过是国家隐性担保和集中性配置资本的机制在股权融资方式上的再度运用。从股票发行、上市、配股权、资产重组和并购，一直到退市资格的确认上都可体现出这一

① 沈艺峰、吴世农：《我国证券市场过度反应了吗?》，《经济研究》1999年第2期。

② 张兵、李晓明：《中国股票市场的渐进有效性研究》，《经济研究》2003年第1期。

③ 陈梦根：《中国股市长期记忆效应的实证研究》，《经济研究》2003年第3期。

点。正如我们在分析阶段性最优金融结构时所指出的那样，（公开）股权融资作为信息生产成本最昂贵，市场化程度最高的融资方式是很难通过政府主导来改善资本配置效率的。而从政府主导型金融体制承继过来的刚性管制则削弱了股票市场监管能力，进一步加剧了利用股票市场改善资本配置效率的难度。这是因为在监管机构和上市公司存在信息不对称的情况下，这样的刚性管制反而会激励上市公司行为扭曲，为了迎合监管机构的偏好而损害公司价值和投资者利益。相反，本应成为股票市场监管重点的扩大强制信息披露范围和保证信息披露真实性的工作却被有所忽略。在 1996 年到 1998 年的三年中，我国证监会规定上市公司进行后续融资（配股）的必要条件是净资产收益率必须连续三年达到 10% 以上。证监会于 1999 年 3 月 26 日公布的《关于上市公司配股工作有关问题的通知》中，对上市公司配股权有了新的规定：由原来每年净资产税后利润率均达到 10% 变成了净资产税后利润率三年平均在 10% 以上，同时每年都在 6% 以上[①]。陈小悦、肖星、过晓艳运用修正的 Jones 模型检验证实上市公司在此期间为迎合监管部门的配股权规定存在利润操纵行为。该文进一步指出上市公司利润操纵行为与僵化、简单的配股资格标准存在莫大关系。1994 ~ 1995 年，由于总体经济形势比较乐观，采用三年平均净资产税后利润率 10% 的标准就显得过于宽松，于是在 1996 年对这一规定进行了修改，也就是变成了每年都必须达到 10% 的更为严格的标准。这本来是出于保护投资者利益的考虑，但实际执行中，由于这是一种明确的数量化标准，加上总体经济形势的逆向变化，使得这一规定并没有真正达到保护投资者的目的，反而激励上市公司通过利润操纵达到新标准[②]。黄志忠、陈龙同样证实 1994 ~ 2000 年上海证券交易所上市公司存在盈余操纵问题，并表明证监会对配股资格的新规定并未起到提高信息披露质量的作用。平新乔、李自然通过理论模型证明在上市公司质量服从正态分布的前提下，若证监会按经验估计的净资产收益率的均值来确定上市公司再融资资格，则危险很大，它反而会增加虚假的信息披露频率[③]。除了揭示刚性管制对上市公司信息披露质量扭曲之外，还有部分研究成果对刚性管制规则本身的合理性进行了质疑。姜国华、王汉生运用模型证实亏损以及连续亏损与否，并不直接依赖于公司长期的盈利能力，而是直接依赖于盈亏稳定性指标。因此，对连续两年亏损的上市公司进行特殊处理的监管政策（俗称 ST 政策）未必能起到促进上市公司发展，规范股市的作用[④]。由此可见，由于更多地带有替代市场管制色彩，而对扩大强制信息披露范围和保证信息披露的真实性要求不足，中国上市公司信息披露制度规范、发展资本市场，增强资本配置功能的作用受到很大局限。正是由于中国股票市场的规范和发展错误地继续运用了政府主导型金融结构内在逻辑和机制，兼之受到市场化监管能力不足的干扰，现行的制度改进充其量只是提高了股票市场自身的交易效率，对资本配置效率改善可能助益不多。中国股票市场单边市场特征也证实迄今为止，有效实现投资项目融资成本差别化定价和相应的资本化进程，这一规范和发展资本市场的初衷尚未完全达到。毕竟单边市场势必导致系统风险偏

---

① 黄志忠、陈龙：《中国上市公司盈利成长规律实证分析》，《经济研究》2000 年第 12 期。
② 陈小悦、肖星、过晓艳：《配股权与上市公司利润操纵》，《经济研究》2000 年第 1 期。
③ 平新乔、李自然：《上市公司再融资资格的确定与虚假信息披露》，《经济研究》2003 年第 2 期。
④ 姜国华、王汉生：《上市公司连续两年亏损就应该被“ST”吗?》，《经济研究》2005 年第 3 期。

高，从长期看，不仅会提高企业平均融资成本，而且可能造成不同质量的投资项目融资成本差别不大，无法有效配置资本。

（四）储蓄动员、政府主导型金融结构和金融不平衡发展

根据上面的分析，中国改革开放以来金融结构调整具有两大特点：其一，通过构筑中央银行—国有商业银行二级银行体系，并得到渐进的外汇管理体制改革和金融对外开放有力配合，形成了可称为“三驾马车”的政府主导型金融结构：①国家隐性担保下的金融机构（银行）信用扩张。②兼顾通货膨胀控制和经济增长的货币政策。③基于资本管制的人民币可调整盯住汇率制。其二，政府主导型金融结构市场化转型滞后，并导致资本市场的不平衡发展。正是金融结构调整的这两大特点导致中国货币化和资本化进程出现明显的反差。

然而，中国金融发展不平衡并未明显损害资本配置效率。这是由于政府主导型金融结构较好地实现了对企业投资提供充分的信贷支持与稳定信贷质量，控制信贷风险的平衡，并得到储蓄动员的有效配合，能够在通货膨胀可控的基础上加速经济增长。正如托宾的分离原理所揭示的那样，资本配置决策可分离为储蓄和资产组合两个独立问题，其中前者决定最优投资规模，后者决定投资效率。很显然，通过比较政府主导型金融结构与计划经济的金融结构差异，我们可以清楚地揭示政府主导型金融结构在改善资本配置效率方面的巨大进步。首先，在政府主导型金融结构中，存在竞争性产品市场结构的投资项目质量信号显示功能与企业家声誉机制，能够较好地实现对投资项目融资成本事后的隐性差别化定价，进而改善资本配置效率。中国先行的价格改革和企业改革同渐进的对外经济开放相配合不仅形成了扭曲程度较低的产品价格体系，而且在产品市场竞争压力下造就了足够数量的追求价值最大化的企业，中国也由此获得竞争性产品市场结构和相应的投资项目质量事后信号显示功能。这与改革开放以前，中国绝大多数商品价格由政府决定，国有企业仅仅作为单纯完成计划任务的生产单位曾被吴敬琏等（1978）戏称为算盘珠，而存在的状况显然有天渊之别。其次，政府主导型金融结构的形成还成功实现了企业投融资体制由以财政拨款方式的国家股权融资为主向以国有银行信贷方式的债权融资为主的转变。正如我们在前面有关阶段性最优金融结构分析中所指出的那样，国有银行信贷方式的债权融资可通过信贷展期和提前清算发挥节约信息生产成本作用（相比较股权融资更是如此），同样有助于改善资本配置效率。

此外，通过形成有效的储蓄动员机制，中国还减轻了超额货币供给和相应的通货膨胀压力，进一步保证了政府主导型金融结构资本配置效率。鉴于政府主导型金融结构只是实现对投资项目融资成本事后的隐性差别化定价，其在资本配置方面的欠缺显而易见。如果缺乏高储蓄的有效支持，银行信用扩张势必遭遇严重的超额货币供给和通货膨胀压力，进而危及资本有效配置和相应的经济增长。如图 10-17 所示，中国国民总储蓄长期居高不下，大都保持在 40% 以上，2004 年一度超过 45%，2006 年以后则突破 50%，2011 年总储蓄率高达 53%。

中国国内的高储蓄一方面有效支持了投资推动型经济增长，而且还形成了可观的对外投资规模；另一方面也是居民谨慎性储蓄以及金融欠发达得以形成的结果。居民谨慎性储蓄与其可支配收入的不确定性密切相关，即居民可支配收入不确定性越高，相应的谨慎性储蓄动机越强烈，反之则反。在一定程度上，正是为了激励（谨慎性）储蓄，才

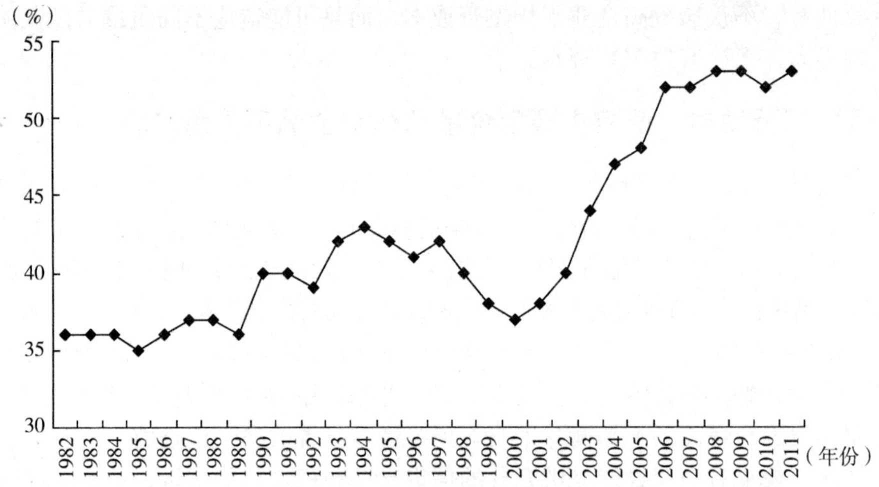

图 10-17　中国国民总储蓄率

资料来源：世界银行网站。

造成中国社会保障支出水平长期偏低。如表 10-4 所示，20 世纪 60 年代，人均 GDP 过 1000 美元的国家（表中所列，除了日本），社保支出占 GDP 的比重基本都超过 10%，中国 2002 年只有 7.15%，而 2011 年，我国社会保障与就业支出为 11109.4 亿元，占当年 GDP 比重仅为 2.35%，不升反降，由此可反映出我国居民总储蓄率越来越高与谨慎性储蓄动机越来越强烈的一致性。

表 10-4　部分发达国家 1960 年社会保障支出水平与我国 2002 年水平的比较

国家	年份	人均 GDP（美元）	社会保障支出占 GDP 的比重（%）
英国	1960	1363	13.90
瑞典	1960	1641	12.80
芬兰	1960	1110	12.70
丹麦	1960	1298	12.50
美国	1960	2783	10.30
日本	1960	458	8.00
法国	1960	1297	13.40
德国	1960	1345	20.50
中国	2002	≈1000	7.15

资料来源：根据国际基金组织：《政府财政统计年鉴》（2001）和联合国：《统计年鉴》（1965）有关数据整理。转引自蔡社文（2004）。

另外，如果一个经济体金融足够发达，特别是拥有高效的消费金融，又能够削弱谨慎性储蓄动机的影响，促进消费行为的跨期平滑。受制于经济发展水平决定的信息生产能力的不足，中国改革开放以来很长一段时期发展企业（生产）金融尚力有不足，更不必说发展具有创新性质的消费金融了。如图 10-18 所示，尽管自 1997 年以来，中国消费信贷发展较为迅速，但占总贷款的比重仍然偏低，直到 2008 年末也只略高于 12%，并且主要由住房抵押贷款构成。

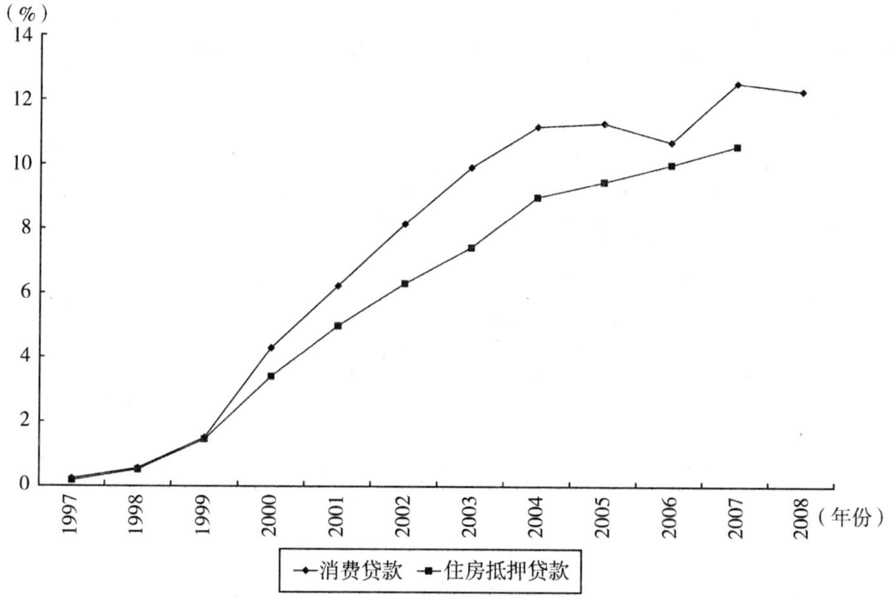

图 10-18　中国消费贷款以及住房抵押贷款占总贷款比重

资料来源：CEIC。

此外，这一态势从我国消费性贷款的构成状况也可见一斑。如表 10-5 所示，在消费性贷款的中长期贷款比重，虽然自 2007 年以来逐年下降，但仍一直居高不下，大都在 85% 以上，而其中大部分就是用于住房贷款。

表 10-5　2007～2011 年我国人民币消费性贷款的构成及其比重

年份	消费性贷款总额（亿元）	短期消费性贷款总额（亿元）	比重（%）	中长期消费性贷款（亿元）	比重（%）
2007	32729.00	3104.11	9.5	29624.89	90.5
2008	37210.29	4136.86	11.1	33073.43	88.9
2009	55333.65	6377.85	11.5	48955.79	88.5
2010	75107.68	9600.52	12.8	65507.16	87.2
2011	88716.86	13555.05	15.3	75161.80	84.7

资料来源：根据中国人民银行网站数据整理。

由此可见，由社会保障发展滞后保证的谨慎性储蓄与金融，特别是消费金融欠发达相配合形成了中国的储蓄动员机制。当然，对通货膨胀的有效控制（保证存款实际利率不远低于 0），以及国家对存款、国有银行免于破产的隐性担保，激励居民主要以存款而非消费品储存方式持有其储蓄，也有利于银行信用扩张和政府主导型金融结构的有效运行。

在上述储蓄动员机制有效配合下，政府主导型金融结构在改善资本配置效率方面取得的巨大进步也为中国经济增长实践所充分证实。1953 年以来，中国经济增长始终保持着投资推动型特征，但在经济增长绩效上却大相径庭。如图 10-19 所示，1953 年以来，中国不仅始终保持着高投资率，而且投资推动型经济增长特征十分明显。不过，在改革开放前，中国投资和经济增长波动偏大，整体的经济增长速度并不快。1961～1963 年、1967～1969 年均出现严重的经济负增长，20 世纪 70 年代经济增长速度还出现明显下滑。20 世纪 80 年代尽管投资增长率平均高达 30%（此前除极个别年份，投资增长率多保持在 20% 左右），但经济增长波动和速度显著改善。

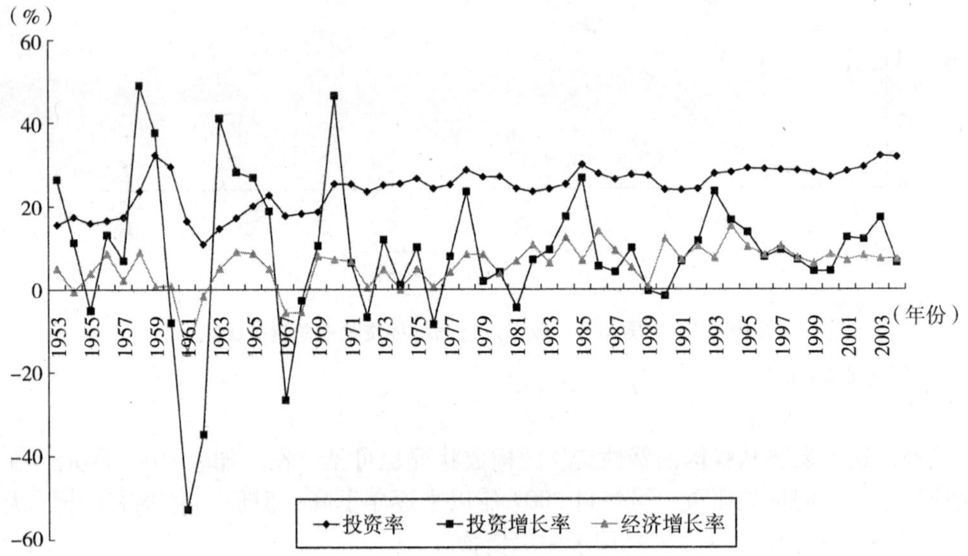

图 10-19　中国 1953 年以来的经济增长和投资

又如图 10-20 所示，到了 20 世纪 90 年代以后，高增长的稳定性进一步提高，并突出表现在改革开放后一度困扰中国经济运行的通货膨胀（个别年份通胀率高达两位数）得到较为有效的控制。由此可见，政府主导型金融结构完全可以视为同中国改革开放伊始偏低的生产力水平相适应的阶段性最优金融结构，其在资本配置效率方面所取得的进步和达到的在通货膨胀可控的基础上加速经济增长的宏观经济绩效能够顺利地推进货币化进程。

另外，政府主导型金融结构市场化转型滞后，并导致资本市场的不平衡发展则标志着中国金融结构在提高投资项目融资成本差别化定价和资本配置效率方面尚有很大余地，其引起资本化进程（本质就是有效实现投资项目融资成本差别化定价）波折也不足为奇。这也可从中国股市发展及其与经济增长关系的实践中得到证实。首先，中国股市尚未充分发挥资本配置功能可从上市公司的反常的融资次序偏好中得到佐证。大多数研究成果也证实中国上市公司股权融资成本同样高于债权融资成本，上市公司股权融资

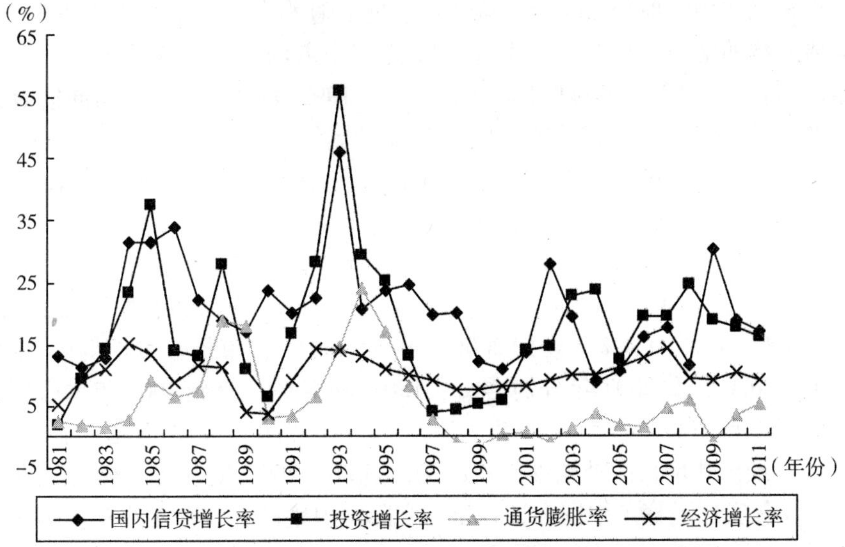

图 10-20　1981～2011 年国内信贷、投资、增长和通胀

资料来源：国内信贷增长率数据根据世界银行数据整理、通胀根据历年中国统计年鉴提供的 CPI 计算，投资和增长数据历年中国统计年鉴整理、计算。

偏好并不能由股权融资成本低来解释[①②]。与上市公司股权融资偏好形成鲜明对照的是尽管债权融资的资本配置效率更高，却遭到冷落。陈晓、单鑫实证研究发现，尽管上市企业长期财务杠杆与上市企业的加权平均资本成本、权益资本成本存在显著的负相关关系，中国上市企业仍然偏好股权融资，使得财务杠杆尤其是长期财务杠杆较低[③]。汪辉就上市公司的债务融资与公司治理、公司市场价值的关系进行了理论分析和实证检验，同样发现尽管总体上债务融资具有加强公司治理、增加公司市场价值的作用，但中国上市公司债务融资占总资产的比重不大[④]。童盼、陆正飞以中国上市公司为对象，考察负债融资以及负债来源对企业投资行为的影响。实证结果表明负债融资，特别是银行借款能在一定程度上发挥治理作用，较好地控制过度投资[⑤]。其次，大多数早期的实证检验结果发现股票市场发展与经济增长之间的相关关系很弱，甚至负相关[⑥⑦]。石建民引入一个简单的一般均衡模型，在考察股票市场对货币需求影响的基础上，全面综合分析股票市场对实体经济总量的影响。尽管研究发现 1996～2000 年，中国股票市场对实际经

① 沈艺峰、田静：《我国上市公司资本成本的定量研究》，《经济研究》1999 年第 11 期。

② 陆正飞、叶康涛：《中国上市公司股权融资偏好分析——偏好股权融资就是缘于融资成本低吗?》，《经济研究》2004 年第 4 期。

③ 陈晓、单鑫：《债务融资是否会增加上市公司融资成本?》，《经济研究》1999 年第 9 期。

④ 汪辉：《上市公司债务融资、公司治理与市场价值》，《经济研究》2003 年第 8 期。

⑤ 童盼、陆正飞：《负债融资、负债来源与企业投资行为——来自中国上市公司的经验证据》，《经济研究》2005 年第 5 期。

⑥ 谈儒勇：《中国金融发展和经济增长关系的实证研究》，《经济研究》1999 年第 10 期。

⑦ 赵志君：《金融资产总量、结构与经济增长》，《管理世界》2000 年第 3 期。

济具有一定积极作用，但作用极为有限①。不过，随着中国股市一定程度的制度改进，其作为实体经济的晴雨表功能有所发挥。1992 年，市场化改革的重新启动大大加速了中国的经济增长，由 1991 年的 9.2% 迅速上升至 1992 年的 14.2%，与此同时，同期的沪市指数增长了 3 倍；从 1993 年治理通货膨胀的紧缩政策开始，经济增长率从 1993 年的 14%，逐步下滑到 1998 年的 7.8%，同期的沪市指数也从 1996 年最高增长 65% 逐步收敛到 1998 年的负增长；从 1998 年经济增长率下滑到 7.8% 开始，中国一度陷入通货紧缩，经济增长的不确定性明显提高，反映在股市上就是同期的沪市指数出现长期下降趋势，这种状况直到 2003～2005 年经济增长重新上升到 10% 之后才得以改变；随着经济增长率由 2005 年的 10.4% 上升到 2006 年的 11.6%，沪市指数增长也从 2006 年初开始由负转正，2006 年和 2007 年分别增长了 130% 和 97%，直到 2007 年末通货膨胀明显上升后，才进入新一轮调整。很显然，2006～2007 年沪市指数迅猛增长既包含了对 2003～2005 年经济高增长的补偿性因素，又被 2006～2007 年过度乐观的经济增长预期所推动。吕江林实证考察了中国上证综指与实际国内生产总值存在着双重协整关系和单项因果关系，即在 95% 的置信水平下，实际 GDP 是股指变动的格兰杰成因。换言之，股市更多的是实体经济的反映，体现了财富分配功能，尚无证据表明股市已经发挥了资本配置功能，并对经济增长具有明显推动作用②。不过，金融危机爆发后，出现了新一轮状况。2008 年的沪市指数一度暴跌 65%，经济增长率也由 2007 年的 14.2% 下滑到 2008 年的 9.6%，但通货膨胀率却上升了，出现了“滞涨”态势这一新的变化。此后，尽管经济增长率仍维持在 9%～10% 的区间，但沪市指数增长则在波动中呈现下降趋势，而经济增长率与沪市指数增长的关系，似乎也出现反差现象，如 2009 年经济增长率由 2008 年的 9.6% 减少为 9.2%，但沪市指数却增长了 80%；而 2010 年经济增长率由 2009 年的 9.2% 上升到 10.4%，但沪市指数却下跌了 15%，如图 10-21 所示。

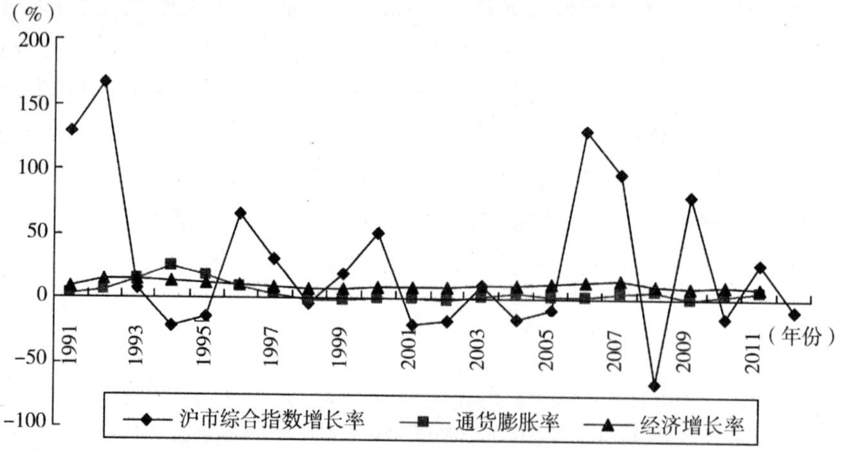

图 10-21　沪市指数、通货膨胀与经济增长率

资料来源：沪市综合指数来自 CEIC、通胀与 GDP 指数来自《中国统计年鉴》(2012)。

① 石建民：《股票市场、货币需求与总量经济》，《经济研究》2001 年第 5 期。

② 吕江林：《我国的货币政策是否应对股价变动做出反应?》，《经济研究》2005 年第 3 期。

四、金融结构调整和经济可持续增长

根据上面的分析，一方面，中国政府主导型金融结构的形成有效地改善了资本配置效率，并顺利地推进了货币化进程。另一方面，政府主导型金融结构市场化转型滞后，并导致资本市场不平衡发展则标志着中国金融结构在资本配置效率方面尚存在重大欠缺，并造成资本化进程的波折。因此，在分析金融结构和经济增长关系基础上，探讨政府主导型金融结构可持续的条件，并揭示其发展前景就十分必要。

（一）“干中学”、政府主导型金融结构及其可持续的条件

根据前面的分析，政府主导型金融结构主要依赖竞争性产品市场结构的投资项目质量事后信号显示功能和相应的企业家声誉机制配置资本。很显然，由企业家声誉机制配置资本其效率很大程度上取决于投资项目的信贷规模。毕竟企业家声誉本身就是一种资产，当投资项目信贷规模足够大，并引发一次性的逆选择和败德行为获益急剧飙升，企业家继续长期投资于声誉资产就可能变得得不偿失。由此可见，保证企业家声誉机制配置资本效率的关键就是控制投资项目信贷规模。而中国在改革开放开始时，“干中学”的经济增长恰好提供了与控制投资项目信贷规模最为匹配的经济增长机制。

中国在改革开放开始时人均 GDP 仍然偏低，并有大量的农村剩余劳动力等待转移，“干中学”构成了最主要的经济增长源泉。直到 20 世纪 90 年代初，中国人均 GDP 也只有 400 美元左右，仍处于世界后列。截至 20 世纪 90 年代末，12 亿人口仍有 9 亿人生活在农村。由此可见，中国在改革开放开始时依然面临突破“马尔萨斯陷阱”，实现出生率与死亡率由高到低的人口转型的经济发展任务，形成知识和人力资本（相对于原始劳动力）严重稀缺的初始要素禀赋。正是由于劳动力构成当时最为丰富的资源，这才需要增加生产和投资，发挥“干中学”对生产率的有益影响，加速经济增长。“干中学”的经济增长对控制投资项目信贷规模的积极作用是显而易见的。这是因为“干中学”的经济增长意味着在产业技术选择上偏于劳动密集型，在产业组织选择上以中、小企业为主，这两者无疑均有助于控制投资项目信贷规模。

同样重要的是为了进一步巩固控制投资项目信贷规模的效果，中国还以要素价格改革滞后为代价，系统压低了自然资源（含环保）、劳动力和资金等近乎所有生产要素价格。很显然，生产要素价格的系统压低有助于控制投资项目信贷规模，进而保证政府主导型金融结构的资本配置效率。中国社会科学院经济研究所经济增长前沿课题组（2003）将这一发展模式准确地概括为政府补贴下的低成本工业化战略。

此外，由于政府主导型金融结构主要依赖竞争性产品市场结构的投资项目质量信号显示功能和企业家声誉机制配置资本，只能实现投资项目融资成本事后的隐性差别化定价，其在资本配置效率方面的欠缺是一目了然的。运用政府主导型金融结构配置资本将不可避免地引发经济增长和通货膨胀或生产过剩并存现象。为了在通货膨胀可控基础上实现经济增长，实行人民币可调整的盯住汇率制，依赖更加市场化的国际金融结构获得

较为有效的货币锚和通货膨胀预期控制机制将成为政府主导型金融结构不可或缺的组成部分。只有这样，才能最大限度地弥补政府主导型金融结构资本配置效率方面的欠缺。而实行人民币可调整的盯住汇率制最重要的基础之一就是必须通过保持经常项目巨额顺差，以累积足够数量的外汇储备。

最后，为了减轻货币超额供给以及相应的通货膨胀压力，中国还以社会保障和消费金融发展滞后为代价形成储蓄动员机制，激励充足的居民储蓄，弥补政府主导型金融结构资本配置效率的欠缺。

综上所述，政府主导型金融结构可持续必须具备四个条件：①“干中学”构成最主要的经济增长源泉，并在产业技术选择上偏于劳动密集型，在产业组织选择上以中、小企业为主。②存在系统压低生产要素价格的可能性。③能够保持经常项目巨额顺差，并积累足够数量的外汇储备。④能够保持足够的（谨慎性）储蓄。前两个条件的作用在于控制投资项目信贷规模，适度保证由企业家声誉机制配置资本的效率。第三个条件的作用在于能够有效实行人民币可调整的盯住汇率制，获得相应的货币锚和通货膨胀预期控制机制，进一步弥补政府主导型金融结构配置资本效率的不足。最后一个条件的作用在于减轻货币超额供给以及相应的通货膨胀压力，保证银行信用扩张和政府主导型金融结构有效运行。

（二）经济增长机制转变和金融结构调整面临的新挑战

在改革开放以来的很长一段时期里，中国无疑具备保持政府主导型金融结构可持续性的上述四个条件。因此政府主导型金融结构成为与中国当时生产力发展水平相适应，有效节约投资项目信息生产成本的阶段性最优金融结构，成功加速了“干中学”或投资推动的经济增长。可以毫不夸张地说，政府主导型金融结构正是实现迄今为止中国奇迹的核心经济制度之一。

不过，随着2003年中国人均GDP达到1000美元，进入一个经济增长加速期，特别是2008年人均GDP达到3000美元，开始步入中等收入国家行列之后，中国保持政府主导型金融结构可持续性的基础日趋动摇，其所带来的弊端也开始加速显现。因此，中国在未来的经济增长中将面临转变增长机制，调整金融结构的新挑战。

首先，随着经济增长，特别是实现出生率与死亡率由高到低的人口转型的经济发展任务逐步完成，中国经济增长源泉正在发生悄然变化，将对转变增长机制，调整金融结构提出新要求。如图10-22所示，得益于人口出生率和死亡率的双重稳步下降，中国人口自然增长率从20世纪90年代出现明显的下降，1998年下降到10‰以下，2003年以后则进一步下降到不足6‰，2009年又进一步下降到5%以下，2011年人口自然增长率只有4.79%。

在人口转型和人口自然增长率稳步下降的作用下，中国人口老龄化开始出现加速趋势。如图10-23所示，以65岁及65岁以上人口占15～64岁人口比重衡量的老龄依存度从1990年的8.4%上升到2011年的12.23%，而同期的以0～14岁人口占15～64岁人口比重衡量的年轻依存度却出现了更为明显的下降，从20世纪90年代初的超过40%下降到2004年的不到30.3%，继而又继续下降，到2011年只有22.2%。

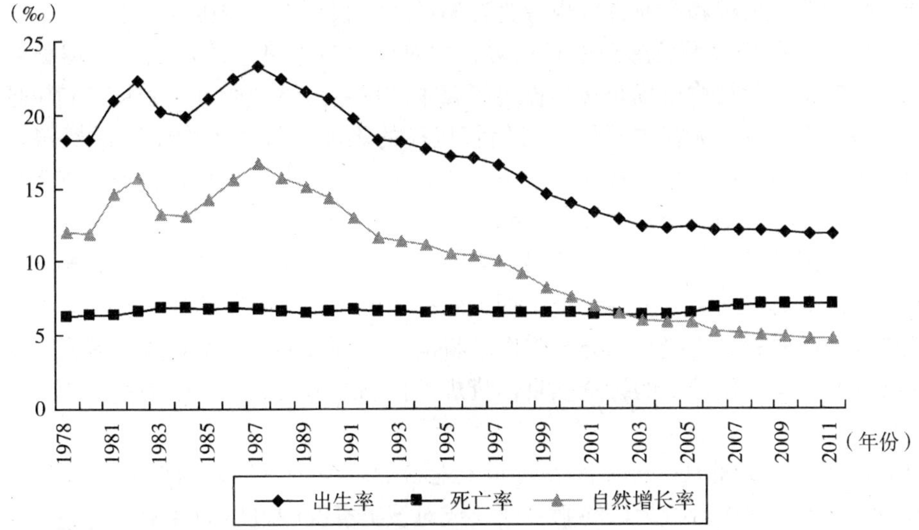

图 10-22 中国人口出生率、死亡率和自然增长率

资料来源：《中国统计年鉴》(2012)。

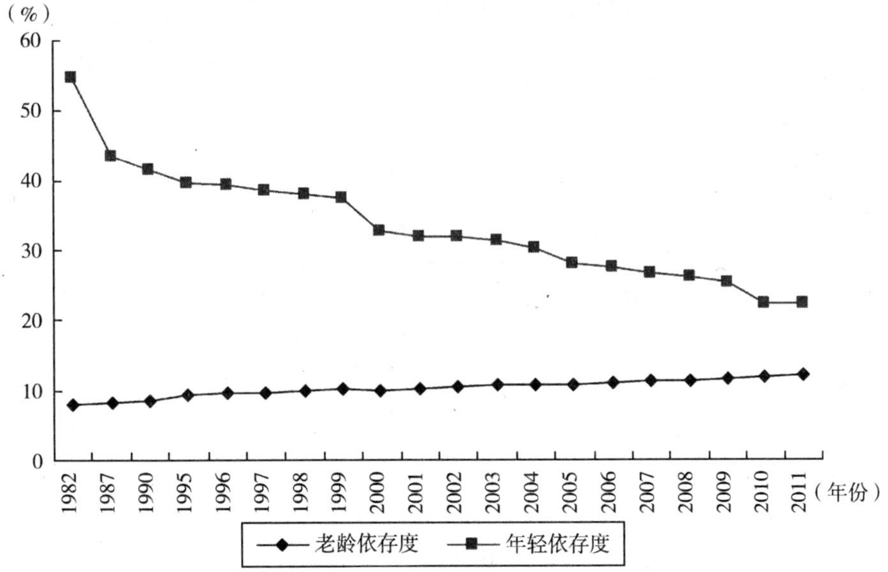

图 10-23 中国的老龄和年轻依存度

资料来源：根据《中国统计年鉴》(2012) 整理。

袁富华、李义学（2008）曾通过“增加值产出就业调整”和“资本深化”指标及其计量分析，研究发现 1996～2005 年，中国不仅增加值产出就业吸收能力（由单位产出的劳动力占比衡量）大幅下降的趋势正在中国制造业行业普遍发生，而且作为一种与增加值产出就业吸收能力大幅下降相伴随的现象，资本深化（由劳均资本量衡量）趋势在中国制造业行业正普遍发生作用。这从另一个侧面证实了中国产业资本密集度提高和经济增长源泉的转变。此外，在钢铁、汽车、化工和建材等重化工业内部市场集中度偏低，亟待兼并重组和产业升级也成为普遍共识。很显然，中国人口老龄化的加速将造成“干中学”的经济增长源泉逐步枯竭，并对引入技术进步等新的经济增长源泉和实现政府主导型金融结构市场化转型提出了要求。毕竟提高产业资本密集度和市场集中度的客观需要将迅速加大控制投资项目信贷规模的难度，与“干中学”的经济增长相伴随的劳动密集型的产业技术选择和中小企业为主的产业组织选择将变得困难重重，进而损害政府主导型金融结构资本配置效率。

其次，中国系统压低生产要素价格的空间也在进一步缩小，制约了控制投资项目信贷规模，保证政府主导型金融结构资本配置效率的有效政策手段选择。从理论上讲，只要系统压低生产要素价格仍具有充分弹性，将能够有效缓解经济增长机制转变以及相应的产业技术、组织变化带来的投资项目信贷规模控制压力。然而，中国系统压低生产要素价格的前景并不容乐观。

（1）由石油、金属原材料等代表的非土地自然资源在中国都较为匮乏，基本上由国际市场定价，任何压价行为最终必将演变成对该类资源的过度消耗和其价格的长期上涨。此外，环保要求也同这些国际性资源相类似，很大程度上并不由中国单方面决定。

（2）土地价格由于受到地方财政体制缺陷的干扰，不仅没有被压低，还有被过度抬高的趋势，致使城市化和工业化成本上升。即使考虑到完善地方财政体制，重新合理定价城市用地的可能，中国压低土地价格的潜力也相当有限。根据“十一五”规划纲要，为了保障粮食安全，到2010年末，全国耕地保有量18亿亩，即耕地面积必须确保不低于18亿亩，如表10-6所示。

表10-6　我国“十五”和“十一五”耕地占用暨计划占用情况

	耕地净减少	平均净减少	
2001~2005年	9240万亩	1848万亩	
2006~2010年	3100万亩	650万亩	（占35%）
2010年耕地保有量	18亿亩		

资料来源：来自中国社会科学院经济研究所刘树成研究员提供的PPT。

“十五”期间，2001～2005年间，耕地净减少9240万亩，年均净减少1848万亩。“十一五”期间，2006～2010年间，根据规划，耕地净减少不能超过3100万亩，年均净减少不能超过650万亩。只相当于“十五”期间年均净减少量1848万亩的35%，根据2012年的中国统计年鉴，只有2008年全国耕地有18.26亿亩的数据，至于2010年是否保有了18亿亩的红线，统计数据未能直接显示。不过，我国耕地在急剧减少已是不争的事实，那么在这种情况下，显然就意味着工业化和城市化成本仍将急剧上升。

（3）劳动力工资的压低则受到人口迅速老龄化的制约。与其他发展中地区相比，东亚人口转型开始较早，走得更远。2000年，东亚的老龄依存度还比较低，大部分国家都处于5%～8%的水平，只有中国是较明显的例外（10.15%）。但是，在到2030年这个比重会翻一番，2040 年会达到原来水平的 3 倍，即 27%。这个水平接近当时的东欧和中亚的水平，而远远高于其他发展中地区的水平。从历史对比来看，东亚的老龄化浪潮特别快：同样的让老年人口数量翻番过程，在法国花了 140 年，在瑞典花了 86 年。中国人口迅速老龄化意味着劳动力供给的宽松条件将在长期中丧失，以致压低劳动力工资的做法从现在算起将很难超过 10 年（在 2020 年左右）。

（4）继续压低人力资本报酬将更难想象。随着经济增长，特别是中国与世界技术前沿差距的缩短，以及国际技术市场的不完善，中国到 2020 年之前除了继续引进技术以外，加强自主研发和技术创新必不可少。因此，压低人力资本报酬不仅难以为继，而且同科学发展观直接对立。

（5）继续压低资金利率反而可能对控制投资项目信贷规模有相反的作用。在“干中学”或投资推动的经济增长和信贷集中性均衡中，系统压低资金利率具有双重功能：①补贴和激励高质量的企业家（借款人）进入信贷市场；②对于投资的外溢效应给予直接补贴。很显然，利率补贴的前一功能对控制投资项目信贷规模没有直接作用，后一个功能还可能有相反作用。

再次，伴随着经济规模的不断扩大以及由全球金融危机引起的国际经济环境恶化，中国继续保持经常项目巨额顺差，并积累足够数量的外汇储备的前景将同样面临严峻挑战。改革开放以来，中国经济增长重要特点之一就是经济对外依赖程度明显加深，这既体现在以对外贸易额占 GDP 比重衡量的贸易依存度的上升上，又体现在资本流动规模不断扩大上。如图 10-24 所示，分别以 1994 年汇改，2001 年加入 WTO 和 2005 年汇改为标志，中国对外开放程度得到迅速提高。根据前面的分析，中国在 2001 年加入 WTO 以后的 3 年过渡期期间，资本流动管制放松明显加速，2006 年完全实现了入关时的金融

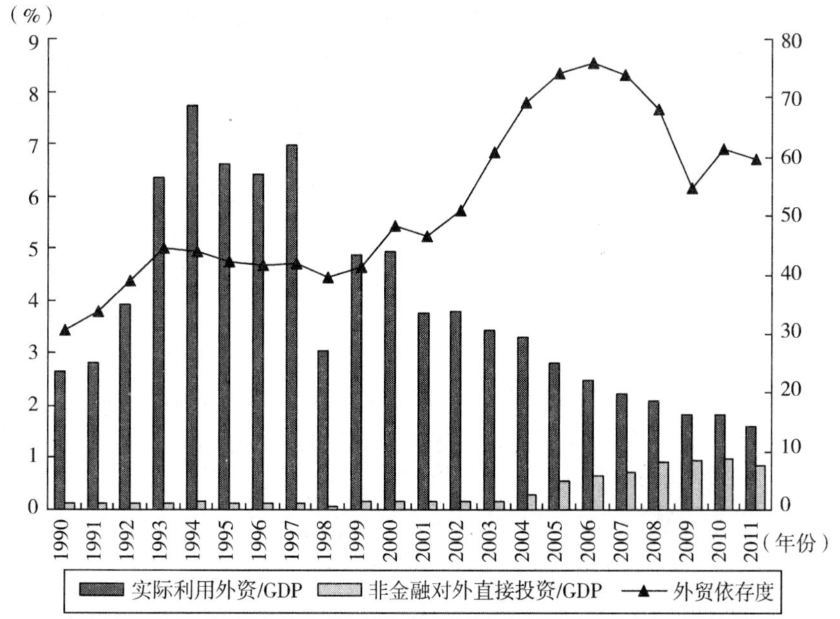

图 10-24　中国对外开放程度

资料来源：世界银行、《中国统计年鉴》（2012），中国发展门户网的经济数据。

对外开放承诺，现有的资本管制集中在外债规模和期限上。此外，2005 年汇改也大大增加了人民币汇率弹性。加速放松外汇和资本流动管制无疑有助于促进中国对外开放程度提高。其中 1994 年的外贸依存度由 1993 年的不到 30% 提高到 35%，2001 年加入 WTO 推动外贸依存度从当年略低于 40% 迅速上升至 2003 年的超过 50%，2005 年汇改后则进一步上升到超过 60%。资本流入则经历了两次高潮，其占 GDP 比重在 1994 年汇改后首次超过 6%，2005 年汇改后再次回升到 6% 以上。与资本流入相比，资本流出占 GDP 比重在改革开放后的大部分时期相对较低，但也呈现出类似的变动趋势。此外，同样重要的是中国经济对外依赖程度加深还建立在持续保持经常项目和资本项目双顺差上。根据王宏淼（2008）的分析，1993 年以前，我国经常项目、资本和金融项目顺差交替出现。1994 年之后“双顺差”格局基本形成，并在 2001 年我国加入 WTO（特别是 2005 年汇改后）出现快速增长。受此推动，国家外汇储备增长迅速，截至 2011 年底国家外汇储备余额为 31811.48 亿美元，比 2001 年底增长 14 倍。

不可否认中国经济对外依赖程度提高，特别是能够持续保持国际收支双顺差，并积累外汇储备对有效实行人民币可调整盯住汇率制，获得较好的货币锚和通货膨胀预期控制机制具有不可替代的作用。然而，随着本次全球金融危机的爆发，中国继续保持经常项目巨额顺差，并积累足够数量外汇储备的前景却被蒙上了深深的阴影。随着中国经济规模的不断扩大，以双顺差形式体现出来的对外经济失衡有可能扭曲国际生产要素定价体系，特别是过度压低劳动力和人力资本的报酬，甚至可能危及发达国家的经济增长潜力。中国经济结构中这一不足早已引发严重的国际经济和贸易摩擦，并在全球金融危机爆发的背景下只会愈演愈烈。本次全球金融危机很大程度上是由发达国家，如美国过度依赖资本市场，特别是股票市场的金融结构扭曲以及投资风险控制意识普遍淡薄引起的。资产价格泡沫的盛行和相应的投资风险控制意识淡薄标志着发达国家的金融结构也出现了严重的制度退化现象，并降低了资本配置效率。这就决定了本次全球金融危机将不仅仅引起发达国家简单的经济衰退，而更可能导致其较长时期的经济增长速度放缓。毕竟发达国家也需要时间重新调整其金融结构，恢复有效的资本配置功能。为给调整金融结构，再度发挥经济增长潜力创造良好的需求条件，很难想象发达国家会继续容忍中国保持国际收支双顺差，并积累外汇储备的行为。另外，发达国家金融结构资本配置的功能性衰退也对中国继续以严重的对外经济失衡为代价，通过实行人民币可调整盯住汇率制获取货币锚和通货膨胀预期控制机制做法的合意性产生质疑。鉴于货币供给很大程度上是内生的，并可视为给资本积累提供配套的流动性服务，在发达国家金融结构资本配置效率出现明显下滑的情况下，实行人民币可调整盯住汇率制（实质上将中国货币供给职能部分外包给发达国家中央银行）来获取货币锚和通货膨胀预期控制机制的价值自然也会大打折扣。毕竟资本配置一旦失效，发达国家中央银行也无法保证货币供给的最优化。

最后，收入分配差距的日益扩大最终将危及中国现行的储蓄动员机制的可持续性。如图 10–25 所示，基尼系数由 20 世纪 80 年代中期的 0.3 多一点上升到 1994 年的 0.3950 左右，2000 年进入到 0.4，此后一直上升，到 2011 年已达 0.466。应该说，中国收入分配差距的扩大即使与推行类似比较优势发展战略的其他东亚国家和地区相比是相对较高的。日本的基尼系数在高增长时期基本维持在 0.3～0.4 之间[①]，亚洲“四小龙”的收入分配情况在经济高速增长时期同样没有出现恶化。在 1965～1966 年间，有关家庭收入的基尼系数，新加坡和香港地区为 0.498 和 0.467，韩国和中国台湾分别为 0.344 和 0.358。到 1981～1982 年期间，新加坡、香港地区和中国台湾降至 0.443、0.453 和 0.308[②]。

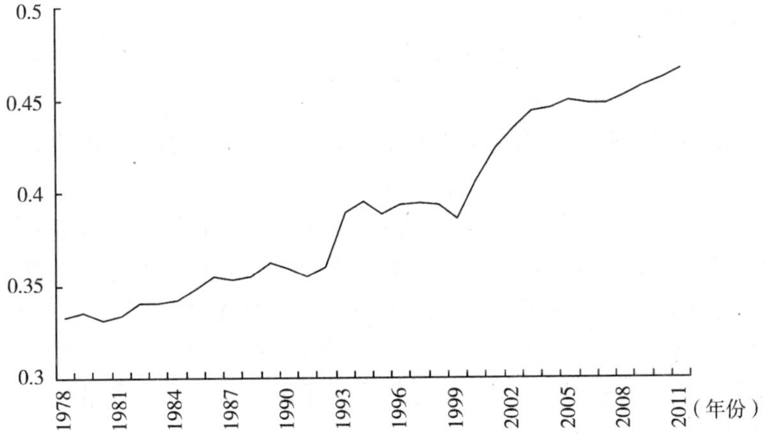

图 10-25　中国城乡居民基尼系数变化趋势

注：①1978～2000 年城乡居民基尼系数是综合杨天宇（2001a），胡日东、王卓（2002），杨宜勇（2003），张艳华、李秉龙（2004）这四篇文献所得；②2000 年以后的基尼系数分别来自章国荣，盛来运（2003）、陈南旺（2004）、严先溥（2004）、阳俊雄（2004）；③1978～1995 年农村和城镇居民基尼系数来自黄丹（1999）；1996～1999 年农村和城镇居民基尼系数来自《国家统计局 2000 年重点课题研究报告》；④2004～2011 年的城乡、农村、城镇这三种居民基尼系数，以及 1999 年的城乡居民基尼系数是由陈昌兵计算得出。

中国收入分配差距扩大究其原因首先在于从 20 世纪 90 年代中期以来，中国 GDP 中工资性收入所占的份额呈不断下降的趋势，特别是最近几年下降速度进一步加快。这意味着国民收入分配中，工薪阶层分享到的相对份额是不断减少的，而资本收益和政府收入所获得的相对份额是不断增加的。这在很大程度上反映了中国整体收入分配流程在初次分配阶段上存在的问题。很显然，中国要素禀赋格局（劳动力是中国最为丰富的初始生产要素）和实行人民币可调整盯住汇率制的需要均要求压低工资获取产品国际竞争力和贸易顺差，进而累积外汇储备。此外，中国收入分配差距扩大还与现行的储蓄动员机制存在莫大关系。社会保障和金融发展滞后作为现行储蓄动员机制的重要支柱均无助于缩小收入分配差距。其中，不仅消费金融的高成本加剧了对低收入阶层的歧视，而且金融欠发达，特别是证券、房地产等资产市场的非规范发展和单边市场特征还极大限制了广大民众获得高效的（金融）投资渠道和财产性收入，甚至出现严重的劫贫济富现象。中国社会保障支出水平长期偏低也使得相对收入差距扩大趋势无法得到有效扭

① 李实、罗楚亮：《增长型式与就业和收入差距：东亚经验与对中国的启示》，亚洲开发银行“中国经济发展模式选择”研究项目背景报告，2007 年。

② 沈红芳：《东亚主要经济体收入分配的比较研究》，载《南洋问题研究》2004 年第 3 期。

转。由此可见，继续维持政府主导型金融结构，以及与之配套的储蓄动员机制不仅会妨碍消费跨期平滑，直接降低社会福利，而且还会恶化本已严峻的收入分配状况，阻碍广大民众分享经济增长成果，在极端情况下，甚至会引发严重的社会问题，危及经济可持续增长。

综上所述，中国一度依赖政府主导型金融结构在生产力发展水平偏低的情况下，有效地配置了资本，但也为此付出了系统压低生产要素价格、对外经济失衡和收入分配差距扩大的代价。随着“干中学”经济增长源泉的逐步枯竭，以及系统压低生产要素价格、维持对外经济失衡和高储蓄成本飙升，政府主导型金融结构配置资本机制正面临失灵的危险。鉴于到2020年之前，中国劳动力、资金和土地价格还有一定的压抑空间，即使继续依赖政府主导型金融结构配置资本尽管效率损失会加大，但或许还能够实现人均GDP翻番的经济增长目标，并基本完成工业化任务。不过，在这样的经济增长过程中，政府主导型金融结构无疑只能是次优的，推迟其市场化转型的成本将日趋增大。中国在基本实现工业化之际（人均GDP达到5000~6000美元）极有可能遭遇内源性的金融危机，并跌入中等收入国家陷阱，导致相当长期的经济停滞。

应该说，为了同改革开放开始时生产力发展水平偏低的状况相适应，中国选择了政府主导型金融结构。通过政府主导型金融结构，中国不仅获得了竞争性产品市场投资项目的质量事后信号显示功能与企业家声誉这一卓有成效的资本配置机制，而且成功实现了企业投融资体制由以财政拨款方式的国家股权融资为主向以国有银行信贷方式的债权融资为主的转变。这两者均有助于节约信息生产成本和改善资本配置效率。如图10-5所示，根据本章提出的阶段性最优金融结构理论，改革开放开始时偏低的生产力发展水平可能决定了中国在很长一段时期里，未能达到市场化金融结构替代政府主导型金融结构的临界点（K1），即只有在总资本存量不低于K1时，市场化金融结构才对政府主导型金融结构具有信息生产成本优势。因此，政府主导型金融结构就相应地构成了这一时期阶段性最优金融结构，有效地配置了资本，并为中国迄今为止的金融结构调整和经济增长实践所充分证实。

然而，不得不承认政府主导型金融结构配置资本的机制是相当初级和原始的，某种意义上是生产力发展水平制约下的被迫制度选择。为了保证政府主导型金融结构配置资本的效率，不仅需要“干中学”的经济增长机制与之相配套，还需付出系统压低生产要素价格、保持对外经济失衡和高储蓄的额外代价。只有“干中学”的经济增长以及相应的劳动密集型的产业技术取向和中小企业为主的产业组织取向，并在系统压低要素价格的政策配合下，才能实现投资项目信贷规模的可控性，进而保证企业家声誉机制配置效率。对外经济失衡，特别是由此实现的外汇储备累积则奠定了实行人民币可调整盯住汇率制的坚实基础，进而获得与市场化的国际金融结构相匹配的货币锚和通货膨胀预期控制机制。以社会保障和消费金融发展滞后为代价形成的储蓄动员机制则减轻了超额货币供给和相应的通货膨胀压力，在一定程度上弥补了政府主导型金融结构配置资本效率的不足。正是由于政府主导型金融结构配置资本机制的内在欠缺才决定了其信息生产成本函数呈U型，并在经济发展条件成熟时，最终为市场化金融结构所替代。

“干中学”的经济增长源泉日渐枯竭，以及系统压低生产要素价格、保持对外失衡和高储蓄成本的飙升都意味着推迟中国政府主导型金融结构市场化转型的代价不断增加，以致维持这样的金融结构将沦为次优的制度安排。更为重要的是中国经济发展水平不断提高和投资规模日趋扩大也为实现金融结构市场化转型奠定了坚实的经济基础。由此可见，中国目前的生产力水平可能达到甚至超越了市场化金融结构替代政府主导型金融结构的临界点（在图 10-5 中由总资本存量 K1 来代表），政府主导型金融结构，这个中国曾经的阶段性最优金融结构完成其历史使命，开始逐步淡出资本配置中心舞台的时机已经成熟。

五、可持续发展的金融体制保障

中国从改革开放开始时生产力发展水平偏低的基本国情出发，选择了与当时“干中学”的经济增长机制相适应的政府主导型金融结构。中国政府主导型金融结构可概括为“三驾马车”：①国家隐性担保下的金融机构（银行）信用扩张。②兼顾通货膨胀控制和经济增长的货币政策。③基于资本管制的人民币可调整盯住汇率制。这一金融结构很长一段时期以来成为中国阶段性最优金融结构，有效地改善了资本配置效率，顺利地推进了货币化进程，实现了经济的加速增长。

随着中国生产力发展水平的提高，政府主导型金融结构市场化转型的滞后以及引发的资本化进程扭曲越发暴露出其在实现投资项目融资成本有效差别化定价方面的欠缺，充分表明这样的金融结构已经不能适应贯彻科学发展观，转变增长机制的要求。这是因为为了保证政府主导型金融结构配置资本的效率，不仅需要干中学的经济增长机制与之相配套，还需付出系统压低生产要素价格、保持对外经济失衡和高储蓄的额外代价。2003 年 10 月，党的十六届三中全会首次提出：“坚持以人为本，树立全面、协调、可持续的发展观，促进经济社会和人的全面发展。”2004 年，党的十六届四中全会明确使用“科学发展观”概念，提出坚持以经济建设为中心，树立和落实科学发展观，不断开拓发展思路、丰富发展内涵，推动社会主义物质文明、政治文明、精神文明协调发展。党的十七大对科学发展观的内涵作了进一步系统阐释。政府主导型金融结构资本配置机制不足的日益显现标志着继续推迟其市场化转型很显然是与贯彻、落实科学发展观精神背道而驰的。

同样重要的是正在肆虐的全球金融危机则提供了政府主导型金融结构的市场化转型的契机。本次全球金融危机从本质上讲属于金融创新过度引发的道德风险型市场失灵。自 20 世纪 80 年代美国掀起金融自由化浪潮以来，利用金融衍生工具对冲投资价格风险成为影响最为深远的金融创新活动之一，其基本思路就是通过历史数据利用统计中的肥尾理论计算证券价格单边市场的发生概率，并由金融衍生工具对相应的价格风险实现对冲和无风险套利。很显然，这样的理财思路实际上假定证券价格单边市场发生概率是外生的，而且相应的价格风险能够得到完全控制。殊不知证券价格单边市场发生概率系投资者不同风险态度和信息状况平均而来的参数，一旦利用金融衍生工具对冲投资价格风险成为实践，这样的参数势必发生内生化，提高市场系统风险。同样重要的是这样的理财思路一旦盛行，还可能引发价格泡沫，进一步导致风险防范和信息生产激励不足。最后，股指期货、期权等金融衍生工具的作用只是降低投资者的交易成本，其本身不一定会直接产生投资风险。但考虑到在资产泡沫盛行的情况下，价值投资并非最优交易策略，高杠杆的金融衍生工具完全可以用来放大而非控制投资风险。鉴于市场本质上属于处理与不确定性有关的有效信息处理机制，试图完全控制价格风险的金融创新思路本身就是违背市场经济最基本规律的。由此可见，这样的金融创新显然就是人性的贪婪和自负引发的过度创新，并导致严重的市场失灵和金融危机。

根据上面的分析，尽管本次全球金融危机起源于美国金融创新过度和相应的市场失灵，但其影响却是全球性的，其中中国就是主要的受害者之一。以中国为例，其政府主导型金融结构欠发达特征与美国相比十分明显。中国金融欠发达势必要求保持高（谨慎）储蓄，并付出低效的消费跨期平滑的福利代价。那么，将中国部分储蓄转由美国更加发达的金融结构配置，不失为政府主导型金融结构的有益补充。由此可见，当美国金融结构能够有效运行的时候，中国选择与自身生产力发展水平相适应的政府主导型金融结构，以及保持高（谨慎）储蓄，并将部分储蓄由效率更高的美国金融结构代为配置，实属“双赢”的金融发展策略。然而，一旦美国金融资产定价出现严重扭曲，爆发金融危机，选择这样的策略不仅可能遭受已有投资的损失，而且会面临无法继续执行该策略，被迫以低收益资产方式持有新储蓄的尴尬，以致出现美国流动性不足和中国储蓄过度和流动性过剩的“双输”局面。

很显然，面对这样的金融危机，中国在短期内只能通过扩张性财政政策和政府主导型金融结构相结合，扩大内需，特别是消费来稳定经济。毕竟本次全球金融危机不仅属于集体非理性范畴的结构无效率市场失灵（主要指资产价格泡沫破灭的低效率市场均衡），而且引发严重的经济衰退和通货紧缩，产生市场的边际无效率（主要指大宗商品价格波动过大，以致资源市场配置产生严重的收入再分配效应）①②。仅仅依赖市场机制，将可能恶化资源配置效率，阻碍经济复苏。不过，中国在未来的金融结构调整上却拥有两种可能的战略选择：

（1）当全球经济复苏，特别是发达经济体金融结构功能恢复正常时，重新恢复既有的金融结构策略，即以政府主导型金融结构为主体，发达经济体市场化金融结构为补充共同配置高（谨慎）储蓄。在政府主导型金融结构未能成功实现市场化转型之前，试图人为压低高（谨慎）储蓄和金融的对外依赖可能既是徒劳的，又是无益的。究其原因：一方面，在政府主导型金融结构资本配置效率欠缺（具有信用扩张过度和通货膨胀特征）的前提下，人为压低储蓄势必增加超额货币供给和通货膨胀压力，损害经济稳定；另一方面，消费率的提高和储蓄率的相应降低将限制国内投资融资能力，要么降低未来潜在经济增长率，要么加大对外金融依赖度。因此，从长期看，以政府主导型金融结构为主体，发达经济体市场化金融结构为补充共同配置高（谨慎）储蓄的传统策略将是保持政府主导型金融结构不变条件下的最优金融发展策略。

（2）当经济实现稳定以后，适时推进渐进的政府主导型金融结构市场化转型，切实提高中国资本配置效率，并在此基础上适度降低储蓄率，在继续保持经济高增长的同

① Joseph E. Stiglitz, 1982, The Inefficiency of the Stock Market Equilibrium, The Review of Economic Studies 49.

② Joseph E. Stiglitz, 1972, On the Optimality of the Stock Market Allocation of Investment, Quarterly Journal of Economics, 25-60.

时，改进消费者福利，并纠正对外经济失衡和减轻金融对外依赖。

随着“干中学”的经济增长源泉日渐枯竭，以及系统压低生产要素价格、保持对外失衡和高储蓄成本的飙升，上述第2种金融结构调整战略无疑是更好地选择，而选择第1种金融结构调整战略则很可能遭遇实现短期稳定和保持长期增长的潜在冲突。选择第2种战略可以在稳定经济基础上有效实现中国金融结构市场化转型，对未来中国经济的可持续发展提供金融体制保障，其具体政策措施包括：

（1）通过扩张性财政政策和部分保留、强化开发性金融相结合，扩大内需，稳定经济，为政府主导型金融结构市场化转型创造良好的宏观环境。很显然，这次全球金融危机在加大中国金融市场化改革压力同时，也恶化了其宏观经济环境。鉴于本次金融危机发端于美国金融结构对资本市场的过度依赖，并非单纯的流动性问题，从而必须主要依赖扩张性财政政策稳定经济，促进金融市场化改革的可持续性。毕竟面对这样的金融危机，如果过度运用扩张性货币政策来稳定经济，将很快遭遇提高货币政策效果和巩固金融市场化改革成果的两难困境。不过，这并不意味着金融结构在稳定经济方面只能毫无作为。鉴于中国现行的金融结构兼有商业性和开发性金融的双重特征，且前一特征越发明显，在限制开发性金融使用范围基础上，将商业性和开发性金融职能明确分开无疑既有助于稳定经济，又不妨碍政府主导型金融结构市场化转型。具体地讲，就是首先成立专门的开发金融管理机构，进而在国有银行内部实行商业性和开发性金融分账管理，并实施差别监管和差别税负（补贴）政策。此外，还可以将承担部分开发性金融任务作为信贷市场准入条件，规范民间金融发展，不仅促进信贷市场有益竞争，而且可以扩大开发性金融资金来源。这样就可以有选择地继续运用政府主导型金融结构部分有效机制，如国家隐性担保下的信用扩张、竞争性产品市场结构的投资项目质量信号显示功能和企业家声誉机制等，对三农、中小企业和落后地区经济发展等予以开发性金融支持。

（2）按照先深化银行商业化改革和发展债券市场，特别是企业债市场，后规范发展股票市场的次序渐进展开金融结构市场化转型。目前的工作重点在于加快银行信贷利率市场化改革，并积极发展企业债市场，以尽快实现利率市场化和投资项目事前的显性差别化定价。其中实现银行信贷利率市场化更是重中之重。实现银行信贷利率市场化除了要逐步消除利率管制之外，还应在加强银行资本充足性监管基础上，深化银行业产权改革，引入信贷市场有效竞争，减轻信贷利率扭曲。此外，还应结合运用积极财政政策稳定经济的契机，大力提升国债市场深度（可为债券发行提供利率基准），积极推进企业债市场化发行。

（3）规范和发展资本市场，特别是股票及其衍生市场同财政扶持国有企业技术创新相结合，缓解市场化转型过程中可能出现的资本金不足难题，激励必要的创新投资。由于资本市场，特别是股票市场信息不对称和不完全问题最为突出，信息生产成本最为昂贵，对其进行超常规发展只会导致资产价格泡沫盛行和系统风险加剧。中国规范和发展股票市场的当务之急就是改革向政府关联企业过度倾斜的发行上市、再融资、资产并购重组和退市等一系列制度安排，促进上市公司间的平等竞争。此外，中国规范和发展股票市场还需要发展市场化的金融监管体制，将监管重点转向惩罚不正当交易行为，扩大强制性信息披露范围和保证信息披露的真实性要求上，以缓和投资项目信息不对称状况，而不是制定僵化的管制标准，直接干预资本配置行为。最后，特别需要指出的是对股指期货、期权金融衍生市场的发展更需稳健。尽管从理论上讲，股指期货、期权等金融衍生工具的作用只是降低投资者的交易成本，其本身不一定会直接产生投资风险。但考虑到在资产价格泡沫盛行的情况下，价值投资并非最优交易策略，高杠杆的金融衍生工具完全可以用来放大而非控制投资风险。不过，由于资本市场的规范、发展不能一蹴而就，金融结构市场化转型过程中的创新投资激励和资本金不足难题将很难完全避免。幸运的是在资本市场欠发达的条件下，国有企业的特殊治理结构却反而有助于激励创新投资，部分起到弥补市场失灵的作用。由于国有企业的多层委托—代理关系始终无法绕开效率较低的公共选择过程（尽管国有企业最初委托人是全体居民，其最初代理人必须是政府机构），作为国有企业最初代理人的政府机构监督激励不足，极有可能导致经营者（企业家）谈判能力的增强，相应鼓励企业创新投资。至于国有企业经营者的道德风险主要依赖竞争性的产品市场结构和国有投资者的有限责任进行必要的抑制。在多种所有制经济平等竞争基础上，保留适度的国有经济比重激励企业创新投资无疑有助于获得更多的高质量投资项目，加速经济增长。国有经济比重可以随着经济发展和市场体制的不断成熟再适度降低。因此，为了缓解转型过程中可能出现的资本金不足难题，还可以通过保留足够比重的国有经济方式，由财政对具有技术外溢效应的投资项目提供直接补贴（可视为另一种形式的国家隐性担保），激励必要的创新投资。

（4）坚持以我为主的渐进外汇管理体制改革和金融对外开放，为国内金融结构市场化转型保驾护航。根据前面的分析，在政府主导型金融结构“三驾马车”中，基于资本管制的人民币可调整盯住汇率制显然是国内金融制度安排在开放经济条件下的配套措施。因此，只有国内金融结构率先实现市场化转型，加速外汇管理体制改革和金融对外开放才会取得更好的效果。在外汇管理体制改革和金融对外开放内部，外汇管理体制改革又可适度领先。这是因为实行人民币可调整盯住汇率制就是为了获得同国际市场化金融结构相匹配的货币锚和通货膨胀预期机制。但随着本次全球金融危机的爆发，国际市场化金融结构可能也需要一个较长的功能修复期，以人民币可调整盯住汇率制方式获得的货币锚和通货膨胀预期机制，其价值势必有所下降。另外，随着中国政府主导型金融结构市场化转型的逐步成功，特别是资本配置效率的有效改善，以盯住国内价格水平获得货币锚或通过实行通货膨胀目标来控制通胀预期自然是更合理的政策和制度选择。至于全面金融对外开放不仅需要中国完成金融结构市场化转型，还得是获得金融国际竞争力以后才应考虑的事情。

上述具体措施无疑是可行的。这首先体现在稳定经济和推进金融结构市场化转型潜在冲突的有效缓和上。鉴于金融业不可避免地带有顺周期特征，在全球金融和经济危机背景下，推进金融结构市场化转型本身具有加剧金融和经济危机的危险。通过扩张性财政政策和部分保留、强化开发性金融相结合，扩大内需，稳定经济将不仅能够实现新、旧金融结构的平稳过渡，而且可以保障市场化转型的可持续性。更为重要的是按照先深化银行商业化改革和发展债券市场，特别是企业债市场，后规范发展股票市场的次序渐进展开金融结构市场化转型，率先形成银行信贷或间接融资主导，间接融资与直接融资（以债券市场为主体）相结合的金融结构能够基本满足至 2020 年中国基本实现工业化经济增长任务的融资需要。这是因为到 2020 年之前，基本实现工业化仍是中国经济增长的最主要任务，在技术进步上依然侧重于缩小与世界技术前沿的差距而非推进技术前沿本身，只不过在核心技术上更强调自主研发，这就决定了运用债权融资方式足以缓和大部分投资项目信息不对称状况。那么，率先形成银行信贷或间接融资主导，间接融资与直接融资（以债券市场为主体）相结合的金融结构不仅能够实现投资项目事前的显性差别化定价和信贷分离均衡，而且企业债市场的成熟还可缓解银行体系流动性和资本供给的潜在冲突，提供充足的投资长期资金。当基本工业化已基本完成，中国进一步经济增长需主要依赖推进技术前沿时，资本市场，特别是股票市场的欠发达所引致的创新投资激励和资本金不足将会凸显出来。不过，届时由于资本市场，特别是股票市场的规范、发展已具备稳固基础，在更高生产力发展水平支持下，形成更加完善的资本市场或直接融资主导的金融结构只是水到渠成的事。需要指出的是，即使是这样的资本市场或直接融资主导的金融结构也是债券市场为主体，并需要发达的银行体系和必要的储蓄作为补充。毕竟信息生产成本的昂贵决定了金融结构对创新投资激励作用是有限度的，不顾信息成本约束片面强调创新投资激励只会起到适得其反的效果。这就是过度依赖和迷信资本市场，特别是股票市场的华尔街模式和本次金融危机给我们的教训。

总之，到2020年之前，通过上述一系列对策，中国将形成银行信贷或间接融资主导，间接融资与直接融资（以债券市场为主体）相结合，并以开发性金融和财政补贴的国企创新投资为补充的新金融结构，实现政府主导型金融结构初步市场化转型。如图10-26所示，按照选择性使用开发性金融、银行信贷利率市场化、债券市场化发行、财政补贴国企创新投资、实施更有弹性的人民币汇率制度、规范和发展股票市场及其衍生市场次序进行金融结构调整和相应的经济增长机制转变，到2020年，中国一定能够形成间接融资主导的市场化金融结构，并基本消除要素价格扭曲和对外经济失衡。届时，中国将在巩固货币化成果的基础上，成功实现资本化和金融平衡发展，有效改善资本配置效率，以更小的代价完成人均GDP翻番任务，并能够改进消费者福利，促进经济增长成果更好分享。2020～2035年，中国资本市场如能进一步完善，并在此基础上基本消除资本管制，实现金融全面开放，将最终完成金融结构市场化转型，形成一种经济可持续发展的金融体制，以保障更充分地激励创新投资，为彻底打破中等收入国家陷阱，真正实现经济赶超奠定重要制度基础。

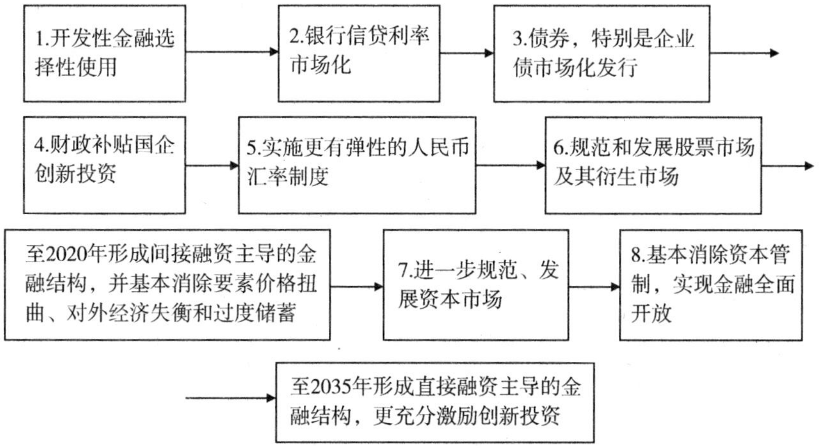

图10-26 中国政府主导型金融结构市场化转型路线（2009～2035年）

参考资料

[1] Fama, Eugene F. and Kenneth, 1999, The Corporate Cost of Capital and The Return on Corporate Investment, Journal of Finance 54.

[2] Joseph E. Stiglitz, 1972, On the Optimality of the Stock Market Allocation of Investment, Quarterly Journal of Economics, 25-60.

[3] Joseph E. Stiglitz, 1982, The Inefficiency of the Stock Market Equilibrium, The Review of Economic Studies 49.

[4] 陈晓、单鑫:《债务融资是否会增加上市公司融资成本?》,《经济研究》1999 年第 9 期。

[5] 陈小悦、肖星、过晓艳:《配股权与上市公司利润操纵》,《经济研究》2000 年第 1 期。

[6] 黄志忠、陈龙:《中国上市公司盈利成长规律实证分析》,《经济研究》2000 年第 12 期。

[7] 姜国华、王汉生:《上市公司连续两年亏损就应该被"ST"吗?》,《经济研究》2005 年第 3 期。

[8] 刘霞辉、张磊、张平、王宏淼:《金融发展与经济增长:从动员性扩张向市场配置的转变》,《经济研究》2007 年第 4 期。

[9] 陆正飞、叶康涛:《中国上市公司股权融资偏好分析——偏好股权融资就是缘于融资成本低吗?》,《经济研究》2004 年第 4 期。

[10] 尚明、吴晓灵、罗兰波:《银行信用管理与货币供应》,中国人民大学出版社 1992 年版。

[11] 石建民:《股票市场、货币需求与总量经济》,《经济研究》2001 年第 5 期。

[12] 平新乔、李自然:《上市公司再融资资格的确定与虚假信息披露》,《经济研究》2003 年第 2 期。

[13] 吴晓灵等:《新一轮改革中的中国金融》,天津人民出版社 1998 年版。

[14] 易纲:《中国的货币供求与通货膨胀》,《经济研究》1995 年第 5 期。

[15] 俞乔、程滢:《我国公司红利政策与股市波动》,《经济研究》2001 年第 4 期。

[16] 于学军:《中国经济改革二十年货币和信用周期考察》,中国社会科学出版社 2000 年版。

[17] 赵志君:《金融资产总量、结构与经济增长》,《管理世界》2000 年第 3 期。

[18] 张兵、李晓明:《中国股票市场的渐进有效性研究》,《经济研究》2003 年第 1 期。

[19] 中国人民银行、中共中央文献研究室编:《金融工作文献选编(一九七八~二〇〇五)》,中国金融出版社 2007 年版。

[20] 中国证券监督管理委员会:《中国资本市场发展报告》,中国金融出版社 2008 年版。

第三篇

中国经济潜在增长水平与可持续增长

第十一章　中国经济长期增长的潜在水平及其效率、路径

长期经济增长，是一个结构演进到均衡路径逐步达成的过程，经验表明，大致划分为两个阶段：前期结构变动促进增长的经济追赶阶段；后期要素/产出比例趋于稳定的均衡增长阶段①。持续的资本积累、接续的主导产业以及有利于创新涌现的制度，促动工业先行国完成了两个增长阶段的转换，进而跻身于世界发达经济行列。然而，由于自身体制的缺陷，后发工业化国家在增长阶段转换中，却发生了各种各样阻碍经济持续成长的问题，只有极少数国家和地区（如战后“亚洲四小龙”）顺利完成了转型。当前，中国经济正面临着增长阶段的转换问题，也即高投资和出口驱动的经济增长阶段Ⅰ，已逐步失去经由干预提升效率的动力，以结构调整促进效率提高的增长阶段行将结束，城市化和服务业的发展将开启经济稳速增长阶段Ⅱ，效率提高促进结构优化是本阶段的主要特征。那么在未来这一稳速增长阶段，我国经济的增长路径将是如何，其潜在增长水平又是多少，本章将试图探讨这些问题，具体结构安排如下：首先，为加深与建立分析的事实基础，我们将引入发达国家和发展中国家长期增长的三个统计现象；其次，在这些事实基础上，对中国经济增长阶段的问题和特征进行了考察；再次，依据前述分析，我们将探讨中国未来经济增长的潜在水平；最后，给出了我们的研究结论并提出了相关的政策建议。

一、长期经济增长的三个统计现象

欠发达经济增长分析的立足点，可以概括为这样两句话：我们走到了哪里？下一步会走向何方？本部分提供了发达国家和发展中国家长期增长的三个统计现象，我们的一系列认识和实证逻辑，都将围绕这些经验规律和事实展开。

（一）统计现象Ⅰ：长期增长路径的结构性加速与减速

如果把增长当作一种结构演变过程来看，那么，我们可以得出发达国家长期经济增长速度呈“钟型”演变路径的结论。以潜在增长率为观测变量，工业化先行国普遍经历了工业化阶段的经济加速和城市化阶段的经济减速。这个过程中，由于工业和服务业

---

① 即以效率持续提高为根本动力的增长阶段。

比重的变化影响了经济增长速度的变化，我们把这样的一条长期增长路径概括为“结构性加速”和“结构性减速”两个阶段。

上述结论来源于以下认识：相对于工业而言，服务业具有相对较低的劳动生产增长率，发达国家公共服务需求在第三产业占有越来越大的比重，如社会保障、教育等支撑高质量生活的部门，通常具有较低的产出增长速度。尽管如此，正如研究普遍认同的那样，为了保持资本主义的创新活力，这些日益扩大的部门又是经济持续发展所必需。另外，从时间标定看，20 世纪 70 年代以后发达国家普遍发生经济减速现象，一些有意思的研究——如 Eichengreen etc.（2011）通过统计分析对减速拐点进行了确认。

需要强调的是，作为一种长期趋势，结构性减速并不意味着工业增长速度必然降低。原因是，由于工业份额的占比逐步下降，即使特定时期工业增长率相对较高，但是这种加速有可能被较低的工业增加值或就业份额所抵消。再者，结构性减速的含义是产出或劳动生产率增长速度的下降，而不是产出或劳动生产率绝对水平的下降，在这种意义下，长期经济增长速度的“钟型”路径，与产出或劳动生产率水平（绝对值）的“S 型”成长趋势的含义是一致的。

（二）统计现象Ⅱ：长期增长函数的要素弹性参数逆转

下面我们提供发达国家的要素弹性参数逆转统计事实和发达/欠发达国家横截面的比较分析。发达经济和不发达经济以及发达经济不同增长阶段的对比表明，不同经济发展阶段，劳动或资本要素在总产出中的份额会发生变化。即伴随着人均国民收入的提高，劳动力分配所占份额逐渐提高，要素弹性沿着长期增长曲线发生变化。

基于标准增长核算方程，我们可以将长期增长函数的要素弹性参数逆转规律描述为：资本/产出弹性（α）和劳动/产出弹性（1-α）在不同的经济发展阶段数值有异，发达国家和发展中国家的经验对比表明，随着经济向更高阶段演进，资本/产出弹性将逐渐走低，相应劳动/产出弹性逐渐提高。原因是，根据“分配净尽原理”或“欧拉定理”，在规模报酬不变的假设下，要素弹性等于要素份额。

标准增长核算方程的要素弹性与要素参与分配的份额相等，这一结论预示着增长历程由工业化向城市化过渡，与收入向劳动者倾斜之间有着内在关联。这种关联同时意味着，若把城市化过程看作与工业化过程不同的发展阶段，那么，该阶段经济结构的转变有可能导致要素弹性参数的变化，因此，弹性参数与经济增长的福利变化密切相关。

库兹涅茨（1989，中译本）的研究结果是（见表 11-1），主要工业化先行国劳动收入在国民收入中的占比，普遍历经了比较显著的上升趋势，英国 100 年的经济发展，把劳动收入份额由 20 世纪 60 年代的不到 50%，提高到 20 世纪 60 年代的 70%；其他发达国家，如德国、法国、美国，劳动力收入份额突破 60% 也都经历比较漫长的时期。与发达国家相比，发展中国家较低的工业化水平导致了国民收入中劳动力份额的低下。中国改革开放以来，工业化水平逐步提升，农村剩余劳动力持续转移，在这种二元经济结构条件下，劳动要素份额长期处于较低水平。现有的研究结果表明，中国国民收入中劳动/资本份额之比的值为 0.3∶07 或 0.4∶0.6。

表 11-1　发达国家劳动收入占国民收入的份额长期变化趋势（单位：%）

英国		法国		德国	
1860～1869	47	1911	43	1895	39
1905～1914	47	1943	45	1913	47
1920～1929	59	1920～1929	50	1925～1929	64
1954～1960	70	1954～1960	59	1954～1960（西德）	60
加拿大		美国			
1926～1929	59	1899～1908	54	1929	58
1954～1960	66	1919～1928	58	1954～1960	69

资料来源：库兹涅茨（1989）第四章"产值和收入的分配"。

（三）统计现象Ⅲ：发展中国家长期增长的结构失衡

以下，我们将分析发达国家与发展中国家长期增长的差异，主要表现为发展中国家长期存在的现代部门发展不平衡和结构均衡演进效率的损失。

1. 发达国家符合比较效率的产业结构演进路径

基于我们的前期研究，图 11-1 展示了 10 个工业化国家 1970 年以来第三产业相对于第二产业劳动生产率的变动趋势：总体来看，在产业结构服务化的长期趋势中，工业化国家第三次产业的劳动生产率普遍高于或等于第二次产业的劳动生产率。随着第三次产业规模的扩张和劳动力向服务业部门的持续转移，工业化国家第三产业生产率出现递减趋势，第二产业的生产率逐渐接近甚至超过第三产业劳动生产率。可以预期的是，随着产业结构的持续演进，第二、三次产业劳动生产率趋同是一种潜在趋势。

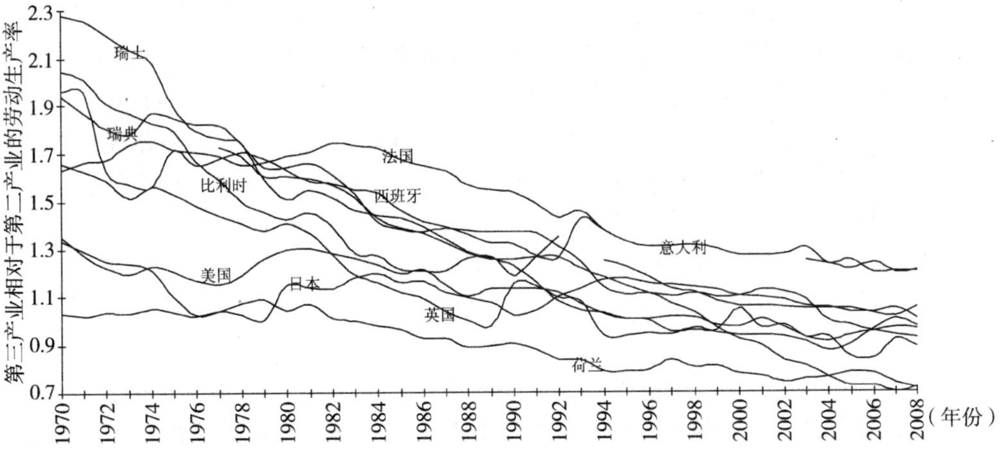

图 11-1　发达国家第三产业相对于第二产业的劳动生产率

资料来源：UNDATA。

2. 发展中国家效率低下的产业结构演进路径

图 11-2 展示了拉美 6 国 1975 ~2008 年间第三产业相对于第二产业劳动生产率的变化路径，且与图 11-1 相比呈现出截然相反的趋势。也就是说，发展中国家经济增长与发达国家经济增长在两个截然不同的世界里演进着。具体而言，拉美国家第三产业劳动生产率普遍低于第二产业，因此服务业相对劳动生产率一般在小于 1 的区域里演化——如厄瓜多尔、智利、乌拉圭、委内瑞拉第三产业/第二产业相对劳动生产率都位于显著小于 1 的数值区间里。不仅如此，基于联合国数据库（UNDATA），增长绩效较为显著的一些亚洲新兴经济体如中国、泰国、印尼、菲律宾、马来西亚等，其服务业相对劳动生产率也普遍位于显著小于 1 的数值区间里。

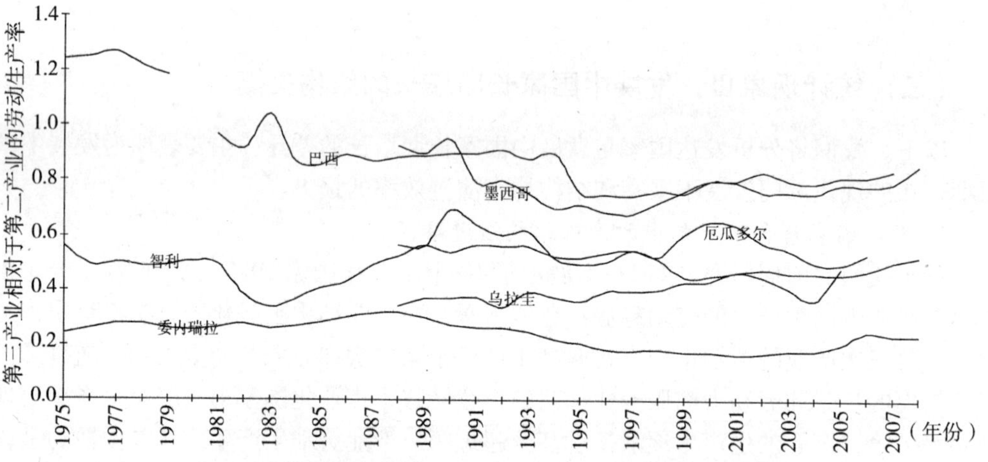

图 11-2　拉美 6 国第三产业相对于第二产业的劳动生产率

资料来源：UNDATA。

因此，发达国家服务业规模的扩大及相应就业和产出比重的上升，遵循了比较效率的经济学原则：即第三产业劳动生产率高，所以该产业就自然地成长。而发展中国家，典型国家如拉美国家，第三产业是在相对于第二产业较低的劳动生产率路径上扩展的。虽然这些国家的服务业份额或许达到了 60% ~70%，但是经济“服务化”这种路径却是在违背比较效率的条件下演化的。同样的情景也发生在亚洲的新兴工业化国家。

我们把发展中国家产业结构演进过程中普遍发生的服务业劳动生产率低于第二产业劳动生产率的现象，称为“产业结构演进无效率”。之所以做出这样的判断，原因有两个：

（1）产业结构演进无效率问题一旦出现，那么，随着第三产业规模的扩大和（就业、产出）份额的上升，经济“服务业化”趋势会进一步强化低效率的第三产业部门，进而削弱整体经济的效率提升空间。换句话说，在这种情况下即使工业部门保持了较高的劳动生产率增长率，但是其就业或产出份额的显著减少，对于经济整体效率的拉升能力会显著下降。

（2）一旦结构演进无效率问题出现，低素质劳动力会大量涌入服务业部门，甚至导致大量非正规就业出现，此时，服务业部门弱质性问题凸显，进一步削弱该部门效率的提升。一个弱质的服务业部门，不可能促进工业部门的发展，整体经济效率低下，宏观经济不稳定问题随之产生。拉美国家经济20世纪80年代经济增长幅度大起大落与增长乏力的现象，从一个角度说明了以上问题。

二、中国经济增长阶段Ⅰ的问题和增长阶段Ⅱ的特性

上述三个统计现象，有的在中国工业化过程中正在发生，有的即将发生。统计现象Ⅰ在中国部分发达省市，如北京、上海已经出现；统计现象Ⅲ在中国各个省市的经济增长中已经发生；统计现象Ⅱ随着中国收入分配政策的调整，未来经济阶段中也将逐步变得显著。

（一）“干预型经济”：高速增长阶段Ⅰ的三个效率问题

改革开放以来，中国高增长是在“干预型经济”模式下取得的：即国有企业对资本资源的掌控，政府对投资领域和投资规模的调控，以及政府对资本、劳动力价格的长期压低。工业化起飞阶段，“干预型经济”在动员全社会资本和劳动力资源方面有其重要作用，这种力量也为经典发展理论所认同。但是，随着工业化进程步入成熟及经济结构服务化趋势增强，高速粗放式的资本驱动，也相应出现投资效率递减问题。加之经济建设投资的高度动员而导致的居民消费滞后，以及长期重工轻商导致的服务业发展素质低下，整体经济增长效率较低和增长严重偏离均衡的不可持续问题也相应发生。我们认为，中国高增长阶段Ⅰ的效率问题，可以归结为三方面：资本效率低下、分配效率低下、结构效率低下。

1. 资本效率低下与投资驱动方式的不可持续

我们通过增量资本产出率（ICOR，I/ΔGDP）这个指标，来对高速增长阶段Ⅰ的投资效率问题进行简要分析。经济快速增长阶段资本密集型行业，如交通等基础设施投资，有可能拉高ICOR，但中国现阶段投资效率下降问题确实存在（张习宁，2012）。

全社会资本效率不高。全社会资本形成的ICOR状况（见图11-3）表明。改革开放以来经济高速增长的三十多年里，中国全社会ICOR经历了两个阶段的变化，第一阶段是1979~1995年的低ICOR时期，17年间平均为2.3；20世纪90年代中期之后，随着工业化进程的加快，ICOR大幅度上升，1998年、1999年达到了5~6的水平，1996~2011年间平均为3.5。相对于相似增长阶段的发达国家而言，中国现阶段ICOR数值明显较大，如20世纪50年代至70年代处于工业化向城市化转型时期的日本，其资本形成的ICOR基本维持在2.0的水平。

第二、三产业资本效率较差。第一，第二产业投资的ICOR在2000~2008年间保持在3.0左右的水平，2009年以来大幅提升，投资效率进一步下降；第二，长期以来，第三产业投资效率比工业更差，其ICOR持续在4.0~6.0的区间里变化。下文的分析将进一步揭示，第二、三产业投资效率的这种差异，与服务业部门相对于第二产业部门的低水平劳动生产率恰相对应。这种高投资背后的结构性效率扭曲，是在服务业部门快速发展的转型时期发生的，如果得不到扭转，全社会投资低效率的问题将进一

步强化。

区域资本效率普遍不高。1979～2011年东中西部地区资本形成ICOR的结果为，90年代中期以后，三个地区ICOR均呈现出了与图11-3全社会资本形成ICOR相类似的上升过程。其中，西部地区显著较大的ICOR，与大开发战略下基础设施投资的较快增长有关。近10年来，中部地区与东部地区表现出了基本相同的ICOR，说明较发达地区投资效率并不比工业化城市化滞后地区好多少，因为东部地区的高ICOR，并不是在创新投资成为普遍经济现象的状况下发生的。

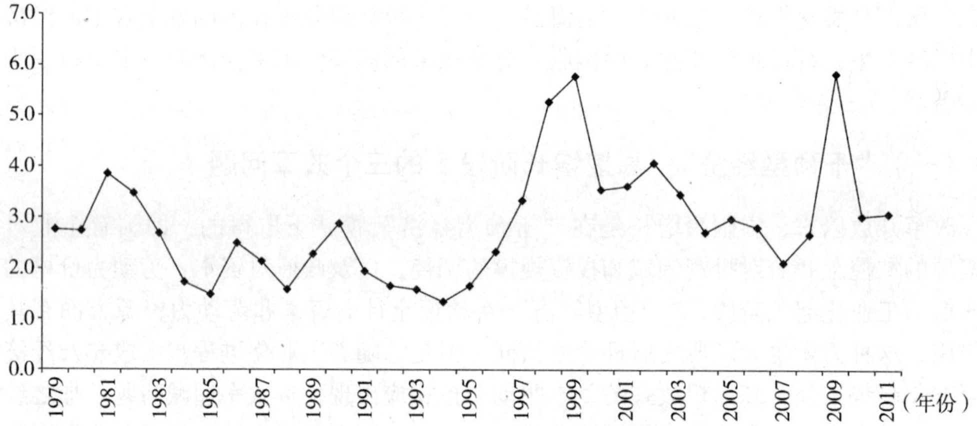

图11-3 1979～2011年全社会资本形成的ICOR

资料来源：历年《中国统计年鉴》。

2. 分配效率与要素弹性参数特征

中国现阶段增长核算方程参数与发达经济体的差异，在于分配向资本倾斜导致的产出/劳动弹性参数相对较小，产出/资本弹性相对较大。表11-2提供了中国高增长阶段Ⅰ劳动份额的统计说明，总体而言，中国产出/劳动弹性（1-α）长期以来维持在0.4～0.5的水平，相应资本弹性为0.6左右。我们想表达的一个认识是，随着中国高增长阶段Ⅰ的结束，在向下一个增长阶段演进中，如果劳动份额不能通过国民收入的提高而自动提升，那么，强制性的收入分配倾斜政策，在将国民福利提升的同时，也相应改变长期增长函数的参数。如果这样的事情发生，则增长速度就会因为资本弹性参数的降低，经济经由减速通道进入稳速增长阶段Ⅱ。

表11-2 其他学者计算的劳动份额（单位：%）

年份	劳动份额（a）	劳动份额（b1）	调整后的劳动份额（b2）
1980	51.2	51.2	40.9
1985	52.9	52.7	43.4
1990	53.4	53.3	45.3
1995	52.6	51.4	45.7
2000	51.5	48.7	44.4

续表

年份	劳动份额（a）	劳动份额（b1）	调整后的劳动份额（b2）
2005	41.4	41.4	40.4
2006	—	40.6	39.9
2007	—	39.7	39.2

注：（a）根据白重恩、谢长泰、钱颖一（2006）提供的资本份额推算；（b1）、（b2）来自张车伟（2010）。

3. 结构效率低下与服务业部门的被动扩张

与投资驱动增长阶段 I 和低劳动收入份额相关的，是中国结构效率的扭曲。我们基于第三产业与第二产业劳动生产率差异，来对这种现象进行分析。

表 11-3 提供了高增长阶段 I 产业劳动生产率偏离均衡路径的景象。按照二元经济理论，资本积累推动剩余劳动力转向现代部门是一个平滑过程，即剩余劳动力被工业部门和服务业部门按照边际收益原则吸收。但是，中国的现实却是在劳动力资源被资本吸收过程中，工业与服务业部门规模越来越大，但两者的效率也出现越来越大的缺口，劳动力没按边际收益原则吸收。这个缺口的产生，表现为工业化进程吸收了相对高素质的劳动力，而把大量低素质的劳动力驱赶到非正规就业广泛存在的服务业部门，导致该部门的被动扩张和效率长期低下。发展中国家产业结构过度服务化及由此导致的低生产率和低增长陷阱问题，Cimoli 等（2006）、Rada（2007）等文献进行了较为详细的阐释，陆梦龙和谢珣（2012）提供了一个很好的综述。

这种服务业部门被动扩张现象的存在，一方面压抑了服务业部门持续增长潜力，另一方面也导致工业发展与服务业发展良性互动通道的阻断。因为服务业的扩张不是工业部门的自然延伸，而是作为工业化驱出的“劣质劳动力”的贮存渠道而勉强存在。

表 11-3　中国省际第三产业相对于第二产业的劳动生产率

年份＼地区	北京	天津	河北	山西	内蒙古	辽宁	吉林	黑龙江	上海	江苏
1990	0.89	0.81	0.87	0.70	1.07	0.89	0.77	0.87	0.86	0.97
1995	0.77	0.76	0.61	0.58	1.00	0.67	0.62	0.80	0.53	0.65
2000	0.62	0.60	0.48	0.47	0.73	0.40	0.37	0.53	0.51	0.51
2005	0.41	0.46	0.56	0.42	0.54	0.33	0.29	0.46	0.34	0.50
2010	0.35	0.35	0.55	0.34	0.39	0.24	0.27	0.35	0.32	0.56

年份＼地区	浙江	安徽	福建	江西	山东	河南	湖北	湖南	广东	广西
1990	0.77	0.60	0.75	1.09	0.70	0.85	0.66	0.83	1.02	0.53
1995	0.36	0.47	0.43	0.52	0.47	0.51	0.39	0.41	0.41	0.26
2000	0.27	0.39	0.39	0.35	0.37	0.48	0.26	0.33	0.38	0.18
2005	0.34	0.48	0.39	0.36	0.32	0.42	0.24	0.31	0.34	0.15
2010	0.39	0.42	0.38	0.36	0.31	0.41	0.28	0.28	0.33	0.27

续表

地区 年份	海南	四川	贵州	云南	陕西	甘肃	青海	宁夏	新疆	
1990	0.63	0.69	0.51	0.51	0.80	0.70	0.66	0.79	0.79	
1995	0.40	0.46	0.39	0.41	0.51	0.61	0.66	0.73	0.76	
2000	0.32	0.39	0.23	0.36	0.32	0.53	0.40	0.67	0.56	
2005	0.25	0.35	0.18	0.36	0.27	0.49	0.31	0.55	0.46	
2010	0.22	0.29	0.18	0.33	0.32	0.43	0.31	0.44	0.46	

资料来源：中经网数据库。注：第二产劳动生产率=1，基期是1985年。

（二）向均衡增长过渡：稳速增长阶段Ⅱ的核心趋势和三个特性

资本驱动的高增长阶段Ⅰ，已经不能促进经济效率的持续提高，迫使中国经济进入以效率提升促进结构进一步升级的经济增长阶段Ⅱ。

我们把这个正在发生的经济时期称为“稳速增长阶段Ⅱ”（张平、刘霞辉、王宏淼，2011），是因为以效率提高为主要标志的该阶段具有较阶段Ⅰ显著不同的三个特质和内涵：①投资减速迫使经济进入减速通道；②人口结构转型和劳动力供给拐点的发生抑制甚至持续拉低经济长期增长；③资源向均衡路径配置的要求迫使“干预型经济”向市场效率转换。基于这三个因素的相互作用，增长平稳减速通道的逐步构筑成为阶段Ⅱ的核心趋势。

鉴于中国区域经济显著的增长差异，我们有必要立足于空间结构对相关问题进行观察。其中，人口转型及劳动力区域流动具有不确定性和复杂性，适合从全社会总量角度进行观察，因此，为突出分析重点，我们着力于区域和产业结构角度的投资减速问题分析。

1. 投资减速通道与“区域依趋势增长”

我们把产业结构与区域结构结合起来，观察增长阶段Ⅱ的投资减速通道是如何形成的。

首先对“区域依趋势增长”这个概念进行说明。经济高增长阶段Ⅰ的一个重要结果，是中国区域经济发展不平衡，表现为投资、劳动力由内陆地区向东部沿海地区的集聚。这个集聚过程分化出了一个层次分明的发展阶段雁字排序：率先进入工业化和城市化较高阶段的东部地区；在工业化路径上追赶东部的中部地区；以及大规模工业化活力正被激发的西部地区。从东部往中西部看下去，那么，现阶段东部地区呈现出来的景象，就可以作为中西部地区未来10年或20年的镜像，未来全社会增长趋势的判断，大致是处于递进过程中的各个地区的加权。判断区域增长阶段及可能发生的趋势减速，有两个结构性标志：

标志1：服务业份额达到50%的临界转换区域。

（1）中国结构性减速的真实景象：对于北京、上海经济最发达省市的观察。中国经济最发达的两个东部城市北京和上海，在向产业结构服务化的演进过程中，经济减速正在发生。北京和上海在20世纪90年代中期以后，第三产业增加值份额超过50%，几乎同时进入现代化阶段。不同的是，其后北京服务业份额增加更快，2011年达到76%，上海为58%。图11-4展示了两个城市全社会资本形成增长速度的长期趋势，90

年代中期以后，伴随着结构服务化趋势的增强，资本形成增长速度较工业化时期明显放缓且持续下降。

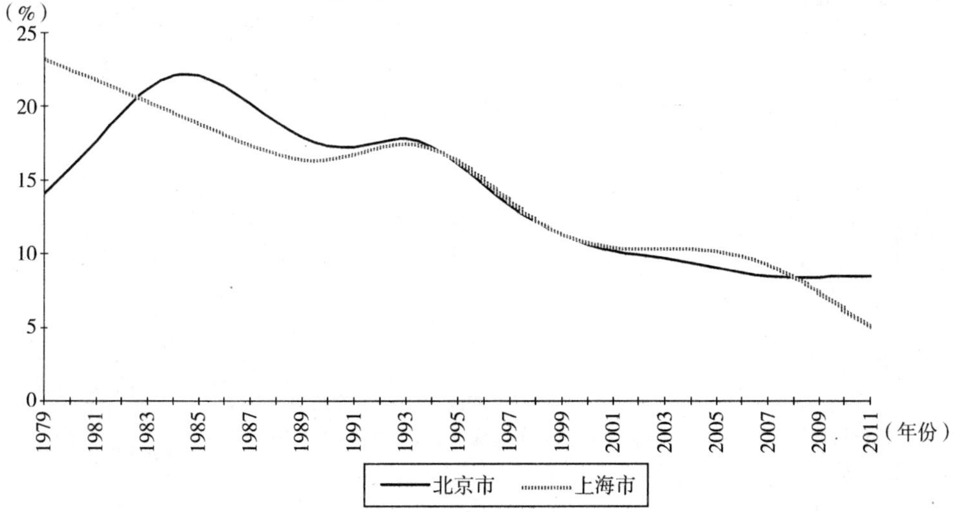

图 11-4　1979～2011 年北京、上海资本形成增长速度（HP 滤波）

资料来源：历年《中国统计年鉴》。资本形成实际值以 1978 年为基期的区域 GDP 减缩指数缩减，2011 年为固定资本投资数据。

结构性减速的另一个重要表现是潜在 GDP 增长速度的明显降低。表 11-4 对这种趋势提供了一个估算，目的是揭示经济结构高度服务化情境中，北京、上海高增长速度表象下面的深层原因。限于行业投资数据的可获得性，我们就近十年的情景进行观察。单纯从统计年鉴数据看，北京市 2003 年以来服务业增加值比重达到 70% 这样高的水平上，仍然维持着 10% 以上的 GDP 增长速度仿佛是个奇迹，因为世界上所有发达国家的城市化过程，从未出现过如此惊人的增长，尤其是服务业份额占比极高的城市化阶段。北京的这种增长现象，源于 20 世纪 90 年代末期以来日渐高涨的房地产投资的拉动，只有把这层不可持续的增长"面纱"揭开，我们才能触及真实的增长景象。正如表 11-4 所显示的那样，如果除去北京市房地产投资对经济增长的拉动，其潜在增长的真实水平可能只有 7%～8% 左右，基本符合城市化发展时期中国的现实。上海的情况基本类似，所不同的是，相比于北京来说，由房地产投资拉动高增长的短期行为稍弱一些。

表 11-4　北京、上海真实 GDP 增长的估计

北京

年份	房地产投资占总投资比重（%）	GDP 增速（%）	HP 滤波 GDP 增速（%）	HP 滤波房地产投资增速（%）	扣除房地产投资增长对 GDP 增长贡献后的真实增长（%）
2002	55.5	—	—	—	—
2003	56.4	11.0	13.1	9.9	9.8
2004	59.0	14.1	12.7	10.6	9.2

续表

年份	房地产投资占总投资比重（%）	GDP增速（%）	HP滤波GDP增速（%）	HP滤波房地产投资增速（%）	扣除房地产投资增长对GDP增长贡献后的真实增长（%）
2005	54.8	12.1	12.4	11.3	8.4
2006	54.7	13.0	12.0	12.0	8.0
2007	53.8	14.5	11.6	12.8	7.4
2008	52.7	9.1	11.2	13.5	6.8
2009	55.7	10.2	10.8	14.2	6.3
2010	59.2	10.2	10.4	15.0	5.4

上海

年份	房地产投资占总投资比重（%）	GDP增速（%）	HP滤波GDP增速（%）	HP滤波房地产投资增速（%）	扣除房地产投资对GDP增长贡献后的真实增长（%）
2002	35.3	—	—	—	—
2003	37.1	12.3	13.8	12.3	11.2
2004	41.2	14.2	13.2	11.9	10.5
2005	39.4	11.4	12.6	11.5	9.7
2006	35.8	12.7	12.0	11.1	9.4
2007	33.0	15.2	11.4	10.7	9.1
2008	32.8	9.7	10.8	10.3	8.8
2009	31.1	8.2	10.2	9.9	8.3
2010	40.7	9.9	9.6	9.5	7.9

注：数据来源于历年《中国固定资产投资年鉴》和《中国统计年鉴》。房地产投资实际值以1978年为基期的区域GDP减缩指数缩减；房地产投资对GDP增长贡献=房地产投资份额×房地产投资增速×产出的资本弹性参数（根据资本要素收入占GDP的份额近似估算，北京上海都取0.6）。

标志2：城市化率达到56%的临界转换区域①。

（2）城市化与服务业发展的关系。相对于北京、上海这样的经济发达城市而言，其他省市的城市化和服务业发展相对滞后。但是，从国际发展经验看，城市化的高速发展对服务业发展具有巨大的带动力，这种关联有利于我们观察未来产业结构变动和增长趋势。从趋势看，中国正处于城市化加速（城市化率50%）到城市化成熟（城市化率70%以上）的过渡阶段。基于本课题组城市化逻辑曲线的前期研究（张平等，2011），中国的高速城市化进程大约在2016年前后结束，城市化率跃过50%的关键点，而后城市化速度逐步放缓，2030年达到约70%的水平。在这个过程中，中国服务业发展将由增长阶段Ⅰ的工业化推动，转变为增长阶段Ⅱ的城市化集聚效应推动。

① 请参见第四部分的计量分析。

对于不同城市化阶段上的服务业结构变化，我们认为综合前文关于增长阶段I的效率问题分析以及适当的统计计量推断，或许能澄清一些问题。第一，城市化率：1996年中国城市化率超过30%，进入城市化快速增长阶段，1996～2011年，城市化率以年均1.4个百分点的速度提高，2011～2015年预期将维持这样的速度；根据本课题组的前期研究，2016～2025年，城市化率的增长速度年均约为1个百分点。第二，城市化率与第三产业就业比重：本课题组的前期研究依据城市化逻辑曲线和城市化与第三产业就业比重的回归方程，对2011年之后的基本看法是，城市化率每提升1个百分点，第三产业就业比重约提高0.7个百分点。第三，城市化率与第三产业增加值比重：从中国城市化率与服务业的长期统计关系看，1978～2011年间，城市化率增长1个百分点，带动服务业增加值上升约0.5个百分点①。对于第二个、第三个统计结论，我们有进一步深入分析的必要。

第二个统计结论是依据城市化与第三产业就业比重的回归方程（城市化率提高1%推动第三产业比重上升0.76%），预测值也采用了0.76这个系数项。结合第三个统计结论，我们会发现，第三产业的劳动份额比就业份额增加快，这正是前文关于增长阶段I结构效率低下问题的简洁表达形式。既然我们已经认识到中国增长阶段I发生了显著的第二产业与第三产业相对效率差异问题，那么，论及未来服务业发展时，我们不得不对一些看法进行修正。因为第三产业效率低下以及“劳动力驱赶效应”的存在，在长期中是危险的，如果盲目推进城市化，那么，结果不仅是造就一个效率越来越低的服务业部门，而且还有可能导致所谓城市化过度及类似于拉美结构服务化的增长缓慢和停滞问题。

因此，对于快速城市化到城市化成熟的增长阶段Ⅱ，注重服务业效率的提高是一个重要问题。为了扭转中国现阶段服务业的低效率，服务业产出比重的增加要求有一个至少不低于服务业就业份额的增长速度。这种效率改善的逻辑，意味着长期中国服务业增加值比重的提高速度，至少要跟上城市化速度。

（3）东中西部地区省市进入减速通道的次序。根据前面的分析，2011～2015年若城市化率年均增长1.4个百分点且中短期内服务业效率不能得到逐步改善的情况下（城市化率增长1%拉动服务业增加值份额增加0.5%），到2015年，服务业增加值份额提升约3个百分点，依据2011年各省市服务业份额计，天津、浙江、广东和海南4个省市服务业份额有望达到50%水平。因此，投资减速效应，将在随后的时期里逐渐变得显著（表11-5提供了服务业份额的变动趋势的比较起始点）。2016～2025年若延续2011～2015年的服务业发展势头，从增长和服务业效率提高两方面考虑，城市化率提高1个百分点应该至少拉动服务业增加值份额上升1个百分点。从2011年服务业的份额看，这种情景可以推动全国2/3省市的服务业份额达到50%及以上水平（服务业份额偏低的省份，如河北、广西、山西、内蒙古、安徽、江西、河南、四川、青海、新疆，其比重也可以提高到接近50%的水平），投资减速通道因此形成。

---

① 1978～2011年全国第三产业比重与城市化率的回归关系：第三产业增加值比重 $=\underset{(2.38)}{15.63}+\underset{(3.36)}{0.56}$ 城市化率 $+\underset{(6.91)}{0.84}\times AR(1)+\underset{(2.55)}{0.44}\times MA(1)$。$adjR^2=0.97$，$DW=2.03$。

表 11-5 2011 年各省市第三产业增加值份额（单位：%）

北京	天津	河北	辽宁	上海	江苏	浙江	福建	山东	广东
76	46	34	36	58	42	44	38	38	45
广西	海南	山西	内蒙古	吉林	黑龙江	安徽	江西	河南	湖北
34	45	35	34	35	36	32	31	29	37
湖南	四川	贵州	云南	陕西	甘肃	青海	宁夏	新疆	
39	33	46	38	35	36	33	39	32	

资料来源：中经网数据库。

2. 人口转型过程中的要素弹性参数变化

可以粗略地认为，要素弹性参数逆转，是伴随经济增长由工业化向城市化阶段迈进过程中的现象。高速增长阶段Ⅰ中发生的高资本积累，源于相应的建设资金动员能力。就中国经济增长经验看，强大资金动员能力的一个主要来源，是要素分配向资本的倾斜。在下一个阶段，中国经济将要发生的一个重要变化是增长福利函数的改变，即新时期国家分配政策的实施和对于民生改善的强调，对于要素分配格局产生影响，本质上带来产出/资本弹性参数（α）和产出/劳动弹性参数（$1-\alpha$）的逆转。亦即要素分配比例变化牵引要素弹性沿长期增长曲线滑动，从而产生资本弹性 $\alpha \approx 0.6$ 向预期资本弹性 $\alpha < 0.6$ 的转换。

依据二元经济理论，劳动力拐点的出现将倒逼劳动力市场定价机制的调整和工资的上升，进而导致要素分配格局向劳动力的倾斜。对于一个人口红利即将耗竭的转型经济而言，人口结构的变化和劳动力拐点的出现是一个不好的消息，劳动力供给的缓慢增长甚至负增长，将在长期中抑制经济增长，就日本的经验看，这种冲击甚至是巨大的。后面的情景分析将提供中国经济增长过程中劳动、资本弹性的趋势估计，要素弹性参数逆转问题也因此得到进一步说明。

3. “干预型经济”向市场效率转换过程中的 TFP

对中国全要素生产率趋势的看法，如 Wang and Yao（2001）认为，1979～1998 年间中国 TFP 增长为 2.4%；Chow and Li（2002）对中国 1978～1998 年 TFP 增长率的估计结果是 2.6%；Young（2003）认为，中国 1979～1998 年间的 TFP 增长为 1.4%；张军、施少华（2003）认为，中国 1979～1998 年间的 TFP 增长为 2.8%；王中宇（2006）的测算认为，1978～2005 年间，中国 TFP 增长率大多数年份在 1.8%～2%波动。伍晓鹰（Wu，2011）根据不同的算法得出中国 1979～2008 年间 TFP 增长率约为 2.7%～4.3%，但 2001～2008 年间 TFP 增长率相对 1991～2000 年间有较大幅度下降。总体看来，中国全要素生产率增长对于经济增长的贡献份额在 20%～30%。

技术进步对于经济增长的贡献份额的低下，是增长阶段Ⅰ要素驱动的典型特征，暗含了要素收益递减及增长的不可持续，同时也为增长阶段Ⅱ的以效率提高促进经济持续增长提出了要求。因此，从供给角度看，增长阶段Ⅰ的高投资驱动，在增长阶段Ⅱ将被技术进步所逐步替代，投资减速过程中的效率提高成为增长阶段Ⅱ的重心。这方面的典型例子是，根据麦迪逊（1996）的测算，1913～1950 年日本技术进步对 GDP 增长的贡献份额不到 20%，而 1950～1973 年工业化、城市化加速时期的贡献份额超过了 50%。

三、中国潜在增长率测算及情景分析

基于前文阐述，这一部分中，我们对中国未来潜在增长路径提供一个启发性数值模拟。过程分为三步：第一步，提供投资变动与城市化之间的统计关系，将结构变动分析转换为城市化问题分析；第二步，给出要素弹性参数的数值估计；第三步，在投资趋势和要素弹性分析的基础上，得出长期增长水平估计。

（一）1994～2010年中国31个省市城市化率与投资率关系的统计分析

我们设定：资本形成率caprate：为资本形成额占GDP的比重；城市化率u：为城镇人口占总人口的比重；工业比重inshare：为工业产值占GDP的比重；投资增长率capgrowth：为资本形成增长率；则城市化率与投资率关系的计量方程如表11-6①。

表11-6　城市化率与投资率关系估计的计量模型

模型i：城市化率与投资率"倒U"型关系 $caprate_{it}=\alpha_0+\alpha_1\cdot u_{it}+\alpha_2\cdot usq_{it}+\alpha_3\cdot x_{it}+\varepsilon_{it}$	caprate为资本形成率，u为城市化率，usq为城市化率的平方，x为影响投资率的其他因素。各变量序列取对数值
模型ii：投资增长率与资本形成率的线性关系 $capgrowth_{it}=\beta_0+\beta_1\cdot caprate_{it}+\varepsilon_{it}$	capgrowth为投资增长率，caprate为资本形成率。各变量序列取水平值
模型iii：城市化率与投资增长率"倒U"型关系 $\hat{capgrowth}=\beta_1\cdot\hat{caprate}$	$\hat{caprate}$为模型i中资本形成率caprate的估值，β_1为模型ii的估值，$\hat{capgrowth}$为投资增长率估值

基于模型i和中国统计数据应用支持系统数据库，1994～2010年中国31个省市投资率与城市化率回归结果如下：

$$caprate_{it}=\underset{(-0.27)}{-1.07}+\underset{(3.48)}{0.52}\cdot u-\underset{(-2.79)}{0.0046}\cdot usq+\underset{(9.57)}{0.87}\cdot inshare,\quad adjR^2=0.66$$

城市化率的一次项系数为0.52，二次项系数为-0.0046，刻画出投资率随城市化程度提高而发生的"倒U"型趋势。取定各省市第二产业比重均值44%，则城市化率与投资率关系的模拟情景是：当城市化率小于56%时，投资率随着城市化率的提高而上升；当城市化率大于56%时，投资率随着城市化率的提高而下降。2011年中国城市化率为51%，根据现阶段城市化快速发展的状况，2016年后将突破56%的水平，投资率呈现下降趋势因而也在模型的预期之中。

我们进一步可以得到投资增长率与城市化率的关系。利用1991～2010年31个省市的数据对模型ii进行估计，结果为②：

$$capgrowth_{it}=\underset{(3.82)}{3.06}+\underset{(13.55)}{0.23}\cdot caprate_{it},\quad adjR^2=0.82$$

---

① 模型i采用了陈昌兵（2010）的设定。

② 运用Gauss GPE软件包，检验可知采取截面随机时间固定效应估计模型ii。

联系模型 i 和模型 ii 的估计值，假定随着结构调整和服务业发展，工业增加值份额在 2016 ~ 2030 年间逐步下降到 30%，则模型 iii 估计的资本形成增长率将由现阶段的 11% 降低到 9%。相应地，考虑到资本存量增长率一般慢于资本形成增长率，中国 1979 ~ 2010 年资本形成增长率（HP 滤波）为资本存量增长率（HP 滤波）的 1.1 倍，那么，基于模型 iii 估计的资本存量增长率将由现阶段的 10% 降低到 8%（图 11-5）。

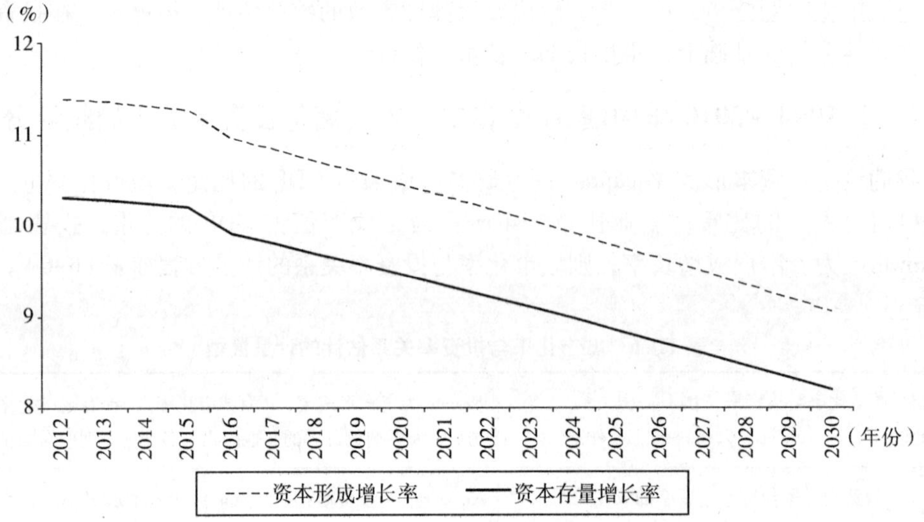

图 11-5　中国投资率变动趋势

(二) 可变要素弹性参数估计

本部分提供了 1978 ~ 2011 年中国生产函数要素弹性参数的估计方法和估计结果。首先来看表 11-7 的模型，分为两类：

(1) 生产函数 $Y = AK^{\alpha(\ln K)}L^{\beta(\ln K)}$。这个函数设置的目的有两个：一是用它来考察存在规模报酬效应时弹性参数 $\alpha(\ln K)$、$\beta(\ln K)$ 的“现实”表现，即不施加任何约束下弹性参数的表现。第二个目的有些特别，主要是观察长期资本积累对于 $\alpha(\ln K)$、$\beta(\ln K)$ 的影响，这里，要素弹性参数 α、β 被设置成对数化资本存量 lnK 的函数。

(2) 生产函数 $Y = AK^{\alpha(t)}L^{1-\alpha(t)}$。这是规模报酬不变假设之下的生产函数，要素弹性 $\alpha(t)$、$1 - \alpha(t)$ 是时变参数。这个模型设置，主要是考察“均衡”路径上要素弹性的表现，以便与存在规模报酬效应的“现实”弹性参数进行对比。同时，我们也把规模报酬不变条件下弹性参数的时变趋势，作为未来增长过程中弹性参数变化的一个镜像。

表 11-8 是模型估计结果：①第一栏是弹性参数 $\alpha(\ln K)$、$\beta(\ln K)$ 的估计值，不施加参数约束的条件下，三十多年来中国资本弹性 $\alpha(\ln K)$ 呈现基本平稳的态势，约 0.8；劳动弹性 $\beta(\ln K)$ 从 20 世纪 90 年代末期以来呈现缓慢的上升趋势，最近 10 年的平均值约为 0.3。②第二栏是弹性参数 $\alpha(t)$、$1 - \alpha(t)$ 的估计值，在施加报酬不变约束的条件下，弹性逆转现象得以显现。资本弹性 $\alpha(t)$ 由 80 年代中期以前的 0.7 下降至目前的 0.5，劳动弹性 $1 - \alpha(t)$ 则由早期的 0.3 上升至现阶段的 0.5。

表 11-7　不同生产函数的计量模型

i. 生产函数： $Y = AK^{\alpha(\ln K)}L^{\beta(\ln K)}$	$\alpha(\ln K)$ 和 $\beta(\ln K)$ 为资本存量 lnK 的一次展开式： $\alpha(\ln K) \approx \alpha(\ln K_0) + \alpha'(\ln K_0)(\ln K - \ln K_0) = \alpha_0 + \alpha_1(\ln K - \ln K_0)$ $\beta(\ln K) \approx \beta(\ln K_0) + \beta'(\ln K_0)(\ln K - \ln K_0) = \beta_0 + \beta_1(\ln K - \ln K_0)$	估计方法：资本量的非参数线性局部估计
ii. 生产函数： $Y = AK^{\alpha(t)}L^{1-\alpha(t)}$	$\alpha(t)$ 为时间的一次展开式： $\alpha(t) \approx \alpha(t_0) + \alpha'(t_0)(t - t_0) = \alpha_0 + \alpha_1(t - t_0)$	估计方法：非参数线性局部估计

表 11-8　要素弹性参数估计

年份	1. $Y = AK^{\alpha(\ln K)}L^{\beta(\ln K)}$ 非参数线性局部估计值		2. $Y = AK^{\alpha(t)}L^{1-\alpha(t)}$ 时变弹性系数估计值	
	$\alpha(\ln K)$	$\beta(\ln K)$	$\alpha(t)$	$1-\alpha(t)$
1978	0.83	0.29	0.73	0.27
1985	0.81	0.25	0.68	0.32
1990	0.78	0.21	0.63	0.37
1995	0.76	0.21	0.58	0.42
2000	0.76	0.25	0.54	0.46
2005	0.77	0.30	0.52	0.48
2011	0.78	0.36	0.52	0.48

（三）潜在增长情景模拟

未来资本存量增长趋势来自图 11-5，弹性参数变动趋势来自表 11-8 的对比分析，在设定技术进步和节能减排冲击效应的条件下，中国潜在增长水平的情景分析如表 11-9。

表 11-9　中国潜在经济增长情景分析

年份	α	1-α	潜在增长率（%）	资本增长率（%）	劳动增长率（%）	技术进步份额 θ	节能减排冲击效应
2011~2015	0.7	0.3	7.8~8.7	10~11	0.8	0.2	-1
2016~2020	0.6	0.4	5.7~6.6	9~10	-1	0.3	-1
2021~2030	0.5	0.5	5.4~6.3	8~9	-0.5	0.4	-0.5

注：表中劳动力变动趋势序列，来自课题组数据库；节能减排冲击效应，2011~2020 年数据采用张平等（2011）的数据，2021~2030 年假定为-0.5。

2011 年中国人均 GDP 是 5432 美元，根据表 11-9 的 GDP 增长速度预期值以及人口增长速度预期值①，我们可以估算出人均 GDP 水平（以 2011 年的人均 GDP 和汇率为基准，人均 GDP 增长速度取均值）：2015 年为 7349 美元；2020 年为 9226 美元；2030 年

① 假定 2030 年人口增长达到峰值，人口自然增长率为 0，那么各个时间段的人口自然增长率为：2011~2015 年约 0.4%，2016~2020 年约 0.3%，2021~2030 年约 0.1%。

为15259美元。也就是说，在经济减速的情境下，2020年中国人均GDP可望达到10000美元左右的水平，2030年达到15000美元左右的水平，跨越中等收入陷阱，进入发达国家行列。因此，从人均GDP的水平来看，表11-9中2016年之后的经济增长速度并不算低，这也是我们称之为“稳速增长”的原因。

在投资减速和节能减排的抑制下，为了保持未来增长的稳速，技术进步为长期结构调整政策所关注。当然，表11-9的数据是从供给角度做出的平滑预期，不可否认，随着中国对世界经济的日益融入，短期外部冲击有可能间断性地打破这种平滑趋势，所以，短期调控政策也是经济稳定所必须。

四、基本结论与建议

依据以上分析，对于中国将要经历的增长阶段转换问题，我们的主要结论有三：一是高投资和出口驱动的经济高增长（阶段Ⅰ），已逐步失去经由干预提升效率的动力，以结构调整促进效率提高的增长阶段行将结束；城市化和服务业的发展将开启经济稳速增长阶段Ⅱ，效率提高促进结构进一步优化是本阶段的主要特征。这种结构性加速到结构性减速增长路径的转换，符合发达国家经验事实和长期增长统计规律（袁富华，2012）。二是促使增长阶段Ⅰ向增长阶段Ⅱ转型的三大主导因素是：人口结构变化和劳动力拐点的出现，长期增长函数要素弹性参数逆转以及经济结构服务化趋势的逐步形成。三是东部发达省市如北京、上海等已经进入经济减速通道，2016年后，随着全国城市化率的不断提高、结构服务化加快、人口红利的下降，如果劳动生产率不能持续提高，中国经济减速势成必然。

而以上基本结论来源于如下观察：20世纪90年代中期以来中国工业化的迅速推进，使得增量资本产出率（ICOR）处于高位且大幅波动；2000年以来，第二产业劳动生产率增长率在大多数省市开始发生停滞或持续下降，工业化节奏放缓迹象显著。而且，结构服务化带来的经济减速，在诸如北京、上海等经济发达区域已经发生；结构服务化、实体经济效率提升乏力等现象也在东部地区逐步出现。

此外，我们也观察到，中国高增长阶段Ⅰ深层次的结构问题日益凸显：①由于区域投资分布不均衡，占全社会资本形成50%的东部地区的投资减速，在不能为中西部地区投资增长抵消的情况下，东部地区经济减速可能预示着中国整体经济将逐步进入减速通道；②由于人口结构正在发生变化，劳动力供给拐点将于近几年出现，这会抑制中国经济增长速度，而劳动力供给负增长的长期存在，则会进一步拉低潜在增长预期；③由于长期增长函数要素弹性参数逆转问题的存在，当产出的资本弹性由高增长阶段的0.6~0.7转换为0.6之下，或当经济增长与收入分配政策调整而导致劳动力报酬份额不可避免地持续拉升时，较低的增长速度将逐步变成事实；④由于服务业相对第二次产业较低的劳动生产率，当这种效率问题不能通过资本驱动路径而须经由创新解决时，潜在增长降低预期也会发生。因此，以效率提高促进结构调整的稳速增长阶段Ⅱ会相应产生。

对于中国长期潜在增长率的研究文献较多，稍早一些的文献，如王小鲁、樊纲（2000）认为2001~2020年中国潜在经济增长低于7%；林毅夫等（2003）的结论是2004~2014年为8.5%，2014~2024年为7.1%；近年的文献，如高路易（Kuijs，2009）认为2015年中国潜在增长率为7.7%~7.9%，2020年为6.7%；刘世锦与张军扩等（2011）运用不同方法进行估计，认为中国经济潜在增长率很有可能在2015年前后降至6.5%~7.3%；蔡昉与陆旸（2012）认为中国GDP潜在增长率将逐渐降至2011~2015年的7.19%、2016~2020年的6.08%。本章研究虽然也立足于类似文献中常用的核算框架，但显然我们更注重的是中国长期增长远景及问题分析。对于潜在增长率，我们的基本结论是：2016年之后，随着城市化和经济服务化的推进，中国经济将逐步进入减速通道，潜在增长率将降到8%之下，不过，这将是一个逐步演进的过程。

而关于未来中国经济增长路径，从供给面看，我们认为有三种主导力量，即正在发生的人口结构转型、要素弹性参数的逆转与经济结构服务化的形成，这三种力量将促使中国分配调整力度的加大以及劳动力拐点的出现，结束持续30年的高投资驱动模式。正是立足于这些长期增长因素变化的分析，本章对增长阶段Ⅱ的趋势和特征进行了归纳，而结构服务化和减速预期下经济均衡可持续发展的要求，将迫使中国未来经济发展要转到效率提高方向上来。因此，以效率提高促进经济结构转型，自然成为增长阶段Ⅱ的重心。这就要求劳动、资本密集型工业向技术、知识密集型工业的转变，民生改善引致增长福利目标函数的确立。因此，创新要素及经济活力的培育成为重中之重。对此，我们的政策建议是：

（1）深化价格体制改革，强化市场配置的主导作用。各产业部门技术增长率的差异，导致各种产品生产成本变化幅度的差异，并经由相对价格导致部门间的非均衡增长。因此，价格是市场运行的指针，合理的相对价格体系能有效引导市场参与者的行为，使整个经济和谐运转。我国经济体制改革，就是从价格体制改革开始。但目前有部分重要价格却没有市场化，如资源、基础设施、准公共品（如教育、医疗）、利率等重要价格还有待改革，相对价格体系不合理，企业真实效率的高低无法显示。所以，走效率改进引导结构调整之路的必要条件是形成市场化的价格机制，形成合理的相对价格体系。

（2）以效率持续提高推动结构调整。我国制造业还有较大提升空间，也有明显竞争优势，结构调整和东部地区的转型升级不是放弃制造业，而是使制造业升级。同时，应推动服务业与工业的结合，提高服务业的贸易水平，通过效率的持续改进来提升现代服务业的比重和扩大服务的规模，特别是要打破垄断、降低现代服务业的准入门槛，并使其与高水平的现代制造业相结合。

（3）以收入分配政策和节能减排措施，促进人力资本培育和创新。增长的根本目的是国民福利的提高，尤其是工资收入水平的稳步提高，以便使人的价值在增长中体现出来，这需要收入分配政策的科学制定和落实。同时，应充分借鉴发达国家的经验，严格制定实施节能减排标准，以此激励新工艺、新技术的探索开发，挖掘和培育增长的创新潜力。

（4）政策上分类指导，不搞“一刀切”。我国目前各地区经济发展水平不一，如东部许多城市经济水平已进入高收入经济体行列，但有些中西部地经济水平还很低，他们的经济结构不可能相同，结构调整目标与重点也不一样。从政策角度看，对处于高收入经济体行列的地区，应该放弃过去干预产业发展的做法，刺激或创造更多高级生产要素、改善需求质量、鼓励新商业出现和维持市场竞争等工作；处于中低收入经济体行列的地区，可以引导资本流入需要发展的产业，鼓励新企业加入市场、发展有效率的基础设施、激励企业获取外部技术和鼓励出口等。国家在税收、价格、市场准入等方面形成有效的外部环境，使不同地区和企业发展朝着效率提升的方向发展。

参考文献

[1] 白重恩、谢长泰、钱颖一：《中国的资本回报率》（中文译稿），美国《布鲁金斯经济问题论文》（“Brookings Papers on Economic Activity”）2006 年第 2 期。

[2] 蔡昉、陆旸：《人口转变如何影响中国的潜在增长率》，工作论文，2012 年。

[3] 陈昌兵：《城市化与投资率和消费率间的关系研究》，《经济学动态》2010 年第 9 期。

[4] 林毅夫、郭国栋、李莉、孙希芳、王海琛：《中国经济的长期增长与展望》，北京大学中国经济研究中心讨论稿，2003 年。

[5] 刘世锦、张军扩、侯永志、刘培林：《陷阱还是高墙：中国经济面临的真实挑战与战略选择》，《比较》2011 年第 54 辑。

[6] 陆梦龙、谢珣：《经济结构演进的国际经验比较——基于 Kohonen 算法的数据探索分析》，工作论文，2012 年。

[7] 麦迪逊：《世界经济二百年回顾》，改革出版社 1996 年版。

[8] 库兹涅茨：《现代经济增长》（中译本），北京经济学院出版社 1989 年版。

[9] 钱纳里等：《工业化和经济增长的比较研究》，上海三联书店 1995 年版。

[10] 王小鲁、樊纲：《中国经济增长的可持续性》，经济科学出版社 2000 年版。

[11] 王中宇：《“技术进步”迷思》，《创新科技》2006 年第 10 期。

[12] 袁富华：《长期增长过程的“结构性加速”与“结构性减速”：一种解释》，《经济研究》2012 年第 3 期。

[13] 张车伟、张士斌：《中国初次收入分配格局的变动与问题——以劳动报酬占 GDP 份额为视角》，《中国人口科学》2010 年第 5 期。

[14] 张军、施少华：《中国经济全要素生产率变动：1952—1998》，《世界经济文汇》2003 年第 2 期。

[15] 张平、刘霞辉、王宏淼：《中国经济增长前沿Ⅱ》，中国社会科学出版社 2011 年版。

[16] 张习宁：《中国宏观经济的投资效率分析》，《海南金融》2012 年第 3 期。

[17] Chow, G and K-W. Li, 2002, China's Economic Growth: 1952 ~ 2010, Economic Development and Cultural Change, Vol. 51, No. 1, pp. 247-256.

[18] Cimoli, M., Primi, A. and M. Pugon, 2006, A Low-growth Model: Informality As a Structural Constraint, CEPAL Review, vol. 88.

[19] Eichengreen, B., Park, D. and K. Shin, 2011, When Fast Growing Economies Slow Down: International Evidence and Implications for China, NBER working paper.

[20] Kuijs, L., 2009, China Through 2020: A Macroeconomic Scenario, World Bank China Office Research Working Paper, No. 9. The World Bank.

[21] Rada, C. 2007, Stagnation or Transformation of a Dual Economy Through Endogenous Productivity Growth, Cambridge Journal of Economics, vol. 31, No. 5.

[22] Wang, Y., and Y. Yao, 2001, Sources of China's Economic Growth: 1952-99: Incorporating Human Capital Accumulation, Policy Research Working Paper 2650. World Bank, Development Research Group.

[23] Wu, H. X., 2011, Accounting for China's Growth in 1952 ~ 2008: China's Growth Performance Debate Revisited with a Newly Constructed Data Set, RIETI Discussion Paper Series, No. 11-E-003. The Research Institute of Economy, Trade and Industry.

[24] Young, Alwyn, 2003, Gold into Base Metals: Productivity Growth in the People's Republic of China during the Reform Period, Journal of Political Economy, 111: 1220-1261.

第十二章　全球失衡、金融危机、中国经济复苏与可持续增长

自 2007 年 8 月以来的美国次贷危机，已经演变成全球性金融危机。处在危机中心的发达经济体以及外围的新兴市场经济体，都受到了巨大的冲击；而危机从金融领域向实体经济蔓延的态势仍在扩展，大萧条以来最严重的金融危机正在对过去几年强劲的全球增长周期进行调整，世界性衰退不可避免。

或许，人们对于危机并不陌生，而对于危机的发生机制及其后果也似乎早有分析。不过，正统经济学对于危机的深入讨论并不多，一般教科书中也就是做一些专栏而已。因为正统经济学都是假定市场是按常规运行的，而危机是一种极端情况。危机的出现是对正统经济学最大的讽刺和挑战。尽管 Summers（1989）早在 20 年前就对未来更为严重的金融危机作出天才的想象，其设想的危机发生机制及后果与本轮次贷危机颇多契合之处，但他以为的美国制度性“防火墙”可能会阻止危机从金融领域向实体经济蔓延却有点一厢情愿。作为金融史家的金德尔伯格（2007）对于危机有经典的概括，他的故事性描述现在逐步为 Reinhart 和 Rogoff（2008a；2008b；2009）等的大量实证分析所取代。虽然这些时间跨度、地域跨度都很大的历史性研究，对于建立真正的危机经济学很有帮助，但仍然缺乏对于本次危机的深入分析。事实上，当百年一遇的大危机真的来临的时候，人们还是显得准备不足，无论是理论分析还是政策实践都是如此。现在看来，大多数学术研究与政策措施都在试图回答这么几个问题：是什么原因导致了这场危机，它与以往的危机不同还只是重复历史？危机是如何蔓延扩散的，各经济体又做出了何种反应？我们怎样才能走出危机？怎样才能避免危机的再次发生？本章的探讨同样离不开以上几个问题，但讨论的落脚点不在于失衡与危机本身，而在于中国经济如何才能抵御这场外部冲击，并进入到可持续性增长的发展轨迹。本章内容安排如下：首先对于从失衡到危机进行了一些必要的历史回顾与文献综述；其次，从货币霸权的视角构造了一个失衡和危机的两国模型，以构建本章的理论基础；再次，探讨了一下面对外部危机的冲击，我国政府的政策反应；最后，分析了我国经济复苏与可持续性增长的条件，并给出了相关的政策建议。

一、从失衡到危机：历史回顾与文献综述

对于次贷危机的原因，尽管众说纷纭，但总结起来不外乎两种意见（White，2008）：一种是强调本次危机的不同，即一些特别的因素导致了次贷危机，比如归咎于

金融创新，大量金融衍生品；另一种则强调危机大同小异，基本的表象与传导机制都呈现出极大的相似性。Reinhart 和 Rogoff（2008a）考察了过去八个世纪的危机，认为历次危机往往是来自于金融中心国家的利率冲击与大宗商品价格冲击。而这也是本轮次贷危机的特点。Reinhart 和 Rogoff（2008b）还进一步指出，发达国家与发展中国家，其遭遇危机的频率也较为相似。

目前的讨论中，第一种意见占据主导地位。一方面，许多人对金融创新的复杂性和不透明性早就颇有微词，金融危机提供了发泄愤怒的最佳论据和借口；另一方面，在前人多次跌倒的地方再次跌倒显得顽固而愚蠢，相反，在新事物上犯错误似乎总是可以原谅的。不过，我们更倾向于危机相似说。首先，此次危机精确复制了以往危机的经典三段论：信贷膨胀—泡沫破裂—债务拖欠；其次，将危机归罪于金融创新多少有些像把郁金香热归罪于郁金香。正确的理解似乎是，金融创新并非爆发危机的根本原因，但是它加速了危机的扩散和蔓延，加深了危机的破坏程度。

至此，寻找危机根本原因的探讨把我们引向此前的全球失衡和与之相伴的全球流动性过剩，而探讨全球失衡又会最终把我们引向第二次世界大战以来整个国际货币体系的发展和演变。因此，思考和分析此次金融危机，有一远一近两个参照点需要特别关注。往近了说，就是要细查此前的全球失衡；往远了说，就是要弄清布雷顿森林体系确立以来以美元本位为特征的国际货币体系。

（一）失衡与危机：历史回顾

1. 新世纪以来的全球失衡和全球流动性过剩

全球失衡问题在新世纪以来变得日益突出。一方面，美国经常账户持续恶化，对外净债务不断积累；另一方面，包括中国在内的新兴市场国家和一些石油输出国则持续顺差，积累了大量美元储备。从绝对量上看，中国 2007 年经常账户盈余 3718 亿美元，美国 2007 年经常账户赤字 7312 亿美元，中国的盈余大体是美国赤字的一半。从相对量来看，中国 2007 年盈余占其 GDP 的 11.3%，美国 2007 年赤字占其 GDP 的 5.3%（图 12-1）。另外，从图中还可以看出，中国的盈余在 2003 年前后变得显著起来，美国的赤字从 1997 年前后即开始迅速恶化。这种状况在 2008 年金融危机爆发后出现一些变化，中国 2011 年经常账户盈余 2017.2 亿美元，占 GDP 的 2.76%，美国 2011 年经常账户赤字 4659.3 亿美元，占 GDP 的 3.1%，中国的盈余是美国赤字的 43%，且盈余萎缩 1700 多亿美元，美国则赤字缩减 2600 多亿美元，这也许是全球失衡后的一种调整。

除了全球失衡，新世纪以来另一个值得关注的现象是全球流动性过剩。这主要体现在两个方面：第一，从 20 世纪 90 年代中期开始，主要发达经济体的实际利率经历了一个持续下降的过程，在 2005 年和 2006 年间，主要国家 10 年期国债的实际利率大体在 2% 以下。许多机构和经济学家称之为空前的低利率。第二，低利率只是流动性过剩的一个侧面，度量流动性过剩一般是从货币和信贷总量入手。由于在现代金融体系中中央银行创造的高能货币只占货币和信贷总量的极小部分，因此，度量流动性过剩并不容易，存在一定的争议（Rüffer 和 Stracca，2006）。摩根斯坦利的研究认为，流动性过剩可以定义为货币总量对名义 GDP 的比值，即“马歇尔 K 值”。他们的研究表明，世界经济在 2002 ~ 2006 年间出现了明显的流动性高涨，在其推动下，资产价格泡沫不断膨

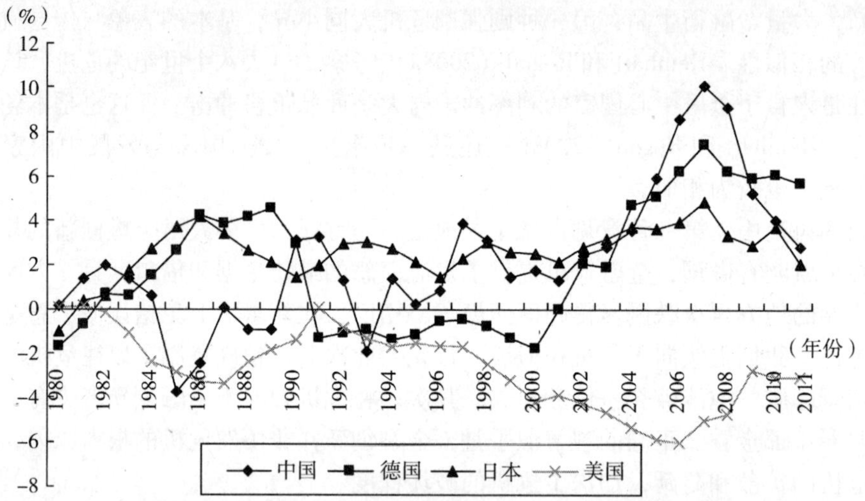

图 12-1　1980~2011 年中美德日经常账户占 GDP 比重

资料来源：IMF World Economic Outlook Databases。

胀，直到2007~2008 年泡沫破裂（Fels，2005；2009）。图 12-2 显示了中国近几年来金融机构人民币贷款余额的同比增长率。如图所示，这一指标在 2006 年中期后开始出现大幅上涨，2007~2008 年间出现高潮，2008 年后开始回落。2006 年开始凸显的贷款增长过快，部分反映了全球流动性过剩对中国的冲击。2008 年的回落表明此前的一系列紧缩措施开始发挥作用，同时，也不排除其他外部冲击的影响。

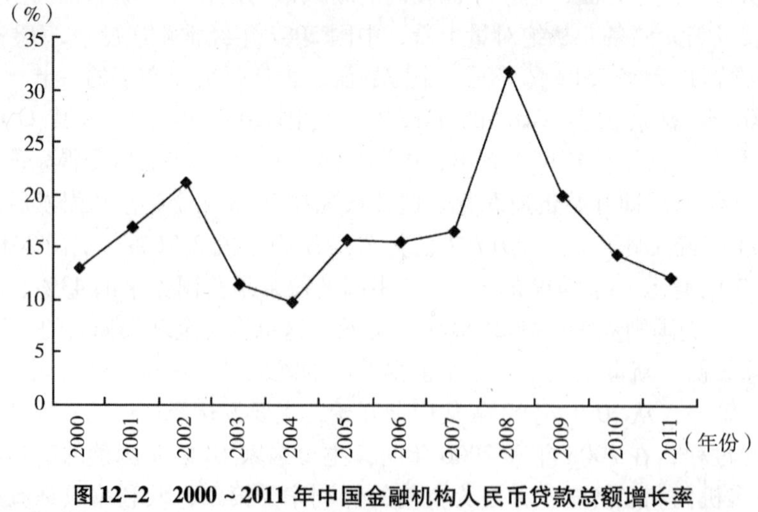

图 12-2　2000~2011 年中国金融机构人民币贷款总额增长率

资料来源：中国人民银行。

2. 第二次世界大战以来的全球经济失衡——历史回顾

从“新经济”到“大稳定”（Great Moderation），21 世纪以来，美国领导下的世界经济似乎在向人们昭示一个不同寻常的全新未来。然而，互联网泡沫破裂使得“新经济”风光不再，新近爆发的全球金融危机也使得“大稳定”的乐观情绪烟消云散。事实证明，21世纪并没有多么不同。“大萧条”和“滞胀”等字眼最近频繁出现，表明人们已经隐约看到了当前的经济状况和某些历史事件的相似之处。有历史感的经济学家喜欢在历史中寻找灵感和答案。因为与变动不居的经济现象相比，处在制度层面的那些因素要稳定得多，通过考察这些因素，可以发现那些貌似不同的经济现象的共同本质。

与金融危机一样，全球失衡也不是什么新鲜事物。伯格斯坦（2005）在论及全球失衡时指出，“事实上，第二次世界大战以后，这至少是第五次出现类似情形：美元的急剧升值导致经常项目严重恶化，反过来又产生国内贸易保护主义的压力以及越来越深的对美元暴跌的担忧，然后，通过或多或少无序的汇率重新调整和主要国家临时性的措施解决了问题”。伯格斯坦也注意到了这种失衡和国际货币体系的关系，“近年来，如何强化‘国际金融结构’的所有争论都集中在新兴市场经济体的问题上，而忽视了处在该体系中心的国家以及货币。在未来几年中，美国对外经济政策的主要目标应当是研究、提出及讨论国际货币制度的改进，从而减少持续出现严重的货币错位和经济失衡的可能性”（伯格斯坦，2005，第30页）。

从第二次世界大战结束到1958年，美国的国际收支一直处在良性的被忽视状态。这一时期，其他主要国家的生产能力在第二次世界大战中受到极大削弱，美国的生产能力反而逐步增强。这些国家都需要大量进口美国商品进行战后重建，因而美国的国际收支一度出现较大规模的顺差，黄金储备也攀上高峰。这一状况下的矛盾是，虽然美元的信用不可置疑，但是美国却不能向世界提供其急需的流动性，致使出现了美元短缺的情况。这一矛盾主要通过美国的大规模对外援助和赠予获得解决，这中间掺杂着冷战时期的地缘政治因素，体现了美国对其长期战略利益的考量。从1958年开始，欧洲和日本的国内生产能力逐步恢复，主要国家间货币也逐渐恢复了可兑换性，前述状况迅速出现逆转。在整个20世纪60年代，美国的贸易余额和经常账户仍然保持盈余状态，但是盈余开始缩小，同时，长期资本流动余额赤字导致基本余额出现赤字。这使得美国的黄金储备持续减少、对外债务持续增长，国际收支问题遂演变为恶性的当务之急，为布雷顿森林体系的最后解体埋下伏笔。①

图12-1显示了20世纪80年代至21世纪美国、德国、日本和中国的经常账户变化。在70年代，美国曾经历了两次比较温和的逆差，对应于德国和日本的相应顺差。整个80年代，美国的经常账户出现严重赤字，而且主要是靠日本与德国来支持。90年代初期，美国的经常账户有所改善，日本和德国的顺差也有不同程度的下降。亚洲金融危机以后到进入21世纪，除了日本和德国以外，中国及亚洲新兴市场成为支撑美国经常账户赤字的最主要力量，致使美国出现了史无前例的巨额赤字。

关于20世纪70年代的世界经济，传统观点认为是两次石油危机导致西方世界出现了“滞胀”。最近，有学者对这一观点提出质疑，认为产生“滞胀”的主要原因是货币总量波动和货币制度变革（Barsky和Kilian，2001；Knotek，2006）。1971年，在各国政府和公众对美元普遍丧失信心的情况下，尼克松政府最终选择关闭黄金窗口，彻底中

① 关于美国20世纪60年代对外失衡问题的详细讨论，可以参考Eichengreen（2000）。

止了美元和黄金的可兑换关系。这是国际货币体系的一次重大变革，美国的货币发行自此不再受制于本国的黄金储备。1971 年和 1972 年，美国的货币供给明显增多，M2 增速由 1970 年的 4% 涨至 12% 以上，高于 60 年代 7% 的平均水平。后 3 年这一增速有所下降，但是在随后的 1976 年和 1977 年再次达到 12% 以上。同时，美国的经常账户也在 1971 年首度出现轻微赤字，并且在 1972 年、1977 年和 1978 年达到比较显著的水平。在整个 70 年代，除了德国以外，其他主要发达国家都经历了两位数的通货膨胀；除了日本以外，各国的失业率都出现了明显上升，并延续到 80 年代中期；同时，各国的经济增长也都出现普遍下滑。70 年代的外部失衡并没有引来过多的关注，因为与严重的通货膨胀和失业相比，失衡只是一个次要的副产品。

20 世纪 80 年代中期美国经常账户出现了十分严重的赤字。这一现象的直接原因是美元汇率的大幅升值，在 1979 ~ 1985 年间，美元的实际贸易加权汇率上升了 70% 以上。在这个问题上至今仍存在两种相互对立的观点。一种观点从美国立场出发，认为主要盈余国日本要对这一失衡负责，因为日本为了促进出口故意操纵汇率，并且日本封闭落后的金融市场导致本国储蓄过剩；另一种观点则从后发国家的立场出发，认为美国的巨额财政支出是导致失衡的根本原因，因为这造成了美国的低储蓄。[①] 费尔德斯坦（2000，第 58 ~ 59 页）提供了一个从预算赤字到贸易赤字的机制，即预算赤字导致实际利率上升，进而使得美元汇率上升，引发贸易赤字。另外，从数据上看，尽管 80 年代初有沃尔克的紧缩政策，美国 1981 ~ 1986 年的货币供给增长率并不低，M2 的平均增速为 9.2%，略低于 70 年代 10% 的平均增速，但是远高于 60 年代的 7%。这次失衡最终通过美元贬值得以纠正，到 1991 年美国经常账户恢复平衡，美元实际汇率也大致回落到 1979 年的水平。这次调整中最著名的是 1985 年的“广场协议”和 1987 年的“卢浮宫协议”。一些经济学家认为，按照这两个协议进行的国际政策协调，要对 1987 年美国股市的崩盘和此后的日本资产泡沫负一定的责任。除了汇率而外，美国的财政赤字状况在 1987 ~ 1989 年出现了持续的改善，货币供给增速也从 1987 年开始下降，并且这一趋势一直持续到 1995 年[②]。

通过以上回顾可以看出，首先，由于其在世界经济中的特殊地位，在历次全球失衡中美国总是扮演关键角色；其次，布雷顿森林体系崩溃后，全球经济运行出现重大变化[③]，美国的经常账户多次出现严重赤字；最后，美国扩张性的货币和财政政策往往是全球失衡的先导。

（二）传统观点与新见解：文献综述

关于全球失衡，21 世纪以来出现了大量研究文献。如 Bernanke（2005）的全球储蓄过剩观点，Dooley 等（2002）最早提出的布雷顿森林体系Ⅱ的观点，Hausmann 和

① 前者又被称为“储蓄过剩”观点，后者又被称为“双赤字”观点。这和最近几年中美之间的争论非常相似。对这两个时期的比较可以参考 Ito（2009），这一研究支持“双赤字”观点。

② M2 和 M3 口径。M1 的变化比较剧烈，在 1992 年有一个明显上涨。

③ 至少有三个重要变化值得关注：①汇率波动变大、持续性增强、与实体经济的关系减弱；②金融危机和经济危机频发（金德尔伯格，2007；Reinhart 和 Rogoff，2008）；③美国对外债权债务的净收益显著增大，使得美国从世界的银行家转变为世界的投机资本家（Gourinchas 和 Rey，2005b）。

Sturzenegger（2005）的金融暗物质观点，Noubini 和 Setser（2004）的最悲观论调，以及 Caballero 等（2008a）的全球“硬资产”短缺观点，等等。这里重点介绍一下几个有代表性且颇富启发性的观点。①

Obstfeld 和 Rogoff（2000）较早指出了美国经常账户赤字的不可持续性和相应调整将带来的影响。在随后的系列研究中（Obstfeld 和 Rogoff，2004；2005），他们进一步完善了理论框架，并且强化了以前的观点。他们认为，美国经常账户赤字发生突然逆转的可能性越来越大，这种调整将会使美元实际汇率急剧大幅贬值，从而给世界经济带来巨大风险。他们的研究没有深入探寻失衡的根本原因，也没有注意到与此相伴的流动性过剩问题，因此，他们没有预料到最终的调整会以资产价格泡沫破裂和金融危机开始。Blanchard 等（2005）将美国的经常账户赤字归咎于两大因素：美国对国外产品的需求上升；国外对美国资产的需求上升。他们的模型显示，这两个因素的变动可以解释美国经常账户和美元汇率的变动。他们也探讨了美元汇率急剧贬值的影响，认为这对美国经济造成的损害不大；相反，会对欧洲和日本经济造成很大的负面冲击。

总之，许多研究从传统观点入手，主要关注美国经常账户赤字和外债积累对美元汇率的潜在影响，而没有关注流动性过剩对资产价格的影响。目前来看，引发危机的是全球流动性过剩下的资产价格泡沫，而不是美元实际汇率的急剧贬值。

尽管理由可能有所不同，不少经济学家都对全球失衡的可持续性持悲观态度。然而，也有少数乐观派。例如，Cooper（2006）认为，美国的巨额赤字至少还会持续一二十年，而且不会处于令人担心的境地。全球化是人们进行跨期交易的自然结果，人口变动特别是老龄化会使储蓄增加直到其高峰过后，因此，所谓的“全球不平衡”是不存在的，这种不平衡并不是非均衡的状态。Dooley 等（2002；2004a；2004b）则指出，亚洲的固定汇率区域作为新的外围，重建了以美国为中心的布雷顿森林体系。在这一体系中，外围国家通过低估汇率、资本管制和国家资本输出，实行出口导向型发展战略。国家资本输出是以积累中心国家储备资产的方式实现的。外围国家之所以愿意持有低收益储备资产，是因为其国内资本市场效率低下，需要以 FDI 的形式利用中心国家的资本市场。储备资产可以看作是一种国际抵押，为中心国家的私人投资进入本国提供担保，这对应于中心国家的经常账户赤字。这种战略的成功实施将使得外围国家的经济发展逐步接近中心国家，并最终实现金融自由化，进入中心国家的浮动汇率体系。20 世纪 60 年代的欧洲、80 年代的日本和今日的亚洲新兴经济体之后，在可以预见的将来还有很多国家要重蹈这一发展战略。因此，美国的经常账户赤字是成功的国际货币体系的基本特征，是健康的和可以持续的。这一研究主要从外围国家切入，没有充分关注中心国家在这一过程中获取的额外利益，以及中心国家的经济政策会对全球经济造成的其他风险。金融危机的爆发粉碎了这种乐观论调，事实证明，所谓布雷顿森林体系Ⅱ的稳定性和可持续性值得怀疑。然而，虽然这一研究没有做出正确的预言，但是研究视角还是富有启

① Bagnai（2008）在最近的研究中指出，探讨全球失衡问题有三个不同的视角：①储蓄—投资方法，通过考察失衡国家国内的储蓄和投资来解释全球失衡；②国际收支或弹性方法，通过考察汇率和贸易由来解释全球失衡；③全球资产组合方法，通过全球金融资产存量的变动来解释全球失衡。从这一划分出发，Bagnai 对相关文献做了一个比较全面的综述。本文模型主要采用全球资产组合方法来构建。

发性的。也就是说，探讨此次全球失衡要有历史纵深，要关注国际经济的制度层面，即国际货币体系的发展和演变。

Caballero 等（2008a）（以下简称 CFG 模型）是少数将全球失衡和全球流动性过剩的关联模型化的研究之一。他们提出了两个关键假设：不同国家的经济增长率不同；不同国家的金融资产供给能力不同。他们的模型包括三个国家：U（美国）、E（欧洲和日本）和 R（其余经济体）。其中，U 和 R 有提供"硬资产"（hard assets）的能力，在吸收全球储蓄方面是竞争关系，R 则不具备这种能力；R 的经济增长强劲，有大量剩余储蓄，E 的经济增长慢于 U。模型显示，如果 E 的经济增长越慢，或者 R 的资产提供能力越弱，U 的经常账户赤字就越大，其资产在全球资产组合中所占比例也就越大，全球的利率水平也就越低。这一研究建立了失衡和流动性过剩之间的关联，即二者是全球经济结构变化的共同产物。随着国际金融危机的爆发和蔓延，Caballero 等（2008b）对上述模型进行了扩展，重点探讨流动性过剩如何导致了资产价格泡沫和大宗商品价格的剧烈波动。CFG 模型非常精巧，也对现实经济做出了有参考价值的解释。然而，模型本身也存有不足之处。首先，研究者对模型中最关键的"硬资产"假设没有做出令人信服的论证和说明，各国在资产提供能力方面存有差异，除了金融市场效率等因素外，是否还和货币的国际地位有关；其次，U 和 E 在资产提供方面的竞争关系值得怀疑，这意味着如果 E 的经济增长快于 U，那么 E 就会取代 U 而成为经常账户赤字国；再次，模型主要解释本次全球失衡，而没有涉及历史上的其他几次失衡，是否所有失衡都源于各国的增长率差异和资产提供能力的差异；最后，由于模型中没有货币，使得模型只能从利率的角度刻画流动性，这就忽视了货币供给对经济的巨大影响。

McKinnon（2005）的研究为我们思考上述问题提供了非常有价值的参考，他将全球失衡归咎于国际美元本位。由于历史原因，国际间的产品贸易和资本流动主要以美元计价，这使得美国成为"唯一可以有本国货币巨额负债的国家，它不易遭受债务以外币定值的其他国家一般会遭到的风险"。这种情形下，美国国际借款面临的是软约束，这最终造成了美国的低储蓄率。因此，与其说美国可以提供"硬资产"，不如说由于美元的特殊地位，美国面临的是国际借款的软约束。

二、失衡和危机的两国模型：货币霸权视角

这部分的讨论以 CFG（Caballero 等，2008a）模型为基础，利用剑桥方程式引入货币，利用购买力平价引入汇率，构建一国货币为国际本位货币的两国模型。模型主要讨论存在国际货币体系中心国家情况下的全球失衡问题。由于外围国家会持有中心国家货币，中心国家可以借此向全球收取铸币税，使得中心国家有通过多发货币来支撑政府支出的激励。当货币发行超过一定范围，使得全球流动性和实际利率超出经济稳态增长的条件时，就会出现高利率和低利率两种极端状态。高利率会损害实体经济，流动性过剩会造成通货膨胀，从而可能形成"滞胀"局面；低利率下资产价格会与实体经济发生明显偏离，从而可能形成资产价格泡沫。本模型和 CFG 模型的相同之处在于，全球失衡和流动性过剩是同一原因的共同结果；不同之处在于，CFG 模型关注各国经济增长

和提供资产能力的差异；本模型则主要关注中心国家的货币霸权。因此也可以说这是一个关于货币霸权、失衡与危机的模型。

世界经济由两国 H 和 N 构成。除了货币地位不同以外，两国在其他方面完全相同。两国经济均由无数同质居民构成，居民每单位时间以相同的概率 θ 出生和死亡，因此人口恒定且标准化为 1。生产由数量固定的“树”完成，“树”的价值为 V_t^j，每单位时间生产“果实” X_t^j。“果实”按如下方式分配：“树”的所有者获得 δX_t^j，剩下的 $(1-\delta)X_t^j$ 分配给新出生的居民。居民在整个生命期间不消费，直到死亡时刻才消费掉一生的全部储蓄。“果实”是易腐的，必须在当期全部消费掉，因此，居民在生命期间必须将获得的“果实”转化为资产或者货币持有。资产是“树”，货币 M_t^j 由政府发行。政府通过发行货币获得铸币税，并且在每单位时间保持预算平衡，即政府支出等于铸币税：$G_t^j=\dot{M}_t^j$。其中，$j\in\{H, N\}$，t 表示时间，时间是连续的。

H 国是国际货币体系的中心国家，其货币有双重属性，既要满足国内需求，又要满足国际需求。根据资产组合理论，一国的财富 W_t^j 以资产或者货币的形式持有：

$$W_t^N=(1-\alpha)V_t^N+\frac{\beta V_t^H}{E_t}+\frac{\gamma M_t^H}{E_t}+M_t^N \tag{1}$$

$$W_t^H=\alpha E_t V_t^N+(1-\beta)V_t^H+(1-\gamma)M_t^H \tag{2}$$

式中，α、β 和 γ 是参数，表示资产和货币在两国的持有比例，有 $0\leqslant\alpha, \beta, \gamma\leqslant 1$。N 国作为外围国家，必须持有一定数量的 H 国货币作为储备。相反，H 国不会持有 N 国货币。E_t 为汇率，即以 H 国货币表示的单位 N 国货币的价值。购买力平价成立，即 $E_tP_t^N=P_t^H$。式（1）以 N 国货币计价，式（2）以 H 国货币计价。式（1）乘以 E_t 再与式（2）相加可得全球财富的持有状况：

$$W_t=V_t+M_t \tag{3}$$

式中，$W_t=W_t^H+E_tW_t^N$，$V_t=V_t^H+E_tV_t^N$，$M_t=M_t^H+E_tM_t^N$，式（3）以 H 国货币计价。

根据套利交易原理，持有资产的即时名义收益 i_t 满足：

$$i_tV_t^j=\delta P_t^jX_t^j+\dot{V}_t^j \tag{4}$$

即资产收益等于红利加资本利得。P_t^j 是产出（即“果实”）在 j 国的价格。假设汇率保持稳定，将式（4）都转换为以 H 国货币计价并且相加可得：

$$i_tV_t=\delta P_t^HX_t+\dot{V}_t \tag{5}$$

X_t 是全球每单位时间生产的“果实”，即 $X_t=X_t^H+X_t^N$。

每单位时间一国财富变动由三部分构成：居民消费、新出生居民分得的“果实”和资产收益。① 因此有：

$$\dot{W}_t^N=-\theta W_t^N+(1-\delta)P_t^NX_t^N+(1-\alpha)i_tV_t^N+\frac{\beta i_tV_t^H}{E_t} \tag{6}$$

$$\dot{W}_t^H=-\theta W_t^H+(1-\delta)P_t^HX_t^H+\alpha i_tE_tV_t^N+(1-\beta)i_tV_t^H \tag{7}$$

① 因为政府总是保持预算平衡，在发行货币的同时消耗掉等量产出，所以，政府的行为对经济的总财富不造成影响。

假设汇率保持稳定，式（6）乘以 E_t 再与式（7）相加，再将式（5）代入，可得全球财富变动情况：

$$\dot{W}_t = -\theta W_t + P_t^H X_t + \dot{V}_t \tag{8}$$

利用剑桥方程式引入货币需求，全球货币市场均衡时有：

$$M_t = kP_t^H X_t \tag{9}$$

系数 k 即所谓"马歇尔 K 值"，是货币总量与名义产出的比值，同时也可以看作是货币流通速度的倒数。

由式（3）和式（8）联立可得：

$$\theta W_t + \dot{M}_t = P_t^H X_t \tag{10}$$

上式表明全球产出等于两国居民消费加政府消费。不考虑货币发行成本，$\dot{M}_t$ 可以视为两国政府以铸币税形式获得的总收入，其实际值为 $\dot{M}_t/P_t = kX_t(\dot{M}_t/M_t)$。全球经济有资产、货币和产品三个市场，式（3）、式（9）、式（10）分别表示这三个市场的均衡。根据瓦尔拉斯法则，在前两个市场均衡的条件下，产品市场也是均衡的。

假设经济处于稳态时有：$\dot{P}_t^H/P_t^H = \dot{P}_t^N/P_t^N = \rho$ 和 $\dot{X}_t/X_t = g$，即全球经济增长率和两国通货膨胀率均为常数，再假设 $\rho+g<i<\rho+g+\theta$，利用虚拟经济变量 W_t、V_t、M_t 和实体经济变量 $P_t^H X_t$ 的比值的渐近性质，可得全球均衡名义利率 i_t 和实际利率 r_t 满足（推导过程见附录）：

$$r_t = i_t - \rho = \frac{\delta\theta}{1 - k(\rho + g + \theta)} + g \tag{11}$$

当 $k=0$ 时实际利率由 δ、θ 和 g 决定，三者的上升都会导致实际利率上升。"果实"产量增长率 g 的上升提高了"树"资产的增值率，从而导致实际利率上升；由式（5）可以看出，δ 的上升提高的"树"资产的红利，这会提高实际利率；θ 的上升会减少总财富的积累，由式（8）可知这会降低"树"资产的价值，从而也导致实际利率上升。如果考虑货币因素，$k(\rho + g + \theta)$ 也会影响实际利率。k 的上升会导致居民持有的货币增多，从式（4）可知这会降低"树"资产的价值，提高实际利率；$\rho+g+\theta$ 的上升会强化这一影响，进一步提高实际利率。

给定其他参数，我们考察实际利率和"马歇尔 K 值"之间的关系。如图 12-3 所示，$r(k)$ 是以 $r=g$ 和 $k = 1/(\rho + g + \theta)$ 为渐近线的双曲线。由附录可知，整个系统的收敛性条件要求 $g<r<g+\theta$，因此，与均衡利率对应的 k 值应满足：$0 < k < (1 - \delta)/(\rho + g + \theta)$①。当 k 值越出这一区间的上界时，经济系统不存在稳态增长路径。稳态增长要求财富、资产和货币三个虚拟变量都与实体经济保持恰当的比例，并且同步增长。当 $r>g+\theta$ 时，高利率会导致财富快速积累并最终偏离与实体经济的同步轨道。在现实经济中高利率会对实体经济造成损害，同时 k 值增大意味着流动性过剩，因此，全球经济可能会面临"滞胀"局面。当 $k<g$ 时，低贴现率会导致资产价值快速上涨并最终偏离与实体经济的

① 当 $k=0$ 时经济中没有货币，还原为 CFG 模型。当 $k<0$ 时，相当于政府为经济提供了额外产出，并以此换取对资产的所有权，本书不考虑这种情况。

同步轨道。现实经济中低利率对实体经济有刺激作用，这会对资产价值上涨形成支撑，缩小其与实体经济的偏离程度。不过，如果实体经济的增长不能弥合二者之间的缺口，这只能延缓泡沫出现的时间。通过图 12-3 和上面的讨论，我们根据实际利率和“马歇尔 K 值”的取值，将经济划分为如下几种情况，结果如表 12-1 所示。

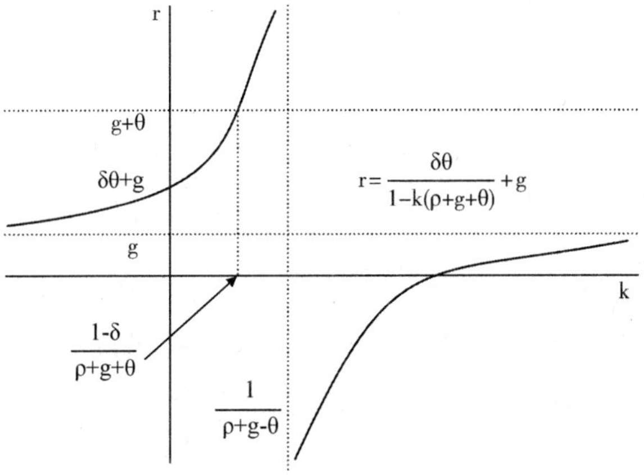

图 12-3　实际利率和“马歇尔 K 值”

表 12-1　实际利率和“马歇尔 K 值”（货币总量/GDP）不同取值下的经济状况

“马歇尔 K 值”	$k<0$	$0<k<\frac{1-\delta}{\rho+g+\theta}$	$k>\frac{1-\delta}{\rho+g+\theta}$	
实际利率	$g<r<\delta\theta+g$	$\delta\theta+g<r<g+\theta$	$r>g+\theta$	$r<g$
经济状况	状态Ⅰ	状态Ⅱ	状态Ⅲ	状态Ⅳ
	政府为经济提供额外产出；不做讨论	虚拟经济和实体经济平衡增长；利率取得长期均衡值	财富增长偏离实体经济；可能出现“滞胀”局面	资产增长偏离实体经济；可能出现低利率泡沫

从上面的讨论可以看出，货币供给量的变化会通过影响“马歇尔 K 值”和实际利率，对全球资产市场造成巨大影响，并最终影响到实体经济。由于 H 国货币具有双重属性，其在全球货币供给中所占的份额较大，因此，H 国的货币政策对全球经济的影响更是不可忽视。H 国的货币政策要兼顾国内和国际两个目标，在这两个目标出现冲突时，H 国会面临两难选择。例如，当 H 国以宽松的货币政策刺激本国经济时，同时也就给全球经济注入了流动性。如果这一政策最后导致“马歇尔 K 值”和实际利率超出了稳态增长要求的界限，那么，全球经济就可能出现动荡。

下面我们再来讨论两国经常账户和贸易余额的情况。分别定义经常账户 CA_t^j 和贸易余额 TB_t^j 为：

$$CA_t^j \equiv \dot{W}_t^j - \dot{V}_t^j - \dot{M}_t^j \tag{12}$$

$$TB_t^j \equiv P_t^j X_t^j - \theta W_t^j - \dot{M}_t^j \tag{13}$$

即经常账户是t时刻本国储蓄和投资之差，贸易余额是t时刻本国产出和支出之差。因为以相同货币计价的两国经常账户以及贸易余额之和为零，所以只需要讨论H国的情况就可以了解全球的外部平衡情况。在汇率稳定的情况下，由式（2）和式（12）可得H国的经常账户，由式（2）、式（7）、式（13）可得H国的贸易余额，分别为：

$$CA_t^H = \alpha E_t \dot{V}_t^N - \beta \dot{V}_t^H - \gamma \dot{M}_t^H \tag{14}$$

$$TB_t^H - \delta(\alpha - \beta) P_t^H X_t^H - \gamma \dot{M}_t^H \tag{15}$$

显然，在模型经济中N国持有的H国货币全部成为H国的贸易赤字和经常账户赤字，这一赤字的保持意味着H国向N国收取了铸币税。H国增加货币供给在增加铸币税的同时，也会扩大本国的赤字，加深全球失衡的程度。由式（14）、式（15）可得：

$$CA_t^H = TB_t^H + \delta(\alpha - \beta) P_t^H X_t^H + \alpha E_t \dot{V}_t^N - \beta \dot{V}_t^H \tag{16}$$

这表明经常账户由两项构成：贸易余额和对外资产负债的净收益。一国经常账户余额的积累构成其对外净资产部位 NFA_t^j，对式（14）积分可得：

$$NFA_t^H = \int CA_t^H dt = -\gamma M_t^H \tag{17}$$

因为根据有效市场假说，一国在长期内不可能通过资本利得获得永久性收益，持续改善其经常账户，即有 $\alpha E_t \int \dot{V}_t^N dt - \beta \int \dot{V}_t^H dt = 0$。因此，在长期内N国所持H国货币完全反映为H国的对外净负债。如果 $\gamma = 0$，则两国完全对称。此时，一国的经常账户赤字和对外净负债无法长期维持。如果一国的货币扩张超过一定限度，会对本国经济造成巨大风险，而对全球经济的影响相对要小。在小国开放经济中，小国货币扩张的后果要完全在本国吸收，不会对世界经济造成任何影响。

从模型可以得到三个主要结论：①当某个主权国家的货币成为国际本位货币时，为了向全球经济注入流动性，该国必须保持经常账户赤字，这同时也意味着该国向全球收取铸币税；②由于其货币具有双重属性，中心国家的货币政策会对全球资产市场造成巨大影响，当该国的货币发行超过一定限度时，会给全球经济带来巨大风险；③外围国家扩张性货币政策对全球经济的影响较小，但是超过一定限度会给本国经济带来巨大风险。

总之，通过前面的历史回顾和本部分的模型分析，我们认为，美国扩张性的财政和货币政策是造成此次全球失衡和金融危机的根本原因，美元的特殊地位或美元霸权在此发挥了重要作用。国际美元本位有两个层面的含义：首先，美国有责任和义务为全球经济提供流动性，以满足相关需求，这要求美国有一定程度的国际收支赤字；其次，美国可以利用自己对全球经济的特殊影响，为本国谋取额外利益，包括向全球征收铸币税。这种权利和义务的矛盾与国内外政策目标的矛盾交织在一起，使得美国的宏观经济政策面临两难，过于迁就国内目标往往使得全球经济面临巨大风险。这也是“超主权”国际货币的呼声如此强烈的原因。

三、危机冲击与政策反应

通过前面两部分的分析，我们认为，美国的扩张性政策，尤其是货币政策，是造成本次危机的根本原因。美国政策之所以会对全球经济产生如此大的影响，主要源于美国在国际货币体系中的霸权地位。对于互联网泡沫破灭以来美国的扩张性政策，全球经济传递出两个非常明显的调整信号：一是美国经常账户和对外债权债务的持续恶化；二是全球低利率和流动性泛滥。前者预示的美元急剧贬值没有成为本次危机的诱因，相反，后者暗含的资产价格泡沫及其破裂最终导致危机爆发，这对应于表 12-1 中的状态Ⅳ。在充分讨论了危机的原因之后，我们转而分析危机的传导，后面的分析将主要关注危机对中国的影响以及中国的政策反应。

（一）从次贷危机到全球金融危机

令人有些意外的是，虽然在本次全球流动性过剩过程中，各国的资产价格大都出现了泡沫，然而，危机最终全面爆发却源自美国的房地产泡沫破裂，即次贷危机。次贷危机的债务拖欠是一个连锁反应过程，那些处在债务链条关键环节，并且以高杠杆运作的金融机构首先遭受了巨大打击；随后，在市场心理反转和政府政策等多个因素的共同作用下，持续的“去杠杆化”过程逐步深入展开，出现所谓的杠杆周期（Leverage Cycle）。这一过程从两个方面紧缩美国的国内需求：信贷紧缩打击投资；居民储蓄提高打击消费。因此，次贷危机对美国的金融体系和实体经济都造成了很大损害。并且，这一危机并不局限于美国国内，而是迅速演变为全球金融危机。

从次贷危机到全球金融危机虽然不过短短一年，但是其过程却异常复杂。在这里我们强调两点：全球化和金融创新。全球化使得各国的经济联系日益密切，这一方面通过大量的产品和要素流动促进了全球经济增长，另一方面也导致各国经济周期的同步性增强，从而加大了全球经济的系统性风险。全球化的过程也是一国融入国际经济体系的过程，在获得收益的同时，也要随时准备接受制度缺陷带来的成本。金融创新在提高资本配置效率的同时，出现了高杠杆化和过度发展的特征，从而对实体经济的发展构成巨大的潜在威胁。在本次危机中，金融创新无疑是加速器和放大器。通过“有毒”资产，危机在很短的时间内就感染了各主要经济体，而各种不透明的高杠杆操作，使得危机的破坏程度大大增加。

具体来说，美国次贷危机主要通过三个渠道向全球传播。第一是金融渠道。通过复杂的金融工具，许多国外部门间接持有美国的次级贷款，危机爆发使这些机构遭受了巨大损失。危机通过这一渠道传播得最迅速，影响也最直接。第二是大宗商品价格渠道。大宗商品价格在资产泡沫破裂阶段出现暴涨，在危机加深时又出现暴跌。对资源输出国来说，这一变化会直接影响本国的收入。对其他国家来说，价格信号的剧烈波动会对企业生产造成不利影响，企业的生产决策和存货行为都会偏离正常情况。第三是贸易渠道。美国的经济衰退和需求收缩会对商品输出国造成较大影响。同时，全球衰退容易导致贸易保护主义抬头，从而导致全球贸易进一步收缩。另外，危机中的悲观心理也值得关注。美国爆发危机，会对全球经济产生较大的心理冲击，从而可能导致全球危机自我实现。从中国的情况来看，前两个渠道的影响不大，贸易渠道的影响已经逐步显现。

如果从三类经济体即货币输出国、资源输出国及商品输出国的划分来看，那么，各自受到次贷危机的影响是有所不同的。货币输出国面临本币贬值风险从而中心货币地位受到挑战；资源输出国因大宗商品价格暴跌，其经济增长动力与财政实力都大受影响；而商品输出国则因外需大幅下滑需要重振内需保增长。

（二）危机冲击与中国的政策反应

1. 从周期的国际关联看次贷危机的可能影响

全球正在经历第二次世界大战以来未曾有过的同步性经济周期。发达国家与新兴市场经济体都受到危机严重冲击，能够独善其身的绝无仅有。我们对中国周期的国际关联研究表明（见表 12-2），中国加入 WTO 以前（1996Q1：2001Q4），公共因子只能解释中国 GDP 的 3%。中国加入 WTO 以后（2002Q1：2008Q3），公共因子的作用出现了戏剧性变化。中国季度 GDP 周期波动的一半能够由随机共同因素的冲击解释。可见，国际经济因素对于中国的影响是显著的。表 12-3 中公共因子与 GDP 的相关系数提供了进一步的印证。中国加入 WTO 以前，公共因子与中国 GDP 相关系数为-0.049，加入世界贸易组织以后，相关系数转变为 0.76，相关性程度与美国、日本、欧盟已经基本匹配。以上分析表明，如果将次贷危机看作全球公共因子，那么它对中国的影响将是不可低估的。

表 12-2　产出（Y）、消费（C）、投资（I）波动的公共因子和特殊因子影响分析

		公共因子方差贡献（%）		特殊因子方差贡献（%）	
		1996Q1:2001Q4	2002Q1:2008Q3	1996Q1:2001Q4	2002Q1:2008Q3
美国	Y	50.8	43.5	49.2	56.5
	C	45.6	36.0	54.4	64.0
	I	48.6	27.1	51.4	72.9
日本	Y	5.1	62.2	94.9	37.8
	C	5.8	21.9	94.2	78.1
	I	3.3	53.0	96.7	47.0
中国	Y	3.0	50.5	97.0	49.5
	C	3.2	1.0	96.8	99.0
	I	1.3	8.0	98.7	92.0
欧盟	Y	24.6	67.4	75.4	32.6
	C	22.5	62.0	77.5	38.0
	I	42.7	60.4	57.3	39.6

资料来源：引自中国社科院经济所宏观室课题组（2009）。

表 12-3　各变量与公共因子的相关系数

国别	Y		C		I	
	1996Q1:2001Q4	2002Q1:2008Q3	1996Q1:2001Q4	2002Q1:2008Q3	1996Q1:2001Q4	2002Q1:2008Q3
美国	0.879	0.70	0.825	0.63	0.858	0.55
日本	0.160	0.84	-0.207	0.50	0.001	0.78
中国	-0.049	0.76	0.073	-0.08	-0.047	0.29
欧盟	0.595	0.88	0.560	0.84	0.795	0.83

资料来源：引自中国社科院经济所宏观室课题组（2009）。

2. 中国的政策反应

中国出现的经济下滑，既有外部危机冲击的因素也有自身结构调整因素（张晓晶，2008；刘树成，2009）。从这个角度，中国的政策反应，不能单纯为了救急，还要考虑到中长期的结构调整。总体上，中国的政策反应大致可以分成以下几个阶段：

（1）2008 年上半年，“双防”政策开始调整，注意到要防止经济下滑，但对于危机的严重性认识不足。特别是在面对高通货膨胀威胁的情况下，天平还是倒向防通胀。无独有偶，当时国际上的各种分析论调也认为通胀风险要远大于增长下滑风险。

（2）2008 年下半年，特别是中央到各地的调研发现了问题的严峻性，政策进一步调整，针对沿海地区出现出口和经济增速下滑苗头，及时把宏观调控的首要任务调整为“保持经济平稳较快发展，控制物价过快上涨”（一保一控），并采取了一些有针对性的财税金融措施。

（3）2008 年 9 月中旬，“雷曼兄弟”倒闭使得形势急转直下，政策出现大调整：从偏紧的政策转向积极的财政政策和适度宽松的货币政策，其中包括三次提高出口退税率，五次下调金融机构存贷款基准利率，四次下调存款准备金率，暂免储蓄存款利息个人所得税，下调证券交易印花税，降低住房交易税费，加大对中小企业信贷支持等。

（4）2008 年底前，提出“国十条”及 4 万亿投资刺激计划（见表 12-4）。

表 12-4 中国 4 万亿刺激计划（单位：亿元）

	原计划（亿元）	调整后（亿元）	占比（%）
铁路公路机场电网	18000	15000	37.5
保障性住房	2800	4000	10
技术改造与结构调整	1600	3700	9.25
农村民生与基础设施	3700	3700	9.25
医疗卫生文教社会	400	1500	3.75
节能减排生态环境	3500	2100	5.25
灾区重建	10000	10000	25

资料来源：国家发改委。

（5）2009 年初通过调整振兴产业规划。由于 4 万亿投资计划主要围绕扩大投资展开，是应急。但扩大投资主要涉及基础设施及民生工程，对产业拉动较小；同时，没有考虑到中长期的产业调整。因此，推出调整振兴规划。调整振兴产业规划的核心是调整，比如减少过剩产能、调整产业布局、提升技术水平、提高集中度、增强国际竞争力、注重节能环保等。这属于供给面的调整，但也会创造新的需求。

（6）注重科技创新。未来的竞争力还是要靠科技实力。由于在经济繁荣时期，什么样的企业都能赚钱，容易忽视研发和创新，而危机时期，则凸显了科技创新的重要性。事实上，只有走科技创新之路，中国经济才能在遭遇危机之后上一个新台阶。对于科技创新的支持，在四万亿元的投资计划以及调整振兴产业规划中都有体现。

（7）大幅度提高社会保障水平。这是回到增长的本质。同时，在危机时期，社保问题更显重要。基本举措包括保障性住房由 2800 亿元提高到 4000 亿元，医疗卫生文教由400亿元增加到1500亿元；另有，社会保障支出增加2930亿元，就业培训支持420亿元，并推出医疗卫生改革方案，大幅增加政府投入；还有，新的扶贫标准提高到人均1196元，扶贫对象覆盖4007万人，标志着中国扶贫开发进入一个新阶段。

总体来说，中国的政策反应主要围绕如何扩大内需、促进就业与保障民生展开，大体经历了这么几个阶段：政策方向调整，4万亿投资计划，调整振兴产业规划，强调科技创新及大幅提高社保水平，体现出从“救急”到“中长期考虑”再回归到“增长的本质”和科学发展。

四、中国经济复苏与可持续性增长的条件与建议

对于世界经济何时复苏（复苏是指一个经济体恢复到其潜在产出水平）现在还没有定论。悲观论者认为衰退会达到5年以上，甚至像日本“失去的十年”一样漫长。世界经济2010年何时复苏，未有定论，而对于不同经济体，复苏的时间显然会有所差异。2009年中国GDP增长率为9.2%，2010年、2011年分别为10.4%和9.3%，而有些欧洲国家却几近破产。也正因为如此，强调中国率先走出危机的呼声很高。那么，这种说法有理由吗？决定中国经济复苏的主要因素到底有哪些？

总的来讲，一个经济体的复苏取决于其初始条件、发展阶段以及经济体的弹性。以下将从国际比较的视角来审视中国在这几个方面所具备的优势（或不足）。

（一）经济复苏的初始条件

初始条件即指在危机发生时一个经济体的基本情况，主要包括财政、金融、国际收支等在危机冲击下可能会迅速发生变化的指标。进行国别比较我们发现，中国初始条件具有以下特点，即储蓄水平高，银行坏账率低，财政稳健以及对外风险暴露小。

1. 储蓄水平很高

从表12-5可以看出，中国2006年储蓄水平为54%，在金砖四国中稳居第一，比世界平均储备水平的22%高出1.5倍还多。2008年金融危机爆发后，中国的高储蓄率依旧如故，从图12-4可见，这几年里中国的储蓄率在金砖四国中仍一枝独秀。高储蓄意味着中国资金充裕，比起那些严重依赖国外融资的经济体来，在应对危机方面有很大的余地。

表12-5　金砖四国及世界平均储蓄水平比较（总储蓄占GNI比重，%）

国别 \ 年份	1970	1980	1990	2000	2001	2002	2003	2004	2005	2006
中国	27	33	40	37	38	41	44	47	51	54
巴西	19	18	19	14	14	15	16	19	17	18
印度	15	17	22	26	26	27	29	32	33	34
俄罗斯	—	—	30	37	33	29	30	31	32	31
世界平均	25	23	22	22	21	20	20	21	21	22

资料来源：World Bank，World Development Indicators（WDI）Database。

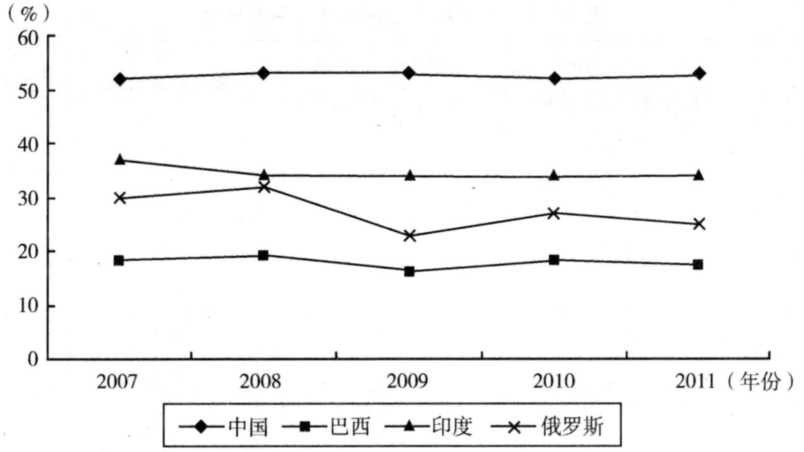

图 12-4 2007~2011 年金砖四国总储蓄率占 GDP 比重

资料来源:World Bank, World Development Indicators (WDI) Database。

2. 银行坏账率较低

这些年来,中国银行坏账率下降明显。根据世行的发展指标,2001 年的时候,中国银行业的坏账率还在 30%,但到 2007 年则降到了 7%。另据中国金融年鉴 2010 的数据:截至 2009 年底,我国商业银行不良贷款率仅为 1.59%,其中大型商业银行,主要是国有银行为 1.8%,股份制商业银行只有 0.95%,而相对较高的是农村商业银行,其不良贷款率也只有 2.76%。2010 年,全国性商业银行不良贷款余额 3837.75 亿元,降幅大于上一年的 10.42%,为 13.87%;全国性商业银行不良贷款率为 1.16%,较上年下降 0.44 个百分点,延续了自 2003 年以来全国性商业银行不良贷款率的下降趋势。其中,次级、可疑及损失类不良贷款余额分别为 1407 亿元、1830 亿元和 584 亿元,分别较上年下降了 20.64%、13.23% 和 1.88%,次级类、可疑类与损失类的不良贷款率分别为 0.42%、0.55% 和 0.18%,也均保持了自 2003 年以来一直向下的变动趋势,显然,这表明中国的银行体系也是较为健康的。

3. 财政稳健

2010 年末,中央财政国债余额 67548.11 亿元,国债负担率(国债余额占 GDP 的比重)为 17%。从国际比较看,根据国际货币基金组织公布的数据,2010 年美国财政赤字率和国债负担率分别为 10.6% 和 91.6%,日本为 9.5% 和 220.3%,德国为 3.3% 和 80%,英国为 10.4% 和 77.2%。显然,与主要发达国家相比,我国财政赤字率和国债负担率都很低,也远优于欧盟为其成员国规定的 3% 和 60% 的控制水平。2011 年,中国财政赤字 6500 亿元人民币,比预算减少 500 亿元,占 GDP 的比例为 1.37%。

4. 对外风险暴露小

表 12-6 表明,在大型经济体危机风险评估(主要是对外风险暴露)中,从经常项目、短期外债以及银行存贷款指标来看,中国的综合风险最低。

表 12-6 大型新兴经济体危机风险评估

经济体	经常项目/GDP（2009 年预期值）（%）	短期外债/外汇储备（2009 年预期值）（%）	银行贷款/存款	总体风险排名
南非	-10.6	81	1.09	17
匈牙利	-4.3	79	1.30	16
波兰	-8.0	38	1.03	14
韩国	1.3	102	1.30	14
墨西哥	-2.5	39	0.93	12
巴基斯坦	-7.8	27	0.99	12
巴西	-1.5	22	1.36	10
土耳其	-2.3	70	0.83	10
俄罗斯	1.5	28	1.51	9
阿根廷	0.2	63	0.74	8
委内瑞拉	0.8	58	0.75	7
印度尼西亚	1.2	88	0.62	6
泰国	0.3	17	0.88	5
印度	-2.4	9	0.74	4
中国台湾地区	7.9	26	0.87	3
马来西亚	11.3	15	0.72	2
中国	5.2	7	0.68	1

资料来源：汇丰银行、经济学家研究部。

中国初始条件体现出的优势，为扩张性财政货币政策提供了较大的空间。事实上，面对危机，各经济体都想扩大财政支出，放松货币政策，但由于初始条件的限制，并不是所有经济体能做得到。比如拉美国家，本身储蓄水平较低，财政盈余较少（自 2002 年以来，拉美国家大宗商品价格上涨所带来收益的七成以上都花掉了），且主要依靠国外融资。在危机的情况下，随着大量外资抽走，国外融资将变得困难且融资成本上升。结果，政府不得不非常谨慎地进行财政扩张，以及想办法如何为这些扩张融资。另外，考虑到货币扩张引起本币贬值和资本外流，这些国家的扩张性货币政策也受限。

（二）经济的发展阶段

中国处在工业化、城镇化的加速发展时期，因此，与工业化相关的产业结构升级，以及与城市化相关的基础设施建设、房地产汽车业以及现代服务业等所带动的大量需求，正是中国扩大内需的潜力所在，而这些是成熟的市场经济国家不具备的。即便在金砖四国而言，中国也表现出独特的优势。

表 12-7　城市化水平比较（单位：%）

国家＼年份	1960	1970	1980	1990	2000	2001	2002	2003
中国	16	17	20	27	36	37	38	39
巴西	45	56	67	75	81	82	82	83
印度	18	20	23	26	28	28	28	28
俄罗斯	54	62	70	73	73	73	73	73
世界平均	33	36	39	43	47	47	47	48
国家＼年份	2004	2005	2006	2007	2008	2009	2010	2011
中国	39	40	41	42	47	48	49	51
巴西	84	84	85	85	84	84	84	85
印度	28	29	29	29	30	31	31	31
俄罗斯	73	73	73	73	73	74	74	74
世界平均	48	49	49	50	—	—	—	—

资料来源：World Bank WDI Database。

从城市化的角度（见表 12-7），中国与印度还有很大的发展空间，正处在加速阶段；张平（2009）计算出中国的城市发展曲线，认为中国城市化依然具有持久的带动性。而俄罗斯与巴西的城市化水平已经很高，发展余地不大。但就工业化水平而言（见表 12-8），中国却处在最高，优势不明显。但中国产业结构升级仍然蕴含着巨大的需求。事实上，十大产业调整振兴规划，既是供给面的调整，同时也能创造大量新的需求。

表 12-8　工业增加值占 GDP 比重（单位：%）

国家＼年份	1960	1970	1980	1990	2000	2001	2002	2003
中国	45	40	49	42	46	45	45	46
巴西	37	38	44	39	28	27	27	28
印度	20	21	25	27	26	25	26	26
俄罗斯	—	—	—	48	38	36	34	34
世界平均	—	—	37	33	29	28	28	28
国家＼年份	2004	2005	2006	2007	2008	2009	2010	2011
中国	46	48	48	47	47	46	47	47
巴西	30	30	31	31	28	27	28	28
印度	28	29	29	29	28	28	27	26
俄罗斯	35	39	38	39	36	34	37	—
世界平均	27	28	—	—	—	—	—	—

资料来源：World Bank，WDI Database。

（三）经济体的弹性

在讨论应对危机冲击与经济复苏的时候，初始条件及发展阶段作为中国的优势往往会被提及，但经济体的弹性要么被忽略，要么谈得很不够。所谓经济体的弹性，是指一个经济体应对外部环境变化或冲击的能力。经济环境的变化会导致相对价格运动，反过来给市场以重要的信号；一个富有弹性的经济体，就是能够对这些信号作出反应并以最快的速度和最低的成本恢复其潜在产出水平。“最快的速度”与“最低的成本”概括了复苏的理想状态，是对如何实现经济复苏的一种约束：首先，复苏速度要快，衰退时间越长，各种福利损失就越大；其次，复苏是有代价的。不少人认为，只要政府不断加大投入，总能实现较快增长。但如果这是以加剧经济失衡、牺牲科学发展为代价，就需要权衡得失了。只要考虑到复苏的速度与成本，就一定离不开经济体的弹性。

如果说政府的能动性在危机中能够发挥特别重要的作用，那么，这一作用的体现，特别是政府投资的杠杆效应以及保证政策效应的可持续性，都要依赖经济体的弹性。并且，由于未来的国际国内形势仍然存在较大的不确定性，经济体的弹性将决定一个经济体能否对这些新的变化做出正确的、积极的反应。相对于前面提到的初始条件与发展阶段，经济体的弹性更体现出一个经济体的制度性特点。

经济体的弹性主要包括以下几个方面：宏观经济政策的灵活性，商品劳务的顺畅流通，行业准入限制的取消，以及自由价格机制。

宏观政策层面，自 2007 年下半年以来，随着国际国内形势的变化，中国政策调整频度很高，这体现出政策的灵活性。不过，如何对形势有一个正确的判断并作出及时准确的政策反应，还要取决于宏观决策的科学化、民主化，这是在未来提高和完善宏观调控体系中需要格外关注的。

商品劳务的流通方面，中国离形成完全统一的国内商品劳务市场还有距离。在商品流通方面，还存在地方保护，在劳务流通方面，也还存在户籍限制及劳动力市场的分割。这和成熟市场经济体有较大差距。

行业准入方面，尽管随着改革的推进，很多领域都逐步允许民营经济进入，但国有垄断在一些行业（如金融、电信等）还是体现得很明显。因此，如何打破垄断，让社会资本进入更多的领域并成为拉动经济的重要力量，是十分紧迫的任务。

价格机制方面，总体来讲，九成以上（甚至更多）的价格都是由市场来决定。但一些资源性产品价格以及生产要素价格仍然还是政府控制，利率市场化及汇率弹性也都还不够。

如何衡量经济体弹性还没有一个统一的指标。不过，经济自由度指标可以起到一定的参考作用。表 12–9 显示，从总指数来看，中国为 53.2，在 179 个经济体中排名 132 位，还远不及中位数。这表明中国经济体的弹性是不足的。尽管由于指标选择以及计算方法不同，这一结果并不能完全体现中国市场化发展的水平。但作为一个参照，特别是从分项指标来看，能够找到我们可能存在的差距和需要进一步改革的方向。在十个分项指标中，高于平均值的指标只有两个，一个是政府规模指数，另一个是劳动力自由度指数。在政府规模中，其计算方法是政府支出越少，分值就越高。中国政府规模指数高，是中国社会性支出太少的反映，而并非政府干预程度低的反映。在发达经济体中，其社会性支出占 GDP 的比重非常高，从而政府规模指数较低（如英、法、美等国）。而劳动自由度，即便在金砖四国中，中国也没有明显优势，比印度、巴西还要略低一点，只比俄罗斯略高；但远高于法国、芬兰等欧洲国家。总之，中国的市场自由度还有许多方面需要进一步提高。

表 12-9 经济自由度的国际比较（2009 年）

国别	总指数	企业自由	贸易自由	财政自由	政府规模	货币自由	投资自由	金融自由	产权	远离腐败	劳动自由
俄罗斯	50.8	54.0	60.8	78.9	70.6	65.5	30	40	25	23	60.0
中国	53.2	51.6	71.4	70.6	88.9	72.9	30	30	20	35	61.8
印度	54.4	54.4	51	73.8	77.8	69.3	30	40	50	35	62.3
巴西	56.7	54.4	71.6	65.8	50.3	77.2	50	50	50	35	62.7
法国	63.3	87.4	80.8	50.9	14.5	71.7	60	70	70	73	54.5
日本	72.8	85.8	82	67.5	61.1	93.6	60	50	70	75	82.5
芬兰	74.5	95.1	85.8	64.3	28.6	87.4	70	80	95	94	44.8
英国	79.0	89.8	85.8	61.0	40.3	80.4	90	90	90	84	78.5
美国	80.7	91.9	86.8	67.5	59.6	84	80	80	90	72	95.1
中国香港	90.0	92.7	95	93.4	93.1	86.2	90	90	90	83	86.3
世界平均	—	64.3	73.2	74.9	65	74	48.8	49.1	44	40.3	61.3

资料来源：The Heritage Foundation，2009 INDEX of Economic Freedom。

经济低迷时期，劳动力市场的灵活性尤为重要。比如，在经济增长下滑时期，正规就业往往会出现负增长，但是非正规就业和灵活就业此时会加速增长，从而弥补正规就业的损失，支撑总就业正常增长（蔡昉，2009）。中国海关总署统计的数据显示，中国具有较强市场竞争优势的劳动密集型产品出口同比和环比均有不同程度增长，表现良好。尽管这和出口退税等一系列刺激措施有关，但也反映出我国的劳动密集型产业具有较强的灵活性和适应能力，这又和中国劳动力市场的灵活性密切相关。从这个角度看，传统基金会的“劳动自由”指数没有完全涵盖我国劳动力市场的所有重要特征。

在反思本轮危机的过程中，人们认识到不能过度迷信自由市场的有效性，但这并不意味着要否定市场配置资源的基础性作用。从大萧条的教训来看，对于政府干预在某些方面的过度运用，恰恰是导致衰退延长的重要因素。比如，各国的贸易保护主义、提高关税、限制劳动力流动（美国的限制移民）、限制国内竞争，阻止工资率下降，等等。这些措施，恰恰忽视了经济体自身弹性的重要性。有研究表明（Cole and Ohanian，2004），“新政”（包括胡佛新政与罗斯福新政）中的劳动与产业政策应该对部门性高工资、扭曲的劳动力市场，以及压抑的就业、消费与投资负责。这些政策大约能够解释美国经济复苏乏力（或衰退延长）的 60%。相对于稳态水平，这些新政政策导致产出、消费与投资下降约 13 个百分点。而且，正是对这些政策的取消带来了 20 世纪 40 年代经济的强劲复苏。

（四）相关的政策建议

综合以上，在决定经济复苏的条件中，中国的初始条件以及发展阶段，具有较大的优势，而经济体的弹性却相对薄弱，需要通过改革逐步增强的。从而，中国希望率先走出危机并走上可持续增长的轨迹，除了政府的刺激措施，潜在巨大的国内需求，还需要有私人投资的迅速跟进及加强市场机制的协调配合。

第一，应该明确的是，全球失衡是本轮次贷危机的深层原因，解决失衡问题将是避免危机重演的关键。无论是历史回顾、文献检索还是我们的数理模型均揭示出：失衡、危机与美元霸权密切相关。因此，改革国际货币体系至关重要。至少，戴高乐所谓的美元“过度的特权”是该受到约束了。依靠危机或金融动荡等事后方式对美元霸权施加约束代价太高，因此，从改革国际货币体系及完善全球治理结构上来实现对于美元霸权的事前的限制，是我国避免外部金融冲击的一个重要保障。

第二，当前各经济体相互锁定、相互影响，一国走出危机要依赖外部环境的积极变化和各国之间的协调配合。处在全球化时代，“脱钩论”很难成立，各经济体周期波动的同步性越来越明显。中国欲走出危机，也需要外部环境的配合，因此，密切关注国际形势的变化采取应对措施以及加强国际合作的就显得相当重要，大萧条时期的各自为政、贸易保护主义就是一个惨痛的教训。

第三，经济体的充分弹性是中国经济实现可持续性增长的必不可少的条件。经济体的充分弹性，不仅是中国经济复苏条件，也是实现经济可持续性增长的重要保证。如何增强经济体的弹性，以促进中国经济的可持续性增长，则就是一个关键性问题。大萧条的教训在于政府干预在某些方面的过度使用，从而加剧和延长了衰退。这表明反思危机要全面：一方面不能如市场原教旨主义者那样迷信市场的有效性、市场是万能的；另一方面也不能误读“社会主义拯救华尔街”，从而否定市场的基本价值。事实上，强调经济体的弹性正意味着要重视市场机制的作用。在中国，如何充分发挥市场配置资源的基础性作用仍是非常艰巨的任务。过去 30 年的改革开放为建立社会主义市场经济体制奠定了良好的基础，但市场化改革仍需要进一步推进，以深化改革来应对危机，促进增长。

第四，提高汇率弹性，使货币政策成为对抗外部冲击的第一道防线。大萧条时期，那些最先脱离金本位制，从而拥有独立的货币政策进行货币扩张的国家，率先走出了危机。随着中国经济越来越多地融入到全球化之中，外部冲击对中国经济的影响也越来越大，独立的货币政策往往可以成为防范外部风险的第一道防线。但如果汇率弹性不足，独立的货币政策就成了空中楼阁。因此，要从更长远的战略高度认识增强汇率弹性的重要性。

第五，推进资源价格改革，着眼于中长期科学发展。价格管制必然会损害资源配置效率。因此，推进资源价格改革，使之反映市场供求关系、资源稀缺程度及环境损失，才有利于对资源的真正有效的使用，并促进节能环保，对于中国中长期科学发展意义重大。而且，在当前国际大宗商品价格处在低位的情况下进行资源价格改革，也是不可错失的良机。

第六，放松行业管制，提高私人投资的积极性。危机时期，政府投资或可保持较高水平，而私人投资的大幅下滑才是问题所在。因此，如何通过各种政策刺激私人投资，包括放松行业管制，如2009年政府工作报告中提出“放宽市场准入，引导民间资本进入基础设施、公用事业金融服务和社会事业”，都是非常重要的举措。

第七，打破劳动力市场的分割，提高劳动力市场的弹性。特别是逐步取消户籍制度，促进城乡劳动力的更自由流动；重视拓宽非正规就业渠道；防止危机期间出现地方保护（比如不允许外地民工进入本地）以及在劳动工资上要协商解决，不应固守工资率绝不下降。伯南克（2007）的研究证实，正是实际工资的略有下降，可以使企业通过增加就业和扩大产出来获得更大的利润，从而促进整个经济的增长和就业上升。

第八，打破地方保护，促进商品服务的顺畅流通。在当前扩内需、保增长的背景下，一些地方政府出台了“购买本地货”的规定，在鼓励采购的本地产品目录中，汽车、家电、烟酒、出租车和公务车等字眼频频出现。地方保护严重阻碍了国内统一市场的形成，限制了商品服务的自由流通，从而成为扩大内需的障碍。

参考文献

[1] Allen, Franklin and Douglas Gale, 2000, Bubbles and Crises, Economic Journal, Vol. 110 (460), pp. 236-255.

[2] Bagnai, Alberto, 2008, The Role of China in Global External Imbalances: Some Further Evidence, China Economic Review, Forthcoming.

[3] Barsky, Robert B. and Lutz Kilian, 2001, Do We Really Know that Oil Caused the Great Stagflation? A Monetary Alternative, NBER Working Paper, No. 8389.

[4] Bernanke, B. S., 2005, The Global Saving Glut and the U. S. Current Account Deficit, Updates Speech Given on 10 March 2005 at the Sandridge Lecture, Virginia Association of Economists, Richmond, Viginia.

[5] Blanchard, Olivier, Francesco Giavazzi and Filipa Sa, 2005, International Investors, The U. S. Current Account, and the Dollar, Brookings Papers on Economic Activity, Vol. (1), pp. 1-49.

[6] Caballero, Ricardo J., Emmanuel Farhi, and Pierre-Olivier Gourinchas, 2008a, An Equilibrium Modle of 'Global Imbanlances' and Low Interest Rates, American Economic Review, Vol. 98 (1), pp. 358-393.

[7] Caballero, Ricardo J., Emmanuel Farhi, and Pierre-Olivier Gourinchas, 2008b, Financial Crash, Commodity Prices and Global Imbalances, NBER Working Paper, No. 14521.

[8] Cole, Harold L. and Lee E. Ohanian, 2004, New Deal Policies and the Persistence of the Great Depression: A General Equilibrium Analysis, Journal of Political Economy, Vol. 112, No. 4, pp. 779-816.

[9] Cooper, Richard, 2006, Living with Global Imbalances: A Contrarian View, Journal of Policy Modeling, Vol. 28, issue 6, pages 615-627.

[10] Dooley, Michael P., David Folkerts-Landau and Peter M. Garber, 2002, An Essay on the Revived Bretton Woods System, NBER Working Paper, No. 9971.

[11] Dooley, Michael P., David Folkerts-Landau and Peter M. Garber, 2004a, Direct Investment, Rising Real Wages and the Absorption of Excess Labor in the Periphery, NBER Working Paper, No. 10626.

[12] Dooley, Michael P., David Folkerts-Landau and Peter M. Garber, 2004b, The U. S. Current Account Deficit and Economic Development: Collateral for a Total Return Swap, NBER Working Paper, No. 10727.

[13] Eichengreen, Barry, 2000, From Benign Neglect to Malignant Preoccupation: U. S. Balance-of-Payments Policy in the 1960s, NBER Working Paper, No. 7680.

[14] Eichengreen, Barry, 2004, Global Imbalances and the Lessons of Bretton Woods, NBER Working Paper, No. 10497.

[15] Fels, Joachim, 2005, Is Global Excess Liquidity Drying Up? Morgan Stanley Global Economic Forum, November 8.

[16] Fels, Joachim, 2009, A New Global Liquidity Cycle, Morgan Stanley Global Economic Forum, January 16.

[17] Gourinchas, Pierre-Olivier and Hélène Rey, 2005a, International Financial Adjustment, NBER Working Paper, No. 11155.

[18] Gourinchas, Pierre - Olivier and Hélène Rey, 2005b, From World Banker to World Venture Capitalist: U. S. External Adjustment and the Exorbitant Privilege, NBER Working Paper, No. 11563.

[19] Hausmann, Ricardo and Federico Sturzenegger, 2005, U. S. and Global Imbalances: Can Dark Matter Prevent a Big Bang? http://www. cid. harvard. edu/cidpublications/darkmatter_ 051130. pdf.

[20] Ito, Hiro, 2009, U. S. Current Account Debate With Japan then, with China Now, Journal of Asian Economics, Forthcoming.

[21] Knotek, Edward S. Ⅱ, 2006, Regime Changes and Monetary Stagflation, the Federal Reserve Bank of Kansas City Economic Research Department, Research Working Paper, RWP 06-05.

[22] McKinnon, Ronald I., 2005, Trapped by the International Dollar Standard, Journal of Policy Modeling, Vol. 27, pp. 477-485.

[23] Obstfeld, Maurice and Kenneth Rogoff, 2000, Perspectives on OECD Capital Market Integration: Implications for U. S. Current Account Adjustment, in Federal Reserve Bank of Kansas City, Global Economic Integration: Opportunities and Challenges, March, pp. 169-208.

[24] Obstfeld, Maurice, and Kenneth Rogoff, 2004, The Unsustainable US Current Account Position Revisited, NBER Working Paper, No. 10869.

[25] Obstfeld, Maurice and Kenneth Rogoff, 2005, Global Current Account Imbalances and Exchange Rate Adjustments, Brookings Papers on Economic Activity, Vol. (1), pp. 67-123.

[26] Reinhart, Carmen M. and Kenneth S. Rogoff, 2008a, This Time is Different: A Panoramic View of Eight Centuries of Financial Crises, NBER Working Paper, No. 13882.

[27] Reinhart, Carmen M. and Kenneth S. Rogoff, 2008b, Banking Crises: An Equal Opportunity Menace, manuscript, Harvard University, December 2008.

[28] Reinhart, Carmen M. and Kenneth S. Rogoff, 2009, The Aftermath of Financial Crises, American Economic Review, Forthcoming.

[29] Roubini, Nouriel and Brad Setser, 2004, The US as a Net Debtor: The Sustainability of the US External Imbalances, http://pages. stern. nyu. edu/~nroubini/papers/Roubini-Setser-US-External-Imbalances. pdf.

[30] Rüffer, Rasmus and Lìvio Stracca, 2006, What is Global Excess Liquidity, and Does It Matter? European Central Bank Working Paper Series, No. 696.

[31] Summers, Laurence, 1989, Planning for the Next Financial Crisis, in The Risk of Economic Crisis (Edited by Martin Feldstein), University of Chicago Press.

[32] White, William R., 2008, Past Financial Crises, the Current Financial Turmoil, and the Need for a New Macrofinancial Stability Framework, Journal of Financial Stability, Vol. (4), pp. 307-312.

[33] [美] C. 弗雷德·伯格斯坦主编，[美] 国际经济研究所：《美国与世界经济：未来十年美

国的对外经济政策》，经济科学出版社 2005 年版。

[34] [美] 伯南克：《大萧条》，东北财经大学出版社 2007 年版。

[35] [美] 查尔斯·P. 金德尔伯格：《疯狂、惊恐和崩溃——金融危机史》（第 4 版），中国金融出版社 2007 年版。

[36] [美] 马丁·费尔德斯坦主编：《20 世纪 80 年代美国经济政策》，经济科学出版社 2000 年版。

[37] 蔡昉：《科学发展是抵御金融危机的根本途径》，《红旗文稿》2009 年第 6 期（总第 150 期）。

[38] 刘树成：《2008-2009 年国内外经济走势分析》，中国社会科学院经济学部"中国经济研究报告"2009 年第 78 期。

[39] 张平：《宏观政策的有效性和激励目标的选择》，中国社会科学院经济学部"中国经济研究报告"2009 年第 82 期。

[40] 张晓晶：《中国增长的周期性调整、未来走势与政策选择》，《财贸经济》2008 年第 10 期。

[41] 中国社会科学院经济研究所宏观室课题组：《中国经济周期的国际关联》，2009 年未定稿。

附　录

由式（3）、式（5）、式（8）、式（9）联立可得：

$$\dot{W}_t = (i_t - \theta)W_t + (1 - \delta - i_t k)P_t^H X_t \tag{A1}$$

式（5）向前积分，式（A1）向后积分可得：

$$V_t = \int_t^{\infty} \delta P_s^H X_s e^{-i(s-t)} ds \tag{A2}$$

$$W_t = W_0 e^{(i-\theta)t} + \int_0^t (1 - \delta - ik) P_s^H X_x e^{(1-\theta)(t-s)} ds \tag{A3}$$

条件 $\rho+g<i<\rho+g+\theta$ 意味着以下渐进性质成立：

$$\frac{V_t + M_t}{P_t^H X_t} \underset{t\mapsto\infty}{\longrightarrow} \frac{\delta}{i - \rho - g} + k \tag{A4}$$

$$\frac{W_t}{P_t^H X_t} \underset{t\mapsto\infty}{\longrightarrow} \frac{1 - \delta - ik}{\rho + g + \theta - i} \tag{A5}$$

令式（A4）和式（A5）的右端相等，即可解得式（11）。

另外，如果 $i<\rho+g$，则有$\frac{V_t+M_t}{P_t^H X_t} \underset{t\mapsto\infty}{\longrightarrow} \infty$；如果 $i>\rho+g+\theta$，则有$\frac{W_t}{P_t^H X_t} \underset{t\mapsto\infty}{\longrightarrow} \infty$

第四篇

中国经济可持续发展评价体系与展望

第十三章 中国经济可持续发展评价体系

为了评估中国各省份的可持续发展情况，本章提出了一套中国各省份发展前景评价体系。该发展前景评价体系一级指标包括经济增长、增长可持续性、政府运行效率和人民生活四个部分，通过产出效率、经济结构、经济稳定、产出消耗、增长潜力、环境质量、政府效率、社会保障、人民生活和消费结构等方面的近60个指标运用主成分分析法对各省份发展前景进行客观评价，得出了中国30个省份1990～2011年间的发展前景指数和排名情况。此外，本章还将可持续发展前景的评价细化到一级指标，得出了中国30个省份1990～2011年间经济增长、增长可持续性、政府运行效率和人民生活的发展前景指数和排名情况，并对影响各省份发展前景的因素包括一级指标、二级指标、具体指标等进行了分析。其中一级指标中人民生活所占权重最高，具体指标权重最高的城镇基本养老保险覆盖率所占权重为3.63%，农村社会养老保险覆盖率、城市化率、城镇失业保险率覆盖率、城镇基本医疗保险覆盖率的权重分别为3.60%、3.57%、3.42%、3.30%。这反映了我国从工业化转向城市化过程中和城市化密切相关的城市化水平、养老保险、失业保险、基本医疗保险等指标的重要程度。全章将从五个部分展开，第一部分对可持续发展指标评价体系本身、指标设计、数据来源及处理和中国各省份的可持续发展前景的评价过程进行了说明；第二部分为中国各省份发展前景评价结果；第三部分为各省份发展前景分级情况；第四部分为各省份发展前景的影响因素分析；第五部分为总结。

一、可持续发展评价体系综述、指标设计及数据处理

当前，我国经济已经进入由粗放型增长转向集约型增长方式的阶段。粗放型经济增长方式的特征是依靠增加生产要素投入来促进经济增长，也即数量型经济增长。集约型经济增长方式的特征是依靠生产要素的有效配置来促进增长，即提高经济增长质量。经济增长不仅包含数量的增长，还要有质量的增长。而在一个相当长的时期内，经济增长理论仅研究经济的数量的增长，而没考虑经济的质量的增长，即经济的可持续发展情况。经济可持续发展水平关系到各省份乃至全国的发展前景好坏，为了更好地反映各省份的经济可持续发展情况，本章用发展前景指数来表示经济的可持续发展情况。

（一）可持续发展评价体系综述

最早的可持续发展指标评价体系可以追溯到联合国开发计划署（UNDP）在1990年提出人文发展指数（HDI）。该指标体系以预期寿命、教育水准和生活质量三项变量为依

据。HDI 综合反映了卫生与健康水平、教育水平、经济和生活水平，能较全面地反映社会和经济的发展。经济合作与发展组织（OECD）确定了以环境可持续发展模型（即 PSR，Pressure-State-Response 模型）作为可持续发展指标体系。1994 年联合国统计局（UNSTAT）以《21 世纪议程》中的主题内容如经济问题、大气和气候、固体废弃物、社会经济活动和事件、影响和效果以及对影响的响应等作为可持续发展进程中的主要问题来对指标进行分类，形成了一套可持续发展指标体系 FISD（Framework for Indicators of Sustainable Development）。世界银行对 OECD 的可持续发展指标体系进行了调整，将 OECD 建立的可持续发展指标体系应用到四个基本的领域（环境、社会、经济和机构），于 1995 年 9 月公布了一套以“国家财富”作为衡量可持续发展依据的可持续发展指标体系。该指标体系将“国家财富”分解为自然资本、人造资本、人力资本和社会资本四个部分，否定了传统的以人造资本为依据来衡量可持续发展的方法，赋予了可持续发展以科学的内涵，动态地反映了可持续发展的能力，并运用该指标体系对世界的 192 个国家的资本存量进行了粗略的计算，将可持续发展的概念付诸可操作的实施。联合国可持续发展委员会（UNSDC）和联合国政策协调与可持续发展部（DPSDC）（1996）在“经济、社会、环境和机构四大系统”的概念模型和 DSR（Driving Force-State-Response）模型的基础上，结合《21 世纪议程》提出了一个初步的以可持续发展为核心的指标体系框架。环境问题科学委员会（SCOPE）与联合国环境规划署（UNEP）合作提出了高度综合的可持续发展指标体系，该指标体系创建了人类活动和环境相互作用的概念模型，很好地阐释了人类活动和环境存在的四个方面的相互作用，同时选取了 25 个能够相对比较准确表征这四个方面相互作用的指标构成了环境可持续发展指标体系。

国内提出的可持续发展体系比较典型的有中国科学院可持续发展战略研究组 1999 年提出的《中国可持续发展战略报告》。从《中国可持续发展战略报告 2009》可以看出，该报告提出了一套“五级叠加，逐层收敛，规范权重，统一排序”的可持续发展指标体系。该指标体系分为总体层、系统层、状态层、变量层和要素层五个等级，系统层将可持续发展总系统解析为五大子系统：生存支持系统、发展支持系统、环境支持系统、社会支持系统和智力支持系统，变量层共采用了 45 个指数，用要素层的 225 个指标（2004 年以前是 219 个指标）进行定量描述。该指标体系属于复合的、庞大的和具有理念性结构的指标体系，采用了可测的、可比的、可以获得的指标，对中国各省份可持续发展进行了较为全面而系统的评价，具有一定的理论意义和应用价值。但由于其指标数量过于庞大，指标的选取人为因素影响明显，而且有些指标相关程度非常高，同时一些指标的计算出现重复，从而影响到评价结果的客观性和准确性。

中国科学院《中国可持续发展战略报告》中自然资源环境所占比重过大，五大子系统中，就有生存支持系统和环境支持系统两个是自然资源环境方面的内容。我们认为自然资源环境对人们的生活有一定的约束作用，但更多的是人们利用自身力量克服自然资源条件的限制，进而有效地利用和保护环境资源，使经济真正持续发展。另外，该报告很多指标缺乏经济学含义，从而减弱了其作为可持续发展报告的内涵。此外在分析方法上，主观赋权的特点很明显，不利于对各省份进行客观评价，从而提出切实可行的可持续发展建议。

与中国科学院《中国可持续发展战略报告》相比，本发展前景评价体系除了包含中科院提的绝大部分指标外，主要有以下几处不同：①本发展前景评价体系将“政府效率”作为中国各省份发展前景评价四大一级指标之一，其中包含政府反贪腐情况，我们认为反贪腐进行得越好，政府运行效率越高；同时将火灾事故率指标和城市设施水平作为政府运行效率的主要指标。②经济增长也是经济持续发展的重要基础。对发展前景影响很大的全要素生产率（TFP）也在本发展前景评价体系的一级指标“经济增长”中出现。作为经济稳定的重要环节，“对外开放稳定性”也是不容忽视的，2008 年底到 2009 年以及 2010 年至今的世界性金融危机对中国经济的巨大影响就可以看出对外开放稳定性的重要性。资本产出率反映了固定资本存量对国内生产总值的产出效率；而人均 GDP 增长率也涉及经济增长的稳定性。这些在本发展前景评价体系中均得到反映。③“劳动投入弹性指标”、“资本投入弹性指标”和“能源消耗弹性指标”也是增长可持续性中的“产出消耗”的重要一环。“有效劳动力比例”决定了经济增长的劳动潜力，增长的可持续性需要源源不断的有效劳动力的支持，一旦有效劳动力匮乏，经济增长的后劲不足，经济就可能衰退。“万人城市园林绿地面积”指标则体现了经济增长可持续性的“环境质量”中。④引入“消费结构”指标也是本评价体系的特色之一。目前中国的消费需求低迷，扩大人们的有效消费需求是今后经济可持续发展的最为重要的方向之一。“农村养老保险覆盖率”作为影响人民生活的社会保障的重要一环也越来越受到人们的重视。体现城乡消费水平比的“城乡消费水平比指标”的指标，体现医疗条件的“万人卫生机构数”等也在本发展前景评价体系的“人民生活”中得到体现。

（二）发展前景评价指标设计

本章拟将发展前景评价指标分为三级，其中一级指标包括：经济增长、增长可持续性、政府效率、人民生活。每个一级指标包含若干二级指标。其中经济增长包括产出效率、经济结构、经济稳定；增长可持续性：产出消耗、增长潜力、环境质量；政府效率包括政府运行效率和社会保障；人民生活包括人民生活和消费结构等。二级指标再下设相应的三级指标。以期通过完整的指标体系来了解各省份的发展前景，见表 13-1。

表 13-1　中国各省份发展前景评价指标设计

经济增长	产出效率	TFP；
		全社会劳动生产率；
		资本产出率；
		投资效果系数。
	经济结构	GDP2（第二产业增加值占 GDP 比重）；
		GDP3（第三产业增加值占 GDP 比重）；
		城市化率。
	经济稳定	经济增长波动指标；
		对外开放稳定性；
		人均 GDP 增长率；
		通货膨胀率指标；
		失业率指标。

续表

增长可持续性	产出消耗	劳动投入弹性指标； 资本投入弹性指标； 万元 GDP 能耗指标； 能源消耗弹性指标； 万元 GDP 电力消耗指标。
	增长潜力	专利授权量； 地方财政教育事业费支出； 劳动力受教育水平（用人力资本表示）； 人口出生率； 地方财政科学事业费支出； 有效劳动力比例； 人均邮电业务量。
	环境质量	人均水资源量； 万人耕地面积； 工业固体废弃物综合利用率； 工业废水排放达标率； 工业废气处理率； 工业“三废”综合利用产品产值比； 治理工业污染投资额占 GDP 比例； 产品质量； 自然保护区面积； 万人城市园林绿地面积。
政府效率	公共服务效率	市场化程度； 城镇社区服务设施数； 交通事故指标； 火灾事故指标； 反贪腐情况； 城市设施水平（包括 6 项：城市人口用水普及率、城市每万人拥有公共厕所数、城市每万人拥有公共交通车辆、城市燃气普及率、城市人均公共绿地、城市人均拥有铺装道路面积）。
	社会保障	城镇基本养老保险覆盖率； 城镇基本医疗保险覆盖率； 城镇失业保险率覆盖率； 农村社会养老保险覆盖率。

续表

人民生活	人民生活	人均 GDP；
		城镇家庭平均每人可支配收入；
		农村居民家庭人均年纯收入；
		城乡人均纯收入比指标；
		地方财政卫生事业费支出；
		城镇居民恩格尔系数；
		农村居民恩格尔系数；
		个人资产：用人均储蓄存款表示；
		万人拥有医生；
		万人床位数；
		万人卫生机构数；
		城乡消费水平指标；
		消费水平。
	消费结构	消费结构：用结构消费量即城市耐用品消费量和农村耐用品消费量表示，并用主成分分析法得出消费结构。
		城市耐用品消费量：
		城镇居民家庭每百户彩色电视机拥有量；
		城镇居民家庭每百户电冰箱拥有量；
		城镇居民家庭每百户家用电脑拥有量；
		城镇居民家庭每百户家用汽车拥有量；
		城镇居民家庭每百户健身器材拥有量；
		城镇居民家庭每百户空调器拥有量；
		城镇居民家庭每百户淋浴热水器拥有量；
		城镇居民家庭每百户摩托车拥有量；
		城镇居民家庭每百户摄像机拥有量；
		城镇居民家庭每百户微波炉拥有量；
		城镇居民家庭每百户洗衣机拥有量；
		城镇居民家庭每百户移动电话拥有量；
		城镇居民家庭每百户照相机拥有量；
		城镇居民家庭每百户组合音响拥有量。
		农村耐用品消费量：
		农村居民每百户彩色电视机拥有量；
		农村居民每百户抽油烟机拥有量；
		农村居民每百户电冰箱拥有量；
		农村居民每百户黑白电视机拥有量；
		农村居民每百户空调机拥有量；
		农村居民每百户摩托车拥有量；
		农村居民每百户洗衣机拥有量；
		农村居民每百户照相机拥有量；
		农村居民每百户自行车拥有量。

（三）数据来源及处理

1. 数据来源

本章所有数据均来源于《中国统计年鉴》1985～2012年各期、各省份统计年鉴各期、《中国统计摘要2012》和中国经济统计数据查询与辅助决策系统。能源消费总量来源于《中国能源统计年鉴1997～1999》、《中国能源统计年鉴2000～2002》和《中国能源统计年鉴》2006～2011。反腐情况来源于《中国检察年鉴》1993～2010年各期、新华网和人民网。

由于重庆市1997年成立直辖市，1990～1996年重庆的数据基本是查询历年《重庆统计年鉴》获得，并根据实际情况对四川相应年份的数据进行调减。

（1）城市化率。城市化率，采用各省份1990～2011年间的非农人口与总人口的比。城市化率1993～2004年初始数据来自中宏数据库。而江苏农业人口来源于《江苏统计年鉴2009》，宁夏2001～2007年农业人口来源于《宁夏统计年鉴2008》，北京的农业人口来源于《北京统计年鉴2008》，贵州2005～2007年的农业人口来源于《贵州统计年鉴2008》，浙江、山东、新疆2002～2007年的数据来源于对应省份2008年的统计年鉴，甘肃和陕西2002～2004年的数据分别来源于《甘肃统计年鉴2005》和《陕西统计年鉴2005》，重庆总人口和农业人口来自《重庆统计年鉴》各期。天津、江西、四川、广东、青海、上海、海南、河南、甘肃、吉林、福建、内蒙古、黑龙江、湖北和广西等省份的城市化率来源于对应省份2008年的统计年鉴。城市化率的其他数据均来源于《中国统计年鉴》及各省份统计年鉴各期。

（2）人均国内生产总值指数。湖北1990～1999年的人均国内生产总值指数来源于《湖北统计年鉴2008》，重庆1990～1995年人均国内生产总值指数采用《重庆统计年鉴2008》重庆的国内生产总值指数，陕西1990年、1993～1999年的人均国内生产总值指数采用《陕西统计年鉴2008》陕西的国内生产总值指数。

（3）城市登记失业率。重庆市城市登记失业率1990～1996年数据来源于《重庆统计年鉴2006》。

（4）能源消费总量。1999年和2001年的能源消费总量来源于"中国经济统计数据查询与辅助决策系统"，其他能源消费总量来源于《中国能源统计年鉴》：1996～1998年的能源消费总量来源于《中国能源统计年鉴1997～1999》；2002年来源于《中国能源统计年鉴2007》；1990年、1995年、2000年、2004～2008年来源于《中国能源统计年鉴2008》、《中国能源统计年鉴2009》。重庆1990～1994年的能源消费总量来源《重庆统计年鉴1996》，重庆1995年和1996年的能源消费总量来源于《重庆统计年鉴2000》。

（5）电力消耗量。电力消耗量来源于《中国统计年鉴》各期。

（6）专利授权量。重庆1990～1996年的专利授权量用1997年重庆与四川的比乘以对应年份四川的专利授权量来表示。海南1990～1992年的国内发明专利申请授权量以1993年海南与广东的比乘以对应年份广东的专利授权量来表示。

（7）人力资本。人力资本涉及的各级毕业生及招生数来源于《中国统计年鉴》各期。重庆1990～1995年各级毕业生及招生数来源于《重庆统计年鉴1996》，1996年毕业生及招生数来源于《重庆统计年鉴 1997》。

（8）工业“三废”综合利用产品产值。1990～1996 年工业“三废”综合利用产品产值来源于《重庆统计年鉴》1991 年、1992 年、1996 年和 1997 年各期。

（9）市场化程度。重庆 1990～1996 年国有单位年末在岗职工数和年末从业人员数来源于《重庆统计年鉴 2006》。

（10）城镇社区服务设施数。城镇社区服务设施数来源于《中国统计年鉴》1992～2012 年各期。

（11）产品质量。产品质量来源于《中国统计年鉴》1996～2012 年。

（12）反腐情况。反腐情况来源于《中国检察年鉴》1993～2010 年各期及新华网和人民网。

（13）城镇家庭平均每人可支配收入。重庆 1990 年和 1993 年城镇家庭平均每人可支配收入用《重庆统计年鉴》1991 年和 1993 年的城镇居民人均生活费收入。重庆 1995 年城镇家庭平均每人可支配收入来源于《重庆统计年鉴 1997》。

（14）农村居民家庭人均年纯收入。重庆 1990 年、1993 年和 1994 年农村居民家庭人均年纯收入来源于《重庆统计年鉴 1996》，重庆 1995 年和 1996 年农村居民家庭人均年纯收入来源于《重庆统计年鉴 1997》。

（15）人均储蓄存款。重庆 1990 年、1993～1995 年城乡居民储蓄存款年底余额来源于《重庆统计年鉴 1996》。

（16）城镇基本养老保险。2000～2011 年城镇基本养老保险来源于《中国统计年鉴》2001～2012 年。

（17）城镇基本医疗保险。2002～2011 年城镇基本医疗保险来源于《中国统计年鉴》2003～2012 年。

（18）城镇失业保险。2000～2011 年城镇失业保险来源于《中国统计年鉴》2001～2012 年。

（19）农村社会养老保险。2006～2011 年农村社会养老保险来源于《中国统计年鉴》2009～2012 年。

2. 指标的处理

TFP 由 Malmquist 指数方法通过 1978～2011 年 30 个省份的不变价格 GDP，固定资本存量和年末就业人数计算得到，其中各省份就业人数按全国总的就业人数进行调整。TFP 指标采用 TFP 指数，所得结果和用 TFP 增长率完全一致。

全社会劳动生产率＝不变价格 GDP/从业人员数；

资本产出率＝不变价格 GDP/不变价格固定资本存量；

投资效果系数＝不变价格 GDP/不变价格全社会固定资产投资完成额；

GDP2＝第二产业增加值（现价）/国内生产总值（现价）；

GDP3＝第三产业增加值（现价）/国内生产总值（现价）；

城市化率＝非农人口数量/总人口数量；

经济增长波动率＝（本年经济增长率－上年经济增长率）/上年经济增长率；经济增长波动率指标＝1/（1＋| 经济增长波动率 |）；

对外开放稳定性＝1/（1＋| 进出口总额变化率 |）；

人均 GDP 增长率=(上一年=100)人均 GDP 指数-100;

GDP 增长率=(上一年=100)GDP 指数-100;

通货膨胀率指标=1/(1+|居民消费价格变动率|);

失业率指标=1/城市登记失业率;

劳动投入弹性系数=劳动投入增长率/经济增长率;劳动投入弹性指标=1/(1+|劳动投入弹性系数|);

资本投入弹性系数=资本投入增长率/经济增长率;资本投入弹性指标=1/(1+|资本投入弹性系数|);

万元 GDP 能耗=能源消费总量/GDP;万元 GDP 能耗指标=1/万元 GDP 能耗;

能源消耗弹性系数=能源消费总量增长率/GDP 增长率;能源消耗弹性指标=1/(1+|能源消耗弹性系数|);

万元 GDP 电力消耗量=电力消费总量/GDP;万元 GDP 电力消耗指标=1/万元 GDP 电力消耗量;

专利授权量=国内发明专利申请授权量+国内实用新型专利申请授权量+国内外观设计专利申请授权量;

地方财政教育事业费支出比=不变价格的人均地方财政教育事业费支出;

人力资本=(特殊教育毕业生数×1+(小学 H)×1+(初中 H)×1.7+(中等职业学校毕业生数)×3.4+(高中 H)×3.4+高校毕业生数×22)/(特殊教育毕业生数+(小学 H)+(初中 H)+(中等职业学校毕业生数)+(高中 H)+高校毕业生数);①

地方财政科学事业费支出比=不变价格的人均地方财政科学事业费支出;

有效劳动力比例=15~64岁人口数/年末总人口数;

人均邮电业务量=不变价格人均邮电业务总量;

人均水资源量=水资源量/年底总人口数;

万人耕地面积=耕地面积/年底总人口数;

工业固体废物综合利用率=工业固体废物综合利用量/工业固体废物产生量;

工业废水排放达标率=工业废水排放达标量/工业废水排放量;

工业废气处理率=(二氧化硫处理率+工业烟尘处理率+工业粉尘处理率)/3;

二氧化硫处理率=工业二氧化硫去除量/工业二氧化硫排放量;

工业烟尘处理率=工业烟尘去除量/工业烟尘排放量;

工业粉尘处理率=工业粉尘去除量/工业粉尘排放量;

工业“三废”综合利用产品产值比=工业“三废”综合利用产品产值/国内生产总值(现价);

治理工业污染项目投资额比例=治理工业污染项目投资额/国内生产总值(现价);

产品质量=(优等品率×3+一等品率×2+合格品率×1)/6-损失率;

万人城市园林绿地面积=城市园林绿地面积/年底总人口数;

---

① 其中小学 H 表示小学毕业生人数减去小学升入初中的毕业生人数,初中 H 表示初中毕业生人数减去初中升入高中的毕业生人数,高中 H 表示高中毕业生人数减去高中升入大学的毕业生人数。各年级比例的设定参见边雅静、沈利生(2004)的《人力资本对我国东西部经济增长影响的实证分析》。

市场化程度=1-国有及国有控股企业工业总产值/工业总产值；

交通事故指标=1/POWER(发生起数×(死亡人数×2+受伤人数×1),1/2)×100；

火灾事故指标=1/POWER(发生起数×(死亡人数×2+受伤人数×1)×发生概率/100,1/3)；

反贪腐情况=POWER(查处案件数×挽回经济损失,1/2)；

城市设施水平=POWER(城市人均拥有铺装道路面积×城市人均公共绿地面积×城市燃气普及率×城市每万人拥有公共交通车辆×城市每万人拥有公共厕所数×城市人口用水普及率,1/6)；

城镇家庭平均每人可支配收入指标=不变价格城镇家庭平均每人可支配收入；

农村居民家庭人均年纯收入指标=不变价格农村居民家庭人均年纯收入；

城乡人均纯收入比=城镇家庭人均可支配收入/农村居民家庭人均年纯收入；城乡人均纯收入比指标=1/城乡人均纯收入比；

地方财政卫生事业费支出=不变价格人均地方财政卫生事业费支出；

城镇居民恩格尔系数=城镇居民家庭人均食品消费支出/城镇居民家庭人均消费支出；城镇居民恩格尔系数指标=1/城镇居民恩格尔系数；

农村居民恩格尔系数=农村居民人均食品总支出/农村居民人均生活消费总支出；农村居民恩格尔系数指标=1/农村居民恩格尔系数；

人均储蓄存款=城乡居民储蓄存款年底余额/年底总人口数；人均储蓄存款额用固定资产投资价格指数进行折算；

城镇基本养老保险比=城镇基本养老保险/年底总人口数；

失业保险比=失业保险年末参保人数/年底总人口数；

农村社会养老保险比=农村社会养老保险/年底农业人口数；

万人医生人数=医生人数/年底总人口数；

万人卫生机构数=卫生机构数/年底总人口数；

城乡消费水平比=城镇居民消费水平(现价)/农村居民消费水平(现价)；城乡消费水平指标=1/城乡消费水平比；

消费结构采用城乡耐用品消费量的主成分分析结果。

3. 关于指标的一些说明

(1) 省份多时间跨度大。本章对中国 30 个省份、自治区和直辖市（西藏数据不全，本次分析暂不考虑，中国港澳台因统计口径的不同也暂时不进行分析）1990～2011 年的发展前景进行评价，年份跨度长达 22 年。

(2) 指标众多而系统。各省份发展前景评价指标涉及面极其广泛，有近 60 个指标，实际指标达 200 个以上，完整地体现了各省份发展前景评价中的经济增长，经济增长的可持续性，政府运行效率和人民生活及社会保障等各个方面的情况，能够较为全面客观地评价 1990～2011 年以来中国各省份发展前景。

(3) 数据收集过程费时费力。由于中国各省份的数据统计不是特别完善，收集数据就尤其花费时间。部分数据可以从“中国经济统计数据查询与辅助决策系统”直接得到，其他数据都需要查《中国统计年鉴》、最新中国统计摘要和各省份统计年鉴各期获得。2000 年后的各年鉴的数据多半是 Excel 或者 html 格式，还稍微好处理一点。早期的年鉴，尤其是1991~1996年间的年鉴的数据基本是不可复制的，所有的数据基本是靠人工录入，极其耗费时间。

（4）数据准确性问题。改革开放以来，中国的统计工作逐步完善，但仍有大量的经济数据没有被准确统计或者根本没有被统计到，全国的统计数据和各省份地方的数据互相存在冲突，各经济部门公布的数据也存在不一致的现象，因此在数据整理过程中，多种资料互相对比并得到比较准确的数据就非常关键。

比如截至目前，中国还没有一个历年的完整的准确的城市化率数据。本次收集城市化的数据参考了《中国统计年鉴》各期，各省份统计年鉴，“中国经济统计数据查询与辅助决策系统”等，才最终得出一个比较完整的各省份1990~2011年的城市化率数据。

（四）发展前景评价过程

发展前景的评价方法主要有德尔菲法、主成分分析法、因子分析法、层次分析法等。德尔菲法和层次分析法评价结果的可靠性主要依赖建模人所建的概念模型的水平和打分人的专业水平，主观性较强。而主成分分析法和因子分析法的评价结果的可靠性主要依赖于分析过程和结果的可解释性以及主成分和公因子的方差贡献率，主成分分析法和因子方法较为客观。本章采用主成分分析法来评价中国各省份的发展前景。

主成分分析（principal component analysis）是将分散在一组变量上的信息，集中到某几个综合指标（主成分）上的一种探索性统计分析方法。它利用“降维”的思想，将多个变量转化为少数几个互不相关的主成分，简化整个分析过程。主成分分析的目的是通过线性变换，将原来的多个具有一定相关性的指标组合成相对独立的少数几个能充分反映总体信息的指标，从而在不丢掉主要信息的前提下避开变量间的共线性问题，并进而简化分析。

主成分分析法包括以下七步：第一步，选取指标，建立评价的指标体系；第二步，收集和整理数据；第三步，将数据进行正向化处理（并对数据进行标准化处理，标准化过程由SPSS软件自动执行）；第四步，指标数据之间的KMO and Bartlett's Test检验；第五步，确定主成分个数；第六步，确定权重；第七步，计算主成分综合评价值。最后得出各省份的发展前景指数和排名。

主成分分析法采用SPSS16软件进行分析。按特征值大于1，只能提取11个主成分，此时主成分的累计贡献小于80%，效果不太理想。当提取了22个主成分时，累计贡献率超过90%，足以对所选择变量进行解释，达到主成分分析法的要求。

1. KMO和Bartlett球形检验结果

KMO检验用于检查变量间的偏相关性，取值在0~1之间。KMO统计量接近于1，变量间的偏相关性越强，主成分分析法的效果越好。一般KMO统计大于0.7时效果比较好；当KMO统计量小于0.5时，此时不适合应用主成分分析法。本章的KMO统计量为0.889，检验效果良好，适合进行主成分分析法，见表13-2。

Bartlett球形检验是判断相关阵是否单位阵。从Bartlett检验可以看出，应拒绝各变量独立的假设及变量间具有较强的相关性。

表 13-2　KMO 和 Bartlett 球形检验结果

Kaiser-Meyer-Olkin Measure of Sampling Adequacy.		0.889
Bartlett's Test of Sphericity	Approx. Chi-Square	51659.488
	df	1653
	Sig.	0.000

2. 变量共同度

变量共同度表示各变量中所含原始信息能被提取的公因子所表示的程度，从表 13-3 可以看到所有变量共同度都在 80% 以上，提取的这些公因子对各变量的解释能力非常强。

表 13-3　变量共同度

变量	变量名称	提取比例	变量	变量名称	提取比例
TFP	全要素生产率	0.894	ind3deposeVal	工业“三废”综合利用产品产值比	0.936
productivity	全社会劳动生产率	0.918	polluteInvest	治理工业污染项目投资占 GDP 比	0.948
Koutput	资本产出率	0.919	productQuality	产品质量	0.860
invEff	投资效果系数	0.939	protectArea	自然保护区面积	0.847
GDP2	GDP2	0.926	parkVirescence	万人城市园林绿地面积	0.849
GDP3	GDP3	0.924	marketDegree	市场化程度	0.872
urban	城市化率	0.939	serviceEstablishment	城镇社区服务设施数	0.839
gdpVolatility	经济增长波动指标	0.972	traffic	交通事故指标	0.865
foreignVolatility	对外开放稳定性	0.950	fire	火灾事故指标	0.899
pgdpi	人均 GDP 增长率	0.887	antiCorruption	反贪腐情况	0.934
inflation	通货膨胀率指标	0.849	establishmentLevel	城市设施水平	0.884
unemployment	失业率指标	0.858	pgdp	人均 GDP	0.952
LaborE	劳动投入弹性指标	0.926	urbanIncome	城镇家庭平均每人可支配收入	0.954
KE	资本投入弹性指标	0.812	countryIncome	农村居民家庭人均年纯收入	0.966
energyExp	万元 GDP 能耗指标	0.923	urbanCountry	城乡人均纯收入比指标	0.893
energyE	能源消耗弹性指标	0.967	sanitationFin	地方财政卫生事业费支出	0.924
eleExp	万元 GDP 电力消耗指标	0.904	urbanEngel	城镇居民恩格尔系数	0.905
patent	专利授权量	0.836	countryEngel	农村居民恩格尔系数	0.852
eduFin	地方财政教育事业费支出比	0.972	save	人均储蓄存款额	0.962

续表

变量	变量名称	提取比例	变量	变量名称	提取比例
HC	人力资本	0.908	doctors	万人拥有医生数	0.846
birthrate	人口出生率	0.871	beds	万人床位数	0.872
sciFin	地方财政科学事业费支出比	0.886	sanitaryInstitution	万人卫生机构数	0.914
population15_ 64	有效劳动力比例	0.937	urbanCountryConsume	城乡消费水平比指标	0.855
postCount	人均邮电业务量	0.880	consumeLevel	消费水平	0.958
water	人均水资源量	0.892	urbanEndowment Insurance	城镇基本养老保险覆盖率	0.947
infield	万人耕地面积	0.894	urbanMedicare	城镇基本医疗保险覆盖率	0.963
solidUseful	工业固体废物综合利用率	0.832	unemploymentInsurance	城镇失业保险率覆盖率	0.932
wasteWaterEligible	工业废水排放达标率	0.864	countryEndowment Insurance	农村社会养老保险覆盖率	0.832
exhaustGasDisposal	工业废气处理率	0.803	consumestruct	消费结构	0.949

注：初始值均为1。以上是通过主成分分析法提取的。

3. *碎石图*

碎石图用于显示各个因子的重要程度，横轴表示因子序号，纵轴表示特征值大小。从碎石图可以直观地看出前面陡峭部分对应较大的特征值，作用明显，后面对应较小的特征值，其影响相对要小，见图13-1。

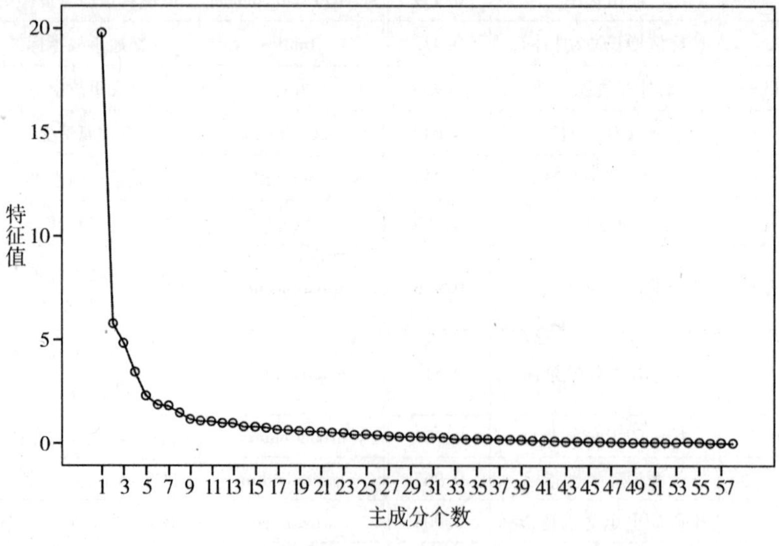

图13-1 碎石图

二、中国各省份发展前景评价结果

根据以上评价体系的指标设计计算，我们得出的一个基本结论是：在经济高速增长的同时，中国各省份发展前景指数得到改善，经济增长质量和经济可持续发展能力不断提高。从1990年到2011年，全国发展前景指数平均上升了94.35%，东部、中部和西部地区发展前景指数分别改善了90.37%、83.23%和113.07%。东部地区发展前景指数提升速度要低于西部地区，但高于中部地区，中、西部地区与东部之间发展前景综合得分方面仍存在较大的差距。而1990～2011年间中国各省份发展前景指数方面，四川改善最多，黑龙江改善最少。一级指标的改善情况如下：经济增长方面，天津改善最多，贵州改善最少。增长可持续性方面，宁夏改善最多，甘肃改善最少。政府运行效率方面，江苏改善最多，天津改善最少。人民生活方面，重庆改善最多，上海改善最小。

其中一级指标中人民生活占34.59%的权重，增长可持续性占26.10%，政府运行效率占22.45%，经济增长占16.85%。二级指标中，人民生活所占的权重最高为31.83%，其次是社会保障，权重为13.94%，增长潜力权重为12.17%，环境质量权重为7.38%。具体指标权重最高的城镇基本养老保险覆盖率所占权重为3.63%，后面分别为农村社会养老保险覆盖率、城市化率、城镇失业保险率覆盖率、城镇基本医疗保险覆盖率的权重分别为3.60%、3.57%、3.42%、3.30%。这反映了我国从工业化转向为城市化过程中，和城市化密切相关的养老保险、城市化水平、失业保险、基本医疗保险等指标的重要程度。

（一）各省份发展前景指数及排名情况

通过主成分分析法得出中国各省份发展前景排名情况（按排名顺序）和各省份1990～2011年间发展前景指数（以1990年为基期）分别见表13-4、表13-5。

表13-4　各省份1990～2011年间发展前景排名情况（按排名顺序）

年份 排名	1990	1991	1992	1993	1994	1995	1996	1997	1998	1999	2000	2001
1	上海	上海	上海	上海	上海	上海	上海	上海	上海	北京	上海	上海
2	北京	北京	北京	北京	北京	北京	北京	北京	北京	上海	北京	北京
3	江苏	江苏	江苏	天津	天津	天津	天津	天津	天津	江苏	天津	江苏
4	天津	天津	天津	江苏	江苏	江苏	江苏	江苏	江苏	天津	江苏	天津
5	黑龙江	黑龙江	黑龙江	辽宁	辽宁	辽宁	辽宁	辽宁	浙江	辽宁	辽宁	辽宁
6	辽宁	辽宁	辽宁	浙江	浙江	黑龙江	黑龙江	浙江	辽宁	浙江	浙江	浙江
7	浙江	浙江	山东	山东	山东	浙江	浙江	黑龙江	黑龙江	山东	山东	黑龙江
8	吉林	山东	浙江	黑龙江	黑龙江	山东	山东	山东	山东	黑龙江	吉林	广东
9	山东	广东	吉林	吉林	广东	吉林	吉林	广东	广东	广东	黑龙江	吉林
10	新疆	吉林	广东	广东	吉林	广东	广东	河北	河北	吉林	广东	山东

续表

排名＼年份	1990	1991	1992	1993	1994	1995	1996	1997	1998	1999	2000	2001
11	广东	新疆	福建	河北	河北	河北	河北	吉林	山西	河北	河北	河北
12	湖北	湖北	湖北	福建	湖北	湖北	内蒙古	山西	吉林	山西	山西	湖北
13	内蒙古	河北	新疆	新疆	福建	福建	湖北	湖北	湖北	湖北	湖北	福建
14	安徽	福建	河北	湖北	新疆	山西	山西	福建	福建	福建	福建	山西
15	河北	安徽	内蒙古	内蒙古	内蒙古	内蒙古	福建	安徽	安徽	内蒙古	内蒙古	安徽
16	山西	内蒙古	安徽	海南	山西	新疆	河南	内蒙古	内蒙古	安徽	河南	河南
17	福建	江西	海南	山西	海南	河南	新疆	河南	河南	河南	海南	内蒙古
18	海南	山西	山西	安徽	安徽	安徽	四川	新疆	新疆	新疆	安徽	海南
19	江西	海南	江西	宁夏	河南	甘肃	安徽	四川	四川	海南	新疆	新疆
20	甘肃	甘肃	宁夏	湖南	甘肃	海南	甘肃	甘肃	陕西	四川	宁夏	湖南
21	重庆	河南	甘肃	甘肃	宁夏	四川	陕西	陕西	宁夏	宁夏	陕西	宁夏
22	陕西	陕西	河南	江西	陕西	陕西	海南	宁夏	甘肃	陕西	四川	陕西
23	宁夏	宁夏	湖南	河南	江西	宁夏	宁夏	海南	海南	甘肃	湖南	四川
24	河南	湖南	陕西	陕西	四川	江西	湖南	湖南	湖南	云南	云南	云南
25	云南	重庆	云南	四川	湖南	湖南	江西	江西	云南	广西	甘肃	甘肃
26	四川	四川	四川	云南	云南	云南	云南	云南	江西	湖南	广西	重庆
27	湖南	云南	广西	青海	重庆	重庆	重庆	重庆	广西	重庆	重庆	广西
28	青海	广西	重庆	重庆	广西	贵州	广西	广西	重庆	江西	江西	江西
29	广西	青海	青海	广西	青海	广西	青海	青海	青海	青海	青海	青海
30	贵州	贵州	贵州	贵州	贵州	青海	贵州	贵州	贵州	贵州	贵州	贵州

排名＼年份	2002	2003	2004	2005	2006	2007	2008	2009	2010	2011	综合	2000后
1	上海	上海	上海	上海	上海	上海	上海	上海	上海		上海	上海
2	北京	北京	北京	北京	北京	北京	北京	北京	浙江	江苏	北京	北京
3	天津	天津	天津	天津	天津	浙江	浙江	江苏	北京	浙江	江苏	江苏
4	江苏	江苏	江苏	江苏	浙江	江苏	江苏	浙江	江苏	北京	天津	浙江
5	辽宁	浙江	浙江	浙江	江苏	天津	天津	广东	广东	广东	浙江	天津
6	黑龙江	辽宁	辽宁	广东	辽宁	辽宁	广东	天津	天津	天津	辽宁	广东
7	浙江	广东	广东	辽宁	广东	广东	山东	山东	山东	山东	广东	辽宁
8	广东	黑龙江	山东	山东	山东	山东	辽宁	辽宁	辽宁	辽宁	山东	山东
9	吉林	山东	黑龙江	黑龙江	山西	黑龙江	山西	福建	福建	福建	黑龙江	黑龙江
10	山东	吉林	福建	福建	黑龙江	吉林	黑龙江	黑龙江	山西	山西	吉林	吉林
11	福建	福建	吉林	山西	福建	山西	福建	湖北	黑龙江	黑龙江	河北	福建
12	河北	河北	山西	河北	湖北	福建	河北	吉林	湖北	湖北	福建	山西
13	湖北	山西	河北	湖北	河北	湖北	吉林	山西	河北	河北	湖北	河北
14	山西	湖北	湖北	吉林	吉林	河北	湖北	内蒙古	吉林	吉林	山西	湖北
15	内蒙古	内蒙古	内蒙古	内蒙古	内蒙古	内蒙古	内蒙古	河北	内蒙古	内蒙古	内蒙古	内蒙古
16	安徽	安徽	四川	四川	宁夏	宁夏	宁夏	陕西	陕西	海南	安徽	四川
17	河南	四川	宁夏	河南	海南	四川	四川	四川	四川	陕西	新疆	陕西

续表

年份 排名	2002	2003	2004	2005	2006	2007	2008	2009	2010	2011	综合	2000 后
18	四川	河南	安徽	湖南	四川	海南	陕西	海南	海南	四川	河南	海南
19	陕西	宁夏	河南	陕西	河南	陕西	海南	湖南	湖南	安徽	四川	宁夏
20	新疆	陕西	新疆	新疆	湖南	河南	湖南	河南	宁夏	湖南	海南	河南
21	海南	海南	陕西	宁夏	陕西	湖南	河南	宁夏	安徽	宁夏	陕西	安徽
22	宁夏	新疆	海南	海南	新疆	新疆	安徽	江西	河南	河南	宁夏	湖南
23	湖南	湖南	湖南	安徽	安徽	安徽	江西	安徽	重庆	江西	湖南	新疆
24	甘肃	甘肃	甘肃	甘肃	甘肃	甘肃	甘肃	甘肃	江西	重庆	甘肃	甘肃
25	云南	青海	青海	江西	青海	青海	新疆	广西	甘肃	新疆	江西	江西
26	重庆	云南	江西	青海	重庆	江西	广西	重庆	广西	甘肃	重庆	重庆
27	江西	广西	广西	广西	江西	广西	重庆	青海	新疆	青海	云南	青海
28	广西	江西	重庆	重庆	广西	重庆	青海	新疆	青海	广西	广西	广西
29	青海	重庆	云南	云南	云南	云南	云南	云南	云南	云南	青海	云南
30	贵州	贵州	贵州	贵州	贵州	贵州	贵州	贵州	贵州	贵州	贵州	贵州

表 13-5　各省份 1990～2011 年间发展前景指数（以 1990 年为基期）

年份 地区	1990	1991	1992	1993	1994	1995	1996	1997	1998	1999	2000
北京	100	102.5	104.6	102.5	100.4	98.4	95.1	94.6	95.0	102.1	97.9
天津	100	104.5	113.8	111.1	108.8	111.5	116.7	115.8	116.2	110.0	112.1
河北	100	110.5	116.7	125.3	122.7	120.1	135.9	140.3	135.3	130.3	125.8
辽宁	100	105.5	114.0	122.5	118.8	124.6	130.3	123.5	120.2	121.9	126.9
上海	100	104.6	109.1	100.8	95.8	93.4	93.7	98.6	95.2	90.3	96.4
江苏	100	105.0	109.9	99.6	98.6	96.0	105.6	102.2	100.1	102.4	100.4
浙江	100	106.3	112.5	118.8	118.2	116.5	120.9	124.1	126.8	126.5	124.8
福建	100	116.4	132.7	130.0	123.7	122.4	121.1	128.2	126.5	125.6	125.8
山东	100	111.4	122.8	124.6	123.1	119.0	123.4	132.0	127.8	131.8	126.1
广东	100	109.7	118.9	117.5	113.8	116.6	117.2	121.2	119.7	122.6	124.8
海南	100	109.2	118.3	127.5	121.7	115.9	110.1	104.2	108.6	112.9	124.5
东部平均	100	106.7	113.8	112.9	110.0	109.0	112.1	113.3	111.9	112.3	113.0
山西	100	97.0	102.9	108.8	114.7	118.9	119.6	134.3	133.5	132.7	132.0
吉林	100	99.6	111.3	108.0	102.4	109.6	115.0	105.3	96.2	108.0	119.8
黑龙江	100	99.0	99.7	96.9	93.9	98.8	105.1	102.8	100.5	98.2	95.9
安徽	100	99.9	100.3	99.9	99.5	99.1	100.1	113.1	109.1	105.2	99.4
江西	100	114.3	113.1	111.8	110.5	109.3	104.6	99.9	95.2	90.5	85.9
河南	100	112.2	120.8	129.3	137.9	142.7	149.4	153.5	150.3	147.1	145.7
湖北	100	101.7	110.6	102.9	104.0	103.1	102.8	110.6	108.0	109.8	109.6
湖南	100	112.2	124.5	136.7	125.1	130.6	127.8	125.1	122.4	119.6	129.5
中部平均	100	103.1	108.7	108.8	107.8	111.0	113.1	115.1	111.3	111.4	112.2

续表

年份/地区	1990	1991	1992	1993	1994	1995	1996	1997	1998	1999	2000
内蒙古	100	97.5	107.4	106.9	107.1	109.0	111.4	108.9	106.5	104.1	101.6
广西	100	117.7	135.5	127.6	119.7	111.8	120.8	129.8	138.8	147.8	140.5
重庆	100	97.7	95.4	93.2	90.9	88.6	94.5	100.5	99.6	98.6	97.7
四川	100	107.8	115.6	123.4	131.2	139.0	148.5	144.2	139.8	135.4	131.1
贵州	100	108.5	117.1	122.1	120.6	119.2	117.7	116.2	114.8	113.3	111.8
云南	100	98.1	116.7	113.3	110.0	109.7	113.8	115.3	116.9	125.7	124.2
陕西	100	105.1	110.2	115.3	120.4	123.8	126.5	124.8	123.1	121.4	119.7
甘肃	100	103.5	108.2	112.9	117.6	120.9	123.7	117.3	110.9	107.6	104.2
青海	100	102.2	118.9	128.8	119.0	109.3	116.0	122.8	121.2	119.7	118.2
宁夏	100	109.2	129.7	133.3	131.1	128.9	126.4	127.7	129.1	129.7	130.3
新疆	100	105.5	100.3	97.6	94.8	92.1	89.3	86.6	83.8	80.6	82.8
西部平均	100	104.2	112.3	113.7	112.9	112.3	115.2	115.1	113.8	113.3	111.7
全国平均	100	105.2	112.2	112.1	110.2	110.4	113.1	114.2	112.3	112.4	112.5

年份/地区	2001	2002	2003	2004	2005	2006	2007	2008	2009	2010	2011
北京	99.9	100.5	99.1	101.8	104.2	109.7	116.2	119.8	131.1	142.2	143.4
天津	117.8	123.7	123.2	122.6	130.0	136.7	141.4	143.8	140.7	152.2	158.4
河北	121.4	116.9	126.8	134.4	145.5	151.2	158.1	165.7	168.8	188.9	196.6
辽宁	131.9	137.0	129.5	131.4	137.1	145.1	157.5	150.1	156.5	165.9	167.6
上海	96.0	97.3	99.9	109.5	104.5	112.3	125.1	124.7	134.5	147.3	153.7
江苏	109.8	104.7	103.0	109.8	114.8	120.4	132.6	141.1	154.4	167.7	189.7
浙江	126.6	128.3	139.6	151.8	161.3	170.9	194.8	201.7	216.0	244.7	258.0
福建	126.1	130.3	144.1	157.0	168.5	166.2	176.1	184.8	201.3	225.4	236.4
山东	120.3	112.2	120.5	132.3	136.0	155.0	165.6	175.8	184.9	200.2	213.5
广东	131.3	131.4	138.2	152.1	161.6	164.1	179.2	194.9	222.2	249.5	261.1
海南	115.5	111.1	116.5	122.0	127.2	149.9	161.3	172.8	184.3	212.8	229.1
东部平均	114.8	114.8	117.8	125.0	129.8	137.6	148.8	153.9	164.3	181.0	190.4
山西	120.9	120.9	135.1	149.2	159.7	172.2	173.7	195.3	185.8	213.6	216.7
吉林	118.2	116.6	115.0	113.4	109.9	114.9	132.9	129.6	138.0	145.7	153.2
黑龙江	100.5	106.5	101.4	96.3	98.1	98.2	112.0	115.4	117.1	125.4	127.1
安徽	107.9	105.9	108.1	112.4	103.2	109.0	119.6	129.2	140.7	158.9	177.8
江西	86.3	86.7	90.4	104.8	119.2	116.1	136.4	156.8	177.2	182.5	201.1
河南	144.4	143.1	148.3	153.6	170.0	172.1	181.0	189.9	210.6	225.1	239.6
湖北	107.4	105.2	108.8	116.6	131.6	137.5	144.5	150.1	160.8	178.2	180.9
湖南	139.3	131.3	130.9	147.4	161.5	179.4	188.4	210.2	221.8	255.2	256.8
中部平均	113.1	112.8	114.7	120.0	125.9	131.1	142.7	151.9	160.1	175.4	183.2
内蒙古	99.2	105.5	110.6	118.6	128.6	141.8	155.1	161.6	168.5	181.0	189.8
广西	133.2	125.9	134.4	141.0	159.8	171.6	197.0	222.3	247.6	262.7	265.9

续表

年份 地区	2001	2002	2003	2004	2005	2006	2007	2008	2009	2010	2011
重庆	96.8	94.5	92.3	97.9	112.8	127.8	142.7	160.9	179.1	197.3	215.5
四川	126.7	141.3	155.9	170.5	187.6	177.7	194.7	217.6	240.6	262.4	269.9
贵州	110.4	115.6	120.9	126.1	143.9	161.6	169.4	177.3	185.2	200.5	215.8
云南	118.9	113.6	108.3	105.9	117.7	129.4	147.4	165.3	166.5	178.0	199.7
陕西	118.0	124.2	133.9	137.5	145.1	153.9	171.5	195.7	219.8	243.9	248.1
甘肃	100.9	98.2	95.5	108.0	120.5	134.0	146.5	157.9	169.2	180.5	187.2
青海	116.7	123.7	139.3	155.0	170.6	186.2	201.9	217.5	238.3	259.2	266.5
宁夏	130.8	125.3	142.7	160.2	151.3	175.0	200.2	225.7	207.7	229.0	241.9
新疆	80.5	77.9	80.5	91.5	92.3	97.1	104.9	107.1	110.6	122.0	133.4
西部平均	109.0	110.1	115.7	124.8	134.5	145.5	160.8	175.8	186.2	202.4	213.1
全国平均	112.9	113.1	116.5	123.7	130.0	138.0	150.3	159.0	168.8	185.0	194.4

1990 年以来、2011 年 30 个省份发展前景综合评分分别见图 13-2、图 13-3。

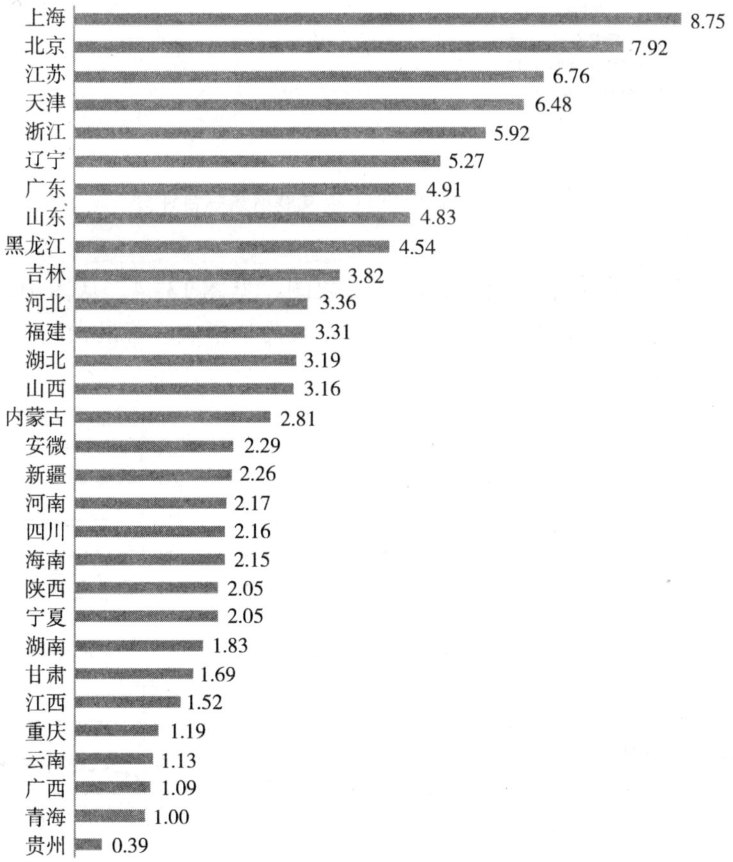

图 13-2 30 个省份 1990 年来发展前景综合评分

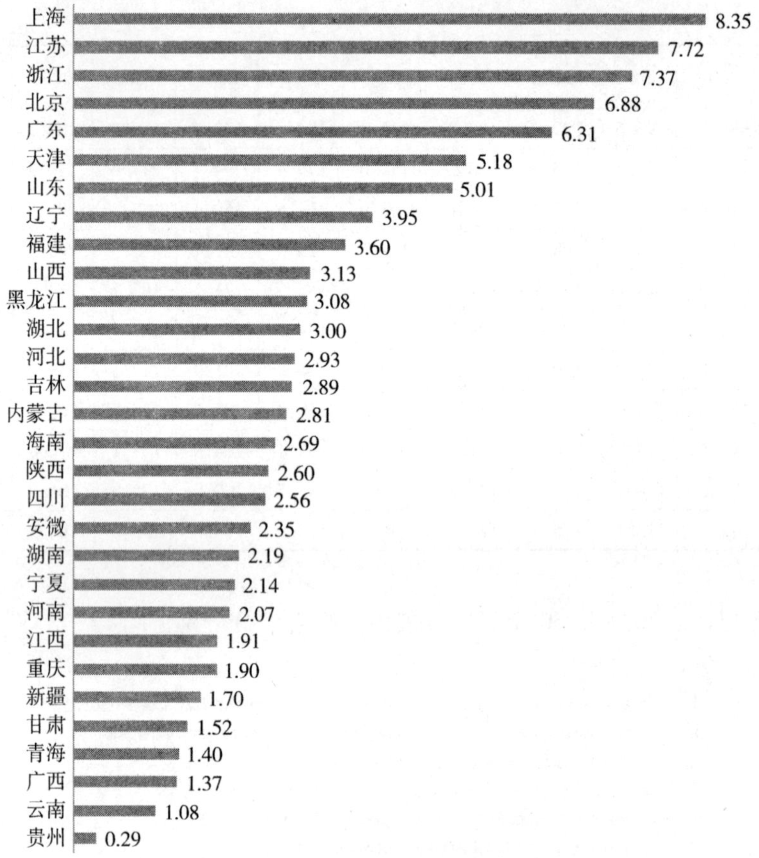

图 13-3　30 个省份 2011 年发展前景综合评分

30 个省份以 1990 年为基期的发展前景指数图，见图 13-4。从图中可以看出，22 年来四川的发展前景指数改善最多，黑龙江的发展前景指数改善最少。

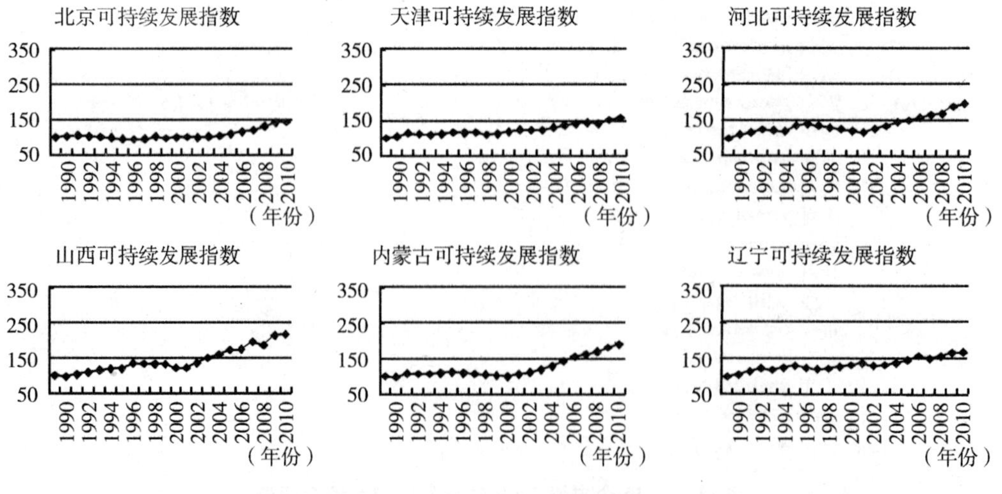

图 13-4　30 个省份 1990 ~ 2011 年间发展前景指数图（以 1990 年为基期）

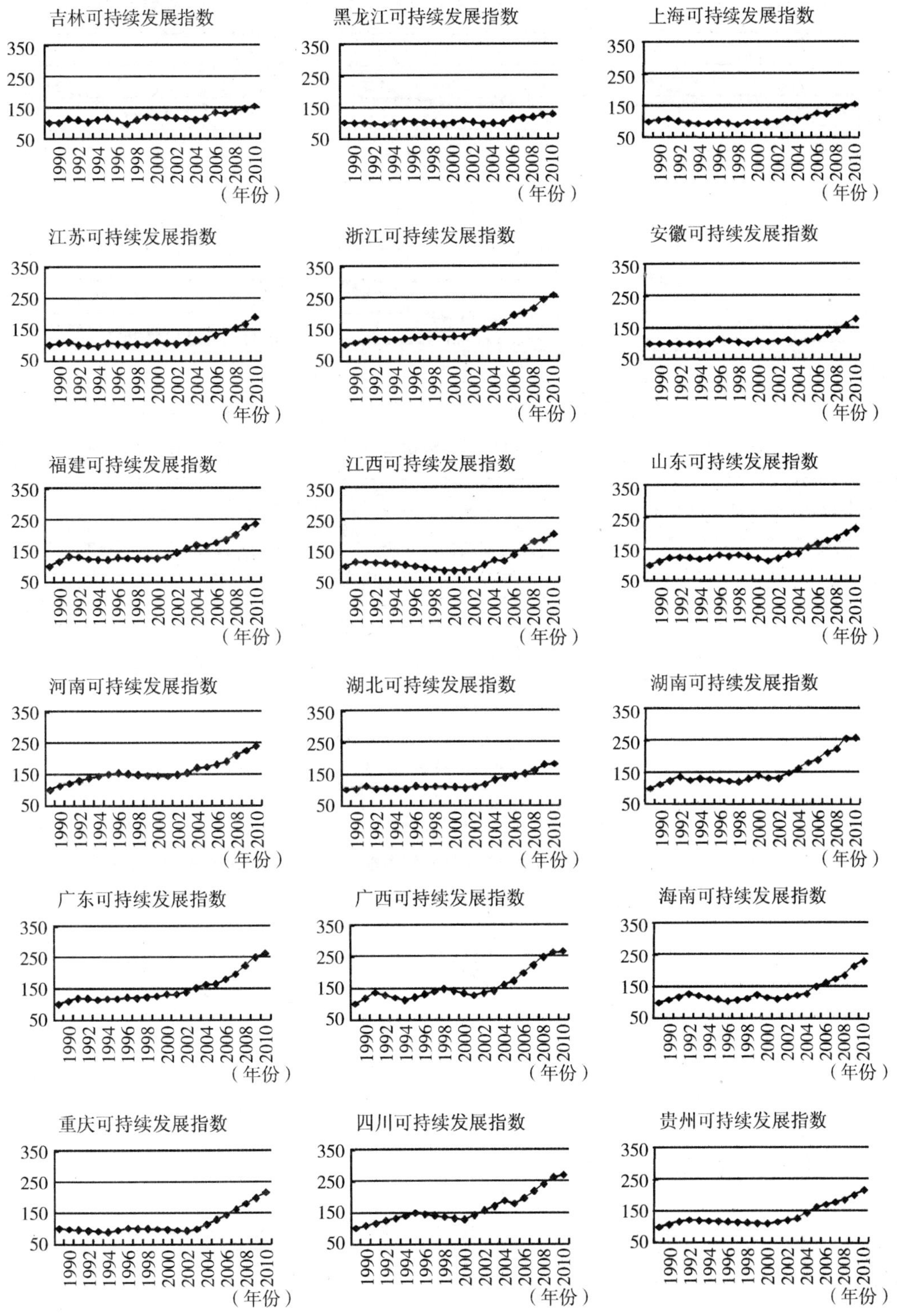

图 13-4　30 个省份 1990～2011 年间发展前景指数图（以 1990 年为基期）（续）

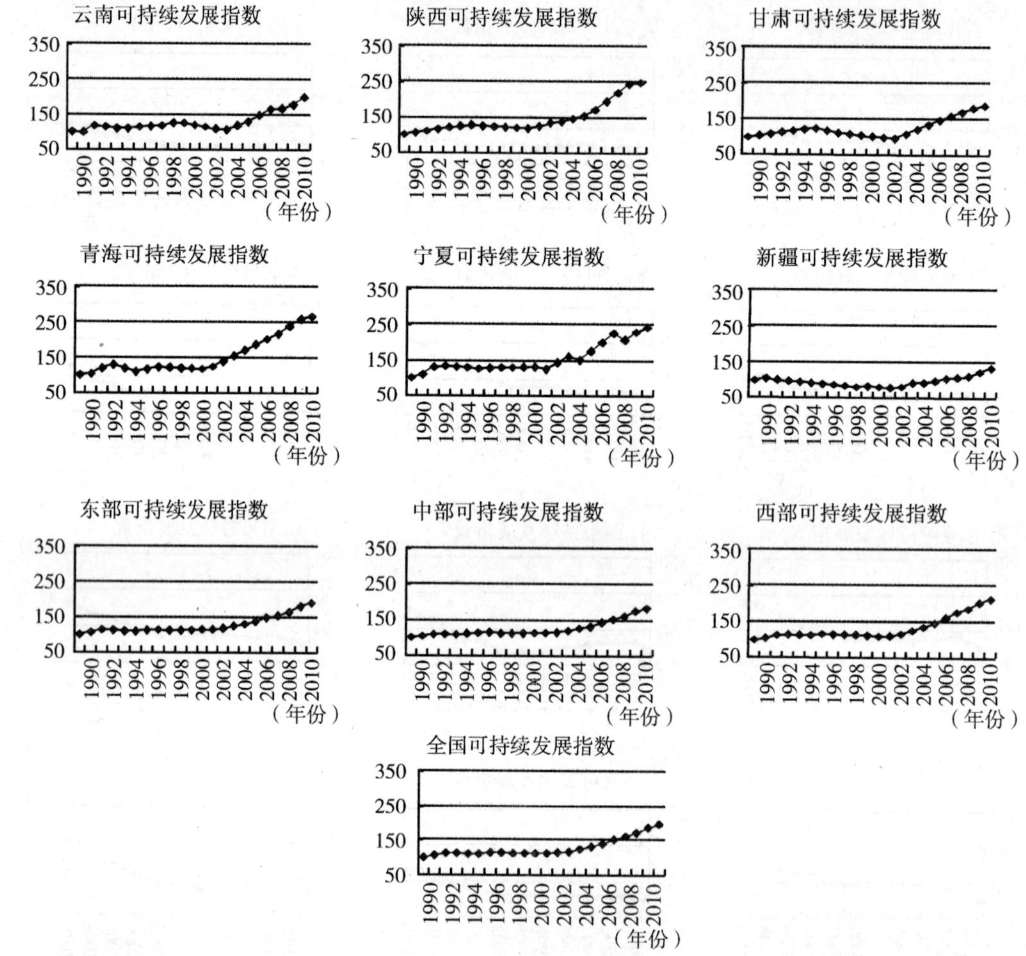

图 13-4　30 个省份 1990～2011 年间发展前景指数图（以 1990 年为基期）（续）

（二）各省份一级指标指数及排名情况

各省份发展前景一级指标经济增长、增长可持续性、政府运行效率和人民生活的增长指数及排名状况。

1. 各省份经济增长指数及排名情况

通过主成分分析法可以得出中国各省份经济增长排名情况（按排名顺序）和各省份 1990～2011 年间经济增长指数（以 1990 年为基期）分别见表 13-6、表 13-7。

表 13-6　各省份 1990～2011 年间经济增长排名情况（按排名顺序）

排名＼年份	1990	1991	1992	1993	1994	1995	1996	1997	1998	1999	2000	2001
1	浙江	北京	北京	北京	江苏	江苏	天津	广东	广东	广东	江苏	江苏
2	北京	浙江	浙江	广东	上海	广东	广东	江苏	江苏	江苏	广东	广东
3	上海	上海	广东	浙江	广东	天津	江苏	上海	浙江	浙江	上海	上海

续表

年份 排名	1990	1991	1992	1993	1994	1995	1996	1997	1998	1999	2000	2001
4	河北	广东	上海	上海	浙江	上海	北京	浙江	上海	上海	浙江	浙江
5	黑龙江	福建	山东	福建	北京	北京	上海	天津	山东	辽宁	辽宁	辽宁
6	湖北	江苏	福建	江苏	天津	浙江	浙江	辽宁	辽宁	天津	天津	天津
7	江苏	河北	黑龙江	山东	福建	山东	山西	北京	北京	北京	山东	山东
8	山西	黑龙江	江苏	天津	山东	河南	吉林	山东	天津	山东	陕西	北京
9	福建	湖北	湖北	黑龙江	河南	吉林	山东	陕西	吉林	黑龙江	北京	陕西
10	陕西	山东	天津	湖北	辽宁	福建	陕西	黑龙江	陕西	陕西	黑龙江	吉林
11	广东	陕西	河北	陕西	河北	安徽	辽宁	吉林	福建	福建	福建	福建
12	河南	贵州	新疆	河北	安徽	黑龙江	河南	山西	内蒙古	河南	河北	湖北
13	新疆	山西	贵州	辽宁	湖北	河北	黑龙江	福建	甘肃	甘肃	江西	河南
14	贵州	江西	陕西	河南	黑龙江	山西	甘肃	河南	黑龙江	吉林	甘肃	山西
15	江西	河南	辽宁	安徽	吉林	甘肃	河北	河北	山西	安徽	河南	内蒙古
16	辽宁	新疆	安徽	吉林	重庆	辽宁	福建	安徽	河南	江西	吉林	黑龙江
17	湖南	天津	吉林	重庆	山西	湖北	安徽	重庆	河北	内蒙古	安徽	安徽
18	山东	辽宁	江西	甘肃	内蒙古	陕西	重庆	甘肃	湖北	山西	湖北	河北
19	甘肃	甘肃	甘肃	山西	云南	重庆	云南	湖北	重庆	湖北	内蒙古	甘肃
20	重庆	重庆	河南	贵州	甘肃	云南	湖北	内蒙古	安徽	河北	云南	江西
21	天津	安徽	重庆	江西	陕西	内蒙古	内蒙古	贵州	贵州	新疆	山西	新疆
22	青海	湖南	山西	内蒙古	江西	湖南	宁夏	云南	江西	湖南	新疆	湖南
23	云南	青海	内蒙古	新疆	新疆	江西	四川	四川	新疆	云南	湖南	云南
24	海南	吉林	海南	云南	贵州	贵州	贵州	湖南	云南	贵州	贵州	重庆
25	安徽	云南	青海	湖南	湖南	新疆	江西	江西	湖南	重庆	重庆	海南
26	宁夏	宁夏	云南	海南	四川	四川	湖南	宁夏	四川	宁夏	海南	宁夏
27	吉林	内蒙古	湖南	青海	宁夏	宁夏	新疆	新疆	宁夏	海南	宁夏	贵州
28	内蒙古	海南	四川	四川	广西	青海	广西	青海	青海	四川	广西	四川
29	四川	四川	宁夏	宁夏	青海	广西	青海	广西	海南	青海	青海	青海
30	广西	广西	广西	广西	海南	海南	海南	海南	广西	广西	四川	广西

年份 排名	2002	2003	2004	2005	2006	2007	2008	2009	2010	2011	综合	2000 后
1	江苏	广东	广东	广东	广东	广东	广东	广东	广东	广东	广东	广东
2	广东	江苏	江苏	江苏	江苏	江苏	天津	江苏	上海	上海	江苏	江苏
3	上海	上海	上海	天津	天津	上海	江苏	天津	江苏	天津	上海	上海
4	天津	天津	天津	上海	上海	天津	上海	上海	天津	浙江	浙江	天津
5	浙江	浙江	浙江	山东	浙江	浙江	浙江	浙江	浙江	江苏	天津	浙江

续表

排名＼年份	2002	2003	2004	2005	2006	2007	2008	2009	2010	2011	综合	2000 后
6	辽宁	辽宁	山东	浙江	山东	山东	山东	山东	山东	福建	北京	山东
7	山东	黑龙江	福建	福建	河北	辽宁	辽宁	辽宁	福建	山东	山东	辽宁
8	福建	山东	山西	辽宁	辽宁	福建	福建	福建	辽宁	陕西	福建	福建
9	吉林	福建	辽宁	黑龙江	陕西	内蒙古	陕西	湖北	陕西	内蒙古	辽宁	陕西
10	河南	陕西	北京	河北	山西	黑龙江	北京	内蒙古	湖北	湖北	黑龙江	北京
11	北京	北京	黑龙江	山西	黑龙江	北京	黑龙江	北京	北京	辽宁	陕西	黑龙江
12	黑龙江	山西	河北	吉林	福建	河北	内蒙古	陕西	山西	吉林	山西	山西
13	湖北	吉林	陕西	北京	北京	山西	山西	山西	内蒙古	北京	湖北	湖北
14	陕西	湖北	吉林	陕西	湖北	湖北	吉林	重庆	吉林	河南	河北	吉林
15	甘肃	河南	内蒙古	内蒙古	河南	陕西	湖北	江西	重庆	重庆	河南	内蒙古
16	河北	河北	甘肃	河南	甘肃	吉林	江西	黑龙江	四川	山西	吉林	河北
17	安徽	甘肃	湖北	湖北	新疆	河南	新疆	河北	河南	四川	甘肃	河南
18	山西	安徽	河南	甘肃	内蒙古	甘肃	河北	吉林	江西	安徽	内蒙古	甘肃
19	内蒙古	内蒙古	新疆	新疆	吉林	宁夏	青海	河南	黑龙江	黑龙江	安徽	江西
20	湖南	新疆	江西	海南	湖南	海南	宁夏	湖南	湖南	河北	江西	新疆
21	新疆	湖南	海南	江西	四川	新疆	河南	新疆	河北	江西	新疆	安徽
22	江西	海南	安徽	宁夏	安徽	四川	甘肃	安徽	安徽	新疆	重庆	湖南
23	海南	江西	宁夏	湖南	海南	青海	重庆	甘肃	甘肃	海南	湖南	海南
24	宁夏	云南	青海	青海	江西	江西	湖南	海南	新疆	甘肃	云南	重庆
25	云南	青海	云南	四川	宁夏	安徽	安徽	宁夏	海南	湖南	贵州	宁夏
26	重庆	重庆	重庆	安徽	重庆	湖南	海南	四川	宁夏	宁夏	宁夏	四川
27	青海	四川	四川	贵州	贵州	云南	四川	青海	广西	青海	海南	青海
28	贵州	宁夏	湖南	云南	青海	重庆	云南	广西	云南	云南	四川	云南
29	四川	贵州	贵州	重庆	广西	贵州	广西	贵州	青海	广西	青海	贵州
30	广西	广西	广西	广西	云南	广西	贵州	云南	贵州	贵州	广西	广西

表 13-7　各省份 1990～2011 年间经济增长指数（以 1990 年为基期）

地区＼年份	1990	1991	1992	1993	1994	1995	1996	1997	1998	1999	2000
北京	100	103.4	106.7	111.0	104.2	102.3	98.2	94.2	92.4	93.4	91.0
天津	100	113.6	127.1	140.7	154.4	166.0	165.4	154.6	144.9	150.2	153.7
河北	100	97.3	94.6	98.9	103.2	103.3	103.4	99.6	96.1	93.9	103.4
辽宁	100	103.0	106.0	115.7	125.4	117.1	127.3	137.2	135.5	140.1	140.1
上海	100	99.2	98.4	105.2	112.0	109.4	103.3	106.4	99.5	105.2	104.5
江苏	100	101.5	102.9	118.2	133.5	134.9	124.3	135.9	133.6	134.5	141.6

续表

地区＼年份	1990	1991	1992	1993	1994	1995	1996	1997	1998	1999	2000
浙江	100	100.8	100.0	101.5	104.2	96.9	92.6	98.8	101.4	102.0	97.2
福建	100	102.7	105.4	120.8	116.7	111.3	105.9	110.5	108.0	105.4	107.2
山东	100	115.6	131.2	137.9	135.7	135.0	132.5	135.3	141.1	135.1	139.8
广东	100	116.7	131.6	149.0	142.5	140.9	135.3	152.5	151.0	146.8	145.7
海南	100	92.1	105.3	102.6	99.7	96.8	93.8	90.9	101.1	111.4	111.5
东部平均	100	103.8	108.8	116.9	119.4	117.5	114.3	117.5	116.3	117.4	118.7
山西	100	91.7	83.4	92.3	101.2	105.6	113.0	110.3	103.3	97.0	94.6
吉林	100	120.3	140.6	149.3	157.9	175.3	173.6	171.8	170.1	159.9	159.7
黑龙江	100	97.5	101.9	106.3	103.1	104.9	106.9	111.1	102.7	106.1	108.8
安徽	100	109.9	119.8	129.7	139.6	144.2	139.0	133.7	123.6	134.3	133.8
江西	100	100.2	100.4	102.8	105.1	105.0	96.0	98.8	101.5	111.4	115.2
河南	100	96.6	93.3	107.1	120.9	122.0	117.4	112.1	106.8	112.2	111.1
湖北	100	98.0	100.0	102.0	104.1	100.2	92.9	99.1	97.5	95.9	100.6
湖南	100	94.1	88.3	95.9	103.6	110.8	100.9	107.1	102.8	111.1	106.5
中部平均	100	100.0	101.5	108.5	114.4	117.8	114.5	115.3	110.8	113.3	113.7
内蒙古	100	113.9	127.8	140.8	153.9	147.3	140.8	147.7	167.5	153.9	149.5
广西	100	116.6	130.6	144.5	158.5	155.8	153.0	150.3	142.5	134.8	161.4
重庆	100	105.4	107.2	116.9	126.6	125.0	124.2	125.7	117.7	109.7	108.0
四川	100	111.3	122.6	131.5	140.4	146.4	146.5	157.4	147.5	138.3	129.0
贵州	100	102.3	104.6	100.9	99.3	99.0	94.4	103.2	102.3	101.0	96.4
云南	100	98.9	97.8	112.4	127.0	128.1	126.6	120.5	115.5	120.5	123.0
陕西	100	100.6	101.3	109.7	105.3	108.3	119.1	121.7	116.0	115.4	124.0
甘肃	100	103.1	106.1	111.5	116.8	122.1	127.5	119.7	126.8	123.1	122.8
青海	100	99.6	101.2	99.2	98.3	106.2	96.3	103.0	108.4	99.9	102.8
宁夏	100	111.1	103.2	113.1	122.9	128.3	132.4	131.4	130.3	128.9	126.4
新疆	100	97.6	104.7	97.7	102.3	94.3	86.4	89.9	98.4	103.3	99.8
西部平均	100	104.5	108.2	113.8	119.7	120.5	119.4	121.5	122.0	118.6	119.4
全国平均	100	103.0	106.6	113.7	118.2	118.6	116.0	118.2	116.6	116.7	117.6

地区＼年份	2001	2002	2003	2004	2005	2006	2007	2008	2009	2010	2011
北京	90.3	88.2	88.4	89.7	91.0	92.3	93.6	94.8	96.1	97.4	98.1
天津	153.2	160.1	160.4	173.4	174.5	183.3	181.8	184.5	187.3	191.5	207.5
河北	103.2	103.2	102.1	109.0	116.1	118.0	113.3	102.9	107.1	103.9	113.0
辽宁	146.1	136.9	138.0	134.8	142.2	140.2	144.6	141.3	145.5	146.1	147.1

续表

地区＼年份	2001	2002	2003	2004	2005	2006	2007	2008	2009	2010	2011
上海	108.9	108.6	113.8	115.3	112.7	120.7	122.6	115.7	122.8	133.1	145.6
江苏	142.5	139.6	136.5	144.1	147.2	148.3	149.5	139.6	151.0	151.6	156.5
浙江	100.1	94.8	96.3	104.2	101.1	108.8	112.5	103.7	110.9	115.3	124.4
福建	110.5	113.6	116.3	121.6	123.4	116.5	123.9	121.3	125.6	132.9	141.7
山东	140.5	136.2	139.2	145.8	153.0	159.5	158.0	147.9	159.6	160.6	159.6
广东	148.0	147.5	157.8	171.4	171.8	174.8	180.3	167.9	179.7	190.6	207.1
海南	116.2	120.0	119.2	128.5	132.1	127.1	137.5	126.1	132.9	129.6	145.6
东部平均	120.8	119.6	121.4	127.5	129.6	132.0	134.5	128.0	134.5	137.9	146.1
山西	108.5	102.0	109.3	118.7	116.4	119.5	113.8	115.8	117.9	120.0	122.1
吉林	173.6	174.1	170.2	170.2	180.9	163.8	174.0	178.4	169.2	181.5	197.2
黑龙江	105.6	108.1	115.7	110.3	119.0	116.5	115.5	115.6	109.7	107.8	115.6
安徽	140.0	135.6	134.8	128.4	122.0	129.0	126.8	127.7	137.0	139.4	159.3
江西	109.9	103.2	101.0	112.7	111.2	108.4	108.8	120.2	127.3	124.1	129.7
河南	117.7	120.1	115.1	110.9	122.3	122.1	120.1	110.8	113.8	122.1	132.2
湖北	108.6	108.5	107.1	104.5	110.4	113.9	112.5	111.8	121.5	121.1	126.5
湖南	112.7	112.8	108.5	101.1	114.9	116.0	111.0	115.9	123.6	126.6	127.3
中部平均	119.2	117.7	117.8	117.3	122.3	121.8	120.5	122.1	125.3	127.6	135.4
内蒙古	168.2	156.8	155.2	168.6	177.4	170.6	186.1	182.2	189.4	186.5	204.3
广西	156.7	157.9	159.2	147.1	151.5	168.4	167.4	170.6	181.1	195.1	190.6
重庆	113.1	108.0	107.6	109.0	105.3	119.0	116.4	125.6	144.0	143.1	152.7
四川	142.1	138.4	143.5	146.7	161.0	167.8	174.3	159.1	164.6	194.0	206.9
贵州	92.0	92.5	90.2	91.7	97.4	103.1	93.7	84.9	95.9	94.2	97.8
云南	118.2	111.6	112.1	112.5	109.2	108.2	120.4	114.5	112.7	123.8	127.9
陕西	120.1	117.5	120.3	120.4	122.5	128.8	121.0	129.5	127.3	135.3	141.2
甘肃	125.4	129.5	123.2	127.2	132.0	134.1	131.3	120.0	121.6	121.6	129.2
青海	105.5	108.2	110.7	111.8	121.5	117.8	126.1	132.6	122.6	112.5	129.5
宁夏	132.1	136.1	126.7	136.5	147.5	144.6	158.8	155.8	147.7	148.1	155.1
新疆	105.1	101.1	106.1	111.0	113.4	119.3	113.1	116.5	113.8	111.1	125.8
西部平均	122.1	120.3	120.0	122.7	127.4	131.2	132.7	131.5	133.9	137.0	145.9
全国平均	120.8	119.3	120.0	123.2	126.9	129.0	130.2	127.5	131.8	134.8	143.2

30个省份以1990年为基期的经济增长指数图，见图13-5。从图中可以看出，22年来天津的经济增长指数改善最多，贵州的经济增长改善最少。

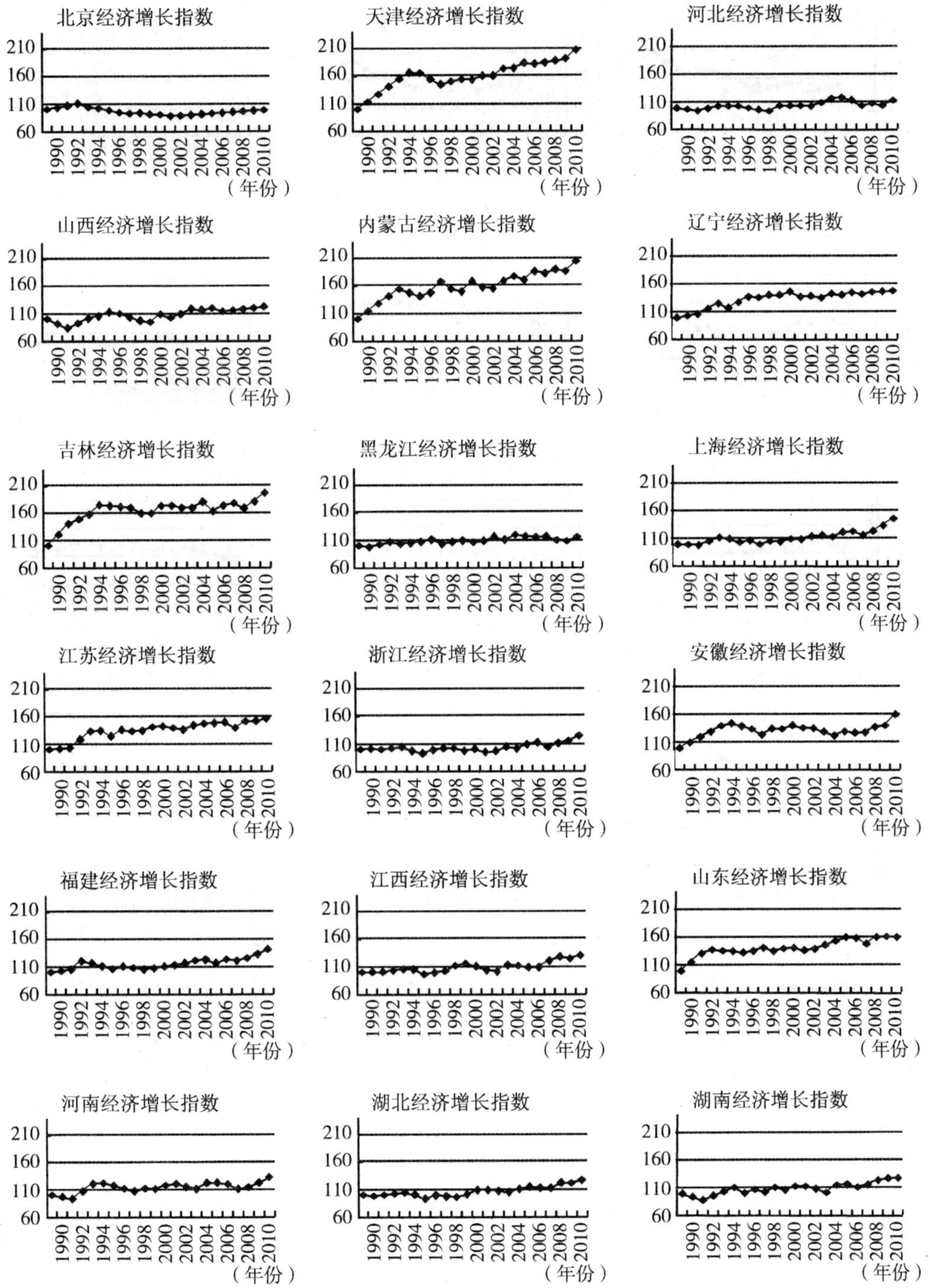

图 13-5　30 个省份 1990～2011 年间经济增长指数图（以 1990 年为基期）

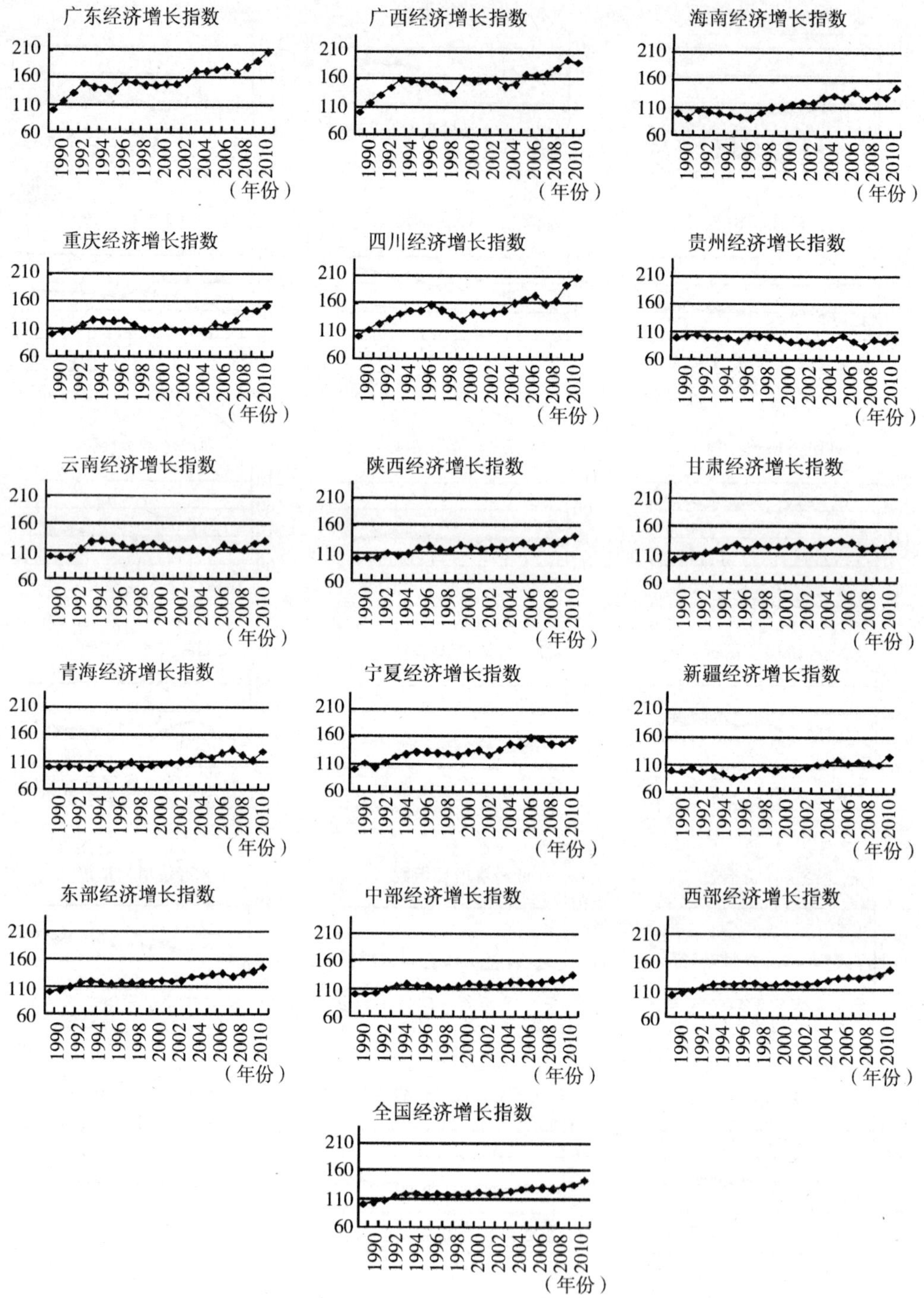

图 13-5　30 个省份 1990 ~ 2011 年间经济增长指数图（以 1990 年为基期）（续）

2. 各省份可持续增长指数及排名情况

通过主成分分析法得出中国各省分增长可持续性排名情况（按排名顺序）和各省份 1990 ~ 2011 年间增长可持续性指数（以 1990 年为基期）分别见表 13-8、表 13-9。

表 13-8　各省份 1990～2011 年间增长可持续性排名情况（按排名顺序）

排名＼年份	1990	1991	1992	1993	1994	1995	1996	1997	1998	1999	2000	2001
1	上海	上海	上海	上海	北京	北京	北京	上海	上海	上海	上海	北京
2	北京	北京	北京	北京	上海	上海	上海	北京	北京	北京	北京	上海
3	江苏	黑龙江	江苏	江苏	江苏	辽宁	江苏	辽宁	辽宁	吉林	吉林	黑龙江
4	黑龙江	江苏	黑龙江	黑龙江	辽宁	江苏	辽宁	江苏	吉林	辽宁	天津	新疆
5	新疆	新疆	辽宁	辽宁	黑龙江	黑龙江	黑龙江	黑龙江	黑龙江	天津	黑龙江	吉林
6	青海	浙江	新疆	山东	山东	天津	吉林	吉林	天津	江苏	辽宁	天津
7	广东	青海	吉林	天津	天津	吉林	天津	天津	江苏	黑龙江	江苏	辽宁
8	海南	广东	浙江	新疆	新疆	山东	新疆	浙江	山东	山东	新疆	江苏
9	吉林	吉林	山东	吉林	浙江	新疆	浙江	内蒙古	浙江	新疆	山东	山东
10	浙江	辽宁	天津	浙江	吉林	浙江	山东	新疆	内蒙古	浙江	浙江	四川
11	四川	山东	青海	青海	青海	广东	内蒙古	山东	新疆	四川	四川	浙江
12	辽宁	天津	广东	四川	四川	安徽	四川	四川	四川	内蒙古	海南	内蒙古
13	天津	四川	福建	广东	广东	四川	湖北	广东	海南	安徽	内蒙古	青海
14	甘肃	海南	四川	福建	湖北	青海	青海	湖南	广东	青海	广东	广东
15	福建	福建	海南	广西	福建	湖北	安徽	福建	湖南	海南	青海	海南
16	山东	甘肃	重庆	重庆	内蒙古	内蒙古	广东	海南	湖北	广东	湖北	湖北
17	重庆	重庆	广西	海南	湖南	甘肃	湖南	安徽	广西	福建	甘肃	安徽
18	广西	广西	甘肃	湖南	重庆	福建	福建	湖北	青海	湖南	福建	广西
19	湖北	湖北	湖北	甘肃	广西	湖南	甘肃	青海	甘肃	广西	广西	福建
20	云南	湖南	湖南	湖北	甘肃	广西	重庆	甘肃	福建	甘肃	安徽	甘肃
21	内蒙古	云南	内蒙古	内蒙古	云南	重庆	广西	广西	安徽	湖北	湖南	湖南
22	湖南	内蒙古	云南	云南	安徽	河北	云南	重庆	云南	云南	云南	云南
23	陕西	陕西	江西	安徽	海南	云南	海南	云南	重庆	江西	山西	山西
24	河北	江西	陕西	陕西	河北	海南	河北	河北	河北	陕西	陕西	重庆
25	贵州	河北	河北	河北	陕西	陕西	陕西	陕西	江西	山西	江西	河北
26	江西	河南	安徽	江西	江西	江西	江西	江西	河南	河南	重庆	陕西
27	河南	贵州	河南	河南	河南	河南	河南	山西	宁夏	宁夏	河北	江西
28	安徽	安徽	贵州	宁夏	宁夏	山西	宁夏	河南	陕西	河北	河南	河南
29	山西	山西	山西	贵州	山西	宁夏	山西	宁夏	山西	重庆	宁夏	宁夏
30	宁夏	宁夏	宁夏	山西	贵州	贵州	贵州	贵州	贵州	贵州	贵州	贵州

排名＼年份	2002	2003	2004	2005	2006	2007	2008	2009	2010	2011	综合	2000 后
1	上海	上海	上海	北京	北京	上海	上海	上海	上海	上海	上海	上海
2	北京	北京	北京	上海	上海	北京	北京	北京	北京	北京	北京	北京
3	新疆	新疆	黑龙江	广东	江苏	浙江	浙江	浙江	海南	浙江	江苏	天津
4	黑龙江	黑龙江	辽宁	天津	广东	广东	广东	广东	浙江	广东	黑龙江	浙江
5	天津	天津	新疆	江苏	天津	天津	江苏	江苏	广东	江苏	天津	广东

续表

排名＼年份	2002	2003	2004	2005	2006	2007	2008	2009	2010	2011	综合	2000 后
6	辽宁	辽宁	天津	黑龙江	浙江	江苏	天津	天津	江苏	海南	浙江	江苏
7	江苏	江苏	江苏	辽宁	黑龙江	辽宁	海南	海南	黑龙江	天津	辽宁	黑龙江
8	浙江	内蒙古	内蒙古	新疆	辽宁	黑龙江	黑龙江	黑龙江	天津	黑龙江	新疆	新疆
9	山东	广东	广东	浙江	内蒙古	新疆	内蒙古	青海	新疆	内蒙古	广东	辽宁
10	广东	湖北	浙江	福建	四川	青海	青海	内蒙古	内蒙古	新疆	吉林	海南
11	内蒙古	青海	吉林	四川	海南	海南	新疆	辽宁	山东	山东	山东	内蒙古
12	青海	四川	湖北	内蒙古	青海	四川	辽宁	新疆	青海	辽宁	四川	山东
13	湖北	浙江	青海	青海	福建	山东	山东	山东	辽宁	福建	海南	青海
14	四川	吉林	四川	湖北	新疆	内蒙古	四川	吉林	吉林	青海	青海	吉林
15	广西	山东	福建	山东	吉林	吉林	吉林	四川	四川	吉林	内蒙古	四川
16	吉林	福建	山东	吉林	山东	湖北	福建	福建	福建	四川	福建	福建
17	福建	广西	甘肃	海南	湖北	福建	湖北	湖北	安徽	湖北	湖北	湖北
18	海南	海南	安徽	甘肃	甘肃	甘肃	广西	广西	湖北	陕西	广西	广西
19	安徽	安徽	云南	广西	云南	云南	云南	甘肃	广西	安徽	甘肃	甘肃
20	湖南	甘肃	广西	湖南	广西	山西	湖南	安徽	陕西	重庆	湖南	安徽
21	甘肃	云南	海南	云南	湖南	广西	甘肃	云南	重庆	云南	云南	云南
22	云南	湖南	湖南	河北	河北	湖南	安徽	陕西	云南	广西	安徽	湖南
23	河北	重庆	河北	安徽	安徽	陕西	陕西	重庆	甘肃	甘肃	重庆	山西
24	山西	河北	山西	陕西	山西	安徽	河北	湖南	湖南	江西	河北	河北
25	重庆	山西	河南	山西	陕西	河北	宁夏	河北	江西	湖南	陕西	陕西
26	江西	江西	宁夏	江西	江西	江西	重庆	山西	山西	山西	江西	重庆
27	陕西	河南	重庆	河南	宁夏	重庆	山西	江西	河北	河北	山西	江西
28	河南	陕西	江西	宁夏	河南	宁夏	江西	宁夏	宁夏	宁夏	河南	宁夏
29	宁夏	宁夏	陕西	重庆	贵州	贵州	河南	贵州	河南	河南	宁夏	河南
30	贵州	贵州	贵州	贵州	重庆	河南	贵州	河南	贵州	贵州	贵州	贵州

表 13-9　各省份 1990～2011 年间增长可持续指数（以 1990 年为基期）

地区＼年份	1990	1991	1992	1993	1994	1995	1996	1997	1998	1999	2000
北京	100	105.8	109.6	108.9	106.1	103.9	101.7	99.4	103.9	108.3	115.5
天津	100	107.1	114.2	121.3	118.7	121.0	120.7	118.9	122.6	126.3	140.1
河北	100	108.8	117.9	123.3	125.1	137.2	132.1	133.2	127.4	127.6	140.0
辽宁	100	106.0	120.2	120.9	120.6	126.3	125.0	124.6	125.9	125.1	132.9
上海	100	97.6	103.4	99.4	90.9	87.7	86.6	88.8	93.3	97.9	102.5
江苏	100	101.0	104.3	107.7	104.2	99.1	104.0	100.8	98.3	100.8	107.8
浙江	100	107.4	112.6	112.2	111.5	110.7	109.2	113.1	113.1	116.5	124.3

续表

年份 / 地区	1990	1991	1992	1993	1994	1995	1996	1997	1998	1999	2000
福建	100	104.2	113.3	114.0	108.4	105.0	105.3	111.0	104.7	113.7	117.9
山东	100	113.2	120.7	128.2	127.7	123.2	119.4	117.8	126.3	129.6	137.5
广东	100	103.4	104.2	104.4	102.5	101.8	96.6	103.5	103.9	103.7	116.5
海南	100	100.5	98.4	96.3	94.1	87.3	90.5	100.6	107.0	105.3	119.6
东部平均	100	107.5	113.2	118.8	114.1	112.2	110.7	113.6	116.4	120.9	135.6
山西	100	107.0	113.9	120.9	127.9	133.0	137.0	141.8	135.9	152.7	169.5
吉林	100	104.5	113.3	113.3	108.5	115.3	121.9	117.2	121.5	122.7	141.0
黑龙江	100	103.8	103.4	103.0	100.0	100.4	104.4	101.1	101.2	101.4	112.8
安徽	100	105.7	123.5	141.2	155.2	166.4	160.4	163.1	155.5	174.4	174.8
江西	100	118.2	126.4	120.3	122.7	125.2	127.6	130.0	132.5	143.0	148.5
河南	100	112.2	116.5	121.5	120.9	126.0	125.2	128.2	133.1	138.0	142.9
湖北	100	105.9	109.4	108.2	115.5	115.9	116.3	115.6	113.5	113.1	128.4
湖南	100	109.5	119.8	124.1	125.7	123.7	125.4	133.1	132.7	132.4	137.6
中部平均	100	116.3	130.5	135.9	140.3	147.3	151.5	153.2	152.8	163.6	185.6
内蒙古	100	107.5	114.8	119.7	124.9	127.7	138.0	139.7	141.4	143.1	152.9
广西	100	103.9	107.9	111.8	109.4	107.9	103.5	106.2	110.7	113.2	121.6
重庆	100	103.0	107.9	109.3	107.9	105.4	104.0	103.3	97.9	92.6	107.9
四川	100	103.8	105.8	107.7	105.8	104.0	106.1	108.1	110.2	117.0	123.9
贵州	100	102.8	105.1	107.4	108.1	108.9	109.9	111.1	112.5	114.2	116.1
云南	100	103.1	106.9	110.8	116.8	113.1	111.9	111.0	115.0	119.0	123.0
陕西	100	104.3	108.6	112.8	110.6	110.8	114.3	115.3	109.4	122.0	129.1
甘肃	100	100.6	102.6	103.0	104.2	104.8	103.1	103.6	104.1	107.0	118.9
青海	100	102.0	103.5	105.0	101.9	98.9	98.2	97.5	94.7	104.0	113.2
宁夏	100	114.4	128.0	141.5	146.2	149.0	154.7	158.9	163.0	167.1	171.2
新疆	100	101.4	100.2	99.0	97.9	97.2	95.0	93.9	95.5	101.3	110.9
西部平均	100	107.3	114.0	119.3	119.6	118.1	119.5	121.0	122.0	130.4	146.8
全国平均	100	109.2	118.7	122.5	121.3	121.3	121.9	124.2	125.7	132.8	149.6

年份 / 地区	2001	2002	2003	2004	2005	2006	2007	2008	2009	2010	2011
北京	119.8	125.9	130.6	137.6	138.0	144.7	156.5	168.2	172.1	176.0	179.9
天津	142.0	156.4	157.8	163.6	169.4	173.8	193.5	191.3	197.9	199.4	201.0
河北	152.4	164.7	173.9	183.0	187.1	184.3	195.0	198.0	196.4	194.8	193.2
辽宁	139.4	149.4	152.5	162.4	160.2	161.0	178.7	173.2	174.3	173.3	172.4
上海	104.0	110.3	114.7	122.0	118.4	125.3	143.0	160.6	173.0	184.7	196.5

续表

地区＼年份	2001	2002	2003	2004	2005	2006	2007	2008	2009	2010	2011
江苏	113.2	120.0	123.0	130.4	134.2	143.3	152.3	154.4	159.8	165.9	172.0
浙江	128.9	137.8	140.3	148.6	154.3	165.2	192.3	195.3	201.7	208.1	214.5
福建	125.1	136.9	147.3	153.8	163.7	164.9	168.9	169.4	173.6	177.8	182.0
山东	143.6	150.5	149.8	155.6	158.9	163.6	180.6	182.8	183.7	208.2	188.9
广东	123.9	134.4	142.9	149.5	160.9	166.2	184.7	191.0	196.5	202.1	207.7
海南	121.8	125.0	128.1	127.1	137.2	151.4	165.5	179.6	186.3	214.5	194.1
东部平均	144.0	158.3	165.6	176.7	183.4	193.4	219.1	228.4	237.1	251.1	252.1
山西	185.2	190.6	194.6	207.6	205.7	212.1	239.7	228.1	227.4	226.7	226.0
吉林	137.2	133.4	137.3	147.6	143.4	150.1	157.2	162.0	165.5	166.1	166.6
黑龙江	122.0	131.3	132.5	138.5	135.1	135.1	143.7	152.2	154.1	168.6	152.2
安徽	188.6	202.1	206.0	215.2	199.8	202.0	216.3	219.7	224.9	249.2	231.4
江西	156.1	163.8	172.3	177.2	178.7	182.3	199.2	201.3	202.5	205.4	208.3
河南	144.8	158.6	172.3	183.1	176.3	175.4	187.3	186.6	184.2	185.4	186.5
湖北	138.3	155.6	162.9	169.6	168.3	169.3	179.4	178.0	176.4	173.1	169.9
湖南	143.5	153.4	157.8	163.7	165.2	163.0	177.0	177.8	174.8	173.5	172.2
中部平均	200.3	218.7	230.2	247.3	239.9	244.1	271.0	274.5	275.9	286.2	275.7
内蒙古	162.6	172.4	184.0	192.6	188.3	197.8	207.3	216.9	217.2	240.8	219.6
广西	130.1	150.2	145.5	148.4	148.2	148.3	157.6	161.3	162.9	159.5	156.2
重庆	119.9	123.7	132.3	130.9	123.7	122.8	144.4	148.5	152.2	155.3	158.4
四川	130.7	137.6	142.4	147.1	151.9	156.7	167.4	167.4	168.5	169.0	169.4
贵州	118.3	120.7	140.9	149.7	155.3	158.9	171.0	168.3	168.6	165.4	162.2
云南	133.0	143.1	150.3	161.4	155.3	163.2	176.8	170.3	168.2	169.9	171.6
陕西	136.1	141.9	147.6	153.3	161.9	163.9	177.6	179.0	183.1	187.2	191.2
甘肃	120.5	128.4	136.3	144.3	146.2	150.6	160.0	147.2	152.0	149.7	147.5
青海	122.4	131.6	136.6	140.8	143.8	147.8	161.9	164.9	167.7	165.0	162.4
宁夏	175.4	192.8	210.2	227.5	214.0	221.1	248.8	257.1	254.0	250.9	247.8
新疆	122.4	134.3	136.1	138.1	136.2	131.8	145.4	147.4	146.4	165.6	149.6
西部平均	162.1	180.5	194.0	205.4	204.5	210.5	237.0	238.3	240.8	248.3	240.3
全国平均	161.5	178.0	188.3	200.7	202.0	209.5	235.7	241.1	246.3	257.3	253.0

30个省份以1990年为基期的增长可持续性指数图，见图13-6。从图中可以看出，22年来宁夏的增长可持续性指数改善最多，甘肃的增长可持续性指数改善最少。

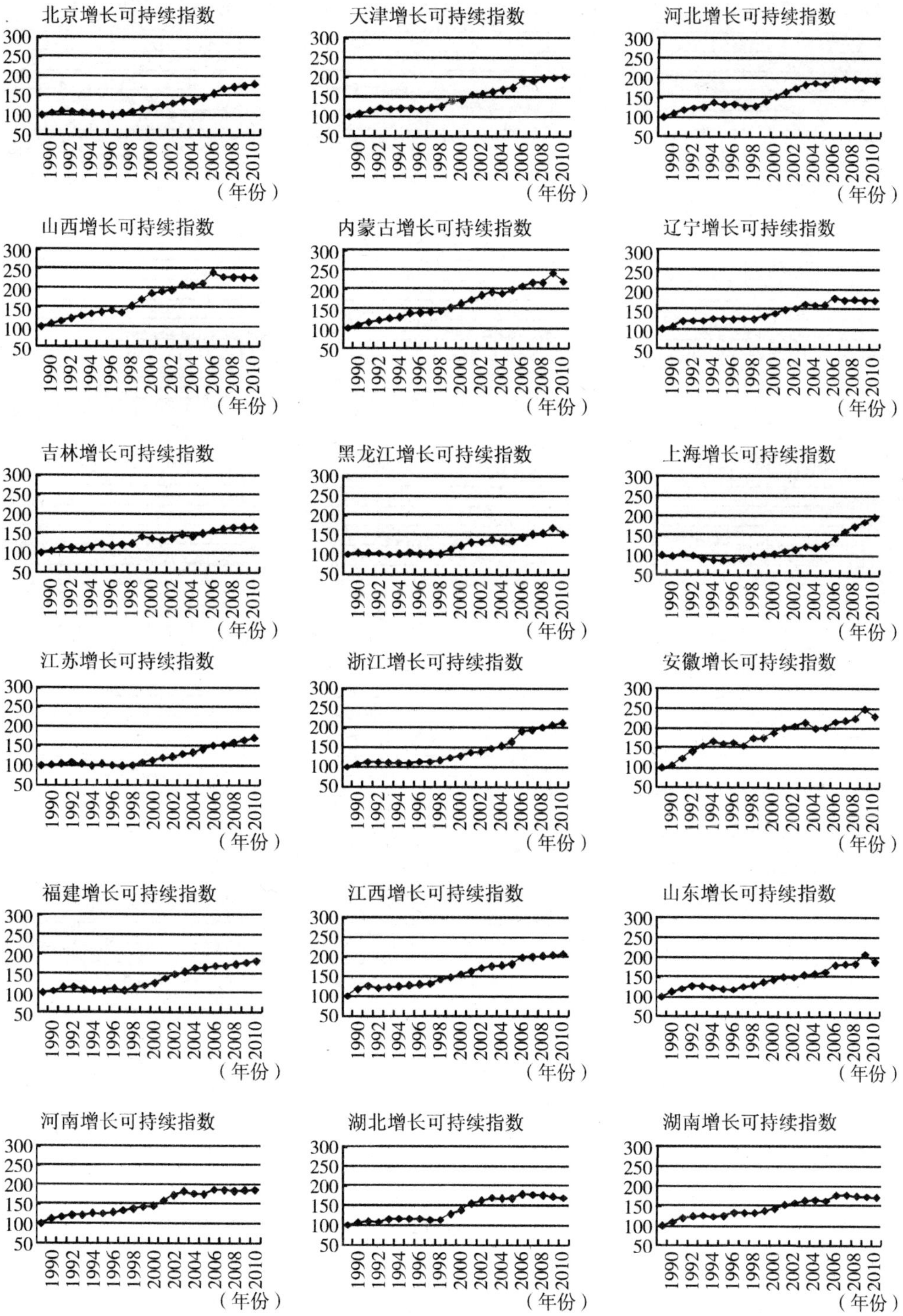

图 13-6　30 个省份 1990～2011 年间增长可持续性指数图（以 1990 年为基期）

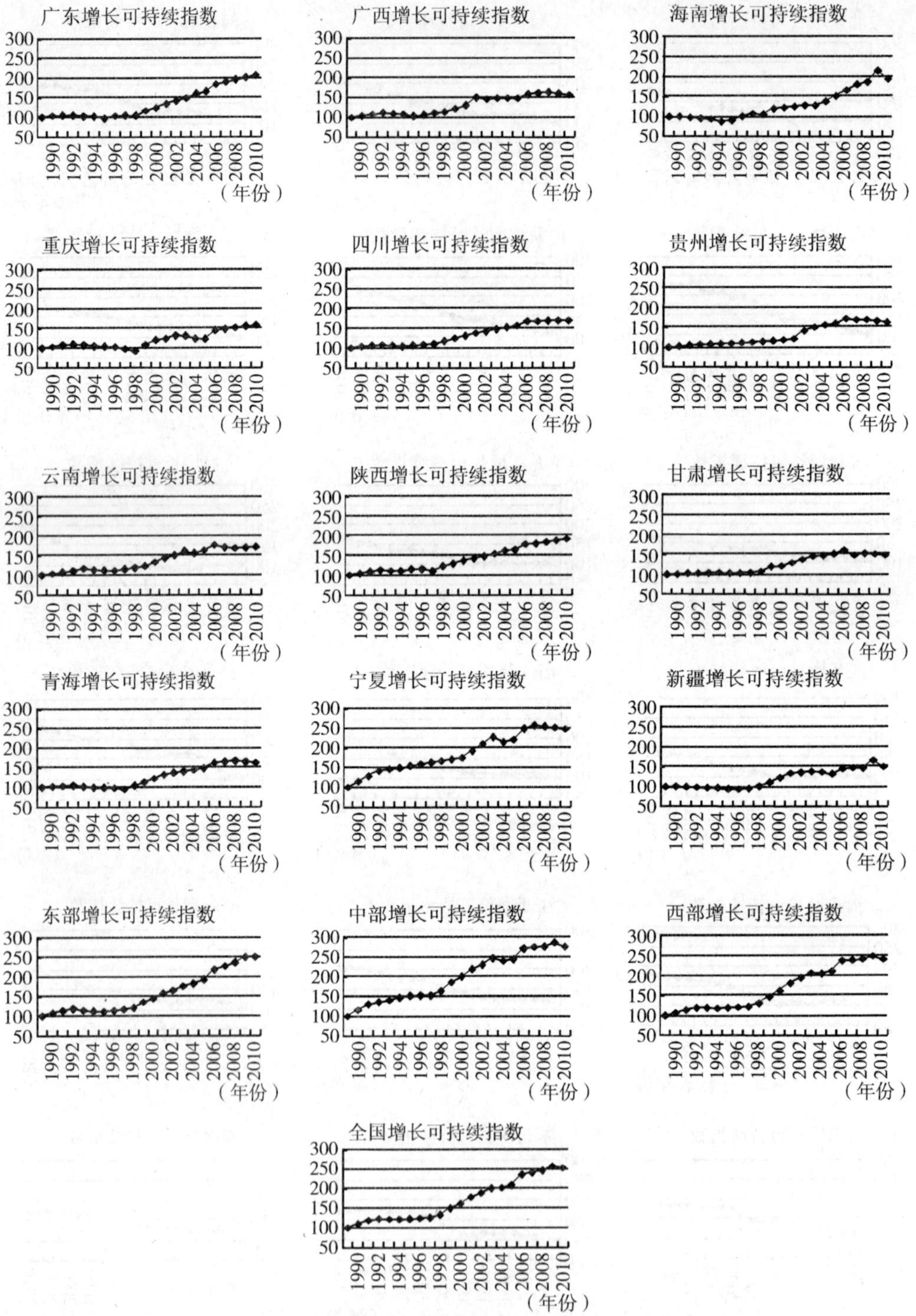

图 13-6　30 个省份 1990 ~ 2011 年间增长可持续性指数图（以 1990 年为基期）（续）

3. 各省份政府运行效率增长指数及排名情况

通过主成分分析法得出中国各省份政府运行效率排名情况（按排名顺序）和各省份 1990 ~ 2011 年间政府运行效率指数（以 1990 年为基期）分别见表 13-10、表 13-11。

表 13-10　各省份 1990～2011 年间政府运行效率排名情况（按排名顺序）

排名＼年份	1990	1991	1992	1993	1994	1995	1996	1997	1998	1999	2000	2001
1	天津	天津	天津	天津	天津	天津	上海	上海	上海	上海	上海	上海
2	上海	上海	上海	上海	上海	上海	天津	天津	天津	天津	天津	北京
3	北京	北京	北京	北京	北京	北京	北京	北京	北京	北京	北京	天津
4	海南	海南	海南	海南	海南	海南	海南	海南	海南	海南	海南	江苏
5	黑龙江	黑龙江	黑龙江	黑龙江	黑龙江	黑龙江	黑龙江	黑龙江	黑龙江	江苏	浙江	海南
6	辽宁	青海	辽宁	辽宁	浙江	浙江	浙江	辽宁	辽宁	黑龙江	江苏	浙江
7	青海	辽宁	青海	青海	青海	青海	辽宁	青海	青海	辽宁	黑龙江	辽宁
8	江苏	江苏	浙江	浙江	辽宁	辽宁	青海	江苏	浙江	青海	辽宁	黑龙江
9	浙江	浙江	江苏	江苏	江苏	江苏	江苏	浙江	江苏	浙江	青海	青海
10	山东	山东	山东	宁夏	宁夏	宁夏	宁夏	山东	山东	山东	山东	山东
11	山西	山西	山西	山东	山西	山东	山东	宁夏	宁夏	吉林	吉林	广东
12	宁夏	宁夏	宁夏	山西	山东	山西	山西	吉林	吉林	宁夏	广东	内蒙古
13	甘肃	甘肃	甘肃	甘肃	甘肃	甘肃	吉林	山西	内蒙古	湖北	湖北	吉林
14	广东	广东	广东	内蒙古	内蒙古	湖北	湖北	内蒙古	湖北	广东	宁夏	湖北
15	湖北	河北	河北	湖北	湖北	内蒙古	内蒙古	湖北	河北	河北	内蒙古	宁夏
16	河北	湖北	内蒙古	江西	江西	江西	甘肃	河北	山西	内蒙古	河北	河北
17	江西	江西	湖北	广东	吉林	河北	江西	广东	广东	山西	江西	江西
18	内蒙古	内蒙古	江西	吉林	河北	吉林	河北	江西	江西	陕西	甘肃	新疆
19	吉林	吉林	吉林	河北	新疆	新疆	广东	甘肃	甘肃	江西	陕西	甘肃
20	新疆	新疆	新疆	新疆	广东	广东	新疆	新疆	陕西	贵州	山西	山西
21	重庆	重庆	重庆	陕西	陕西	陕西	陕西	陕西	新疆	甘肃	新疆	陕西
22	陕西	陕西	陕西	重庆	重庆	重庆	重庆	安徽	安徽	新疆	贵州	贵州
23	安徽	安徽	安徽	安徽	安徽	安徽	安徽	贵州	贵州	安徽	安徽	福建
24	贵州	贵州	贵州	贵州	贵州	贵州	贵州	重庆	重庆	重庆	福建	湖南
25	云南	云南	福建	云南	福建	四川	福建	四川	福建	福建	湖南	安徽
26	福建	四川	四川	福建	云南	福建	四川	福建	湖南	湖南	重庆	四川
27	四川	福建	云南	河南	四川	云南	云南	云南	四川	四川	四川	重庆
28	河南	河南	河南	四川	河南	广西	广西	湖南	云南	云南	云南	云南
29	湖南	湖南	广西	广西	广西	湖南	湖南	广西	广西	河南	河南	河南
30	广西	广西	湖南	湖南	湖南	河南	河南	河南	河南	广西	广西	广西
排名＼年份	2002	2003	2004	2005	2006	2007	2008	2009	2010	2011	综合	2000 后
1	上海	上海	上海	上海	上海	上海	北京	北京	北京	北京	上海	上海
2	北京	北京	北京	北京	北京	北京	上海	上海	上海	上海	北京	北京
3	天津	江苏	浙江	浙江	天津	浙江	江苏	浙江	江苏	江苏	天津	江苏
4	江苏	浙江	江苏	天津	浙江	天津	浙江	江苏	浙江	浙江	海南	浙江
5	海南	天津	天津	江苏	江苏	江苏	天津	天津	天津	天津	江苏	天津

续表

年份 排名	2002	2003	2004	2005	2006	2007	2008	2009	2010	2011	综合	2000后
6	浙江	海南	辽宁	辽宁	辽宁	辽宁	辽宁	辽宁	海南	广东	浙江	辽宁
7	辽宁	辽宁	海南	青海	青海	青海	海南	海南	辽宁	海南	辽宁	海南
8	黑龙江	黑龙江	青海	海南	海南	海南	青海	黑龙江	广东	山东	黑龙江	黑龙江
9	青海	青海	黑龙江	黑龙江	山东	山东	山东	山东	山东	辽宁	青海	青海
10	山东	山东	山东	山东	黑龙江	广东	黑龙江	广东	黑龙江	黑龙江	山东	山东
11	广东	广东	广东	广东	广东	黑龙江	广东	青海	青海	宁夏	广东	广东
12	内蒙古	内蒙古	内蒙古	内蒙古	内蒙古	内蒙古	宁夏	宁夏	宁夏	青海	宁夏	内蒙古
13	吉林	新疆	新疆	新疆	湖北	宁夏	内蒙古	内蒙古	湖北	湖北	内蒙古	宁夏
14	湖北	吉林	湖北	湖北	宁夏	湖北	湖南	湖北	内蒙古	福建	湖北	湖北
15	河北	河北	湖南	福建	湖南	福建	湖北	吉林	湖南	内蒙古	山西	吉林
16	新疆	湖北	福建	湖南	河北	吉林	福建	湖南	福建	江西	吉林	湖南
17	陕西	福建	河北	宁夏	山西	湖南	吉林	江西	吉林	湖南	河北	福建
18	宁夏	湖南	吉林	河北	新疆	新疆	河北	福建	江西	吉林	新疆	新疆
19	福建	陕西	陕西	陕西	福建	河北	新疆	河北	山西	山西	江西	河北
20	湖南	山西	宁夏	山西	吉林	山西	江西	新疆	河北	河北	甘肃	山西
21	江西	甘肃	山西	吉林	江西	江西	山西	山西	新疆	重庆	陕西	江西
22	甘肃	江西	四川	四川	陕西	陕西	陕西	陕西	重庆	新疆	福建	陕西
23	山西	宁夏	甘肃	江西	四川	河南	四川	重庆	陕西	陕西	湖南	四川
24	贵州	四川	江西	安徽	河南	四川	重庆	四川	四川	贵州	重庆	贵州
25	四川	安徽	安徽	河南	重庆	贵州	贵州	贵州	贵州	四川	贵州	甘肃
26	安徽	贵州	贵州	甘肃	贵州	重庆	河南	河南	安徽	甘肃	安徽	重庆
27	重庆	河南	河南	重庆	安徽	安徽	甘肃	甘肃	河南	安徽	四川	安徽
28	云南	广西	重庆	贵州	甘肃	甘肃	安徽	安徽	甘肃	河南	河南	河南
29	河南	重庆	广西	广西	广西	广西	广西	广西	广西	广西	广西	广西
30	广西	云南	云南	云南	云南	云南	云南	云南	云南	云南	云南	云南

表 13-11　各省份 1990～2011 年间政府运行效率指数（以 1990 年为基期）

年份 地区	1990	1991	1992	1993	1994	1995	1996	1997	1998	1999	2000
北京	100	100.4	100.8	100.9	101.8	100.9	102.8	97.4	94.1	93.3	93.8
天津	100	98.8	99.5	98.9	99.5	100.5	101.1	96.5	90.2	83.9	77.6
河北	100	101.0	102.0	94.2	96.7	97.2	97.7	97.6	97.6	97.5	91.3
辽宁	100	97.1	98.4	99.2	97.8	97.8	100.9	103.0	99.5	100.6	99.6
上海	100	99.7	102.2	104.2	104.6	105.7	109.3	113.2	111.7	109.2	113.1
江苏	100	98.6	99.4	99.4	102.3	102.2	102.6	101.5	101.6	114.6	121.0
浙江	100	98.6	106.9	107.2	110.8	113.9	114.3	104.6	108.4	111.5	127.9

续表

年份/地区	1990	1991	1992	1993	1994	1995	1996	1997	1998	1999	2000
福建	100	97.7	101.7	100.9	102.9	107.2	106.6	98.4	100.7	103.0	102.7
山东	100	98.6	97.3	91.4	91.0	91.3	96.3	101.3	95.2	98.0	94.7
广东	100	99.0	102.3	95.2	88.1	89.7	91.4	93.2	93.7	95.0	94.4
海南	100	99.8	99.5	101.2	102.0	103.2	104.0	101.0	98.1	95.2	92.2
东部平均	100	99.1	100.7	99.9	100.3	101.2	103.0	101.3	99.1	99.1	99.5
山西	100	99.7	99.4	93.6	94.0	93.2	94.5	88.0	81.6	76.0	69.6
吉林	100	97.7	101.6	100.7	104.4	103.1	113.4	113.0	113.5	114.0	104.3
黑龙江	100	99.1	98.5	102.2	102.7	103.1	100.5	97.7	97.4	97.1	94.5
安徽	100	98.9	97.9	97.3	100.2	103.0	105.9	108.7	111.6	106.2	100.9
江西	100	98.5	97.0	98.3	99.5	97.5	98.6	95.4	92.3	89.1	86.0
河南	100	98.6	97.3	99.7	94.6	89.4	91.0	87.7	84.5	84.6	83.1
湖北	100	97.4	98.4	97.2	99.7	102.1	102.0	101.9	100.0	98.0	94.5
湖南	100	98.5	96.9	95.5	96.8	99.1	101.3	103.6	107.1	110.6	114.2
中部平均	100	98.6	98.5	98.3	99.3	99.2	100.9	99.0	97.6	95.9	91.9
内蒙古	100	98.6	100.8	101.2	102.7	103.3	104.1	104.5	104.9	96.9	93.1
广西	100	98.9	97.9	99.7	101.7	104.0	104.2	103.3	97.6	91.8	86.0
重庆	100	99.2	98.5	99.7	101.7	104.2	99.7	95.2	90.6	86.1	81.6
四川	100	101.9	103.9	98.2	98.8	112.3	107.1	102.0	96.8	94.8	92.8
贵州	100	98.7	97.4	100.5	102.8	105.2	107.7	114.1	117.5	121.0	114.5
云南	100	97.8	97.4	99.3	97.4	98.0	95.3	90.5	87.4	84.2	81.9
陕西	100	98.9	97.7	104.8	105.2	109.8	108.9	107.9	109.1	110.6	103.7
甘肃	100	98.3	99.1	94.9	90.7	91.1	87.5	83.8	80.1	76.4	74.3
青海	100	99.3	98.4	98.1	98.3	98.2	98.8	97.3	97.6	100.5	95.4
宁夏	100	99.1	100.4	100.3	101.6	101.7	102.5	97.0	91.5	86.0	80.5
新疆	100	99.6	100.3	102.1	103.7	104.2	103.6	100.2	96.8	90.3	91.2
西部平均	100	99.1	99.3	99.7	100.1	102.1	101.1	98.8	96.6	93.8	89.8
全国平均	100	99.0	99.8	99.5	100.0	101.0	101.9	100.1	98.0	96.8	95.0
年份/地区	2001	2002	2003	2004	2005	2006	2007	2008	2009	2010	2011
北京	96.4	95.3	97.0	106.2	115.4	132.8	157.2	181.7	204.9	218.6	239.4
天津	74.8	72.2	69.8	76.6	83.4	87.1	89.5	93.3	89.4	94.4	99.4
河北	85.1	84.4	88.7	91.3	93.8	99.4	105.9	113.7	119.6	125.2	135.8
辽宁	102.3	102.6	110.5	118.5	126.6	129.6	135.1	144.5	154.0	150.1	159.1
上海	111.0	107.4	104.2	113.2	122.3	132.2	149.6	153.7	164.6	155.2	170.1

续表

地区＼年份	2001	2002	2003	2004	2005	2006	2007	2008	2009	2010	2011
江苏	131.8	135.0	140.2	149.2	154.6	153.5	166.8	184.7	195.4	213.8	242.8
浙江	130.6	127.4	142.1	161.1	178.2	168.8	186.6	188.8	204.5	210.7	235.8
福建	110.4	118.5	126.5	134.6	150.4	144.2	164.0	171.7	177.5	202.1	227.0
山东	92.7	91.1	97.8	104.6	111.3	118.1	123.2	134.6	148.0	166.6	185.3
广东	101.4	96.8	101.3	110.8	123.5	127.5	141.0	154.5	172.0	202.6	238.2
海南	89.7	87.2	84.7	82.1	79.6	86.1	86.3	92.0	103.4	114.8	121.7
东部平均	100.3	98.9	101.6	109.1	116.7	121.7	132.8	142.4	152.9	161.4	177.8
山西	68.0	66.3	64.7	68.9	73.1	83.3	85.9	90.9	97.2	105.3	114.5
吉林	97.7	96.7	95.6	93.0	90.3	100.3	117.3	124.6	136.8	140.5	150.8
黑龙江	92.0	90.8	89.6	88.4	90.9	94.3	96.5	107.0	120.7	124.5	131.3
安徽	95.5	86.6	90.9	95.1	95.6	97.1	100.0	112.7	123.7	135.1	146.4
江西	82.8	79.6	76.5	73.3	78.6	88.6	98.6	108.6	122.0	130.4	143.8
河南	79.2	81.2	83.1	95.3	107.5	116.1	127.8	138.4	153.8	154.9	163.7
湖北	87.4	84.7	85.9	93.9	101.9	109.8	112.8	121.8	129.2	150.4	157.6
湖南	123.1	132.1	141.1	154.2	167.2	173.7	180.2	205.4	203.5	230.2	232.1
中部平均	88.9	87.5	87.9	91.2	95.9	103.1	109.5	119.9	130.0	139.7	148.5
内蒙古	94.9	100.2	101.0	106.7	112.5	120.8	121.2	134.5	143.3	141.5	148.4
广西	80.3	84.2	88.2	92.1	99.6	108.9	120.9	138.0	151.9	165.5	171.4
重庆	75.8	70.1	64.3	75.3	80.7	90.0	98.6	113.2	130.5	145.4	162.9
四川	97.9	102.9	108.0	113.1	119.2	117.9	126.6	143.7	157.3	159.4	182.8
贵州	108.1	101.7	95.3	88.8	92.1	103.5	116.1	128.8	141.9	147.7	170.9
云南	79.7	77.4	75.1	72.8	78.9	80.3	90.2	100.1	103.9	107.8	114.3
陕西	97.8	101.2	104.5	107.8	110.0	103.0	109.4	125.0	136.8	149.1	155.5
甘肃	72.1	69.7	67.2	64.5	61.7	58.6	66.1	77.5	87.5	89.8	101.0
青海	93.9	86.1	87.5	99.2	111.0	117.2	116.8	116.7	117.5	115.0	119.9
宁夏	74.9	69.4	63.9	73.2	83.3	93.3	101.2	115.2	130.3	137.4	152.4
新疆	90.5	91.1	99.9	108.7	117.6	109.0	118.3	124.3	130.7	136.0	145.4
西部平均	87.2	85.5	85.4	90.4	96.5	99.8	106.6	117.7	127.6	132.5	143.8
全国平均	93.9	92.5	93.8	99.7	106.2	111.2	120.0	130.2	140.4	148.1	161.3

30个省份以1990年为基期的政府运行效率指数图，见图13-7。从图中可以看出，22年来江苏的政府运行效率指数改善最多，天津的政府运行效率指数改善最少。

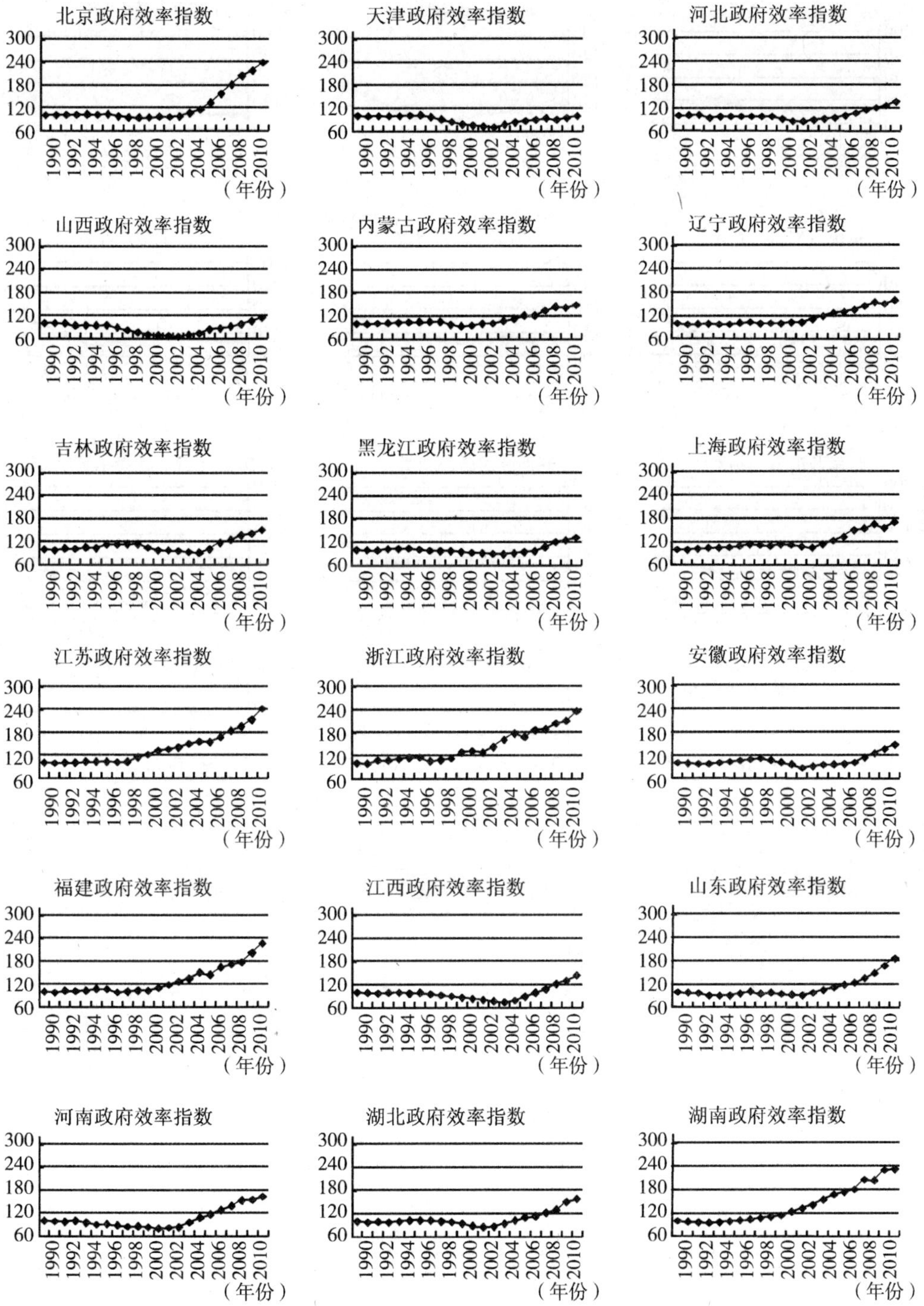

图 13-7　30 个省份 1990～2011 年间政府运行效率指数图（以 1990 年为基期）

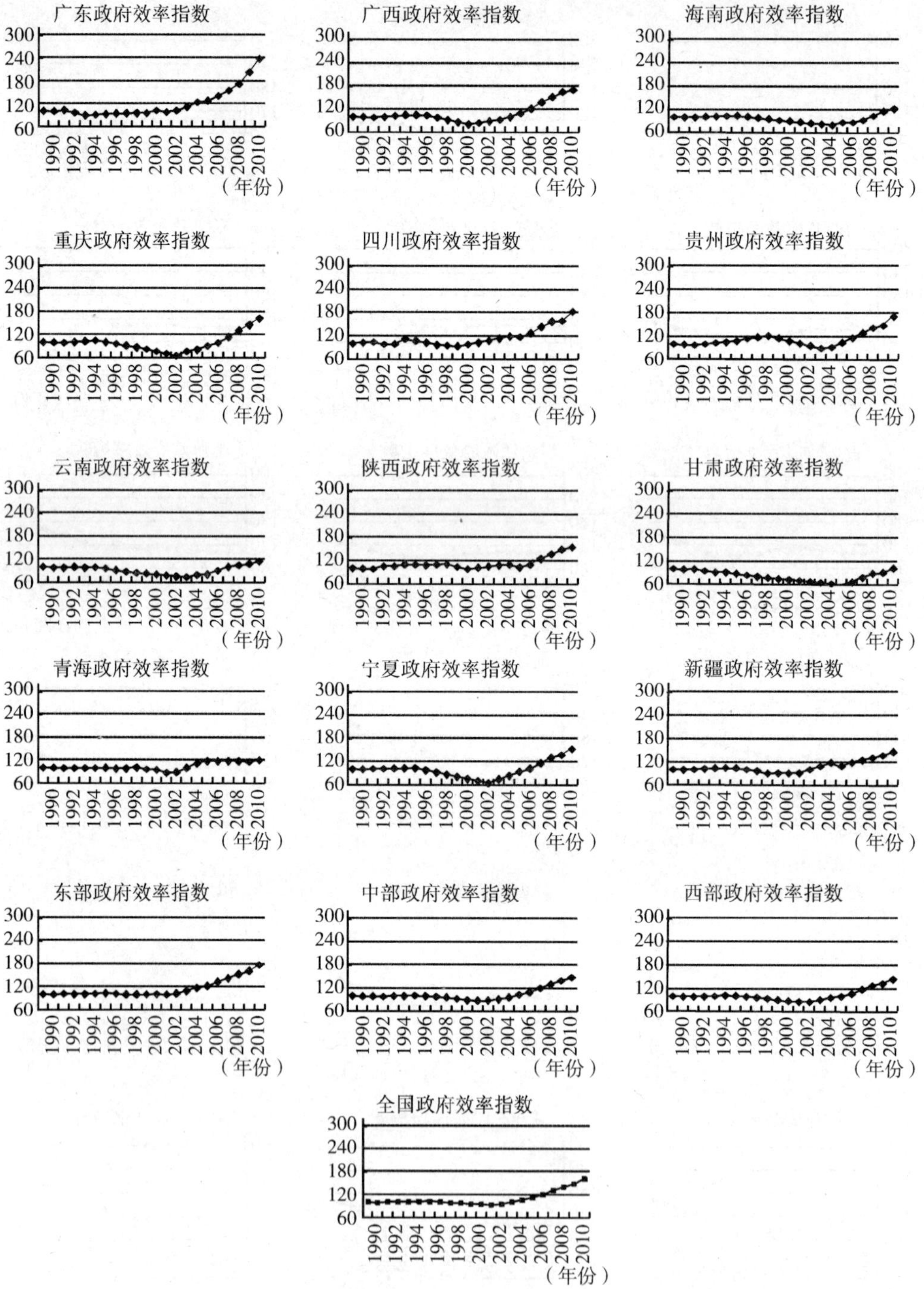

图 13-7　30 个省份 1990～2011 年间政府运行效率指数图（以 1990 年为基期）（续）

4. 各省份人民生活增长指数及排名情况

通过主成分分析法得出中国各省份人民生活排名情况（按排名顺序）和各省份 1990～2011 年人民生活指数（以 1990 年为基期）分别见表 13-12、表 13-13。

表 13-12　各省份 1990 ~ 2011 年人民生活排名情况（按排名顺序）

排名＼年份	1990	1991	1992	1993	1994	1995	1996	1997	1998	1999	2000	2001
1	上海	上海	上海	上海	上海	上海	上海	上海	上海	北京	北京	北京
2	北京	北京	北京	北京	北京	北京	北京	北京	北京	上海	上海	上海
3	天津	天津	天津	天津	天津	天津	天津	天津	天津	天津	天津	天津
4	新疆	新疆	辽宁	辽宁	辽宁	辽宁	江苏	辽宁	辽宁	辽宁	浙江	浙江
5	吉林	辽宁	新疆	新疆	新疆	黑龙江	辽宁	江苏	江苏	浙江	辽宁	辽宁
6	辽宁	吉林	海南	海南	海南	山西	黑龙江	浙江	浙江	江苏	江苏	江苏
7	江苏	江苏	吉林	黑龙江	黑龙江	江苏	吉林	山西	内蒙古	河北	河北	山西
8	山西	浙江	浙江	山西	江苏	吉林	新疆	黑龙江	河北	山西	内蒙古	河北
9	浙江	山西	黑龙江	浙江	山西	海南	山西	新疆	山西	内蒙古	福建	内蒙古
10	黑龙江	黑龙江	江苏	江苏	吉林	浙江	浙江	内蒙古	吉林	吉林	山东	山东
11	内蒙古	海南	内蒙古	内蒙古	浙江	内蒙古	内蒙古	河北	新疆	福建	山西	吉林
12	青海	内蒙古	山西	吉林	内蒙古	新疆	山东	吉林	黑龙江	山东	黑龙江	福建
13	湖北	江西	青海	青海	山东	山东	河北	福建	山东	新疆	吉林	黑龙江
14	江西	青海	江西	福建	青海	河北	海南	山东	福建	黑龙江	广东	广东
15	海南	湖北	福建	江西	广东	广东	广东	广东	广东	广东	新疆	新疆
16	福建	河北	河北	陕西	福建	江西	福建	江西	海南	青海	海南	海南
17	陕西	福建	湖北	广东	陕西	福建	江西	海南	陕西	海南	青海	湖南
18	河北	陕西	广东	宁夏	江西	青海	宁夏	陕西	江西	陕西	湖南	陕西
19	山东	山东	陕西	山东	河北	陕西	陕西	宁夏	宁夏	江西	宁夏	宁夏
20	广东	宁夏	宁夏	河北	四川	湖北	湖北	青海	青海	宁夏	四川	四川
21	宁夏	广东	山东	湖北	宁夏	宁夏	青海	湖北	湖南	四川	陕西	江西
22	湖南	四川	四川	湖南	湖北	四川	四川	湖南	湖北	湖北	江西	青海
23	安徽	湖南	湖南	四川	湖南	湖南	湖南	四川	四川	湖南	湖北	湖北
24	云南	云南	云南	云南	河南	河南	河南	河南	重庆	重庆	重庆	河南
25	河南	安徽	安徽	河南	甘肃	重庆	重庆	重庆	河南	广西	河南	重庆
26	四川	河南	河南	安徽	广西	甘肃	甘肃	广西	广西	河南	广西	广西
27	广西	广西	广西	甘肃	安徽	广西	安徽	甘肃	甘肃	云南	云南	甘肃
28	甘肃	甘肃	甘肃	广西	云南	云南	广西	安徽	云南	甘肃	甘肃	安徽
29	重庆	重庆	重庆	重庆	重庆	安徽	云南	云南	安徽	安徽	安徽	云南
30	贵州	贵州	贵州	贵州	贵州	贵州	贵州	贵州	贵州	贵州	贵州	贵州

排名＼年份	2002	2003	2004	2005	2006	2007	2008	2009	2010	2011	综合	2000 后
1	北京	上海	北京	北京	北京	上海	北京	北京	北京	上海	上海	北京
2	上海	北京	上海	上海	上海	北京	上海	上海	上海	北京	北京	上海
3	天津	天津	天津	天津	天津	天津	天津	浙江	浙江	浙江	天津	天津
4	浙江	浙江	浙江	浙江	浙江	浙江	浙江	天津	天津	天津	浙江	浙江
5	辽宁	辽宁	辽宁	辽宁	辽宁	江苏	江苏	辽宁	辽宁	江苏	辽宁	辽宁

续表

年份 排名	2002	2003	2004	2005	2006	2007	2008	2009	2010	2011	综合	2000后
6	江苏	江苏	江苏	江苏	江苏	辽宁	辽宁	江苏	江苏	辽宁	江苏	江苏
7	山西	山西	吉林	黑龙江	吉林	吉林	山东	黑龙江	山西	山东	吉林	山东
8	福建	新疆	山东	山东	黑龙江	黑龙江	山西	吉林	山东	河北	山西	吉林
9	河北	吉林	内蒙古	内蒙古	山东	山东	黑龙江	山东	河北	吉林	黑龙江	山西
10	山东	内蒙古	新疆	吉林	内蒙古	内蒙古	河北	山西	吉林	山西	内蒙古	河北
11	黑龙江	福建	广东	广东	山西	河北	内蒙古	河北	黑龙江	福建	新疆	黑龙江
12	内蒙古	山东	福建	新疆	福建	山西	吉林	内蒙古	内蒙古	内蒙古	山东	内蒙古
13	吉林	广东	黑龙江	福建	广东	新疆	福建	福建	福建	广东	河北	福建
14	广东	黑龙江	山西	山西	新疆	广东	广东	新疆	四川	四川	福建	广东
15	新疆	河北	河北	河北	河北	福建	青海	四川	新疆	黑龙江	广东	新疆
16	陕西	陕西	宁夏	宁夏	青海	青海	四川	广东	青海	新疆	海南	四川
17	海南	宁夏	海南	四川	宁夏	陕西	陕西	青海	广东	青海	青海	青海
18	青海	海南	湖北	青海	湖北	湖北	新疆	陕西	陕西	陕西	陕西	陕西
19	宁夏	湖北	四川	湖北	四川	宁夏	湖北	湖北	河南	湖北	江西	湖北
20	江西	青海	陕西	海南	海南	四川	河南	河南	湖北	河南	湖北	海南
21	四川	四川	青海	陕西	陕西	海南	江西	江西	湖南	湖南	四川	宁夏
22	湖南	湖南	江西	湖南	河南	江西	宁夏	湖南	宁夏	海南	宁夏	河南
23	河南	广西	湖南	江西	湖南	河南	湖南	宁夏	江西	江西	湖南	湖南
24	甘肃	河南	河南	河南	江西	湖南	海南	海南	甘肃	甘肃	河南	江西
25	湖北	江西	广西	甘肃	甘肃	安徽	甘肃	甘肃	海南	宁夏	甘肃	甘肃
26	重庆	安徽	甘肃	安徽	安徽	甘肃	安徽	安徽	安徽	广西	广西	安徽
27	广西	甘肃	安徽	广西	广西	广西	广西	重庆	重庆	安徽	安徽	广西
28	安徽	重庆	重庆	重庆	重庆	重庆	重庆	广西	广西	重庆	重庆	重庆
29	云南	云南	贵州	贵州	贵州	贵州	云南	云南	云南	云南	云南	云南
30	贵州	贵州	云南	云南	云南	云南	贵州	贵州	贵州	贵州	贵州	贵州

表 13-13 各省份 1990～2011 年人民生活指数（以 1990 年为基期）

年份 地区	1990	1991	1992	1993	1994	1995	1996	1997	1998	1999	2000
北京	100	90.3	90.9	90.2	87.6	92.9	94.2	97.4	98.3	104.3	107.7
天津	100	100.8	98.7	95.6	88.6	90.4	96.4	102.3	105.5	103.5	109.9
河北	100	101.9	96.0	90.1	89.1	105.9	122.0	136.3	143.3	152.0	155.0
辽宁	100	99.1	102.7	98.8	97.2	96.6	104.3	108.9	116.7	116.2	116.4
上海	100	99.0	98.1	91.6	88.3	90.5	92.4	93.5	94.6	92.7	91.3
江苏	100	92.8	85.6	83.6	86.9	91.9	105.2	109.1	108.9	107.0	109.0
浙江	100	96.6	93.2	89.5	85.9	89.2	95.1	109.7	112.9	117.1	125.8

续表

地区＼年份	1990	1991	1992	1993	1994	1995	1996	1997	1998	1999	2000
福建	100	94.1	95.0	91.7	88.5	95.5	105.8	122.4	124.1	128.0	134.2
山东	100	98.0	88.9	93.9	109.5	115.0	125.6	130.6	136.2	138.1	144.4
广东	100	95.5	96.2	97.2	99.9	105.8	118.2	127.8	131.9	133.9	134.8
海南	100	106.6	113.2	114.9	110.2	107.7	105.2	102.8	105.0	103.9	109.2
东部平均	100	97.3	96.0	93.6	92.2	96.2	102.5	108.4	111.2	112.7	115.9
山西	100	92.0	87.0	88.4	88.6	95.1	94.2	101.3	102.4	101.7	101.1
吉林	100	91.9	83.9	75.8	77.3	82.1	89.5	88.8	93.2	91.1	91.1
黑龙江	100	92.0	93.8	91.8	92.9	102.4	104.7	104.4	100.4	97.0	103.4
安徽	100	94.5	89.1	83.6	78.1	77.8	85.6	93.5	95.7	98.5	103.9
江西	100	97.7	90.0	84.0	81.5	89.8	97.4	103.0	101.6	96.8	95.3
河南	100	96.7	87.9	88.3	87.6	98.1	112.3	119.2	120.5	121.2	130.4
湖北	100	90.3	83.4	76.5	76.1	79.6	83.2	90.3	91.6	89.5	90.8
湖南	100	99.5	97.9	102.0	97.7	89.5	106.3	121.0	124.1	120.0	131.7
中部平均	100	93.8	88.7	85.5	84.7	89.5	95.9	101.2	102.1	100.2	103.3
内蒙古	100	91.5	98.4	92.7	91.3	97.4	102.8	111.4	116.0	112.9	121.2
广西	100	94.3	88.4	89.6	90.7	91.9	93.0	110.0	126.9	132.2	132.3
重庆	100	111.7	104.3	111.4	116.4	136.1	155.8	175.5	195.2	188.3	199.4
四川	100	113.9	108.2	110.2	114.6	111.8	118.7	127.0	134.1	137.1	143.8
贵州	100	94.6	88.3	82.1	75.8	76.9	78.2	89.0	99.7	109.9	113.3
云南	100	100.0	92.7	85.0	77.4	80.5	79.2	90.1	101.0	111.7	117.8
陕西	100	99.1	93.3	95.1	93.4	97.1	99.3	113.3	116.5	112.6	108.7
甘肃	100	100.8	100.5	103.8	107.6	107.5	113.0	126.4	139.7	141.0	150.7
青海	100	91.0	87.7	91.7	89.2	84.0	80.4	91.7	93.9	105.3	98.5
宁夏	100	98.4	94.3	97.1	92.9	95.3	107.0	114.4	121.8	116.0	117.5
新疆	100	98.4	94.3	87.9	81.6	75.3	85.3	89.3	88.9	85.8	82.8
西部平均	100	98.4	95.1	94.1	92.1	93.0	98.2	108.5	115.4	116.7	118.6
全国平均	100	96.7	93.9	91.7	90.2	93.6	99.6	106.6	110.1	110.6	113.5

地区＼年份	2001	2002	2003	2004	2005	2006	2007	2008	2009	2010	2011
北京	112.7	110.3	113.4	114.1	119.3	125.5	127.3	129.8	141.8	147.1	149.5
天津	110.5	113.3	124.5	116.6	117.1	125.3	128.5	129.5	136.2	145.4	160.4
河北	153.9	147.8	138.3	138.1	145.1	157.1	171.0	194.5	217.9	241.4	259.8
辽宁	119.5	114.6	119.4	122.3	134.7	141.0	141.0	143.9	172.1	180.4	190.6
上海	93.8	96.1	103.5	101.2	104.6	108.5	114.1	115.2	123.9	129.2	136.2

续表

地区＼年份	2001	2002	2003	2004	2005	2006	2007	2008	2009	2010	2011
江苏	112.9	114.3	115.9	118.8	125.9	137.2	145.6	145.7	165.6	176.5	201.8
浙江	133.3	131.6	137.7	142.8	151.9	163.7	173.0	176.3	196.1	216.1	231.7
福建	133.3	139.2	132.0	134.1	137.7	151.9	149.7	158.1	185.8	213.5	237.6
山东	149.6	150.2	143.4	151.4	160.5	171.9	180.3	203.3	226.3	249.3	274.4
广东	137.0	140.8	143.3	148.3	156.6	163.4	167.9	173.1	194.3	216.2	246.4
海南	105.5	104.1	103.9	103.6	106.1	115.5	121.6	125.4	142.5	155.3	180.7
东部平均	118.5	118.6	121.3	121.9	127.6	136.0	140.9	146.0	162.9	175.6	190.9
山西	113.5	109.0	104.5	100.1	105.1	116.4	120.9	139.9	158.8	177.7	183.8
吉林	95.9	91.4	93.5	98.4	102.7	116.2	119.7	125.4	146.4	154.8	168.6
黑龙江	105.2	105.5	103.1	105.7	120.6	125.7	134.4	144.1	169.9	174.6	177.0
安徽	112.7	117.0	124.2	120.9	130.3	143.2	157.4	165.8	190.8	215.9	229.8
江西	95.3	97.0	88.7	96.3	101.0	104.8	119.8	134.7	149.7	158.0	179.7
河南	132.9	133.4	132.7	137.0	147.2	166.0	176.3	205.0	233.6	262.3	282.4
湖北	91.9	87.7	98.9	102.1	108.1	116.4	122.7	140.1	157.6	175.0	193.6
湖南	139.6	127.3	127.0	125.8	138.4	146.6	151.9	175.2	198.4	221.7	243.1
中部平均	108.2	105.8	106.0	107.9	115.9	125.8	133.8	148.7	170.1	185.4	199.1
内蒙古	118.7	113.2	113.9	117.5	125.8	133.4	140.6	155.0	169.4	183.7	197.2
广西	138.4	132.8	146.4	146.8	147.2	153.6	160.9	185.4	210.0	234.5	264.5
重庆	198.2	185.9	173.7	185.3	199.2	204.3	219.8	257.1	294.3	331.6	363.0
四川	143.8	143.6	141.4	150.3	163.0	172.7	179.9	214.2	248.5	282.8	310.9
贵州	121.0	122.9	139.5	160.1	180.8	201.4	222.0	242.7	263.3	283.9	311.5
云南	107.2	96.6	89.8	99.7	108.4	124.6	137.4	153.9	170.5	187.1	209.5
陕西	114.9	120.6	122.8	115.5	120.0	131.1	142.4	163.3	184.1	205.0	229.9
甘肃	158.2	163.7	162.4	166.4	182.2	188.1	198.8	229.4	259.9	290.5	314.7
青海	91.8	94.6	95.0	95.4	106.0	114.0	121.3	140.5	159.6	178.7	195.3
宁夏	117.1	117.2	125.4	133.7	134.9	141.9	146.6	161.7	176.8	191.9	200.2
新疆	80.4	86.7	92.4	93.9	97.3	101.5	106.5	104.8	125.0	136.5	150.0
西部平均	118.1	117.8	120.3	124.5	132.4	141.0	149.9	168.0	189.6	209.8	229.7
全国平均	115.8	115.1	117.1	119.1	126.0	134.8	141.6	152.8	172.1	187.6	203.8

30 个省份以 1990 年为基期的人民生活指数图，见图 13-8。从图中可以看出，22 年来重庆的人民生活指数改善最多，上海的人民生活改善最少。

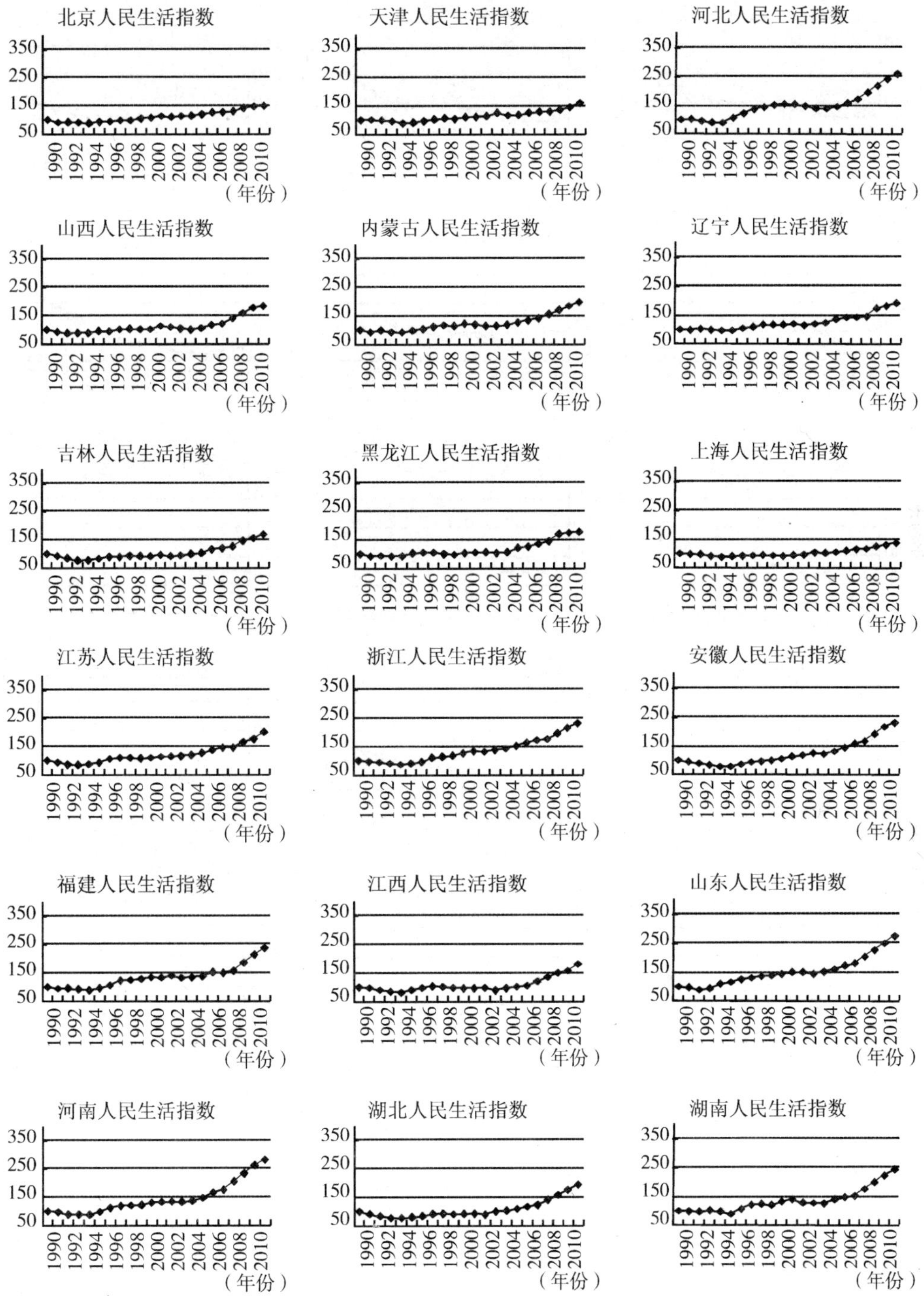

图 13-8　30 个省份 1990～2011 年人民生活指数图（以 1990 年为基期）

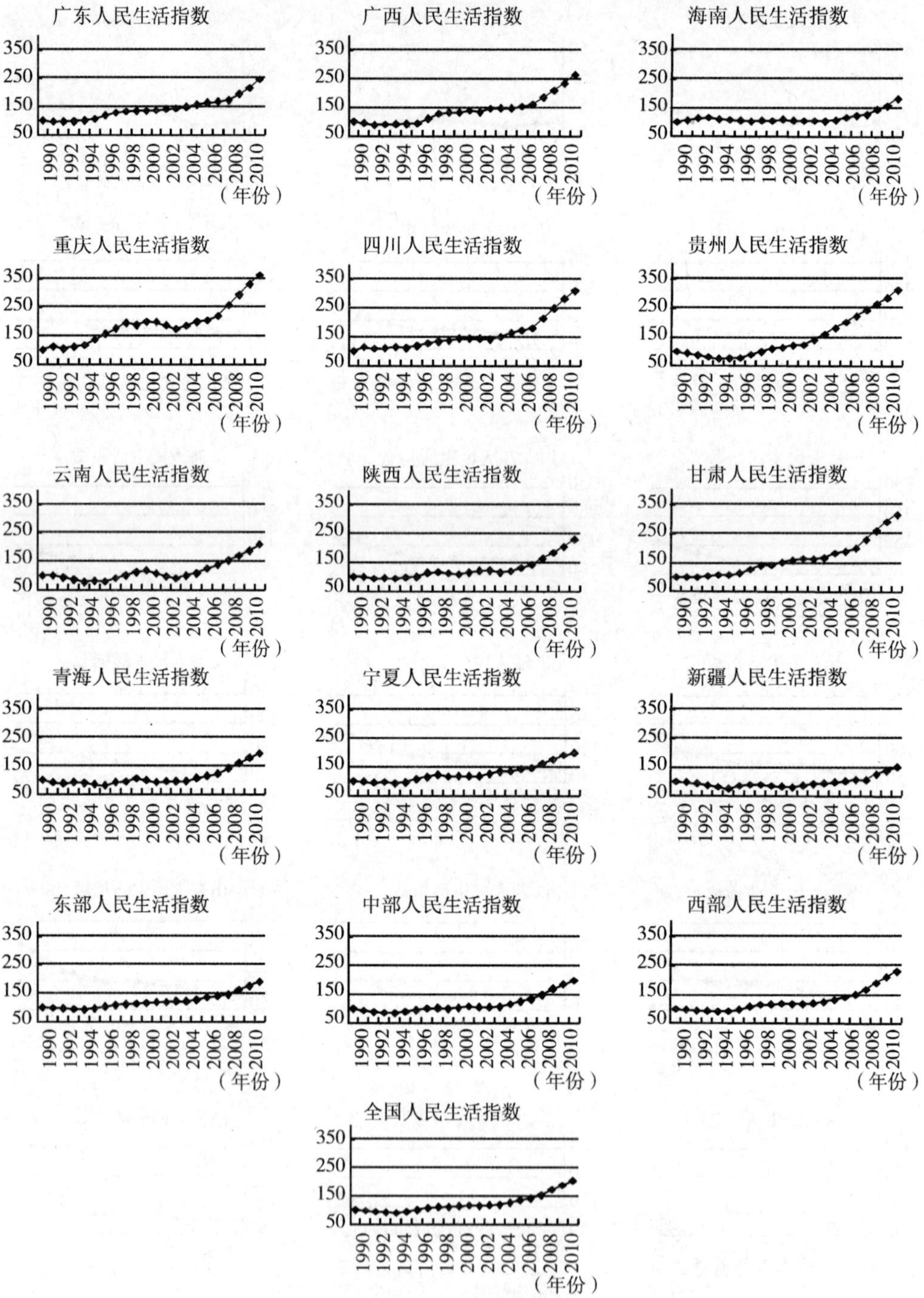

图 13-8　30 个省份 1990 ~ 2011 年人民生活指数图（以 1990 年为基期）（续）

三、各省份可持续发展前景分级情况

（一）各省份发展前景分级情况

1. 1990 年以来各省份平均发展前景分级情况

将 1990～2011 年各省份发展前景综合得分按权重比 3：3：2：1：1 分为五级，第一级为上海、北京、江苏、天津，4 个省份权重之和占总权重约 30%。第二级为浙江、辽宁、广东、山东、黑龙江、吉林，6 个省份权重之和占总权重约 30%。第三级为河北、福建、湖北、山西、内蒙古、安徽、新疆，7 个省份权重之和占总权重约 20%。第四级为河南、四川、海南、陕西、宁夏，5 个省份权重之和占总权重约 10%。第五级为湖南、甘肃、江西、重庆、云南、广西、青海、贵州，8 个省份权重之和占总权重约 10%。

中国 30 个省份 1990 年以来发展前景的分级情况见表 13-14。

表 13-14　30 个省份 1990 年以来发展前景等级划分

经济发展水平	省份
Ⅰ级（共 4 个）	上海、北京、江苏、天津
Ⅱ级（共 6 个）	浙江、辽宁、广东、山东、黑龙江、吉林
Ⅲ级（共 7 个）	河北、福建、湖北、山西、内蒙古、安徽、新疆
Ⅳ级（共 5 个）	河南、四川、海南、陕西、宁夏
Ⅴ级（共 8 个）	湖南、甘肃、江西、重庆、云南、广西、青海、贵州

2. 2011 年各省份发展前景分级情况

将 2011 年各省份发展前景综合得分按权重比 3：3：2：1：1 分为五级，第一级为上海、江苏、浙江、北京，4 个省份权重之和占总权重约 30%。第二级为广东、天津、山东、辽宁、福建、山西、黑龙江，7 个省份权重之和占总权重约 30%。第三级为湖北、河北、吉林、内蒙古、海南、陕西、四川，7 个省份权重之和占总权重约 20%。第四级为安徽、湖南、宁夏、河南、江西，5 个省份权重之和占总权重约 10%。和 2010 年相比 2011 年发展前景方面江西从Ⅴ级上升到Ⅳ级上升了一级。第五级为重庆、新疆、甘肃、青海、广西区、云南、贵州，7 个省份权重之和占总权重约 10%。和 2010 年相比 2011 年发展前景方面重庆市从Ⅳ级下降到Ⅴ级下降了一级。

中国 30 个省份 2011 年发展前景的分级情况见表 13-15。

表 13-15　30 个省份 2011 年发展前景等级划分

经济发展水平	省　份
Ⅰ级（共 4 个）	上海、江苏、浙江、北京
Ⅱ级（共 7 个）	广东、天津、山东、辽宁、福建、山西、黑龙江
Ⅲ级（共 7 个）	湖北、河北、吉林、内蒙古、海南、陕西、四川
Ⅳ级（共 5 个）	安徽、湖南、宁夏、河南、江西
Ⅴ级（共 7 个）	重庆、新疆、甘肃、青海、广西、云南、贵州

（二）各省份经济增长分级

1. 1990 年以来各省份经济增长分级

将 1990～2011 年各省份经济增长综合得分按权重比 3：3：2：1：1 分为五级，第一级为广东、江苏、上海、浙江、天津，5 个省份权重之和占总权重约 30%。和 2000～2011 年相比 1990～2011 年经济增长方面浙江省从Ⅱ级上升到Ⅰ级上升了一级。第二级为北京、山东、福建、辽宁、黑龙江、陕西、山西，7 个省份权重之和占总权重约 30%。和 2000～2011 年相比 1990～2011 年经济增长方面山西省从Ⅲ级上升到Ⅱ级上升了一级。第三级为湖北、河北、河南、吉林、甘肃、内蒙古，6 个省份权重之和占总权重约 20%。和 2000～2011 年相比 1990～2011 年经济增长方面甘肃从Ⅳ级上升到Ⅲ级上升了一级。第四级为安徽、江西、新疆、重庆，4 个省份权重之和占总权重约 10%。和 2000～2011 年相比 1990～2011 年经济增长方面重庆市从Ⅴ级上升到Ⅳ级上升了一级。第五级为湖南、云南、贵州、宁夏、海南、四川、青海、广西，8 个省份权重之和占总权重约 10%。和 2000～2011 年相比 1990～2011 年经济增长方面湖南从Ⅳ级下降到Ⅴ级下降了一级（见表 13-16）。

表 13-16　30 个省份 1990 年以来经济增长等级划分

经济增长水平	省　份
Ⅰ级（共 5 个）	广东、江苏、上海、浙江、天津
Ⅱ级（共 7 个）	北京、山东、福建、辽宁、黑龙江、陕西、山西
Ⅲ级（共 6 个）	湖北、河北、河南、吉林、甘肃、内蒙古
Ⅳ级（共 4 个）	安徽、江西、新疆、重庆
Ⅴ级（共 8 个）	湖南、云南、贵州、宁夏、海南、四川、青海、广西

2. 2011 年各省份经济增长分级

将 2011 年各省份经济增长综合得分按权重比 3：3：2：1：1 分为五级，第一级为广东、上海、天津、浙江，4 个省份权重之和占总权重约 30%。和 2010 年相比 2011 年经济增长方面浙江省从Ⅱ级上升到Ⅰ级上升了一级。第二级为江苏、福建、山东、陕西、内蒙古、湖北、辽宁，7 个省份权重之和占总权重约 30%。和 2010 年相比 2011 年经济增长方面江苏省从Ⅰ级下降到Ⅱ级下降了一级。内蒙古从Ⅲ级上升到Ⅱ级上升了一级。第三级为吉林、北京、河南、重庆、山西、四川、安徽，7个省份权重之和占总权重约20%。和2010年相比2011年经济增长方面北京从Ⅱ级下降到Ⅲ级下降了一级。安徽从Ⅳ级上升到Ⅲ级上升了一级。第四级为黑龙江、河北、江西、新疆，4个省份权重之和占总权重约10%。和2010年相比2011年经济增长方面江西从Ⅲ级下降到Ⅳ级下降了一级。新疆从Ⅴ级上升到Ⅳ级上升了一级。第五级为海南、甘肃、湖南、宁夏、青海、云南、广西、贵州，8个省份权重之和占总权重约10%。和2010年相比2011年经济增长方面甘肃从Ⅳ级下降到Ⅴ级下降了一级。湖南从Ⅳ级下降到Ⅴ级下降了一级（见表13-17）。

表13-17　30个省份2011年经济增长等级划分

经济增长水平	省　份
Ⅰ级（共4个）	广东、上海、天津、浙江
Ⅱ级（共7个）	江苏、福建、山东、陕西、内蒙古、湖北、辽宁
Ⅲ级（共7个）	吉林、北京、河南、重庆、山西、四川、安徽
Ⅳ级（共4个）	黑龙江、河北、江西、新疆
Ⅴ级（共8个）	海南、甘肃、湖南、宁夏、青海、云南、广西、贵州

（三）各省份增长可持续性分级

1. 1990年以来各省份增长可持续性分级

将1990~2011年各省份增长可持续性综合得分按权重比3：3：2：1：1分为五级，第一级为上海、北京、江苏、黑龙江、天津，5个省份权重之和占总权重约30%。和2000~2011年相比1990~2011年增长可持续性方面江苏从Ⅱ级上升到Ⅰ级上升了一级。黑龙江从Ⅱ级上升到Ⅰ级上升了一级。第二级为浙江、辽宁、新疆、广东、吉林、山东、四川，7个省份权重之和占总权重约30%。和2000~2011年相比1990~2011年增长可持续性方面浙江从Ⅰ级下降到Ⅱ级下降了一级。广东从Ⅰ级下降到Ⅱ级下降了一级。吉林从Ⅲ级上升到Ⅱ级上升了一级。四川从Ⅲ级上升到Ⅱ级上升了一级。第三级为海南、青海、内蒙古、福建、湖北、广西，6个省份权重之和占总权重约20%。和2000~2011年相比1990~2011年增长可持续性方面海南从Ⅱ级下降到Ⅲ级下降了一级、内蒙古从Ⅱ级下降到Ⅲ级下降了一级。第四级为甘肃、湖南、云南、安徽、重庆，5个省份权重之和占总权重约10%。和2000~2011年相比1990~2011年增长可持续性方面重庆从Ⅴ级上升到Ⅳ级上升了一级。第五级为河北、陕西、江西、山西、河南、宁夏、贵州，7个省份权重之和占总权重约10%。和2000~2011年相比1990~2011年增长可持续性方面山西从Ⅳ级下降到Ⅴ级下降了一级（见表13-18）。

表 13-18　30 个省份 1990 年以来增长可持续性等级划分

增长可持续性	省　份
Ⅰ级（共5个）	上海、北京、江苏、黑龙江、天津
Ⅱ级（共7个）	浙江、辽宁、新疆、广东、吉林、山东、四川
Ⅲ级（共6个）	海南、青海、内蒙古、福建、湖北、广西
Ⅳ级（共5个）	甘肃、湖南、云南、安徽、重庆
Ⅴ级（共7个）	河北、陕西、江西、山西、河南、宁夏、贵州

2. 2011 年各省份增长可持续性分级

将 2011 年各省份增长可持续性综合得分按权重比 3：3：2：1：1 分为五级，第一级为上海、北京、浙江、广东，4 个省份权重之和占总权重约 30%。和 2010 年相比 2011 年增长可持续性方面广东从Ⅱ级上升到Ⅰ级上升了一级。第二级为江苏、海南、天津、黑龙江、内蒙古、新疆、山东，7 个省份权重之和占总权重约 30%。和 2010 年相比 2011 年增长可持续性方面海南从Ⅰ级下降到Ⅱ级下降了一级。山东从Ⅲ级上升到Ⅱ级上升了一级。第三级为辽宁、福建、青海、吉林、四川、湖北，6 个省份权重之和占总权重约 20%。和 2010 年相比 2011 年增长可持续性方面湖北从Ⅳ级上升到Ⅲ级上升了一级。第四级为陕西、安徽、重庆、云南、广西，5 个省份权重之和占总权重约 10%。和 2010 年相比 2011 年增长可持续性方面云南从Ⅴ级上升到Ⅳ级上升了一级。第五级为甘肃、江西、湖南、山西、河北、宁夏、河南、贵州，8 个省份权重之和占总权重约 10%（见表 13-19）。

表 13-19　30 个省份 2011 年增长可持续性等级划分

增长可持续性	省　份
Ⅰ级（共4个）	上海、北京、浙江、广东
Ⅱ级（共7个）	江苏、海南、天津、黑龙江、内蒙古、新疆、山东
Ⅲ级（共6个）	辽宁、福建、青海、吉林、四川、湖北
Ⅳ级（共5个）	陕西、安徽、重庆、云南、广西
Ⅴ级（共8个）	甘肃、江西、湖南、山西、河北、宁夏、河南、贵州

（四）各省份政府运行效率分级

1. 1990 年以来各省份政府运行效率分级

将 1990～2011 年各省份政府效率综合得分按权重比 3：3：2：1：1 分为五级，第一级为上海、北京、天津，3 个省份权重之和占总权重约 30%。和 2000～2011 年相比 1990～2011 年政府效率方面天津从Ⅱ级上升到Ⅰ级上升了一级。第二级为海南、江苏、浙江、辽宁、黑龙江，5 个省份权重之和占总权重约 30%。和 2000～2011 年相比 1990～2011 年政府效率方面江苏从Ⅰ级下降到Ⅱ级下降了一级。第三级为青海、山东、广东、宁夏、内蒙古、湖北，6个省份权重之和占总权重约20%。第四级为山西、吉林、河北、新疆、江西，5个省份权重之和占总权重约10%。和2000～2011年相比1990～2011年政府效率方面吉林从Ⅲ级下降到Ⅳ级下降了一级。江西从Ⅴ级上升到Ⅳ级上升了一级。第五级为甘肃、陕西、福建、湖南、重庆、贵州、安徽、四川、河南、广西、云南，11个省份权重之和占总权重约10%。和2000～2011年相比1990～2011年政府效率方面福建省从Ⅳ级下降到Ⅴ级下降了一级、湖南省从Ⅳ级下降到Ⅴ级下降了一级（见表13-20）。

表13-20　30个省份1990年以来政府运行效率等级划分

政府效率	省　份
Ⅰ级（共3个）	上海、北京、天津
Ⅱ级（共5个）	海南、江苏、浙江、辽宁、黑龙江
Ⅲ级（共6个）	青海、山东、广东、宁夏、内蒙古、湖北
Ⅳ级（共5个）	山西、吉林、河北、新疆、江西
Ⅴ级（共11个）	甘肃、陕西、福建、湖南、重庆、贵州、安徽、四川、河南、广西、云南

2. 2011年各省份政府运行效率分级

将2011年各省份政府效率综合得分按权重比3：3：2：1：1分为五级，第一级为北京、上海、江苏，3个省份权重之和占总权重约30%。第二级为浙江、天津、广东、海南、山东、辽宁，6个省份权重之和占总权重约30%。第三级为黑龙江、宁夏、青海、湖北、福建、内蒙古、江西，7个省份权重之和占总权重约20%。和2010年相比2011年政府效率方面江西从Ⅳ级上升到Ⅲ级上升了一级。第四级为湖南、吉林、山西、河北、重庆，5个省份权重之和占总权重约10%。和2010年相比2011年政府效率方面湖南从Ⅲ级下降到Ⅳ级下降了一级。重庆从Ⅴ级上升到Ⅳ级上升了一级。第五级为新疆、陕西、贵州、四川、甘肃、安徽、河南、广西、云南，9个省份权重之和占总权重约10%。和2010年相比2011年政府效率方面新疆从Ⅳ级下降到Ⅴ级下降了一级（见表13-21）。

表13-21　30个省份2011年政府运行效率等级划分

政府效率	省　份
Ⅰ级（共3个）	北京、上海、江苏
Ⅱ级（共6个）	浙江、天津、广东、海南、山东、辽宁
Ⅲ级（共7个）	黑龙江、宁夏、青海、湖北、福建、内蒙古、江西
Ⅳ级（共5个）	湖南、吉林、山西、河北、重庆
Ⅴ级（共9个）	新疆、陕西、贵州、四川、甘肃、安徽、河南、广西、云南

（五）各省份人民生活分级

1. 1990 年以来人民生活分级

将 1990 ~2011 年各省份人民生活综合得分按权重比 3∶3∶2∶1∶1 分为五级，第一级为上海、北京、天津、浙江，4 个省份权重之和占总权重约 30%。第二级为辽宁、江苏、吉林、山西、黑龙江、内蒙古、新疆、山东，8 个省份权重之和占总权重约 30%。和 2000 ~2011 年相比 1990 ~2011 年人民生活方面内蒙古从Ⅲ级上升到Ⅱ级上升了一级、新疆从Ⅲ级上升到Ⅱ级上升了一级。第三级为河北、福建、广东、海南、青海、陕西、江西，7 个省份权重之和占总权重约 20%。和 2000 ~2011 年相比 1990 ~2011 年人民生活方面河北从Ⅱ级下降到Ⅲ级下降了一级、海南从Ⅳ级上升到Ⅲ级上升了一级、江西从Ⅴ级上升到Ⅲ级上升了二级。第四级为湖北、四川、宁夏、湖南，4 个省份权重之和占总权重约 10%。和 2000 ~2011 年相比 1990 ~2011 年人民生活方面四川从Ⅲ级下降到Ⅳ级下降了一级。第五级为河南、甘肃、广西、安徽、重庆、云南、贵州，7 个省份权重之和占总权重约 10%。和 2000 ~2011 年相比 1990 ~2011 年人民生活方面河南从Ⅳ级下降到Ⅴ级下降了一级（见表 13-22）。

表 13-22　30 个省份 1990 年以来人民生活等级划分

人民生活	省　份
Ⅰ级（共 4 个）	上海、北京、天津、浙江
Ⅱ级（共 8 个）	辽宁、江苏、吉林、山西、黑龙江、内蒙古、新疆、山东
Ⅲ级（共 7 个）	河北、福建、广东、海南、青海、陕西、江西
Ⅳ级（共 4 个）	湖北、四川、宁夏、湖南
Ⅴ级（共 7 个）	河南、甘肃、广西、安徽、重庆、云南、贵州

2. 2011 年各省份人民生活分级

将 2011 年各省份人民生活综合得分按权重比 3∶3∶2∶1∶1 分为五级，第一级为上海、北京、浙江、天津，4 个省份权重之和占总权重约 30%。第二级为江苏、辽宁、山东、河北、吉林、山西、福建、内蒙古，8 个省份权重之和占总权重约 30%。和 2010 年相比 2011 年人民生活方面福建从Ⅲ级上升到Ⅱ级上升了一级、内蒙古从Ⅲ级上升到Ⅱ级上升了一级。第三级为广东、四川、黑龙江、新疆、青海、陕西，6 个省份权重之和占总权重约 20%。和 2010 年相比 2011 年人民生活方面黑龙江从Ⅱ级下降到Ⅲ级下降了一级。陕西从Ⅳ级上升到Ⅲ级上升了一级。第四级为湖北、河南、湖南、海南，4 个省份权重之和占总权重约 10%。和 2010 年相比 2011 年人民生活方面海南从Ⅴ级上升到Ⅳ级上升了一级。第五级为江西、甘肃、宁夏、广西、安徽、重庆、云南、贵州，8 个省份权重之和占总权重约 10%。和 2010 年相比 2011 年人民生活方面宁夏从Ⅳ级下降到Ⅴ级下降了一级（见表 13-23）。

表 13-23　30 个省份 2011 年人民生活等级划分

人民生活	省　份
Ⅰ级（共 4 个）	上海、北京、浙江、天津
Ⅱ级（共 8 个）	江苏、辽宁、山东、河北、吉林、山西、福建、内蒙古
Ⅲ级（共 6 个）	广东、四川、黑龙江、新疆、青海、陕西
Ⅳ级（共 4 个）	湖北、河南、湖南、海南
Ⅴ级（共 8 个）	江西、甘肃、宁夏、广西、安徽、重庆、云南、贵州

四、各省份发展前景的影响因素分析

（一）一级指标

1. 一级指标权重

一级指标中人民生活占 34.59% 的权重，增长可持续性占 26.10%，政府运行效率占 22.45%，经济增长占 16.85%。

表 13-24　发展前景一级指标权重

一级指标	编号	权重（%）	一级权重
经济增长	1	16.85	0.1685
增长可持续性	2	26.10	0.2610
政府运行效率	3	22.45	0.2245
人民生活	4	34.59	0.3459

2. 主要省份发展前景雷达图

1990 年以来、2011 年主要省份发展前景雷达图分别见图 13-9、图 13-10，从雷达图可以看出影响各省份发展前景的一级指标经济增长、增长可持续性、政府运行效率和人民生活的权重情况，从而可以对省份之间和自身发展状况进行比较。

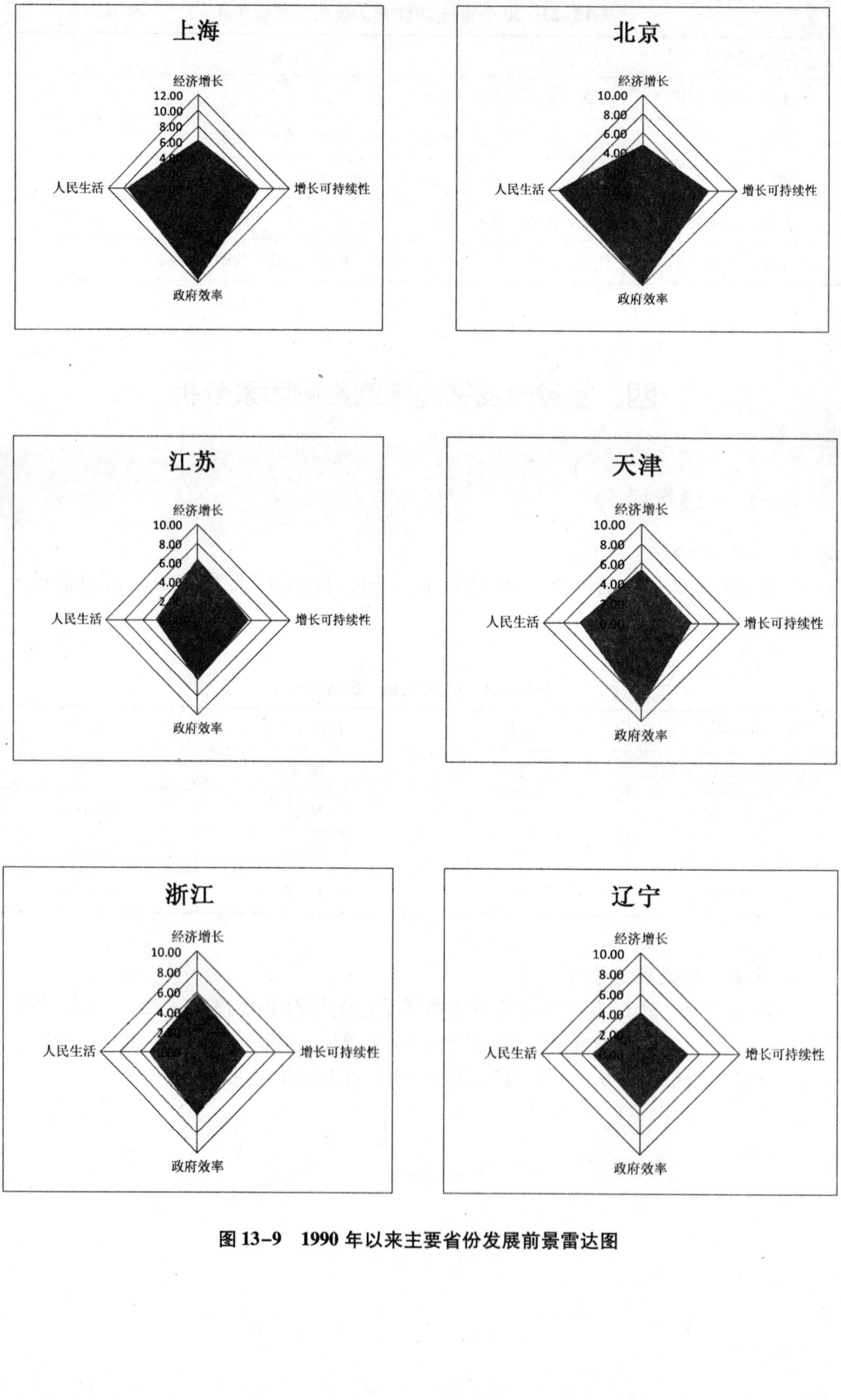

图 13–9　1990 年以来主要省份发展前景雷达图

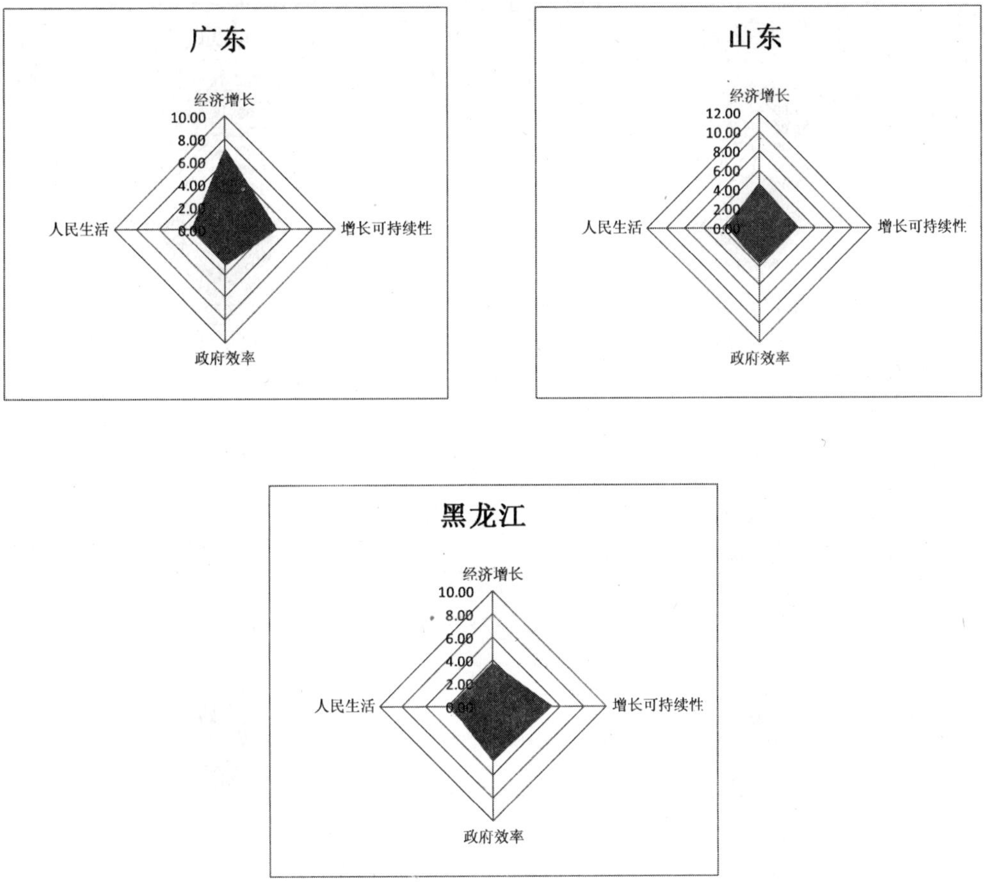

图 13-9　1990 年以来主要省份发展前景雷达图（续）

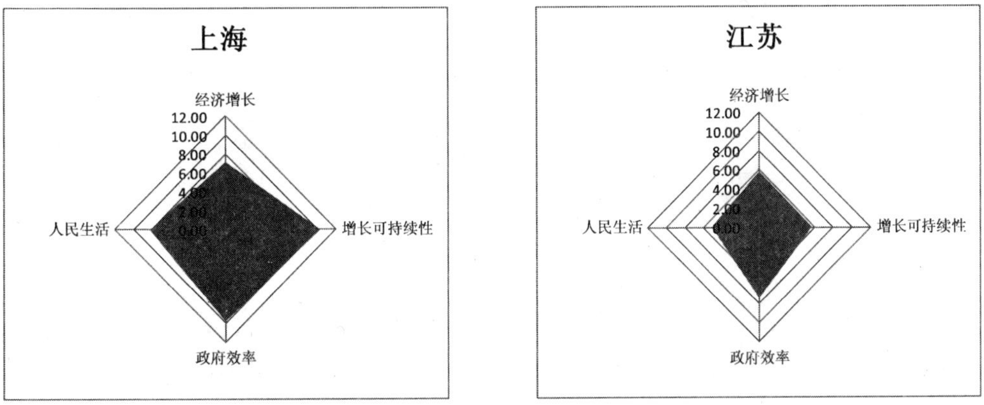

图 13-10　2011 年主要省份发展前景雷达图

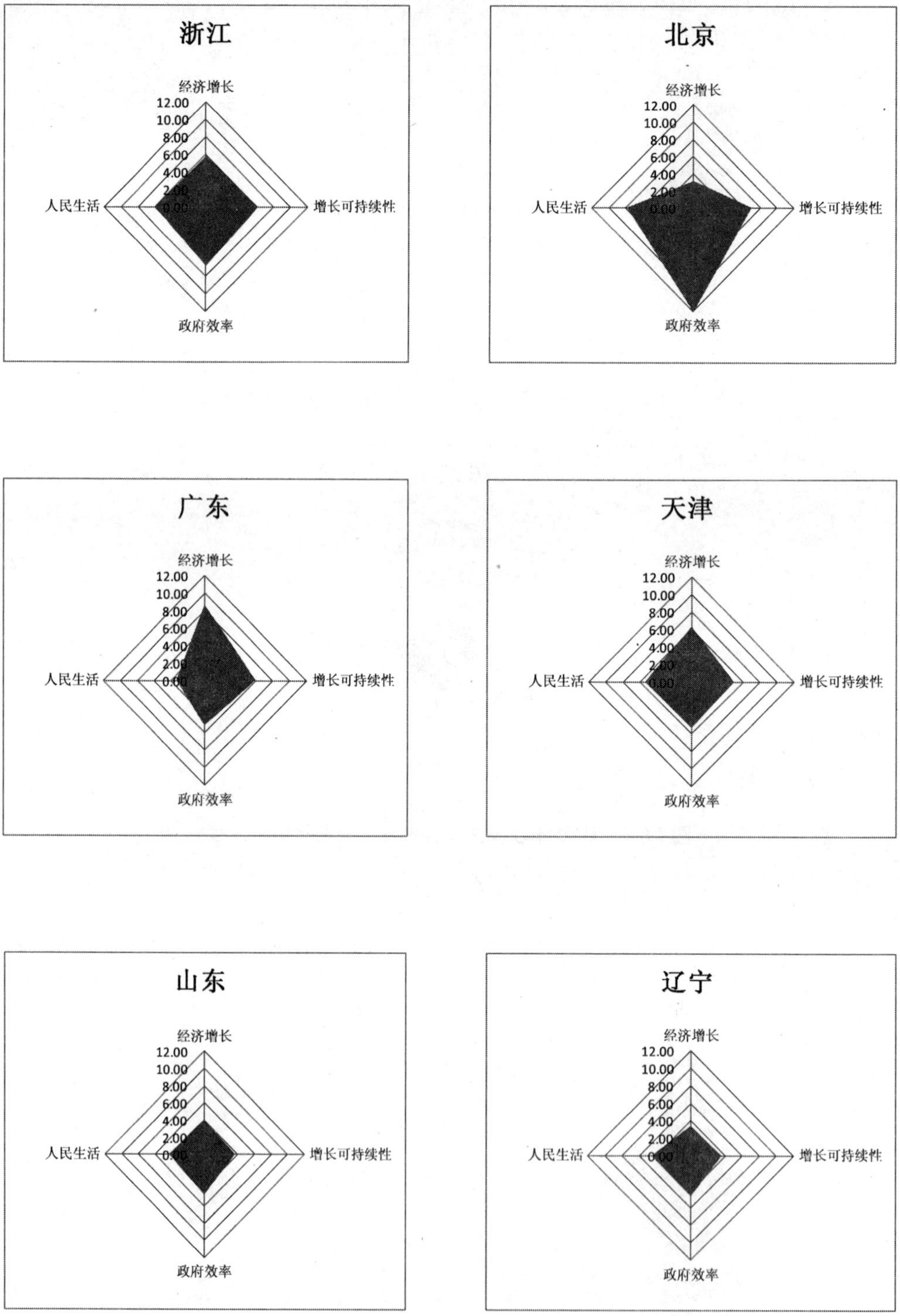

图 13-10　2011 年主要省份发展前景雷达图（续）

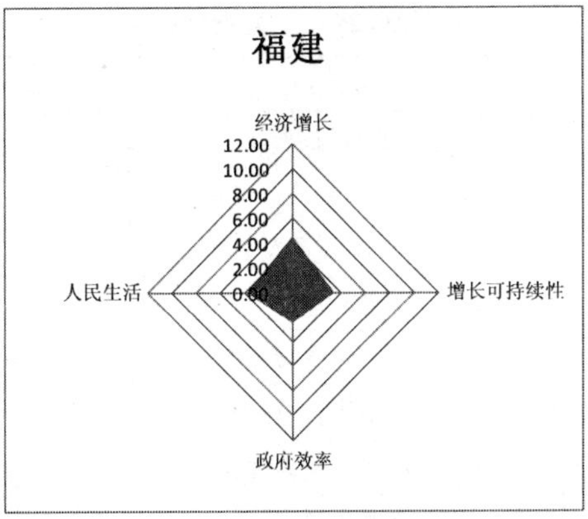

图 13-10　2011 年主要省份发展前景雷达图（续）

（二）二级指标

二级指标中，人民生活所占的权重最高为 31.83%，其次是社会保障，权重为 13.94%，增长潜力权重为 12.17%，环境质量权重为 7.38%。

表 13-25　发展前景二级指标权重

二级指标	编号	权重（%）	二级权重
人民生活	8	31.83	0.3183
社会保障	9	13.94	0.1394
增长潜力	5	12.17	0.1217
环境质量	6	7.38	0.0738
政府运行效率	7	8.51	0.0851
经济结构	2	7.30	0.0730
产出消耗	4	6.56	0.0656
产出效率	1	7.40	0.0740
消费结构	10	2.76	0.0276
经济稳定	3	2.15	0.0215

（三）具体指标

共有 32 个权重比较高的指标，占总权重的 91.57%，具体指标权重最高的城镇基本养老保险覆盖率所占权重为 3.63%，后面分别为农村社会养老保险覆盖率、城市化率、城镇失业保险覆盖率、城镇基本医疗保险覆盖率的权重分别为 3.60%、3.57%、3.42%、3.30%。这反映了我国从工业化转向为城市化过程中，涉及的城市化水平、养老保险、失业保险、基本医疗保险这些和城市化密切相关的指标的重要程度，见表 13-26。

表 13-26　主要指标权重

指标	名称	编号	权重（%）
	主要指标权重		91.57
urban Endowment Insurance	城镇基本养老保险覆盖率	54	3.63
country Endowment Insurance	农村社会养老保险覆盖率	57	3.60
urban	城市化率	7	3.57
unemployment Insurance	城镇失业保险率覆盖率	56	3.42
urban Medicare	城镇基本医疗保险覆盖率	55	3.30
country Income	农村居民家庭人均年纯收入	43	3.24
pgdp	人均 GDP	41	3.12
solid Useful	工业固体废物综合利用率	27	3.01
consume Level	消费水平	53	3.01
establishment Level	城市设施水平	40	2.96
productivity	全社会劳动生产率	2	2.93
patent	专利授权量	18	2.86
beds	万人床位数	50	2.86
urban Country	城乡人均纯收入比指标	44	2.85
HC	人力资本	20	2.79
consumestruct	消费结构	58	2.76
GDP2	GDP2	5	2.75
edu Fin	地方财政教育事业费支出	19	2.73
save	人均储蓄存款额	48	2.69
energy E	能源消耗弹性指标	16	2.68
post Count	人均邮电业务量	24	2.49
country Engel	农村居民恩格尔系数	47	2.49
urban Income	城镇家庭平均每人可支配收入	42	2.40
market Degree	市场化程度	35	2.39
sanitation Fin	地方财政卫生事业费支出	45	2.38
urban Country Consume	城乡消费水平比指标	52	2.37
doctors	万人拥有医生数	49	2.34
TFP	全要素生产率	1	2.26
park Virescence	万人城市园林绿地面积	34	2.25
sci Fin	地方财政科学事业费支出	22	2.24
service Establishment	城镇社区服务设施数	36	2.14
waste Water Eligible	工业废水排放达标率	28	1.78
exhaust Gas Disposal	工业废气处理率	29	1.69
population15_ 64	有效劳动力比例	23	1.61

五、基本结论

中国各省份1990～2011年的发展前景评价的基本结论是，在经济高速增长的同时，中国各省份发展前景指数得到改善，经济增长质量和经济可持续发展能力不断提高。从1990年到2011年，全国发展前景指数平均上升了94.35%，东部、中部和西部地区发展前景指数分别改善了90.37%、83.23%和113.07%。东部地区发展前景指数提升速度要低于西部地区，但高于中部地区，但中、西部地区与东部之间发展前景综合得分方面仍存在较大的差距。而1990～2011年间中国各省份发展前景指数方面，四川改善最多，黑龙江改善最少。一级指标的改善情况如下：经济增长方面，天津改善最多，贵州改善最少。增长可持续性方面，宁夏改善最多，甘肃改善最少。政府运行效率方面，江苏改善最多，天津改善最少。人民生活方面，重庆市改善最多，上海市改善最少。

本章将1990年后和2011年按权重比3：3：2：1：1将各省份分为五级，其中发展前景方面2011年上海、北京、江苏、浙江处于发展前景的第一级，而1990年以来则是上海、北京、江苏、天津处于第一级。在对影响各省份发展前景的主要因素进行分析时，一级指标中人民生活占34.59%的权重，增长可持续性占26.10%，政府运行效率占22.45%，经济增长占16.85%，二级指标中，人民生活所占的权重最高为31.83%，其次是社会保障，权重为13.94%，增长潜力权重为12.17%，环境质量权重为7.38%。具体指标权重最高的城镇基本养老保险覆盖率所占权重为3.63%，后面分别为农村社会养老保险覆盖率、城市化率、城镇失业保险率覆盖率、城镇基本医疗保险覆盖率的权重分别为3.60%、3.57%、3.42%、3.30%。这反映了我国从工业化转向城市化过程中，和城市化密切相关的城市化水平、养老保险、失业保险、基本医疗保险等指标的重要程度。

另外，从绘制的1990年以来和2011年影响主要省份发展前景的一级指标的雷达图中，可以看出主要省份一级指标在全部省份中的地位和自身一级指标发展的均衡情况。

第十四章　我国跨越“中等收入陷阱”的理论框架与路径分析

中国 2011 年人均 GDP 超过了 5400 美元，跨过了高中等收入国家的门槛（高中等收入国家在 3596～11115 美元），不过这一阶段规模性收益仍处在递增阶段，增长机会很多，而同时这一时期也处于发展与转型的时期，利用高增长的机会加快增长机制的转变，才可能跨越中等收入陷阱，否则有可能陷入到中等收入水平的停滞阶段。这里将从世界各国比较研究的角度，根据典型化事实和经济增长理论推演，探讨一下我国如何吸收国际发展经验，根据中国国情制定正确的经济政策和社会政策，以跨越正在面对的中等收入陷阱。

本章内容安排如下：首先阐明了何谓“中等收入陷阱”；其次探讨了三类关于“中等收入陷阱”的理论基础及其典型化事实；最后构造了一个跨越“中等收入陷阱”的平面六要素的理论框架，并以此为基础，指出了我国跨越“中等收入陷阱”的路径选择。

一、何谓“中等收入陷阱”

2006 年世界银行在其《东亚经济发展报告》中明确提出了“中等收入陷阱”这一词汇，即“中等收入陷阱”，是指“使各经济体赖以从低收入经济体成长为中等收入经济体的战略，对于它们向高收入经济体攀升是不能够重复使用的，进一步的经济增长被原有的增长机制锁定，人均国民收入难以突破 10000 美元的上限，一国很容易进入经济增长阶段的停滞徘徊期”。从历史上看，很少有经济体，尤其是大国，能够顺利驾驭这一阶段将出现的复杂的经济、社会和政治的挑战。经验也表明，许多国家都能够以非常快的速度达到中等收入水平，但很少有国家能够超越中等收入而成为高等收入国家，从而落入“中等收入陷阱”。

按照世界银行 2008 年最新的收入分组，人均国民收入小于 905 美元的国家，为低收入国家；从 906 美元到 11115 美元左右，都属于中等收入国家。在中等收入国家，又分为两个层次，在 906 美元到 3595 美元之间，为低中等收入国家；介于 3596 美元到 11115 美元为高中等收入国家。中国 2011 年人均 GDP 为 5414 美元，已进入高中等收入国家发展的起初区间。在这一区间，对中国经济既是继续大发展的机遇，同时也是转型的关键时期。“中等收入陷阱”问题看似还较远，但其对中国经济的挑战，其实已在 2008 年以来经济增长减速过程中逐步显现出来，如何从中长期可持续发展的视野来看待当前中国经济增长机制的转变，已经是现实经济一个必须面对的课题。

由图 14-1 可看出，拉美国家在 20 世纪 70 年代末就进入中等收入阶段，大体与中国现在的人均 GDP 水平相同，但始终徘徊在这一期间，直到现在已过去了近 30 年还都稳定在中等收入的水平上，没有突破。东亚国家特别是“四小龙”经过亚洲金融危机后突破了“中等收入陷阱”进入了高收入国家，它们的政治经济体系的很多转型与外部冲击有关，但这些国家是相对小的经济体，完全可以走纯粹出口导向的路。2006 年韩国的进出口依赖度为 71%，新加坡则是近 386%，这都是一个大的经济体所难以模仿和实现的。对于中国这样的大国而言几乎没有现成可遵循的道路。本质上看，不管是“中等收入陷阱”，还是新的发展战略，其核心问题还是如何以可持续的方式保持较高速度的增长。中国政府已经确立了“科学发展观”、“可持续”的战略方向，但转型难度非常大，转型的核心是机制，必须有效激励政府、企业的转型，才能实现战略转变，而这种转变对大国而言是内生的，仅仅靠外部冲击难以实现。

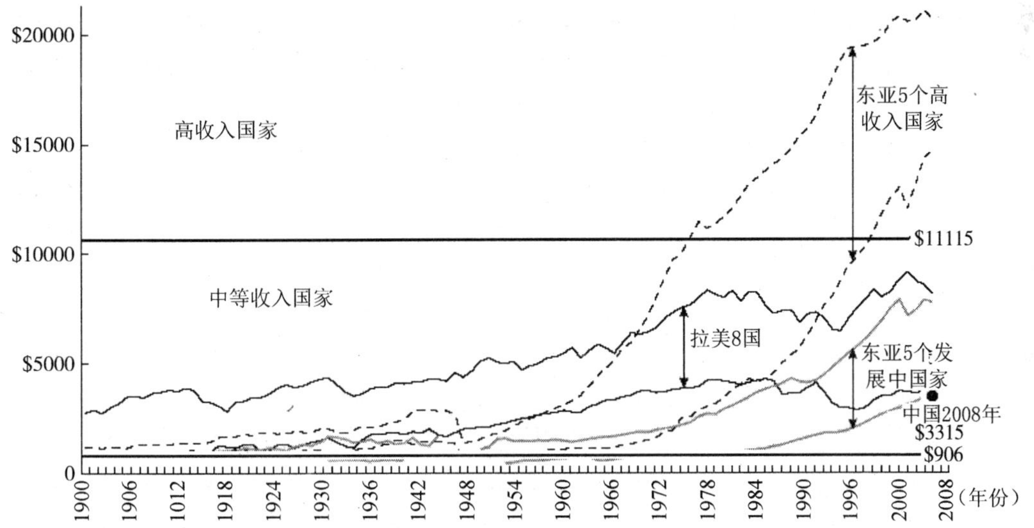

图 14-1　“中等收入陷阱”的发展模式

资料来源：世界银行：《东亚复兴：关于经济增长的观点》，中信出版社 2008 年版，第 54 页。

目前，亚洲发展中国家的经济增长对出口的依赖程度大约是世界上其他地区的两倍，特别是东亚多数经济体的产业结构向部分出口生产行业严重倾斜，这就决定了东亚地区的经济不可避免地要受到美国、欧洲和日本等国家和地区经济表现的影响。要摆脱“中等收入陷阱”，关键是以可持续的方式保持高速增长。现代经济增长理论预测东亚地区的中等收入国家将会出现三个转变：首先是多样化趋势减缓，然后出现逆转，因为很多国家在生产和就业方面将更加专业化；其次是投资的重要性下降，创新会越来越重要；最后教育体系将从为工人提供技能培训转向使他们适应新技术，为今后能够生产新产品做好准备。当东亚国家想要从中等收入水平继续前进，那么成功的战略转型的标志就是实现上述三个转变。

二、"中等收入陷阱"的理论探讨与典型化事实

在关于经济发展的理论和经验的讨论中，有关发展中国家摆脱贫困陷阱的文献很多，而对于一个国家如何突破中等收入发展阶段，向高中等收入阶段乃至高收入阶段跨越，系统性的研究不多，甚至几乎没有。中国迄今为止的改革开放与发展都是史无前例的，形成了许多成功的经验，为发展经济学做出了应有的贡献。这里将试着归纳出三条"中等收入陷阱"的理论基础，并在此基础上给出一些关于突破或进入"中等收入陷阱"国家的典型化事实。

（一）三类"中等收入陷阱"的理论基础

1. 工业革命理论是"中等收入陷阱"的发展基础

"中等收入陷阱"的本质是经济增长问题。目前这类研究可归为两大类：一类模型认为工业革命是能自动完成的，该类研究从资本积累或技术变迁的角度提出从农业社会向工业社会的变化是一个自然并且必然的历史演化过程。另一类模型认为工业革命是不能自动完成的，而应有某些重要外部因素如技术扩散或人力资本的积累，强调增长因素和学习的决定作用。在每一类型里因为强调的增长因素不同，使分析结果产生了较大差异，分类可细化为：一是自然演化的资本积累模型，以 Hansen 和 Prescott（2002）、Laitner（2000）、Landon-Lane 和 Robertson（2003）为代表，强调了经济转换中资本积累的作用；二是自然演化的技术变革模型，以 Galor 和 Weil（2000）、Stokey（2001）为代表，强调了技术变革在经济转换中的作用；三是外部因素作用的人力资本模型，以 Goodfriend 和 McDermott（1998）、Kejak（2003）、Lucas（2000）、Strulik（2001）等为代表，认为人力资本积累和学习效应是促使经济转换的关键，而人力资本积累并非自然实现，它与人口变动相关；四是外部因素作用的技术变革模型，以 Jones（1999）、Tamura（2002）等为代表，强调制度演化导致的技术变迁在经济转换中的重要作用。

2. 经济增长路径上的收入陷阱

中国社会科学院经济研究所"中国经济增长与宏观稳定"课题组近年来对经济发展的事实和理论进行了梳理。在总结发达国家、不发达国家及若干新兴经济体经济发展史并进行理论分析的基础上，课题组提出了一个贫困落后国家经济赶超中产出增长的变动规律，其结果如图 14-2 所示。图中纵轴为人均 GDP，横轴为时间，中间的曲线为产出线，大致呈 S 状。该曲线表明，一国长期的经济增长会出现不同阶段，产出增长有快有慢，对不同的增长阶段应该用不同产出理论来解释。这些阶段分别为"马尔萨斯均衡"、"工业革命理论"（或经济赶超）、"卡尔多典型事实下的经济增长理论"（即新古典理论所述的均衡增长）、"新经济分叉"（新增长理论的探索）；同时，针对有些国家经济赶超失败的事实，给出了一个"中等收入陷阱"。

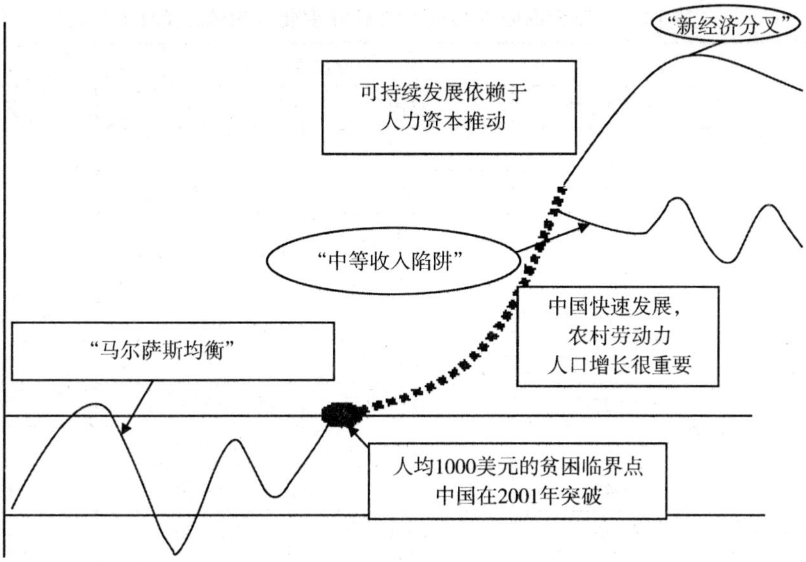

图 14-2　经济增长的一般路径

注：张平绘制。

3. 出口替代战略导致的"中等收入陷阱"

出口导向战略是指采取鼓励办法发展国内制造业，使国内工业面向世界市场，用制成品的出口来代替传统初级产品的出口，积累外汇资金，进而带动整个工业和国民经济增长的贸易战略。这一战略的理论基础就是大卫·李嘉图的比较成本学说，20 世纪 60 年代以后被许多国家采用并取得了良好的效果。所以，中等收入国家应采取种种措施促进面向出口的工业部门的发展，以非传统的出口产品来代替传统的初级产品的出口，扩大对外贸易，使出口产品多样化，以推动工业和整个经济的发展。如拉美国家之所以没有跳出"中等收入陷阱"，与其没有一直贯彻出口导向战略不无关系，因而丧失了工业产品出口竞争力。同时，拉美国家还过早过快地转向内部消费和保障体系，形成了高社会福利的网络体系，享乐主义的倾向比较严重，贻误了发展对外贸易的最佳时机。相反，东亚地区的"四小龙"和"四小虎"正是依靠积极的出口导向战略巩固了各自经济体的实力，达到了不断增长的目标。

（二）关于"中等收入陷阱"国家的典型化事实

1. 成功突破"中等收入陷阱"的国家

国际上公认成功地实现了从中等收入向高收入跃升的国家有日本和亚洲"四小龙"（中国香港、中国台湾、韩国和新加坡）。如韩国在 1980 年时人均 GDP 是 1645 美元，到 1983 年时是 2074 美元，但 1995 年韩国人均 GDP 就已达到了 11469 美元。短短的 12 年后，就从 2000 美元到了 11000 美元。也就是说，在当今世界，确实有少数国家，当政策对了、路线对了，在国民的努力下，是有可能在一个不长的时间里，从一个很低的中等收入国家，达到高收入国家。

表 14-1 东亚高收入国家人均 GNI 变化（单位：美元）

年份	东亚发达经济体			
	中国香港地区	韩国	日本	新加坡
1965	710	130	890	540
1966	740	130	1030	590
1971	1070	310	2120	1070
1978	3940	1240	7080	3370
1980	5740	1810	10310	4840
1988	10710	4240	23650	9440
1995	23930	10770	40350	23260
2001	26100	10580	35120	21250
2006	29040	17690	38630	28730
2007	31220	21140	37650	33760
2008	32950	21430	37840	35750
2009	31410	19650	37580	36030
2010	32780	19720	42050	39410
2011	35160	20870	45180	42930

资料来源：世界发展指标数据库，世界银行。

2. 进入“中等收入陷阱”的国家

（1）拉美各经济体是典型的“中等收入陷阱”国家。拉美国家从 20 世纪 50 年代起，GDP 增长迅速到 70 年代末，大多数拉美国家人均 GDP 超过 1000 美元。然而在此之后，即从 80 年代起，由于片面追求经济增长，忽视经济增长和社会发展之间、城乡发展之间、地区发展之间、不同利益群体之间、经济增长同环境资源之间的诸种关系，从而在拉美国家出现了贫富悬殊、失业人口增多、城乡和地区差距拉大、生态环境恶化等一系列问题。尽管拉美国家随后进行的经济改革取得了一定的成效，拉美经济走出了“失去的 10 年”的困境，但就改革对增长的速度和质量、就业和收入分配所产生的影响而言，其实际效果要远远低于改革的预期目标和人们对改革所寄予的期望。不过，近几年来，拉美各国的发展也开始有了起色。

表 14-2 拉美国家人均 GNI 变化（单位：美元）

年份	拉美主要国家			
	乌拉圭	墨西哥	巴西	阿根廷
1962	580	370	230	—
1964	660	450	270	1110
1968	600	630	370	1210
1970	800	700	440	1320
1980	2860	2520	2190	2940

续表

年份	拉美主要国家			
	乌拉圭	墨西哥	巴西	阿根廷
1990	2870	2830	2700	3190
2000	6220	5110	3870	7470
2001	5760	5580	3290	7000
2002	4480	6000	3050	4050
2003	3860	6370	2950	3670
2004	4040	6930	3320	3580
2005	4560	7300	3880	4460
2006	5310	7830	4710	5150
2007	6400	9080	6110	6050
2008	7720	9640	7490	7190
2009	8640	8670	8150	7580
2010	10290	8930	9540	8620
2011	11860	9240	10720	9740

资料来源：世界发展指标数据库，世界银行。

（2）东亚、东南亚以及东盟国家和地区正面临“中等收入陷阱”的挑战。东亚、东南亚以及东盟主要国家包括（按 2006 年人均国民收入高低）：文莱、马来西亚、泰国、中国、印度尼西亚、菲律宾、越南、老挝、柬埔寨、缅甸。其中文莱依靠其丰富的石油资源和天然气资源早在 1989 年人均国民收入就突破 1 万美元，进入高收入国家之列。而越南、老挝、柬埔寨、缅甸目前还未达到中等收入国家水平。自二十世纪七八十年代始，东亚经济成为世界关注的焦点：先有亚洲“四小龙”（韩国、新加坡、中国台湾和中国香港），后有亚洲“四小虎”（马来西亚、泰国、印度尼西亚、菲律宾），该地区创造的持续高增长被称为工业革命后经济增长的奇迹。进入 20 世纪 90 年代，东亚地区的发展势头更加迅猛。据统计，自 1990 年到 2004 年，大多数东亚国家经济的年平均增长率接近或超过 5%。据世界银行的数据显示，东亚及太平洋的发展中国家，2005 年，经济增速为 9.75%，2007 年更达到 12.3%。近几年来，虽然受金融危机影响，也都维持在 8% ~9% 的水平，2011 年 GDP 增长率仍达到 8.3%。

表 14-3 东亚国家人均 GNI 变化

年份	亚洲主要国家					
	文莱	马来西亚	泰国	中国	印度尼西亚	菲律宾
1962	—	300	110	70	—	220
1970	—	400	200	120	80	230
1977	—	1030	460	190	320	440

续表

年份	亚洲主要国家					
	文莱	马来西亚	泰国	中国	印度尼西亚	菲律宾
1988	—	2150	1200	330	540	670
1989	12170	2250	1370	320	570	710
1995	15800	4030	2820	530	1010	1040
2000	14670	3390	2010	930	590	1050
2001	16010	3410	1980	1000	740	1050
2004	19650	4560	2530	1500	1110	1180
2005	22540	5070	2770	1740	1260	1270
2006	26930	5620	3050	2000	1420	1390
2007	30720	6310	3200	2480	1600	1510
2008	33680	7170	3640	3040	950	1770
2009	31800	7230	3720	3620	2160	1870
2010		7760	4150	4240	2500	2060
2011		8420	4420	4940	2940	2210

资料来源：世界发展指标数据库，世界银行。

（3）中东和俄罗斯国家等资源立国型国家的“中等收入陷阱”。最新研究表明，以资源立国的经济体由于出口单一，虽然石油和天然气等自然资源使得这些国家摆脱了低收入国家的状态，或者大大提高了它们的实际收入，但由于这些经济体产业结构单一，过于依赖自然资源，其他配套设施和行业发展缓慢，难以形成有效控制外部冲击的体制屏障，所以其发展的可持续性值得怀疑，有证据表明，如果处理不好整个经济协调和持续发展的关系，这些国家将面对“中等收入陷阱”的怪圈。

表 14-4　资源型国家人均 GNI 变化

年份	主要资源型国家					
	俄罗斯	土耳其	白俄罗斯	伊朗	乌克兰	埃及
1973	—	960	—	680	—	270
1974	—	1230	—	1030	—	280
1980	—	1990	—	2190	—	500
1990	—	2270	—	2470	1610	770
1996	2610	2820	1450	1570	860	1050
2000	1710	2990	1380	1670	700	1460
2005	4460	4750	2780	2580	1540	1270
2006	5770	5400	3470	2930	1940	1360
2007	7590	8440	4250	3520	2570	1560

续表

年份	主要资源型国家					
	俄罗斯	土耳其	白俄罗斯	伊朗	乌克兰	埃及
2008	9710	9260	5430	4100	3220	1880
2009	9290	9060	5590	4520	2840	2160
2010	9880	9890	5990	—	2990	2420
2011	10400	10410	5830	—	3120	2600

资料来源：世界发展指标数据库，世界银行。

（三）中国进入发展的关键阶段

中国作为大国有着广阔的发展空间，政府主导着资源的配置，经济增长仍处在规模收益递增的阶段，在其2001年人均超过1000美元，完成了“贫困陷阱”的超越后，面临着福利的弥补或赶超阶段，要特别重视这一阶段的发展和转型，拉美很多国家经过了20世纪50年代到70年代的辉煌后，进入到了“失去的10年”，发展比较缓慢，在“中等收入”的停滞区间徘徊良久，中国一定要以此为镜，加快转变增长机制。政府在公共目标制定上要兼顾经济发展的阶段特性，保持福利支出的可持续性，以市场方式提高福利支出效率。应该说，我国在人均GDP进入5000美元后，要成功跨越“中等收入陷阱”还面临着许多挑战。一个很好的借鉴即是“东亚四小龙”的经验。东亚地区经济以前的增长模式，主要是由强劲的出口增长所拉动的。尽管在经济全球化的背景下，各国经济的依存程度越来越高，但进一步提高劳动生产率，不仅要依靠内需，而且依然要依靠出口来拉动经济增长，这是一些中等收入国家和地区最现实的选择。对我国来说，出口导向战略不仅不能因世界经济衰退和金融危机而被弱化，更要在坚持中加以调整，在调整中加以发展。

三、我国跨越“中等收入陷阱”的理论框架与路径分析

经验表明，在中等收入的发展阶段上导致国家之间产生分化的因素很多，包括资源环境状况、改革与调整的进程、社会稳定程度以及国际市场的影响等。通过上面的典型化事实分析和经济增长理论分析，我们梳理了下面六个影响中等收入国家发展模式的关键因素，做一国际对比分析，提出了一个跨越“中等收入陷阱”的六个必要条件的框架，并在此基础上来分析我国跨越“中等收入陷阱”的路径。

（一）平面六要素的理论框架

依据前文典型化事实和经济增长理论的分析，对于如何跨越“中等收入陷阱”，我们归纳出了六个必要条件，即平面六要素的理论框架：一是现代国际贸易的发展模式是突破“中等收入陷阱”的前提条件；二是可控的国际资金流动是避免“中等收入陷阱”

的基础；三是技术创新并与产业适时的衔接是发展的关键；四是城市化与工业化双引擎的匹配引导着经济增长的路径；五是收入分配差距缩小构成中等收入国家经济可持续增长的稳定器；六是政府发挥积极、有效和及时的资源配置功能是最终保证。针对这个框架，可以看出那些陷入“中等收入陷阱”的典型国家，如拉美经济体等其发展模式就是受制于这个平面式六要素结构，而现在的东亚高收入国家在当年发展是也面临同样的因素，但其成功突破了这些方面的限制，而拉美国家曾经错过了突破“中等收入陷阱”的最佳时机，现在正在花费更大的努力来实现和完成这一目标。

如果要更具体、更进一步地说，那么平面六要素框架即是指：在中等收入国家继续发展的过程中，对外贸易没有带动产业升级和转换、资本账户开放过快带来巨大挑战、技术创新和人力资本跟进滞后三项因素构成了底层的基础型支架，收入分配差距过大造成了各种各样的后果以及城市化进程出现问题两个要素构成了中层的过渡性支架，政府资源配置职能角色远未实现位于框架的最顶层，是至关重要的因素。这三项因素形成自下而上和由上而下的限制因素，制约了中等收入国家的发展。而东亚高收入国家正是成功地突破了这些束缚，进入了高收入国家。而随着经济发展的推进，这个平面六要素框架又有向交叉式网络框架的继续延伸的态势，即中等收入陷阱的跨越条件构成了一个由平面六边形要素结构向交叉式网络框架要素结构演变的动态变化。稳步超越中等收入阶段仍然需要充分利用规模经济，对大多数国家而言，这意味要依靠加强贸易往来，将各个国家在全球范围内和地区范围内紧密地连接在一起。中等收入国家经济体在贸易、创新和金融等方面已经建立起了强大的联系力量，然而同时，中等收入国家还必须要对城市化和社会收入分配问题进行大力投入，并注重政府资源配置职能的迅速转变，从而能更有效地应对由于快速增长导致的国内摩擦，即社会和空间上的负面影响。这些因素随着现代经济不断的交织，已经形成了一个相互影响的交叉式网络框架，对中等收入国家形成了更大的挑战。我国目前正处于这个交叉式网络框架之中，面对着“中等收入陷阱”的更大挑战。

（二）我国跨越“中等收入陷阱”的路径分析

经过30年的改革开放和发展，中国从一个人均GDP只有300美元左右的典型的低收入国家，跃升到低中等收入国家的行列。2011年中国人均GDP已跨过5000美元，已进入了高中等收入国家发展的初始区间。在这一区间中国经济有着继续大发展的机遇，同时也是转型的关键时期。中国政府干预的“低价工业化”的增长机制动员了中国巨大劳动力资源，形成了政府、企业相互促进的一个特殊发展道路，极大地将中国的比较优势发挥出来，激励了中国工业化的大发展。然而这一增长机制随着城市化和国际化加速，逐步受到强烈的挑战。要素价格重估、成本正常化、社会保障体制建立的加快，这些使得低价工业化机制不可持续的特性凸显出来。当前，我国工业规模性扩张达到了空前发达的水平，钢、铝、家用电器等大量重化工和轻工产品的产量居世界第一，进出口依存度高达70%，规模性扩张已经到达了极限，中国政府和企业面临着从要素积累驱动的规模化发展向一个技术创新驱动专业化发展的转型。但如何转，才能避免企业竞争力下降，经济增长停滞，陷入“中等收入陷阱”的危机。依据平面六要素的理论框架，我国要跨越“中等收入陷阱”，就必须要克服这六个要素的相互作用。

具体来说，第一我们认为，现代国际贸易的发展模式是突破“中等收入陷阱”的前提条件。规模经济是带动经济增长的关键因素，这一点对于我国尤其具有非常重要的政策含义。在实现工业化的过程中，规模经济仍然是未来经济增长的基础，有利于吸引更多资本和投资的公共政策将会带来巨大收益。政策制定者有很强的动力采取相应的行动以获得规模经济带来的优势；反之亦然。对于中等收入经济体国家来说，行业内部贸易对运输成本的敏感性、研发投入的重要性、加强科学和技术方面的教育以及扩大资本市场以确保资金的合理定价，都是非常重要的因素。通过低关税和高效的基础设施来降低运输成本已经成为中等收入经济体地区一体化和地区生产的重要支柱。中国应抓住这样的一个全球自由贸易的时机，通过全球和地区协议来积极参与市场，扩大规模经济。

第二，可控的国际资金流动是避免“中等收入陷阱”的基础。在开放稳定宏观经济中，高储蓄以及对基础设施和人力资本的投资仍然是通向进步与繁荣的基本原则。在相当一段时期内，我国将继续在全球和地区贸易中具有的国际资金流动成本优势中获益。有利的国际资金流动将促使形成国家之间更多的生产部件分工，从而进一步在全球范围内形成更完善的劳动分工。因此，我国会从中发现更多的机会，尤其是我国经济正处于高速增长时期，具有广阔的发展前景。我国对于资金流动控制具有绝对的优势，目前正是发挥这一条件跨越中等收入陷阱的有利时机。

第三，技术创新并与产业适时的衔接是发展的关键。目前新思想和创新成为经济发展的关键要素，创新式的技术进步对于我国尤其具有特殊意义，高素质的经济队伍将有助于我国能够以更快的速度吸收新思想，从而增长地更快。鉴于在早期阶段进入新的增长产业能够获得正外部性和其他收益，因此当我国面临技术人员供给短缺的时候，最好的做法是扩大开放，提高教育培训水平。我国目前在教育和人才培养方面的投入还处于十分落后的情况，要想成功跨越中等收入陷阱，需要加大投入力度，尤其是自主创新要迎头赶上。

第四，城市化与工业化双引擎的匹配引导着经济增长的路径。我国的城市化与工业化过程中的中小城市需要改善管理和加强联系，从而可以吸纳大量低成本的劳动力，提升它们的活力可以避免超大城市的拥挤，协调趋于经济发展的压力。中小城市的发展空间很大，意味着还有很多可以利用的机会来促进更快的增长。城市在发展中应提供基本服务、基础设施和必要的监管，配合工业化顺利进行。我国在这方面的矛盾比较突出，是近期内需要解决的主要问题。

第五，收入分配差距缩小构成中等收入国家经济可持续增长的稳定器。我国的不平等状况目前存在扩大的趋势，那么就会带来生产的高度集中；而地区内的不平等则可能变成一个长期无法解决的问题，最终将严重影响经济增长。现有的财政分权模式无法有效解决这些不平等问题，应该采取措施加以改革。从更广泛的角度来看，制度环境应该以平等的方式提供基本社会服务，这对于保证机会平等非常关键，而机会平等为长期增长提供源泉，是我国经济可持续增长的基础。鉴于我国面临着收入差距不断扩大的趋势，所以在制度建设方面还需要考虑如何促进社会凝聚力。

第六，政府发挥积极、有效和及时的资源配置功能是最终保证。相对其他中等收入国家来说，我国政府在资源配置方面拥有很大的权力。如果规模经济产生的经济租金被资源配置功能扭曲所浪费，那么这些租金将无法用于支持经济的长期增长。所以需要建立起新的体制和机制来进一步提高公共基础建设支出的效率，保证公共产品的有效性和利益最大化，否则分散化过程很可能在短期内会出现逆转，影响政府的资源配置效率。正确解决资源配置功能扭曲问题并取得实质进展都需要时间，因此，我国需要找到适合自己的道路，在配置资源方面充分考虑这一因素。

此外，当前对于如何跨越中等收入陷阱，也有几种比较成熟的观点：一是要从追求高速经济增长到追求共享式增长。因为仅有的单一高速增长是不可持续的，如果在增长的过程中，收入分配、社会公正各方面都可以兼顾到，这个增长既能高速，又能够长期可持续。二是要抓住和谐社会建设，从关注二次分配转移到关注一次分配中来。不过，从其他国家发展好的经验来看，过多地注重二次分配还不如把精力放在一次分配上，把国民收入在劳动者、企业和政府的分配机制设计好。三是必须推进金融与资本市场的深化和多元化，核心部分就是转换政府的角色，政府去关心创造足够的体面就业的机会，而不仅仅是就业，并且要有一定的不断增加的收入。四是一些国家之所以没有跳出“中等收入陷阱”，是因为过早过快地构建了一套成本非常高的社会福利体系。不过，我们认为，当前一定要防止陷入这种福利社会的陷阱，因为稍有不慎，就会重蹈所谓拉美国家城市化过程中的“福利赶超”覆辙，从而陷入到“中等收入陷阱”。

总之，对于我国如何跨越“中等收入陷阱”，依据平面六要素的理论框架，最后再简要概括一下：一是国际分工日益细化，利用好现代贸易特征，发展规模贸易非常重要；二是要进行国家资金流动的有序引导；三是要做好技术进步带动的国际产业转移；四是高价城市化与低价工业化配合模式需要转变；五是解决收入分配不平衡带来的严重挑战；六是中国政府要对资源要素配置中的价格扭曲，进行疏导。

参考文献

[1] 中国社会科学院重点课题资金资助：《中国经济增长前沿》，中国社会科学院经济研究所课题组。

[2] 刘树成等：《中国经济走势分析（1998-2002）》，《经济研究》2002 年第 4 期。

[3] 刘霞辉：《资产价格波动与宏观经济稳定》，《经济研究》2002 年第 4 期。

[4] 张平：《增长与分享：居民收入分配理论和实证》，社会科学文献出版社 2003 年版。

[5] 张平、张晓晶等著：《直面符号经济》，社会科学文献出版社 2003 年版。

[6] 麦迪森：《世界经济二百年回顾》，改革出版社 1996 年版。

[7] 世界银行：《东亚奇迹的反思》（中译本），中国人民大学出版社 2003 年版。

[8] 世界银行：《东亚复兴》（中译本），中信出版社 2008 年版。

[9] 刘霞辉：《论中国经济的长期增长》，《经济研究》2003 年第 5 期。

[10] 张平：《在增长的迷雾中抉择：行难知亦难》，《经济研究》2006 年第 2 期。

[11] 中国经济增长前沿课题组：《经济增长、结构调整的累积效应与资本形成》，《经济研究》2003 年第 8 期。

[12] 世界银行：《2020 年的中国——新世纪的发展挑战》，中国财政经济出版社 1997 年版。

[13] 王宏淼：《西方发达国家经济增长方式的历史演变及对当今的启示》，《现代经济探讨》2006 年第 6 期。

[14] Angus Maddison, 2006, The World Economy: Volume1: A Millennial Perspective; Volume2: Historical Statistics, Oecd Publishing.

[15] The World Competitiveness Yearbook, Edition, 2006, International Institute for Management and Development (IMD), Lausanne, Switzerland.

[16] Liberalization and Exchange Rate Flexibility in China, IMF Policy Discussion Paper.

第十五章　中国经济可持续增长展望

对于中国如何实现经济增长的奇迹，本书前面的内容从若干方面进行了分析，很多学者也有不同的总结。斯蒂格利茨（2001）将中国经济改革取得高速经济增长的原因主要归结为：①中国能创造出一些新的中小企业，包括乡镇企业，这些中小企业之间可以相互竞争。②渐进式的改革使得地方政府能够获得收入，从而更好地执行中央政府的职能。③家庭联产承包责任制为农业部门提供了巨大的激励。④高储蓄率产生的大量资本被引入到生产性的投资之中。⑤中国所采用的引入新技术的机制为建立市场经济打下了基础。Spence（2007）分析了第二次世界大战后 11 个高速增长的经济体取得成功的一些共同特征：①都建立了一个功能良好的市场体系；②高水平的储蓄和投资；③人口跨地区和跨部门的流动；④积极参与经济全球化。Maddison（2008）通过与俄罗斯等国家进行了比较，认为新古典经济学无法解释前苏联和东欧国家在制度转轨过程中的经济下降。他指出，中国在改革期间的经济表现相当卓越，原因在于：①农业改革先行；②保持了国家完整统一；③海外华人的投资；④起点低的后发优势；⑤计划生育控制了人口出生率；⑥防止了俄罗斯那样的恶性通胀；⑦没有像俄罗斯那样通过大规模廉价出售国有资产、创造超级富豪的方法来推进私有化，而是让非国有企业发展来自然取代国有企业；⑧实现了与世界经济的接轨。

中国的增长如果持续下去，未来前景如何？依本书引言中提出的 S 型增长理论，中国目前尚处在经济加速增长时期的后段，虽然单靠要素积累难以保证未来的持续高增长，但体制变迁和技术进步却可能使未来保持高增长，那么，能够实现中国可持续增长的机制究竟何在呢？这是我们将要探讨的主体内容。本章安排如下：首先，对我国经济增长的机制予以了理论归纳，并概括了相关的典型化事实；其次，从我国政府—企业互动的角度，构造了一个中国式增长机制的理论模型；再次，围绕我国的政府行为，对于这一中国式增长机制形成的路径进行了情景分析；最后，探讨了可持续增长机制转型的条件与相关的政策，并对我国未来经济的可持续增长予以了展望。

一、中国增长机制的理论归纳与典型化事实

（一）增长模式的理论归纳和反思

对于中国增长模式的理论归纳和反思，从改革开放以来讨论从未间断过，传统的提法是从外延转向内涵，“九五”计划正式提出了粗放型转到集约型的增长模式，“十一五”

规划国家提出了更加系统和细致化的"科学发展观"、"可持续发展"和"和谐社会"，并把发展目标转向"又好又快"，提出了转变发展模式的系统化理论和方案，并提出了节能减排、自主创新、建立社会保障体系等措施。转变经济增长模式，已成共识，但现实中对于如何实现中国经济的可持续性增长却一直没有一个明晰的思路。

国内外近几年有不少文献开始对中国发展的路径进行梳理、反思和分析，集中在国家战略和政府干预、要素价格扭曲和重估、储蓄—投资机制、技术创新、增长的代价和分担及全球化等。我们将中国经济高速增长以来的机制归纳为"低价工业化增长模式"和"干中学"的微观机制，以图理解中国经济增长中的政府、要素价格、微观机制和结构性等因素促使的增长机制（课题组，2003～2008）。我们认为，中国政府干预的"低价工业化"增长机制动员了中国巨大的劳动力资源，形成了政府、企业相互促进的一个特殊发展道路，极大地将中国的比较优势发挥出来，激励了中国工业化的大发展。然而这一增长机制随着城市化和国际化加速，逐步受到严重挑战。要素价格重估、成本正常化、社会保障体系建立的加快，使得低价工业化机制不可持续的特性凸显出来。

近年来，政府目标从"快"的规模扩张转到了自主创新和公共福利体系建立上，可持续发展成为城市化和国际化的必然选择，因此必须探索新的增长机制。该机制仍主要集中在政府目标和企业行为上，它们的互动路径决定了可持续经济增长的成功与否。在此，我们将沿着探索新增长机制的思路展开研究：为了探索政府目标对企业发展的影响，我们在企业生产函数中引入一个政府支持系数，该系数将影响企业的创新和投资行为；对于政府支持系数的大小，我们通过构造一个政府最大化社会福利的模型得到。理论分析结果认为，当政府能从社会获得足够资源来维持其支出时，政府对企业支持系数大，这表明政府会使用低税、低资源价格及补贴等形式来鼓励企业投资，经济可持续增长；如果政府收入不足以实现其社会福利目标，企业将得不到政府支持或面临被惩罚的风险，政府对企业支持的意愿指数下降，政府支持系数变小使得企业技术创新不足，难以持续增长。在此基础上分析政府在新的目标函数下企业行为的变化，并提出新的促进企业演进机制。显然，这一结果的前半部分结论现实上有大量典型化事实支持，并有大量的案例可查，如低价工业化增长机制中，政府对企业支持的意愿指数较大。近几年中国城市化进程加快，政府目标发生了变化，财政支出从主要支持经济建设转到了社会福利、国家安全和行政管理费上，政府和企业的目标从一致到分化。政府目标的转变通过政府支持系数和政府对企业支持的意愿指数的变化影响着企业行为，如果政府目标转变速度过快，社会福利成本过高，政府将向企业获取更多收入，企业竞争力下降，会出现企业倒闭，经济增长减速。这时，就需要政府目标定在一个合理位置，并有一个控制政府收支可能过度膨胀的机制，使政府支出与经济的提供能力相一致，以保持经济活力。

（二）中国增长机制的典型化事实

从新古典增长模型看，每个经济体存在一个平衡的增长路径，这时，经济增长率、技术进步和要素投入增长率保持一个常数，企业最大化目标函数并依据生产函数进行生产。这一范式在20世纪80年代后不断地加入了内生性增长因素，产生了人力资本理论和技术创新，技术进步构成了新的经济增长机制。技术进步机制涉及了更为广泛的研究，如政府教育支出、研究支出、政府支持和激励性制度设计等，政府在经济增长中起着作用。作为一个赶超的经济体，中国政府主导着资源配置系统，如干预要素价格形成，将政府行为变量植入到企业生产函数中，使生产函数中的要素投入受到政府行为的影响，同样，在新的增长机制中政府目标函数的变化也将直接内在地影响着企业行为的变化。

对于中国经济增长机制问题，中国社会科学院经济研究所“中国经济增长与宏观稳定”课题组，在国内外相关研究基础上，近年来对经济发展的事实和理论进行了梳理，并在2003~2009年的一系列论文集中分析了影响中国经济增长的主要因素和转折的条件，将其从理论上归纳为：

（1）政府和企业目标函数的高度一致性，即规模性的快速扩张。政府认为发展是硬道理，只有加快经济发展才能解决就业问题，社会福利才能提高。如很多地方政府官员直接兼任地区开发公司的董事长，即使不兼任，实际工作也是发展经济，政府和企业在经济规模扩张上目标一致。

（2）宏观政策中的激励和稳定政策。政府的宏观政策长期保持稳定，同时积极采用了激励性政策，如与出口导向政策相配合的汇率政策，1994年汇率贬值激励中国企业的全球竞争优势，从1994年后中国外贸持续顺差，外汇积累不断增加；在税收方面，通过所得税三减两免等措施激励外资的流入，退税激励企业出口等；1997年采取了积极的财政政策，直接改善了中国基础设施，为中国工业化和城市化大发展打下了坚实的基础；在货币创造方面持续保持了M2/GDP超过1.6的高比例，为社会经济活动提供宽松的货币条件。

（3）生产要素投入上有着很强的政府干预。政府压低生产要素投入价格，激励企业加速完成原始积累，即政府在土地、劳动力、投资品方面人为压低价格投入，如能源、水等长期低于国际均衡价格，环境、自然资源和劳动力社保等成本约束低，或者根本就没有；在金融资源方面，尽力动员、创造和低价供给（经常以坏账的方式补贴），这激励了企业规模化的发展；在技术进步上走的是“干中学”的演变路径，模仿—规模化的低成本竞争是微观扩张的主要路径。高速经济增长30年后，低成本优势难以持续，规模收益随着我国技术水平的提高正在迅速递减。政府干预下的投入要素价格产生扭曲，极大地激励了企业高能耗、高污染的积累，政府也要转变目标，经济增长的可持续性就成为未来发展的硬约束。

（4）经济管理中的歧视性政策长期存在，如户籍管理制度，沿海开放地区优先发展政策，国有非国有政策支持上的差异，大企业垄断等问题都是非平衡赶超经济管理政策的体现。

在上述经济增长机制中，政府和企业目标、投入产出利益方面是高度一致的，这一机制充分调动和发挥了中国的比较优势，驱动了中国工业化和城市化，使物质积累和产出能力达到了一个全球总量前三的水平。从生产层面看，中国工业规模性扩张达到了非常发达的水平，钢、铝、家用电器等大量重化工和轻工产品的产量居世界第一，进出口依存度高达70%，规模性扩张已经到达了极限，中国政府和企业都意识到需要转型，从要素积累驱动的规模化发展转向一个技术创新驱动的专业化发展。

21世纪以来，随着中国城市化的进程加快（2011年城市化率达到51.27%），中国的发展环境变化了，这是因为政府行为与城市化高度相关。如在城市化水平低时，农村是自给自足的，政府从农村征税本身就是直接拿走农村的积累，政府无需返还给农村。而城市化水平高时则完全不同。城市纳税人必须享受到纳税人权利，即政府为城市居民生活进行长期安排，包括养老、就业、子女教育、公共基础设施、住房和环境等。现代政府的大量支出与纳税人需求相一致，形成了所谓财政的公共支出，这有别于低城市化条件下的政府以动员资源促进经济发展的环境，政府的目标函数中公共福利支出成为一个最重要的目标。城市化水平越高，政府福利支出这一公共目标就越强，1978 年中国城市化率只有 17.9%，政府集中所能用的资源用于生产建设，经济建设支出占财政支出比重高达 64%，2006 年城市化比例提高到了 44.9%，经济建设支出比重降低到了 26.4%，文教、科学、卫生和社会保障支出比重在 2007 超过了 30%，加上行政管理支出的 20% 多，中国财政支出体系从生产支持转向了公共支出和管理，国家和企业的目标就产生了显著差异，这一转变过程是与城市化密不可分的。2011 年城市化率超过 50%，财政体制也正在向公共财政过渡，财政支出已经在社会公共服务方面迈入了新的阶段。国家财政在教育、社会保障和就业、城乡社区事务等支出增长较快，2009 年后，还增加了住房保障支出，2011 年该项支出达 3823.7 亿元，占国家财政支出的 3.5%。

可以预见的是，我国未来城市化仍然会保持较高的增长速度，直到预计的 2020 年城市化率接近 65%（以现在每年 1.4 个点的增加速度），城市化才进入平稳期。依据有关国家的经验，在城市化达到 50% 左右的水平后，政府目标—约束条件就发生明显变化，公共福利目标成为政府目标的重要方面。

新的增长机制正是基于新的政府和企业目标—约束条件而出现的，但任何转型都需要激励，否则原有的增长机制就会被路径锁定，导致转型失败。也可能出现另一种情形，转变过快，出现“福利赶超”问题，所谓福利赶超是指“拉美国家在发展过程中为了应对社会收入差距拉大趋势，多数不顾自己收入和财富能力的制约，过早地照搬发达国家已经实现的一系列的社会福利制度，想在‘经济赶超’的同时，实行对发达国家的‘福利赶超’，结果导致财政赤字、金融危机、经济危机，最终导致经济停滞”（樊纲、张晓晶，2008）。简言之，政府过快追求福利目标导致企业无法消化“福利”带来的成本提高，竞争力下降，经济增长停滞，因此很容易陷入到“中等收入陷阱”。

从国际比较看，麦迪逊归纳了四条发展经验：①技术进步；②物质资本积累；③改善人力资本；④经济之间的相互作用，即开放。世界银行归纳出为了摆脱“中等收入陷阱”亚洲国家和地区需要进行如下的三个转变：首先是多样化趋势的减缓，然后出现逆转，这是因为很多国家在生产和就业方面将更加专业化；其次是投资的重要性下降，创新越来越重要；再次，教育体系从为工人提供技能培训转向使他们适应新技术，为今后能够生产新产品做好准备（世界银行，2008）。不论是国际经验还是现代经济增长理论都会得出在规模收益开始递减，低成本竞争难以为继之后，如果没有技术创新和持续的人力资本改进，就难以完成持续的增长。这一转变对东亚政府干预型的经济增长模式来讲，政府转型是至关重要的，世界银行一项问卷调查显示，很高比例的公司（柬埔寨 56%，印度尼西亚 41%，菲律宾 35%，中国 27%）都认为资源配置功能扭曲是影响它们商业经营的主要的或严重的障碍之一。东亚模式这种有组织的资源配置功能扭曲对经济增长既有激励效应，也造成了危害，这一种模式是不可持续的。逐步消除有组织的资源配置扭曲，更多地采用市场机制激励创新是未来持续发展的根本，这就是政

府转型的逻辑基础。

中国作为大国有着广阔的发展空间，政府主导着资源的配置，经济增长仍处在规模收益递增的阶段。2001 年人均 GDP 超过 1000 美元，完成了“贫困陷阱”的超越后，中国面临着福利的弥补或福利赶超阶段，要特别重视这一阶段的发展和转型，拉美很多国家经过了 20 世纪 50 年代到 70 年代的辉煌后，进入到了“失去的 10 年”，长期在“中等收入”的停滞区间徘徊，发展比较缓慢，因此，中国一定要以此为镜，加快转变增长机制。新的增长机制首先要改变赶超时政府为了发展经济而过多地采用动员和干预资源配置的机制，将政府配置资源的权力让渡给市场，让市场能更有效地激励企业的创新和优化资源配置；而且，政府在公共目标制定上要兼顾经济发展的阶段特性，保持福利支出的可持续性，以市场方式提高福利支出效率。总之，新增长机制形成的核心在政府职能的转变上。

二、中国式增长机制的理论模型：政府目标与企业行为

新经济增长理论的重要观点是，经济增长机制的微观基础由政府和企业的行为构成，即政府行为会影响企业决策。但如何模型化这一思想却没有标准方法，有的在技术进步函数中加进政府因素，有的在人力资本项加进政府因素，但一般不认为政府会全方位影响企业生产函数（如果这样就与发达国家的市场经济不符）。从前一部分的归纳可知，中国政府对企业决策的影响却是全面的。所以，本部分就依该事实来构造中国式增长机制中的政府—企业互动微观模型。

我们采用如下具有希克斯中性技术进步的生产函数：

$$Y = AF(K, L) \quad (1)$$

①

其中，Y 是产出，A 是技术进步，K 是资本，L 是劳动。

（一）政府行为

按前一部分的结果，我们认为中国政府对企业的支持体现为市场中企业提供良好的经营环境，对企业提供知识财产支持等。为了分析政府这种支持对企业生产和创新所产生的影响，我们用 μ 表示政府对企业支持系数②，且满足 $\mu \in [0, 1]$。$\mu = 1$ 表示政府对企业实行最大的支持，即企业处于完全竞争市场中；$\mu = 0$ 表示政府对企业不支持，即企业处于国家完全干预状态，企业丧失经营自主权，企业缺少技术创新活力。由此可知，

---

① 该生产函数具有如下性质：（1）每种投入都具有正的、递减的边际产品，即 $F_K(\cdot) > 0$、$F_L(\cdot) > 0$、$F_{KK}(\cdot) < 0$ 和 $F_{LL}(\cdot) < 0$；（2）$F(\cdot)$ 呈现出不变规模报酬；（3）生产函数满足稻田条件，即 $\lim_{K\to 0} F_K(\cdot) = \lim_{L\to 0} F_L(\cdot) = \infty$，$\lim_{K\to\infty} F_K(\cdot) = \lim_{L\to\infty} F_L(\cdot) = 0$。

② 该报告的政府对企业的支持是指政府为企业生产和技术创新所提供良好环境，如企业拥有经营自主权、政府对企业提供知识财产保护等，政府对企业技术创新进行补贴奖励等，使得企业具有技术创新内在激励机制；而不是一般意义上的政府通过资金、能源、原材料和进入行业许可等对企业所进行的支持。在本报告中，政府对企业的支持系数 μ，主要是指政府对企业技术创新的支持系数。

政府对企业支持的程度随着 μ 的值增大而增大，企业竞争程度随着 μ 的值增大而增大①。

（二）政府—企业目标一致条件下的生产函数

政府支持行为 μ 对企业产生两种效应：一是对投入要素产生影响；二是对企业技术进步产生影响，我们构建如下的微观企业生产函数：

$$Y = A(\mu)F[K(\mu), L] \quad (2)$$

②

为了分析上的简便，去掉生产函数（2）中劳动力要素并不影响我们分析结论，这样企业生产函数可简化为：

$$Y = A(\mu)F[K(\mu)] \quad (3)$$

影响企业技术进步的因素较多，在本报告中，我们着重分析政府对企业支持程度影响企业技术创新 A。技术进步有两种方式，与资本融合在一起的和不包括在资本投入中的③。这样，企业技术进步与企业竞争程度间呈现出正向变化，由前文 μ 的定义可知，A 与 μ 间存在着正向关系。这样我们可构建如下的企业技术创新函数：

$$A(\mu) = (1 + \delta\mu)^{1-\alpha} \quad (4)$$

δ 为政府对企业支持的意愿指数，其值的大小受政府对企业支持的财政支出的影响，当政府增加企业的经济负担超过了正常的企业所承担的，其值可能会很小，且 $0<\delta<1$，$0<\alpha<1$，$0\leqslant\mu\leqslant1$。

由式（3）、式（4），我们可得到如下的具体生产函数：④

$$Y = (1 + \delta\mu)^{1-\alpha}[(\phi + \mu)^{(1-\alpha)/\alpha}K]^{\alpha} \quad (5)$$

其中，$0<\alpha<1$，$0<\delta<1$，$0\leqslant\mu\leqslant1$，$\phi\geqslant1$；ϕ 为政府支持环境下的投入效果，因为企业获得了政府支持，所以值会大于 1，且其值随着政府对企业支持程度提高而增大，如政府对企业的支持取消则 $\phi=1$。

企业所获取的利润为：

$$\pi = [(1 + \delta\mu)]^{1-\alpha}[(\phi + \mu)^{(1-\alpha)/\alpha}K]^{\alpha} - m \cdot K \quad (6)$$

式（6）是以实际产出计价的（即假设产出价格 $p=1$），m 为投入要素 K 的相对价格。

企业行为方式由下式（7）所决定：

$$\max_{G}(1 + \delta\mu)^{1-\alpha}[(\phi + \mu)^{(1-\alpha)/\alpha}K]^{\alpha} - m \cdot K \quad (7)$$

---

① 刘小玄（2003）的研究发现，中国国有企业通常是与垄断、缺乏竞争的市场结构密切相关，而可竞争的市场结构是与非国有产权或民营产权结构密切相关的。竞争市场与较低的国有产权结构的结合产生了良好的绩效，而竞争市场与较高的国有产权结构的不相容性则产生了不良的绩效结果。高度的国有产权结构和垄断性市场的结合，则会具有国有结构的负效应和某种较高垄断利润的综合效果。依本文主题，对政府支持的歧视问题不做讨论。

② 改革开放以来至今，中国劳动力市场化程度已经很高，劳动力流动性也很大，政府支持系数 μ 对劳动力 L 发挥作用的效力影响并不大。这样，在式（3）中，我们就设定 L 发挥作用与 μ 没有关系。

③ 林毅夫、任若恩（2007）认为不同发展程度的国家取得技术进步的方式可能不同，发达国家处于国际技术的最前沿，企业取得技术进步须自己进行新技术的研发；与此相反，发展中国家可利用和发达国家的技术差距引进技术方式取得技术进步，通常包含在新的机器设备中。

④ 该函数的设定来自卢卡斯的《论经济发展的机制》（1985）一文的思想，$K(\mu) = (\phi + \mu)K$。

由式（7）可得：

$K=(1+\delta\mu)(\phi+\mu)B$，$\pi=(1+\delta\mu)(\phi+\mu)(B^{\alpha}-mB)\geqslant 0$①　（8）

其中，$B=(\alpha/m)^{1/(1-\alpha)}$，$\pi$ 为企业所获取的利润。

①当 $\mu=0$ 时，即政府不支持企业时，由式（4）和式（8）可得其企业行为：

$K(0)=\phi B$、$A(0)=1$ 和 $\pi(0)=\phi(B^{\alpha}-mB)$　（9）

②当 $\mu=1$ 时，即政府对企业最大的支持，即企业是完全市场竞争的，由式（4）和（8）可得其企业行为：

$K(1)=(1+\delta)(\phi+1)B$、$A(1)=(1+\delta)^{1-\alpha}$ 和 $\pi(1)=(1+\delta)(\phi+1)(B^{\alpha}-mB)$　（10）

由 $0<\delta<1$、式（9）和式（10）可得：

$K(1)>K(0)$、$A(1)\geqslant A(0)$ 和 $\pi(1)>\pi(0)$　（11）

由式（11）可得：政府对企业不支持，因缺少激励，企业技术进步水平低，企业获取的利润就少。但如政府在资金、能源和行业进入上实行歧视，则企业在获利上会出现相反的现象。这一现象与目前中国企业的实际状况相符。

（三）城市化过程中政府企业目标分离的增长机制

中国政府的根本目标是满足人民不断日益增长的物质和精神需求，为了达到该目标，政府经济快速增长要实现居民福利最大化，达到经济和谐发展。在低价工业化时期，政府通过生产要素的低价补贴工业，扩大生产，增加就业。而在高价城市化时期，政府目标转向改善城市居民福利的目标，且政府支出呈现刚性。为了体现城市化过程中政府公共支出的刚性，我们采用如下政府支出函数：

$E(\mu)=(\gamma\mu t-\mu)$　（12）

其中，$E(\mu)$ 为政府公共支出，γ 为公共支出的刚性度，$0<\gamma<1$；（12）式中的 t 不仅有一般时间上的意义，同时在这里意味着财政支出的不断增大。式（12）的经济含义为：①政府公共支出随时间的变化不断增长呈现刚性；②政府对支持系数 μ 的增大，国有企业比重的下降，政府公共支出中的卫生、社会保障等部分会增大，$E(\mu)$ 就会不断增大；③政府对支持系数 μ 增大，政府对企业直接管理就会减少，政府公共支出中的行政管理费就会减少，即 μ 对支出 $E(\mu)$ 具有负向效应。

政府会顾及经济增长与社会发展，其和谐发展的目标函数为：

$F(A(\mu),E(\mu))=\ln A(\mu)+E(\mu)$　（13）

其中，$A(\mu)$ 和 $E(\mu)$ 分别为企业技术创新函数和政府支出函数。式（13）的经济含义为：经济发展是中国政府追求的长期目标，而经济发展的根本就在于技术创新；同时政府追求居民的福利提高，它可体现在不断增加的政府公共支出上。

下面分两种情况分析政府支持行为和政府财政支出对技术创新的影响。

1. 政府公共支出不受资源的限制

当政府的公共支出不受经济发展水平限制，即收入来源充足时，不会掠夺企业资源

① 在我们所分析的企业中，无论什么企业，只要正常生产，则获取的利润须大于或等于0。

来维持公共支出增长，政府的支持由式（14）所决定：

$$\max_{\mu} \ln(1+\delta\mu)^{1-\alpha} + (\gamma\mu t - \mu) \qquad (14)$$

$$s.t:\ 0 \leqslant \mu \leqslant 1$$

利用 Kuhn-Tucker 定理来求解式（14），可得到：

当 $t<t_1$，$\mu=0$；当 $t_1<t<t_2$，$\mu=\dfrac{\delta(1-\alpha)-(1-\gamma t)}{\delta(1-\gamma t)}$，且 μ 的值随着 t 的增大而不断增大，μ 的值随着 δ 的增大也不断增大；当 $t>t_2$，$\mu=1$。其中，$t_1=\dfrac{1}{\gamma}-\dfrac{\delta(1-\alpha)}{\gamma}$，$t_2=\dfrac{1}{\gamma}-\dfrac{\delta(1-\alpha)}{\gamma(1+\delta)}$，$t_1$ 和 t_2 随着 δ 的增大而减小。

由上可知，当政府公共支出不受资源的限制时，政府支持系数 μ 在不同的时间段上取值是不一样的（见图 15-1）。在政府支出不超过经济发展的能力下，政府会逐渐增加对企业支持，企业技术进步会不断增强。同时，政府对企业支持的意愿指数 δ 也影响着政府支持系数和技术创新。当 δ 值增大时，点 t_1 和 t_2 向左移动，t_1 和 t_2 间的曲线向上移动，技术创新会不断增强；反之，当 δ 值减小时，点 t_1 和 t_2 向右移动，t_1 和 t_2 间的曲线向下移动，技术创新就会减弱（见图 15-1）。

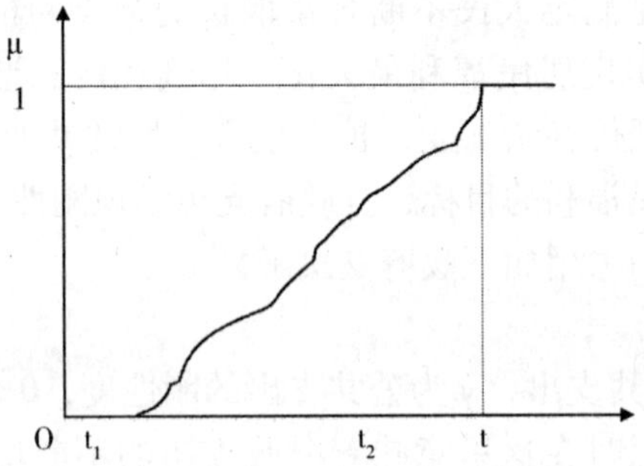

图 15-1　政府支出不受资源限制时 μ 与 t 间的关系

2. 政府公共支出受到经济发展的限制

当政府的公共支出受经济发展限制时，政府收入落后于支出增长，假如政府债务又受到约束，则政府可能对企业采取征重税的行为来维持支出。此时政府行为由式（15）所决定：

$$\max_{\mu} \ln(1+\delta\mu)^{1-\alpha} + E(\mu) \qquad (15)$$

$$s.t:\quad 0 \leqslant \mu \leqslant 1;\quad \gamma\mu t-\mu \leqslant \tau\ (1+\delta\mu)\ (\phi+\mu)\ (B^{\alpha}-mB)$$

其中，τ 为税率。利用 Kuhn-Tucker 定理来求解式（15），可得到：

当 $t<t_1$ 时，$\mu=0$；当 $t_1<t<t_2$，$\mu=\dfrac{\delta(1-\alpha)-(1-\gamma t)}{\delta(1-\gamma t)}$，且满足：

$v(1+\delta\mu)(\phi+\mu) > \gamma\mu t-\mu$，$\mu$ 的值随着 δ 的增大也不断增大；当 $t<2<t\leqslant t_3$ 时，$\mu=1$；当 $t>t_3$ 时，$\mu(t)$ 的值满足方程：$v(1+\delta\mu)(\phi+\mu)=\gamma\mu t-\mu$，该方程存在着一个根 $\mu(t)$ 满足 $0<\mu<1$，并可证明：$\mu=\mu'(t)<0$，即 μ 随着 t 的值增大而减小。其中，

$v=\tau(B^{\alpha}-mB)$，t_1 和 t_2 如前文，$t_3=\frac{1}{\gamma}+\frac{v(1+\delta)(\phi+1)}{\gamma}$，$t_1$ 和 t_2 随着 δ 的增大而减小，而 t_3 随着 δ 的增大而增大。

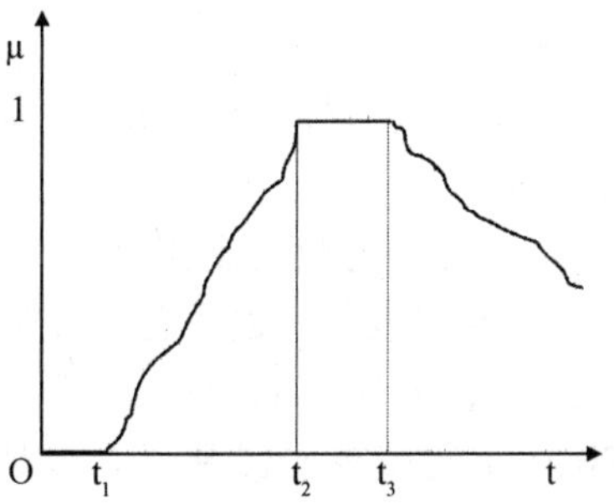

图 15-2　政府支出受到经济发展限制时 μ 与 t 间的关系

政府对企业支持系数 μ 呈现如图 15-2 所示的变化，当政府公共支出受到政府收入限制时，即政府公共支出扩大超过经济发展所能提供能力，政府对企业支持会减小①。如图 15-2 所示，当 $t>t_3$ 时，随着时间 t 增长，政府支持系数 μ 的值将会减少，此时技术创新 A(μ) 也将减小，经济不可持续增长。这一结论与前文理论分析是相一致的。同时，政府对企业支持的意愿指数 δ 也会改变上述增长的路径。当 δ 值增大时，即政府增加对企业经济支持的力度，点 t_1 和 t_2 向左移动，t_1 和 t_2 间的曲线向上移动，点 t_3 向右移动，技术创新就会增强（见图 15-2），这仅仅延长技术创新的时间，但技术创新不可持续；反之，当 δ 值减小时，即政府减少对企业经济支持的力度，甚至增加企业的负担，此时点 t_1 和 t_2 向右移动，t_1 和 t_2 间的曲线向下移动，点 t_3 向左移动，技术创新就会减小得更多，经济增长将会更加缓慢。这也就是由于其他经济原因占用了本该支持企业技术创新的资源，使企业很难得到足够的激励，会出现停滞性效果。

三、增长机制形成路径的情景分析

随着城市化率的不断增强，中国政府对公共财政支出不断增加，政府和企业的目标行为发生了变化，形成了当前中国经济增长的一个新环境。本部分讨论中国的增长新环境究竟发生了什么变化，以图理解新环境导致的增长路径发展方向，从而分析新增长机制形成的路径。

（一）城市化过程中政府行为目标的转变

工业化时期，政府目标和企业的目标是一致的。城市化时期，当居民进入城市后，

① 当政府的公共财政支出超过了经济发展水平时，政府就会减少对企业进行技术创新的支持。企业进行技术创新有一个过程，即企业机制转变，在这个转变中，企业需要在管理、技术等方面进行调整，生产可能下降，甚至会出现亏损。此时，政府由受得公共支出的刚性，政府为了增加财政收入，就不得不减少对企业的支持。

政府需要给他们提供公共设施、工作保障等，这增加了政府的公共支出。经济增长的同时，收入差距也在扩大，为了缓和社会矛盾，达到社会的和谐，政府就扩大公共性服务支出。由此我们可构建如下的公共财政支出比重模型：

$$pf_t = \beta_1 \cdot csh_t + \beta_2 \cdot gini_t + \varepsilon_t \tag{16}$$

其中，pf、csh 和 gini 分别表示公共财政支出比重、城市化率和收入差距，ε 为随机误差项，t=1978，1979…2006。

模型（16）选择如下的变量：公共财政支出比重——文化、教育、科学、卫生、社会保障和行政管理这六项支出与当年财政支出之比表示（%），表示为 pf。城市化率——城镇人口与全部人口比值（%），表示为 csh。收入差距——各地区城乡居民基尼系数（%），表示为 gini。1978～2000 年的城乡居民基尼系数是综合杨天宇（2001a）、胡日东，王卓（2002）、杨宜勇（2003）、张艳华，李秉龙（2004）这四篇文献中的数据表而得，2000 年以后的基尼系数分别摘自章国荣，盛来运（2003）、陈南旺（2004）、严先溥（2004）、阳俊雄（2004）；2004～2006 年城乡居民收入基尼系数是根据《中国统计年鉴》等推算得出的①。由单位根检验得到：公共财政支出比重、城市化率和收入差距均存在一阶单位根。

由 VAR 模型的最佳滞后阶数 L=2，对模型（16）进行非约束 Johansen 协整检验，该协整关系检验假定是不含有截距项和不含时间项的线性趋势。由协整检验可得：在 1% 的临界水平下，迹检验认为只有一个协整关系；在 5% 的临界水平下，最大特征值检验认为只有一个协整关系。这样，在 5% 的显著水平下，Johansen 协整检验 pf、csh 和 gini 间存在仅存在一个协整关系。

由模型（16）所表示的三个变量间存在一个协整关系，在 2 阶滞后期下，对 VAR 模型实现非约束条件下的 VCEM 估计，可得到公共财政支出比重、城市化率和收入差距间存在如下的协整关系方程：

$$pf - 0.6293 \cdot csh - 0.5957 \cdot gini = 0 \tag{17}$$

$$\qquad\qquad [0.2593] \qquad [0.1855]$$

$$\qquad\qquad (-2.4271) \qquad (-3.2107)$$

其中小括号为 t 统计量的值，中括号为根方差，由 t 统计量的值可知，csh 和 gini 估计的系数都显著不为 0。模型（17）有 3 个内生变量，最大滞后阶数为 2，该 VECM 模型共有 3×2=6 个根。而估计的 VECM 模型有 1 个协整关系，从理论上应该有 3-1=2 个根的模为 1。由 VECM 稳定性检验结果可知，有两个根为 1 落在单位圆上，其他的均在单位圆内，因此 VECM 模型的稳定性条件得以满足。由此可见，所估计 VECM 模型的效果还是较好的。

由方程（17）可得公共财政支出比重、城市化率和收入差距间长期稳定均衡关系：

$$pf = 0.6293 \cdot csh + 0.5957 \cdot gini \tag{18}$$

由模型（18）可得：第一，城市化率对公共财政支出比重存在着显著性的影响，其系数为 0.6293，即城市化率每增加 1 个百分点，公共财政支出比重就增加 0.6293 个

① 陈昌兵：《各地区居民收入基尼系数计算及非参数估计模型分析》，《数量经济技术经济研究》2007 年第 1 期，第 133～142 页。

百分点；第二，城乡居民基尼系数对公共财政支出比重存在着显著性的影响，其系数为0.5957，即城乡居民基尼系数每增加1个百分点，公共财政支出比重就增加0.5957个百分点。面对城市化率的快速增加和收入分配不均这样的社会不和谐问题，政府公共财政支出所占的比重会随之增加，主要为城市居民提供社会保障、教育、医疗和大量的城市化后的行政管理①。

随着人均GDP的提高，中国经济建设支出的比重却一直在下降。我们可构建如下的经济支出比重与经济发展水平间的关系模型：

$$\ln jjzc_t = \alpha + \alpha_1 \cdot \ln pergdp_t + \varepsilon_t \quad (19)$$

其中，ln jjzc 和 ln pergdp 分别表示经济支出比重和人均GDP的对数，ε 为随机误差项，t=1978，1979…2006。由模型（19），我们可选择如下的变量：经济支出比重——基本建设支出、流动资金、挖潜改造资金和科技三项费用、土地勘探费、工、交、流通部门事业费和支农支出这六项之和与财政总支出之比，表示为 jjzc；经济发展水平——人均GDP的实际值，1978为100，表示为 pergdp。由单位根检验可得：ln jjzc 和 ln pergdp 均存在一阶单位根。

由VAR模型的最佳滞后阶数L=2，对模型（19）进行非约束Johansen协整检验，该协整关系检验假定是含有截距项和不含时间项的线性趋势。由协整检验可得：在1%的临界水平下，迹检验认为只有一个协整关系；在5%的临界水平下，最大特征值检验认为只有一个协整关系。这样，在5%的显著水平下，ln jjzc 和 ln pergdp 间仅存在一个协整关系。

由模型（19）所表示的两个变量间存在一个协整关系，在2阶滞后期下，对VAR模型实现非约束条件下的VCEM估计，可得到经济支出比重和人均GDP存在如下的协整关系方程：

$$\ln jjzc - 5.6412 + 0.3732 \cdot \ln pergdp = 0 \quad (20)$$

$$[0.0268]$$

$$(13.9261)$$

其中，小括号为t统计量的值，中括号为根方差，由t统计量的值可知，ln pergdp 估计的系数都显著不为0。模型（20）有2个内生变量，最大滞后阶数为2，该VECM模型共有2×2=4个根。而估计的VECM模型有1个协整关系，从理论上该有2-1=1个根的模为1。由VECM稳定性检验结果可知，有一个根为1落在单位圆上，其他的均在单位圆内，因此VECM模型的稳定性条件得以满足。由此可见，所估计的VECM模型的效果还是较好的。

由方程（20）可得到如下的经济支出比重和人均GDP间的长期稳定均衡关系：

$$\ln jjzc = 5.6412 - 0.3732 \cdot \ln pergdp \quad (21)$$

由模型（21）可知：人均GDP的实际值对经济支出比重存在着显著性的影响，其弹性系数为-0.3732，即人均GDP每增长1个百分点，则经济支出比重则减少0.3732个百分点。

---

① 世界各国的公共福利支出也源于社会矛盾，包括解决失业和最低收入人群的贫困问题，失业救济、养老保险都围绕着弱势人群展开的，通过社会福利让制度的建立让全社会的人能分享经济增长成果。

由上面的分析可知，随着人均GDP的提高，中国政府的公共支出目标将更大幅度转向公共财政支出，现在已经显现出很强的加速性质，而对经济支出的比重明显下降。未来福利支出按其性质看也具有很大的支持刚性，如养老等社会保障具有跨代性，福利标准不能轻易修订；加上城市化加速过程，新的城市居民将直接产生新的需求。按城市化规律看，城市化率超过30%后进入加速期直到60%～70%才会停顿下来。中国到2020年预计城市化率达到60%，公共财政支出的比重按模型预测要提高约10个百分点，加上社会和谐的需求，公共财政占财政支出的比重超过60%，加上国防等其他，比重超过了80%，而生产性支出比重降低到10%，政府支出目标必然要完成从生产支持到公共服务的完全转变，而且，这时政府的生产性支持应将全部支持集中在国家创新上。

（二）财政收入约束下的政府行为和发展情景

政府目标的转变几乎是一个客观发展的规律，这一转型会出现这样的后果，即转变过程中受到经济增长制约，或更直接地受到财政收入的约束，不可能有超越发展阶段的过快"福利"能力，否则在没有改变原有收入路径条件下，政府过快的福利支出会直接导致经济增长的成本上升过快，抑制增长，反过来再制约这种转变，经济增长陷入停滞。

1994年中国分税制改革实现统一内资企业所得税和建立统一的、以增值税为主体的流转税制改革后，税收收入是我国财政收入的主要来源；中国税收收入结构的突出表现是间接税的比重偏大，直接税的比重偏小。2011年税收收入89738.39亿元，占财政总收入的比重为86.4%；非税收入14126.9亿元，占财政总收入的比重为13.6%。在税收收入中，流转税依然是我国的主体税种，2011年扣除出口退税后的增值税、消费税、营业税实现的收入占全部税收的50.0%；同时，随着企业经营效益和居民收入水平的提高，所得税收入的比重也在逐年提高，2011年企业所得税占18.7%，个人所得税的比重为6.7%。

从表15-1我们可以看到20世纪90年代中国处于低税负担阶段，从1992年到1999年财政收入占GDP的比重最高值没有超过13%，平均不到12%，连续5年仅仅有10%左右，而且那时财政对经济建设的支出占GDP的比重都在40%以上，这是一个非常明显的低税和国家全力支持企业发展的阶段。企业低赋税，国家支持高，再加上汇率贬值，使企业的竞争力空前强大，这一期间也奠定了中国作为国际工厂的地位。

进入21世纪后，特别是2002年加速城市化以来，财政收入超常规增长，财政支出中的福利支出比重上升很快，2003年以来财政收入增长率连续5年超过名义GDP增长率，2007年财政收入比上年增长32.4%，名义GDP增长17.7%，财政收入增长率超出名义GDP增长率14.6个百分点，财政收入占GDP的比重达到了20.6%，21世纪以来几乎每年提高一个点，增长速度非常快。高速增长的税收收入与企业发展高度相关，2007年与企业直接相关联的增值税、所得税和营业税占了71%。改革开放以来财政收入增长速度非常高，高达45倍，但依然大大低于社会保障（基数低，原有都是单位保障体系）、行政和社会文教的支出速度，特别是行政支出费用以三倍于财政收入的速度快速攀升，已经引起了社会普遍的关注。

表 15-1　中国财政收支结构和增长（%）

年份	财政支出结构					财政收入/GDP
	经济建设费	社会文教费	行政管理费	社会保障	国防费	
1978	64.08	13.1	4.71	1.69	14.96	31.1
1980	58.22	16.2	6.15	1.65	15.77	25.5
1985	55.33	20.04	8.39	1.55	9.4	22.2
1990	44.36	23.92	13.44	1.78	9.41	15.7
1991	42.18	25.09	12.22	1.99	9.75	14.5
1992	43.1	25.92	12.38	1.78	10.1	12.9
1993	39.52	25.38	13.66	1.62	9.17	12.3
1994	41.32	25.92	14.63	1.64	9.51	10.8
1995	41.85	25.74	14.6	1.69	9.33	10.3
1996	40.74	26.21	14.93	2.3	9.07	10.4
1997	39.5	26.74	14.72	3.56	8.8	11
1998	38.71	27.14	14.82	5.52	8.66	11.7
1999	38.38	27.59	15.32	9.08	8.16	12.8
2000	36.18	27.6	17.42	9.55	7.6	13.5
2001	34.24	27.58	18.58	10.51	7.63	14.9
2002	30.26	26.87	18.6	11.95	7.74	15.7
2003	28.04	26.24	19.03	10.77	7.74	16
2004	27.85	26.29	19.38	10.94	7.72	16.5
2005	27.46	26.39	19.19	10.9	7.29	17.2
2006	26.56	26.83	18.73	10.79	7.37	18.3
2007	—	—	—	—	—	20.6
2007/1978 支出增长（倍）	15	73	143	231	18	45

注："2007/1978 支出增长（倍）"是2007年各名义值与1978年的各名义值之比。

资料来源：《中国统计摘要2008》，中国统计出版社。

自我国财政体制开始迈向公共财政改革的步伐后，财政支出功能也开始发展相应调整。2007年后，国家财政按功能性质分类的支出项目统计有所调整，其中经济建设支出一项不再列出，同时经济建设费占总支出的相对规模不断降低，转向增加社会公共服务的支出。显然，经济建设支出比例的下降，不仅能够使财政支出控制在其职能范围内，防止政府的职能越位，也能够为政府弥补其他方面的职能缺位提供资金上的财力空间，有效增强政府的公共职能，如表15-2即是2007～2011年经调整后的国家财政按功能性质分类的支出项目。

表 15-2 2007～2011 年国家财政按功能性质分类的主要支出（单位：亿元）

年份	2007 年	2008 年	2009 年	2010 年	2011 年
项目（比重%）	国家财政支出	国家财政支出	国家财政支出	国家财政支出	国家财政支出
总支出	49781.35	62592.66	76299.93	89874.16	109247.79
一般公共服务	17.10	15.66	12.01	10.34	10.06
国防	7.14	6.68	6.49	5.93	5.52
公共安全	7.00	6.49	6.22	6.139	5.77
教育	14.31	14.40	13.68	13.96	15.10
科学技术	3.58	3.401	3.60	3.62	3.50
文化体育与传媒	1.81	1.751	1.83	1.72	1.73
社会保障和就业	10.94	10.87	9.97	10.16	10.17
医疗卫生	4.0	4.41	5.24	5.35	5.89
环境保护	2.00	2.32	2.54	2.72	2.42
城乡社区事务	6.52	6.72	6.69	6.66	6.98
农林水事务	6.84	7.26	8.81	9.05	9.10
交通运输	3.92	3.76	6.09	6.11	6.86
住房保障支出			0.95	2.65	3.50
其他支出	14.84	16.28	15.88	15.59	13.4

资料来源：2008～2012 年的中国统计年鉴。

中国在高经济增长条件下实现了高的税收收入增长，有力地支撑着中国当前快速的福利支出。但中国企业宏观税负负担按国际上微观调研评价已经非常高了，2007 我国企业的税负痛苦指数全球第二，据美国福布斯杂志 2011 年推出“税负痛苦指数”榜单，中国内地的“税负痛苦指数”也是位居全球第二。世界银行调研和国际货币经济组织也指出中国企业的税负负担名列全世界前茅。从财政收入占 GDP 的比重来计算的宏观税负，中国刚刚达到了我们现在所处的发展阶段的平均水平，若加上社保税也在正常范围。但由于中国有很多政府隐形收费问题，因此微观的痛苦指数显然应该高于宏观的计算，企业将要面对从低税收和高国家支持的阶段转向高税收和低国家支持的阶段了。

新世纪以来中国高的税收增长没有使政府的综合负债下降，反而有所提高。依据测算，中国政府综合负债比例从 1997 年的 47% 上升到 81%，而综合负债内债占 GDP 的比重从 7.32% 上升到 15.78%，地方政府债务占 GDP 的比重为 5.48%，社会保障金缺口占 GDP 的比重为 16.45%，而相对的外债、金融或有债务都减低了，但整体负债水平已经高于国际认为的 60%～70% 的安全负债水平线了（孙涛、张晓晶，2007）。中国高综合负债不断提高有两个重要原因：一是不断以政府信用提供经济增长的额外激励，如积极的财政政策，导致了国债负债比例提高，地方债务开始出现；二是靠政府信用降低当前的社会福利支出成本，如留有较大的社保基金缺口等，这相当于先借后还。

当前中国的经济增长机制仍然高度依赖政府的动员和主导，在政府目标转向福利支出的同时，仍靠“额外”的规模支出和补贴来维持原有的增长机制推动规模化的发展，如能源价格补贴、积极保留赤字财政政策、不断进行货币创造，然而这种原有的增长机制进行发展的宏观界限已经比较清晰地出现了约束信号。

现在发展的一种情景是政府继续加大资源的动员和集中，综合负债水平持续提高。政府在加快福利建设的同时，不断提供额外的补贴和规模扩张式的激励，即创造需求。在宏观上表现为：一方面是继续提高税收负担比重，保持较快的税收增长以满足福利增长的需求，而且这一需求还带有很强的支出刚性；另一方面通过国债、货币创造、财政要素补贴等方式扩大需求，激励企业发展，保持经济的持续景气。但这使得企业承担了更大的福利成本，而政府综合负债不断提高，这会导致国家竞争力下降和潜在的国家风险上升。

另一种情景是国家只关注社会目标，不给企业更多额外激励，逼迫企业转型。但由于中国原有的政府支持机制是偏向国企等垄断部门的，因此国企对市场环境的激励本身就不敏感，逼迫它们创新是困难的。而且政府在集中有限资源时，会对完全市场竞争的企业加大税费的安排，更会形成资源配置的扭曲，极大地打击市场竞争性企业。当前市场化程度高的企业也是中国就业的基础，必须有效地激励这类企业的发展才能真正有效地解决中国很多福利目标。市场逼迫使中小民营企业很快通过倒闭的方式规避长期风险，只有规模民营企业才有可能在逼迫下转型，搞技术创新和海外拓展等。而倒闭的中小企业又正好是中国就业承担的主体，国有企业在 1998 年后是净减员，. 只有中小企业是吸纳就业的，而现阶段就业是劳动人口最大的社会福利。

这两种情景都导致了政府转型进退两难的困境。当前，中国宏观经济调控上就存在着新倒逼机制，即企业压力大，中小企业大规模倒闭，地方和中央税收下滑，宏观政策被迫松动。因为政府的福利支出规模和刚性导致政府对所有企业景气的高度关注，若景气循环向下，福利支出需要的收入不能少，甚至需要继续提高支出以救济失业，这就会更强地迫使政府扩张货币维持景气，这就是新的倒逼机制。传统的中国宏观货币调控只能维持 1 年，现在也是这样，用于保持增长速度。在政府大包大揽的行为下，微观企业行为转变较难，企业、个人都依赖于政府，市场方式分担福利安排、提高福利支出效率以及转变增长效率等都难实现。

由此可知，政府过度集中资源，主导配置的增长机制，导致了政府长期高综合负债率，企业税负压力加大，一旦在开放过程中受到外部的冲击，经济不景气时间过长，就会出现财政或货币性的危机，甚至企业破产，这一点在拉美和东亚国家已经出现过。因此寻求转换机制和政策激励已经是时不我待了。

四、可持续增长机制转型的条件、政策与展望

政府福利支出目标转向是一个客观的过程，也是正确的选择。但仅仅依赖于政府进行福利转向和刺激发展是困难的，很容易陷入到我们前文分析的两种困境情景当中。政府在公共福利支出转型的过程中往往先将自己的行政资源膨胀起来，从而过多地占用公共福利，这在中国已经显现出来，同时利用行政权力过多地干预动员和配置经济资源进行“寻租”也是普遍性的一个问题，这就破坏了政府的公共福利目标转向，所以，我

们认为，政府行为转变是可持续经济增长机制形成的关键。

（一）可持续增长机制转型的条件与政策

可持续增长机制转型形成的条件：①政府的公共支出不能超过经济发展的程度，即政府在城市化阶段努力提高居民的福利时，须在中国经济发展的限度内提高公共支出。②新增长机制的转型速度应恰当。如果转型过快，企业难以适应技术创新的环境，转型惩罚则导致增长失败；如果转型过慢，中国则会失掉经济发展的大好机会。③政府的扭曲应尽量调整，扭曲过大也导致新增长机制转型的失败，消除扭曲才能激励企业创新实现可持续增长。政策建议为：

1. 合理限定政府的目标函数

政府不是万能的，可持续的增长机制，就是要求政府向公共福利支出转型的过程中，能有效地降低政府的运营成本和加快减少在动员和配置经济资源权力。核心是政府的利益要独立化，降低他们对公共资源的占用，解决当前存在的政府行政中的资源占用过多，行政费用增长过快和相应行政配置资源权力过大的问题，将财政支出中的经济建设支出和行政费用，以及借债性的生产性支出压下来。政府应采取的政策：①在政府公共支出不能超过经济发展的程度下，尽力压缩行政性开支，降低福利支出的刚性核心在于压缩政府自身的利益，将有限的财政支出用在公共社会福利；②调整税收结构，让税收上缴与未来福利相匹配起来，对资本、资源、能源、环保进行纳税，让财政收入更为透明化，减低费的比重；③矫正政府配置资源的扭曲，通过反垄断等法律措施来促进市场竞争，让市场发挥配置资源的作用。

2. 放松政府管制，减低行政区划对资源的分割，加快发展城市服务业

中国还处在城市化景气的上升阶段，也是转变机制的最好时期。中国当前社会的第一福利目标是就业，就业增加，则个人收入提高，未来的社会福利水平才有保障，激励就业和对劳动力的就业保障是我国现阶段最为关键的福利和发展的根本。

中国现代服务业的发展关键在于政府放松管制，金融、能源、电信和传媒等大量现代服务业处于明显的政府支持的管制和垄断中，大量的行业外围辅助性的中小企业基本处于在这些大型寡头企业的垄断和盘剥下生存，而这些大型垄断企业技术进步缓慢，更不会为社会就业提供任何机会。城市化过程中的服务业发展还要取决于城市的规模化发展，如果按现有的行政区划分割体系，公共服务资源很难集中使用，形成规模化，空间资源优化是中国中长期成功的一个重要方面，它直接关系到政府行政体系和资源规模化的矛盾，也阻碍未来服务业的发展。

服务业的发展与城市化规模收益相伴而生，现代服务业的发展更与人的素质水平高度相关，中国当前的人力资本积累也到了发展现代服务业的阶段，其发展是承接中国经济现代化的关键，但服务业发展高度依赖于政府管制、政策法规、行政区划等环境，这都是中国乃至整个东亚模式中最为薄弱的部分。因此加快政府和市场化的改革是推进现代服务业的关键。

3. 用市场激励的方式促进技术创新

中国所有的企业成本都处在上升过程中，技术创新是抵抗成本上升唯一的方法，市场激励是最为重要的技术创新来源，这方面也需要政府在税收上给予正向激励。技术创

新机制的建立要充分发挥资本市场的作用，资本市场能有效地激励技术创新和优化资源配置，市场激励是未来中国走向技术创新的战略性选择。利用现在中国好的宏观经济环境，利用资本市场、教育资源、经济和法律手段，把握好新的经济增长转型的节奏，推出减税激励创新的计划和充分发挥资本市场激励创新的功能。

综上所述，我国经济增长在突破贫困陷阱阶段，政府与企业工业化目标高度一致，集中一切资源支持企业发展，政府支持系数大，企业享受了低税、低资源价格等发展生产；在进入中等收入阶段，随着城市化快速提高，政府快速转向福利支出目标，福利刚性不断加大，政企目标冲突，政府支持系数和政府对企业支持的意愿指数都下降，政企在新的发展阶段都面临转型，转型失败可能落入“中等收入陷阱”。确定中国未来的新增长机制，显然，政府转型是关键，限制政府利益刚性，明确政府福利支出与经济发展能力相匹配，而不是靠债务融资推动福利和经济增长，就需加大改革，更多地让市场发挥激励创新和优化配置资源的功能，促进经济的可持续增长。

（二）中国未来经济可持续增长的展望

如果可持续增长机制转型获得成功，在新增长机制下，我国未来 20 年经济若能保持 8% 的年增长速度，那么据 UBS 的研究表明，中国 GDP 占世界的份额，就会由 2003 年的 4% 上升到 2025 年的 11%（见图 15-3 与图 15-4）。这是按现行汇率计算的。而如果按购买力平价（即 PPP）计算，那么，中国 GDP 占世界的份额就会由 2003 年的 12% 上升到 2025 年的 18%。这意味着 2025 年中国 GDP 所占份额将与美国平起平坐[①]。根据 UBS 的估计，到 2025 年，中、美、日、印分别占 11%、22%、9% 和 4%；而如果以 PPP 衡量，则中国将超过美国。中、美、日、印的比重分别为 17%、15%、6% 和 8%（印度也超过了日本）。

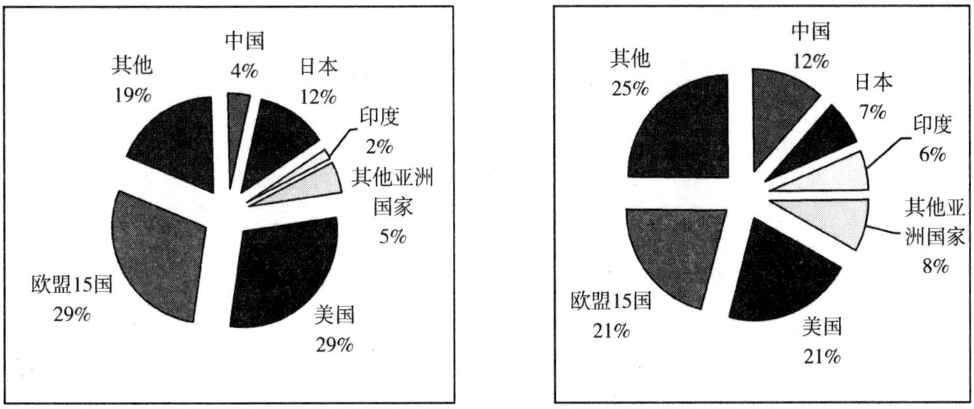

图 15-3 中国 GDP 占世界的份额（2003）：市场汇率与购买力平价

资料来源：CEIC、UBS 预测。

① UBS 投资研究报告《亚洲经济展望》，2004 年 9 月 7 日。

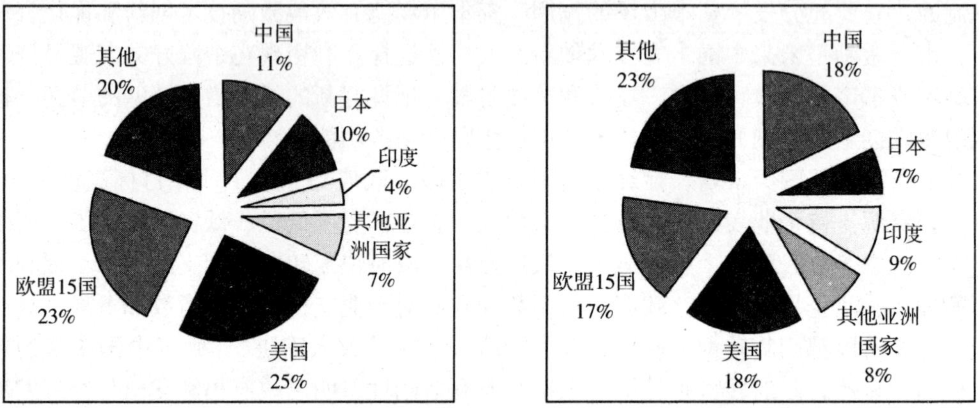

图 15-4　中国 GDP 占世界的份额（2025）：市场汇率与购买力平价

资料来源：CEIC、UBS 预测。

另外，比 UBS 更乐观的是经济史学家福格尔的预测。根据他的研究，如果按购买力平价来衡量，2000 年美国 GDP 占全球的比例为 22%，中国为 11%，只有美国的一半；但到 2040 年，美国的 GDP 占全球的比例下降为 14%，而中国则上升为 40%（表 15-3）。

表 15-3　全球 2000 年与 2040 年各国家或地区 GDP 分布情况

国家或地区	GDP（10 亿美元）（PPP）（2000 年）	占全球百分比	GDP（10 亿美元）（PPP）（2040 年）	占全球百分比
美国	9601	22	41944	14
欧盟（EU15）	9264	21	15040	5
印度	2375	5	36528	12
中国	4951	11	123675	40
日本	3456	8	5292	2
东南亚地区（SE6）	2552	6	35604	12
总计	32199	73	258083	85
世界其他地区	12307	28	49774	16
全世界	44506	101 *	307857	101 *

注：2040 年 GDP 按 2000 年美元比价计。* 由于是约数，总计不是 100%。

国内经济学家对未来潜在增长率的测算见表 15-4。

表 15-4　生产函数法对潜在增长率的估计（单位:%）

	王小鲁等（2000）		林毅夫等（2003）	
	2001～2010 年	2011～2020 年	2004～2014 年	2014～2024 年
GDP 增长率	6.58	6.21	8.56	7.08
物质资本增长率	3.42	3.14	9.5	9
劳动力增长率	0.24	0.15	1.7	1
人力资本增长率	0.52	0.52	2.6	2.4
全要素生产率（TFP）增长率	2.4	3.81	2.7	2

中国经济高增长已经持续了 30 年，期待未来 10～20 年平均经济增长率还维持过去 30 年的速度是不现实的。因为随着改革向纵深推进，改革的边际收益可能会递减；人口红利的逐步消失及人口老龄化因素；资源环境压力以及贯彻落实科学发展观与“好字优先”等，所有这些，都会使得未来潜在增长率是有所下降而不是上升。

尽管如此，一方面，虽然 2011 年中国最终消费占 GDP 比重接近 50%，而发达国家一般达到 80%；2011 年中国服务业占 GDP 比重仅为 43.4%，而发达国家一般在 70%以上。中国最终消费占 GDP 比重和服务业占 GDP 比重都与发达国家相差约 30 个百分点，中国经济发展的空间巨大，前景广阔。另一方面，中国的人均 GDP 还刚跨入 5000 美元关口，中国还有约 3 亿多劳动剩余劳动力要转移，中国还处在工业化城镇化的加速期，中国的市场体制以及方方面面的改革还在不断向前推进……所有这些，都决定了中国的经济增长还有非常大的空间，在未来的 10～20 年，中国还将会保持较高的潜在增长率。

中国增长的未来仍然充满着巨大希望。

参考文献

[1] 阿兰·丁·奥尔巴克等主编:《公共经济学手册 1 卷》，经济科学出版社 2005 年版。

[2] 陈南旺:《对我国居民收入差距分析与建议》,《金融与经济》2004 年第 7 期。

[3] 陈昌兵:《各地区居民收入基尼系数计算及非参数估计模型分析》,《数量经济技术经济研究》2007 年第 1 期。

[4] 樊纲、张晓晶:《“福利赶超”与“增长陷阱”：拉美的教训》，载《以共享式增长促进社会和谐》，中国计划出版社 2008 年版。

[5] 胡日东、王卓:《收入分配差距、消费需求与转移支付的实证研究》,《数量经济技术经济研究》2003 年第 2 期。

[6] 林毅夫、任若恩:《东亚经济增长模式相关争论的再探讨》,《经济研究》第 9 期。

[7] 林毅夫、蔡昉、李周:《中国的奇迹：发展战略与经济改革》，上海人民出版社 1997 年版。

[8] 卢卡斯:《论经济发展的机制》,《经济发展讲座》，罗汉、应洪基译，江苏人民出版社 2003 年版。

[9] 孙涛、张晓晶:《开放视角下的国家综合负债风险与市场化分担》,《经济研究》2007 年第 7 期。

[10] 刘世锦:《我国经济“低成本竞争”模式形成的背景和特征》,《经济社会体制比较》2005

年第6期。

［11］刘霞辉：《论中国经济的长期增长》，《经济研究》2003年第5期；《从马尔萨斯到索罗：工业革命理论》，《经济研究》2006年第11期。

［12］刘小玄：《中国转轨经济中的产权结构和市场结构》，《经济研究》2003年第1期。

［13］马岩：《中等收入陷阱的挑战及对策》，2008年博士后工作论文。

［14］世界银行：《中国120个城市竞争力的提高》，中国财政经济出版社2006年版。

［15］世界银行：《东亚复兴》，中信出版社2008年版。

［16］吴敬琏：《中国增长模式的抉择》，上海远东出版社2006年版。

［17］严先溥：《收入差距对经济发展的影响分析》，《金融与经济》2004年第7期。

［18］阳俊雄：《农村居民收入分配差距继续扩大》，《调研世界》2004年第6期。

［19］杨天宇：《城乡收入差距与有效需求：一个马克思主义的模型》，《经济学家》2001年第3期。

［20］杨宜勇：《我国居民收入分配现状、问题及其对策》，《当代世界与社会主义》2003年第5期。

［21］张艳华、李秉龙：《中国城乡居民收入差距与消费需求的定量研究》，《农村经济》2004年第7期。

［22］章国荣、盛来运：《城乡居民收入差距扩大化及对策》，《中国统计》2003年第8期。

［23］张军：《资本形成、工业化与经济增长：中国的转轨特征》，《经济研究》2002年第4期。

［24］林毅夫、郭国栋、李莉、孙希芳、王海琛：《中国经济的长期增长与展望》，北京大学中国经济研究中心讨论稿，2003年。

［25］斯蒂格利茨：《中外经济体制转轨比较》，《经济学动态》2001年第8期。

［26］王小鲁、樊纲主编：《中国经济增长的可持续性》，经济科学出版社2000年版。

［27］张平、张晓晶执笔：《经济增长、结构调整的累积效应与资本形成》，《经济研究》2003年第8期。

［28］汪红驹、刘霞辉执笔：《高投资、宏观成本与经济增长的持续性》，《经济研究》2005年第10期。

［29］张晓晶、张平执笔：《开放中的经济增长与政策选择》，《经济研究》2004年第4期。

［30］张平、刘霞辉执笔：《干中学、低成本竞争机制和增长路径转变》，《经济研究》2006年第4期。

［31］张晓晶、常欣、汪红驹执笔：《增长失衡与政府责任：社会性支出角度的分析》，《经济研究》2006年第10期。

［32］袁富华等执笔：《劳动力供给效应与增长路径的转换》，《经济研究》2007年第8期。

［33］张晓晶、汪红驹执笔：《外部冲击与中国的通货膨胀》，《经济研究》2008年第5期。

［34］Feyzioǧlu, Tarhan, 2007, Some Growth Trends In China, China Limited Partner Forum-Beijing September 23.

［35］Fogel, Robert W., 2007, Capitalism and Democracy in 2040: Forecasts and Speculations, NBER Working Paper No. 13184.

［36］Maddison, Angus, 1998, Chinese Economic Performance in the Long Run, Paris: OECD.

［37］Shane, Mathew and Gale, Fred, 2004, China: A Study of Dynamic Growth, Economic Research Service/USDA, WRS-04-08.

［38］Spence Michael, 2007, Wealth of Nations: Why China Grows So Fast, Wall Street Journal. (Eastern edition). New York, Jan 23.